壹卷
YE BOOK

洞 见 人 和 时 代

理论、方法与实践

当代历史学新趋势

蒋竹山 主编

四川人民出版社

图书在版编目（ＣＩＰ）数据

　当代历史学新趋势：理论、方法与实践 / 蒋竹山主编 . —— 成都：四川人民出版社，2024.6
　（论世衡史 / 谭徐锋主编）
　ISBN 978-7-220-13473-9

　Ⅰ.①当… Ⅱ.①蒋… Ⅲ.①史学—研究—中国
Ⅳ.①K092.6

　中国国家版本馆CIP数据核字(2023)第167556号

DANGDAI LISHIXUE XINQUSHI : LILUN、FANGFA YU SHIJIAN

当代历史学新趋势：理论、方法与实践

蒋竹山 主编

出品人	黄立新
策划统筹	封 龙
责任编辑	封 龙　苏 玲
版式设计	张迪茗
装帧设计	周伟伟
责任印制	周 奇

出版发行	四川人民出版社（成都三色路238号）
网　址	http://www.scpph.com
E-mail	scrmcbs@sina.com
新浪微博	@四川人民出版社
微信公众号	四川人民出版社
发行部业务电话	（028）86361653　86361656
防盗版举报电话	（028）86361661
照　排	四川胜翔数码印务设计有限公司
印　刷	成都东江印务有限公司
成品尺寸	145mm×210mm
印　张	18.25
字　数	410千
版　次	2024年6月第1版
印　次	2024年6月第1次印刷
书　号	ISBN 978-7-220-13473-9
定　价	98.00元

目 录

第一部　感觉史/情感史/阅读史/新文化史

第二部　思想史／概念史／性别史／历史记忆

第三部　全球史／跨国史

第五部　数字人文/新史料与历史研究

导　论：
从新文化史到全球史
当代历史学研究的几种新取向

蒋竹山

前　言

2015年5月，在台湾科技事务主管部门人社中心的推动下，我和黄宽重及吕妙芬教授，联合执行了"历史学门热门及前瞻学术研究议题调查计划（2010—2014）"。这个计划主要在延续2005年所进行的"历史学门热门及前瞻学术研究议题调查计划"，针对近五年台湾历史学门的热门研究课题与重要研究趋势进行分析，以供有关部门与学界参考。

这项计划最初构想是拟在2005年既有的研究调查基础上，针对历史学门各领域的重要研究成果进行分析。计划将针对世界历史学门的最新研究方向展开调查。这项计划的调查方向，台湾地区分为历史学门专题研究计划、四所顶尖大学人社中心研究成果、热门研究社群、学会发展、专书及期刊的调查；国际则分为国际会议重要议题、期刊研究综述的搜集、大型国际计划调查。

一、十个趋势

经过上述调查，我们提出十个热门及前瞻议题供学界参考：

（一）情感的历史

情感史的开展将历史研究的重点首次从理性转到感性（爱情、愤怒、激情、嫉妒等）的层面，有学者认为这代表"历史研究的一个崭新方向"。举例而言，性别史的研究很自然地引起史家对爱情和婚姻的研究兴趣，成为情感史的一个重点。当今史家更关心的是如何在各个单一的文化中，将情感的种种表现"深度描写"，找出其中的文化含义，而不是居高临下、品头论足。更有学者注意"情感的团体"，探讨人们在家庭、教会、学校和单位等场合的情感表现差异。

有关情感史的研究，可参考《美国历史评论》（ *The American Historical Review* ）"情感的历史研究"的纸上论坛（2012年第5期）。学界关注的课题有心理疼痛、抑制疼痛的阿司匹林与情感、近代生产的产育之痛。有的学者则以跨学科的方式讨论如何透过物质文化来理解情感史，例如纺织品、肥皂或绘画，这部分可以参考2013年举办的国际研讨会"Emotional Objects: Touching Emotions in Europe 1600–1900"（情感之物：欧洲的情感接触，1600—1900）。此外，战争与情感也是学界关注的重点，透过爱、悲伤、憎恨与恐惧等情感，探讨与战争的修辞、经验与记忆的联系。

此外，可以探讨的重点包括：日常生活中的情感、电影与艺术中的情感再现、情感与记忆、情感与资本主义市场、身体与空间中的情感。这部分可以参考盖伊（Peter Gay）的19世纪资产阶级的五卷本研究，特别是《感官的教育》这一册。研究者也可从情感延伸至感觉的文化史，例如嗅觉、味觉与听觉的感官历史，可参照法国史家科尔班（Alain Corbin）气味的文化史名著《恶臭与芬芳》（*The Foul and the Fragrant*）。最新一本可参考的著作是《情感学习：百年来，经典文学如何引导孩子认识感觉、学习情绪》（猫头鹰，2018）。本书探讨的重点为，从19世纪到20世纪，这些来自德、美、英、荷、法等国家的共100多本畅销儿童文学与30本教养手册，如何传递情感的意义，引导儿童学习情绪。

在中国史方面，已有学者开始从历史角度，描述一个以情感为中心的都市群体，如何从20世纪30年代的媒体事件中获得巨大的道德力量。为什么"情"在30年代中国的公众的形成中发挥作用？情感、家庭美德及性爱等私人领域，在国族、城市公众、现代公义理念、性别化的主体建构中扮演什么样的角色？

不只在近代，有关"情"的讨论可上溯传统帝制时期中国，例如明清帝国崇尚贞节，通过四处为节妇立牌坊、撰写传记、封赏家属乡亲的方式，来纪念和弘扬妇女的贞节美德。而朝廷也通过对忠臣孝子的奖赏，有效地表明男性为孝而引起的悲伤和哀悼之情，被认定是可敬的情感形式。因而，在某些情境下，伦理情感比法律更具有道德优越性。例如有学者探讨晚期帝制中国时，朝廷在处理血亲复仇案件时，将孝行当作豁免杀人罪的依据。

（二）阅读、书籍与出版文化

阅读史与出版文化是文化史研究的重要课题之一，强调阅读的"接受"。阅读史的界定一方面与写作史区隔，另一方面又与过去的书籍史（书籍商业史、书刊检查史）相比较。学者们注重研究读者的角色，探讨阅读习惯的变化及印刷的"文化用途"。有的学者则探讨个别读者对文本的反应，也有通过宗教审判所审讯的回答来进行研究。甚至探讨阅读行为的改变，像是18世纪的"阅读革命"。

研究者可以关注书籍史家较少探讨的出版活动与书籍文化层面及其时代（图书出版与销售活动），旅行指南的书写及出版与旅游文化的关联性，甚至关注性别、阅读与出版的关联。像是2015年亚洲研究学会（AAS）的李文森奖，颁给了加州大学戴维斯分校的何予明（Yuming He）教授。得奖著作是《家与世界：在16至17世纪的雕版印刷物中编辑"皇明"》（*Home and the World: Editing the "Glorious Ming" in Woodblock–Printed Books of the Sixteenth and Seventeenth Centuries*, Harvard University Asia Center, 2013），该书讨论的是晚明的书籍与出版文化。此外，除了印刷文化，传统中国在印刷术出现前的写本文化，亦可思考阅读与书籍的关系。

（三）文化相遇

文化相遇（cultural encounters）是近来成长快速的研究主题之一。"相遇"（encounter）一词的意涵，指的是一种世界史概念的文化之间的接触，以及意识性与随机性的跨文化互动。研究课题和以往的中西交流史或中外关系史的视角不同，重点在区域、文化边界与文化交往，以及文化碰撞中产生的误解。此外，我们也看到学者有时会用"文化转译"（cultural translation）来置换。

这个课题有两个重点，一是"他者"的问题。有学者认为强调欧洲对他者的建构，也有可能为他者以及他者针对欧洲人的自我建构所形塑。因此，我们会发现，中西文化接触的研究中，并非单纯地由欧洲中心转向地区文化而已。需要思考的是，在获致平衡观点的结果，强势的地区文化该如何处理？第二是文化史研究的理论。学者认为近年来蓬勃发展的中西文化相遇的研究，不可避免地要从西方历史学方法论转向文化史的取径来理解。这方面的课题有：图像与跨文化交流、人物流动、中国与周边国家、海洋史、贸易与知识交流、知识与帝国、博物学与物质文化。

（四）历史记忆

法国史家诺拉（Pierre Nora）曾说记忆研究不是要复原或建构历史，也不是回忆过去的历史，而是关于过去的现在记忆，只残存在一些"场所"中，他称为"记忆所系之处"。如何透过"历史与记忆"的课题来书写历史成为当代史家关注的焦点。在法国史的例子中，我们可以见到"七月十四日"、《马赛曲》、"自由、平等、博爱"、圣女贞德、埃菲尔铁塔、环法自行车赛及"普鲁斯特之《追忆逝水年华》"等课题。记忆不仅是思念消逝的往昔，还是对自身主体的确认。怎样记忆？怎样忘却？记忆从一个个体传递到另一个个体，如此不断扩散与互动，使得记忆由个体变集体。在此意义上，哈布瓦赫（Maurice Halbwachs）称个人记忆就是集体记忆。

研究者可以透过仪式、纪念物、纪念碑、博物馆、纪念馆、墓葬、公园、博览会、战争之旅等主题，研究如何透过地景或空间来记忆过去。此外，战争与记忆也是记忆研究的重点，可以探讨民众如何透过重要的政治与军事物品或个人的传记与日记，来记忆与见证战争的公与私领域。例如二战的重庆大轰炸、殖民体制下台湾的空袭记忆、内战，或者是历史上有关战争与屠杀的课题（纳粹、亚美尼亚、非洲及伊拉克种族屠杀等）。此外，也可以从记忆与文化资产、记忆与日常生活、记忆与创伤等角度探讨历史记忆的课题。

（五）全球史视野

　　近来史学界继"文化转向"之后，掀起一波对全球史的关注，有学者形容为史学界的"全球转向"（global turn）。全球史的视野提供给史家跨越民族国家的疆界，相关课题有：分流、合流、跨文化贸易、物种传播与交流、文化碰撞、帝国主义与殖民、移民与离散社群、疾病与传染、环境变迁等。全球史的研究取向并未否认民族国家的重要。相反地，它强调透过探索跨越边界渗透至国家结构的行动者与活动，全球史跨越了国家、地方及区域。然而，全球史或全球转向不应该只是提供给学者们一种更广的历史研究视野，还必须提供一种更好的研究视野。虽然全球史在研究课题上是跨国的，但国家研究不该被抛弃，国家史值得根据全球化的力量如何影响民族国家进行再探。

　　全球史不意味着就是要以全球为研究单位，而是该思考如何在既有的研究课题中，带入全球视野。在研究方法上，可以采取以下几种模式，例如：1. 描述人类历史上曾经存在的各种类型的"交往网络"；2. 论述产生于某个地区的发明创造，如何在世界范围内引起反应；3. 探讨不同人群相遇之后，文化影响的相互性；4. 探究"小地方"与"大世界"的关系；5. 地方史全球化；6. 全球范围的专题比较。在研究课题上，也可以就以下几个子题来思考。例如帝国、国际关系、跨国组织、物的流通、公司、人权、离散社群、个人、技术、战争、海洋史、性别与种族。

尽管全球史有以上研究特色，但史家也提醒我们，全球史取向对于史学的冲击或许会过于夸大。无论我们如何思考民族国家过往的道德，或者其未来的可行性，无疑地，民族国家仍然代表一种重要的社会及政治组织的历史形式。总之，在推崇全球史研究特色的同时，我们不用把民族国家史的叙事弃之不顾。虽然民族国家已不再是史家分析历史的最常见分析单位，但仍是相当重要的研究课题。全球取向可以给国家史研究者提供有效的修正方向，而不再视民族国家只是一种特定历史。

1979年，英国史家斯通（Lawrence Stone）发表《叙事的复兴》一文揭示微观史学与叙事史学的回归，近来阿米蒂奇（David Armitage）仿效斯通的方式，也写了一篇《长时段的回归》，暗喻大历史与全球史时代的到来。阿米蒂奇认为，历史学家是众所周知的流浪者，相对于其他学科，他们更乐于左右转弯。在过去50年间，美国内外的史学界出现过好几波历史转向。刚开始的变化是社会转向："自下而上"地审视历史，远离精英的历史，并转向普通人、平民、被边缘化或被压迫者的经历。在这之后有了语言学转向，又可称为文化转向或文化史的复兴。最近的一波则是康拉德（Sebastian Conrad）《全球史的再思考》（*What is Global History*）？

所探讨之超越国别史的变化，像是跨国转向、帝国转向以及全球转向。在阿米蒂奇看来，不管你是支持还是怀疑，不可否认地，"转向"这一语汇包含了思想的进步。作为一位世界公民，我们不仅要跳脱传统的民族国家史观，将自身的历史放在世界史的脉络下来看待，更要多加接触全球史著作，以了解世界历史的演变。

（六）帝国与国家

人类历史的政治发展上，民族国家是常态，还是帝国是常态？事实上，帝国是古今中外最持续不衰的权力形式与政治单位。在新帝国史的影响下，过去的中心与边缘不再是固定的，值得再重新思考传统帝国如唐、元在东亚与世界史中新的定位与意义，也可以从台湾的明清史研究角度再检视"内亚转向"及目前的研究特色与局限。透过域外文献来看明清帝国也是跳脱中国中心观的取向之一，大量的《燕行录》为我们提供了很好的观看数据。传统帝国的课题除了关注边界，亦可从帝国内部的角度探讨政治、制度、社会与文化的问题，例如易代之间的士人际遇、忠义、遗民、文人书写等课题。

此外，研究者可以思考近代帝国的发展对国家的日常生活、社会组织及社会运动史的影响。例如日本殖民统治下的台湾，可以从比较的观点来探讨殖民地的统治特色，例如技术、观光及博览会的课题。更可以从帝国的框架来探讨技术与近代东亚发展的关系，例如：牛乳的使用、母乳，甚至代用品豆浆的出现；日本帝国殖民地的蔗糖技术发展；又或者是肥皂、味精、农药制造与在东亚的流通和近代日本化学工业也有密切关系。

近来新帝国史研究也提供给我们从结合世界史与社会史的角度，去思考19世纪到20世纪的转变。例如19世纪末期出现的一种新观点："规训"帝国臣民意味着使大众文明化（从卫生学、大众教育的角度来说），而不仅仅是培养精英阶层。帝国的规训既会带来普遍性的政策也会引起反抗，研究者可以将社会史与宏大叙事联系起来，所探讨的不再仅仅是资本主义的扩张，也不是资本主义加现代国家的构建。研究帝国的历史，不该只是一个偏向单方面的故事，永远只独厚一个声音，而是该把帝国看成一个充满互动的整体，一个内部互相关联的大世界。

（七）环境与历史

尽管环境史的问题意识架构常受限于民族国家的框架，但有时还是会超越边界，将焦点集中在气候、疾病、海流、资源商品的流通。当我们开始逐渐关心全球气候变迁、稀有能源资源、生物多样性及干净的水资源时，可以将视野扩展到以往环境史较少关注的外交或世界史的视野上。

研究者可以关注全球环境史的议题，像是以下四种类型。一是世界环境史，例如约翰·R. 麦克尼尔（John R. McNeill）、休斯（Donald Hughes）的作品。二是以某个专题为主，从世界的范围进行研究，如格罗夫（Richard Grove）、拉德考（Joachim Radkau）、彭慕兰（Kenneth Pomeranz）等人的著作。第三种是把环境史与世界史融为一体的著作，例如麦克尼尔父子合著的《文明之网：无国界的人类进化史》（*The Human Web: A Bird's-Eye View of World History*, 2007），英国环境史教授阿梅斯托的《文明的力量：人与自然的创意关系》(*Civilizations: Culture, Ambition, and the Transformation of Nature*, 2000) 及《世界：一部历史》(*The World: A History*, 2007)，克罗斯比 (Alfred W. Crosby) 的《写给地球人的能源史》(*Children of the Sun: A History of Humanity's Unappeasable Appetite for Energy*, 2006)。最后一类是强调"大历史"，把人类史放在大爆炸以来的地球环境演化中研究，例如克里斯蒂安 (David Christian) 的《时间地图：大历史导论》(*Maps of Time: An Introduction to Big History*, 2004)、布朗 (Cynthia Stokes Brown) 的《大历史》(*Big History: Between Nothing and Everything*, 2007)。

此外，环境与历史关心的议题还有：水资源、战争与环境、动物的历史、疾病与环境、能源、森林、国家与环境、工业化、污染等课题。亦可结合传统中国史研究中的历史地理（制度、交通）、农业史的研究成果（水利）。

（八）科学、技术与医疗

除了医疗社会史或文化史的取向，也可以参照前述"全球视野"的主题，探讨全球医疗史。医疗史学者柯浩德 (Harold J. Cook) 认为，如果我们借鉴全球史研究的一些方法，可以思考从不同的角度看医学史。他认为关于植物学和医学的数据，以及针灸医术，都像商品一样，也会沿着贸易路线从亚洲传入欧洲。通过贸易公司和传教机构促使人员、技术、讯息、商品甚至疾病的相互流通，说明全球转向的重要性。相对地，国家与"文明"并非主角。战争与医疗的课题，可探讨的有战争的危险、战争对医学进步所扮演的角色、战斗人员的医疗照顾、战争与精神医学，以及战时平民的健康与照护。

受到新帝国史的影响，学者们也开始探讨殖民的脉络，拒绝中心与边缘的二分法，认为它不仅促成热带医学等新学科的发展，也影响了欧洲的实作与观念。探讨的课题有：种族与医学、帝国与疾病、殖民医学、热带医学、西方医学与开发中世界。此外，近来科学史研究也开始注意到技术史的层面，尤其是技术的历史与近代东亚社会现代性的形成的关联。像是：日本帝国在近代殖民过程中的技术史，与公共卫生防治有关的除虫化学药剂的问世。或者是与食品卫生及健康有关的味精的制造，也是与化学技术的变革及产业的推动有关。

(九) 新史料与历史书写

新史料与历史书写有密切关系，尤其是考古与新发现资料对古代史研究的重要性。近来的新史料与历史书写的课题有：马王堆画帛，考古墓葬与西周时代礼器制度，《里耶秦简》与秦代史（官制、历史地理、社会史、文书、邮驿制度），魏晋南北朝的墓葬、墓志与壁画，明抄本北宋《天圣令》《至正条格》与法律史，以及明清域外汉籍与跨文化交流研究。在近代史新史料方面则有"蒋介石日记"的开放。

除了考古数据与新史料的发现，数字时代的历史学的一大特色是数据库的使用，如何透过数据库的妥善利用进而发展出新课题与新视野，值得深究。近来各个图书馆与研究单位都在积极开发历史资料的数字化。例如："中研院"的"汉籍电子文献"；"中研院"史语所的"内阁大库档案""拓片典藏数据库"；"中研院"近史所的

"妇女杂志""英华字典";"中研院"台史所的"台湾研究古籍数据库""台湾日记数据库";台湾图书馆的"日据时期期刊全文影像系统";台北故宫博物院的"清代宫中档奏折及军机处文件折件全文影像数据库"。地理空间方面的数据库有"中研院"人社中心的"中华文明之时空基础架构""台湾历史文化地图"。

目前学界透过这些数据库进行历史书写的例子相当多,例如利用日记数据库研究日据时期台湾社会。除日记外,另外引起学界重视的是"《申报》数据库""晚清民国期刊数据库"及"中国近现代思想史专业数据库",尤其是后者吸引许多学者进而利用数据库中的"关键词"研究"观念史"。报刊数据库也是近现代学者研究社会文化史课题的重要数据来源,例如国际上妇女史学者已经在利用"Chinese Women's Magazines in the Late Qing and Early Republican Period"数据库中的几种报刊如《玲珑》《妇女杂志》等,来研究近代中国的性别史、社会文化史。

（十）大众史学／公共史学

史家约尔马·卡莱拉（Jorma Kalela）近来在《大众史学评论》（*Public History Review*）探讨了当代史家制作历史的新管道,文章开头引用海登·怀特（Hayden White）的一句话相当引人深思:"没有人拥有过去,也没有人可以垄断如何研究过去,或者是如何研究过去与现今的联系……今日,每个人都是历史学家。"在这个人人都是史家的年代,历史已成为商品,历史消费者可以透过物质媒介接触历史。大众不仅可以透过学院史家掌握历史知识,也可以借由大众文化发展趋势下的虚拟转向（virtual turn）与视觉转向（visual turn）接触历史及发展他们自己的叙事、故事与历史经验。

非学院或非专业历史——所定义的大众史学——是一种复杂的、动态的现象。然而，与过往接触有关的大众史学，却缺乏全面性的探讨。这常因为是专业史家不重视各种通俗历史，可从对大众的批判与强调上下层对立二分的模式看出端倪。专业史家偏向以理论来讨论历史的角色与本质，以致大众史家以及通俗媒介对历史的理解，长期以来一直处于边缘位置。近来华文世界相继关注20世纪70年代以来就在美国发展起来的大众史学，虽然名称用法不同，但都反映出这波学院史学之外社会实践走向的变化。研究者可以探讨的方向有博物馆、口述史、大众史家、学科发展、地方史、网络、影像、历史记忆、文化资产及出版市场等课题。

二、从工作坊到专书编写

本书除了与上述2015年的计划有关，另一个直接相关的是"当代历史学新趋势：热门与前瞻议题"工作坊。在2017年的那次会议，我们邀请了以下学者来讨论前瞻议题。计有吴翎君（跨国史）、李毓中（跨文化交流）、陈建守（概念史）、谢仕渊（运动史）、郭忠豪（食物史）、皮国立（医疗史）、洪广冀（科学史）、李仁渊（书籍史）、潘宗亿（历史记忆）、傅扬（思想史）、林敬智（数字人文：GIS）、徐力恒（数字人文）及笔者（公众史学）。

有鉴于该次工作坊的回响良好，有必要编撰成专书，好让更多的读者认识这些新观点。因此，在这个工作坊的基础上，我又另外邀请了一些会议没讨论到的主题，像是感觉史、情感史、性别史、新文化史与日记研究。

第一部的主题有感觉史、情感史、阅读史及新文化史。涂丰恩的文章探讨了几个重点：感觉为何有历史？感觉如何有历史？如果感觉有历史，历史学者又如何捕捉和书写它们？文中特别提到2011年4月号的《美国历史评论》，杰伊（Martin Jay）组织了一个纸上论坛，名为"历史中的感觉"（*The Senses in History*），邀请五位学者，分别就视觉、听觉、嗅觉、味觉及触觉，撰写研究回顾。这个专号的刊出，代表了感觉史登堂入室，开始受到主流学者的瞩目。

王晴佳的情感史文章指出，如果我们承认历史是人所创造，那么创造历史这件事，应该也受到情感等非理性层面因素的影响。但当代史学在这方面的关注，实在过于欠缺。这现象从罗森宛恩（Barbara Rosenwein）及斯特恩斯（Peter Stearns）的作品可以看出。王晴佳的文章更认为，20世纪上半叶，史家比较倾向认为思想史的研究能揭示历史的动因，而二战后，社会史被认为是最好的选择。这一派学者研究、分析社会的整体演进，将视角伸向妇女、家庭、儿童及许多名不见经传的群体。因而妇女史、性别史、家庭史和儿童史等流派的兴起，都与情感史研究有关。最后作者举出两本书当范例，一是李海燕的《心灵革命：现代中国的爱情谱系》，另一本是林郁沁的《公众激情：施剑翘案和同情在民国的兴起》（*Pubilc Passions*, 2007）。

阅读史或出版文化史在欧美历史研究中不乏佳作，但台湾这方面的研究较少开展，李仁渊这篇文章相当重要地将这方面的研究特色提点出来，可让后学者理解这个领域的成果与未来展望。本文的目的不在提供全面性的学术史回顾，而是在试着从近年西方的研究中归纳出几个重要的课题与观点，从而讨论这些可能让我们在面对中国史领域时获得的启发。最后作者指出四点看法，首先对于文字载体、文本格式与阅读模式间的互动，是未来中国阅读史研究的重要方向。其次，近来发现的新史料如账簿、刻版、出版者、印坊及同业公会的碑刻、日记及书信，都让我们得以更细致地探索个人的阅读行为。再次，在微观的个案之外，量化的研究可以帮助我们掌握整体方向。最后，不同阅读传统之间的比较研究，可以协助我们从习以为常的现象中产生新的视角。

张仲民为近年来中国新文化史研究的重要推手，他不仅关注欧美史学理论，也进行个案研究，常有开创性新作出版，课题涵盖从近代中国医疗的出版文化到商业与医药。近年来，中国也兴起新文化史译介热，但仍存在一些容易引起误会和争议的问题。这篇论文对此进行了回顾反思，指出新文化史本身汲取了很多理论成果，这可以让史家更加谨慎地对待各种分析框架和研究典范。而在当下的西方，新文化史已经有统摄整个历史研究领域之势，它也同更多的相邻学科发生密切关系，一个新文化史研究的国际化潮流已经出现。但由此也产生了"文化"的定义到底为何及其同社会的关系的问题。"文化"或许并不能独立于物质、经济或社会因素之外而发挥作用，新文化史家必须在文化之外，深化对社会和经济因素作用的认识。不过，张仲民相当有批判力地认为，目前大家所乐道的中国语境中的碎片化问题，其实是低水平重复的问题，并非新文化史语境中的碎片化问题。当下中国的新文化史实证研究虽然取得一些进展，但总体上看，仍是对外来刺激的追随和模仿，并非为内在学术理路发展的水到渠成，常有不求甚解的情况，尚缺乏深厚的研究基础与学术积累，有待改善之处甚多。

第二部的主题有思想史、概念史、性别史及历史记忆。傅扬应该是这本读本作者中年纪最轻的学者，从英国取得博士学位不久，刚到大学任教，研究古代史、经济史，尤其对思想史的研究动态有许多钻研。思想史现在还有人研究吗？很多人都可能有这样的疑问。会这样问即表示这领域曾经风行过，但也有一段时间不太有人再提起这词汇。透过这篇文章，我们应该会对思想史有新的一番认识。从20世纪上半叶迄今，英语学界的思想史研究有其荣景和低潮，发展过程中遭遇许多大浪与暗流，但可以肯定的是，思想史研究积累的成果已十分丰富，甚而翻转许多关于过去的理解，未来也将持续为历史学做出重要贡献。2020年即将到来，思想史研究有何可观的发展或可能趋势？傅扬这篇论文整理英语学界若干研究实践和方法反思，捕捉几个值得重视的近期动态，希望能为对思想史有兴趣的读者，提供一些观察和参考，以俾反省、探索思想史研究实践的各种可能性。

其中，思想史最显著的一个趋势就是全球思想史的发展。其核心主张有：一是思想史探讨的对象不该受地域与时段所限，应在全球的范围中探讨不同的观念与思想传统。二是将全球当作一个联结的整体，探讨全球范围内思想观念的传布、交流与互动。三是概念化取向。全球作为历史当事人思考的一个主观范畴，也催生关于世界的意识或如何思考全球的思想史。

陈建守是台湾年轻一辈史家中对新文化史涉猎最深的学者，年纪轻轻就已经编了好几本当代欧美史家的访谈录与介绍文章。其博士论文就是以概念史的视角研究近代中国的"启蒙运动"的词汇与观念，由他来写概念史的回顾，最恰当不过。关于概念史的研究，在欧美已经有很丰硕的成果。华文世界的相关研究，虽然刚起步不久，但也颇为可观，各种实证研究不可胜数。陈建守这篇论文立基于许多先行研究者的介绍，希冀能对此一研究取径，提供新的面向。在章节安排上，作者首先介绍英语世界针对科泽勒克（Reinhart Koselleck）生平和概念史的引介与梳理，继而介绍全球视野影响下的概念史，最后则归结到科泽勒克之后的概念史最新研究动态。

衣若蘭这篇文章并非一篇研究回顾，主旨不在对近30年来中国性别史的研究成果做一归纳整理，而是思考多重因素及其交叠如何有助于阐述中国性别文化史之特性与复杂面向。"交织性理论"相当受欧美学界重视，纷纷提及它作为重要的研究视角及方法论的挑战，呼吁以之研究性别的迫切性，而华人学界则较为忽视。这篇文章则在这方面为学界提供了很好的参照点。

潘宗亿认为，历史记忆研究在近30年来，已经成为学者透过检视记忆媒介或"记忆所系之处"，考察社群集体不断重构特定过去意义之认知。在此取径下，历史学、人类学与社会学等学科，发展出集体记忆、社会记忆、国族记忆、庶民记忆与文化记忆等概念。这些研究的核心课题，不仅在于理解社群如何诉说过去，也在探讨特定社群如何借由宗教信仰、政治文化、教育涵化、社会实践、历史传统、象征仪式、纪念机构与空间等，具体化并传递集体于"现在"所建构之"过去"的意义认知。作者所探讨的重点有：19至20世纪帝国殖民统治时期的记忆与认同建构、战争与国家暴力创伤记忆的恢复与转型正义、教科书政治学，以及国族记忆空间的建构。

第三部的主题是全球史、跨国史。蒋竹山这篇文章并非全面检视全球史对当代史学领域的影响，而是尝试透过近来出版的一些全球史著作，探讨全球史带来的全球转向的研究特色，并论述这种取径对于美国史中的历史书写有何影响。究竟全球史是取代了民族国家的历史书写，还是二者有所互补，作者认为后者成分居多。

20世纪90年代以后欧美历史学界兴起了研究全球史（Global History）和跨国史（Transnational History）的风潮，近年来跨国史研究在方法上越趋成熟。吴翎君这篇文章主旨在探讨英文学界在跨国史研究中的新趋势和代表论著，并以跨国企业为主要考察案例，这些新研究成果对于我们研究19世纪下半叶第二次工业革命发生以后全球企业移动、技术跃升及其关系网络的全球大交流，提供了一个宏观背景。从英文学界对跨国史的研究趋势和实例，或可为我们提供移转于近代中国为主体的跨国史视角，进而激发出新颖的研究面貌。

第四部的主题为科学史、医疗史及食物史，都与跨学科研究有关。洪广冀有哈佛大学科学史训练的背景，虽然任职于地理学科系，但研究仍是历史取向，为近年来科学史研究新秀，在近代博物学、森林史研究上着力很深。作者认为科学哲学、科学社会学与科学史研究者一度坚称科学知识必定是普世性的、是贯穿古今且放诸四海皆准的。然而，自20世纪70年代以来于科学史与科学知识社会学中蓬勃发展的"在地取向"挑战这样的说法，进而以一系列精巧的经验研究，证明科学知识不仅可为社会学与人类学分析的对象，更有其地理学。

洪广冀的文章主旨在介绍这波持续近半世纪、影响横跨地理学、人类学、社会学与科学技术研究的"地理转向"。首先，他回顾20世纪70年代以降科学史与科学知识社会学的发展，说明科学知识之地方性如何成为研究者关心的重点。进而，讨论同时期之地理学者如何响应这波来自学科外对科学之普世性与进步性的挑战。第三部分回顾主导此地理转向的两类理论取向：一是由社会学者夏平（Steven Shapin）与地理学者利文斯通（David N. Livingstone）倡导之将"科学置于其地"；二是挑战社会与自然之二元论的行动者网络理论。结论则总结此地理转向系如何再形塑研究者对科学知识的定义，并简述全球论者、后殖民主义者与后结构主义者对此转向的批评。

皮国立为近年来中国医疗史研究的青年学者，论著甚丰。这篇文章以近6年（2011—2017年）的中国医疗史著作为分析范围，希望能从研究回顾中，既书写这门学术的历史，也为整个研究的创新提供一些个人的观察与建议，希望能对未来的研究者有所帮助。作者认为学术研究之回顾，还是必须要有主体性，故先以台湾为主，扩展至东亚，再及于西方，比较能够聚焦，不流于泛泛之论。"中国医疗史"范围是跨越朝代的通贯历史研究分析，以一篇文章来论述已嫌吃力。中国以外东亚其他国家的医疗史，碍于篇幅，无法一一细论。至于台湾的医疗史研究，有不少是基于台湾史为出发的分析，也很有意义，但基本上本文还是以中国大陆医疗史为主，台湾医疗史还有待另文梳理。

郭忠豪受欧美史学训练，博士论文研究明清的食物史，近来研究则扩展至近代东亚的食物史范畴，研究成果中常可见到当代欧美食物史研究最新动向及与外国学人的对话。这篇文章回顾近来英文学界如何对中国与日本食物进行研究，并分析其研究方法与重要论点。英文学界对中国食物的兴趣以人类学家与历史学家为主，前者透过对"中国食物"的研究了解海外华人的离散性（diaspora）、菜肴变迁与饮食认同，后者透过对"中国食物"的研究分析食物与祭祀、养生、宗教、饮食哲学以及区域性饮食的形成。英文学界也关注到日本的食物研究，讨论议题包括日本的传统饮食、近代饮食现代化以及中日饮食文化的交流。除了讨论中国与日本食物的研究方法与论点，本文也提供中国食物未来研究的重点与方向。

第五部的主题是数字人文、新史料与历史研究。徐力恒及王涛两人近年来在历史数字数据库上做了许多努力，像是"中国历代人物传记资料库"（China Biographical Database, CBDB）。两人的文章主旨不在介绍数字资源和工具，类似介绍在网络上已相当普遍。他们希望思考的是"数字转向"如何在宏观层面拓展史学理论与史学方法，又或在微观层面改变历史学者的工作方式。为了避免流于浮泛，作者在文中将从历史学者作为独立研究者，以及团队项目参与者两个维度，结合中国史与外国史两大研究领域，具体阐述数字人文研究在当代史学研究体现的特点和内涵。

林敬智的文章以国内外大体趋势为主轴，介绍历史学者可以使用的相关资源，包括各个学术机构、网上资源。作者提到，哈佛大学包弼德（Peter Bol）与复旦大学葛剑雄和满志敏合作CHGIS（Chinese Historical GIS）计划，便是在上述几位学者的基础上，以谭其骧先生校订的《中国历代地图集》为基础所建立的。其后哈佛大学还在2005年成立地理研究中心（Center for Geographic Analysis），由包弼德担任第一任主任，与此同时发展的"中国历代人物传记数据库"便与CHGIS相互联结，发挥更大的效果。

就我而言，日据时期的日记与报刊数据提供给我们观看日据台湾的日常生活史的绝好例证。无论是全球史、感觉史或城市日常生活与消费文化，过往所关注的大多是世界史或中国史，透过近来的一些研究，我们可以看出如何书写物的台湾文化史仍有许多可以深入探讨的地方。正是这种强调跨界、跨区域、全球史及物质文化的视角，为我们提供很好的方法论基础去思考物的台湾文化史的写作。在此研究脉络上，无论处理的是铁道、博物馆、旅馆、料理店，抑或是自行车、味精或收音机，都不再只是单纯的日据台湾物的文化史书写，背后还隐含东亚的消费社会发展下的帝国、商业、技术与各种人群移动。近来日记研究不限于台湾，日本学界也有许多日记文化的研究可参考，例如田中佑介编的《从日记文化探讨近代日本》（日记文化から近代日本を问う，笠间书院，2017）。

结　语

西方学界习惯每10年就有一次学术的回顾与讨论，例如美国历史学会曾主持过2000年至2010年的回顾讨论会，之后由方纳（Eric Foner）及麦吉尔（Lisa McGirr）编出《今日美国史》（*American History Now*, Temple University Press, 2011），相当值得我们参考。有关法国年鉴学派的回顾，读者可以参考《19—20世纪法国史学思潮》（商务印书馆，2016），以及《法国史学革命：年鉴学派，1929—2014》（北京大学出版社，2016）。这本《当代历史学新趋势》应该是近年来的第一本较为全面地在台湾谈当代史学新趋势的专书。有关当代台湾历史学研究趋势的著作不多。较早的一本是华裔美籍史家王晴佳教授2002年于麦田出版的《台湾史学50年》，书中探讨了1960年至1987年的科学史学、1987年至2000年"解严"之后的台湾史学。之后在2017年于上海古籍出版社，出了增订版，书中增加了2000年之后台湾史学的趋向。我自己则在2012年写过《当代史学研究的趋势、方法与实践：从新文化史到全球史（2018最新修订版）》（五南，2018）。此外，《想想历史》（*Thinking About History*, 2018）也很值得读者参考。这本书的前半部在思索历史学近10年如何改变，这表现在历史学家将注意力转向新的行动者、新的空间和新的物体。作者探讨的问题有：我们写的是谁的历史？如果我们跳脱国家空间的框架来思考历史，会发生什么改变？历史学受到新方法的影响后，各领域有了哪些变化？后半部则围绕着历史学引起内外部争议的三种方式。

除了欧美学界的趋势探讨，日本学界近年的几本新作，也可以看出他们对当代史学发展的检讨。例如历史学研究会编的《第四次当代历史学的成果与课题》（第四次现代历史学の成果と课题，2017），共三册，主要回顾2001年至2015年的日本史学界发展，三册主题分别是：新自由主义时代的历史学、世界史像的再构成、历史实践的现在。类似主题还有：历史学研究会编，《历史学的现实性》（历史のウクチユウリテイ，东京大学出版社，2015）。历史学研究会编，《为了学历史的人，现在该怎么活》[历史を学ぶ人マのためぬに一现在（いま）をどら生きるか，2017]。大阪大学历史教育研究会编，《开启教育的新史学》（教育か开く新しい史历，山川出版社，2017）。在全球史方面，日本东京大学的羽田正教授也出了几本趋势研究的书，相当值得参考。羽田正，《全球史的可能性》（ダローバル・ヒストリーの可能性，山川出版社，2017）。羽田正，《全球化与世界史》（ダローバル化と世界史，东京大学出版社，2017）。

《当代历史学新趋势》中的15篇文章，虽然各自关怀的主题不同，但仍可看出一些共同之处，像是都多少受到全球史的影响，发展出全球史相关议题。然而一本趋势专书可收录的篇章有限，仍有许多未列入但值得探讨的课题，例如图像史学、物质文化史、动物史及艺术史等主题，期待日后有机会增补，或另出一册专门讨论。

第一部

感觉史／情感史／阅读史／新文化史

感觉的历史：理论与实践

涂丰恩

一、历史学的感觉转向

2011年4月号的《美国历史评论》上，加州大学伯克利分校的历史学教授杰伊（Martin Jay）组织了一个纸上论坛，名为"历史中的感觉"（The Senses in History），邀请五位历史学者，分别就视觉、听觉、嗅觉、味觉与触觉，撰写研究回顾。作为美国历史学会（American Historical Association）的官方刊物，《美国历史评论》刊出这个专题论坛，重要性自不待言，它代表了感觉史登堂入室，受到主流学者的瞩目。杰伊在文章中充满信心地宣称，感觉史有着光明的未来，甚至提出了"感觉转向"（sensory turn）的呼声①。

杰伊是位著名的欧洲现代思想史家，但他会踏入感觉史的领

---

① Martin Jay, "In the Realm of the Senses: An Introduction," pp. 307–315. 收录在这个论坛的文章还包括了Sophia Rosenfeld, "On Being Heard: A Case for Paying Attention to the Historical Ear"; Mark S. R. Jenner, "Follow Your Nose? Smell, Smelling, and Their Histories"; Jessica Riskin, "The Divine Optician"; Priscilla Parkhurst Ferguson, "The Senses of Taste"; Elizabeth D. Harvey, "The Portal of Touch".

域并非偶然。1993年，他出版堂皇巨作《俯视之眼》（*Downcast Eyes*），以超过600页的篇幅，讨论"视觉"在20世纪法国思想中的位置，研究对象从柏格森、梅洛-庞蒂、萨特，到拉康、福柯与德里达。从这样广泛的研究中，他归纳出其中有一种普遍的"反视觉中心论述"（antiocularcentric discourse）[1]。如果说在西方思想史上一直有种倾向，是把视觉放在五感当中最崇高的位阶（the noblest of the senses）——这思想源头可以一路追溯到希腊时代——那杰伊笔下的这些思想家，则是要把视觉拉下神坛。

《俯视之眼》代表了历史学者处理感觉的一种取径，也就是考察哲学家与思想家们如何谈论不同的感官。音乐史学者厄尔曼（Veit Erlmann）的《理性与共鸣》（*Reason and Resonance*）是另一个例子[2]。在这本书中，他考察自笛卡儿以降的欧洲哲学论述如何看待"听觉"。如果说杰伊的作品聚焦在法国思想家对视觉的攻击，那么厄尔曼的书换个角度，要为听觉恢复其地位。过去思想家往往强调视觉与理性的密切关系，进而将视觉当作现代性的核心感官，厄尔曼则企图证明，其实听觉的重要性不遑多让[3]。

不过，从杰伊所主编的论坛中可以看出，这样的研究取径（姑且称之为感官的思想史）只是感觉史的其中一个支脉，而且有着明显的

---

[1] Martin Jay, *Downcast Eyes: The Denigration of Vision in Twentieth-Century French Thought*（Berkeley: University of California Press, 1993）.

[2] Veit Erlmann, *Reason and Resonance: A History of Modern Aurality*（New York: Zone Books, 2010）.

[3] 关于视觉与现代性的关系，参见Martin Jay, "Scopic Regimes of Modernity," in Hal Foster, ed., *Vision and Visuality*（New York: New Press, 1998）, pp. 3–23; David Michael Levin, *Modernity and the Hegemony of Vision*（Berkeley: University of California Press, 1993）.

局限：它所处理的是社会上一小群精英与知识分子的想法。但更多学者关心的，不只是哲学家们怎么思考感官，更是历史中一般人在日常生活中的感官体验。换言之，感觉史应该是日常生活史的一部分。

在前述论坛出现的3年后，英国与爱尔兰的德国历史协会（German History Society）出版的期刊《德国史》（German History）上，刊出了另一个书面论坛，主题中同样是"感觉"（The Senses），仿佛是与前者遥相呼应。这个论坛由《德国史》编辑部规划了五个与感觉史相关的问题，颇能反映感觉史研究中的关怀，比如："五感是否构成了一致的（coherent）研究对象，或者在方法论以及对于更大的历史理解的贡献上各不相同？"同时邀集欧美四地的四位学者，以对话的方式交换对这些课题的意见，分享他们的观点①。

大西洋两岸的学者同时开始关注感觉的历史，代表了一个新的研究领域正在成形。正如《德国史》编者在论坛导言所写，过去10多年来，感觉史已经从一个边缘的、小众的议题，开始走向了历史研究舞台的中心，与其他领域产生了建设性的对话，并在我们思考历史研究时提供了一个独特的视野。这样的动向甚至连大众媒体也注意到了，2003年的《纽约时报》上有篇名为《你能看到、听到、闻到、触摸到和尝到的历史》的短文，内文中就强调："感觉正热

① C. Birdsall et al., "Forum: The Senses," *German History*, 2014, Vol. 32, No.2, pp. 256–273. 近来德国史中关于感觉的作品，还有如：Michael J. Schmidt, "Visual Music: Jazz, Synaesthesia and the History of the Senses in the Weimar Republic," *German History*, 2014, Vol. 32, No.2, pp. 201–223; Carolyn Birdsall, *Nazi Soundscapes: Sound, Technology and Urban Space in Germany, 1933–1945* （Amsterdam: Amsterdam University Press, 2012）. 除了德国史，俄国史领域中近来也出现了一部感觉史的论文集，见Matthew P. Romaniello and Tricia Starks, eds., *Russian History through the Senses: From 1700 to the Present* （New York, NY: Bloomsbury Academic, 2016）.

门"（The senses ... are hot.）①。

　　不过，感觉为何有历史？感觉如何有历史？如果感觉有历史，历史学者又该如何捕捉和书写它们？在这一篇文章中，我打算回顾一些研究著作与趋势，并兼顾理论与实践两个层面来介绍这个新兴领域，但这不会是一个全面性、地毯式的考察，我的讨论对象以英语世界（或翻译为英语）的作品为主，而且集中在比较有代表性的学者与作品。在准备撰写这篇文章时，我稍微搜索了一下目前中文世界对于感觉史的讨论，发现能够找到的数据相当少②，本文提及的文献，也少有中译本。作为介绍性的文章，本文希望可以引起一些读者的兴趣，进而探索这个新鲜又充满活力的历史学领域。

二、一个新领域的兴起

　　"感觉"成为历史研究的主题，不但多数读者闻所未闻，就算对许多专业的历史学者而言，恐怕都是个颇为新鲜的想法。的确，感觉史的兴起也不过是近二三十年的事。1994年，美国史学者罗德（George Roeder）曾在美国史的专业刊物上撰写研究回顾，一开头就抱怨：历史学是一门近乎"无感"的学科（Ours is a nearly senseless profession）。为了证明自己不是无的放矢，他广泛调查了20世纪下半叶出版的美国通史教科书，总计 16 本。他发现，其中

① Emily Eakin, "History You Can See, Hear, Smell, Touch and Taste," *New York Times*, Dec 20, 2003.
② 除了下文提到的著作外，少数的作品有如陈昊：《触觉与视觉之间的传统与现代性？：中国历史、社会和日常生活中的身体感》，《人文杂志》，2015年第9期，第82—90页。

关于20世纪的部分，多数几乎都不关注历史中的感觉面向；如果有，也十分单调，仅集中在一些负面的感受（比如疼痛、恶心），无怪乎对感官文化有兴趣的他会有此感叹[1]。

不过，罗德也指出，在他书写的当下，情势已经出现改变，不只是美国史教科书增加关于感觉经验的篇幅，美国史领域也出现不少经典著作，让人注意到历史中的感觉。罗德在文章中举证的例子，大多不是严格意义上的感觉史。比如他提到乌尔里希（Laurel Thatcher Ulrich）的名作《产婆故事》（A Midwife's Tale），这本书透过 18、19 世纪之交，美国新英格兰地区一部出自产婆之手的日记，细腻地重建当时一般人的日常生活，其中当然免不了会提到感官体验的描述（比如病人身上的臭气，或是喝完热茶后的舒适感）；又如克罗农（William Cronon）在环境史领域中的经典名著——描写芝加哥历史的《自然的大都会》（Nature's Metropolis），还有许多其他的例子，里头都可以找到感觉历史的痕迹[2]。罗德呼吁同行尽快投入这个领域，他说，当感觉史的研究能够与政治史、哲学史或社会运动史等量齐观的时候，不仅能够扩大观众群与研究

---

[1] George H. Roeder, "Coming to Our Senses," *Journal of American History*, 1995, Vol.81, No.3, pp. 1112–1122; 罗德对感官，特别是视觉文化的关心由来已久，参见George H. Roeder, "Filling in the Picture: Visual Culture," *Reviews in American History*, 1998, Vol.26, No.1, pp. 275–293.

[2] 罗德所提及的例子包括了：David Hackett Fischer, *Albion's Seed: Four British Folkways in America*（New York: Oxford University Press, 1989）; Laurel Thatcher Ulrich, *A Midwife's Tale: The Life of Martha Ballard, Based on Her Diary, 1785–1812*（New York: Knopf, 1990）; Christine Stansell, *City of Women: Sex and Class in New York, 1789–1860*（New York: Knopf, 1986）; William Cronon, *Nature's Metropolis: Chicago and the Great West*（New York: W. W. Norton, 1991）; Patricia Nelson Limerick, *The Legacy of Conquest: The Unbroken Past of the American West*（New York: W. W. Norton, 1988）.

领域，也能大大增进我们对过往世界的理解①。

从罗德的抱怨到今日的发展，短短时间内，感觉史已经有了十分丰富的成果，各种新研究著作出场的速度，更是让人目不暇接。上述提及的期刊专题，只是其中的几个例子。在其他期刊上，我们也看到了类似专题的出现，比如2008年《美国史期刊》（*Journal of American History*）、2012年《18世纪研究期刊》（*Journal for Eighteenth-Century Studies*）、《中古文化研究期刊》（*Postmedieval: A Journal of Medieval Cultural Studies*）均发行感觉史的专号②。2011年的《美国季刊》（*American Quarterly*）也发行"聆听美国研究"（Listening to American Studies）专号，其他类似这样针对单一感官的专题，更是不胜枚举③。同样地，在历史学的一些次领域，如环境史、建筑史、艺术史，乃至于体育史中，我们也能看到"感觉转向"的呼声或兴趣④。

感觉研究甚至已经建立了自己的阵地。2006年由布尔（Michael

---

① George H. Roeder, "Coming to Our Senses," p. 1022.

② Mark M. Smith, "Still Coming to 'Our' Senses: An Introduction," *The Journal of American History*, 2008, Vol.95, No.2, pp. 378–380; M. M. Smith, "Preface: Styling Sensory History," *Journal for Eighteenth-Century Studies*, 2012, Vol.35, No.4, pp. 469–472; Holly Dugan et al., "Intimate Senses/Sensing Intimacy," *Postmedieval: A Journal of Medieval Cultural Studies*, 2012, Vol.3, No.4, pp. 373–488.

③ Kara Keeling and Josh Kun, "Introduction: Listening to American Studies," *American Quarterly*, 2011, Vol.63, No.3, pp. 445–459. 这个特辑也发行了单行本：Josh Kun and Kara Keeling, *Sound Clash: Listening to American Studies* (Chicago: Johns Hopkins University Press, 2012).

④ Jenni Lauwrens, "Welcome to the Revolution: The Sensory Turn and Art History," *Journal of Art Historiography*, 2012, No.7, pp. 7–17; Francois Quiviger, *The Sensory World of Italian Renaissance Art* (London: Reaktion Books, 2010); Alice T. Friedman, "A Sense of the Past," *Journal of the Society of Architectural Historians*, 2010, Vol.69, No.4, pp. 484–489; R. N. Chester, "Sensory Deprivation: Taste as a Useful Category of Analysis in Environmental History," *Environmental History*, 2009, Vol.14, No.2, pp. 323–330; Barbara J. Keys, "Senses and Emotions in the History of Sport," *Journal of Sport History*, 2013, Vol.40, No.1, pp. 21–38.

Bull）等人发起的《感觉与社会》（*Senses & Society*）期刊正式成立，尽管范围不限于历史学，但不时可以见到感觉史的文章与讨论。在发刊词中，他们写道，这份刊物的出现，标示着"在人文、社会科学与艺术中的'感觉革命'（sensual revolution）"。按照他们的说法，这个革命揭示了感觉在历史以及不同文化当中"惊人的多重形构"（startling multiplicity of different formations）。换句话说，感觉不应该专属于心理学或神经生物学的学者，人文社会学者在这个领域中也有话可说[1]。发起人之一的豪斯（David Howes）同时也任职于康考迪亚大学（Concordia University）的感觉研究中心（Centre for the Senses Studies），他和几位学术上长期合作的伙伴，过去10余年来生产了大量有关感觉史的作品。这些作品良莠不齐，但开风气之先的功劳不能磨灭[2]。

除了期刊、研究中心，在一些大学的历史系中，已经开设了感觉史的课程[3]。此外，还有几个学术研究书系的出现，比如布鲁姆斯伯里出版社（Bloomsbury Publishing PLC）的"感官研究"（Sensory Studies）系列，伯格出版社（Berg Publishers）的"感官形构"（Sensory Formations）系列、伊利诺伊大学出版社（University of Illinois Press）

---

① Michael Bull et al., "Introducing Sensory Studies," *The Senses and Society*, 2006, Vol.1, No.1, pp. 5–7.

② Constance Classen, *Aroma: The Cultural History of Smell*（London: Routledge, 1994）; Constance Classen, *The Deepest Sense: A Cultural History of Touch*, Studies in Sensory History（Urbana: University of Illinois Press, 2012）; David Howes, *The Varieties of Sensory Experience: A Sourcebook in the Anthropology of the Senses*（Toronto: University of Toronto Press, 1991）; David Howes, *Sensual Relations: Engaging the Senses in Culture and Social Theory*（Ann Arbor: University of Michigan Press, 2003）.

③ 如普林斯顿大学（Princeton University）历史系的汤普森教授（Emily Thompson），后文会再提及她的作品。她所开授的课程大纲已经公布在个人网页上。

的"感觉史研究"（Studies in Sensory History）系列等。这些书系所涵盖的内容五花八门，而且各有侧重："感官形构"专出"读本"系列，结合已经出版的期刊论文或书本章节，提供给感兴趣的读者作为入门教科书，已经出版的书目包括了《感官帝国：感觉文化读本》（*Empire of the Senses : the Sensual Culture Reader*）、《听觉文化读本》（*The Auditory Culture Reader*）、《嗅觉文化读本》（*The Smell Culture Reader*），此外还有视觉、触觉、味觉以及第六感（The Sixth Sense）等等①。这套书系主编是前面曾提及的豪斯，他是位训练有素的人类学家，因此读本所收录的文章不限于历史领域，而是充分展现了跨学科的企图；至于同样由他主编、布鲁姆斯伯里出版社的"感官研究"系列，则更侧重人类学的取径，这从书目上即可看出：诸如《仪式、表演与感觉》（*Ritual, Performance and the Senses*）、《品味的发明：一份关于流行、饮食与艺术中的欲望、喜悦与恶心的文化报告》（*The Invention of Taste: A Cultural Account of Desire, Delight and Disgust in Fashion, Food and Art*）等，书系中也出版了一本感觉人类学的导论书②。相形之

---

① David Howes, *Empire of the Senses: The Sensual Culture Reader*（New York: Berg, 2005）; Michael Bull and Les Back eds., *The Auditory Culture Reader*（New York: Berg, 2003）; Constance Classen ed., *The Book of Touch*（New York: Berg, 2005）; David Howes ed., *The Sixth Sense Reader*（New York: Berg, 2009）; Jim Drobnick ed., *The Smell Culture Reader*（New York: Berg, 2006）; Jim Drobnick ed., *The Smell Culture Reader*（New York: Berg, 2006）; Carolyn Korsmeyer ed., *The Taste Culture Reader: Experiencing Food and Drink*（New York: Berg, 2005）; Elizabeth Edwards and Kaushik Bhaumik eds., *Visual Sense: A Cultural Reader*（New York: Berg, 2008）.

② Michael Bull et al., *Ritual, Performance and the Senses*, Sensory Studies Series（New York: Bloomsbury Academic, 2015）; Luca Vercelloni, *The Invention of Taste: A Cultural Account of Desire, Delight and Disgust in Fashion, Food and Art*, Sensory Studies Series（New York: Bloomsbury Academic, 2016）; Francois Laplantine, *The Life of the Senses: Introduction to a Modal Anthropology*, Sensory Studies Series（New York: Bloomsbury Academic, 2015）.

下，伊利诺伊大学出版社的感觉史研究系列，请来南卡罗来纳大学（University of South Carolina）的历史学教授、相当多产的感觉史学者马克·史密斯（Mark Smith）担任主编，其中收录的书目就更偏向历史学的口味，如《英国的噪音时代：聆听现代性》（*The Age of Noise in Britain: Hearing Modernity*）、《从贪食到启蒙：欧洲近代早期的味觉世界》（*From Gluttony to Enlightenment: The World of Taste in Early Modern Europe*）、《噪音之城：声音与 19 世纪的巴黎》（*City of Noise: Sound and Nineteenth-Century Paris*）、《感觉芝加哥：制造噪音、破坏罢工与揭发丑闻的人们》（*Sensing Chicago: Noisemakers, Strikebreakers, and Muckrakers*），其他还有如触觉与嗅觉的专书等[①]。近来还有一个新的书系，聚焦在古代世界的感官经验[②]。

从这样一个简略的扫描，已经可以看出感觉史在短短时间内，不仅累积的成果极为丰硕，涵盖的主题更是多端。2014年，布鲁姆斯伯里出版社更推出由克拉森（Constance Classen）主编的《感觉

[①] Aimée Boutin, *City of Noise: Sound and Nineteenth-Century Paris*（Urbana: University of Illinois Press, 2015）; Jonathan Reinarz, *Past Scents: Historical Perspectives on Smell*（Urbana: University of Illinois Press, 2014）; Adam Mack, *Sensing Chicago: Noisemakers, Strikebreakers, and Muckrakers*（Urbana: University of Illinois Press, 2015）; Greg Goodale, *Sonic Persuasion: Reading Sound in the Recorded Age*（Urbana: University of Illinois Press, 2011）; James G. Mansell, *The Age of Noise in Britain: Hearing Modernity*（Urbana: University of Illinois Press, 2017）; Viktoria Von Hoffmann, *From Gluttony to Enlightenment: The World of Taste in Early Modern Europe*（Urbana: University of Illinois Press, 2016）; Camille Bégin, *Taste of the Nation: The New Deal Search for America's Food*（Urbana: University of Illinois Press, 2016）.

[②] Michael Squire, *Sight and the Ancient Senses*, Senses in Antiquity（London: Routledge, 2016）; Mark Bradley, *Smell and the Ancient Senses*, Senses in Antiquity（London: Routledge, 2015）; Shane Butler and Alex C. Purves, *Synaesthesia and the Ancient Senses*,（London: Routledge, 2013）.

的文化史》（*A Cultural History of the Senses*）系列，一共6册，分别讨论感觉在古代、中世纪、文艺复兴时代、启蒙时代、帝国时代与现代的历史[①]。乍看之下，颇有向年鉴学派著名作品《私生活史》致敬的味道。不过，在编辑架构上，这套书就显得比较呆板，每一册都一致地分成9个同样的主题，如宗教中的感觉、哲学与科学中的感觉、医学与感觉、文学与感觉等。此外，尽管在书名上没有明言，但这套书的涵盖范围几乎只限于西方世界，视野上不免有其局限，这也是目前感觉历史研究的通病。

想要简便入门的读者，可以选择两本通史性的书籍：马克·史密斯的《感受过去》（*Sensing the Past*）或德国学者尤特（Robert Jütte）的《感觉的历史：从远古到网络时代》（*A History of the Senses: From Antiquity to Cyberspace*）[②]。前者正文仅130余页，按照视觉、听觉、嗅觉、味觉与触觉的顺序，十分简约而清晰地交代了近年来的研究成果；后者则超过了300页，分量比前者多，并且是以时代先后顺序，讲述感官的变迁。尤特把感觉史分成三大部分：第一部分从古代一直到近代早期；第二部分是18和19世纪，也是他所谓的从感性世界（the world of the senses）到理性（the world of reason）的转折时代；第三部分则是20世纪对感官的"再发现"（rediscovery）。值得注意的是，虽然这两本书的内容有不少呼应之处，但尤特所采取的时代分期与呈现的历史图像，也就是把启蒙

[①] Constance Classen et al., *A Cultural History of the Senses* (New York: Bloomsbury Academic, 2014).

[②] Robert Jütte, *A History of the Senses: From Antiquity to Cyberspace* (Cambridge, UK; Malden, MA: Polity, 2005); Mark M. Smith, *Sensing the Past: Seeing, Hearing, Smelling, Tasting, and Touching in History* (Berkeley: University of California Press, 2007).

时代看作感觉史分水岭的做法，恰好是史密斯在他书中企图反省和挑战的论述——我们在本文最后会再回到这个议题①。

三、感觉、身体与医疗

"感觉史"何以出现？这个问题可以有很多不同回答的方式。如果按照杰伊在前述论坛导言中所说，从20世纪末以来，历史学研究经历多次"转向"——语言转向、文化转向、身体转向，每次都拓宽了历史研究的范围与视野，不再局限于帝王将相等传统史家关心的课题，也跳出传统政治、社会、经济、思想等人们习以为常的范畴，许多原本意想不到的研究主题，而今也成为可能。在这种包罗万象、将一切历史化的趋势下，感觉史的出现，似乎也不那么让人意外。

晚近几十年来，对于身体历史研究的热潮，与感觉历史的兴起尤其密切。一如费侠莉（Charlotte Furth）在一篇研究回顾中所指出，"感知"一直是身体史研究中的重要取向②。而在身体史的研究中，医学史家又扮演了十分关键的角色。费侠莉特别提及德国史家杜登（Barbara Duden）的名著《肤下的女人》（*The Woman Beneath the Skin*）。如果说，传统的医学史著作多半集中于医者与医学理论，杜登的著作则把注意力移到了病人身上。尽管她用的材料仍然出自医者之手，但她特别着力于挖掘病人的疾病经验与身体感受，

---

① 关于启蒙运动在感觉史上的意义，见Carolyn Purnell, *The Sensational Past: How the Enlightenment Changed the Way We Use Our Senses*（New York: W. W. Norton & Company, 2017）.

② 费侠莉：《再现与感知：身体史研究的两种取向》，《新史学》，1999年第10卷第4期，第129—144页。

从他们所使用的词汇和语言中，杜登看见的是一套对身体的想象和理解，它与现代医学截然不同，却也自成一格①。

除了杜登，同样值得注意的，还有由著名医学史家波特（Roy Porter）等人主编的《医学与五感》（*Medicine and the Five Senses*）一书。这本书的前身，是 1987年在英国的韦尔科姆研究中心（Wellcome Institute）举办的论坛，书中收录共14篇文章，从古代的医者盖伦一直写到20世纪，而且横跨了五种感官。有人研究古代西方医生如何动用听觉、嗅觉等感官经验判断病情；也有人研究听诊器与X光等现代技术如何改变医疗现场的感官经验②。从出版时间而论，这本书可以看作一本具有开创意义的先锋之作，也是一部尝试之作。它称不上全面，也未必足够深入，比如作者大都关注感觉在医学诊断上所扮演的角色，对于治疗方面的关注明显不足。

就感觉与医学而言，台湾读者比较熟悉的，应该是栗山茂久的《身体的语言》。在本书中，他通过比较古代希腊与中国脉诊，论证日常的身体感觉与医学思想的发展如何相辅相成，相互交织。尽管栗山在著作中并未使用理论术语，但他的研究有着当代思想，特别是梅洛–庞蒂与现象学的影子，重视身体感受与存有之间一体两面的关系③。在后续的研究中，他把研究主题从古代医学移到了16世纪之后，但对于感官所扮演的角色则保持了一贯的关注，比如在《肩凝

---

① Barbara Duden, *The Woman beneath the Skin: A Doctor's Patients in Eighteenth–Century Germany*（Cambridge: Harvard University Press, 1991）.

② Roy Porter and W. F. Bynum eds., *Medicine and the Five Senses*（Cambridge: Cambridge University Press, 1993）.

③ Shigehisa Kuriyama, *The Expressiveness of the Body and the Divergence of Greek and Chinese Medicine*（New York: Zone Books, 2011）.

考》中，他从一个当代日本相当普遍的病痛——肩凝出发，挖掘这样一个独特的、难以翻译成其他语言的身体感觉，如何与江户时代追求"流通"的经济观念相互呼应。同一篇文章中，他也提及了江户时代独特的"腹诊"——医生由触摸病人的腹部作为诊断方式①。

通过这一系列作品，栗山茂久提倡从过去"身体观"的研究，进一步推进到对于"身体感"的研究。这一想法在台湾的学术界收到了回响。在人类学者余舜德组织下，以"中研院"民族学研究所为基地，组成了身体经验研究团队，自2000年开始至今，已经有了相当的成果，包括出版了数个期刊的专号与论文集②。在一篇兼具回顾与介绍性的文章中，余舜德将他们所谓的身体感定义如下：

> 身体感乃是身体经验的项目（categories），诸如冷／热、软／硬、明／暗、香／臭、肮脏／清洁、好吃／恶心等，都是我们日常生活中感受内在与外在环境的"焦点"，身体感的项目繁多，举凡日常生活中人们用来 make sense of 外在及内在环境的观念（如清洁、正式、庄严、神圣、秩序）或分类观念（如新鲜／腐败、阴／阳、华丽／简朴），都有其体现于身体经验的一面；这些身体项目之间更具有体系性关系，例如由阴暗感受到恐怖、从明亮与色彩联想到华丽，所以是人们解读感官收到的讯息之蓝本；它们类似认知科学强调之观念或文化分类体系，是人们处理每刻接手大量庞杂之身体感受的讯息时，

---

① Shigehisa Kuriyama, "The Historical Origins of Katakori," *Japan Review*, 1997, No.9, pp. 127–149.
② 余舜德编：《身体感的转向》，台北：台湾大学出版中心，2015年；余舜德编：《体物入微：物与身体感的研究》，新竹：台湾清华大学出版社，2008年。

将这些信息放入秩序（put into order），加以解读并做出反应的根本[1]。

我们在前面所看到的不少著作，大多是以五感为分类基底，相形之下，余舜德此处提示了另一种想象感觉史的可能。他所提及的清洁、庄严、神圣等，很可能都是来自多重感官经验的结合（比如气味与空间感）。这样的研究取径也反映在团队的研究题目中，比如传统中国文化中十分普遍的"虚"的身体经验，或现代社会常见的"烦闷"（boredom）感觉，都无法化约于单一的感官范畴。这种多感官（multi-sensorality）与跨感官（inter-sensorality）的体验，也是感觉研究中的重要取径。

此外，他们也特别重视物质文化在感觉体验中扮演的角色，因此在团队中，有人研究宗教仪式中使用的香，有人研究普洱茶，也有人关注房舍装潢与舒适感的关系。余舜德特别强调，身体感、物以及社会科技之间，"存在一个'共同演化'（coevolution）"："于人创作、制作、消费物的过程中，人的身体也可能随着他们自己所创造的物质环境而变化，出现新的惯习与身体经验上的需求与偏爱，这些新的身体感项目或项目内涵的转变并反过来影响科技的发展、新的物之设计与制造、行动者的日常生活、即随而之的政治经济的过程"[2]。在这样具有时代变迁的演化框架之下，感觉研究就不只是人类学的考察，而可以同时带入历史研究的视野。

---

[1] 余舜德：《物与身体感的历史：一个研究取向的探索》，《思与言（人文与社会科学期刊）》，2006年第44卷第1期，第5—49页。引文出自第23页。

[2] 余舜德：《物与身体感的历史：一个研究取向的探索》，第37页。

四、感觉的自然史与文化史

1990年，作家阿克曼（Diane Ackerman）出版了她的名作《感觉的自然史》（*A Natural History of the Senses*），后来被翻译为中文，以《感官之旅》为名，在台湾出版①。无论在美国还是在台湾，这本书都成了广受读者欢迎的畅销之作，也为阿克曼赢得了名气。在这本书中，阿克曼旁征博引，调度各种文学、历史与科学的材料，夹杂着逸闻与她个人的观察和感触，以十分诗意的手笔，书写各种感官经验的意义。

阿克曼的畅销之作，固然可以归功于她个人文字的魅力，但也可以反映一般读者对于感官这个议题的兴趣。在当代的资本主义与消费文化中，"五感"是不少广告或营销业者喜爱的工具②。近年来有越来越多的历史学者注意到，商业的力量如何形塑了我们的感官体验，食物的颜色可为其中一例。早在1928年，美国杜邦公司的调查就指出，消费者在购买食品时，有85%是由视觉所决定，这也开启了往后对于食物调色（coloring）的风潮③。在商业力量的推波助

---

① Diane Ackerman, *A Natural History of the Senses*（New York: Random House, 1990）；黛安娜·阿克曼：《感官之旅》，台北：时报文化出版企业股份有限公司，2007。

② Bertil Hultén, *Sensory Marketing*（New York: Palgrave Macmillan, 2009）；Timothy de Waal Malefyt, "An Anthropology of the Senses: Tracing the Future of Sensory Marketing in Brand Rituals," in Rita Denny and Patricia L. Sunderland eds., *Handbook of Anthropology in Business*（London: Left Coast Press, 2014）, pp. 704–721; David Howes, *Ways of Sensing: Understanding the Senses in Society*（London: Routledge, 2014）; Gary S. Cross, *Packaged Pleasures: How Technology and Marketing Revolutionized Desire*（Chicago: The University of Chicago Press, 2014）.

③ Ai Hisano, "The Rise of Synthetic Colors in the American Food Industry, 1870–1940," *Business History Review*, 2016, Vol.90, No.3, pp. 483–504.

澜下，追求五感的愉悦成了风行的概念。而近年来，技术的进步也让"感觉"成了热门的话题。比如虚拟现实（virtual reality）与增强现实（augmented reality）的兴起，改变了人们在视觉上与听觉上的体验[1]；而人造香料的无所不在，更改变了现代人味觉与嗅觉的体验——化学工业可以模拟，甚至创造出此前并不存在的气味或味道[2]。在这样的脉络下，阿克曼可谓出现得正是时机。

---

[1] 关于虚拟现实的理论与技术，见Howard Rheingold, *Virtual Reality*（New York: Summit Books, 1991）; Michael Heim, *The Metaphysics of Virtual Reality*（New York: Oxford University Press, 1993）; Sandra K. Helsel and Judith Paris Roth eds., *Virtual Reality: Theory, Practice, and Promise*（Westport, CT: Meckler, 1991）. 同样在这个趋势之下值得注意的，则是晚近兴起的"媒体考古学"，如Siegfried Zielinski, *Deep Time of the Media: Toward an Archaeology of Hearing and Seeing by Technical Means*（Cambridge, Mass. : MIT Press, 2006）.

[2] 关于气味，见Edwin T. Morris, *Fragrance: The Story of Perfume from Cleopatra to Chanel*（New York: Scribner, 1984）; Chandler Burr, *The Perfect Scent: A Year inside the Perfume Industry in Paris and New York*（New York: Henry Holt, 2008）; Chandler Burr, *The Emperor of Scent: A Story of Perfume, Obsession, and the Last Mystery of the Senses*（New York: Random House, 2002）; Richard Howard Stamelman, *Perfume: Joy, Obsession, Scandal, Sin: A Cultural History of Fragrance from 1750 to the Present*（New York: Rizzoli, 2006）; Tilar J. Mazzeo, *The Secret of Chanel No.5: The Intimate History of the World's Most Famous Perfume*（New York: Harper, 2010）. 关于食品与味觉，可参考Bee Wilson, *Swindled: From Poison Sweets to Counterfeit Coffee: The Dark History of the Food Cheats*（London: John Murray, 2008）; Eric Schlosser, *Fast Food Nation: The Dark Side of the All-American Meal*（Boston: Houghton Mifflin, 2001）; Ann Veleisis, "Are Tomatoes Natural?" in Martin Reuss and Stephen H. Cutcliffe eds., *The Illusory Boundary: Environment and Technology in History*（Virginia: University of Virginia Press, 2010）, pp. 211–248; Melanie Warner, *Pandora's Lunchbox: How Processed Food Took over the American Meal*,（New York: Scribner, 2013）; Anthony Winson, *The Industrial Diet: The Degradation of Food and the Struggle for Healthy Eating*（New York: New York University Press, 2013）; Carolyn Thomas de la Peña, *Empty Pleasures: The Story of Artificial Sweeteners from Saccharin to Splenda*（Chapel Hill and London: University of North Carolina Press, 2010）; Kara Platoni, *We Have the Technology: How Biohackers, Foodies, Physicians, and Scientists Are Transforming Human Perception, One Sense at a Time*（New York: Basic Books, 2015）.

不过，阿克曼的书虽然内容庞杂而丰富，但对于历史学者而言，却难免感觉意犹未尽。原因在于，阿克曼虽然用了为数不少的历史材料，但感官经验的历史变迁并非她关心的重点。综观全书，她没有为感官的历史变化提出任何明确的说法或诠释，对于各种历史现象的时间脉络，也并未投以太多用心。其书前言的一段话，可以说明阿克曼为何选择这种写作取径，她这样写道："我们如何取悦我们的感官，依文化而有不同……然而我们运用这些感官的方式是完全相同的。最使人讶异的不是我们的感官知觉越过多少文化，而是它们跨过多少时间。我们的知觉使我们与过去紧密结合，例如古罗马诗人普罗佩提乌斯写了许多关于情妇贺丝夏性反应的诗，他与她在亚诺河畔做爱。当我读到这些诗时，不禁讶异自公元前20年迄今，调情的方式实在没多少改变……贺丝夏对感官的知觉的解释或许与现代女性不同，**但传送至她感官的讯息，及由其感官传送出来的讯息，却是同样的。**"①换句话说，尽管她了解感官的文化差异与历史变化，但究其核心，她相信感官知觉有一种超越时间与空间的相通性，这才是她在爬梳各种驳杂的文献后，想要传达给读者的。

相形之下，本文介绍与回顾的作品，则多半聚焦在感官经验的文化差异与历史演变。如果说阿克曼写的是"感官的自然史"，那么本文介绍的多数作品，或许可以被统称为是"感官的文化史"，当阿克曼强调感官知觉作为生理现象的一面，历史学者则多半预设感觉经验是与社会文化相互形塑，包括前面所提及的商业或科技等力量。当社会文化随着时空环境而改变，感官经验自然也有了

---

① 阿克曼：《感官之旅》，第2—3页。重点为笔者所加。

历史。这样的观点，企图挑战一般将"感觉"视为纯粹生理现象的观念。一些学者引用了马克思在《1844年经济学-哲学手稿》中所说："五官感觉的形成是以往全部世界历史的产物（the forming of the five senses is a labor of the entire history of the world down to the present）。"用来说明感觉不只是生物性的事实，也是政治经济的产物。有些学者则更进一步提醒我们，连"五感"这样的概念本身都是文化的产物，在不同文化中对于感觉的位阶排列也有所不同。历史学者伍尔加（C. M. Woolgar）就说，在中世纪晚期的英国，"言说"（speech）也是感觉的一种，因此在他关于中古感觉的书中获得一整章的讨论篇幅①。

当然，自然史与文化史这两种取径未必是、也不应该是相互排斥的，研究感官经验的学者通常会主张，我们必须同时关注感觉的生物面（身体的感受）与文化面（意义的形成）。这呼应了晚近研究身体史的趋势，也就是不再把身体化约为生物学的研究对象，也不看作是纯粹社会建构或文化想象的产物——换言之，身体（还有疾病）都不只是"论述"。左翼文学评论家伊格尔顿（Terry Eagleton）在《理论之后》（*After Theory*）一书中对此有着辛辣的评论，他认为20世纪晚期以来思想界对于身体的执迷，把身体变成了一种中产阶级学院派的智力游戏，各种研究题材看似新鲜、花样百出，却缺乏对于社会与人性的关怀。他不无嘲讽地说，不少学者对于性虐待的兴趣已经远高于马克思主义。伊格尔顿并非要反对所有对于身体的

---

① C. M. Woolgar, *The Senses in Late Medieval England*（New Haven: Yale University Press, 2006），chap. 5.

研究，而是要我们重新看见那些挨饿的、劳动的身体[1]。

上述自然史与文化史的分野，关乎史家如何书写感觉史。过去有些以感觉为名的历史学者，强调自己透过史料研究，"重建"过去人们所接触到的声音、气味与各种感觉经验，让读者可以感受历史中的世界。美国史家霍弗（Peter Charles Hoffer）的《美国早期感官世界》（*Sensory Worlds in Early America*），可谓这种主张的个中代表。在此书的一开始，他便宣称这种感官经验的重建是他的目标；他也颇为赞扬在美国十分流行的历史重演（reenactment）或真人博物馆（living museum），认为这些活动在让读者或观众"感同身受"上，比书斋中历史学者所写出的作品更要有效[2]。事实上，如同我们前面所说，在晚近科技的进步下，这样"重建"历史场景与环境的目标，似乎越来越有可能达成。比如在日本的立命馆大学，就有团队利用3D技术，投入创造"虚拟京都"[3]；美国哈佛大学亦有"数字吉萨"（Digital Giza）的计划，目标是能带读者通过虚拟现实的装置，造访金字塔内部，甚至是重建历史上的场景[4]。尽管上述计划，目前多以视觉的重现为主，但也可以想见未来在多重感官上可能的发展与应用。

不过，霍弗等人所亟欲达成的重建，真是感觉史的最终目标

---

① Terry Eagleton, *After Theory* (London: Allen Lane, 2003), pp. 2–3。

② Peter Charles Hoffer, *Sensory Worlds in Early America* (Chicago: Johns Hopkins University Press, 2003).

③ 矢野桂司等：《歴史都市京都のバーチャル時・空間の構築》，*E-Journal GEO*，2006年第1卷，第12—21页；Keiji Yano et al., "Virtual Kyoto: 4DGIS Comprising Spatial and Temporal Dimensions," *Journal of Geography* (*Chigaku Zasshi*), 2008, Vol.117, No.2, pp. 464–478.

④ Peter Der Manuelian, *Digital Giza: Visualizing the Pyramids* (Cambridge: Harvard University Press, 2017).

吗？另一位历史学者马克·史密斯对于霍弗的立场提出了相当尖锐的批评，他认为这样的目标对于感觉史的发展本身并无益处，甚至在概念上会走向死胡同。虽然他同样相信，在科技的协助下，重建历史上的气味或声音不是不可能，但他强调，人们在感受，或者用他的说法，在"消费"（consuming）这些感觉经验的对象时，仍然受到了文化与脉络的影响①。举例来说，同样的气味——哪怕是分子结构完全相同——在不同的时代里可能引发截然不同的感受。身为美国史家的史密斯曾在自己作品中指出，气味一直是美国社会内部互动时用以分别种族的重要标志，在种族歧视盛行的年代，特定族群的体味也成为贬抑的对象；但在经历民权运动过后的今天，同样的气味可能已经逐渐与歧视脱钩②。我自己研究近代东亚的"清洁"历史，也可以作为一个例子。今天我们多半把牙膏的薄荷味与"清新"的口气联想在一起，而且习以为常，但其实，这是一个从19到20世纪，透过商业宣传力量才逐渐形成的现象③。在此之前，

---

① Mark M. Smith, "Producing Sense, Consuming Sense, Making Sense: Perils and Prospects for Sensory History," *Journal of Social History*, 2007, Vol.40, No.4, pp. 841–858.

② Mark M. Smith, *How Race Is Made: Slavery, Segregation, and the Senses* (Chapel Hill and London: University of North Carolina Press, 2006).

③ "清洁"也是感觉史中的一个重要课题，目前已经有一些研究，但并非所有人都从感觉史的角度出发，因此还有可发挥的空间。见Suellen M. Hoy, *Chasing Dirt: The American Pursuit of Cleanliness* (New York: Oxford University Press, 1995); C. van Dijk and Jean Gelman Taylor eds., *Cleanliness and Culture: Indonesian Histories* (Leiden: KITLV Press, 2011); Timothy Burke, *Lifebuoy Men, Lux Women: Commodification, Consumption, and Cleanliness in Modern Zimbabwe* (Durham: Duke University Press, 1996); Richard L. Bushman and Claudia L. Bushman, "The Early History of Cleanliness in America.," *Journal of American History*, 1988, Vol.74, No.4, pp. 1213–1238; Georges Vigarello, *Concepts of Cleanliness: Changing Attitudes in France since the Middle Ages* (Cambridge: Cambridge University Press, 1988); Kathleen M. Brown, *Foul Bodies: Cleanliness in Early America (Society and the Sexes in the Modern World)* (New Haven: Yale University Press, 2009).

人们在感受同样的薄荷味，却不会有唤起同等对于清洁的感受，这说明文化与脉络在感官经验所扮演的关键角色。按照史密斯的说法，后者才是历史学者应该努力的方向。这是感觉史与一些邻近领域（艺术史、电影史、音乐史等）不同的地方，比如在艺术史中，只研究绘画本身已经是合格的研究，但感觉史必须同时注意到人们观看的方式，也就是必须观照到主观经验的部分。

五、年鉴学派与感觉史

如果说阿克曼的著作带起了大众对于阅读感官的兴趣，那在学术界内，让感觉史受到广泛注目的，则要算法国史家科尔班最是厥功至伟。科尔班是法国史学界著名的年鉴学派成员，从他的博士论文、出版于1975年的《19世纪利穆赞地方的古风与今貌》中，可以看得到年鉴学派的影子[①]。而在年鉴学派早期的成员中，特别是费夫尔（Lucien Febvre），就已经直接提倡感觉史的研究。不过这样的构想一直未能充分开展，一直要到数十年后才由科尔班付诸实践[②]。

科尔班最知名的作品，要数在1982年出版的《瘴气与水仙花》（*Le miasme et la jonquille*），这本书在法国出版4年之后被翻译成

---

① Sima Godfrey, "Alain Corbin: Making Sense of French History," *French Historical Studies*, 2002, Vol.25, No.3, pp. 381–398. 该文中译文收录于陈建守编：《史家的诞生：探访西方史学殿堂的十扇窗》，台北：时英出版社，2008年，第125—156页。

② 特别是 Lucien Febvre, *The Problem of Unbelief in the Sixteenth Century, the Religion of Rabelais*（Harvard University Press, 1982）。日本学者编纂了《感性の歴史》，就把费夫尔、杜比（Georges Duby）与科尔班三人并列在一起，凸显了年鉴学派内部的传承关系。见小仓孝诚编：《感性の歴史》，东京：藤原书店，1997年。

英文，改名为《恶臭与芬芳》，之后又出版日文版，标题则更为直接（尽管未尽精确），名为《气味的文化史》（においの歴史）[①]。这样一本书在不同社会与学术社群的翻译史与接受史，是另一个值得注意的课题。这不是本文的重点，在此我们只能指出一个现象：相较于中文世界对于科尔班的陌生——迄今只有两本中译本——日本学界对科尔班的作品可以算得上十分热衷，不仅有大量的翻译作品，科尔班本人也曾受邀访日、发表演讲，并与日本学者对谈自己研究的历程与思想[②]。

回到《瘴气与水仙花》一书，在感觉史的研究上，这本书不仅是先驱之作，也有着重要的理论意义。在过去的历史研究中，"嗅觉"是最容易被忽略的一个感官——气味稍纵即逝，岂有可能留下历史？此外，在西方思想史上，嗅觉也经常被认为是一个位阶最低的感官，但透过科尔班，人们赫然发现，原来从嗅觉出发，也能写出一段具有启发性的历史研究。这本奇特的著作，写来颇为驳杂，但核心论点是：在18世纪到19世纪之间的法国，特别是巴黎的都市居民之间，对于臭味的忍耐限度出现明显地降低。科尔班通过各种公私文献去描绘这样的变化，同时指出这些变化所带来的后续影

[①]　Alain Corbin, *Le miasme et la jonquille: l'odorat et L'imaginaire social*（*XVIIIe–XIXe siècles*）（Aubier Montaigne, 1982）; Alain Corbin, *The Foul and the Fragrant: Odor and the French Social Imagination*（Harvard University Press, 1986）; アラン・コルバン：《においの歴史：嗅覚と社会的想像力》，东京：藤原书店，1990年。

[②]　アラン・コルバン：《感性の歴史学：社会史の方法と未来》，东京：御茶の水书房，2000年。两本中译本为《大地的钟声：19世纪法国乡村的音响状况和感官文化》，桂林：广西师范大学出版社，2003年；与《树荫的温柔：远古人类激情之源》，香港：三联书店（香港）有限公司，2016年。另外科尔班所主编的《身体的历史（卷二）：从法国大革命到第一次世界大战》也已经由华东师范大学出版社于2013年翻译出版。

响，也就是各式各样去除臭味的努力与举措。透过"容忍限度"的研究来理解感觉历史的变迁，这是科尔班这部作品示范性的意义之所在。换句话说，什么样的感官经验在某个时代人们习以为常，在另一个时代却成了需要解决的问题，这是科尔班为感觉史家所提示的方法。

波特为这本书的英译本写了前言，他把科尔班的论点称为"除味化"（deodorization）理论。在科尔班之后，有些学者也接着他的论点延伸，考察气味在现代公共卫生史上的重要性。比如医学史家巴恩斯（David Barnes）在自己的书中，深入地研究了19世纪末期细菌论的发展与一般人对于臭气的理解和想象[①]。按照这些著作中描绘出来的历史图像，现代化就是一场不断消灭臭味的过程，现代世界是一个"无味"（odorless）的世界。研究古代印度宗教与气味的麦克休（James McHugh）在他的著作中还有这么一段话，他说，在他曾经居住的美国马萨诸塞剑桥市，气味可说十分"无趣"（dull）——产品都被包装得好好的、排泄物全给送进了下水道，人人喜欢除去身上的气味，也不用香水。甚至，他说，在情人节时，"玫瑰都没有味道"[②]。麦克休的口吻也许稍显夸张，但可以充分反映"除味化"理论的论旨：现代世界的无味。社会学家鲍曼（Zygmunt Bauman）就宣称，在井然有序的现代性中，气味是没有

---

① David S. Barnes, *The Great Stink of Paris and the Nineteenth-Century Struggle against Filth and Germs*（Chicago: Johns Hopkins University Press, 2006）. Stephen Halliday, *The Great Stink of London: Sir Joseph Bazalgette and the Cleansing of the Victorian Capital*（Stroud: Sutton, 1999）.

② James McHugh, *Sandalwood and Carrion: Smell in Premodern Indian Religion and Culture*（New York: Oxford University Press, 2012）, p.ix.

一席之地的；[①]甚至有人类学家宣称，生活在这样无味的世界中，让美国人的嗅觉开始退化[②]。相形之下，麦克休笔下的古代印度，对于气味与嗅觉似乎就投入了远比今天更多的关注，显得丰富而精彩得多。

"除味化"的概念虽然影响深远，却只捕捉到科尔班作品的一面，无法适当地概括《瘴气与水仙花》的丰富内涵。事实上，这样类似线型进化的论述，恐怕也不是科尔班能同意的。他在这本书中固然花了不少篇幅，描述法国人如何对抗臭气，但他在其他章节中也指出，人们对于香水喜好的变化（比如传统上受到欢迎的动物性气味，如麝香，开始被花草等植物香气所取代）。换言之，科尔班想要呈现的是一个更为复杂、多元的变化。晚近历史学者如詹纳（Mark S. R. Jenner）也以近代早期的英国为例，指出在每个时代中，气味与嗅觉的意义都是多面向的，或者太过急于认定气味在某一个时代，必然比另一个时代更重要，难免显得简化，无法让我们捕捉到历史的全貌。如他所说，每一次的除味（deodorizing），其实就是另一次嗅觉的再编码（encoding）[③]。

①   Zygmunt Bauman, "The Sweet Scent of Decomposition," in Chris Rojek and Bryan S. Turner eds., *Forget Baudrillard?* (London: Routledge, 1993), p. 24.
②   Edward T. Hall, *The Hidden Dimension* (New York: Doubleday, 1969), p. 43.
③   Mark S. R. Jenner, "Civilization and Deodorization? Smell in Early Modern English Culture," in Peter Burke et al., *Civil Histories: Essays Presented to Sir Keith Thomas* (New York: Oxford University Press, 2000), pp. 127–144.

六、超越大分裂理论

在气味之后，科尔班持续在感觉的历史上耕耘。比如他曾经把注意力转向"声音"，在这一本名为《大地的钟声》（*Cloches dela Terre*；英译标题：*Village Bells*）的书中，他指出钟声如何成为19世纪法国乡村生活的中心，而听觉又如何反映了当时的政治、社会与宗教变迁。在书中，他讲述"钟"作为兼具神圣与世俗两种特性的物品，如何被不同的力量移除、摧毁或再生[1]。

科尔班从嗅觉与听觉出发、别开生面的历史研究，除了在研究方法上为后来者提供能够参考和仿效的案例，在感觉史与感觉研究的理论层面，也有重要的意义。

过去很多人主张，视觉是现代性的核心，也是代表理性的感官；相形之下，其他的感官经验，经历了文艺复兴与启蒙运动后，逐渐退却到比较不重要的位置。这样的说法，即所谓的"大分裂理论"（the great divide theory）[2]。大分裂理论中最具代表性的两位学者，要数麦克卢汉（Marshall McLuhan）、沃尔特·翁（Walter Ong），两人的研究尽管各有关怀，但都在作品中强调人类社会，特别是在印刷技术普遍之后，从口语（听觉）到文字（视觉）变化

---

[1] Alain Corbin, *Village Bells: Sound and Meaning in the Nineteenth-Century French Countryside*（New York: Columbia University Press, 1998）. 科尔班其他感觉史的作品收录于Alain Corbin, *Time, Desire and Horror: Towards a History of the Senses*（Cambridge: Polity Press, 1995）.

[2] Smith, *Sensing the Past*, pp. 8–13.

的重要性，也指出视觉在感官中逐渐取得了最重要的地位①。

这样的想法也反映在感觉史的研究上。如果我们以五感为分类，过去最受到研究者瞩目的，莫过于视觉。这一点从本文一开始所提及、在《美国历史评论》上刊出的专题论坛中，就可见到端倪。该期所收录的五篇文章，原本应该是针对五种感官的研究回顾，但在视觉的部分，作者里斯金（Jessica Riskin）的讨论仅仅集中在18世纪②。杰伊在导言里解释，原因无他，实在是视觉相关研究著作太多，难以用一篇文章涵盖之。

不过，随着感觉史的发展，学者对于看似言之成理的"大分裂理论"，也出现不同的意见。视觉的重要性，也许在现代社会中确实增加，但这是否必然意味着其他感官经验的衰落？换言之，不同感官经验之间，是否存在着一种此消彼长的零和关系？包括科尔班在内的研究者已经告诉我们，答案是否定的。研究声音与听觉的学者斯特恩（Jonathan Sterne）就曾强调："无疑地，在启蒙运动的哲学文献——以及许多人的日常语言中——常常可见用光或视觉作为真理和理解的隐喻；但即使自启蒙以来，视觉在某些方面得到了欧洲哲学讨论的青睐，认为只有视觉或者视觉与听觉理应有的差别，来解释现代性，这种想法还是错误的。"③

在这一点上，听觉研究对大分裂理论的挑战最值得注意。斯

---

① Marshall McLuhan, *The Gutenberg Galaxy: The Making of Typographic Man.* （Toronto: University of Toronto Press, 1962）; Walter J. Ong, *Orality and Literacy: The Technologizing of the Word*（York: Methuen, 1982）.

② Jessica Riskin, "The Divine Optician," *The American Historical Review*, 2011, Vol.116, No.2, pp. 352–370.

③ Jonathan Sterne, *The Audible Past: Cultural Origins of Sound Reproduction*（Durham: Duke University Press, 2003）, p. 3.

特恩的《听得见的过去》(*The Audible Past*)，通过研究声音复制技术的变化，揭示听觉如何与资本主义和工业技术相结合，为我们提供理解现代性的另一种视角。另一位历史学者汤普森（Emily Thompson）的《现代性的音景》(*The Soundscape of Modernity*)则从技术、空间与建筑入手，讨论美国从20世纪上半叶听觉体验的变化，研究主题涵盖了物理学者对声音的研究、音乐厅内部空间的配置、居家环境的设计与噪音意义的变化，在她看来，正是这些不同因素的汇聚，促成了美国现代听觉经验的形成[1]。

打破"大分裂理论"的框架，有助于我们重新思考感觉史的写作方法。正如上述声音史著作所显示，视觉以外的感官并未在现代衰微，相反地，不同的感官都各自有各自的故事可说；感觉史的叙事，也不需要是一个目的论式的、线性进化的框架。在这样的前提下，历史学者们纷纷大展身手，重新探寻各种感官经验的演变，屡屡有精彩的作品出炉。也和不同的领域结合，包括商业史、科技史、宗教史，或是战争史等[2]，或者是重新考察不同时代的感官经

---

[1] Emily Thompson, *The Soundscape of Modernity: Architectural Acoustics and the Culture of Listening in America, 1900–1933* (Cambridge, Mass. : MIT Press, 2002).

[2] 如商业史有David Suisman, *Selling Sounds: The Commercial Revolution in American Music* (Cambridge: Har vard University Press, 2009)；科技史有Roland Wittje, *The Age of Electroacoustics: Transforming Science and Sound, Transformations* (Cambridge, Mass. : MIT Press, 2016)；宗教史有Susan Ashbrook Harvey, *Scenting Salvation: Ancient Christianity and the Olfactory Imagination* (Berkeley: University of California Press, 2006)；Mary F. Thurlkill, *Sacred Scents in Early Christianity and Islam,* Studies in Body and Religion (Lanham: Lexington Books, 2016)；战争史有 Mark M. Smith, *The Smell of Battle, the Taste of Siege: A Sensory History of the Civil War* (New York: Oxford University Press, 2015).

验，丰富且复杂化感觉史的分期与论述[1]。

虽然，因为少了宏大的框架，这些作品难免显得零散、缺乏共同的主题，但他们共同展现了感觉史巨大的可能性。其实，在这样一个新的研究领域中，还有许多主题尚待开发耕耘，感觉与性别的议题，就是一个明显的空白。尽管在西方思想与文艺传统中，女性经常和身体与感官经验相连（男性则被认为是"理性的"），但在目前多数的感觉史研究中，有意识处理性别面向的却还不多[2]。

此外，尽管感觉研究的人类学家很早便提醒我们，感觉经验在不同社会与文化脉络中，可能会有截然不同的意义，但感觉史的研究迄今仍然是以欧美为中心，非西方世界的作品尚属少见。不过，如果能够阅读非西方语言的读者，在看了本文之后，也能够按图索骥，开展自己的研究，那么在不久的将来，我们在感觉史领域中也能看到更多跨文化的比较。不管是五感的历史，或是前面所提及的清洁、舒适、神圣、肮脏、恐怖，甚至是疼痛、紧张等议题，都仍然大有可为，等待着研究者投入。

---

[1]　Holly Dugan, *The Ephemeral History of Perfume: Scent and Sense in Early Modern England*（Chicago : Johns Hopkins University Press, 2011), Eleanor Betts, *Senses of the Empire: Multisensory Approaches to Roman Culture*（London: Routledge, 2017).

[2]　Constance Classen, *The Color of Angels: Cosmology, Gender and the Aesthetic Imagination*（London : Routledge, 1998).

为什么情感史研究
是当代史学的一个新方向？^①

王晴佳

  要回答本文标题所提的问题，笔者认为可以从 2017年诺贝尔经济学奖的颁奖谈起。该奖公布之后，学界和媒体都稍感意外，因为得奖者塞勒（亦译"泰勒"，Richard Thaler），虽然在著名的芝加哥大学商学院任教多年，但并非"正宗"的经济学家。如果读者曾拜读过塞勒与人合作的《助推》（*Nudge*）这本著作，肯定也会产生这样的印象：这本书实在不太像常见的经济学著作，因为它不但语言生动，而且处理的问题如同该书的副标题——事关健康、财富和快乐的最佳选择——更像一位社会学家、心理学家应该处理的课题。当然，如果塞勒因其研究不够正宗而成为"黑马"，那么奥斯特罗姆（Elinor Ostrom, 1933—2012）在 2009年成为史上首位女诺贝尔经济学奖得主，似乎更让人跌破眼镜，因为奥斯特罗姆主要是一位政治学家。

---

① 原文载《史学月刊》，2018年第4期，此处略作修改。

奥斯特罗姆和塞勒的得奖，其实正好反映了当代经济学、乃至当代学术发展的一个重要倾向，那就是跨学科研究已经成为各个学科发展的主要趋势，而且成果惊人。塞勒的研究领域，称为行为经济学，需要采用心理学等学科的方法。想要理解塞勒的研究之所以会受到诺贝尔奖委员会的青睐，我们还得从近代学术的渊源谈起。如所周知，近代西方之所以在18世纪之后称霸全球，其原因之一就是启蒙思想家提倡的理性主义思维，为近代科学、技术的发展，提供了一个理论前提，而亚当·斯密（1723—1790）的《国富论》，不但是近代经济学的经典之作，其阐述的观点也为近代国家和社会所普遍接受。简而言之，斯密的理论出发点是承认自私自利为人的本性。但与大多数传统文明的教诲相反，他不主张要求人牺牲自我、"克己复礼"，抑制利己的欲望。斯密认为人的自私，是一种理性的行为，而这种理性的行为，是市场经济良性竞争的基石。换言之，人的利己性行为，将促进一个国家的经济发展。

亚当·斯密的理论，在当代资本主义社会，仍有深远的影响。但自20世纪50年代开始，经济学家已经对斯密所谓的"理性的人"及其理性的经济行为，做了一系列的修正。比如许多经济学家指出，斯密所称的"理性"，仍然有所限制，因此提出"有限理性"（Bounded Rationality）的概念。塞勒写作《助推》，体现了一个最新的努力。用一些简单的比方来解释亚当·斯密"理性的人"的经济行为，即为：买东西的人都希望尽量买便宜又好的东西，甚至不花钱就能得到；卖东西的人则希望东西的价钱可以卖得高一些。不过，经济学家甚至普通人也都会发现，大多时候，人的经济行为并不完全受制于理性。比如虽然一般人购物都会注意性价比，但也有人追求品牌，愿意出钱买性价比低的商品。这一追求品牌、炫富显耀的欲望，就是一种心理和情感的行为。相反地，有些人虽然收入颇丰，却自奉甚俭。消费习惯常常反映了道德追求、家庭教育和个人偏好，与理性考虑没有太多联系。事实上，现代社会的税制，至少以西方国家而言，是希望人们按酬、合理消费——挣得多也花得多——由此来促进经济发展。同理，一个人如果挣得少，那么也应该节制消费，以免破产之后增加对社会的负担。这一税制的建立，大致是理性考虑的结果，但在实际操作的层面，显然并不如其所愿，因为许多人的消费习惯，常常感情用事（西方国家中每年申请破产的人数，不计其数），不完全受到理性思维的控制。

塞勒在其《助推》一书中，举出不少的例子，说明人的情感、心理等非理性的层面，往往对一个人的经济行为，有着深刻的影响。比如塞勒说了一个他自己做过多次的实验：把一个印着大学校徽的咖啡杯，送给学校其中一个班级的半数学生，然后请他们写上愿意卖掉咖啡杯的价格；另一半没有咖啡杯的人，请他们写上愿意买下咖啡杯的价格。实验的结果是：咖啡杯的卖价（让价）往往两倍于咖啡杯的买价（出价）。塞勒指出，这个实验证明，人一旦拥有了什么东西，就不愿再失去；由此类推，许多股票投资者买了股票之后，即使股票价值下跌，回升无望，他们也不愿出售。另外，他还举例说道，人还有从众的行为，别人买了什么，即使自己并不需要，也还是会跟风去买[1]。种种这些例子都说明，人的行为并不完全受控于理性。比如人怕失去的行为，既表现为一种心理（占有

---

[1] Richard H. Thaler & Cass R. Sunstein, *Nudge: Improving Decisions About Health, Wealth and Happiness*（New Haven: Yale University Press, 2008）, pp. 17–39.

欲?),也反映出一种情感(恋物、怀旧等),两者之间很难做绝对的区分。

塞勒等经济学家研究的是当代人的行为,那么在过往的时代,人是否也有类似的行为呢?这是当今情感史研究想要处理的主题。也就是说,如果我们承认历史是人所创造,那么创造历史这件事,是否也受到情感等非理性层面因素的影响?情感史研究的学者认为,答案绝对是肯定的,同时他们也认为,近代史学对这方面的关注,实在过于欠缺。罗森宛恩(Barbara Rosenwein)是美国情感史研究的一位先驱者。她在一篇文章的开始写道:"作为一个学术分支,历史学最早研究政治的变迁。尽管社会史和文化史已经开展了有一代之久,但历史研究仍然专注硬邦邦的、理性的东西。对于历史研究而言,情感是无关重要的、甚至是格格不入的。"[1]另外两位美国学者玛特(Susan Matt)和斯特恩斯(Peter Stearns)则指出:对情感的研究"改变了历史书写的话语——不再专注于理性角色的构造",而情感研究的成果已经让史家看到,"不但情感塑造了历史,而且情感本身也有历史"[2]。

罗森宛恩等人的观察颇为犀利,不过也有偏颇的地方。他们所指的历史研究,主要是近代史学。作为一个中世纪史的专家,罗森宛恩应该清楚,在近代之前,史书的写作常常记录人的情感行为,如喜、怒、哀、乐、恐惧、妒忌、爱慕、敬畏等表现。而在古代,一些史家还让天上的神也具有这些情感、情绪。比如西方的史

---

① Barbara Rosenwein, "Worrying about Emotions in History," *American Historical Review*, 2002, Vol.107, No.2, p. 821.

② Susan Matt & Peter Stearns, eds., *Doing Emotions History* (Urbana IL: University of Illinois Press, 2004),导言,p. 2.

学之父希罗多德，就有所谓的"神嫉说"，认为世上某个人如果很有成就，或许会因为神的嫉妒而遭到惩罚。中国传统史家相信天人感应，所以也常在史书中举出"天谴"的例子来告诫世人。西方中世纪的史家，则更加突出人对上帝及其在世上的代表——教会——的敬畏和服从。同时，教皇、国王或皇帝的情感波动（爱恨情仇等），如何影响了历史的过程，也受到了极大的关注，常常成为解释历史变动的重要原因。

欧洲文艺复兴时期兴起的近代史学，逐渐将这些非理性的因素从历史书写中剔除，其重要原因就是理性主义的伸扬。这一取径，有助史家在书写中去除神迹和迷信，从科学的角度来审视历史的演化。18世纪启蒙思想家，在这方面有开创之功，影响深远。他们受到17世纪科学革命的激励，力求在人类历史中发现、阐释其中的规律，而他们所发现和坚信的历史规律，就是历史将不断进步，进步的原因就是理性主义、科学主义的不断扩展。启蒙思想家号召解放思想，其宗旨就是希望人们充分运用理性思维，对一切事物进行科学的探索和解释。如此，便能摆脱上帝或其他超自然神灵主导历史进程的传统观念。18世纪以降，欧洲出现了不少著名的历史哲学家，如黑格尔、孔德、马克思等人。他们的理论构建虽有不同，但著述的宗旨都在指出和阐释历史演化的因果规律。如黑格尔认为历史的动因，在于精神（理性）的延伸和壮大，尽管在这一过程中，精神需要与热情交相互动，但精神始终占据着主导的地位，由此而推动历史向前、向上发展。

黑格尔对人类历史演进的勾勒有点天马行空，主要在抽象、理论的层面，因此受到他的同胞、德国和近代欧洲科学史学之父利奥波德·兰克的批评。然而，实际上黑格尔与兰克也有相似的地方——身为哲学家的黑格尔也想举例说明，精神如何通过历史上出现的机制，来展现它的扩展和壮大。黑格尔写道："我们在前面提出了两个因素：第一，自由的观念是绝对的、最后的目的；第二，实现'自由'的手段，就是知识和意志的主观方面，以及'自由'的生动、运动和活动。我们于是认为'国家'是道德的'全体'和'自由'的'现实'，同时也就是这两个因素客观的统一。"而在另一处，黑格尔又这么说道："主观的意志——热情——是推动人们行动的东西，促成实现的东西。'观念'是内在的东西，国家是存在的、现实的道德的生活。"[1]简单言之，黑格尔认为理性让人们获得自由，但需要通过热情，而国家是理性和热情、客观和主观的有机统一。

对近代国家的重视，让黑格尔与兰克的历史观取得了一致（由此两人都被视为是德国历史主义思潮的代表人物）。兰克治史的主要特点和成就，就是从民族国家的角度来考察历史的变动。与黑格尔（乃至与亚当·斯密也有点相似）类似，兰克认为近代国家的兴起和相互之间的竞争，是勾勒近现代历史的主线。另一方面，兰克史学也与黑格尔的历史哲学有相近的地方——黑格尔认为"热情"这一感性的因素，推动了人们的行动，但理性才是历史演进的最终动因。换句话说，黑格尔认为理性有其"狡计"，那就是利用了"热情"来加以施展自己的作用[2]。同样地，兰克史学以标榜客观

---

[1] 黑格尔著，王造时译：《历史哲学》，上海：上海书店出版社，2001年，第49、39页。

[2] 黑格尔著，王造时译：《历史哲学》，第33页。

治史、使用严肃的档案史料著称，也就是注重罗森宛恩所谓的"硬邦邦的、理性的东西"。兰克史学不但强调史家在写作史书的时候剔除个人的情感因素，保持一种"超然的"（detached）立场，而且在处理、解释历史人物和事件时，也同样去除其情感等非理性的作用。

说到这里，笔者想说明一下，历史书写注重从理性的层面分析历史的因果关系，本身体现了近代历史编纂学的一种进步，并无疑问。譬如清代官方史家编写、迟至 18 世纪完稿的《明史》中，我们还可以见到那些现在看来荒唐无稽的描写。《明史·太祖本纪》这样描述朱元璋（1328—1398）的出生：

> 太祖开天行道肇纪立极大圣至神仁文义武俊德成功高皇帝，讳元璋，字国瑞，姓朱氏。先世家沛，徙句容，再徙泗州。父世珍，始徙濠州之钟离。生四子，太祖其季也。母陈氏。方娠，梦神授药一丸，置掌中有光，吞之寤，口余香气。及产，红光满室。自是，夜数有光起。邻里望见，惊以为火，辄奔救，至则无有。比长，姿貌雄杰，奇骨贯顶。志意廓然，人莫能测。①

相似的例子，在欧洲中世纪史书中比比皆是。兰克史学之所以自19世纪以来，对世界各地的历史书写有着如此重大的影响，主要因为它强调史料的严格考订和以可信的事实为据来写作。受到那时

---

① 张廷玉：《明史·太祖本纪》，汉籍电子文献数据库（http://hanchi.ihp.sinica.edu.tw/ihp/hanji.htm）。

科学研究的影响，所谓"可信的事实"也就是能被证实、检验而又符合常理的历史记录。比如以兰克史学为模式的现代民族史学，也常常以那些开国的民族英雄为重点写作，其中也会讲述一些他们略为"异常"的故事（比如美国第一任总统华盛顿幼时误砍樱桃树，然后向家人坦诚交代的故事），以突出他们的出众超群，但不会有出生时"红光满室"的描写，因为太有悖于常理，更无法证实。

那么，情感史的研究，是否要重新恢复前近代史学写作的路径呢？显然不是。假设以朱元璋为例，情感史的研究者不会相信朱出生时的奇异现象，但他们会研究这些无法证实的奇异现象，是否对朱元璋后来的反元事业，发生了某种影响。譬如，当时有一些人相信他"命里为天子"而跟随他起义等等行为。换言之，情感史的研究者不会仅仅从理性的层面研究朱元璋的起义，比如考察、解释他自小因为生活艰辛，于是愿意铤而走险，借助反抗元朝的起义而希求获得一线生机等诸如此类的理性考虑。与此相异，情感史研究者可能会注重探讨另外两个层面：一是研究朱元璋从小被父母送去佛寺，在那里度过的童年时光，让他可能因此具备异于常人的心理、性格特征，这些特征又如何影响了他的反元斗争及其建立明朝之后的作为。另一个更大的可能是研究朱元璋的起义活动，其领导者和参加者的反元情绪和汉人情结，如何发挥了某种程度的作用。

关于朱元璋的研究，为什么情感史的研究有可能会探究以上这两个方面，我们需要简单回顾一下情感史的兴起及其与近现代史学发展的关系。兰克认为，民族国家的兴起引导了世界历史的发展，由此倡导民族国家史学，也就是国别史。几乎同时，欧洲兴起的民族国家也陆续建立了国家档案馆。法国国家档案馆在近代世界中最早成立，于1790年建立，而兰克出生于1795年。民族史学的写作以使用政府档案为主，两者所以有相辅相成的联系。现在已经有大量的历史研究指出，民族国家史学的写作和出版，是推动近代民族主义发展的重要力量之一，至今仍然如此。从这一方面来考虑，民族国家史学实际上就是民族主义史学，充满浓厚的意识形态。所以兰克史学标榜客观治史，显然站不住脚，因为政府档案必然含有官方的偏见，而且以民族国家为单位考察历史，本身也代表了一种片面的立场[①]。

民族国家与民族史学之间互融、互补的关系，使得后者成为近代史学的主流。举例而言，至今美国图书馆的编目，仍然以国别为单位，比如D和E为历史书籍，而所有关于美国历史的书籍，其书号都以E开头，其他国家的历史书籍，则归在D类，譬如英国史的书号以DA开头，法国史以DB开头等，以此类推。其他国家的图书编目，大致也依照类似的模式。的确，追随兰克的榜样，近代史家（包括非西方地区的史家）写作了大量以民族国家为视角考察历史变动的史书。但与兰克本人的著作有所不同的是，由于政府档案资料日益丰富，兰克的追随者所写的史书，均以史料为据，"有一分史料说一分话"，主题几乎无一例外都与政治、外交、军事事件及人物有关。这种单一的写作模式、详尽的史料铺陈，让历史书写变得干燥无味，局外人更是望而却步。因此，兰克史学模式的流行，一方面有助历史研究的职业化，提高了它的科学研究水平，另一方面

---

① 参见Georg Iggers, "The Role of Professional Scholarship in the Creation and Distortion of Memory," *Chinese Studies in History*, 2010, Vol.43, No.3, pp. 32–44. 另见王晴佳、李隆国：《外国史学史》，北京：北京大学出版社，2017年，第212—228页。

则导致历史研究和书写与社会大众严重脱节，削弱乃至丧失了其原有的社会功用和影响力。

在第一次和第二次世界大战的炮火硝烟中，近代史学那种高高在上、埋首于"象牙塔"中沾沾自喜的行为，受到了许多思想界人士的批评。19、20世纪之交，心理学、人类学、经济学、地理学、社会学等社会科学的兴起或更新，也使得不少史家觉得有走出兰克史学模式的必要。1929年法国史学界《年鉴》杂志的创办和"年鉴学派"的崛起，就是一个显例。目睹了希特勒上台、纳粹主义在德国和欧洲其他地方的兴盛，年鉴学派的第一代史家费夫尔提倡研究"心态史"，其中也包括研究大众情感，因为希特勒的成功上台，与他操弄大众情感、调动大众情绪，显然有不小的关系。与兰克学派的后人注重铺陈史料、描述历史上的个别事件相反，年鉴学派的史家，特别是第二代的布罗代尔（Fernand Braudel）和第三代的勒华拉杜里（Emmanuel Le Roy Ladurie），均提倡扩大历史研究的视野，从各个方面探究历史的动因，抑或不动因，希图展现一种"全体史"（histoire totale）。

既然要揭橥历史的各个方面，"全体史"从道理上来说也会包括人的情感，因为历史经验已经表明，历史的变动，甚或不变，必然掺杂了情感的因素。而这种对历史整体变动分析、考察的兴趣，是20世纪史学发展的主要趋向。在20世纪上半叶，史家比较倾向认为思想史的研究能揭示历史的动因，而在二战之后，更多的人认为社会史是最佳的选择。研究、分析社会的整体演进，史家的视角触及了妇女、家庭和儿童及其他原来名不见经传（更确切地说是"名不见史传"）的群体。所以妇女史、性别史、家庭史和儿童史等新兴史学流派的兴起，均与情感史的研究相关。至少从美国史学界的情况而言，情感史的研究与社会史的兴盛关系颇大。社会史家注意考察人的行为模式在各个历史时期的变化，他们也发现人的情感表现，同样受到社会结构的制约，由此在不同的历史时期表现不一。于是，情感表现的"历史性"，也就是"情感有没有历史"的问题，首先由他们所提出并做了正面的回答[1]。另外，情感史研究关注和致力于强调的，则是情感等感性层面的因素如何影响了人们的行为和历史的进程。如此一来，笔者也会回到本文一开始所提出的现象和问题。

考虑读者可能的兴趣，下面我以两位美国华裔史家的著作为例，对以上情感史研究的两个方面略作解释和说明。这两部著作不但由华裔学者所写、都在2007年出版，而且也都以中国近代史为主题。第一本书由现在任教斯坦福大学汉语与比较文学系的李海燕所写，书名为《心灵革命：中国的爱情谱系》[2]。如同标题所示，此书的主题是爱情（love），而这个标题还显示了另一个意涵：作者不把爱情看作是一种普遍的、超历史的情感，而是希望勾勒爱情在现代中国的变化。的确，虽然喜怒哀乐、爱恨情仇在人类历史中一直存在着，但其实每个历史时期的表现，常常是相当不同的。李海燕将书分为三个部分，第一部分处理明清小说中讲到的"情"，她称之为"儒家结构中的感情"。第二部分讨论五四运动时期的爱

<hr>

[1] 参见Peter Stearns & Carol Stearns, "Emotionology: Clarifying the History of Emotions and Emotional Standards," *The American Historical Review*, 1985, Vol.90, No.4, pp. 813–836.

[2] Haiyan Lee, *Revolution of the Heart: The Genealogy of Love in China, 1900–1950* (Stanford: Stanford University Press, 2007).

情，名为"启蒙运动结构中的感情"。然后第三部分处理"革命结构中的感情"，自然是有关共产主义革命中的爱情。选择这段时期讨论中国文化、历史中的爱情，应该说是匠心独具，毫无疑问，正是因为在这段时期，爱情开始进入并改变了中国人的生活。当然，爱情并不完全是近代化的产物，因为在明清小说中，有关"情"的描写十分丰富；李海燕甚至提出，那个时期有一种"情的狂热"（cult of qing）。不过这个"情"主要在伦理和思想的层面，而在第二时期，"情"则变成了浪漫和心理的概念。当中国进入反清革命和五四运动时期，中国人也进入了一个情感解放的时期——革命者不但思想激烈，行为同样激进。不过到了第三时期，情感和爱情被要求服从于"大我"，意即革命事业的需要。由于篇幅所限，我们在这里无法细细讲述该书的许多内容，但是由以上的简述，已经可以看出《心灵革命》一书，使用中国近代史的例子（虽然作者主要用的是文学作品），充分论证了情感如何在历史的长河中，经历了种种变化。

第二本书名为《公众激情：施剑翘案和同情在民国时期的兴起》，作者为现任教哥伦比亚大学历史系的林郁沁[①]。此书围绕1935年施剑翘（原名施谷兰，1906—1979）刺杀军阀孙传芳（1885—1935）为父报仇，引起全国轰动的事件。这个事件已有一些相关研究，着重探讨施的所作所为究竟纯粹是个人行为，还是与国民党政府，甚至军统有着某种关系。施剑翘刺杀成功之后，立即向警察自首，审判的时候也对其行为供认不讳，直言就是为了替父报仇。她

[①]　Eugenia Lean, *Public Passions: The Trial of Shi Jianqiao and the Rise of Public Sympathy in Republican China*（Berkeley: University of California Press, 2007）.

的理由是，其父施从滨在与孙传芳交战时被俘，孙将其斩首示众，有违公理。林郁沁则从情感史的取径，讨论"公众同情"（public sympathy）如何由此案激起，不但影响了此案最后的审判结果（施本应判重刑但只判入狱十年，之后又为国民党政府大赦，恢复了自由），而且还在近代中国的政治和社会生活中，扮演了一个颇为重要的角色。换言之，情感，特别是公众层面情感的激发和波动，影响了历史的进程。

林郁沁的书不但揭示情感——同情——如何影响了历史事件的进程，而且也讨论情感的历史性：施剑翘为父报仇，被人视为展现了中国传统孝道的美德，而公众为此案激起的同情，影响案情的进展和结果，又显示了中国社会的近代性。同样，李海燕的书不但讨论了爱情在现代中国的变迁，也展示爱情这一情感表现和行为，如何嵌入、改变了现代中国人的生活。这两本书都清晰地揭示，在中国走向近现代的过程中，情感不但发挥了重要的作用（如著名的五四运动就是中国人民族主义情感爆发所致），而且情感本身也经历了重要的变化，值得我们探究。

作为本文的结论，我想从以下四个方面简单讲述情感史研究与当代史学发展的紧密关系。第一，在很大程度上，情感史研究的开展，是战后世界范围学术发展总体趋向的一个表现，本文以诺贝尔经济学奖的得主开始，便想挑明这一点。第二，情感史的研究又是战后国际史学界变化的产物，与社会史、文化史、妇女史、家庭史、儿童史乃至最新的动物史（人类如何养育动物、与之共存又对之付出情感）研究，均有水乳交融的关系。第三，情感史并不否定理性主义分析，而是想扩大历史研究的领域，在理性和感性的双重层面对历史事件和人物加以深入的分析。第四，情感史的研究采用了跨学科的方法（心理学、神经医学、社会学等），展现了当今史学不但与社会科学结盟，也与相关自然科学联手的崭新趋势①。

---

① 有关此处的总结，读者可以参阅下列相关著作：Peter Stearns & Jan Lewis, eds., *An Emotional History of the United States*（New York: New York University Press, 1998）; Jessica Giennow-Hecht, ed., *Emotions in American History: An International Assessment*（New York: Berghahn Books, 2010）; Susan J. Matt & Peter Stearns, *Doing Emotions History*; Jan Plamper, *The History of Emotions: An Introduction,* trans. Keith Tribe（Oxford : Oxford University Press, 2015）; Jan Plamper, "The History of Emotions : Interview with William Reddy, Barbara Rosenwein, Peter Stearns," *History and Theory*, 2010, Vol.49, No.2, pp. 237–265; "AHR Conversation: The Historical Study of Emotions," *The American Historical Review*, 2012, Vol.117, No.5, pp. 1487–1531及上引王晴佳、李隆国：《外国史学史》，北京：北京大学出版社，2017年，第386—392页等。

阅读史的课题与观点：
实践、过程、效应①

李仁渊

前　言

　　无论在西方或者中文学界，"阅读史"及其相关研究所抛出的问题与方法已引起不少注意。从20世纪80年代学者在文化史与书籍史的发展下探索阅读史的第一步，一面从过去的研究中勾勒阅读史的轮廓，一面讨论未来研究的方法与架构②，到如今阅读史已有

---

① 本文曾收入复旦大学历史学系、复旦大学中外现代化进程研究中心编：《新文化史与中国近代史研究：近代中国研究集刊》，上海：上海古籍出版社，2009年，第4辑，第213—254页。作者据此版本略加修改。

② 如Roger Chartier, "Texts, Printing and Readings," in Lynn Hunt, ed., *The New Cultural History : Essays, edited by Lynn Hunt* (Berkeley: University of California Press, 1989), pp. 154–175; Robert Darnton, "History of Reading," in Peter Burke, ed., *New Perspectives on Historical Writing* (University Park, Pa. : Penn State Press, 1992), pp. 140–167, and Robert Darnton, "First Steps Toward a History of Reading," in *The Kiss of Lamourrette: Reflections in Cultural History* (New York: W. W. Norton, 1991), pp. 154–190. 法国关于阅读史的相关研究有自己的学术脉络，见秦曼仪：《书籍史方法论的反省与实践》，《台大历史学报》，2008年第41期，第257—314页。

"通史"性质的论文集①和领域回顾②。同时在中文学界，近年来也出现以阅读史为主题的书籍③，乃至出现第一本讨论阅读史理论与研究方法的专著以及第一套中国阅读通史④。

作为一篇综合性质的文章，本文的目的不在提供全面性的学术史回顾——尽管了解学术史的谱系发展必然有助于研究者定位自己的研究进路、找寻新的研究方向——而是在试着从近年西方的研究中归纳出几个重要的课题与观点，从而讨论这些课题与观点可能让我们在面对中国史领域时的启发。在中国历史找寻与西方相对应的因素，或者建立一套不同于西方的"中国阅读史模式"都不是本文的意图所在，本文所着意的是如何在比较的方法之下，增进对比较双方更进一步的认识，以此反省双方既有研究框架的局限，寻求新的突破。

一、作为行动的阅读

在进行任何研究之前，不可避免的是反省并定位所要研究的对象。如果回到最基本的层次，"阅读"本身是一项"动作"。然而阅

---

① Guiglielmo Cavallo and Roger Chartier, *A History of Reading in the West*（Amherst and Boston: University of Massachusetts Press, 1999）. 此书法文版在1995年出版。

② 如Leah Price, "Reading: the State of the Discipline," *Book History*, 2004, No.7, pp. 303–320.

③ 在晚清民初这个时段相关研究最为活跃，如潘光哲：《晚清士人的西学阅读史（1833—1898）》，台北："中研院"近代史研究所，2014年；张仲民：《种瓜得豆：清末民初的阅读文化与接受政治》，北京：社会科学文献出版社，2016年。又见两人各自的单篇论文，潘光哲：《追索晚清阅读史的一些想法》，《新史学》，2005年第16卷第3期，第137—170页；张仲民：《从书籍史到阅读史：关于晚清阅读史／书籍史研究的若干思考》，《史林》，2007年第5期，第151—189页。

④ 戴联斌：《从书籍史到阅读史：阅读史研究理论与方法》，北京：新星出版社，2017年；王余光主编：《中国阅读通史》，合肥：安徽教育出版社，2018年。

读是什么样的动作？为什么值得成为研究的对象？这样的动作有什么历史上的意义？这些基本的问题是历史学家所无法完全解答，但又是必然要先思考的问题。

阅读这样的动作，之所以引起学者注意，其原因之一是阅读本身牵涉人类心智的运作。透过视觉性的阅读，人类得以将文字或者其他视觉符号组成的象征系统化作内在的抽象思维。换句话说，在人类各种对外界的沟通方式当中，阅读可说是处理信息最复杂的一种，其所需要的技巧、所牵涉的心智活动也较高。如果我们要论及复杂知识的接受、传播及累积，阅读是其间所需要的最关键"动作"。

假使将阅读这个动作从个人层次提升到人类整体，阅读行为的出现与普及，是否可以对应到人类文明接受与创造知识的方式之转变？这样的思路从20世纪60年代开始开启了古典学家哈弗洛克（Eric Havelock）、人类学家古迪（Jack Goody）与文学理论及哲学家沃尔特·翁对于口传文化与书写文化的讨论①。他们从对古典希腊的研究出发，认为古典时期是从口传文化过渡到书写文化的关键点；且讯息传递的方式从"口说—耳听"到"手写—目读"，不仅是形式上的改变，更进一步在智识层次上改变了人们思考的方式。这些学者将口传文化与书写文化视为两种文化典型，从两者对比之处定位书写与阅读的影响力。古迪认为批判性的思考与逻辑性的思

---

① 见Eric A, Havelock, *Preface to Plato* （Cambridge: Harvard University Press, 1963）; Jack Goody and Ian Watt, "The Consequences of Literacy," *Comparative Studies in Society and History*, 1963, Vol.5, No.2, pp. 304–345; Jack Goody, *The Domestication of the Savage Mind* （Cambridge: Cambridge University Press, 1977）; Walter J. Ong, *Orality and Literacy: the Technologizing of the Word* （London: Menthuen, 1982）.

考唯有在书写文化内方有可能发生，因为将概念化作为视觉性的符号，方可以将符号所代表的抽象概念加以并置、比较、分类，并追溯其因果关系，而这样的操作在听觉为主的口传文化中是不可行的。沃尔特·翁则列举出口传文化与书写文化之间的各种差异，认为口传文化的特色有重复、添补、格套、传统、缺乏抽象思考，且缺乏历史感等等，暗示了利用书写阅读的技术来沟通，从听觉世界进步到视觉世界，是人类文明更进一步发展的关键。

这些试图解释一切的大理论必然会受到不少批评[①]。最主要的批评来自其对口传文化与书写文化的截然二分。研究没有文字或文字不盛行之社会的人类学家证明，即使在以"口说—耳听"为主要沟通方式的社会当中，社会成员仍有一定程度的抽象性的、逻辑性的思考。口传或书写可能带来不同的思考方式，但未必如之前学者设想的那样有如此清楚的差异。其次，这些学者以西方社会的发展模式出发，对口传文化到书写文化之间的差异有着演化的预设，有前者较为低阶的暗示，且暗示其将演化成较复杂的后者。然而后来的学者们指出这两种沟通模式未必是演化的关系，在以口传为主的社会中，亦有许多视觉性的符号沟通，而在文字社会里，口传的角色仍然很重要，许多书写下来的文字主要是用来念给一群人听的[②]。问题的重点不是在社会从口传进展到书写的进程，而是在一个社会中，什么样的内容、什么样的阶层，会以口传或书写作为主

---

① 如John Halverson, "Goody and the Implosion of the Literacy Thesis," *MAN*, 1992, Vol.27, No.2, pp. 301–317.
② 如Joyce Coleman提出介于口传模式（orality）与文本模式（literacy）之间的听闻模式（aurality）。见Joyce Coleman, *Public Reading and the Reading Public in Late Medieval England and France*（Cambridge: Cambridge University Press, 1996）。

要的沟通工具，而这两种沟通模式彼此之间又具有什么样的关系。

对于"口说—耳听"与"手写—目读"是否可以形成两种可以区分的文化，乃至于标志文明的进程，尽管现在学者们不再如此武断地推论，然而对于一个社会如何开始书写文化，以至于改变其文化形构，仍是值得思考的方向，如同克兰奇（Michael Clanchy）成功地利用仅存的文字遗物，研究英格兰社会如何在中世纪接受欧陆征服者带来的契约等各式文书，而让书写／阅读文化普及，带来政治、社会、文化上的转变①。除此之外，这些口传与书写之性质的讨论，则也启发对各种阅读模式的历史研究。

关于阅读这个动作怎么做的讨论中，主要的议题之一是"诵读"（read aloud）与"默读"（read in silence）之间的区别。读者在阅读时是念出声音来还是不发出声音、纯粹以视觉解读文字，关系到的不仅是阅读的习惯，更是文字的性质本身，即书写下来的文字是否仅是口头言语的符号记载，或者作为本身就具有独立意义的视觉符号。许多学者认为，在古典时期的欧洲主要还是以诵读为主，到了中古时期的发展趋势以默读逐渐成为主流。这样的趋势可以从文字的形式中看出来。从古典时期各个单字之间是连续书写的，中间没有空格或标点，要读出声音来方能辨别其意义（即所谓 scripta continua，"连写"），而到中古时期的手稿中则逐渐发展出各个单字之间的空格，乃至于出现标点符号。而"听写"（dictation）或"自念自写"（self-dictation）②在中古早期仍是书写的主要方式，然而

---

① Michael T. Clanchy, *From Memory to Written Record, England, 1066–1307* (Cambridge: Harvard University Press, 1979).

② 前者指在书写文字或在复制已存的文字时，须由一人口授，一人根据所念的声音记录成文字。后者指自己边念，而一边将自己念的文字记录下来。

后期静默的抄写则越来越重要。这样的书写阅读方式从爱尔兰开始，逐渐扩散到欧洲各地，让文字更接近纯粹的视觉符号，让默读更为可行[①]。

默读的影响展现在书本与文本的形制上。阅读的模式首先和书本构成的实体形式互相影响。从卷成长卷的书卷（scroll）演变到近于现代可以前后翻动的书册（codex），便利阅读超出文本构成的顺序，可以跳着读或前后比对。文本的构成也反映了阅读模式的变化。索引、标记、附注、页码等各种阅读辅助开始出现在中古时期的手稿上，让阅读从线性的、顺序的诵读到可以来回检索比对的参考式阅读，容许更复杂的概念运作。文字脱离声符而自身具有自主的意义，则更进一步让文法学的发展成为可能；写作时也可以脱离实际的诵读，容许更复杂的构句，让文字负载更复杂的意义。更多新的文本类别也都在中古时期大量出现，例如字典、文摘、引得、选集、集释、节缩本等，都显现了更复杂的阅读模式。读者不再是从头到尾的如同听一个故事般阅读一段文字，而可以有对读、跳读、细读、略读等各种不同的读法。

从阅读的环境也可以看出中古时期阅读模式的转变。从朗读给别人听或诵读给自己听，到自己可以默默阅读，与之相随的是个人的书桌或个人的阅读室。默读的结果是自己所读的内容不会为他人所听见，于是阅读成为更个人的行为。抄写或作者自己默写取代了听写或自念自写，于是写作的行为也可以由自己一个人掌控。在自

---

① 关于默读的研究，见Paul Saenger, "Silent Reading: Its Impact on Late Medieval Script and Society," *Viator: Medieval and Renaissance Studies*, 1982, Vol.13, pp. 367–414 和Paul Saenger, *Space Between Words: the Origins of Silent Reading* (Stanford: Stanford University Press, 1997).

己房间、书桌或个人阅览室的读者，其所读的内容只有自己知道，其所写的也可以由自己主管。如果说参考式的阅读让更复杂的逻辑推演、更精密的字义辩证——如中世纪末的经院哲学——成为可能，阅读与书写更进一步的个人化，则准许更私密的思维化作文字流传接收，即使是异端思想或是色情故事①。

从诸位学者的研究来看，从古典时期到中古时期，阅读模式的变化似乎可以分为两个方面，此两个趋势持续到文艺复兴与近世。其一是非线性的阅读和阅读的复杂化。借由参考书、批注等各种辅助与文字符号搏斗，阅读成为高度密集的心智活动。格拉夫敦（Anthony Grafton）与谢尔曼（William Sherman）即使用书页边缘的书写等各种证据，呈现了两个文艺复兴时期学者哈维（Gabriel Harvey）和迪伊（John Dee）复杂的阅读活动②。其二则是阅读活动的私人化，阅读成为读者与文本直接沟通的私密行为，因此各种个人化的阅读随之产生。或者借由阅读陶冶身心、幻想冥思、投注个人宗教热情，或者成为异端情绪或思想宣泄的管道③，或者到了文

---

① *A History of Reading in the West*, pp. 64–148.

② 见Anthony Grafton and Lisa Jardine, "'Studied for Action': How Gabriel Harvey Read His Livy," *Past and Present*, 1990, Vol.129, pp. 30–78与William H. Sherman, *John Dee: The Politics of Reading and Writing in the English Renaissance*（Amherst: University of Massachusetts Press, 1995）. 对阅读史的研究者来说，如何知道读者怎么读一直是很大的问题。许多研究者注意到以往被研究者所忽略的读者在书本上的注记涂写，以之来研究读者阅读的方式与心智活动。除上两例之外，亦见：H. J. Jackson, *Marginalia: Readers Writing in Books*（New Haven: Yale University Press, 2001）与 William H. Sherman, *Used Books: Marking Readers in Renaissance England*（Philadelphia: University of Pennsylvania Press, 2008）.

③ 如英格兰中古晚期各种私密性的阅读见Andrew Taylor, "Into His Secret Chamber: Reading and Privacy in Late Medieval England," *The Practice and Representation of Reading in England,* edited by James Raven et al.（Cambridge: Cambridge University Press, 1996）, pp. 41–61.

艺复兴时期成为贵族与中产阶级的私人休闲活动①。

这些阅读模式的演变，一方面与阅读实行的物质环境互相影响增强。书本装帧、文本构成同时是响应各种阅读模式的结果，也培养后续读者阅读方式——最近的例子莫过于网络文本对个人阅读方式乃至学习方式与思考方式的影响。阅读辅助器具、辅助文本，乃至家具与空间环境亦都反映了各种阅读模式的演变②。另一方面，这些阅读模式的演变也都与思想文化互相关联，特别是当"做学问"原本就跟"读什么"与"怎么读"息息相关。阅读模式的转变往往跟随的是学术思考方式与执行方式的改变③。在此也可见到研究阅读模式的重要性：阅读可说是物质性文本载体（如书本）与抽象性的思想文化之间的桥梁。书本本身不能产生意义，要经由阅读的实践意义方能产生，进而在思想文化上产生效果。因此这个桥梁是如何搭建起来的，以什么方式连接两端，是我们研究从文本到思想的过程中必须要注意的环节。

---

① 关于阅读活动私人化的概述，见Roger Chartier, "The Practical Impact of Writing," *A History of Private Life: Passions of the Renaissance* (*Volume III*) (Cambridge: Belknap Press of Harvard University Press, 1989), pp. 111–159. 本文标题虽然为"书写"的影响，然而大半篇幅谈的是阅读的私人化。

② 例如现在已经消失的书轮（book–wheel）曾为中古晚期及文艺复兴重要的阅读辅助器具，反映当时人文主义学者的阅读模式。见Grafton and Jardine, "Studied for Action," pp. 46–49. 关于欧洲近世中产阶级妇女阅读的私人空间，见Reinhard Wittmann, "Was There a Reading Revolution at the End of the Eighteenth Century," *A History of Reading in the West*, p. 299.

③ 举例来说，阅读跟记忆有相当的关联性。我们怎么经由文字撷取信息，也关系到我们怎么在脑中储存这些信息。借由分析中古时期手抄本的图像、符号、标记、版面等各种构成，Mary Carruthers说明这些设计如何成为中古学者记忆这些信息的工具，从而形成他们的记忆模式。见Mary Carruthers, *The Book of Memory: A Study of Memory in Medieval Culture* (Cambridge: Cambridge University Press, 1990).

假使说从古典到中古时期，阅读模式的转变与现代书本形式的建立互为表里①，从中古晚期到近代，整体的阅读模式经历最大的转变之一，是由于文本生产方式的改变，让书本取得更为容易、信息量越来越大，造成阅读方式上的调整。为了处理过多的信息，读者发展出各种辅助方法②。早在中世纪晚期，学者们已经开始抱怨书本过多，信息难以掌控③，然而随着印刷术的广泛运用、工业化的进程让书本更为普及，德国学者恩格尔辛（Rolf Engelsing）根据其对日耳曼地区的历史研究，认为欧洲在18世纪经历了所谓"阅读革命"，即从"深读"（intensive reading）转变成"广读"（extensive reading）④。前者是指针对特定文本，尤其是宗教文本，仔细咀嚼重复反刍，成群读诵，深究字里行间，至可记忆复述。"深读"被形容为中世纪以后到18世纪中叶的阅读模式，为人们学习研究、接收讯息的主要方式。而"广读"则是书本大量普及之后因应信息流通情况产生的阅读模式。因为可以接触到的文本增多，读者不再坚

---

① 关于中古时期书本形式的建立与ordinatio概念的发展，见Malcom Parkes, "The Influence of the Concepts of Ordinatio and Compilatio on the Development of the Book," in *Medieval Learning and Literature: Essays Presented to Richard William Hunt*, edited by J. J. G. Alexander and M. T. Gibson（Oxford: Clarendon Press, 1976），pp. 115–141; 从文本的构成看中古时期阅读与书写文化的扩张与演变，见Armando Petrucci, *Writers and Readers in Medieval Italy: Studies in the History of Written Culture*（New Haven: Yale University Press, 1995）.

② 见Ann Blair, *Too Much to Know: Managing Scholarly Information before the Modern Age*（New Haven : Yale University Press, 2011）.

③ 如13世纪一位读者的抱怨："既然如此多量的书、如此短暂的时间与如此靠不住的记忆不容许我将所有已写过的东西都留在心上……"转译自Ann Blair, "Reading Strategies for Coping with Information Overload ca. 1550–1700," *Journal of the History of Ideas*, 2003, Vol.64, No.1, pp. 11–28.

④ 关于恩格尔辛"阅读革命"的论点与反省，见Reinhard Wittmann, "Was There a Reading Revolution at the End of the Eighteenth Century," *A History of Reading in the West*, pp. 284–312.

持反复阅读同一些固定文本。相反地，读者广泛阅读各种文本，包括经典和与读者同时代出版的新文本。另外，各种新形态的出版形式也进一步增强读者"广读"的实践，包括与时事相关的、流传广泛的廉价小说、具有时限性定期出版的期刊报纸，以及各种随看随丢、寿命短暂的宣传单、小册和快报。这些材料都让读者随时有新而多的阅读材料，而不是只专注在深入几种读过的文本。霍尔（David Hall）在北美洲也发现了类似的情形。在18世纪之前，美洲新英格兰的读者集中在读少数几部文本，对这几部文本反复而深入的阅读，且常常是聚在一起大声朗读。而在 18 世纪之后，新英格兰的读者开始大量阅读包括小说、报刊等新的文本形式[①]。

是否有这样从深读到广读的"革命"，如今学者多半不那么截然地论定[②]。因为深读非但不是中世纪读者唯一的阅读模式，更有一些中世纪学者致力于更广泛阅读、使用选集或参考书，而不是只在固定的文本盘旋[③]，更不用说文艺复兴时期人文主义学者对广读的实践。而在所谓广读的时代，也不乏读者深入阅读某些特定文

---

① David Hall, "The Uses of Literacy in New England, 1600–1850," *Cultures of Print: Essays in the History of the Book*（Amherst: University of Massachusetts Press, 1996）, pp. 36–78.

② 如Robert Darnton立场，见Robert Darnton, "Readers Respond to Rousseau: The Fabrication of Romantic Sensitivity," *The Great Cat Massacre: And Other Episodes in French Cultural History*（New York: Vintage, 1984）, pp. 249–252.

③ 例如中古"选粹"（florilegia）这种类型的书大为通行，这种书就是让读者可以快速地接触到大量不同的文本，用以引用与模仿，说明了中古读者仍有重视"广读"的取向。关于florilegia见Mary Rouse and Richard Rouse, "The *Florilegium Angelicum*: Its Origind, Content, itt and Influence," and "*Florilegia* and the Latin Classical Authors in Twelfth and Thirteenth–Century Orléans," in *Authentic Witnesses: Approaches to Medieval Texts and Manuscripts*（Notre Dame: University of Notre Dame Press, 1991）, pp. 101–190.

本，投注大量时间与热情反复阅读。然而不可否认地，书籍流通量的增多，的确让读者进一步发展各种不同的阅读策略，以适应各种不同的阅读材料与阅读目的。在培根（Francis Bacon）很常被引用的《论学习》（"Of Studies"）一文中，他说："有些书是用来尝的，有些书是用来吞的，有些书则是用来咀嚼与消化的。这是说，有些书只有一部分是用来读的，有些书是用来读的，但不用很仔细，而有少数是通本读，且要用心而费神。"①这段引文通常被用来说明近代早期的出版爆炸，以及读者的因应之道。德马里亚（Robert DeMaria）则从英国18世纪最具代表性的作者、辞典编纂家约翰逊（Samuel Johnson）的各种资料将他多样的阅读活动分成"研／严读"（study, or hard reading）、"浸读"（curious reading）、"精读"（perusal）和"略读"（mere reading）四种模式，说明各个阅读模式应用的材料、场合与时机②。布莱尔（Ann Blair）则更具体地研究比约翰逊更早一个世纪的学者们有哪些策略、运用哪些辅助来处理大量通行的文字信息③，间接说明了在所谓阅读革命的18世纪之前，读者已经感觉到书籍带来的信息爆炸，而且已经有各种策略来应付这种状况。

书籍大量流通也改变了读者对阅读的心态。学者期盼自己尽可能读到所有最新的出版品，对新信息求之若渴，订购新闻通讯

---

① 转译自Ann Blair, "Reading Strategies for Coping with Information Overload ca. 1550–1700," pp. 13–14.

② Robert DeMaria Jr., *Samuel Johnson and the Life of Reading*（Baltimore: Johns Hopkins University Press, 1997）.

③ Blair, *Too Much to Know*.

（newsletter）、邮购百科全书，总有没读到什么书的焦虑①。一般读者对各种推陈出新的材料感到好奇，随时注意新出版、新流传的书刊，不管是剧本、小说、科幻故事，或是政治批评、色情刊物等违禁书刊②。各种阅读的刺激带来读者对阅读的热衷，其中最有名的便是"维特狂热"（Werther fever），关于歌德（Johann Wolfgang von Goethe）小说《少年维特之烦恼》（*The Sorrows of Young Werther*, or *Die Leiden des jungen Werthers*）的著名逸事：读者对书中情节入迷、模仿小说主角的穿着，甚至学习书中主角自杀。读者分不清书中叙说的世界与真实的世界，热切地阅读所能得到的书籍。如果我们了解在那个社会经济逐渐发展但还没有电视、网络、广播的时代，到20世纪上半叶为止，阅读各式各样的印刷物几乎是人们快速汲取信息——包括知识性的信息、政治的信息、商业的信息、娱乐的信息等——最主要且几乎是唯一的管道，我们不难理解当时的读者会如同现代年轻人追星般崇拜书本的作者，而比起现在各式各样信息以各种不同形式传递、随手可得，对近现代的欧洲人来说，阅读如此重要。

阅读作为一种行动，不仅其实践的模式有历史变化，关于此行动的论述也有时代意义。首先是当代的人如何理解"阅读"这个动作？如近代欧洲许多人从道德上着眼，认为沉迷于阅读妨碍身心。

---

① 这里最具代表性的例子当然是百科全书的发行。关于百科全书的发行方式和当时的热烈情况，参考Robert Darnton的经典著作：Robert Darnton, *The Business of Enlightenment: A Publishing History of the Encyclopedia, 1775–1800*（Cambridge: Harvard University Press, 1979）.

② 见Robert Darnton, *The Forbidden Best-Sellers of Pre-Revolutionary France*（New York: Norton, 1996）.

约翰斯（Adrian Johns）则研究同个时期欧洲学者如何从生理学、哲学等当时的知识系统来理解阅读这个动作，分析阅读的热情①。另一方面，从中古到近现代，各种"读书法""阅读指导手册"越来越多。这些阅读指导呈现出来的是一个理想的阅读实践动作，什么样才是好的阅读方式，什么又是阅读时应该避免的。这一方面显现出阅读这个行动变得如此复杂，且有那么多人开始加入阅读的行列，以至于需要学习、需要一套教程来指导；另一方面则可以从这些有着清楚进程的指导当中，看到理性化、规范化阅读的尝试。阅读原本便是需要高度技巧的行动，而伴随着学习过程的各种规训，包括阅读的姿势、场所、程序、材料与身份（如男性读者跟女性读者的差异），读者在接受信息、得到知识之前，已先经历一套权力关系的操演。

相较于欧洲史研究中将阅读视为一种行动的讨论，中国史研究的领域里，比较少从实践的层次上看阅读。虞莉在其以中国阅读史为题的博士论文中，从一些文字与图像数据列出了一些"阅读的模式"②，然而并没有在历史的脉络中作进一步的解析。马兰安（Anne McLaren）利用晚明图画或书本中的插图所呈现的阅读形象，讨论当时出版业兴盛后的阅读实践，回答例如读者是谁、怎么阅读、在哪阅读等问题。她认为晚明阅读的实践相当多元，很多场

---

① Adrian Johns, "The Physiology of Reading: Print and Passion," *The Nature of the Book: Print and Knowledge in the Making* (Chicago: University of Chicago Press, 1998), pp. 380–443.

② Li Yu, "A History of Reading in Late Imperial China, 1000–1800," (Ph. D. Dissertation, Department of East Asian Languages and Literatures, The Ohio State University, 2003), pp. 91–110.

合都可念书，也有专门念书的空间与家具。从文人、女性到农夫都加入了阅读的行列，甚至有一幅图画呈现的是两个人一起踏水车，其中一人边踏边看书。即使图画未必全然是现实的反映，但这些对于阅读的描绘反映出一种关于读者是谁的变化，阅读实践的普及与多样化，以及这些出版者对于一种新的阅读群体的建构①。

研究中国历史中阅读模式的变迁，首先会碰到的是材料的问题②。上述两位作者都提及这样的问题，且都说明她们从图像数据中得到关于阅读的呈现是一种"再现"（representation）③。然而不仅是图像史料，文字史料很难说不是一种再现。或许在此我们不是要执着在所谓再现与历史事实之间的问题——这其实也并非中国阅读史的专属问题——而是我们可以从有限的材料中看到什么，以及体认到"真实重现过去阅读的模式"本身并没有太大意义，也不是阅读史研究的目的；比较有意思的，或许是我们为什么要研究历史中的阅读、以阅读为主题的研究可以让我们看到什么更有趣的历史现象、引导我们做出什么历史解释。

---

① Anne E. McLaren, "Constructing New Reading Publics in Late Ming China," in Cynthia Brokaw and Chow Kai-wing, eds., *Printing and Book Culture in Late Imperial China*（Berkeley: University of California Press, 2005）, pp. 152–183. 如果作者可以在图像的部分与之前或之后的各种读书图像及呈现阅读样貌的图像相比较，讨论其历史差异及图像本身不同生产脉络下呈现读书活动时传递的讯息差异，或许可以在阅读活动本身的意义这点上更为丰富。

② 其实不仅是研究中国，研究欧洲或任何地方的阅读史也同样会有材料的问题。另外，不仅是阅读史，太多历史课题都会碰到材料上的问题，并不是研究阅读史专属的困难。

③ 关于再现与实践的问题表现在一本阅读史研究中较早出版之论文集的标题上，参见 James Raven, Helen Small, and Naomi Tadmor, eds., *The Practice and Representation of Reading in England*（Cambridge: Cambridge University Press, 1996）。

在图像之外，研究中国书籍史，尤其是出版方面的学者，已使用其研究书籍的文本构成试图说明这本书的出版性质。例如研究宋代到清初建阳出版业的贾晋珠（Lucille Chia）与研究晚清民初四堡出版业的包筠雅（Cynthia Brokaw），均利用书籍中版面构成、文字编排的一些特色来说明这些出版物所针对的读者群[①]。她们这么做主要是为了揭示这些出版品的通俗性，以说明其研究之出版商的意欲顾客及其商业化与市场导向的生产方式，而阅读实践本身不是她们所要着眼的地方。然而，我们是否可能从中国历史上书籍版面、文本构成，乃至于文本物质载体本身中的变化，推测其相应的阅读模式？这么做的话，一方面可以让我们从这些书籍实际运用的角度出发，解释这些书籍文本构成与变化之原因，另一方面，或许更有野心的，是可以让我们从其阅读模式中，追索其与当时思想文化构成与传播之间的关联。

如从较广的视角来看，传播文字的主要载体从竹简转换成纸张、从手抄本转换成木刻本、从手工印刷转换到机械化印刷的各个阶段，必然限定了文本的构成与传递，乃至不同文类与写作形式的形成[②]。而不同的文本生产方式，是否相应地让人们的阅读方式

---

① 见Lucille Chia, *Printing for Profit: The Commercial Publishers of Jianyang, Fujian (11th–17th centuries)*（Cambridge: Harvard University Asia Center, 2002）；Cynthia J. Brokaw, *Commerce in Culture: the Sibao Book Trade in Qing and Republican Periods*（Cambridge: Harvard University Press, 2007）.

② 举例来说，不同于一般文学史以政治性的朝代作为分期标志（如唐诗宋词元剧明清小说），伊维德（Wilt Idema）与汉乐逸（Lloyd Haft）编写的中国文学手册，分期的依据是文本生产方式的演进（"从起始到纸的发明"、"从纸的发明到书籍印刷的扩散"，"从书籍印刷的扩散到西式印刷方式的引进"、"现代文学的转型"、"现代文学"），其实就说明了文本生产方式与文学类型内容之间的紧密关系。见Wilt Idema and Lloyd Haft, *A Guide to Chinese Literature*（Ann Arbor: Center for Chinese Studies, The University of Michigan, 1997）.

有所不同？这些不同的阅读方式，是否又影响了人们接受信息与思考进行的方式、知识形成的过程，与思想内容之外的、接近与利用思想内容的进路？从较微观的视角上来看，各种文本构成要件在特定时代或不同时代间变化，是否某种程度上反映或影响了阅读的实践，而这些阅读实践的变迁，又是与何种思想或文化上的趋势相配合？如标点的流变、页码或目次的出现、西式脚注的采用等等①，是否可以分别对应阅读的普及化、更有系统的阅读方式，或是接受西方学术式的阅读方式？

考古发现的简帛文书已引领学者从文本构成的方向来重新思考上古的思想与文化，然而如何从现有的材料推导出更一般性的关于阅读模式的论点，以及汉魏六朝纸张普及之后对文化传递与信息接收之影响，可能需要更多的文献与考古数据，与更巨观的概念化视角此两者间的配合②。而关于印刷术广泛使用之后的发展，车淑珊（Susan Cherniack）已论及宋代形成的书本文化、书本量的增加，在文本的构成上、文字权威性的消解上带来的影响，结果是读书方式的改变与对于文本勘误比对的重视③。而同时南宋学者也开始有

---

① 关于西方"脚注"的发展与其在学术史、思想史上的意义，见Anthony Grafton, *The Footnote: a Curious History*（Cambridge: Harvard University Press, 1997）.
② 中国上古史的领域中已有不少学者尝试从出土文物研究先秦两汉的书写与阅读，见Li Feng and David Prager Branne, eds., *Writing and Literacy in Early China: Studies from the Columbia Early China Seminar*（Seattle: University of Washington Press, 2011）；邢义田：《秦汉平民的读写能力：史料解读篇之一》，收入邢义田、刘增贵主编：《第四届国际汉学会议论文集·古代庶民社会》，台北："中研院"，2013年，第241—288页；邢义田：《汉代边塞隧长的文书能力与教育：对中国古代基层社会读写能力的反思》，《"中研院"历史语言研究所集刊》，2017年第88本第1分，第85—114页等等。
③ Susan Cherniack, "Book Culture and Textual Transmission in Sung China," *Harvard Journal of Asiatic Studies*, 1994, Vol.54, No.1, pp. 5–125.

许多"读书法"的论作①，这些论作或可视为学者在新的书本文化之下，建立起"正确"阅读模式的尝试，然而这种尝试的过程中制造了哪些关于阅读的新论述、对于阅读的实践有何种影响，对当时的思想史发展有什么意义，则是进一步可以讨论的问题。

比较起来，明清之后的中国在史料上或许较能支撑对阅读实践的深入研究，特别是在出版史、书籍史上较为学者所重视的晚明清初与清末民初这两个时段。明朝中叶后商业出版勃兴之意义已有许多学者留意②，而关于清末民初诸如报刊、机械化印刷等受西方影响的出版变革，亦出现不少专书论文③，然而是否这些出版文化上的变革亦带来一场"阅读革命"？这些文本制造与流传的方式对于人们在文本接受上的影响，则较少被讨论。除了前述马兰安的研究

① 关于理学家读书法的研究，见Susan Cherniack, "Book Culture and Textual Transmission in Sung China," pp. 50–55; Daniel K. Gardner, "Transmitting the Way: Chu Hsi and His Program of Learning." *Harvard Journal of Asiatic Studies*, 1989, Vol.49, No.1, pp. 141–172.

② 讨论明清商业出版的著作甚多，如Timothy Brook, *The Confusions of Pleasure: Commerce and Culture in Ming China*（Berkeley: University of California Press: 1998）、Chow, Kai-wing, *Publishing , Culture, and Power in Early Modern China*（Stanford : Stanford University Press, 2004）与Cynthia Brokaw and Chow Kai-wing, eds., *Printing and Book Culture in Late Imperial China*（Berkeley: University of California Press, 2005）等等，在此不再详列。参考涂丰恩:《明清书籍史的研究回顾》,《新史学》, 2009年第20卷第1期, 第181—225页; Tobie Meyer-Fong, "The Printed World: Books, Publishing Culture, and Society in Late Imperial China," *Journal of Asian Studies*, 2007, Vol.66, No.3, pp. 787–817.

③ 英语著作中比较早讨论晚清民初出版变化的可能是: Lee Leo Ou-fan and Andrew J. Nathan, "The Beginning of Mass Culture: Journalism and Fiction in the Late Ch'ing and Beyond," in *Popular Culture in Late Imperial China* edited by David Johnson, Andrew J. Nathan, Evelyn S. Rawski（Berkeley: University of California Press, 1985）, pp. 360–398. 一般性讨论见拙著:《思想转型时期的传播媒介：清末民初的报刊与新式出版业》, 收入王汎森编:《中国近代思想史的转型时代：张灏院士七秩祝寿论文集》, 台北：联经出版事业股份有限公司, 2007年, 第3—49页。相关中外文著甚多, 此处不再详列。

之外，何谷理（Robert Hegel）的专著（特别在第五章）讨论了晚明以来白话绘图小说的出版及新的阅读模式[①]，至于日用类书、善书或其他更通俗的出版品，以及整体上文本书籍（特别是雕版印刷的书籍）流通量的提升，对于阅读模式的影响仍需要更多的关注。

清末民初机械印刷前后更进一步的出版扩张或许让阅读的活动更加普及[②]。更多新的出版形式（如定期出版的期刊）、新的书籍形态（如洋装书）与新的文本构成（如西式的目次索引或铜版照相）对阅读实践的影响亦散见于从文学描写到个人日记等各种资料中。这些资料有些是论者或文学创作者对阅读实践的再现，傅兰雅（John Fryer）在《江南制造局翻译西书事略》或书商王维泰在《汴梁卖书记》对中国文人初识新学书籍的描写[③]，或是李伯元《文明小史》中各种类型的阅读活动，虽然有可能失之夸大或偏颇，但表现了当代人对时人阅读活动特点的观察或评论。有些是个人直接或间接的对其阅读活动的描写或记录，如回忆录、书信或日记中对于

[①] Robert E. Hegel, *Reading Illustrated Fiction in Late Imperial China*（Stanford: Stanford University Press, 1998）. 此外有相当多讨论图文传统与晚明视觉文化的著作，但多半集中在图像文本的分析上，较少将焦点集中在阅读与接受的实践层次。其他见 Anne Burkus-Chasson, "Visual Hermeneutics and the Act of Turning the Leaf: A Genealogy of Liu Yuan's Lingyan ge," in Cynthia Brokaw and Chow Kai-wing eds., *Printing and Book Culture in Late Imperial China*（Berkeley: University of California Press, 2005）, pp. 370–416.

[②] 关于印刷技术机械化的研究，见 Christopher A. Reed, *Gutenberg in Shanghai: Chinese Print Capitalism, 1876–1937*（Vancouver: University of British Columbia Press, 2004）.

[③] 简单的讨论见李仁渊：《晚清的新式传播媒体与知识分子：以报刊出版为中心的讨论》，台北：稻乡出版社，2005年，第29页。

读书活动的记载，乃至在书页间随手的涂改或笔记①，这些材料虽个人、零散，且集中在特定阶层，但也为我们提供了追索当时特定读者的阅读轨迹。再者则是出版品本身对阅读实践明言的描述或者其形式安排中暗示的阅读方式，例如工具书或期刊的编者在并言、前言中对其阅读方式的议论或说明，或者小说单行本的开本大小或印刷质量暗示的阅读方式。这些信息虽不一定真正地涉及与读者间的互动，然而我们可从文本制造方所预定的读者与读法，从文本侧推测当时主流的阅读模式。综合这三种不同的材料，或许可以让我们对近代中国阅读的实践有更进一步的了解。

二、读者与读物

当我们讨论阅读模式的变迁时，时间越接近近代，似乎越难以避免讨论到两个重要的问题：读者与读物。诚然，阅读作为一个行动，必然有行动的行使者，也必然有行动的接受者。如将整个阅读的过程视为"读者—阅读—读物"的连续，读者与读物的不同，往往决定阅读行动的模式。也就是说，"阅读"作为一个动作，是

---

① 这类读者写在书页上的字或记号是西方学者（如谢尔曼与布莱尔）研究读者对文本之反应的重要材料之一，然而比较少为中国史研究学者用到。这些材料提醒我们，研究书籍史或阅读史的许多课题，不能只依靠重新排印的出版数据，而应该多利用出版的原版复印乃至于直接利用原本。因为在重新排版复制的过程中，许多信息会在这样的过程中消失。而西方的研究经验提醒我们，以书籍为主要研究对象的书籍史或阅读史，其要领之一是要把书籍自身当成一种包含各种数据的对象，除了书籍的本文之外，"副文"（paratext）、版式，与书本的物质形式本身，都是书籍与阅读史研究资料的来源。关于"副文"的概念，见 Gérard Genette, *Paratexts: Thresholds of Interpretation*, translated by Jane E. Lewin（Cambridge: Cambridge University Press, 1997）.

难以抽离读者与读物的脉络来研究的。当我们论及阅读这样的动作时，必然同时要留意的是，谁是动作的行使者，以及受用的文本是什么。例如当我们提到所谓中古时期的烦琐哲学式的阅读及文艺复兴的人文主义式的阅读时，我们应该留意这些模式的读者均是上层阶级的学术精英——甚至不包括许多识字不多、不能阅读拉丁文的贵族；同样地，南宋的读书法针对的对象也非一般的老百姓、预想的读物亦极有限。然而当我们提及18乃至19世纪的阅读模式时，其行动者可能包含了中产阶级乃至农民。如果从较宏观的观点来看，近代以来阅读模式的变迁与多样化，似乎是紧连着日益扩大的读者群，以及各种针对不同读者群出现的各种读物。

然而在讨论"日益扩大的读者群"时，我们不能略过关于"识字率"（literacy）的讨论：对于一个社会中有能力使用文字人口的评量，另一方面即是界定了社会中存在与潜在的读者比率。识字率在当代常被当成一个社会现代化程度的指标，而在历史研究上，亦是欧洲社会史家讨论已久的课题。历史学家以教区婚姻文件、契约或诉讼文书上的签名、当代政府或教育机构的调查、教育的普及程度等各种方式来推算一地的识字率，乃至作跨地域与跨时段的比较[1]。而近来针对这样的量化研究则有更进一步的反省。首先是关于识字率定义的反省。怎么样的识字程度才在统计上或历史解释上有意义有许多的不同意见。许多人仅会签自己名字而不会书写其他文字，或因为实际生活需要懂得某些脉络下的文字，然而不能运用

---

[1] 参见Chartier, "The Practical Impact of Writing," pp. 111–159。亚洲的例子则见 Richard Rubinger 利用各种地方性文书数据所做的关于德川时代日本识字率的研究。Richard Rubinger, *Popular Literacy in Early Modern Japan*（Honolulu: University of Hawai'i Press, 2007）.

文字表达自己的意思。这些差异无法用全或无的"识字与否"囊括。许多情况是人们懂得阅读文字却无法书写，就算懂得阅读我们也很难确认对文字材料的理解到何种程度。而对识字率的研究常常模糊阅读与书写的区别，后来的学者则提醒两者原则上使用相当不同的技巧。再者欧洲很多时期的书写文字是拉丁文，许多有高度文化程度的人能善用地方语言，却未必懂得使用拉丁文。这些人可能因为无法使用书面的拉丁文而被视为不识字。这三种反省——识字程度的界定、阅读与书写的区别与语言杂用的前提——都挑战了一般对识字的单向定义。

其次是对于识字率研究背后现代化预设的反省。受到现代化国家体制的影响，在当代识字率被拿来当成国家现代化的指标，用以评估一国教育普及与国家现代化的程度。然而这两种预设如今都遭到挑战。例如一般认为都市化程度高与经济发达的社会识字率比较高，然而在18世纪的欧洲，由于新教信仰对信徒个人读经的要求，识字率程度最高的地方是城市化甚低的北欧，在英格兰，威尔士与英格兰北部某些地区识字率比起南部较都市化的地区来得高。这些研究提示了影响社会上识字程度的因素很复杂，在组织化的教育系统之外，如宗教的态度、印刷文化等等，都可能是影响识字率的原因[1]。在中国方面，关于识字率的历史，估计至今最完整的研究仍然

---

① 关于西方识字率的历史研究与反省，见R. A. Houston, *Literacy in Early Modern Europe: Cultural and Education, 1500–1800*（London: Longman, 1988）; Daniel Resnick, ed., *Literacy in Historical Perspective*（Washington: Library of Congress, 1983）。

是罗友枝（Evelyn Rawski）在1979年出版的专著[1]。罗友枝主要从基层基础教育机构与可能的塾师数目，推估出中国18至19世纪男子的识字率约在30%到45%之间，而女子的识字率约在2%至10%之间，与当时的西欧与日本比较不相上下[2]。罗友枝认为，此时中国如此高的识字率，原因除了基础教育的普及之外，便宜而广布的刻本书籍，包括通俗文学与童蒙书籍，都让书写与阅读成为当时中国从城镇到乡村人们日常生活中的一部分，因此中国识字率的发展是与印刷文化携手并进的。然而许多评论者认为，罗友枝评估的数字过高。其原因主要是罗友枝对识字的定义过宽，并且高估了地方教育的普及和有效的程度，另外她对乡间刻本书籍流通的情形亦过于高估，因此对乡间的识字率与书写阅读文化的描绘都过于乐观[3]。无论罗友枝所评估的数字是否正确，中国帝国晚期以来识字率的增加与通俗读物的扩散，则是学者们都注意到的现象。无论在中国或是在欧洲，日益扩大的读者群与这群读者的读物引起了对非精英阅读的注意。

　　由于印刷技术的发达，17世纪以来各种针对新读者的新读物成为学者们研究的对象。18世纪90年代开始，夏蒂埃（Roger

---

① Evelyn S. Rawski, *Education and Popular Literacy in Ch'ing China*（Ann Arbor: University of Michigan Press, 1979）。最近对清代识字率问题的反省，参看刘永华：《清代民众识字问题的再认识》，《中国社会科学评价》，2017年第2期，第96—110页。

② 罗友枝的研究在某方面反驳了"现代化"论述。有些学者主张识字率与现代化的关联性表现在识字率是工业化的重要助力，由乡村的识字人口提供城市工厂高素质的人力资源，是西欧与日本可以快速走向工业化的原因之一。而罗友枝所提供的例子，证明了中国社会当时虽然有高识字率，但未走向工业化，可见得工业化与识字率的因果关系并非如此紧密。见Rawski, *Education and Popular Literacy in Ch'ing China*, pp. 149-154.

③ 对于罗友枝的评论，见Wilt L. Idema, "Review of Evelyn Rawski, *Education and Popular Literacy in Ch'ing China*," *T'oung Pao*, 1980, Vol.66, Livr. 4/5, pp. 314-324.

Chartier）等法国学者越来越注意出现在17世纪初法国的"蓝皮书"
（Bibliothèque bleue）。这种印刷粗糙、小开本的低廉书籍从城市
逐渐流传到乡间，成为普及各阶层的畅销书，内容包括宗教性的文
本、小说等文学作品。透过对"蓝皮书"的阅读，夏蒂埃反对视
文本本身为读者心态反映、阶级构成反映文化内容的做法，主张
从读者与读物之间的互动，探讨读者对文本本身创造性的挪用，
更从不同阶层对"蓝皮书"的阅读，打破所谓"精英文化"（elite
culture）与"大众文化"（popular culture）的固定疆界①。斯普福德
（Margaret Spufford）则研究同样从17世纪开始在英国出现的"通
俗读本"（chapbook）。这些内容包括宗教、骑士故事、幽默故事
等，由小贩贩卖的廉价印刷品长时间是英国乡间主要的读物。除了
分析其内容，斯普福德更尝试探讨这些书如何被读，而认为这种通
俗读物在乡间开始流行，是教育普及、识字率提高、阅读文化扩张
的结果②。在娱乐性的读物之外，实用性的农民历（almanac）可说
是最普及的印刷品。卡普（B. S. Capp）与斯托韦尔（Marion Barber
Stowell）分别研究16到18世纪英格兰与17世纪到18世纪北美殖民
地出版的农民历。这些农民历内容不只有日历农时，还有包含实用
性的日用指南与娱乐性的小故事。根据斯托韦尔的研究，农民历是
北美殖民地早期印刷的大宗，一个普通的新英格兰家庭，家中会
有的三本书为《圣经》、农民历与《新英格兰蒙书》（*New England*

---

① 见Roger Chartier, *The Cultural Uses of Print in Early Modern France*（Princeton:
　 Princeton University Press, 1987）. 中文介绍见秦曼仪：《书籍史方法论的反省与
　 实践》，第277—286页。
② Margaret Spufford, *Small Books and Pleasant Histories: Popular Fiction and its
　 Readership in 17th–Century England*（Athens: University of Georgia press, 1981）.

Primer ）[1]。吉尔摩（William Gilmore）则透过深入的文本与量化研究，从书本流通量与各种文化机构的活跃程度，展现出在18到19世纪之交，阅读已是如此深入新英格兰乡间人家的日常生活，读物成为生活中的必需品[2]。

如果说从16到18世纪，总体性的演变是低廉的印刷品传播到乡间，使得在贵族与城市里的中产阶级之外，在乡间的农民、工匠等也成为潜在的读者，到了19世纪，读者与读物无论在结构与数量上都有很大的转变。19世纪演进快速的印刷技术让机械化生产的书籍数量更大、价格更低。略受教育、大量从乡村移居到城市的工人成为新的阅读群体。奥尔蒂克（Richard D. Altick）先驱之作《英国普通读者》（*The English Common Reader*）巨细靡遗的追究此新阅读群体兴起的社会因素[3]。除了印刷技术的进步之外，各种新的阅读机构的兴起，如公共图书馆、流动图书馆、租书店等，让阅读更为简易方便。政府、社会团体与宗教团体推动各种教育机构（如"假日学校"）与出版机构，意图提高识字率与提升阅读风气。各种新的出版形式，包括低廉的小报、画报、连载小说、分部出版的小说、文库本小说，更压低了阅读的经济成本。其他技术，如照明改善让晚上成为阅读时间、铁路等交通系统降低了印刷品的运费，让书籍运送不再只能依靠水运。在社会生活上，离开乡村到陌生都市的工人，失去家族与宗

---

① B. S. Capp, *English Almanacs, 1500–1800: Astrology and the Popular Press* （Ithaca: CornellUniversity Press, 1979）；Marion Barber Stowell, *Early American Almanacs: the Colonial Weekday Bible* （Manchester, MH: Ayer, 1976）.

② William J. Gilmore, *Reading Becomes Necessity of Life: Material and Cultural Life in Rural New England 1780–1835* （Knoxville: University of Tennessee Press, 1989）.

③ Richard D. Altick, *The English Common Reader: A Social History of the Mass Reading Public 1800–1900* （Chicago: University of Chicago Press, 1957）.

教的慰藉，不再像以前全家围坐炉边由家长领读宗教故事，而以独自阅读满足心理需要。规律化的工人生活清楚划分工时，而同时出现了"休闲"的概念，花费低廉的阅读成为工人主要的休闲活动。这些条件都让一个前所未有的庞大读者群体在19世纪的英国成立。

隔着一道海峡，莱昂斯（Martyn Lyons）对19世纪法国社会的研究亦呈现类似的发展。在扩张的阅读文化之下[1]，作者指出三个新的读者群：女性、工人与农民[2]。由于这些读者群的兴起，许多以其为对象的出版品因应而生[3]。与奥尔蒂克多年前的作品不同的是，除了这些读者群兴起的社会条件，莱昂斯运用许多自传性资料试图重建这些读者群的阅读经验。此外本书特别强调的另一个面向是主流社会对这些阅读群体兴起的反应，尤其是感受到女性、工人、农民获得阅读能力的威胁，主流社会如何试图控制这些阅读活动，将其阅读行为建构成社会与道德的问题[4]。在此本书作者将对读者的研究推进到阅读背后的权力交锋：当掌控文化符号的群体发现其他群体前来分享其掌控权时，如何运用既有的文化权力将之打压。

在中国史的领域中，对于读者的研究焦点主要针对在晚明，首先由文学的研究者发起，而社会史研究者继之。文学研究者认为，

---

[1] 莱昂斯之前已经出版一本关于19世纪法国书籍、阅读史的法文专书。Martyn Lyons, *Le triomphe du livre: une histoire sociologique de la lecture dans la France du XIXe siècle* (Paris: Promodis, 1987).

[2] Martyn Lyons, *Readers and Society in Nineteenth-century France : Workers, Women, Peasants* (Basingstoke: Palgrave, 2001).

[3] 作者在另一篇文章还提到儿童成为新的读者，以及针对儿童的出版品。见 Martyn Lyons, "New Readers in the Nineteenth Century: Women, Children, and Workers," *A History of Reading in the West*, pp. 313–344.

[4] 关于19世纪维多利亚时期英国女性读者的阅读经验与当代人对女性阅读的看法，见Kate Flint, *The Woman Reader, 1837–1914* (Oxford: Oxford University Press, 1995).

晚明绘图白话小说等各种更通俗的文学作品的出版，标示了商业化出版的兴起与更广大的阅读群众①。这些变化表现在出版品质量的多样化与市场化②，既有针对上层读者极为精致的出版品（如画册）③，也有针对一般读者，质量较低劣的出版品④。同时亦表现在同一个文本针对不同读者出版不同版本，或者各种"增订""新版""新增"等商业出版的常用词语上⑤。社会史家则解释此为明末经济繁荣、商业文化发展的结果⑥，而其影响是"大众文化"或"城市文化"或"文人文化"的兴起⑦。对于读者群众最大的变化是，以往属于士人的出版与阅读，如今有更多"俗众"参与，而阅读本身也随着出版活动的分殊而更加多样化。

然而，目前在中国史领域关于读者与读物的研究，尚仍有许多未触及的层面与待开发的领域，这一方面是因为关于阅读的研究在中国史的领域仍在起步阶段，另一方面则常常是因为材料的限制。

---

① 如McLaren, "Constructing New Reading Publics in Late Ming China," 与Hegel, *Reading Illustrated Fiction in Late Imperial China*.
② Robert E. Hegel, "Niche Marketing for Late Imperial Fiction," *Printing and Book Culture in Late Imperial China*, pp. 235—266.
③ 如马孟晶：《文人雅趣与商业书坊：十竹斋画谱和笺谱的刊印与胡正言的出版事业》，《新史学》，1999年第10卷第3期，第1—54页。
④ Chia, *Printing for Profit*.
⑤ Robert Hegel, "Distinguishing Levels of Audiences for Ming-Ch'ing Vernacular Literature." in *Popular Culture in Late Imperial China*, pp. 112–142与Anne E. McLaren, "Investigating Readerships in Late-Imperial China: A Reflection on Methodologies ," *The East Asian Library Journal*, 2001（published 2003），Vol. X, pp. 104–159.
⑥ 如Brook, *The Confusions of Pleasure*.
⑦ 兹各举一例：Evelyn Rawski, "Economic and Social Foundations of Late Imperial Culture," in *Popular Culture in Late Imperial China*, pp. 3–33; Joseph McDermott, *A Social History of the Chinese Book: Books and Literati Culture in Late Imperial China*（Hong Kong: Hong Kong University Press, 2006）；大木康：《明末江南の出版文化》，东京：研文出版，2004年。

首先是时段的问题。目前对于读者与读物的研究大量集中在晚明，探讨晚明形成的阅读文化，然而一方面却似乎将晚明定为起点，而将之前的阅读文化扁平化，例如白话书写或出版形态的分殊，在南宋末到元朝皆有所发展，却往往被论者所忽略。另一方面似乎暗示了晚明之后的阅读文化没有多大的变化，或者呈现停滞或倒退的状态。然而无论在盛清、晚清或者是民国，出版与阅读均有其对应时代的发展，特别是18世纪中期以来人口大量增加与商业出版的复苏、19世纪初开始的另一波出版高潮与逐渐加强的域外因素，乃至于19世纪末以来机械化印刷技术的引入等，尽管在史料上比晚明时期更加丰富，但仍缺乏更进一步的探索。如果说晚明的出版文化形成了一个阅读大众，那我们应该问的问题是，这个阅读大众在数量上、在社会构成上、在地域分布上、在整体的文化互动与创造上，与其他的时代，如19世纪中期以来由新的传播形式与技术构成的阅读大众，有什么样相同与不同之处。

关于读者与读物的研究，第二个尚待讨论的问题是"究竟谁是读者"？尽管许多学者有晚明以来读者群众逐渐扩大的预设，但是对于究竟是哪些人加入了读者行列，他们是如何进入阅读世界的细节问题上，仍未有较为系统的探索。基本的识字率问题在罗友枝将近30年前的尝试之后便没有继续下去。在有什么新读者的问题上，或许有所发展的是对于女读者的研究。随着20世纪80年代以来对性别研究与女性文学的兴趣增加，越来越多的女作家、女性的阅读与书写活动被文学史家与社会史家发掘。尽管学者较关心的是主动性、创造性的书写活动，在阅读方面学者如高彦颐（Dorothy Ko）与魏爱莲（Ellen Widmer）等都在不同程度上讨论到17世纪与19世纪的女性读者问题[1]，对于某些特定文类（如弹词）的研究也显现女性读者在其中扮演的特殊角色[2]。女性读者在18、19世纪对戏曲、小说、弹词等的热衷、各种对女性痴迷于阅读的描写，以及精英男性对这种现象的反应，都与英国维多利亚时期女读者的处境略有相似之处[3]。然而在女性读者之外，究竟有哪些其他类型的读者？他们之间的阅读实践、读物有怎么样的不同？不同的社会阶级[4]、宗教传统[5]、种族文化[6]、

---

[1] Dorothy Ko, *Teachers of the Inner Chambers: Women and Culture in the Seventeenth-Century China* (Stanford: Stanford University Press, 1994) ; Ellen Widmer, *The Beauty and the Book: Women and Fiction in Nineteenth-Century China* (Cambridge: Harvard University Asia Center, 2006) ; Ellen Widmer, "Considering a Coincidence: The 'Female Reading Public' Circa 1828," in *Reading and Materiality in China: Essays in Honor of Patrick Hanan*, edited by Judith T. Zeitlin and Lydia H. Liu (Cambridge: Harvard University Asia Center, 2003)。对女性读者一般性的探索，见Li Yu, "A History of Reading in Late Imperial China, 1000–1800," pp. 150–215.

[2] 胡晓真：《才女彻夜未眠：近代中国女性叙事文学的兴起》，台北：麦田出版社，2003年。

[3] 见前引Flint, *The Woman Reader, 1837–1914.*

[4] 罗斯（Jonathan Rose）利用19世纪到20世纪初英国工人的自传探讨了工人的阅读世界，然而这样的研究在中国历史（至少对于20世纪以来的历史）是否可能？我们是否可能知道中国非精英阶层是怎么阅读的？见Jonathan Rose, *The Intellectual Life of the British Working Classes* (New Haven: Yale University Press, 2001).

[5] 贝尼特（Zvi Ben-Dor Benite）探索了帝国晚期穆斯林在东南中国的文化传统与教育网络，包括其汉克塔布的书籍文化。见Zvi Ben-Dor Benite, *The Dao of Muhammad : A Cultural History of Muslims in Late Imperial China* (Cambridge: Harvard University Asia Center, 2005). 然而对于中国各种宗教传统的阅读文化我们仍然所知不多。

[6] 前述虞莉的博士论文稍稍触及了"非汉人"［包括"北方统治者"（契丹、女真、蒙古）、耶稣教士、犹太人与朝鲜人］在中国的阅读经验。见 Li Yu, "A History of Reading in Late Imperial China, 1000–1800," pp. 216–268. 然而我更好奇的是：清朝时期的满族人与蒙古人等是怎么阅读的？各个所谓"少数民族"（如畲族、苗族、壮族等）是如何与何时开始进入汉文的阅读世界？他们是借由什么管道接触到阅读活动（科举、宗教、传教士等）？这些阅读活动怎么与其之前的文化传统互动？接受汉文阅读与所谓"汉化"之间的关系是什么？

语言①、年龄②、职业身份的人群，怎么开始他们的阅读活动，成为新的读者？这些人成为"读者"之后，对自己或社会整体有怎么样的影响？其他群体或社会整体对他们的阅读活动有怎么样的反应？这些都是连对女性读者的研究都尚待开展的领域。

第三个问题是对于所谓"读物"的讨论仍集中少数类型。这里部分的原因是中国书籍史、阅读史的研究很大一部分是受益于文学研究者的贡献，因此对于文学读物与其读者有特别好的发展，特别是针对白话通俗小说、其不同版本的发展与其针对的不同读者③。另一方面，近来关于出版与阅读的研究又与对晚明"印刷文化"（print culture）④的讨论有关，特别注重的是商业出版，以至于

---

① 包筠雅注意到晚清民国四堡的印刷出版业与客家背景之间的关系。见Brokaw, *Commerce in Culture: the Sibao Book Trade in Qing and Republican Periods.* 不同的语言背景是否影响人们成为读者的时机？阅读、印刷语言与口头语言之间的历史关系怎么影响读者的形成？

② 如同莱昂斯提到西方儿童读者的出现，中国的儿童什么时候成为读者？什么时候，在童蒙书之外，开始有特别设计给儿童阅读的读物？当然对于童蒙书与教科书的研究都有许多，如梁其姿：《〈三字经〉里历史时间的问题》，收入黄应贵主编：《时间、历史与记忆》，台北："中研院"民族学研究所，1999年，第31—74页；与Angela K. Leung, "Elementary Education in the Lower Yangtze Region in the 17th and 18th Centuries," in *Education and Society in Late Imperial China, 1600-1900*, edited by Benjamin A. Elman and Alexander Woodside（Berkeley: University of California Press, 1994）, pp. 381–416. 但是什么时候出现儿童的"休闲读物"，专门有设计给儿童、融合教育与娱乐的出版品？可能要追溯到晚清的传教士刊物与清末民国对儿童教育与儿童文学的讨论。又，在儿童之外，"青年"乃至于"少年"，又是从什么时候开始变成可以辨认的阅读群体？这里我们不免联想《新青年》的刊名和其所代表的意义。我们所需要讨论的，不只是"实体"的读者之形成，更是这些读者群的"概念"是怎么形成的。

③ 如矶部彰对《西游记》、马兰安对《三国演义》的研究。

④ 相较于西方学者常用的"印刷文化"（print culture）概念，我倾向使用日本学者较常用的"出版文化"。原因是西方对印刷文化的讨论有其学术脉络，源自15世纪印刷革命的相关辩论。然而在中国的历史发展，至少在晚明的这些变化当中，印刷技术并未扮演太特出的角色，而是商业出版与出版品的商品化在晚明有比较显著的影响。

对非商业性的读物及其对阅读活动的影响相对忽视①。不仅文集、方志和许多知识阶层的出版品出版时并未有商业目的②，许多散布广、读者多的读物，如宝卷、善书等有教化意味的出版品与为数甚多的各种宗教文本，亦不属于商业出版，且我们对其阅读活动所知甚少③。在商业出版的范围之内，包罗万象的日用类书逐渐受到重视之后④，针对特定读者的医书、科考用书、商业手册、官箴书、讼师密本、占卜地理书，或是更一般性的通书，虽然日益得到学者的注意，但无论在制造、流传及阅读的层次上，亦没有充足的研究，包括这些出版类型是何时出现、成为读物，被哪些读者怎样阅

---

① 学者们也察觉了对非商业出版的忽视，而开始有更多研究投入。见Michela Bussotti and Jean-Pierre Drège, eds., *Imprimer sans profit? Le livre non commercial dans la Chine impériale* (Genève, Suisse: Droz, 2015).

② 即使对这些文集是怎么出版流传、怎么被阅读的我们亦没有具有系统性的讨论，特别是没有经过印刷过程的手抄本。关于方志的出版则见 Joseph Dennis, *Writing, Publishing, and Reading Local Gazetteers in Imperial China, 1100–1700* (Cambridge: Harvard University Asia Center, 2015).

③ 关于善书，见酒井忠夫：《中國善書の研究》，东京：光洋社，1972年；游子安：《劝化金箴：清代善书研究》，天津：天津人民出版社，1999年。关于宝卷，见Daniel L. Overmyer, *Precious Volumes: an Introduction to Chinese Sectarian Scriptures from the Sixteenth and Seventeenth Centuries* (Cambridge: Harvard University Press, 1999). 关于近代中国的宗教出版，见Philip Clart and Gregory Adam Scott, eds., *Religious Publishing and Print Culture in Modern China, 1800–2012* (Berlin and Munich: Walter de Gruyter, 2015). 除了专书与论文集，尚有许多单篇论文讨论宗教读物。不过大部分的研究进展集中在出版上，较少触及阅读的层面。

④ 然而对日用类书的研究目前还多半在文本与版式的分析，对于日用类书是怎么被读的我们仍不清楚。尽管日用类书似乎可以被当作了解当代知识分类系统的窗口，然夏蒂埃的研究告诉我们，将文本的意义直接视为其阅读者所属文化之映象是有问题的。将日用类书视为普通的知识分类体系不仅忽略动态的阅读层次，另一方面也倾向建构附着于固定文本的、静止的分类范畴，而忽略文本与知识同样具有历史性。

读，对整体的阅读文化有什么样的影响①。同样的情况也可针对19世纪中末开始出现的各种新读物：许多人已经研究的报刊（包括画报、小报、文学期刊等）、教科书、百科全书，以及需要更多关注的石印本小说、唱本与字典，小开本的文库本等。对于保存更多数据的晚清民国来说，探究这些读物如何被读所受到的技术限制要比之前的时代少得多，且得以更深入地探讨许多前现代研究难以触及的问题。

最后是空间与社会脉络的问题。除了江南，对其他地区我们所知甚少，而许多一般性的、关于读者、读物与阅读实践的论断多来自江南的研究，或者在近现代的研究都集中在上海。尽管我们知道在不同时期有不同地域文化中心的兴起，例如广州、福州、闽南、徽州、成都等地。我们不应该假定各个区域中心有相同的发展曲线，或者有固定的承继关系，而应该从其区域性的发展思考——即使在广义的江南中，各个不同城镇也不该理所当然地被视为具有同构性。而着重于商业出版的研究，相对也对城镇之外的阅读活动较为忽略：乡间的读物类型与城镇是否有所不同（如商业出版与非商业出版的比率），而某种类型的阅读活动（如印刷出版的白话报）"来到"乡间具有什么样的意义？这种地方化的阅读研究取向，不仅可以避免直接套用普遍化结论的问题，另一方面，由于地方的讨论范围、资料分布较为集中，可以让我们有机会了解阅读活动实际上在地方社会中扮演的角色、阅读活动

---

① 在这些类别中，科举用书的出版与阅读相较来说得到较多关注。见沈俊平：《举业津梁：明中叶以后坊刻制举用书的生产与流通》，台北：台湾学生书局，2009年；曹南屏：《阅读变迁与知识转型：晚清科举考试用书研究》，北京：社会科学文献出版社，2018年。

与各种社会关系互动的情形①。

三、阅读、思想与社会

从以上的讨论中，我们知道历史学家想要弄明白"读物—阅读—读者"这个阅读历程的各个环节，而研究者也明白，这各个环节都是镶嵌在特定时空的社会脉络当中，与当时的各种社会有所互动。无论是读物如何制造与流通，还是哪些社会变动产生了新读者。另一方面，这样一个阅读环节，其核心便在于文本意义的传递。过去研究取向中将文本负载的意义等同于事实的这种做法已经受到挑战。大家已经清楚论述与社会现实之间的差异，例如晚清期刊中有许多倡导女权或讨论公共事务的文章，并不代表晚清的女性权利或公共舆论已然得到了实践。阅读史的贡献之一，便是让研究者留意到文本要经过读者阅读才会产生意义，要经过此传递的过程，文本所负载的意义，才能成为所谓思想或文化的一部分，而在特定时空的社会当中发生效用。换言之，阅读史的研究取向之一，就是研究思想或文化经由文本、成为读物，于特定时空被读者们阅读，而后在社会中发生效力的过程。

然而，在实际研究的层次上，这样的研究要如何着手？在此我从欧洲史先前的研究中，粗略地分成三种取向。第一种是由一种特

---

① "地方出版"的研究在出版史的框架底下向来兴盛，但"地方阅读"与"地方知识传播"的研究相形较少。近年来开始有些学位论文与单篇期刊论文讨论这些问题，主要集中在期刊或新学书籍在通商口岸以外之城镇的出版、流通与阅读。徐佳贵讨论晚清温州士人知识转型的专书亦触及这个问题，见徐佳贵：《乡国之际：晚清温州府士人与地方知识转型》，上海：复旦大学出版社，2018年。

定文本或概念出发，研究这些文本与概念如何在社会中制造传播，如何被一个或多个不同读者阅读。第二种是从一个人或一群特定的人出发，来看这个或这群读者以什么方式、怎么读了哪些书。第三种则是更整体性地调查一个社会或地方实际上有哪些文本、书籍在制造流传，读者怎么接受、阅读这些文本。这三种取向之间的分别当然不是绝对的，且常常可以带领我们看到阅读文化的不同面向。

达恩顿（Robert Darnton）在 "Readers Respond to Rousseau: The Fabrication of Romantic Sensitivity" [①]这篇早期写的论文中，讨论18世纪卢梭（Jean-Jacques Rousseau）的名著《新爱洛伊丝》（*Julie ou la Nouvelle Héloïse*）如何为当时的读者所阅读。这本书可能是当世纪最畅销的书，在当时畅销到书商因为来不及印刷，而以每天甚至每小时计费的方式出租给读者，从1761年初版到1800年间至少有70种不同版本，即使这本书在当时教会的禁书名单中。达恩顿以法国西边拉罗谢尔（La Rochelle）的一名商人朗松（Jean Ranson）与瑞士出版商之间的通信，以及其他如读者的通信等数据为基础，探讨当时的人怎么阅读卢梭。在朗松与出版商的通信当中，卢梭可以说是融入了他生活中的各部分。他称卢梭为"朋友卢梭"，在与出版商谈到他的婚姻、生活、当父亲的感受时都离不开卢梭。朗松与其他读者有类似的反应，他们相信《新爱洛伊丝》里头的人物是真的，他们以极深的情感阅读这本书，甚至为之啜泣，以卢梭在书中序言营造出来的气氛去阅读这本书。达恩顿认为这些读者对卢梭

---

① Robert Darnton, "Readers Respond to Rousseau: The Fabrication of Romantic Sensitivity," *The Great Cat Massacre: And Other Episodes in French Cultural History* (New York: Vintage, 1984), pp. 215–256.

的阅读，并不应该被认为仅是18世纪末、19世纪的浪漫主义先驱之一，而是一种新的、读者与作者之间关系、一种社会心态的展现。作者与一群公开的读者相信彼此可以在书页文字中做理智与情感上的沟通："让-雅克（卢梭）向可以正确读他的读者敞开他的灵魂，而读者觉得自己的灵魂从日常生活的不完美存在中提升了。"[1]

如果说达恩顿这篇文章透过阅读卢梭的读者之眼，对法国18世纪末的感性文化提供一个贴近个人经验的描绘，西科德（James A. Secord）则透过一本书的出版、流传与接受，让我们看到19世纪维多利亚时期英国社会的诸多面向[2]。西科德在600多页的篇幅当中，巨细靡遗地利用各种材料——书评、广告、日记、回忆录、书信等——重新建构这本争议性很大的书《宇宙万物自然史的轨迹》（*Vestiges of the Natural History of Creation*）如何被不同出版机构以各种不同版本出版推销、被不同社会组织以不同媒介争辩讨论、被不同读者以自己的方式解读诠释。透过这本无名氏所著，试图杂合科学知识来解释宗教、社会的通俗读物，西科德解析了维多利亚时代这种"煽情文化"（sensation）的技术与社会背景，尤其是与整个出版市场的关联。而从各种不同社会脉络的团体与个人怎么取得和阅读这本书（如一个教会学校女老师把这本书当成小说在自己的房间一个人读），有什么想法和以哪种方式响应，西科德让我们了解一种科学概念（演化论）怎么经过通俗化的过程在社会中流传，而不同的人们又是如何来理解它。这本书提供了另一个视角来看待科

---

① Darnton, "Readers Respond to Rousseau," p. 249.
② James A. Secord, *Victorian Sensation: The Extraordinary Publication, Reception, and Secret Authorship of Vestiges of the Natural History of Creation* (Chicago: University of Chicago Press, 2000).

学史①，从接受者的角度（而非科学知识的发明者与创造者）来看一个科学概念如何在大众间流传、如何与当代社会产生关联②。这样的取向为思想史、文化史研究提供了一个良好的借鉴，将目光从少数的思想、哲学、知识的精英创造者，移向亦具有相当创造力的普罗大众。这种从一本或数本书出发的优点是，我们可以把焦点集中在特定的概念，而追踪这个概念转徙的路径，以及概念转译阅读间的变化。在中国史的领域当中，思想史与文化的研究较注重在历时性的继承转化，而在同时性的影响散布的研究上，或者将焦点集中在少数思想家，或者未把社会、政治的脉络整合进去，或者未考虑传播媒介与媒介互动——如阅读——的问题③。例如以往研究晚清民初所谓"新概念"的研究者，比较着重的仍偏向单一种类文本的解析（如期刊言论、个人专书）。然而近来的研究者逐渐留意到跨越文本的研究，特别是对思想观念在不同语言、不同媒介中的传播扩散，乃至于在不同社会阶层与地域范围的流传，而有崭新的成果。对新思想究竟如何传播、如何变化，在社会人群中如何产生作用有更立体的理解④。

与第一个取向相反的是从一个人或一群人出发，看这群人如何

---

① 作者是剑桥大学科学史系的教授。

② 西科德在之后的新著则继续探索科学概念借由各种出版品在维多利亚时期英国的扩散，见James Secord, *Vision of Science: Books and Readers at the Dawn of the Victorian Age*（Oxford: Oxford University Press, 2014）.

③ 少数例外如王汎森：《从曾静案看十八世纪前期的社会心态》，《大陆杂志》，1992年第85卷第4期，第1—22页。这篇短文利用不同中下层士人（与皇帝）对曾静案和《大义觉迷录》的回应与创作，刻画出清朝中叶复杂精微的政治互动。

④ 除了许多学者对晚清民初各类翻译的研究，潘光哲前揭书探索晚清新学在士人圈中的阅读、张仲民前揭书中各种西方概念在晚清民初扩散与接受的个案，是此取向中相当成功的作品。

接收、与接收了什么概念。许多历史家很早就试着从个人收藏、遗产清册、拍卖目录、订购列表[①]中，找出书籍流通的线索，不过他们的研究目的主要在了解有哪些种类的书籍在社会上流传，而比较少考虑阅读的面向[②]——的确，仅有清单没有办法告诉我们这些书是怎么被读的，更何况书的拥有者未必会以同样的方式读每本书。而要了解这些书籍收藏者怎么利用这些书，便需要诸如收藏者的日记、书信、回忆录、读书笔记、在书上或目录上的注记等数据[③]。

然而针对那些非知识分子、非精英的读者，他们的阅读世界显得很难探测。尽管如此，金茨堡（Carlo Ginzburg）的名作《奶酪与蛆虫》（*The Cheese and the Worms*）[④]利用宗教法庭的审讯文件让我们得以一窥一个16世纪意大利磨坊主人的阅读世界与宇宙观。从审讯文件中，金茨堡整理出在印刷术刚刚普及的意大利北部，磨坊主人梅诺基奥（Menocchio）拥有与读过的书：包括《圣经》、通俗的宗教读物，也包括有名的《曼德维尔游记》与薄伽丘（Boccaccio）的《十日谈》（*Decameron*），甚至还有一本可能是意

---

① 如前述达恩顿的文章就利用朗松与出版商的通信列出朗松订过哪些书。见 Darnton, "Readers Respond to Rousseau," p. 249.
② 见达恩顿的简单回顾：Robert Darnton, "Reading, Writing and Publishing," *The Literacy Underground of the Old Regime*（Cambridge: Harvard University Press, 1982）, pp. 167–182.
③ 笔者曾利用孙宝瑄《忘山庐日记》中的线索，尝试看孙宝瑄在晚清的最后几年读了哪些书、哪些书可激发他较多的想法。此外也从一些自传中试着观察这些传主年少的时候是怎么样取得新学书刊。然而阅读并非当时的主题，且限于篇幅与资料而并未追索下去，见李仁渊：《晚清的新式传播媒体与知识分子》，第192—202页。
④ Carlo Ginzburg, *The Cheese and the Worms: the Cosmos of a Sixteenth–Century Miller*, translated by John and Anne Tedeschi（Harmondsworth: Penguin Books, 1982）

大利文版的《古兰经》①；这些书的来源：买自威尼斯、别人所抵押、向别人所借；以及这些书如何被梅诺基奥所阅读：对书中的哪些段落最有兴趣，书中的内容对他的思想有什么影响。金茨堡认为梅诺基奥的阅读展现出口传传统的影响，他对书中内容的理解常常很零碎跳跃，不一定遵从文本中的逻辑。这些文本对他的启发常常出乎意外，被他用来引证其奇特，而被视为异端的宗教宇宙观。金茨堡的这个个案研究如同夏蒂埃的数个个案一样，都是从一般读者对一件或数件文本的阅读与互动，来看读者对文本意义的"挪用"（appropriation）②，而更强调读者的能动性与对意义的创造。

比起金茨堡或夏蒂埃，研究19和20世纪的历史学家有更多的数据来进入一位或一群读者的阅读世界。弗林特（Kate Flint）研究维多利亚时期英国女读者时，已用了许多回忆录或日记的资料来看当时的女读者读什么、怎么理解她阅读的数据，包括小说、期刊与自助手册③。罗斯研究19世纪到20世纪初英国工人阶级的阅读世界时，则从两千多份工人阶级的自传与回忆录中找资料，特别是许多自学（autodidact）的读者与写作者留下的记录④。透过这些自述性的数据，以及如工人图书馆的借阅记录档案等数据，罗斯探索在奥尔蒂克所谓"普通读者"兴起的19世纪，工人们经由哪些管道、读了哪些书，而又怎么理解这些书。在奥尔蒂克梳理了19世纪阅读

---

① 书单见：Ginzburg, *The Cheese and the Worms*, pp. 29–30.
② 亦见Roger Chartier, "Popular Appropriations: The Readers and Their Books," *Forms and Meanings: Texts, Performances, and Audiences from Codex to Computer* （Philadelphia: University of Pennsylvania Press, 1995）.
③ Flint, *The Woman Reader, 1837-1914*.
④ Rose, *The Intellectual Life of the British Working Classes*.

大众的社会背景与制度性改变的基础之上，罗斯所谓的"受众的历史"（a history of audiences）①中所要研究的是工人阶级读者对各种教育方式与书籍（如文学经典、小说、马克思主义读物等）的反应。从对工人阅读活动的研究中，他反省了几项研究书籍与文化传播的学者常有的预设②。例如文本分析者认为所有文献都是政治性的，并且都会影响读者的政治意识。从他对工人的阅读活动中，文献中的政治意涵未必对读者有意义，且读者常常会"挪用"文本中的文献中的政治意义以配合自己的需要，而不是被动地接受影响。又如一般认为，一个文本的影响力与其流传的量成正比，即流传越多的文本在社会上越具有影响力。然而在他对工人阶级的研究中，流传最多的书，却未必相对性地最有影响力。再者，从工人所阅读的书中，可看出所谓大众文化与精英文化的区别并不是泾渭分明，许多经典都在工人的书单之内，而即使许多人认为许多精英文化的书籍倾向维持既有秩序，但阅读这些书籍的工人未必如许多分析文本的学者认为的那样就接受了这些秩序，相反地，就算是保守派所写的内容，也可以成为激进工人的灵感来源。

在某方面来说，罗斯、金茨堡和夏蒂埃可说是一脉相承，尽管他们研究不同的时代与地域。他们都反对以往那种读者被动接受文本内容的论说方式。如果将范围从单个读者扩大到读者群或读者大众时，被动接受论者倾向认为，文化较低落或朴质的中下阶层倾

---

① Rose, *The Intellectual Life of the British Working Classes*, pp. 1–11。亦见 Jonathan Rose, "Rereading the English Common Reader: A Preface to a History of Audiences," *Journal of the History of Ideas*, 1992, Vol.53, No.1, pp. 47–70.

② Rose, "Rereading the English Common Reader: A Preface to a History of Audiences," p. 48.

向接受上层阶级传递下来的文化，如复杂精致的上层文化的故事情节经过通俗化之后，成为中下阶层读者的通俗读物。而下层阶级接受这些文化的同时，也接受了上层阶级赋予这些文化内容的逻辑与意识形态，而被纳入了上层阶级的秩序之中。以中国历史来举例，忠孝节义等上层阶级的意识形态，通过小说、戏剧、唱本或各种媒介，让接受方阅读的过程，就是一种秩序化的过程。因此对这些忠孝节义的文本分析，便可用来解释当时的秩序结构。然而，对前述从读者／接受方出发的学者来说，文化与社会的逻辑并非如此单向，而受众也非全然地就接受他所读到的文本内容，其间意义的竞争挪用还有背后的、文化与社会间的权力关系都更为复杂。从夏蒂埃到罗斯，他们都特别点出了阅读的两面性，阅读一方面是一种控制，但另一方面也是一种发明与创造。此两者间的张力可在个别读者的阅读实践中观察到，而展现在整体上就是社会阶层与文化内容之间整合与分异的冲突。

在从文本出发看文本怎么被读，与从读者出发看读者怎么读之外，另外一种取向是整体性的看一个社会在特定时间，在其社会、政治、经济等各种脉络下，其中有哪些文本、书籍在制造流通，而这些文本、书籍是怎么样被读者所阅读。用圣克莱尔（William St. Clair）的话来说，这种整体性的对阅读的研究可说是"阅读的政治经济学"[①]。

莫尔内（Daniel Mornet）在其1933年出版的《法国大革命的思想起源》（*Les origines intellectuelles de la Révolution francaise, 1715–*

---

① 　参考 William St. Clair, "The Political Economy of Reading," *John Coffin Memorial Lecture in the History of the Book* (London: University of London Press, 2005).

1787）中就试图用各种可得的数据呈现法国大革命前书籍的流通情形，以此寻求解释启蒙运动与法国大革命的关联[1]。然而此时量化研究的取向，并没有详细讨论阅读与流通的问题。多年后的达恩顿处理同一个时段的书籍问题时，他便花许多时间处理这些书籍是怎么制造、怎么流通、怎么辗转到达读者手中，怎么让读者可以阅读，以及这些书籍的出现代表什么样的文化意义。达恩顿从出版商的通信、官方档案、个人回忆录等资料中发现，当时最畅销的书不是像卢梭的《契约论》这样的书，而是许多被官方列为禁书的书，这些被出版商称为"哲学"而常不出现在官方遗产清单的书籍，可能包括嘲讽性的色情著作、科学乌托邦小说，或是揭露政治秘辛的影射故事[2]。这些在荷兰或瑞士印制的书，自边境走私，经由各种管道接驳，最终送达读者手中[3]。

达恩顿禁书研究的要点之一是，尽管启蒙哲士的著作未必为大众所阅读，然而启蒙思想中的许多因素，其实都在各种不同的出版品（甚至色情小说）中呈现出来，而以不同管道在社会中流传。圣克莱尔规模更大的研究则主要使用来自出版商的记录、图书目录等各种数据，详细地重建了英国从18世纪末到19世纪书籍流通的情形及背后的各种社会、经济、政治因素[4]。在这本将近800页的大书

[1] 关于莫尔内的讨论，见Roger Chartier, "Do Books Make Revolutions," *The Cultural Origins of the French Revolution* (Durham: Duke University Press, 1990), pp. 67–91.
[2] 这些分类让我初读时不由得联想到晚清的各种小说。关于晚清小说，见David Der-wei Wang, *Fin-de-siècle Splendor: Repressed Modernities of Late Qing Fiction, 1849–1911* (Stanford, Calif. : Stanford University Press, 1997).
[3] Robert Darnton, *The Forbidden Best-Seller of Pre-Revolutionary France* (New York: W. W. Norton, 1996).
[4] William St. Clair, *The Reading Nation in the Romantic Period* (Cambridge: Cambridge University, 2004).

中，圣克莱尔追究了版权观念的争议、书业工会的变迁、境外（如苏格兰、爱尔兰）出版业的竞争、盗版的比率等因素是如何影响出版商印多少书、订多少价格、印什么样的形式、使用多大的开本、出版什么样的内容。这些因素本身（版权、工会等）又有其经济与政治的历史背景；而书商出版什么样的书，则影响到有多少人可以参与阅读、参与阅读的人可以读到什么书。在坚实的史料支持之下（光书后资料性质的附录就有13个之多），作者成功地把"读者可以读到什么书"的问题联结到整体的社会脉络，且让本书的读者思考现在手上这本书的每个部分背后的意义是什么，为什么这样的书会在我手上。

对英国19世纪书籍流通的研究，圣克莱尔所要反省的问题之一是思想史与文学史的思考方式。他认为思想史与文学史的呈现有两种惯用的模式。第一种是所谓"作者们的游行"（parade of authors）。重要的作者如同游行般在历史的序列上一个个接续出现。这些最优秀或最创新的作者构成了历史的主轴。另外一种模式是所谓"文本们的议会"（parliament of texts）。即想象文本们如同坐在议会里的议员，在某个历史时期或事件发生时，文本们便在一起互相倾听、讨论、协商。如当法国大革命发生时，各种书籍或小册子出版，针对革命相关的问题，如自然哲学、国家角色等互相讨论，许多概念的开创流传就在这些文本的往来之间。

这两种模式都倾向从后见之明挑选被后世认为重要的作者或文本来重建历史：第一种模式创造伟人谱系的同时，忽视其间其他或许不那么有名的作者，而第二种想象让人怀疑文本开放沟通的空间是否存在于每个时代。然而，更为根本的是这两种模式都没有顾及出版与阅读的面向，如果我们从这些面向来看，这两种文学史或思想史的模式都受到很大的限制。首先，历史家经常以一本书初版的时间来当成其发挥影响力的时间点，然而一本书出版未必代表已被阅读而启发同时的辩论或后起接续者的机会。如因为诗人华兹华斯（William Wordsworth）创新的风格或后继的影响力，文学家称其生存的年代为"华兹华斯的年代"。然而终其一生，华兹华斯出版的诗集印本都在500至1000本之间，大部分都没有流通，且在当时的版权等限制条件下没有被广泛翻印。在没有多少人有机会读到他的作品的情况下，我们如何说他影响了一个时代的心灵？其次，尤其是第二种模式，似乎从我们现在可以看到所有文本的状况来预想当时每个文本都在同样的空间可以彼此影响激荡。然而现在很多人认为重要的文件，当时可能受到出版条件在经济或社会上的限制而印量很少，或者是在政治上被压制，使得读到的人很少。没有读者可能同时读到同一时期的各种著作，而后做出回应，甚至写书响应各论点的新作。许多论者常常忽略，一个读者常常不是只读当代的著作，而忽略市场上流传的众多重印的、便宜的旧著作；就算是新著作，也不可能把当时所有出版的新著作一次读完。因此，当一个读者在阅读时，他不一定会像现在的研究如此清楚各文本、各作者的时序关系，而是交杂地读手边有的、市场上买得到的文本，因此我们不能假定一个读者阅读时自然地理解一个时间上承先启后的作者谱系或是空间上搜罗毕尽的文本舞台。

从圣克莱尔自己对英国出版的研究，他提出了一个书籍生产的曲线。很多情况是一本书刚开始出版时，出版商为了可以得到最多的利益，常常是出版针对上层阶级、精美而价格较高的大开本。

过了几年上层阶级的潜在顾客都买了之后，开始出现价格中等、开本中等的版本，针对中等阶级的客人。因此随着时间过去，书籍的版本从精装本，到平装本，再到文库本、节缩本、摘录本，乃至版权效力过后被转载重印。书的价格越来越低、开本越来越小，针对的客源也越来越往下，而可以读到的人越来越多。这个曲线的曲度牵涉各种社会、经济和政治的条件，且决定了这个文本覆载的意义如何在读者群中流传，在哪些读者、多少读者间流传。在这种情况下，一本著作从出版到被大众阅读而产生广泛的影响力，其间是有落差的，且此落差与市场的运作情形有关。圣克莱尔的理论相当有启发性。不过读者们也应该注意，圣克莱尔的这个曲线是建立在19世纪的英国，而英国出版业的体制有一些特殊的地方（如其书业公会传统）[1]，且其研究主要在商业出版的书籍上。如果读者想在中国史的领域中问类似的问题，必然要先了解中国书业的运作情形，以及非商业书籍在中国思想文化上扮演的重要性。

达恩顿与圣克莱尔对18世纪法国与19世纪英国的研究，让我们更深入一层从阅读与接受的层次去思考思想与社会之间的关系，然而他们的研究另一方面亦是建立在坚实的史料与充足的基础研究上。在中国史，尤其是中国近现代的思想史、文学史与文化史上，这样取向应该可能让我们更了解思想文化在社会中的运作，然而，必然是要在对诸如书本的生产与流传的机制等基本问题有所了解之后，才有更大的基础搭建思想与社会的关系。

---

[1] 关于英国出版业发展，除了圣克莱尔，亦可参考：James Raven, *The Business of Books: Booksellers and the English Book Trade, 1450–1850* (New Haven: Yale University Press, 2007).

结　语

本文尝试将西方环绕于"阅读"的历史研究架构起来。在第
一节我所探讨的是关于"实践"的研究，问的是"阅读作为一种
动作，这个动作在历史上是如何实践"的问题。第二节则是将这个
动作拓展到它的实践的主体与实践的对象，即读者与读物的问题，
讨论"历史上有哪些人实践、怎么实践阅读这个动作，而他们实践
阅读的对象——读物——有哪些"。在知道了读者与读物之后，"读
者—阅读—读物"这整个过程方可以被指明出来。第三节是将这个
"读者—阅读—读物"放在特定的历史脉络中，讨论这个过程怎么
形成，在社会上有什么样的效应。这三种类型的历史研究都以"阅
读"为主题，然而所采用的视角不同，从微观到宏观，其中需要的
进路、所能解决的问题也不同。

在中国史领域中关于阅读的研究尚在起步，这三种不同的视角
都可以帮助我们思考发现的现象、定位问题，并架构研究的轮廓。
同时，同样重要的则是比较观点的采用，借由跨时段、跨地域的比
较，方能让我们发现更多问题，找到观察材料的新视角。本文最后
提出几点对中国阅读史研究走向的观察。

首先文字载体、文本格式与阅读模式之间的互动关系，是未来
中国阅读史研究值得注重的方向。特别是数据较缺乏的早期历史，
更需要对载体与格式有细致的研究。写在竹简、刻成石碑、抄于纸
上与印成书本，不仅影响文字如何成篇，也影响了读者阅读的方式
和对文本的认知。近年中国中古与上古史的研究开始注意到书写媒

介与"文本的物质性"等问题，[①]对史料较多、文本形态更多样的近现代来说，诸如开本、版式、图文、印刷质量等书籍各项构件，以及写本与刻本之间的关系，也需要更多的关注。传统的文献学、书目学或许可在新的书籍史、阅读史的视角之下，为研究者带来很大的帮助。

其次是近年来开发的大量史料，无论是如四堡等印刷中心遗留下来的账簿、族谱、刻版，出版者、印坊或同业公会的碑刻与档案，地方上个人或家族的藏书，以及众多自图书馆、档案馆与个人收藏中重见天日的日记、信件与文集，都可以让我们更细致地探索更地域性与更个人的阅读行为。更细致的个案研究可以让我们避免理所当然的概括推定，且更深入地将阅读行为与社会各环节之间的关联梳理得更细密。目前的状况是我们对不同时代、不同地域的读者如何接触到各类书籍文字的基本历程都没有足够的理解，遑论更进一层地了解他们的阅读世界。为此，研究者除了需要更扩大自己对不同类型史料之探索与掌握之外，同时也必须了解更大方向的讨论架构，避免在细节中迷失方向。

第三，在细致的个案之外，量化的研究往往可帮助我们掌握整体的方向。然而缺乏如英国出版同业公会（Worshipful Company of Stationers and Newspaper Makers, or Stationers' Company）这样涵盖面高的档案资料，中国史的研究者如何借由量化的方式呈现时代、地域或社会群体的整体趋势是一大考验。研究者努力的目标之一或

---

① 除前引诸书，又见：Matthias L. Richter, *The Embodied Text: Establishing Textual Identity in Early Chinese Manuscripts*（Leiden and Boston: Brill, 2013）、《唐研究》（第23卷"文本性与物质性交错的中古中国专号"，北京：北京大学出版社，2017）等著作。

许会是从各种书目、善本的各种记录、公会报告、书商出版目录与账本等有限的数据中评估数据的信度，设计出具有说服力且有意义的量化表达方式①。

第四，不同阅读传统之间的比较研究，可帮助我们从习以为常的现象当中产生新的视角，中国书籍与阅读史的许多命题便是得自西洋书籍与阅读史的创见②。然而文字符号与结构相当不同的中文，其书籍以雕版印刷为主，且抄本形式仍相当普遍，因此在阅读传统上又有不同的发展。除了欧洲阅读传统之外，近年各种不同阅读传统（印度、伊斯兰、日本等）的研究，更提供中国书籍史新的比较对象。特别是通过殖民等不同方式接受西方书籍形式与阅读模式的地域，或许与中国晚清以来的历程也有比较的空间。

最后，如何将个人或集体的阅读史研究与其所处之社会及文化脉络相联结，仍是研究者需要努力的目标。阅读史对历史研究者的最大帮助之一，是了解社会与文化之间的接榫，即抽象的概念经由各式媒介后，透过阅读的行动影响个人或群体，及其在现实社会中

---

① 丹尼斯（Joseph Dennis）前揭书中利用明代数千本方志中对印刷成本与刻工姓名的记载做了量化的尝试，另外李友仁（Paul Vierthaler）则从善本目录中得出18世纪末版框小之书籍大量增加的结果，来印证何谷理对书籍普及化的推论，将此变化的源头推到18世纪50年代。见Paul Vierthaler, "Analyzing Printing Trends in Late Imperial China Using Large Bibliometric Datasets," *Harvard Journal of Asiatic Studies*, 2016, Vol.76, No.1/2, pp. 89–128.

② 在 *Late Imperial China* 1996年6月的书籍史专号找来夏蒂埃写引言后，接下来的中西比较尝试见：Ann Blair, "Afterword: Rethinking Western Printing With Chinese Comparisons," in Lucille Chia and Hilde De Weerdt, eds., *Knowledge and Text Production in an Age of Print: China, 900–1400*（Leiden and Boston: Brill, 2011），pp. 349–360、Joseph P. McDermott and Peter Burke, eds., *The Book Worlds of East Asia and Europe, 1450–1850: Connections and Comparisons*（Hong Kong: Hong Kong University Press, 2015）. 夏蒂埃的引言见：Roger Chartier, "Gutenberg Revisited from the East," *Late Imperial China*, 1996, Vol.17, No.1, pp. 1–9.

之行动的历程。最好的范例是达恩顿等学者的研究揭示了反权威的启蒙思想透过色情读物、政治流言、乌托邦小说等各类读物从境外走私入法国，成为当时的畅销书与法国大革命的触媒。在特定的历史条件之下，以阅读连通文化与社会两端，应该是研究者进入个案探索时所需怀抱的目标，也是研究阅读史对史学整体发展可能的最大贡献。

问题与反思：
中国的新文化史研究[①]

张仲民

经过十多年的译介，西方新文化史中的许多经典著作，在中国相继都有了中译本，新文化史也为越来越多人所知。这其中，真诚支持者有之，叶公好龙者有之，反对者亦不乏其人，而误解、不解者更是所在多有。故而，笔者在此前的基础上，想首先就新文化史研究中容易引起争议的三个问题，再次表达一些自己的看法。之后列举若干实证研究成果，以见近十几年来中国新文化史研究的进展和现状。

首先是理论问题。严格来讲，新文化史本身并不是理论，即便它吸收了很多理论成果——特别是文化研究、新历史主义以及有关的文化理论，尽管许多西方新文化史家确实也有很高的理论修养，经常"借助一些新概念，让许多新的主题得到了发现和探索"[②]，

---

① 原文载《复旦学报》，2016年第5期，此版本有增删。
② 伯克（Peter Burke）著，蔡玉辉译：《什么是文化史？》，北京：北京大学出版社，2009年，第85页。

但新文化史的生命力仍然在于一系列足以"示来者以规则"的研究实践，这使得它不会像过去中国引介的一些西方理论一样，潮来潮去，最后沦落为"新名词运动"，对实际的历史研究贡献无多。

新文化史在西方的成功也提醒中国学者，对理论要有一种开放的态度。因为在实际的史学研究中，哪怕是最"反对"理论的实证研究者[①]，均无法摆脱理论的束缚，不管是在研究主题的选择、研究方法的采用，或是在表述研究发现时所使用的概念、语言和叙述方式，以及最后呈现出的结论与研究结果，皆已包含一定的理论默认和价值判断，而且这样的预设及判断已经内化于研究实践中，让我们永远无法挣脱，只有凭借这些先行或先验的理论预设，我们才能更好地开展自己的研究，更好地表述在研究中的发现，也才能更好地让研究成果为读者接受。承认与否，历史学科在过去近200年的发展中，已经不断从其他学科的理论中获取营养[②]。甚至有学者认为理论具有非常重大的意义："没有历史学与理论的结合，我们既不能理解过去，也不能理解现在。"[③]实证史家认为自己可以充当理论法庭判官的看法，太过于自负和自欺。相辅相成，理论探索也亟须历史学家的加入，需要"融入史学的思维"，不能任由理论家海阔天空，"因为历史学家对社会理论核心问题的意见不仅重要，而且

---

① 其实，史家坚持实证主义本身就"是理论，是一种哲学立场"。参看怀特（Hayden White）访谈，见陈建守编：《史家的诞生：探访西方史学殿堂的十扇窗》，台北：时英出版社，2008年，第57页。

② 参看埃文斯（Richard J. Evans）著，张仲民等译：《捍卫历史》，桂林：广西师范大学出版社，2009年，第10—16页。

③ 伯克著，姚朋等译：《历史学与社会理论》，上海：上海人民出版社，2001年，第22页。

有启发意义"①。

在今天，历史研究，或者更确切说历史书写，已很难被视为一种纯客观的、无视理论的行为。因为古往今来，历史学家或任何其他人都"不可能写出没有任何哲学或意识形态立场的历史，唯一的问题在于我们是否承认这种立场，以及是否意识到我们的选择被其左右"②。这些年来，"后现代转向"（postmodern turn）、"文化转向"（cultural turn）等思潮，已经对欧美的历史学研究带来了极大的冲击，促使更多的新文化史家对历史认识论和方法论进行重新思考，让其更加重视历史书写或历史叙述的作用。原因在于历史书写本身并非中性和透明的，而是充满意识形态与道德判断的行为，经常是有大义存焉的叙述政治（narrative politics）和记忆政治（memory politics），而历史的"真实"（truth）必须仰赖书写来呈现，无法外在于历史书写的模式和策略。进言之，"过去"（the past）必须经由历史学家的书写才能得以"再现"（representation），而这个"再现"自然并非"过去"的如实反映。其中，历史研究者的书写策略与修辞方式，也参与了各式各样的历史记忆或历史"真实"的形塑。我们在实际的研究中，必须重视历史书写对建构历史"真实"的作用。诸如此类，均离不开对理论的了解与学习。

更进一步说，理论尤其是目前正在为多数史家吸收和借鉴的文化理论，其主要用途并不在于能够更"精确"描述过去和现在，也

① 休厄尔（William H. Sewell, Jr.）著，朱联璧等译：《历史的逻辑：社会理论与社会转型》，上海：世纪出版集团，2012年，第5页。
② Beverley Southgate, *History: What and Why?* (London and New York: Routledge, 2001), p. 10.

不在于能够更有效地发现与揭示"真理"或"真相",最重要的还是它们作为有效的反思和自我批判的思想资源,可以让史家(特别是饱受国族主义浸染的中国史家)更加谨慎地对待自己的工作,更加谨慎地展示自己的发现,更加谨慎地对待各种分析框架和研究典范,更加严格地使用诸如"现代性""近代化""进步""启蒙""真实""科学""客观""民族国家"之类概念和预设,从而避免让研究者本人成为意识形态的俘虏和强权政治的拥趸,同时也不至于成为历史神话的背书者与政治谎言的牺牲品。由此,我们的确可以这样认为:历史研究或者说新文化史研究的实质,犹如在历史与理论之间艰难地走钢丝,为了寻求更合理的历史解释,历史学家"与其说是在发现新的经验事实中度过,倒不如说是在一系列理论研究的时光中度过,或者更准确地说,是在比较笨拙地实现历史与理论的结合中度过的"[①]。可惜的是,在具体的中国历史研究中,除了一些国族主义式、意识形态化鼓吹和宣传,我们看到很多实证成果仍是单线的、因果论或目的论式的历史解释与书写模式,掺杂着空洞的宏大议论与毫无自省意识的后设叙述,展示的是油水两层的史论拼合或以论代史。

其次,是关于新文化史研究中对"文化"的看法及新文化史的边界问题。新文化史为"文化转向"的结果,自20世纪70年代在欧美勃兴以来,其影响逐渐扩大,在美国尤其盛行[②]。正像一个西方

---

① 冈恩(Simon Gunn)著,韩炯译:《历史学与文化理论》,北京:北京大学出版社,2012年,第Ⅲ页。

② Victoria E. Bonnell and Lynn Hunt, eds., *Beyond the Cultural Turn: New Directions in the Study of Society and Culture*(London: University of California Press, 1999), pp. 2–5.

学者所谓："新文化史之所以新，主要是因为它还没有被另一个历史研究的观点取代。至少在美国，它稳坐历史书写舞台中心的时间比从20世纪60—70年代早期的新社会史更久，而且到目前为止都没有呈现衰弱的迹象。"[①]在当下西方，新文化史已经有统摄整个历史研究领域之势，几乎所有的事情都已经被写出或可以被写出它的文化史；新文化史也同更多的相邻学科发生了密切关系，包括文艺学、社会学、民俗学、语言学、艺术史、书志学、地理学、考古学，甚至是生态学和生物学等，成为一个各学科的学者都在实践与对话的领域。到20世纪末、21世纪初，一个新文化史研究的国际化潮流已经出现，流风所及，中国历史学界亦受到一定的影响。

随着新文化史影响的不断扩大、其自身问题的不断暴露，以及人类学家对文化概念与人类学科自身理论的检讨，乃至关于文化经典、多元文化主义的争议和文化泛本质化等问题的出现，人们对新文化史的批评与质疑也如影随形。[②]尤其针对"文化"的定义及其同社会的关系乃至文化史的边界问题，像雷蒙·威廉斯（Raymond Williams）50多年前所指出的，假若什么都是文化，没有什么不是文化，如此赋予文化这样一个无所不包的总体解释，就意味着它也难以解释任何东西。[③]又如夏蒂埃之质疑："如果所有姿势，所有行为举措，所有能够被客观评测的现象，都必定是个体将意义付诸事

---

① 陈建守编：《史家的诞生：探访西方史学殿堂的十扇窗》，第346页。
② 关于新文化史在具体实证研究中出现的一些问题，可参看Richard Biernacki, "Method and Metaphor after the New Cultural History," Victoria E. Bonnell and Lynn Hunt, eds., *Beyond the Cultural Turn: New Directions in the Study of Society and Culture*, pp. 62–92.
③ Patrick Brantlinger, "A Response to Beyond the Cultural Turn," *The American Historical Review*, 2002, Vol.107, No.5, p. 1503.

物、文字和动作的结果，到那个时候，我们是否应该改变观察的视角，将所有的历史，无论是经济或社会史，人口史或政治史，都视为文化史？在这种基本上属于人类学式的视角下，所产生的危险是会出现一种帝国主义式的定义，将所研究的范畴等同于历史本身，进而导致自身的崩解"①。故有评论家指出，随着文化史的盛行，可能就没有"文化史"这样的领域，有的或许只是历史学家在"用一个文化的模式"来研究历史，"现在也许到了去追问什么不是文化史，以及它何以至此乃至未来何去何从之时"②。年鉴学派过去曾经试图吸纳各种社会科学进入历史学，结果使历史学面临丧失自己特性的危险，今天的新文化史是否会重蹈覆辙呢？

众所周知，新文化史经常被视为一种"人类学的历史学"，就在于它从人类学那里受益良多，所以，新文化史家同人类学家在谈到"文化"时一样都使用复数，并不会认为某个文化会更优越于其他文化。他们也都会反对一些社会本能主义的解释，以及一些非历史的、本质论式的预设和概念，而把文化当作一个"社会生活的类别"（category of social life），与经济、社会和政治不同，又非全然无关③。可惜历史学家在借用别的学科的重要概念时，往往表现得不够严谨和主动，像新文化史家从人类学那里援引"文化"这个关键概念，即是如此。于是，他们就会滥用人类学民族志的权

---

① 夏蒂埃著，杨尹瑄译：《"新文化史"存在吗？》，《台湾东亚文明研究学刊》，2008年第5卷第1期，第205页。
② Laurie Nussdorfer, "The New Cultural History; Interpretation and Cultural History," *History and Theory*, 1993, Vol.32, No.1, pp. 82, 74.
③ Ronald Grigor Suny, "Back and Beyond: Reversing the Cultural Turn?," *The American Historical Review*, 2002, Vol.107, No.5, pp.. 1484-1485.

威和方法①。同样，文化本身是一个众说纷纭、极难定义的现象，它不是一个等着被描述的科学"客体"，也不是能够被明确阐释的象征与意义的统一体，"文化处于斗争之中，是暂时的、不断生成的"，"文化和我们对'它'的看法都是历史地生产、激烈地争斗出来的"②。进言之，文化并不那么容易再现和复原，更不会轻易被"发明"出来，可却很容易会被简单化、同质化与有名无实化。因此，新文化史家"在将文本的模拟扩大到更加深奥的研究对象上的同时，不知不觉地夸大了他们所研究的文化领域的一致性"③，从而妨碍了对文化差异和多样性的研究。一旦把所有的日常生活实践泛化为文化建构的因素，不管是经济的或是社会的，无形中会导致两个重要的缺陷："其中之一是文化主义，也就是过分注意历史的文化和符号方面，而忽略了结构的决定因素。另一个是对于语言的体性，对于语言在社会上的构成方式以及它在社会上又构成什么不注意。"④这样的取径正落入新文化史家之前所批评的单一决定论的窠臼。恰像社会史家埃文斯指出的："对于文化和语言的新强调，破

① 关于人类学家对历史学家滥用人类学方法及民族志的批评，参看罗萨尔多（Renato Rosaldo）著，高丙中译：《从他的帐篷门口：田野工作者与审讯者》，收入克利福德（James Clifford）、马库斯（George E. Marcus）编：《写文化：民族志的诗学与政治学》，北京：商务印书馆，2006年，第110—135页。
② 克利福德著，吴晓黎译：《导言：部分的真理》，收入《写文化：民族志的诗学与政治学》，第48页；William H. Sewell, Jr., "The Concept(s)of Culture," Victoria E. Bonnett and Lynn Hunt, eds., *Beyond the Cultural Turn: New Directions in the Study of Society and Culture*, pp. 35–61；冈恩著：《历史学与文化理论》，第61—91页。
③ 冈恩：《历史学与文化理论》，第90页。
④ 罗杰斯（Nicholas Rogers）：《社会史中的人类学转向》，收入西尔弗曼（Marilyn Silverman）、格利弗（P. H. Gulliver）编，贾士蘅译：《走进历史田野：历史人类学的爱尔兰史个案研究》，台北：麦田出版社，1999年，第410页。

坏了常见之于马克思主义、年鉴学派和新韦伯主义的社会史中那种优先考察原因的做法，在其中，经济因素通过社会发挥作用，依次被政治和文化因素表现。但如今，经济决定论被文化决定论取而代之，其中，文化本身是一个相对的概念，从而缺乏任何一种普世性的解释力。"①埃文斯进而认为，对文化因素的强调和对社会因素的忽视，其实质是穿新鞋走老路，重蹈了旧式政治史只重视精英的覆辙，在研究典范上可能是一种退步；况且旧的社会史亦没有完全忽略政治、语言和文化的建构效果，所以，社会史并没有穷途末路到该被我们彻底抛弃之际②。

因此，在一些学者看来，"文化"不能被看作一种促进变化的根本原因，也不能独立于包括社会的或制度的因素之外而发挥作用③。进一步说，文化的意义亦不能简单地被贬低为语言学对于某个文本的破坏，或被视为某种狭隘的形式，其仍是由社会习俗所决定④。亦即"文化不再是解释发生的根基；相反，它代表的仅仅是关于一切有关历史变化的解释的一部分，解释的效果（以及局限性）需要与其他因素、经济、政治等一起进行准确评估"⑤。夏蒂埃甚至早在20世纪80年代就曾指出："文化并不能被当作是一个可以与经济和社会相区别的产物及实践的特殊领域，文化并不优于或超

---

① 埃文斯：《捍卫历史》，第159页。
② 埃文斯：《捍卫历史》，第181—184页。
③ Victoria E. Bonnelt and Lynn Hunt eds., *Beyond the Cultural Turn: New Directions in the Study of Society and Culture*, p. 9.
④ 罗杰斯：《社会史中的人类学转向》，第408页。
⑤ 西蒙·冈恩：《历史学与文化理论》，第91页。

越于经济与社会关系，亦不能视其与之漠不相关。"①文化实践或许永远都是同社会实践混杂在一起、不可分割。

然而，社会亦非文化现象产生的简单背景，社会本身亦是一种文化建构，作为一种范畴的社会类别本身，亦需要被研究与重新概念化②。其中最重要的工作，或许是在认识论领域"重建更坚固的社会概念"③。但如何理解社会与文化，乃至经济、政治之间的关系及复杂互动④？仍然是一个需要仔细讨论的大问题，这也为20世纪末、21世纪初后社会史的兴起提供了空间⑤。当然，这决非意味着我们要拒绝文化史或"文化转向"的问题，"因为文化仍然是很

① Roger Chartier, *The Culture Uses of Print in Early Modern France*, translated by Lydia G. Cochrane（Princeton, New Jersey: Princeton University Press, 1987）p. 11.
② Victoria E. Bonnelt and Lynn Hunt, eds., *Beyond the Cultural Turn: New Directions in the Study of Society and Culture*, p. 11.
③ 参看休厄尔：《社会及文化史中的政治无意识》，收入休厄尔：《历史的逻辑：社会理论与社会转型》，第72页。
④ 有学者则认为对文化与社会进行区分非但不必要，而且有害；但乔伊斯（Patrick Joyce）却认为非常有必要对之进行厘清，因为不仅文化史家忽略了"社会的概念"（the concept of the social），甚至连社会史学者对此也不够重视，故而他还主张用"the social"这个指涉更广的词代替"society"。见Richard Handler, "Cultural Theory in History Today," *The American Historical Review*, 2002, Vol.107, No.5, p. 1513; Patrick Joyce, "What is the social in social history?," *Past and Present*, 2010, No.206, pp. 223, 228. 有关的讨论还可参看休厄尔：《重绘社会科学中的"社会"：来自阐释主义的宣言》，收入休厄尔：《历史的逻辑：社会理论与社会转型》，第313—365页。
⑤ 关于西方社会史向新文化史转变的情况，文化转向前后的情况，后社会史与新文化史及社会史的关系等，可参看Ronald Grigor Suny, "Back and Beyond: Reversing the Cultural Turn?," *The American Historical Review*, 2002, Vol.107, No.5, pp. 1476–1499; Patrick Brantlinger, "A Response to *Beyond the Cultural Turn*,"*The American Historical Review*, 2002, Vol.107, No.5, pp. 1500–1511; James W. Cook, "The Kids Are All Right: On the 'Turning' of Cultural History," *The American Historical Review*, 2012, Vol.117, No.3, pp. 746–771; 米格尔·卡夫雷拉（Miguel Cabrera）著，李康译：《后社会史初探》，北京：北京大学出版社，2008年。

重要的，但是需要从它的局限性尤其是它太绝对化的语言和话语特征，以及它的一些优点的地方向前发展"①。冈恩也认为："文化理论仍然是历史研究当中的新方向的一个主要资源库，即使在那些力图超越当前给定文化形式的人们看来，也是如此。"②况且，当前欧美历史学的文化转向并没有终结，仍然在持续进行中，对它的接受"有助于解释和理解工作、经济与政治。不管是个人的或是集体的，任何一个经验的领域都被包含在其中"③。

实际上，所有的文化问题都有一个物质的维度，所有的人工物品也都蕴涵文化的因子④。到20世纪90年代前后，一个重要的"物质转向"（material turn）出现了，新文化史家借此深化了对社会和经济因素作用的认识，很多学者遂转向物质文化这个文化同社会有明显接榫领域的研究，关于物的社会史与知识史，物同权力、性别、观看和消费的关系等，算是对过于注重文化分析取径的补偏救弊⑤。

再次，是关于新文化史导致的所谓历史碎片化问题。其实，所谓历史研究中的碎片化问题，最初主要来自20世纪70年代年鉴学派

---

① 乔伊斯语，转见《从现代到后现代：当代西方历史学的新进展——帕特里克·乔伊斯教授访谈录》，见李宏图主编：《表象的叙述：新社会文化史》，上海：上海三联书店，2003年，第106页。

② 冈恩：《历史学与文化理论》，第91页。

③ Miri Rubin, "What is Cultural History Now?," David Cannadine, ed., *What is History Now*? (New York: Palgrave Macmillan, 2002), p. 91.

④ Richard Handler, "Cultural Theory in History Today," *The American Historical Review*, 2002, Vol.107, No.5, p. 1515.

⑤ 但也有学者认为物质文化史研究只是"掩盖现实的工具"，其意义有限，但这主要是针对20世纪80年代及之前的物质文化史研究而言。参看多斯（Francois Dosse）著，马胜利译：《碎片化的历史学》，北京：北京大学出版社，2008年，第161页。有关物质文化史尤其是关于中国物质文化史研究情况的一些讨论，可参看邱澎生：《物质文化与日常生活的辩证》，《新史学》，2006年第17卷第4期，第1—14页。

模式主导的西方社会史鼎盛时的研究现状①。这时历史学科内部日益四分五裂，史家的研究主题日见支离破碎，到了20世纪80年代，人们对越来越小的事物知道得越来越多，又认为宏观而论的做法太过肤浅和简单，而且对史学进行综合的企图，看来是"注定失败"的"幻想"，"现在是微观史学，是主题无限丰富的专题著作大行其道的时候了"②。"历史不再是一门不可分割的知识体系，它破碎得近乎无法挽救"③。此种史学研究中的碎片化情况，或者更广泛地说知识碎片化的情况，在其他学科亦普遍存在，甚或更形严重，这或许正反映了人文学科专业化、标准化的进一步扩张与知识分科的密度加深，乃至研究社群的大规模增长，"知识扩张本身必然鼓励碎片化而非导向在学科内部或学科之间的统一"④，此乃人文学科包括历史学的发展所付出的必需代价。如伯克之言："新史学志于拓

① 多斯的《碎片化的历史学》一书，即针对年鉴学派史家中出现的碎片化状，猛烈开火；诺维克（Peter Novick）也曾对美国史学界在20世纪七八十年代的碎片化现象进行了分析。参看多斯：《碎片化的历史学》；诺维克著，杨豫译：《那高尚的梦想："客观性"问题与美国历史学界》，北京：生活·读书·新知三联书店，2009年，第783—808页。关于年鉴学派模式的社会史发展状况，可参看：Antoine Prost, "What has happened to French Social History?," *The Historical Journal*, 1992, Vol.35, No.3, pp. 671–679; Peter Burke, "Overture. The New History: Its Past and its Future," Peter Burke, ed., *New Perspectives On Historical Writing*, （Cambridge: Polity Press, 2001）, pp. 1–24; 休厄尔：《社会及文化史中的政治无意识》，收入休厄尔：《历史的逻辑：社会理论与社会转型》，第21—75页。
② 普罗斯特（Antoine Prost）著，王春华译：《历史学十二讲》，北京：北京大学出版社，2012年，第4页。关于微观史学的发展情况及其前景，可参看Giovanni Levi, "On Microhistory," Peter Burke, ed., *New Perspectives On Historical Writing*, pp. 97–119; 莱维（Giovanni Levi）著，尚洁译：《三十年后反思微观史》，《史学理论研究》，2013年第4期，第101—108页。
③ 埃文斯：《捍卫历史》，第172页；诺维克，杨豫译：《那高尚的梦想："客观性"问题与美国历史学界》，第637—639页。
④ Victoria E. Bonnelt and Lynn Hunt, eds., *Beyond the Cultural Turn: New Directions in the Study of Society and Culture*（Berkeley: University of California Press, 1999），p.10.

展历史学的视野，以涵盖所有人类活动；这固然丰富了历史学的内涵，但也付出了加剧琐碎化的代价。欧洲学者对于世界各地历史的兴趣日增，诚然是件好事，但也因为历史种类的繁多而加速了琐碎化的情形。"①

在意大利著名微观史家金茨堡看来，历史研究的碎片化大有好处，毕竟历史学为一门早于库恩（Thomas S. Kuhn）所谓典范（paradigm）的学科，该学科还未曾出现过，也不需要出现一统天下的研究典范或研究者，历史学家哪怕各自都在讲述不同的东西，甚至是互相冲突的内容，但依旧是在历史研究的界域之内，这非常不同于自然科学的情形。况且，历史学研究主题的意义很多时候并非当下可见，它需要时间的沉淀和检验，对于不同的人，不同时代的人，其意义都会因人而异，我们不需要太早对所谓碎片化的历史研究进行褒贬②。另一个著名的英国社会史家埃文斯则乐观地认为，不必担心碎片化，有失必有得，"历史学界不仅比起以前更加兼容并包，而且在研究范围和研究取径上，欧洲中心主义的色彩也越来越淡。如果这意味着作为一个知识领域的历史越来越浓的碎片化，那么我们已经失去的，可以因越来越多的机会出现而得到弥补——当下的通信技术和历史学界的机构提供了更多机会，让不同领域的专家互相交流，并能与别国的同仁交换思想"③。

至于中国近代史研究中的所谓碎片化问题，2012年下半年，北

---

① 伯克访谈，见陈建守编：《史家的诞生：探访西方史学殿堂的十扇窗》，第194页。
② 玛丽亚·露西娅·帕拉蕾丝-伯克编，彭刚译：《新史学：自白与对话》，北京：北京大学出版社，2006年，第250页。
③ 埃文斯：《捍卫历史》，第181页。

京《近代史研究》曾专门在两期杂志中刊出13篇笔谈[①]，其中一些论述确实不乏启人心智之处，但相互之间也存在不少颉颃之处，个别文章还显示出作者对此问题的无知、误读与附会。其实，依之前拙见，历史研究中的碎片化问题在比较成熟的西方史学界也许存在，在当下中国史学界，我们的微观研究现状远未达到需要警惕细化的程度[②]。因为要将微观研究做好，在实践上是非常困难的事情，如著名英国文化史家托马斯（Keith Thomas）所言："要将微观史做好，你还得真有点天分才行。那不是可以机械地完成的那种事情。表面看起来容易，实则不然。这种研究有很好的主题，但是在大多数情况下都缺乏必需的史料。"[③]在西方如此发达的史学研究脉络下，史家从事微观研究的难度尚且如此，遑论后来却不居上的中国史家？

当然，就眼下中国近现代史中的具体研究来说，确实存在一些看上去很琐碎的选题和研究成果，但仔细考察这些论著，就会发现它们主要是一些关注地方问题或中小人物的研究，侧重的领域不是政治、社会、经济，就是思想、教育和地方社会，采用的视角、研究方法与得出的结论，同对中心地区的问题，对大人物、大事件的研究，如出一辙。很多著作，要么是材料堆积，要么是空论充斥、乱引社会科学的理论，要么角度单一、结论却宏阔，或兼而有之，加之歪曲或忽略证据者比比皆是，此类现象自然会贻人"碎片化"

① 《近代史研究》，2012年第4期，第4—33页；《近代史研究》，2012年第5期，第4—31页。
② 参看拙文：《新文化史与中国研究》，《复旦学报》，2008年第1期，第104页；《编者的话》，《新文化史与中国近代史研究》，上海：上海古籍出版社，2009年，第5—6页；《一个字的文化史》，《中国图书评论》，2010年第6期，第87页。
③ 玛丽亚·露西娅·帕拉蕾丝-伯克编，彭刚译：《新史学：自白与对话》，第112页。

的口实。但类似情况不应该归为历史研究的碎片化问题，而是低水平重复与拙劣模仿的问题，是缺乏自我反省和过于依傍他人的结果。况且，西方的微观研究本身包含着对20世纪60至70年代流行的结构史学和社会科学化的史学解释模式的反动意味，中国语境中的所谓碎片化取向，恰恰是西方语境中的微观史学所极力反对的。所以在此状况下，目前大家所乐道的中国近代史研究中的碎片化问题，同西方史学语境中的碎片化，显然并非同一问题。我们这里所谓的碎片化，往往属望文生义或有意无意的误判，多数时候是随意将中西语境中的碎片化进行对接与想象的结果。在此基础上，一些学者遂进行检讨、发挥和预警，他们尤其喜欢采取二元对立的模式——将微观研究与宏观研究对立，将社会史、文化史同政治史对立，认为做微观研究的就不关注宏观问题，做社会史、文化史的就不关注政治史等等。这类误判，其实正是西方语境中的微观史家如金茨堡等所反对的，认为是外部批评者强加给他们的认知和标签①。

抑有进者，特别是针对中国史学界一些假大空的研究来说，主张新文化史语境中的碎片化研究取向，或许可以针砭当前历史学研究中存在的弊端，有助于培养朴实、沉潜的学术研究风气。无怪乎王笛教授会说："到目前为止，中国学者研究的'碎片'不是多了，而是还远远不够。"②的确，作为一门经验的学科，历史学的主要意义在于"再现"过去，揭示未知、补充已知，让读者从中感受智慧与获得启示，而非得出规律性的结论或预言。而钱锺书先生也早就

---

① 玛丽亚·露西娅·帕拉蕾丝-伯克编，彭刚译：《新史学：自白与对话》，第245页。
② 王笛：《不必担忧"碎片化"》，《近代史研究》，2012年第4期，第32页。

针对学者重视理论和体系、忽略细节与个案的情况指出，人们应重视零碎的片言只语，"许多严密周全的思想和哲学系统经不起时间的推排销蚀，在整体上都垮塌了，但是它们的一些个别见解还为后世所采取而未失去时效"[1]。对当下中国的学术界，特别是对急于建构理论（话语）体系和输出所谓文明的思想界来说，钱氏的提醒不可谓不深刻。

需要注意的是，在中国这样特殊的"学情"下，新文化史被接受的情况同欧美存有许多差异。以欧美新文化史著作中诸多小人物的研究个案为例，像勒华拉杜里的《蒙塔尤》、金茨堡的《奶酪与蛆虫》、戴维斯（Natalie Zemon Davis）的《马丁·盖尔归来》、达恩顿的《屠猫记》等经典的微观研究，它们的精彩之处在我们这里就不太容易获得认可，更难以激起追随者较多的效法。然而在欧美世界，这些善于讲故事的著作却为人们喜欢阅读，且不乏追随者跟进。因为普通人能从中找到更多认同与乐趣，历史学家也能从中获得动力和启示。故此，一个做得好的以小见小的个案，哪怕呈现的是"井蛙之见"，也可以为更宏观的典范及模型提供佐证或反证，结果不论如何，都能表明此微观研究的价值，正契合人类学研究者及多元文化提倡者常说的"小就是美"（Small is beautiful）的理念，亦即"虽小道亦有足观"[2]。相比起来，近现代中国的情形却恰恰相反，由于政治参与度和政治公开程度的关系，一直以来，人们对

---

[1] 钱锺书：《读〈拉奥孔〉》，收入氏著《七缀集》，上海：上海古籍出版社，1994年，第34页。

[2] 有关微观研究及个案研究的价值与意义，可以参看西尔弗曼、格利福编，贾士蘅译：《走进历史田野：历史人类学的爱尔兰史个案研究》；海斯翠普（Kirsten Hastrup）编，贾士蘅译：《他者的历史》，台北：麦田出版社，1998年。

过去和现在的军国大事、高层秘辛与精英逸事都怀有浓厚兴趣，由是，大家也更喜欢阅读和书写此类的作品和八卦故事，尤其是那些以简单明快的因果论模式书写的语言俏皮作品。在该情形下，个别微观研究的著述，像黄兴涛的一本著作，从一个具体的语言符号——五四时期所发明的"她"字入手，旁征博引，研究"她"的诞生、早期书写实践和社会化认同的传播过程，讲出了"她"字所具有的以及被人们所赋予的丰富多彩、生动曲折的含义①。黄著即便精彩，但独木难支，恐怕无法改变整个社会的阅读嗜好和历史学界的研究气候（historiographical climate）。

在新文化史的反思和推广方面，可能没有学者比彼得·伯克的贡献更大，追随伯克或许是个不错的选择②。就像他所指出的，在当下"这个史学碎化、专门化和相对主义盛行的时代，文化史变得比以前更为必要了"③。因为新文化史固然促进了历史研究的碎片化，但它同时也为解决这一问题提供了路径，那就是"文化边界""文化碰撞"等概念的使用，以及采取更为复杂的叙事来表现众声喧哗的历史场景，而不应只从一种单一的视角来呈现一元化的声音④。此外，伯克也认为：跨学科的研究方法，进一步展现研究主题和其他主题之间的关联，兼顾研究的深度与广度，也是解决历

---

① 黄兴涛：《"她"字的文化史：女性新代词的发明与认同研究》，福州：福建教育出版社，2009年。
② 参看陈建守：《文化史的由来、实践及意义》，《思与言》，2006年第44卷第2期，第243—267页。
③ 伯克著，丰华琴等译：《文化史的风景》，北京：北京大学出版社，2013年，第214页。
④ 伯克著，蔡玉辉译：《什么是文化史》，第138、146页；参看伯克：《文化史的风景》，第225—236页。

史研究碎片化的途径①。故此，像伯克所言：新文化史"是博采众长的结果"，它只是标志史家研究重点的转移，是对过去史学研究方法的吐故纳新而非另起炉灶，事实是，"在新文化史这把大伞底下进行的实践采用了各种各样的研究方法"②。这些多样化的研究视角可能会互相扞格，但绝不会势如水火，它们只会进一步丰富我们的历史诠释技巧，正如夏蒂埃之语，新文化史具有很大的开放性与某些共同特征，"确实仍是许多跨越既有疆界的问题点及研究需求的一个总合"，在此意义上说，"'新文化史'的定义并非，或者说不再是因其研究路径的统一性而来，而是由于它为那些具有共同体认、拒绝将丰富多样的历史现象省略为单一面向的历史学家，以及那些从语言学转向的幻象中解脱出来、远离了过去以政治为研究主干或言必称社会之传统局限的历史学家，建立了一个交流和讨论的空间"③。可以说，新文化史依然需要在同旧的概念工具（conceptual apparatus）的合作与斗争中前行。

不过，新文化史在欧美的影响虽然很大，但对中国近现代史研究的影响，目前看来还仅仅及于极少学者；绝大多数的研究者仍然集中于传统的政治史、社会史、经济史和思想史的研究，新文化史短时期难以撼动政治史、社会史、思想史的霸主地位。同样无可讳言的是，眼下我们的新文化史研究主要是对外来刺激的追随和模仿，并非为内在学术理路发展的水到渠成，尚缺乏深厚的研究基

---

① 伯克访谈：《史家的诞生：探访西方史学殿堂的十扇窗》，第194—195、202页。
② 伯克著，蔡玉辉译：《什么是文化史？》，第85页。
③ 夏蒂埃：《"新文化史"存在吗？》，《台湾东亚文明研究学刊》，2008年第5卷第1期，第214页。

础与学术积淀，受众对其的接纳亦存在不少望文生义之处，无怪乎很多学者争相崇拜汉学家的研究成果（且不说他们之中很多人以论带史与史料掌握不足、解读不够准确的大毛病），却不知去向汉学家取法的欧美主流文化史家学习。很多学者热衷于谈理论、谈宏观结构、谈长时段、谈年鉴学派、标签化别人的研究成果等大问题，却不知道欧美史学的最近发展趋势、年鉴学派第四代的转向和成果，以及"文化转向"后兴起的文化理论对历史研究的深远影响。自然，这些学者不会欣赏也不愿接受一些"平常事情的历史"、一些"小而美"的历史、一些看起来不那么"正统"与"政治"的历史……

转言之，就算是在已经接受新文化史的学者当中，也存在不少耳食肤受、不求甚解的情况，一些学者还将之前由传统思想史改头换面而来、所谓的社会文化史之类也当作新文化史，或随意拉扯上中国语境里原来的文化史研究，自称来比附西方的新文化史。其实，中国语境中一些所谓的社会文化史或文化史的研究，其重点依然是在以线性时间观分析思想、观念是什么及其形成原因，乃至社会与经济的变革和造成的后果，取径依然是近代化（现代化）、传统和近代，或国家与社会等这样单一的、已经被认为存在问题的解释框架与宏大叙述。更有意思的是，很多人欢迎和歌颂某些国外汉学研究者水平不高的文化史作品，却对国内有水平的文化史著述视而不见，甚或断言新文化史在中国没有前途；一方面批评国内学术不能同西方接轨，一方面却又昧于西方史学研究大势与西方中国学研究现状，盲目崇拜与迎合一些水平不高的西方汉学家及其著作，对国内一些文化史研究成果加以话语暴力或标签暴力。于是，在具体的实证操作层面，很多学者的研究经常不见对资料自身局限的警觉、对作为后设叙述（metanarrative）的历史书写的谨慎和自觉，亦缺乏对社会与思想及文化的互动乃至思想、观念具体被接受、使用情况的讨论。另外，它们既缺少微观的分析和象征意义的解读，又鲜见扣人心弦的问题意识与高明的说故事技巧。

饶是如此，我们仍可乐观地说，上述问题的存在并没有影响到一些学者，尤其是年轻学者对新文化史典范的学习和效法，他们的研究从关注的主题到使用材料的范围、处理材料的方法、援用的理论资源，都不同于之前的社会史、思想史研究或其他一些专史的研究。其中胡成的医疗卫生史研究堪称代表，大多数中国医学史研究者从近代化（现代化）视角对近代中国医学史的研究，胡成则主要从殖民医学的视角来进行医疗史和卫生史的研究，其研究成果丰富，涉及面广，材料扎实，观点新颖，关注的多是近代医疗史、卫生史中的关键问题，非常值得注意和尊重[1]。不仅如此，胡成自己还发表多篇理论反思文章，评估当下的实证研究，及未来中国近代史研究可能的走向[2]。

一些学者关于政治文化方面的研究也很精彩。王奇生对"反革命罪"在中国社会的建构经过进行了考察，认为是在国民革命军北伐攻下武汉后出现的，以审判守城败将陈嘉谟和刘玉春为契机，中国历史上第一个《反革命罪条例》出笼。从此以后，"反革命"既是一个相当随意的政治污名，又是一项可以致人于死命的法律罪

---

① 参看胡成：《医疗、卫生与世界之中国》，北京：科学出版社，2013年。
② 参看胡成：《近代转型与史学反思》，北京：生活·读书·新知三联书店，2013年。

名①。另外一个年轻学者任伟，其关于中国共产党的政治文化史研究也值得关注，他的研究，揭示了革命与暴力的内在关联，他还特别注意到，"人们愿意记住与诉说的显然是自己作为受害者的那一部分"。革命者的"诉说与追忆"相当大程度上塑造了后来的历史认知。任伟对中国共产党革命过程中的政治文本与实践张力等问题亦有关注与阐发②。此外，他还曾以1930年上海租界放映的一部美国影片《不怕死》为中心，详细描述了时人抵制该影片的前因后果，并分析了抵制背后各方的作为、矛盾与利益关怀，进而指出当时所谓的民族主义表述多是知识精英的建构，大多数沉默的观众不过是旁观者③。冯佳则从政治文化史角度考察了隆裕太后的葬礼，试图由此仪式政治入手，进而探索民国初年清廷与民国在这次葬礼中表现出的复杂互动及利益关系④。

其他类似的印刷文化史研究也有不少优秀的成果。像王奇生从传播学角度对《新青年》创新进行了研究，他认为《新青年》之所以从初期寂寂无闻到后来影响广大，是以陈独秀为代表的《新青年》同人"运动"出来的，跟《新青年》作者队伍的改变、思想主张的激进化以及社会时代环境之变动，特别是五四运动的发生有

① 王奇生：《北伐时期的地缘、法律与革命："反革命罪"在中国的缘起》，《近代史研究》，2010年第1期，第28—39页。
② 任伟：《红军优待俘虏的政策与实践》，《近代史研究》，2015年第6期，第76—90页。
③ 任伟：《娱乐、商业与民族主义：以1930年"辱华"电影〈不怕死〉引起的纷争为中心》，《学术月刊》，2011年第2期，第138—147页。
④ 冯佳：《"国"与"君"：政治文化视角下的隆裕太后葬礼》，《中国农业大学学报》，2009年第3期，第123—135页。·

关，也跟陈独秀等人对媒体传播技巧的娴熟运用大有关系①。冯佳对"五四"后期发生的科玄论战重新加以考察，从思想社会史角度关注了《科学与人生观》的编纂层面，以及相关的论战文献版本、修辞特点、背后的商业利益、派系矛盾等因素②。冯佳此前也曾对《古史辨》以书信体为主的编纂形式进行了研究，但处理方式稍显生硬③。而程美宝的专著《地域文化与国家认同：晚清以来"广东文化"观的形成》④，并非要谈何谓广东文化，而是关注近代"广东文化"自晚清以来的建构过程。作者希望借此个案，来提出一个便于理解晚清以来中国地方文化观之形成过程的分析框架。相比很多思想史、观念史研究者不加考辨直接相信文献的做法，作者在书中尤其重视对表达地域文化的文类及文献本身的形成过程进行分析，这是非常有意义的。程美宝另外还有多篇论文处理近代出版文化的问题，如她关注《国粹学报》所刊载的博物图画的特色、来源及其印刷技术问题⑤。

可以预期，医疗卫生文化、政治文化和印刷文化研究之外，大家未来应该会更为关注一些看起来细小琐碎但却同日常生活密切相关的内容，更喜欢从建构论（Constructionism）的角度去处理和

①　王奇生：《新文化是如何"运动"起来的：以〈新青年〉为视点》，《近代史研究》，2007年第1期，第21—40页。
②　冯佳：《版本、编纂与修辞：思想社会史视角下的科玄论战》，《南京大学学报》（哲学・人文科学・社会科学版），2009年第5期，第83—96，143页。
③　冯佳：《"层累地造成的中国古史"及其修辞》，《中国农业大学学报》（社会科学版），2007年第4期，第32—43页。
④　北京：生活・读书・新知三联书店，2006年。
⑤　程美宝：《晚清国学大潮中的博物学知识：论〈国粹学报〉中的博物图画》，《社会科学》，2006年第8期，第18—31页；程美宝：《复制知识：〈国粹学报〉博物图画的资源来源及其采用之印刷技术》，《中山大学学报》（社会科学版），2009年第3期，第95—109页。

检讨诸如信仰、仪式、空间、象征、书写、修辞、记忆、身体、物品之类的问题，也会借鉴更多西方一些原创性理论家的理论和实证史家的研究成果。像程美宝曾研究过近代早期来华外国家庭中的中国佣人，为欧美来华贸易船只担任"引水人"的船民，以及其他一些中西交往中的小人物，包括一些在 18 世纪英国活动过的中国普通人①。这些人物都是在中西交流史上为人所忽略的，但他们却扮演着重要的角色。程美宝的努力告诉我们，只要足够仔细地发掘与解读资料，一样可以重建他们的历史。类似再现"没有历史的人"声音的努力，黄江军（秋韵）从一个独特文本《田家读者自传》入手，细致分析其建构过程和主要内容，并结合有关语境，揭示出《田家读者自传》一书的编辑情况、所收自传的作者情况、作者地域分布、自传的大致内容、自传的书写策略和特性，进而在方法论上提出书写农民史的可能②。李晓方则以家乡赣南下村为个案，吸收了人类学的做法，试图在对村落、建筑及其承载的故事进行叙事与分析的基础上，探讨相对缺乏历史书写的广大乡村社会的集体记忆与历史事实之间的逻辑关系，试图为书写下层民众史进行一些探索③。贾钦涵则从性别史与日常生活史的角度，对近代中国的麻将游戏进行了研究，考察了麻将在近代女性日常生活中的重要作用，

---

① 程美宝、刘志伟：《18、19世纪广州洋人家庭里的中国佣人》，《史林》，2004年第4期，第1—11页。
② 黄江军（秋韵）：《发现农民的历史：〈田家读者自传〉述略》，复旦大学硕士论文，2012年。
③ 李晓方：《村落、建筑与记忆：赣南下村的历史叙事》，《历史教学问题》，2010年第3期，第104—108，10页。

以及女性广泛参与这项娱乐活动过程中展现出的悖论[①]。曹南屏则写出了玻璃在近代中国的物质文化史，他认为，自19世纪下半叶开始，通过卫生知识的普及、文明话语的渲染，以及西方生活习尚的深入人心，外加"物"的象征意义和消费意义的充分凸显，中国各阶层人士对玻璃的喜好和追逐，已经在这一时期被成功构建。由此，玻璃获得了前所未有的普及契机，开始逐渐进入中国人日常生活的各个方面[②]。

以上仅仅就新文化史在中国大陆的部分接受和应用情况做简单反思与钩沉，从中可以看出，虽然中国的新文化史研究仍处于起步阶段，但还是有不少学者写出了优秀成果，尽管他们不一定打着该旗号，如南京大学的孙江已经在许多方面都做出了重要贡献，他特别善于以讲故事的方式展开历史研究，又具有跨国眼光与理论视野，不过，他自认为自己的研究属于新社会史领域。

故此，总体上看，新文化史作为一种史学研究实践，同时又作为一种研究典范，已经为越来越多的史学工作者接受和追随。21世纪以来，经由中国台湾学者和中国大陆西方史学工作者的译介，特别是经由台湾史学界的实践示范，也逐渐影响到一部分中国大陆史学工作者的研究。受此冲击，一些近代史研究者也身体力行，相继写出了自己的新文化史作品，尽管其中一些研究不乏模仿和稚嫩成分，但已经可以给人耳目一新的感觉，应该可以激发更多的学者关注新文化史和加入这个阵营，进而尝试写作自己的新文化史作品。

---

① 贾钦涵：《玩物丧志？：麻将与近代中国女性的娱乐》，《学术月刊》，2011年第1期，第137—147页。

② 曹南屏：《玻璃与清末民初的日常生活》，《"中研院"近代史研究所集刊》，2012年第76期，第81—134页。

最后需要说明的是，由于本人水平和所见有限，以上的列举并非面面俱到，笔者只是仅就自己稍微熟悉的若干研究领域略作举证，以便读者管中窥豹，故对于这些领域之外也包括之内的很多优秀实证作品均未涉及，而且为了避嫌，笔者也将自己的研究成果完全搁置，读者鉴之谅之。

第二部

思想史／概念史／性别史／历史记忆

思想史与历史研究：
英语世界的若干新趋势[①]

傅　扬

前　言

无论在英语、法语、德语或汉语学术圈，思想史（intellectual history）都是历史研究的一个重要领域[②]。仅以英语学界论，已有相当大量著述在探讨什么是思想史、如何研究思想史、思想史与历史学其他领域的关系[③]。近期特别值得注意的是两部出版于2016年的著作。一部是沃特默（Richard Whatmore）撰写的*What is Intellectual*

---

① 本文最早以《思想史与近代史研究：英语世界的若干新趋势》为题，刊登于《"中研院"近代史研究所集刊》，2018年第99期，第79—105页。撰写、修改及增订期间，承林富士、吴翎君、蒋竹山、陈建守、韩承桦、陈禹仲和《集刊》匿名审查人惠赐数据与宝贵意见，谨此致谢。

② 参考《发刊辞》，收入《思想史》编委会编：《思想史》册1，（台北：联经出版事业股份有限公司，2013年，第i-vi页。除了这四个主要学术传统，也许可以再加上日语学界及其成果。

③ 相关讨论甚夥，建议先参考以下几种：Stefan Collini, Quentin Skinner, and David A. Hollinger, et al., "What is Intellectual History?," in Juliet Gardiner, ed., *What is History Today...?* (London: Macmillan Education, 1988), pp. 105–119; Annabel Brett, "What is Intellectual History Now?," in David Cannadine, ed., *What is History Now?* (Houndmills, Basingstoke, Hampshire: Palgrave, 2002), pp. 113–131.

History?，由一般习称的"剑桥学派"（the Cambridge School）立场出发，以重建思想观念的脉络为依归（contextualism），扼要回顾并展望思想史的特质、学术流变、方法、实践与重要性[1]。另一部是沃特默和杨（Brian Young）主编的*A Companion to Intellectual History*。本书从取径、学科互动和研究实践三方面综述思想史的各种面向，共收录29篇文章[2]。结合这一大一小的两部书，读者应可对英美学界思想史研究的重要议题有一大致认识。

当然，界定思想史研究范围仍是无可逃避的任务。任何相关尝试，其实都反映界定者关于什么是"理想"思想史写作的立场。在此我想征引的是已故思想史家布罗（John Burrow，1935—2009）的观点。在一篇综论自己经验和反思的文章中，布罗认为"思想史"（intellectual history）和"观念史"（history of ideas）都是有效的词汇，相当程度上可以互通，其目标是探究过去人们的反思生活，考察他们关于自身和世界、过去和未来的种种假定、论点、探询和涵泳，以及进行上述行为所使用的不同词汇与辞令。布罗进而指出，他偏好"思想史"一词，因为这和"政治史""经济史"类似，反映他致意的是人类活动的特定形式（即思想、知性活动），而非历史上出现的抽象范畴[3]。上述观点应可反映近数十年英美思想史家的主要关怀，也是本文对思想史内涵的基本理解。

---

[1]　Richard Whatmore, *What is Intellectual History?* (Cambridge, UK: Polity Press, 2016).

[2]　Richard Whatmore and Brian Young, eds., *A Companion to Intellectual History* (Malden, MA: Wiley Blackwell, 2016).

[3]　John W. Burrow, "Intellectual History in English Academic Life: Reflections on a Revolution," in Richard Whatmore and Brian Young, eds., *Palgrave Advances in Intellectual History* (Basingstoke: Palgrave Macmillan, 2006), pp. 10–11.

更进一步说，思想史研究有几个核心关怀。首先，思想史家肯定观念、思想在历史中扮演的角色及重要性。其次，思想史家将观念、学说、思想视为人类活动的一种面向，强调应在历史时空中加以检视，尽可能还原古人思想活动的细节、脉络和意图。最后，除了上述目标，思想史家也尝试通过撰述，减少我们考虑过去时的目的论（teleology）和时代错置（anachronism）倾向。

从20世纪上半迄今，英语学界的思想史研究有其荣景和低潮，发展过程中遭遇许多大浪与暗流，但可以肯定的是，思想史研究积累的无数成果，已丰富甚而翻转许多关于过去的理解，未来也将持续为历史学做出重要贡献[①]。21世纪的第一个十年已然结束，思想史研究有何可观的发展或可能趋势[②]？本文整理英语学界若干研究实践和方法反思，捕捉三个值得重视的近期动态，即全球思想史（global intellectual history）、知性实践（intellectual practices，或译作智识实践）的文化史和数字人文学（digital humanities）影响下的思想史研究。应强调的是，此三者并非英语世界思想史研究的主流或主导性取径，毋宁是吸引越来越多学者投入和尝试的方向。通过检视这三个趋势，本文希望能为对思想史有兴趣的读者，提供一些观察和参考，以俾反省并探索思想史研究实践的各种可能性。

---

① 应强调的是，即便同属英语学术圈，英国与美国（以至加拿大和澳洲）的情况亦有不同。唯此点牵涉太广，尚待未来进一步分疏。

② 这个问题每隔一段时间都会被提起，前此思想史研究的回顾，可参考Donald R. Kelley, "Horizons of Intellectual History: Retrospect, Circumspect, Prospect," *Journal of the History of Ideas*, 1987, Vol.48, No.1, pp. 143–169; Anthony Grafton, "The History of Ideas: Precept and Practice, 1950–2000 and Beyond," *Journal of the History of Ideas*, 2006, Vol.67, No.1, pp.1–32.

一、全球思想史

思想史研究最显著的一个趋势是全球思想史的蓬勃发展。这个现象和世界各地历史学社群的全球史研究（global history）热潮密不可分，全球史研究的前景、概念、方法以至于潜在问题，也可见于全球思想史的讨论。对此，莫恩（Samuel Moyn）和萨托利（Andrew Sartori）于2013年编纂、出版了一部论文集*Global Intellectual History*，可作为理解全球思想史概念与实践的出发点[1]。全书共三部分十三章。第一部分收录一章，由两位编者执笔，解析全球思想史研究的几种取径。第二至十一章为第二部分，结合实例讨论全球思想史的方法思考。最后一部分收录两章，旨在重访全书诸篇，反思全球思想史的潜力和疑难。以下将以第一、三部分的文章为基础，配合若干学者的研究成果，简述全球思想史的内涵与重要性。

莫恩和萨托利开宗明义指出，全球思想史主要取径的差异，来自如何概念化"全球"（global）之为物[2]。他们归纳出三种取向：（1）全球作为一个后设分析的范畴（meta-analytical category）、（2）历史过程的实际空间，以及（3）历史当事人思考的一个主观范畴（subjective category）。

第一种取向的核心主张是，思想史探讨的对象应该不受地域和

---

[1]　Samuel Moyn and Andrew Sartori, eds., *Global Intellectual History* (New York: Columbia University Press, 2013).

[2]　Samuel Moyn and Andrew Sartori, "Approaches to Global Intellectual History," in Samuel Moyn and Andrew Sartori, eds., *Global Intellectual History*, pp. 3–30.

时段所限，应在全球的范围中探究不同的观念和思想传统。这个取径提倡比较史甚或普世史（universal history），不强调研究对象的链接关系（connected），因此也适合应用于全球网络尚未成形的前近代历史。

此取向的一个重要贡献，是在全球的名目下囊括所有地域、文化和时段的思想现象；从欧美主流历史学，特别是思想史社群来看，这一发展有助打破西方中心论的狭隘立场。我们可以看看2016年创刊的英语期刊*Global Intellectual History*的宗旨[①]。宗旨强调，思想史能帮助我们理解陌生、与己不同的人与信念，欣赏不同社会的相异价值（即便和我们自身持存的价值有异甚或扞格），以及如何解释这些价值的存在理由。思想史的技艺也可以让我们认知未来的可能性与局限。这份期刊正是为了跨越思想史的地理和学科界线，在全球的范围中倡议这些理想而生，接受比较和跨国视野、从古至今的文章。对西方学术界来说，这可能是振聋发聩之论。不过，扩大思想史的探讨对象以至于无所不包，其实很难说具备什么独特的全球思想史概念或方法论。

第二种取向是将全球视为一个联结的整体，旨在探究全球范围内思想观念的传布、交流与互动。莫恩和萨托利认为相关研究可以从三个角度加以省视。第一个角度强调中介者（intermediaries）在跨越文化、社会、语言、文明或地理界线中扮演的角色。但如过去文化交流研究所示，类似做法不一定得仰赖全球史的架构或概念；

---

① 见"Aims and Scope," *Global Intellectual History*, http://www.tandfonline.com/action/journalInfor mation?show=aimsScope & journalCode=rgih20（2017年6月8日检索）。

以中介者个人的经历、交往为核心的研究，也可能掩盖思想观念互动的许多面向。与此相关，第二个角度聚焦的不是这些中介者本身，而是他们所使用的语言媒介，即翻译角度的研究。重要术语和著作的翻译和以往接受史的探讨有所重合，但焦点已不在输入方单向的理解或接受，其目标也转而成为通过各种形式的翻译过程，描绘概念流动的全球轨迹。但也有学者认为翻译研究多局限于字词、语言，主张全球思想史作为一个学术领域，其基础和重中之重，应该是跨越空间，更广泛和全面的概念流通及其物质载体[①]。

准此，第三个角度可称之为网络（networks）的角度。从网络角度看，中介者和翻译仍相当重要，但没有任何单一要素有想当然的决定性地位。学者的核心任务是重建观念互动过程的整体网络，分析其建构、传布和机制。研究者可以通过四处移动的知识掮客（knowledge brokers）来理解概念、传统或学说的变化，并认知一个网络是由许多思想、制度和政治要素所打造和限制，从而深刻影响不同文化、地域间的观念交流。从这个角度出发的全球思想史，非常重视不同地区和要素的相互联系。尽管18世纪以前已可见全球不同地域和帝国间的联结关系[②]，以相互联系和网络为中心的全球思想史舞台，可能仍是19世纪以降的现代世界。无论如何，从网络出发的全球思想史，在研究对象上不为中介者和翻译活动所限，也可望

---

① 应强调的是，翻译经常是两种语言间的理解和再呈现，自然有"跨国"（transnational）的成分。但"跨国"在多大程度上可以视之为"全球"，其实未有定论，值得进一步细究。另一方面，就翻译的输出方而言，其实反映的仍是在地（local）或民族（national）的思想史。
② Sanjay Subrahmanyam的许多著述都阐发这一点，扼要说明可参考Sanjay Subrahmanyam, "Connected Histories: Notes towards a Reconfiguration of Early Modern Eurasia," *Modern Asian Studies*, 1997, Vol.31, No.3, pp. 735–762.

为观念流动、接受和调整的过程，提供更多丰富的历史解释。

值得一提的是，印度在这类全球思想史的发展中扮演了重要角色。最具代表性的是已故英国史家贝利（Christopher Bayly，1945—2015），他的主要研究领域是18世纪以降的大英帝国和印度史，并在此基础上推动全球史和全球思想史。贝利出版于2004年的*The Birth of the Modern World* 是一部反思性甚强的近代世界史，他在其中便以自由主义（liberalism）为例，强调我们需要一种探索全球思想史（global intellectual history）的取径，既可探究新思潮，又不忽略在地固有观念在政治、社会变动中保持的弹性[1]。贝利在*Recovering Liberties*中更具体、详尽地展现上述方法。他研究19至20世纪初的印度思想家和政治人物，挖掘出许多过去不受重视的角色，分析他们在不同政治、社会、经济和文化考虑下，如何理解、改造和运用自由主义，进而反过来影响英国、欧洲和美国对自由主义的理解[2]。尽管有时难免透过后见之明来看印度的自由民主，处理来自欧洲的自由主义时也略显简化[3]，但本书仍不愧是全球思想史的力作。就规模、复杂性和与西方世界的渊源来说，印度未来仍会是全球思想史的重要研究对象[4]。

第三种概念化取向——"全球"作为历史当事人思考的一个主观范畴——也催生出关于"世界"的意识或如何思考全球的思想史

---

[1] Christopher A. Bayly, *The Birth of the Modern World, 1780-1914: Global Connections and Comparisons* (Malden, MA: Blackwell Pub., 2004), pp. 290–295.

[2] C. A. Bayly, *Recovering Liberties: Indian Thought in the Age of Liberalism and Empire* (Cambridge, UK; New York: Cambridge University Press, 2012).

[3] 参考Neilesh Bose, "The Cannibalized Career of Liberalism in Colonial India," *Modern Intellectual History*, 2015, Vol.12, No.2, pp. 475–484.

[4] Shruti Kapila, "Global Intellectual History and the Indian Political," in Darrin M. McMahon and Samuel Moyn, eds., *Rethinking Modern European Intellectual History* (Oxford; New York: Oxford University Press, 2014), pp. 253–274.

研究。相关主题如空间想象、如何看待和理解全球或世界、世界主义思想（cosmopolitanism）等[1]。当然，这一取径和前述二者没有冲突；研究者可以比较不同时空关于全球的想象，也可以分析在全球的人与观念网络中，研究对象的全球意识（global consciousness）如何发展、变化。

呼应这个取向的研究著述虽相对较少，仍不乏精彩作品。如阿米蒂奇（David Armitage）爬梳17、18世纪文献，分析当时欧洲思想世界的"国际思想"（international thought），便跳脱国家疆界，把视野放在由列国组成的世界上[2]。此举不仅丰富欧洲思想史的探索主题，也为以全球意识为主要关怀的全球思想史研究提供讨论基础[3]。与此相关，洛尔卡（Arnulf Becker Lorca）的专著分析19至20世纪初，非西方的法学家、律师如何构想国际法（international law），在各自的政治、经济考虑下，改变从欧洲出发的国际法，共同形塑如今日所理解的普世性国际法[4]。艾丁（Cemil Aydin）则关注欧洲以外的世界。他于2007年出版的著作探索19世纪中叶以至二次大战后，伊斯兰世界（奥斯曼帝国）和亚洲（日本）的知识分子如何提出普世性的"西方"（West）观念，形成泛伊斯兰（Pan-

---

[1] 关于人类如何从全球角度进行思考，简要回顾可参考Sebastian Conrad, *What is Global History?* (Princeton: Princeton University Press, 2016), pp. 17–36.

[2] David Armitage, *Foundations of Modern International Thought* (Cambridge; New York: Cambridge University Press 2013).

[3] 阿米蒂奇倡议的"国际思想"和全球思想史有异有同，但全球思想史的讨论多引之为同道。关于国际思想史的方法视野，可参考《思想史》创刊号的讨论，见阿米蒂奇（David Armitage）等，《论坛》，《思想史》，2013年第1期，第213—416页。

[4] Arnulf Becker Lorca, *Mestizo International Law: A Global Intellectual History 1842–1933* (Cambridge: Cambridge University Press, 2014).

Islamic）和泛亚（Pan-Asian）思想，影响他们看待世界秩序的方式[1]。他的近著则聚焦所有穆斯林均归属于一个宗教政治实体的"穆斯林世界"（Muslim World）观念，分析此观念的政治和思想脉络，认为它是19世纪晚期与欧洲帝国主义互动的产物[2]。巴纳吉（Milinda Banerjee）也利用殖民时期印度的个案，说明各地的世界性或普世主义思想，往往既受欧洲列强的冲击而生，又诉诸在地文化传统的诸般要素（观念、词汇），任何单线式考索都难尽全貌[3]。

　　这个取径带来值得重视的成果，也刺激学者进一步思考全球思想史的方法论。最重要的问题可能是，什么样的思考内容或方式可以算得上是"全球"？从国际思想或国际法角度切入固然精彩，但这个出发点是建立在近现代民族国家的列国体系之上；伊斯兰世界的观念也是19世纪中期以后才形成的。从这几个例子来看，"全球"意识或思考的前提仍是一个既有的"国家"观念，超越国家藩篱方可谓全球。一个足堪对照的案例是中国的天下观。天下观是一种想象世界的方式，从政治和文化权威角度，构想自身和认知所及的人与地域的关系。那天下观算不算一种全球或世界思想[4]？说到底，关键也许不是答案，而是从这些讨论中反省"国家""全球"等范畴／概念工具，以及考虑不同时空条件中（特别是前近代与近现代

① 　Cemil Aydin, *The Politics of Anti-Westernism in Asia: Visions of World Order in Pan-Islamic and Pan-Asian Thought* (New York: Columbia University Press, 2007).
② 　Cemil Aydin, *The Idea of the Muslim World: A Global Intellectual History* (Cambridge, Massachusetts: Harvard University Press, 2017).
③ 　Milinda Banerjee, " 'All This is Indeed Brahman:' Rammohun Roy and a 'Global' History of the Rights-Bearing Self," *Asian Review of World Histories*, 2015, Vol.3, No.1, pp. 81–112.
④ 　参考葛兆光：《何为中国：疆域民族文化与历史》，香港：牛津大学出版社，2014年。

的差异）全球或世界思想的可能面貌。

从这部论文集出发，一个很重要的问题是，全球思想史的研究对象始于何时？这个问题的症结仍在我们如何认定"全球"或全球思想史的内涵。库珀（Frederick Cooper）即扼要指出，全球思想史研究光谱有两个端点，其一是"软性"（soft）的全球版本，跨越国家、大陆、文化以至时间藩篱，即前述第一种取径强调的无所不包。前近代历史所见的区域交流、拟全球化现象和世界主义尤其值得注意。另一个端点是"硬性"（hard）的，强调全球思想史应聚焦真正弥漫于整个世界的观念，或关注将世界视为一个整体的诸般观点。据此，19世纪以前并没有严格意义的全球思想史[1]。无论如何，学者多半同意全球视角更适合19世纪以降的思想史研究，可呼应近现代历史的全球化和现代化趋势。但全球化或人与观念的交流，在不同地方有不同程度、形式的表现与结果[2]。思想史家应从不同历史当事人的观念和主张着手，细致地探究全球范围内思想现象流动、转化的历史过程。若然，全球思想史当可培养真正全球性的视野，并为理解现代化与全球化的运作机制和局限，提供新的洞见。

论文集第十三章由卡维拉（Sudipta Kaviraj）撰写，简扼评述论文集各章要旨，并提出许多值得参考的观点和提示[3]。如"联结历史"（"connected history"）毕竟不同于"比较历史"，后者和以还原语言、

---

[1] Frederick Cooper, "How Global Do We Want Our Intellectual History to Be?," in Samuel Moyn and Andrew Sartori, eds., *Global Intellectual History*, pp. 283–288.

[2] Samuel Moyn and Andrew Sartori, "Approaches to Global Intellectual History," in Samuel Moyn and Andrew Sartori, eds., *Global Intellectual History*, pp. 20–24.

[3] Sudipta Kaviraj, "Global Intellectual History: Meanings and Methods," in Samuel Moyn and Andrew Sartori, eds., *Global Intellectual History*, pp. 295–319.

探索意图的思想史取径并不相伴。在考虑现代世界的全球性规范如何形成时，非西方知识分子其实扮演了重要角色。全球思想史的写作，不应再环绕西方观念如何影响非西方世界，而该更有意识地将其视作一种翻译过程。同样地，全球思想史也不能仅关注西方思想观念往何处去、发挥什么作用。我们也应具备不同的"全球性"（globality）概念。思想史的形式不限于文本阅读，思想与社会（如地位和利益）的关系以及推动观念流通的动力，也是全球思想史题中应有之义。最重要的是，思想史研究有多少种技艺，全球思想史就有多少种可能性。

由上可知，在蓬勃发展的同时，全球思想史在方法与取径上仍有许多可讨论的空间。对此，罗斯柴尔德（Emma Rothschild）的反思仍值得重视。她早在2006年便撰文讨论跨国思想史写作常见的四个陷阱，包括将观念实体化（reification）、对经济脉络（context）的考虑不足、以今释古（presentism），以及如何加入阶级（class）要素①。这些问题当然是思想史研究皆须面对的，但全球思想史的跨地域和跨文化格局，背后的政治和经济力量，以及它与全球化和现代世界的关系等特质，都让这些问题更加明显、棘手。广义而论，全球思想史必须谨慎以对的，是复数的复杂脉络，这亦是前述"网络"角度的全球思想史所致意的，须通过更多方法思考和具体实践加以阐明②。要言之，对历史，特别是对近现代史来说，全球思想史

---

① Emma Rothschild, "Arcs of Ideas: International History and Intellectual History," in Gunilla Budde, Sebastian Conrad, and Oliver Janz, eds., *Transnationale Geschichte: Themen, Tendenzen und Theorien* (Gottingen: Vandenhoeck & Ruprecht, 2006), pp. 217–226.

② 如Edward Baring, "Ideas on the Move: Context in Transnational Intellectual History," *Journal of the History of Ideas*, 2016, Vol.77, No.4, pp. 567–587. 巴林以跨国知识社群（transnational intellectual communities）为例，提议从档案馆（archives）保存、管理与读者从中使用数据的意象来理解跨国思想史的脉络。

可望作为一个重要组成，持续为全球史和思想史研究做出贡献。

二、知性实践的文化史

另一个值得重视的趋势是思想史与文化史的互动，或以伯克（Peter Burke）的话来说，知性实践的文化史研究[1]，以扩大思想史研究对象，囊括非经典文本和非精英的观念。文化史和思想史的异同离合绝非新课题，但近年确实可见更多较集中、反思性的讨论。和此课题有密切关系者，一个自然是文化史本身的发展，另一个则是中文学界较少为人提及的学术史（history of scholarship）传统。

严格来说，西方世界的学术史研究虽夙有传统，广义而论可追溯至文艺复兴时期对古代文献和器物的研究，但作为现代学术研究领域，其界定和范围却颇为模糊。简言之，学术史是以历史上广义的学者及其著述和相关知识实践为研究对象。综观当代（20世纪）的欧洲学术史研究，外部因素、学术作品内容和作品生产模式，都是重要的题中之义[2]。美国学界较流行的"学科史"（history of the disciplines）也和学术史有所重叠[3]。有学者则指出，学术史可谓近

---

[1] Peter Burke, "The Cultural History of Intellectual Practices: An Overview," in Javier Fernández Sebastián, ed., *Political Concepts and Time: New Approaches to Conceptual History* (Santander: Cantabria University Press/ Madrid: McGraw Hill Interamericana de Espana, 2011), pp. 103–128.

[2] 精拢的回顾，参考Christopher Ligota and Jean–Louis Quantin, "Introduction," in C. R. Ligota and J.–L. Quantin, eds., *History of Scholarship: A Selection of Papers from the Seminar on the History of Scholarship Held Annually at the Warburg Institute* (Oxford: Oxford University Press, 2006), pp. 1–13.

[3] Suzanne Marchand, "Has the History of the Disciplines Had its Day?," in Darrin M. McMahon and Samuel Moyn, eds., *Rethinking Modern European Intellectual History* (Oxford: Oxford University Press, 2014), pp. 131–152.

期思想史研究中蓬勃发展的一个领域，对理解历史书写和艺术面向的贡献尤大[1]。

在20世纪，欧洲学术史研究最重要的学者当属莫米利亚诺（Arnaldo Momigliano，1908—1987）。莫米利亚诺受古典学训练出身，极为渊博，特别对古往今来西方世界的历史撰述和理念有广泛、精到的见解[2]。他关于西方传统中尚古（antiquarian）理念及其实践的重视和阐发，至今仍有影响力[3]。如前所述，历史书写（或广义的史学史）是学术史研究的重要内容，凯利（Donald Kelley）[4]和莱文（Joseph Levine，1933—2008）[5]都是其中佼佼者。20世纪后半以降，最有影响力的学术史家则推格拉夫敦（Anthony Grafton）。格拉夫敦受教于莫米利亚诺，研究主题相当开阔，除了史学史，还广泛涉及欧洲近世的学者生平与著述、人文

[1] Brian Young, "Intellectual History and Historismus in Post War England," in Richard Whatmore and Brian Young, eds., *A Companion to Intellectual History*, pp. 21, 32–33.

[2] 相关著述甚夥，可先参考Arnaldo Momigliano, *Essays in Ancient and Modern Historiography* (Chicago: University of Chicago Press, 2012).

[3] 如Arnaldo Momigliano, "Ancient History and the Antiquarian," *Journal of the Warburg and Courtauld Institutes*, 1950, Vol.13, No.3/4, pp. 285–315; Arnaldo Momigliano, *The Classical Foundations of Modern Historiography* (Berkeley: University of California Press, 1990), pp. 54–79.

[4] 如Donald R. Kelley, *Foundations of Modern Historical Scholarship: Language, Law, and History in the French Renaissance* (New York: Columbia University Press, 1970); Donald R. Kelley, *Faces of History: Historical Inquiry from Herodotus to Herder* (New Haven: Yale University Press, 1998); Donald R. Kelley, *Fortunes of History: Historical Inquiry from Herder to Huizinga* (New Haven: Yale University Press, 2003).

[5] 如Joseph M. Levine, T*he Battle of the Books: History and Literature in the Augustan Age* (Ithaca, N. Y.: Cornell University Press, 1991); Joseph M. Levine, *The Autonomy of History: Truth and Method from Erasmus to Gibbon* (Chicago: University of Chicago Press, 1999).

主义、语文学（philology）与文本整理、知识环境、科学史等①，也较早把社会史视野带进学术史（教育）中②。这些学者及其著述未必以思想史或文化史自居，但对二者都有很大贡献，也为知性实践的文化史提供大量养分。

文化史或文化转向（cultural turn）对思想史研究的冲击已非一朝一夕之事，亦刺激不少相关讨论③。凯利曾为文讨论思想史与文化史的关系，认为二者之别异，反映西方传统对如何理解观念的"内在"（internalist）与"外在"（externalist）取径之争。二者的主要差异并非研究对象，而在于运用历史材料的方式和重点不同。简言之，前者关注历史人物使用的词语及其观念，后者则更重视思想作品的各种政治、社会、经济、文化环境。凯利最后强调，思想史（intellectual history）包罗甚广，从个别思想人物到集体心态，从观念和语言内容到外在环境皆是其研究对象。准此，文化史可说是思想史的表显（outside），思想史则是文化史的内里（inside）；二者互为表里④。考恩（Brian Cowan）则从史学趋势的角度，显

---

① 可参考两部论文集以得其大概：Anthony Grafton, *Defenders of the Text: The Traditions of Scholarship in an Age of Science, 1450-1800* (Cambridge, Mass.: Harvard University Press, 1991); Anthony Grafton, *Bring Out Your Dead: The Past as Revelation* (Cambridge, Mass.: Harvard University Press, 2001).

② Anthony Grafton and Lisa Jardine, *From Humanism to the Humanities: Education and the Liberal Arts in Fifteenth-and Sixteenth-century Europe* (Cambridge, Mass.: Harvard University Press, 1986)，特别是pp.xi–xvi.

③ 有学者指出，早在文化转向以前，美国思想史家便不乏采取近似文化史或文化研究（culturalist）取径者，见Casey Nelson Blake, "Culturalist Approaches to Intellectual History," in Karen Halttunen, ed., *A Companion to American Cultural History* (Malden, MA: Blackwell Pub., 2008), pp. 383–395.

④ Donald R. Kelley, "Intellectual History and Cultural History: The Inside and the Outside," *History of the Human Sciences*, 2002, Vol.15, No.2, pp. 1–19.

示思想史与文化史的互动，其实是思想史与其他领域长期对话的
一个近期发展。他认为20世纪思想史研究的一个关键是强调脉络
（context），但对于什么是研究者应考虑的首要脉络，则有许多不
同认知。考恩为读者提供了一条从"文本"（textual）到"社会"
（social）再到"文化"（cultural）的线索。从"社会"到"文化"
的变化，主要是学者重新概念化前者（the"social"），视其为一种
建构、主动创造之物。"文化"成为主要脉络，也反映观念本身的重
要性，让位于观念得以传达（conveyed）的各种形式（forms）[①]。
无论如何，这二位思想史家都没有在思想史与文化史间建造壁垒，
而是着重于思想史可以从文化史中获得什么。

　　准此，对思想史研究来说，文化史浸润的关键影响，不是取彼
而代之的典范转移，而是启发思想史家进一步扩充脉络的意涵与范
围[②]。重点并非设法求存甚或对抗，而是要试图打通二者[③]。此关怀
清楚见于"帕尔格雷夫文化与思想史研究"书系（Palgrave Studies
in Cultural and Intellectual History）弁言指称的三个主要目标：消弭
思想史和文化史取径的分野以增益彼此互动；鼓励二者的跨学科

[①] Brian Cowan, "Intellectual, Social and Cultural History: Ideas in Context," in Richard Whatmore and Brian Young, eds., *Palgrave Advances in Intellectual History*, pp. 171–188.

[②] 前述凯利和考恩的文章都指出此点。对于"脉络"（context）的概念，特别是人文社会学科如何理解、使用它，参考Peter Burke, "Context in Context," *Common Knowledge*, 2002, Vol.8, No.1, pp.152–177. 伯克强调吾人应以复数形式考虑脉络（contexts）；脉络分析（contextual analysis）则仅是文化史或思想史研究的一种进路，绝非万灵丹。

[③] 应强调的是，其他领域的思想史研究（欧洲近世以降之外），已多有打通思想史与文化史的尝试甚至传统，如前述的美国思想史研究。欧洲中世纪研究亦然，见Mishtooni Bose, "The Intellectual History of the Middle Ages," in Richard Whatmore and Brian Young, eds., *Palgrave Advances in Intellectual History*, pp.92–108.

特性（interdisciplinarity）；以及让思想史和文化史研究更具全球视野①。从2010年以来，该书系已出版超过四十部专著和论文集，时空跨度大，主题多样，成果相当丰硕②。

有鉴于此趋势，伯克撰文提出了"知性实践的文化史"（the cultural history of intellectual practices）一词，以凸显相关研究的特色与贡献③。伯克指出，引领知性实践文化史趋势的是科学史家；过去几十年有重要贡献的科学史研究，多聚焦于科学实践及其如何可能的各种环境因素，即探讨"各种科学文化"（cultures of science）。这个关怀也延伸至其他领域，包含宗教、政治、历史书写、旅游和地理知识等。另一个值得特别强调的发展，是反省"传统"（tradition）的概念，并由此探究知识生成与传递的外缘因素和过程。对此，书籍史、阅读史和学习活动（如教学、听讲、做笔记等），以至国家如何管理信息的研究，都做出了显著贡献。此外，观念如何流动也益受重视，催生许多有关翻译过程和接受史的探讨。要言之，知性实践文化史颇受文化人类学和物质文化史影响，可与新文化史学者（如戴维斯）和年鉴学派第四代学者（如夏蒂埃）的研究互相发明，着重于"实践"（practices）及其社会文化环境④。

---

① 见该书系的网站：https://www.palgrave.com/in/series/14639
② 其中一本的主题为现代中国，讨论俄国文学在20世纪中国之角色及其作用。见Mark Gamsa, *The Reading of Russian Literature in China: A Moral Example and Manual of Practice* (New York: Palgrave Macmillan, 2010).
③ 收录该文之论文集*Political Concepts and Time: New Approaches to Conceptual History*，初衷即是探讨德国概念史（Conceptual History/*Begriffsgeschichte*）研究的潜力及贡献。
④ 伯克此文以概览为主，较少批评意见，其指谪的主要缺陷是"文化"概念过于模糊；但伯克也强调，这种模糊性其实也有助知性实践文化史保持弹性、更深入理解过去。见Peter Burke, "The Cultural History of Intellectual Practices: An Overview," in Javier Fernández Sebástian, ed., *Political Concepts and Time*, pp.119–120.

对思想史而言，知性实践文化史带来的最大启发与贡献，应该是有助于更全面理解历史时空中的知识（knowledge）。无论科学史或阅读史，其实都与何谓知识及其生产、流通和接受有关。知识的角度，也或多或少舒缓过往对思想史的批评，即只重视精英及其文本的不足。就知识的历史而言，上层与下层或精英与大众的分野仍然存在，但重点已经转移至知性实践的各种面向；上述分野则可谓探讨知性实践时的不同脉络。

伯克本人也相当重视知识的历史。他于2000年出版了专著*A Social History of Knowledge*，描绘自谷登堡（Johannes Gutenberg，1400—1468）以至狄德罗（Denis Diderot，1713—1784）的知识与其社会环境的关系，并于2012年出版续作，进一步将探讨范围从18世纪延伸至21世纪[①]。二书在许多面向上一脉相承，如着重知识的社会环境及过程而非内容、强调知识的复数型态（knowledges），以及从历史的角度跨越既有学科藩篱等。有趣的是，时隔10年，伯克关于取径的思考似乎有些重心转移。在2000年的第一卷中，他相当重视知识社会学的关怀与成果，并以之为出发点[②]。但到了2012年的第二卷，伯克并未特别标举知识社会学的角色，而是强调知识变化的各种过程，自觉地与一般的思想史有所区别，并说明其书亦可视作"知识的政治史"或"知识的文化史"[③]。在长期观察和研

[①] Peter Burke, *A Social History of Knowledge: From Gutenberg to Diderot* (Cambridge, UK: Polity Press, 2000); Peter Burke, *A Social History of Knowledge II: From the Encyclopedie to Wikipedia* (Cambridge, UK: Polity Press, 2012).

[②] Peter Burke, *A Social History of Knowledge*, pp. 3–11.

[③] Peter Burke, *A Social History of Knowledge II*, pp. 2–4. 不过伯克也非常简短地说，其书仍以社会史（social history）为题，是有意提醒读者留意知识社会学的传统。

究实践的基础上，伯克也于2016年出版一本小册子，提纲挈领回顾史家与其他学科如何考虑知识史，介绍知识史著述中经常出现的概念，分析知识在历史时空中经历的主要过程，并就此领域的问题与展望提供洞见[1]。

环绕知识的知性实践文化史研究已蔚为大国，也可望持续带来新成果。如前述以打通思想史与文化史为目标的"帕尔格雷夫文化与思想史研究"书系，便出版了不少可归类于此的著作，如重新省视殖民时期印度知识生产诸多面向及其动力[2]、英国人口普查（census）之信息形态及其如何让人民认识国家[3]、文艺复兴迄今科学活动与社会的缠结[4]、19世纪的收集和尚古实践与印度现代史学的关系[5]、19世纪前中期英国关于"北方"（the "north"）的地理知识和政治想象[6]、近代早期欧洲帝国政治环境下的诸般（尤其是科学）知识生产活动[7]、"天才"（genius）观念在不同历史脉络中的表现与社会文化意涵等[8]。

---

[1] Peter Burke, *What is the History of Knowledge?* (Cambridge, UK: Polity Press, 2016).

[2] Indra Sengupta and Daud Ali, eds., *Knowledge Production, Pedagogy, and Institutions in Colonial India* (New York: Palgrave Macmillan, 2011).

[3] Kathrin Levitan, *A Cultural History of the British Census: Envisioning the Multitude in the Nineteenth Century* (New York: Palgrave Macmillan, 2011).

[4] Mario Biagioli and Jessica Riskinches, eds., *Nature Engaged: Science in Practice from the Renaissance to the Present* (New York: Palgrave Macmillan, 2012).

[5] Rama Mantena, *The Origins of Modern Historiography in India: Antiquarianism and Philology, 1780–1880* (New York: Palgrave Macmillan, 2012)

[6] Angela Byrne, *Geographies of the Romantic North: Science, Antiquarianism, and Travel, 1790–1830* (New York: Palgrave Macmillan, 2013).

[7] Làszló Kontler, Antonella Romano, and Silvia Sebastiani, et al., eds., *Negotiating Knowledge in Early Modern Empires: A Decentered View* (New York: Palgrave Macmillan, 2014).

[8] Joyce E. Chaplin and Darrin M. McMahon, eds., *Genealogies of Genius* (New York: Palgrave Macmillan, 2016).

前述成果仍以近代以来欧洲或广义的西方世界研究为主，但知性实践文化史的潜力远过于此。对此，最具代表性的是剑桥大学的劳埃德（G. E. R. Lloyd）教授。他颇致力于比较思想史，特别是古希腊与古代中国的比较研究，著作等身。其比较思想史略可分成两大关怀，一是人类认知（cognitive）能力的种种表现，二是不同知识追求的面貌及成因；后者与本节所论尤其相关。劳埃德曾著书检视古代世界不同"学科"（disciplines）的内涵及其社会环境[1]，近期也以古代探索世界（inquiry）的理想为题，通过希腊、印度、中国等个案，从思想史角度讨论古代知识活动如何探求、探究什么、和探索的目标为何等议题[2]。经过多年耕耘，劳埃德的比较视野应可为知性实践的文化史增添跨越时段和地域疆界的洞见和参照[3]。劳埃德当然不是唯一的倡议者；波洛克（Sheldon Pollock）、艾尔曼（Benjamin Elman）、张谷铭近期编撰出版的论文集，便以开阔视野讨论不同时空中的语文学（philology），既可见学术史传统的影响，也有加入政治、文化要素进行讨论者[4]。

要言之，知性实践的文化史偏重思想和知识活动的各种环境，特别是文本或观念以外的要素。此取径着重考察社会文化脉络，有时难免轻忽甚至省略一般思想史所仰赖的文本精读。是故，从事相

---

[1] G. E. R. Lloyd, *Disciplines in the Making: Cross-Cultural Perspectives on Elites, Learning, and Innovation* (Oxford: Oxford University Press, 2009).

[2] G. E. R. Lloyd, *The Ideals of Inquiry: An Ancient History* (Oxford: Oxford University Press, 2014).

[3] 劳埃德关于比较思想史的方法论思考，可参考G. E. R. Lloyd, *Adversaries and Authorities: Investigations into Ancient Greek and Chinese Science* (Cambridge; New York: Cambridge University Press, 1996), pp. 1–15.

[4] Sheldon Pollock, Benjamin Elman, and Ku–ming Kevin Chang, eds., *World Philology* (Cambridge, Mass.: Harvard University Press, 2015).

关探索的学者，或许不认为自己在进行"思想史"研究。这一现象利弊互见。正面的意义在于，这反映吾人探究观念和知识的取径益趋多元，不受"思想史"的标签所限。但另一方面，相关研究者可能有"文化史"的自我认同；最不乐见的结果，是"思想史"家和"文化史"家仍各行其是，罕有沟通。追根究底，一般印象中的"思想史"和"文化史"在焦点和处理材料上确实有异，试图打通二者的同时，仍应为彼此保留空间以求理想的互补效果[①]。最可行的做法，也许是以问题为导向（而非"思想史"或"文化史"的标签），在历史时空中的思想观念活动之大关怀下，根据提问与材料性质，开放地接受、运用所有可行取径[②]。

三、数字人文学与思想史

最后，我想讨论数字人文学与思想史研究的关系。数字人文学是一面大纛，将许多概念和实践收编旗下，不易精确定义。介绍数字人文学的著述，也经常花费不少篇幅探究其定义与内涵[③]。本文对数字人文学的界定很简单，即通过电算（computing）技术和数字工具，思考、探索人文学问题的知识实践（不限于学院或专业学术

---

① 类似意见，参考Judith Surkis, "Of Scandals and Supplements: Relating Intellectual and Cultural History," in Darrin M. McMahon and Samuel Moyn, eds., *Rethinking Modern European Intellectual History*, pp. 94–111.

② 近期结合知识史（学术传统和制度要素）和思想观念分析的一部杰作，参考 Dmitri Levitin, *Ancient Wisdom in the Age of the New Science: Histories of Philosophy in England, c. 1640– 1700* (Cambridge: Cambridge University Press, 2015).

③ 相关讨论甚多，扼要的指引，可参考Melissa Terras, Julianne Nyhan, and Edward Vanhoutte, eds., *Defining Digital Humanities: A Reader* (Farnham, Surrey: Ashgate, 2013).

研究）。对历史以至思想史研究来说，数字人文学的影响和贡献主要体现在两方面：史料数字化（digitization）和数字工具的应用。

相对于各种便捷的工具，乍看之下，史料数字化似乎无甚可谈，毕竟在进入21世纪信息社会前，学者便已开始建置可供检索的电子文献平台①。但我们不能小觑数字化的影响。以"早期英语文献在线数据库"（*Early English Books Online*，EEBO）和"18世纪经典古籍全文数据库"（*Eighteenth Century Collections Online*，ECCO）为例，它提供绝大便利性，让研究者可以利用网络远程使用这些文献。数字化也大大地提升材料的量：EEBO收录了超过12.5万部，ECCO收录超过18万部著述。正是因为材料大量增加，研究者必须通过新方法提问和处理问题，数字工具应运而生。应强调的是，材料数字化和数字工具的发展并非简单的单向关系。数字化的质量会影响数字工具的操作及其结果；不足之处将回过头来，要求我们改善史料数字化过程；改进后的数字材料，则可望进一步刺激研究者修正、开发更适合或有效的研究工具。

管见所及，学界对数字人文学与思想史研究关系的深刻思考并不多。由于"数字思想史"（digital intellectual history）仍是新生且不无疑问的领域，相关讨论和实践多充满实验性。以下先介绍几个

---

① 对此，最重要的一位先驱是布萨神父（Roberto A. Busa，1913—2011）。布萨神父很早便开始运用电脑进行语言与文本研究，自1946年起致力于《托马斯索引》（Index Thomisticus）的编纂，是搜寻圣·托马斯神学著作的重要工具，已有网页和电子版。学界多认可他为人文电算（humanities computing）和数字人文学的先行者。他本人对此领域的回顾，见Roberto A. Busa, "Foreword: Perspectives on the Digital Humanities," in Susan Schreibman, Ray Siemens, and John Unsworth, eds., *A Companion to Digital Humanities* (Malden, MA: Blackwell Pub., 2004), pp. xvi–xxi.

运用数字工具研究思想史问题的主要取径，再试着分析其优缺点与展望。

首先是思想人物的社会网络（social network）研究。如牛津大学的"知识文化"（*Cultures of Knowledge*）计划便通过大量通讯记录，重构1550年至1750年间各种知识人的社群和网络关系，建置收录16至18世纪飞鸿的"近代早期书信网络平台"（*Early Modern Letters Online*，EMLO），举办许多活动并出版相关成果①。与此相似，斯坦福大学的"图绘文人共和国"（*Mappingthe Republic of Letters*）也利用通信和旅行足迹，重建近代早期知识社群的社会和物质网络，视觉化呈现人、观念和对象的流动②。相关的大型计划不在此限，尚有以17世纪荷兰学者书信为据，探究其时知识如何流通的"17世纪荷兰的知识流通与学问实践"（*Circulation of Knowledge and Learned Practices in the 17th century Dutch Republic*）计划③。这类计划利用数字工具处理大量材料，让思想史研究凭借的知识、社会、地理脉络更加丰富、细致和复杂化，也有助学者提出新的问题。

此外，这些研究计划至少有三个共同特质。第一，在大量材料的基础上，他们都运用视觉化（visualization）工具呈现研究成果，包括社会网络图、地理分布图，以及各种统计图表。视觉化工具不仅让研究结果一目了然，也让读者在观看的同时，得以提出新的研究问题。第二，这些计划仰赖硬件方面的基础建设，往往需要相当

---

① http://www.culturesofknowledge.org/?page_id=81（2017年6月8日检索）。
② http://republicofletters.stanford.edu/publications/index.html（2017年6月8日检索）。
③ http://ckcc.huygens.knaw.nl/?page_id=51（2017年6月8日检索）。

可观的资源投入，也促成不同研究者以至不同学术单位的合作关系。第三，上述计划除了已发表的具体成果，也积极开发和改进数据库与工具平台，鼓励学者一同参与和利用这些资源开展研究。

另一个值得注意的取径，是利用大量词汇来研究观念的历史。最主要的做法是通过关键词和词频，从数据库中爬梳这些字词和用法的变化趋势。除了如前述介绍的资料平台外，Google的书籍词频统计器（Google Books Ngram Viewer）也是好用的工具，其信息基础是涵盖英文、法文、德文、简体中文等语言，上百万本经Google扫描、文字辨识的书籍，以图表呈现搜寻字词的使用频率[①]。另一个可参考的工具是Sketch Engine语料分析平台。它最初是为语言学者设计，搜集英文、法文、德文、意大利文、西班牙文、葡萄牙文、丹麦文、俄文、日文、韩文、阿拉伯文、简体中文等多种语料库，旨在探讨语言运作的规则与逻辑。使用者可通过大量语料（收录上亿字的语料库所在多有），检视特定字词在实际语言表述中与其他词汇的关系（如频率、连接、同时出现、位置前后等）[②]。更宽泛地说，这个取径主要借助文本探勘（text mining）的相关工具，特别是针对极大量的材料[③]。

[①] 关于Google书籍词频统计器的发展和应用，可参考Erez Aiden and Jean-Baptiste Michel, *Uncharted: Big Data as a Lens on Human Culture* (New York: Riverhead Books, 2013).

[②] 关于Sketch Engine的功能与潜力，参考Adam Kilgarriff and others, "The Sketch Engine: Ten Years On," *Lexicography: Journal of ASIALEX*, 2014, Vol.1, No.1, pp. 7–36. 一个类似的常用工具是上下文关键词索引（KWIC, Keyword in Context）。

[③] 关于文本探勘（text mining）的内涵和重要工具，参考Yu-wei Lin, "Trans-disciplinarity and Digital Humanities: Lessons Learned from Developing Text-Mining Tools for Textual Analysis," in David M. Berry, ed., *Understanding Digital Humanities* (New York: Palgrave Macmillan 2012), pp. 295–314.

举例来说，文学研究中的"遥读"（distant reading）取径便和数字人文学密不可分。这个概念由莫莱蒂（Franco Moretti）提出，强调与文本保持距离，舍弃传统的精读，因为精读势必只能施于有限的文本，有限的文本则蕴含一种选择，即认定哪些文本是经典，值得精读。莫莱蒂将文学作品视为可量化处理的数据，利用数字工具分析大量素材，试图找出统计学上的模式或关系。对他来说，这种不精读的距离是一种获致知识的前提，可以帮助我们在文本（一部部著作）之外探索更宏大（如文类或体系）或更精细（如文学手法和桥段）的课题①。阿米蒂奇倡议思想史应重拾长时段（longue durée）的探索，也强调数字工具将扮演益发重要的角色②。

另一个具实验性质的代表著作是德博拉（Peter de Bolla）的*The Architecture of Concepts:The Historical Formation of HumanRights*③。本书运用数据库，探索18世纪英语文献所见的人权概念，并提出关于概念形构（architecture）的反思。作者主要利用ECCO，通过关键词的出现频率和字词组合捕捉18世纪词汇使用的变化，再尝试结合历史事件以解释变化。本书有两个重要观点：第一个是理论层次，强调概念由字词（包括字词的使用与搭配）构筑，字词则规定了认知（cognition）和思维（thinking）的可能性。第二个是历史解释，认为直至18世纪末，普世平等的人权概念仍未出现。

---

① 最扼要的说明，见Franco Moretti, "Conjectures on World Literature," *New Left Review*, 2000, No.1, pp. 56–58; Franco Moretti, *Graphs, Maps, Trees: Abstract Models for a Literary History* (London: Verso, 2005), pp. 1–2.

② David Armitage, "What' s the Big Idea? Intellectual History and the Longue Duree," *History of European Ideas*, 2012, Vol.38, No.4, pp. 493–507, 特别是pp. 506–507.

③ Peter de Bolla, *The Architecture of Concepts: The Historical Formation of Human Rights* (New York: Fordham University Press, 2013).

但相较于重建社会脉络，运用数字工具进行历史解释的潜在问题更为严重。如上述德博拉的著作，虽在方法上有启发性，但从工具（ECCO的功能限制）、判读数据到解释，待商榷处所在多有①。尤其值得注意的是法国学者丽卡-西欧米（Marie Leca-Tsiomis）批评用数字工具研究启蒙运动《百科全书》（Encyclopédie）的文章②。起因是几位学者利用数据库和数字工具（Vector Space Model和Pairwise Alignment of Intertextual Relations），分析《百科全书》与另两部性质类似、耶稣会士著作的关系。他们观察到《百科全书》有大量条目和内容与这两部书重复，主张《百科全书》与天主教的关系，并不像过去以为的那样针锋相对，启蒙哲士甚至可说是掠夺者（plunderers）③。丽卡-西欧米则从材料、前人研究和诠释等方面检讨这份研究，指出其不足。丽卡-西欧米强调，利用数字工具进行研究，首要工作是问对问题，在充分考虑既有成果的基础上设计程序、改善工具，才有可能持续提出新问题与新发现④。

以上述发展和质疑为基础，席尔（Mark Hill）撰文讨论数字人

① 参考Dan Edelstein, "Intellectual History and Digital Humanities," *Modern Intellectual History*, 2016, Vol.13, No.1, pp. 237–246.
② Marie Leca-Tsiomis, "The Use and Abuse of the Digital Humanities in the History of Ideas: How to Study the *Encyclopédie*," *History of European Ideas*, 2013, Vol.39, No.4, pp. 467–476.
③ Timothy Allen and others, "Plundering Philosophers: Identifying Sources of the *Encyclopédie*," *Journal of the Association for History and Computing*, 2010, Vol.13, No.1, https://quod.lib.umich.edu/j/jahc/3310410.0013.107/--plundering-philosophers-identifying sources? rgn= main; view=fulltext（2017年4月12日检索）。
④ Marie Leca-Tsiomis, "The Use and Abuse of the Digital Humanities in the History of Ideas: How to Study the *Encyclopédie*," p. 468.

文学与思想史的关系，是第一个包罗较广、具综合性的反思[1]。本节开始时说，数字人文学对思想史研究的影响，主要体现在史料数字化和数字工具的应用；席尔这篇文章也是从这两方面进行申说。就前者而言，大量数字化文献提供了更多元的研究潜力。但随之而来的问题是，史家在挑选研究对象时，在方法和问题意识上需要更有自觉。若非如此，思想史也可能会流于堆砌、排比史料。如作者所言，"一个成功的观念未必一定是更卓越（superior）的观念……思想史家的旨趣，是通过观念自身的历史向度来理解它们，即这些观念表达的是什么，和它们何以可能表达此意"[2]。尤有甚者，数字化本身也难以完美无缺，它们的精确性有赖检验，数字化过程也可能丧失文本的物质特性，如尺寸、装帧、版面等要素隐含的历史讯息。

席尔的文章也反思利用数字工具进行思想史研究，特别是历史意义建构的问题。最核心的问题是，现有的许多软件、工具，其实并非为思想史研究而设计。在不了解工具运作逻辑的情况下贸然使用，难有令人信服、有价值的结果。其次，纯从工具角度思考，也可能让人忽视既有的研究积累，在解读所获结果时——特别是统计数据——产生错误推论。此外，数字人文学者经常运用视觉化呈现其发现，但我们必须明白，这些图形、图像输出绝非眼见即为凭，其中牵涉许多和史学方法甚至个人立场有关的要素。最后，技术带来的又一波计量转向（quantitative turn），其实是将文本、特别是字

---

[1] Mark J. Hill, "Invisible Interpretations: Reflections on the Digital Humanities and Intellectual History," *Global Intellectual History*, 2017, Vol.1, No.1, pp. 130–150.

[2] Mark J. Hill, "Invisible Interpretations: Reflections on the Digital Humanities and Intellectual History," p. 135.

词视为可量化处理的数据，这么做的一个风险，是着眼于以工具处理字词，不顾文字语句的历史脉络和背后之（编）作者意图。这显然与20世纪中后期以来思想史的关怀与取径有所扞格。

　　要言之，数字人文学和思想史研究的关系，仍有许多亟待探索的议题。我认为，最重要的一点是清楚认识数字资源和工具的特质与局限。数字工具的优势是更有效率地处理庞大、量化性质强的数据，但现有工具在处理思想史课题时往往不尽人意。确实，数字工具在重建观念和思想人物的社会脉络上有显著贡献，也可为较长时段观念的发展趋势提供洞见，但在语言论述分析、作者意图、意义阐发等面向，仍无法取代"传统"思想史的技艺，特别是文献精读。急功近利、讲求产出的风气可能令人在未深入了解数字工具的情况下便匆匆从事；这可能出现在历史学门各领域，但对思想史研究的负面影响将尤其显著。将文献和词语视为可统计、运算的资料并非全然不可行，但对相应的研究工具和方法必须有充分理解。以文本的自动化内容分析（automated content analysis）为例，便有学者提出以此工具进行研究的四个原则：（一）所有关于语言的量化模块都是错误但有用的；（二）没有量化方法能完全取代人工阅读和分析；（三）没有一个放诸四海皆准的最佳自动化分析方法，须针对材料和研究问题加以设计；（四）所有模块及其结果都必须反复检证，确认其可靠性[1]。自然而然推导出的结论是：思想史家应根据自己的研究问题和材料，妥善地结合精读与数字工具。

---

[1]　Justin Grimmer and Brandon M. Stewart, "Text as Data: The Promise and Pitfalls of Automatic Content Analysis Methods for Political Texts," *Political Analysis*, 2013, Vol.21, No.3, pp. 267–297. 本文两位作者虽为政治学者，其考虑和建议仍甚值思想史家参考。

这个结论虽卑之无甚高论，执行上却有实际的困难。关键仍是多数思想史家以至历史学者的数字技能训练有限。数字人文学工具开发的趋势，是依据特定研究需求量身打造适合的工具。但最能理解自身需求的，还是研究者本人。就此而言，理想做法当然是让历史学者也尽可能掌握数字技能[①]。近期更有学者撰写教材，强调人文学者学习程序设计，不仅可培养自己开发工具的能力，还可以通过掌握另一种语言——程序语言——刺激思考、提出新问题[②]。思想史研究是否须借重数字工具，端视个人决定，并无高下之分。但可以确定的是，思想史家与数字人文学可有许多互动，如参与学术性数字版本（scholarly digital edition）的开发与维护[③]、从观念和思想角度考虑材料的量与研究对象代表性的关系，以及反省数字环境下文本阅读的角色等。21世纪历史学的一个重要课题是响应数字人文学带来的机会与挑战，思想史也可望由其研究关怀出发，透过上述尝试，参与相关讨论并做出贡献。

---

① Jo Guldi and David Armitage, *The History Manifesto* (Cambridge: Cambridge University Press, 2014), pp. 107–111. 这一做法固然有远见，但直接涉及历史教学和资源分配的轻重缓急问题，相关评论见Dan Edelstein, "Intellectual History and Digital Humanities," pp. 244–246.

② Nick Montfort, *Exploratory Programming for the Arts and Humanities* (Cambridge, Massachusetts: The MIT Press, 2016).

③ 关于学术性数字版本（scholarly digital edition）及其仰赖的 "文本编码规范"（TEI, Text Encoding Initiative），参考Julianne Nyhan, "Text Encoding and Scholarly Digital Editions," in Claire Warwick, Melissa Terras and Julianne Nyhan, eds., *Digital Humanities in Practice* (London: Facet Publishing, 2012), pp. 117–137. 简言之，学术性数字版本是足以作为学术研究依据，或体现学术研究成果的数字文本（digital text）。

结语：思想史与中国近代史研究

以上简要评述英语世界思想史研究发展中颇值留意的若干取径。它们并非全无凭借、横空出世，但较自觉的方法反思确实是较近期的事。从这个角度看，说这些取径反映新趋势，应该仍有几分道理。但思想史领域之广、累积著述之丰，绝非单一文章所能具论。除了本文所述者，观念史的复兴和脉络论思想史的更新也值得持续关注，阿米蒂奇关于内战（civil war）观念的新书即为著例①。

本文最后，我想补充两点。首先，说这些取径为"新"，并不表示其他思想史实践便是"旧"甚或"过时"。若要指称20世纪主流的思想史研究与写作，较恰当的词可能是"经典"。从阅读文本、重建脉络和还原意图等方法和关怀来说，本文讨论的几种取径，和经典思想史研究的关系可谓血浓于水。全球、文化以至数字的思想史，不能取代对来自单一文化／国家的思想著述的精细分析；它们所提供的，是更宽广的视野和研究实践的可能性。我们绝不能用有没有涉足这些"新"取径来臧否、评价思想史家及其研究。

其次，这些取径和经典的思想史写作一样，都能回馈历史研究。全球思想史可以阐明近现代世界形成过程中，不同地方的思想

---

① David Armitage, *Civil Wars: A History in Ideas* (New York: Alfred A. Knopf, 2017). 特别值得注意的是他所谓"观念中的历史"（history in ideas），以及他如何处理长时段和特定时空的不同脉络。

观念和个别人事如何流通、互动①。知性实践的文化史将思想史进一步与社会面向结合，也刺激学者考虑何为知识。通过数字工具研究思想史问题，则可能在更长时段、更大范围的探讨中反省思想与外在环境的关系，以至数字工具的长处和局限。如同经典的思想史研究，这几种取径也将思想观念视为人类活动的一个面向，并通过不同视角来描绘、解释思想活动形成与变化的历史过程。思想史在关怀和方法考虑上，和广义的历史研究并无多大不同②。

如前所述，英语世界这些新趋势，对近代史的贡献尤大，而中国近代思想史研究（特别汉语世界）也颇可与之呼应。以全球思想史来说，早在这个术语或概念流行以前，学者便已从东亚以至全球的角度探究中国近代史中的观念流动，特别是翻译和概念的接受、转化，成果极为丰硕。近期而言，黄俊杰为文反省17至20世纪东亚地区的概念交流，和全球思想史关于中介者和网络的讨论可互相发明③。狭间直树则在旧著基础上，更集中地说明甲午战争后日本的亚洲主义如何影响中国，追求彼此对等合作并与西方抗衡，可为国际思想研究提供养分④。

值得注意的是，有些青年学者也在全球思想史的视野下，通过更多元的手法描绘、分析中国近代的观念流动。如陈建守结合概念

---

① 除了前引著述（特别是C. A. Bayly, *Recovering Liberties*），亦可参考David Armitage, *The Declaration of Independence: A Global History* (Cambridge, Mass.: Harvard University Press, 2007).
② 参考Joseph M. Levine, "Intellectual History as History," *Journal of the History of Ideas*, 2005, Vol.66, No.2, pp. 189–200.
③ 黄俊杰：《东亚近世思想交流中概念的类型及其移动》，《东亚观念史集刊》，2016年第10期，第3—25页。
④ 狭间直树著，陈威瑨译：《中国近代帝国主义与民族国家—与日本的亚洲主义之关联》，《东亚观念史集刊》，2014年第6期，第3—24页。

史（conceptual history）和文化史，考察翻译、不同知识媒介、个别历史行为者和社会政治环境，分析近代中国如何接受、挪用和论述"启蒙运动"的概念，广度和深度均为前此研究所不及，亦具丰富的开展潜力[1]。韩承桦探讨近代中国社会学的形成，则兼容并蓄各种主题，如翻译、知识交流、学科建置、学术实践、行为者意图等，呈现20世纪前期的中国如何看待"社会"，刻画出近代思想文化发展的一条重要线索[2]。尤有甚者，二者不仅可谓出色的全球思想史研究，也体现知性实践文化史的特色及长处。

知性实践的文化史亦在中国近代史研究中占有一席之地。2012年于台北举办的第四届汉学会议，便可见不少相关讨论。如见诸吕妙芬主编之《近世中国的儒学与书籍》的六篇论文，便展现了中外学界结合传统学术史与广袤的宗教、社会（家族）、礼仪、物质脉络的尝试[3]。沙培德（Peter Zarrow）与张哲嘉主编之论文集则聚焦近代中国的知识建构，环绕翻译与知识的生产和传播，探讨19世纪末以来智识生活的若干面向，以至"西学"如何刺激现代中国的知识观念与分类[4]。

环绕知识的研究中，阅读史的表现相当亮眼。如李仁渊结合英语世界阅读史成果和中国史的材料与研究，从各种层面的阅读实

① 陈建守：《启蒙如何运动：近代中国"启蒙运动"的概念史》，台湾大学博士论文，2016年。
② 韩承桦：《当"社会"变为一门"知识"：近代中国社会学的形成及发展（1890—1949）》，台湾大学博士论文，2017年。
③ 吕妙芬主编：《近世中国的儒学与书籍：家庭·宗教·物质的网络：第四届国际汉学会议论文集》，台北："中研院"，2013年。
④ 沙培德（Peter Zarrow）、张哲嘉主编：《近代中国新知识的建构：第四届国际汉学会议论文集》，台北："中研院"，2013年。

践、读者与读物的关系和互动过程，以至阅读活动的社会脉络等角度，省思中国阅读史研究的潜力与发展方向①。潘光哲的《晚清士人的西学阅读史（一八三三～一八九八）》以晚清士人如何阅读、追求"世界知识"以认识寰宇情势为主题，以阅读史为基础并吸纳出版史和书籍史成果，透过细致的个案分析来描绘当时士人的"知识仓库"，及其涉及的诸般知识、社会与文化要素②。和潘著相映成趣的是张仲民的近著《种瓜得豆：清末民初的阅读文化与接受政治》③。张著最值称道之处，是关注"不那么菁英的社会阶层乃至普通大众的阅读实践与有关的受众接受情况"，扩大材料范围以进一步利用"通俗性的文学性材料乃至各种各样的商业报刊数据、日记数据"，亦即特别重视"各种媒介"和"接受层面"④。无论著重士人或大众，潘光哲和张仲民都透过阅读的角度，为理解晚清以降的智识生活、知识生产，以至中国近代史的发展，提供重要的参照。⑤

最后，在运用数字工具研究思想史上，汉语世界亦不落人后。最重要的是金观涛、刘青峰、刘昭麟、郑文惠等人利用"中国近现

---

① 李仁渊：《阅读史的课题与观点：实践、过程、效应》，收入复旦大学历史学系、复旦大学中外现代化进程研究中心编：《新文化史与中国近代史研究》，上海：上海古籍出版社，2009年，第213—254页。

② 潘光哲：《晚清士人的西学阅读史（1833—1898）》，台北："中研院"近代史研究所，2014年。

③ 张仲民：《种瓜得豆：清末民初的阅读文化与接受政治》，北京：社会科学文献出版社，2016年。

④ 张仲民，《种瓜得豆：清末民初的阅读文化与接受政治》，第6—7页。

⑤ 潘光哲尤其强调阅读史对理解"近代中国的历史过程""整体的思想变迁与知识转型"之重要性，见潘光哲：《晚清士人的西学阅读史（1833—1898）》，第7—12页。

代思想史研究专业数据库（1830—1930）"进行的探索①。其研究主要结合关键词与各种筛选和统计工具，在极大量的材料中找出显著的词汇以至观念现象，再加以分析，成果已相当丰硕。值得强调的是，他们也经常通过研究实践以至实验，检测如何应用数字人文学工具，并思考观念史研究的进路。以前者而论，这几位学者讨论过诸如自然语言处理（Natural Language Processing，NLP）②、"共现"词频分析③、统计偏离值等议题④；关于后者，他们考虑了数字人文如何增益过往的观念史和概念史取径⑤，也提出词汇分析所见的"互斥概念"现象⑥。金观涛认为数字人文工具的绝大优势，是让思想史具"可重复性、可验证性与客观性"，因而得到更可靠的知识⑦。此见解固然有待进一步辩难、讨论，但利用数字人文工具研究中国近现代思想，已让此领域更加开阔、丰富，也更具挑

---

① 关于此平台，见刘青峰：《观念史研究与数据库的建立和应用》，收入项洁编：《数位人文研究的新视野：基础与想象》，台北：台湾大学出版中心，2011年，第63—81页。

② 刘昭麟、金观涛、刘青峰等：《自然语言处理技术于中文史学文献分析之初步应用》，收入项洁编：《数位人文要义：寻找类型与轨迹》，台北：台湾大学出版中心，2012年，第61—82页。

③ 金观涛、邱伟云、刘昭麟：《"共现"词频分析及其运用：以"华人"观念起源为例》，收入项洁编：《数位人文要义》，第141—170页。

④ 金观涛、梁颖谊、姚育松等：《统计偏离值分析于人文研究上的应用：以〈新青年〉为例》，《东亚观念史集刊》，2014年第6期，第327—366页。

⑤ 金观涛、刘青峰：《隐藏在关键词中的历史世界》，《东亚观念史集刊》，2011年第1期，第55—84页。

⑥ 郑文惠、邱伟云、刘昭麟等：《概念关系的数位人文研究：以〈新青年〉中的"世界"观念为考察核心》，收入项洁编：《数位人文：在过去、现在和未来之间》，台北：台湾大学出版中心，2016年，第57—101页。

⑦ 参考金观涛、邱伟云、梁颖谊等：《观念群变化的数位人文研究：以〈新青年〉为例》，收入项洁编：《数位人文：在过去、现在和未来之间》，第427—463页。亦请见金观涛：《数位人文研究的理论基础》，收入项洁编：《数位人文研究的新视野》，第45—61页。

战性。

以上提到的研究，只是既有成果中的一小部分。但这个非常有限的勾勒，应足以揭示思想史对中国近代史研究之重要性，以及近期的中国近代思想史著述，实可与英语世界思想史研究的若干趋势对话。本文的引介与评议，或可为中、外思想史研究的对话，提供一些共同概念与语言，让此过程更有效率和收获。唯最有效和可能产生影响的互动，仍仰赖具体经验研究的交流。无论如何，吾人应尽可能朝此目标迈进；我们的种种尝试与努力，也可能成为将来知性实践文化史和全球思想史研究的主题，在21世纪的历史进程中留下足迹。

作为方法的概念：
英语世界概念史的研究回顾与展望①

陈建守

前　言

在《旧约圣经》中有这样一则故事，故事讲的是神创造天地之初，世界上的所有人类诉说着相同的语言。有一群人在"大洪水"之后来到示拿之地，为了避免被分散到世界各地，这群人想方设法要打造一座城市和一幢高耸通天的高塔。耶和华知道这群人的意图之后，认为一旦这座通天之塔打造完成，这群诉说同一种语言的人们就没有无法完成的事情了。耶和华于是打乱他们的语言，使他们无法理解彼此的意思，并且将他们分散到世界各地②。这则故事寓

---

① 本文内容大部分取材自陈建守：《语言转向与社会史：科泽勒克及其概念史研究》，收载东亚观念史集刊编审委员会、台北政治大学《东亚观念史集刊》编辑部、韩国翰林大学翰林科学院编辑：《东亚观念史集刊》，2013年第4期，第171—221页。"全球视野下的概念史研究"一节为新写的部分。

② 韩承桦：《重建巴别塔，如何可能？：评介彼得·伯克、夏柏嘉编〈欧洲近代早期的文化转译〉》，《台湾师大历史学报》，2008年第39期，第123—124页。

涵着人类语言的多样性起源，以及人类如何以语言行事的逻辑①。

自20世纪60年代以来，欧美历史学界受结构主义、符号学和后结构主义的影响，开始改变过去针对经验性实体的研究，转而考察语言和文化对建构社会意涵的作用②，亦即日益敏锐地关注过去的人们是以何种方式谈论他们生活于其中的社会，并且把他们如何体认或想象该社会的轨迹，视为重构该社会的证据③。这样的论调是基于经验要转译成为意识，必定要透过语言的中介才能成之的观点④。语言形之于外的表现形式，即是各种不同的词汇，而要探究词汇的内涵概念，并进而扩及词汇在社会各阶层间传播的过程，研究者势必得转换研究取径与视角，去探究词汇在社会如何经由被发明（invention）、转型（transformation）以迄定型（crystallization）的过程。

"词汇"和"概念"是日常生活中非常细微的元素，却是人类用以表述形构想法或是描摹具体事物最基本的要素。词汇所承载的概念其间流转衍化之历程，唯有经由探索词汇／概念与社会的内／外在联系关系，方能知晓。这当中就涉及了本文欲探讨的

---

① John L. Austin, *How to Do Things with Words*（Oxford: Clarendon Press, 1962）. 这座通天之塔名之曰巴别塔（Babel Tower），经常被语言学者转喻为语言的分异与多样性。譬如剑桥大学新近出版的《驯服巴别塔》一书，讲的就是语言在英属马来亚和后殖民时代的马来西亚扮演的角色。来自英国和亚洲的历史行动者，是如何在教科书、语言课程、辞典、文法书、宣传和心理等语言的领域中，发起一场无声的战争。这场战争证明了单一语言在多种语言氛围中的深层脆弱性，以及使用中的语言无法被驯服的本质。见Rachel Leow, *Taming Babel: Language in the Making of Malaysia*（Cambridge: Cambridge University Press, 2016）.

② 李宏图、王加丰选编：《表象的叙述》，上海：上海三联书店，2003年，第297页。

③ Gabrielle M. Spiegel, " History, Historicism, and the Social Logic of the Text in the Middle Ages," *Speculum*, 1990, Vol.65, No.1, p. 60.

④ 黄兴涛：《序言：文化史研究的再出发》，载黄兴涛主编：《新史学（第三卷）：文化史研究的再出发》，北京：中华书局，2009年，第4页。

"概念史"（Begriffsgeschichte）的研究取径。以科泽勒克（Reinhart Koselleck）为首的德国"概念史"学派，早在20世纪60年代就已渐次开展出其研究取径。钻研概念史的研究者，最初是以传统思想史只关注精英观念和经典文本的考察为限，发出改革的檄文，转而针对探究那些影响巨深的重要"政治／社会"概念的形成、演变与挪用。因此，概念史研究在某种程度上，可视为是社会史的新发展①。而当文化转向和语言学转向的研究潮流兴起后，概念史研究又与这些研究取径有互相汇合之处（convergence）②。然而，科泽勒克所从事的概念史研究，并没有历经结构主义、后结构主义甚至是后现代主义所洗礼的"语言转向"③。如同里克特（Melvin Richter）所指陈，德国版本的"语言转向"，是科泽勒克对于海德格尔（Martin Heidegger）④和伽达默尔（Hans-Georg Gadamer）⑤的

---

① Niels Åkerstrøm Andersen, *Discursive Analytical Strategies: Understanding Foucault, Koselleck, Laclau, Luhmann* (Bristol: Policy Press, 2003), p. 33.

② 有研究者就提出科泽勒克的作品需要在语言转向的脉络下，去检视历史变迁和语言变迁之间的关系。见Helge Jordheim, "Against Periodization: Koselleck's Theory of Multiple Temporalities," *History and Theory*, 2012, Vol.51, No.2, p. 158. 关于历史学门所经历的语言转向，简要的讨论可见Victoria E. Bonnell and Lynn Hunt, "Introduction," in Victoria E. Bonnell and Lynn Hunt, eds., *Beyond the Cultural Turn: New Directions in the Study of Society and Culture* (Berkeley, Calif.: University of California Press, 1999), pp. 1–32. 较为详尽的描述则可见Gabrielle M. Spiegel, ed., *Practicing History: New Directions in Historical Writing after the Linguistic Turn* (New York: Routledge, 2005).

③ 需要注意的是，德语学界早在英语世界开展"语言转向"的学术思潮前，就已经投身针对"语言"的研究。

④ 科泽勒克主要利用海德格尔诠释"存在"（Being）的时间向度，来打造其自身的历史时间观。关于这点可见David Carr, "Review of *Futures Past: On the Semantics of Historical Time*," *History and Theory*, 1987, Vol.26, No.2, pp. 197–204.

⑤ 科泽勒克对于"经验"（experience）、"期望"（expectation）和"视域"（horizon）等概念的使用，则来自伽达默尔的启发。见Niklas Olsen, *History in the Plural: An Introduction to the Work of Reinhart Koselleck* (New York: Berghahn Books, 2012), pp. 223, 225.

诠释学理路（hermeneutics）有所选择和进行响应的产物①。科泽勒克利用海德格尔与伽达默尔的研究创获来打造其关于历史时间的理论分析框架，并且进一步地重新诠释和利用这两者的理论范畴，以便符应其自身研究计划的需要②。

关于概念史的研究取径，在欧美已历有年所。汉语世界的相关研究，虽然刚起步不久，但也蔚为大观，各色的实证研究不可胜数③。本文立基于许多先行研究者的介绍之上④，希冀能对此一研究

① John Zammito, "Koselleck's Philosophy of Historical Time (s) and the Practice of History: Review of *Zeitschichten: Studien zur Historik*," *History and Theory*, 2004, Vol.43, No.1, pp. 127–128. Melvin Richter, "A German version of the 'linguistic turn': Rinhart Koselleck and the history of political and social concepts (Begriffsgeschichte)," in Dario Castiglione and Iain Hampsher–Monk, eds., *The History of Political Thought in National Context* (Cambridge; New York: Cambridge University Press, 2001), pp. 59, 79. 里克特在整篇文章中，有多处提及科泽勒克和海德格尔、伽达默尔的异同之处。

② Niklas Olsen, *History in the Plural: An Introduction to the Work of Reinhart Koselleck*, p. 225.

③ 笔者有一文简要回顾汉语世界的概念史和词汇史研究，是以台湾出版的《东亚观念史集刊》与中国大陆出版的《新史学》和《亚洲概念史研究》作为讨论的中心。见拙作：《思想的载体：近代中国词汇／概念史的研究回顾与展望》，收载（日本）中国史学会编辑：《中国史学》，2016年第26卷，第75—90页。

④ 举其荦荦大者，如孙江：《概念、概念史与中国语境》，收载孙江、刘建辉主编：《亚洲概念史研究·第一辑》，北京：生活·读书·新知三联书店，2013年，第1—11页。汤志杰：《本土观念史研究刍议：从历史语义与社会结构摸索、建构本土理论的提议》，收载邹川雄、苏峰山主编：《社会科学本土化之反思与前瞻：庆祝叶启政教授荣退论文集》，嘉义：南华大学社会学研究所，2009年，第313—366页。方维规：《概念史研究方法要旨：兼谈中国相关研究中存在的问题》，载黄兴涛主编：《新史学（第三卷）：文化史研究的再出发》，第3—20页。方维规：《历史沉淀于特定概念》，（香港）《二十一世纪》，2009年第111期，第124—131页。方维规：《历史语义学与概念史：关于定义和方法以及相关问题的若干思考》，载冯天瑜、刘建辉、聂长顺编：《语义的文化变迁》，武汉：武汉大学出版社，2007年，第12—19页。方维规：《"鞍形期与概念史"：兼论东亚转型期概念研究》，载《东亚观念史集刊》编审委员会、台北政治大学《东亚观念史集刊》编辑部、韩国翰林大学翰林科学院编辑：《东亚观念史集刊》，2011年第1期，第85—116页。

取径，略尽钩沉之功。本文在章节安排上首先介绍英语世界针对科泽勒克生平和概念史的引介与梳理，继而介绍全球视野影响下的概念史，末则归结到科泽勒克之后的概念史最新研究动态。

一、科泽勒克之学思历程

科泽勒克诞于1923年4月23日，殁于2006年2月3日。科泽勒克出生于一个名叫格尔利茨（Görlitz）的地方，这是一处位于现今德国萨克森州（Saxony）南部与波兰交界的城镇。科泽勒克成长于一个致力于教育的中产阶级家庭（Bildungsbürgertum）。他的父亲是一位历史学家，以及一所教师训练学院的教授；他的母亲则是以法语、地理学、历史学和小提琴作为学习的重点。他的许多长辈皆出身于学院中人、大学教授、医师和在政府部门工作的律师等职位。科泽勒克在许多方面是以其家庭背景为傲，也因此立志成为一名学院中人。科泽勒克的思想资源与学术工具，由其成长历程、二战期间身为战俘的经验所融聚而成。科泽勒克利用这些经验，打造自身的认同。战后德国思想界的学院氛围与史学典律的重整，同样影响科泽勒克的研究生涯[1]。根据他的同事回忆，"科泽勒克是一位有教养的布尔乔亚和博学之人"。科泽勒克热爱与人交谈，和学生进行对话、辩论甚至是论争，但从来未抱持以言语刺伤他人的意图[2]。

科泽勒克在1941年至1942年间，被征召到德国位于苏联境内的炮

---

[1] Niklas Olsen, *History in the Plural: An Introduction to the Work of Reinhart Koselleck*, pp. 9–12.

[2] Niklas Olsen, *History in the Plural: An Introduction to the Work of Reinhart Koselleck*, p. 10.

兵团。在军队推进斯大林格勒（Stalingrad，伏尔加格勒的旧称）的途中，科泽勒克的腿部受伤，因而被遣送到德国和法国服役，担任雷达连的勤务，主要负责防空信息的任务[1]。科泽勒克的军旅生涯于1945年5月告终，他以步兵身份成为苏联军队的俘虏。科泽勒克在日后接受访谈及个人的回忆中，对于这段经历感触良多。科泽勒克认为对于历史研究课题的选择，主要来自二战期间的军事体验和成为苏联阶下囚的人生经验[2]。这也是缘何科泽勒克对于研究的主题经常冠上"危机"（crisis）、"冲突"（conflict）和"死亡"（death），而不倾向使用带有情感驱策的概念，譬如"民族"（nation）、"祖国"（fatherland）和"英雄主义"（heroism）等词汇的缘故。这当中也包括他对于现代社会所有对于政治、科学的"进步观"的讨论，所表现出的怀疑倾向[3]。

科泽勒克将自己定位为二战后的一代，他的认同、关注和信仰与德国的国家社会主义（National Socialism）、战争和战俘的经验紧密相连[4]。科泽勒克认为自己是犹如社会学家舍尔斯基（Helmut Schelsky）所云的"怀疑世代"（skeptical generation）。这个世代的分子对于政治意识形态、长程的社会擘画，带有批判、怀疑和不

[1] Niklas Olsen, *History in the Plural: An Introduction to the Work of Reinhart Koselleck*, p. 12.
[2] Alexandre Escudier, "'Temporalization'and Political Modernity: A Tentative Systematization of the Work of Reinhart Koselleck," in Javier Fernández Sebastián, ed., *Political Concepts and Time: New Approaches to Conceptual Historty*（Santander: Universidad de Cantabria, 2011）, p. 133.
[3] Niklas Olsen, *History in the Plural: An Introduction to the Work of Reinhart Koselleck*, p. 13.
[4] Niklas Olsen, *History in the Plural: An Introduction to the Work of Reinhart Koselleck*, p. 14; Javiér Fernández Sebastián and Juan Francisco Fuentes, "Conceptual History, Memory, and Identity: An Interview with Reinhart Koselleck," *Contributions to the History of Concepts*, 2006, Vol.2, No.1, pp. 112–115.

信任的态度；反之，则逐渐发展出一套具实用性、功能性和民主性的态度，去面对政治与生活。同样都属于"怀疑世代"，科泽勒克认为自己比年轻的下一代更加抱持怀疑与醒悟（disillusioned）的立场，但比经历过一次大战、魏玛共和以及1933年民族社会主义德意志工人党接管的上个世代，则更加务实许多。根据摩西（A. D. Moses）的看法，科泽勒克这一群诞生于1922年至1933年间的"怀疑世代"分子，亦可称之为"四五世代"（fortyfivers）。相较于科泽勒克的下一个世代，通常被归类为左翼自由主义者（left-liberals）的"Flakhelfer Generation"[①]，科泽勒克的立场较为趋近于自由保守主义者（liberal-conservatives）[②]。

另外一个理解科泽勒克的层面，则可从其就学过程切入。科泽勒克于1940年末期从海德堡大学开始其历史学徒的旅程。当科泽勒克在1946年秋天重返德国时，德国已经是一个为战乱所蹂躏不堪、亟待重整的国度。科泽勒克在1947年夏天进入海德堡大学，在海德堡的学术生活中，科泽勒克修习了历史、哲学、政治科学和社会学等科目。科泽勒克徜徉在海德堡自由的学术氛围中，问学于许多知名大师的门下。科泽勒克在1954年提出他的博士论文时，他已经

[①] Flakhelfer一词指称的是德国学生中在二战期间被征召上战场作战的"童子军"（child soilders），这个群体是出生于1926年和1927年间的男性中学生，年龄分布在15至17岁之间，被收编在"希特勒青年团"（Hitler Youth）这个组织当中，尔后则扩编到1928和1929年出生者。因此，Flakhelfer Generation 一般被认为是 1926 年至 1929 年这个世代的分子。譬如德国知名哲学家哈贝马斯（Jurgen Habermas）就曾被研究者定义为这个世代的成员。见Dirk Schumann, "Childhood and youth in Nazi Germany," in Paula S. Fass, ed., *The Routledge History of Childhood in the Western World*（New York: Routledge, 2013）, p. 462; Matthew G. Specter, *Habermas: An Intellectual Biography*（Cambridge: Cambridge University Press, 2010）, p. 4.

[②] Niklas Olsen, *History in the Plural: An Introduction to the Work of ReinhartKoselleck*, p. 16.

修读过13名师长的课程，包括法学家耶利内克（Walter Jellinek）、福斯特霍夫（Ernst Forsthoff）与福格特（Alfred Vogt）；哲学家伽达默尔（Hans-Georg Gadamer）、洛维特（Karl Löwith）与布雷希特（Franz-Josef Brecht）；历史学家库恩（Johannes Kühn）、恩斯特（Fritz Ernst）、舍费尔（Hans Schäfer）、福克斯（Walter Peter Fuchs）与罗特费尔斯（Hans Rothfels）；史前史家瓦勒（Ernst Wahle）以及社会学家韦伯（Alfred Weber）。这些来自各个不同领域的学者，开启了科泽勒克的眼界，也对于科泽勒克日后进行跨领域的研究奠下基础[①]。

德国在战后的重整计划中，科泽勒克曾受教于英国左派马克思主义大师霍布斯鲍姆（Eric Hobsbawm）的门下，霍布斯鲍姆对于科泽勒克的评断，或可作为科泽勒克的人生写照与本节的结束语。霍布斯鲍姆认为科泽勒克是一位"受过极好的教养、聪慧和具备开放心灵的年轻人，但同时也是一位深受战时与战俘经验影响，而幻想破灭的年轻人，也因此对于曾经接受过的政治意识形态教育的所有观点，深表怀疑"。[②]

二、德国的概念史研究

概念史的主要研究取径有二。一种是德国版本的"概念史"，另一种即为英美版本的"概念史"，或者称之为"批判概念史"

---

① Niklas Olsen, *History in the Plural: An Introduction to the Work of Reinhart Koselleck*, pp. 17–18.

② Eric Hobsbawm, *Interesting Times: A Twentieth-Century Life*（London: Allen Lane, 2002）, p. 179.

（critical conceptual history）^①。概念史成形的年代正是政治思想史中新"剑桥"学派崛起的年代。像概念史一样，"政治语言史"的发展也肇始于对"观念史"占主导地位的"正统"的摒弃^②。20世纪60年代，以德国史家科泽勒克为首，渐次开展出一种新的研究取径，通称为"概念史"。"概念史"这个术语源自黑格尔（Georg Hegel）^③。"概念史"所关注的是"概念"在意义生成的过程中，如何成为历史进程的指标（indicators）和要素（factors）。在这种意义上，"概念史"是以"社会史"为取向的，"概念史"所探讨的并不仅是人们对于社会现象的反思，以及它们作为"概念"的定义，而是探讨人们在思想上对社会现象进行反应的过程^④。科泽勒

① Terence Ball, "Conceptual History and the History of Political Thought," in Iain Hampsher-Monk, Karin Tilmans, and Frank van Vree, eds., *History of Concepts: Comparative Perspectives*（Amsterdam: Amsterdam University Press, 1998）, p. 77. 对于德国概念史的回顾，可见诸Hartmut Lehmann and Melvin Richter, eds., *The Meaning of Historical Terms and Concepts: New Studies on Begriffsgeschichte*（Washington, D. C. : German Historical Institute, 1996）. 本书有电子版可供下载，参见https://www.ghi-dc.org/publication/the-meaning-of-historical-terms-and-concepts-new-studies-on-begriffsgeschichte。至于剑桥学派概念史的研究总结，则可见Terence Ball, James Farr, and Russell L. Hanson, eds., *Political innovation and conceptual change*（Cambridge: Cambridge University Press, 1989）.

② Martin Van Gelderen, "Between Cambridge and Heidelberg. Concepts, Languagesand Images in Intellectual History," in Iain Hampsher-Monk, Karin Tilmans, and Frank van Vree, eds., *History of Concepts: Comparative Perspectives*, p. 230. 关于由观念史到概念史的转移，可见Keith Tribe, "The *Geschichtliche Grundbegriffe* Project: From History of Ideas to Conceptual History. A Review Article," *Comparative Studies in Society and History*, 1989, Vol.31, No.1, pp. 180–184.

③ Reinhart Koselleck, "Social History and *Begriffsgeschichte*," in Iain Hampsher-Monk, Karin Tilmans, and Frank van Vree, eds., *History of Concepts: Comparative Perspectives*, p. 24.

④ Hans Erich Bödeker, "Concept-Meaning-Discourse. *Begriffsgeschichte* reconsidered," in Iain Hampsher-Monk, Karin Tilmans, and Frank van Vree, eds., *History of Concepts: Comparative Perspectives*, pp. 62–63.

克认为概念史有两项主要的特征，第一项特征是：历史的不连续性可以准确地经由概念分析而进行定位。假如历史是由连续性和断裂作为特征的话，那这些断裂就反映在语言之内。第二项特征则是：语言作为历史不连续性的起源脉络，历史的不连续性是经由语言向事件和制度所传播的[1]。在将传统的"观念史"视为"永远不变的"（immutable）观念的反对声浪中，"概念史"所探讨的是特定语言在特定场合中的应用，正是在这种情境中，概念逐步形成并为特定的言说者（specific speaker）所使用并且获得发展的语言[2]。科泽勒克的想法认为，每位言说者不可能创造新的事物，而不借用过去已经建立的语言"素材"（corpus），以及不回到那些在晚近或遥远的过去被创造出来的语言资源中找寻灵感。这些语言资源由言说者和聆听者所共同享有[3]。关注政治概念和社会概念的争论脉络以及概念在当代的应用，使得"概念史"与洛夫乔伊（Arthur O. Lovejoy）版本的观念史区分开来[4]。

---

[1] Gabriel Motzkin, "On Kosellecl's Intuition of Time in History," in Hartmut Lehmann and Melvin Richter, eds., *The Meaning of Historical Terms and Concepts: New Studies on Begriffsgeschichte*, p. 41.

[2] Hans Erich Bödeker, "Concept-Meaning-Discourse. *Begriffsgeschichte* reconsidered," p. 63.

[3] Reinhart Koselleck, "A Response to Comments on Geschichtliche Grundbegriffe," in Hartmut Lehmann and Melvin Richter, eds., *The Meaning of Historical Terms and Concepts: New Studies on Begriffsgeschichte*, pp. 62–63.

[4] Melvin Richter, "The *Geschichtliche Grundbegriffe*: Relating Political and Social Concepts to Structural Change," in *The History of Political and Social Concepts: a Critical Introduction* (New York: Oxford University Press, 1995), p. 44. 关于洛夫乔伊的"观念史"研究的简要讨论，可见金观涛、刘青峰：《隐藏在关键词中的历史世界》，载《东亚观念史集刊》编审委员会、台北政治大学《东亚观念史集刊》编辑部、韩国翰林大学翰林科学院编辑：《东亚观念史集刊》，2011年第1期，第63—64页。黄进兴：《蜕变中的"思想史"：一个史学观点的考察》，《アジア文化交流研究》，2010年第5期，第330页。

科泽勒克主张历史研究领域内的所有专家都必须涉猎"社会史"和"概念史","社会史"和"概念史"是具备既互补又独立的特质[①]。"概念史"根植于"社会史",并认为是对"社会史"有所帮助的。"社会史"的学术术语依赖于"概念史",因为"概念史"能帮助"社会史"来查验以"语言"的形式储存下来的经验。同样地,"概念史"亦须依赖"社会史"的研究成果,理由在于"社会史"可以协助"概念史"捕捉消逝中的实体及其语言证据之间的关系[②]。此外,"社会史"和"概念史"展现了"共时性"和"历时性"的维度[③]。"概念史"既聚焦于语言的"历时性"层面,也聚焦于语言的"共时性"层面,它不仅在一个特定的历史时间点上,在一个特定的"语义场域"(semantic field)内对"关键概念"(key concepts)做"共时性"分析,而且还对"关键概念"做一种"历时性"分析,这种"历时性"分析将凸显出"概念"的意义变迁[④]。"历时性分析"探询的是"概念"在时间之流中的意义变迁,

---

① 科泽勒克所言及的"社会史",并非英美史学界双方在20世纪60—70年代所同声唱和的"新社会史",更不是受到新文化史冲击后重新整装(repurpose)的"社会文化史"(sociocultural history),而是德国学术脉络下注重"结构"(structure)的社会史。见Melvin Richter, "A German version of the 'linguistic turn': Reinhart Koselleck and the history of political and social concepts (Begriffsgeschichte)," p. 68. 至于科泽勒克对于"社会史"的观察及省思,可见Niklas Olsen, *History in the Plural: An Introduction to the Work of Reinhart Koselleck*, pp. 205–212, 232–234.

② Iain Hampsher-Monk, Karin Tilmans, and Frank van Vree, "A Comparative Perspective on Conceptual History–An Introduction," in Iain Hampsher-Monk, Karin Tilmans, and Frank van Vree, eds., *History of Concepts: Comparative Perspectives*, pp. 4–5; Reinhart Koselleck, "Social History and *Begriffsgeschichte*," pp. 5, 35.

③ Iain Hampsher-Monk, Karin Tilmans, and Frank van Vree, "A Comparative Perspective on Conceptual History–An Introduction," p. 4.

④ Iain Hampsher-Monk, Karin Tilmans, and Frank van Vree, "A Comparative Perspective on Conceptual History–An Introduction," p. 2.

而"共时性分析"所探询的则是"概念"的社会情境和时间框架①。"概念"对于"现代世界的语言掌握（隐涵理解）"（sprachliche Erfassung der modernen Welt）是至关重要的，正是通过"概念"，不同的社会阶层及各种政治派别才得以表达他们的经验和期望②。

对于"概念史"而言，一个"概念"意味着一个"语义场域"，而不是一个"词条"（a lexical item）③。所谓的"语义场域"则是指称以一系列典型的"同义词""反义词"和"关联词"来定义一个概念，并由此形成一个统一的词汇群④。"概念史"所要处理的是针对那些"富含多元意义"，以及"历史进程中的主导概念"的字词（words）进行共时性和历时性诠释。"概念史"的分析有助于研究者厘清事件的结构和脉络。与此同时，人们也把这些"基本概念"视为是超语言客体和变迁的社会结构的指针，以及历史发展的要素或推进器⑤。概念史的意义在于指出历史中的结构变迁，也因此对社会史有助拳的效用⑥。"概念史"的目的在于揭示深层的社会经验，并由此成为一种"经验的社会史"。"概念史"通过对于

---

① Hans Erich Bödeker, "Concept-Meaning-Discourse. *Begriffsgeschichte* reconsidered," p. 51.
② Iain Hampsher-Monk, Karin Tilmans, and Frank van Vree, "A Comparative Perspective on Conceptual History-An Introduction," p. 1.
③ Iain Hampsher-Monk, Karin Tilmans, and Frank van Vree, "A Comparative Perspective on Conceptual History-An Introduction," p. 7.
④ Iain Hampsher-Monk, Karin Tilmans, and Frank van Vree, "A Comparative Perspective on Conceptual History-An Introduction," p. 2.
⑤ Hans Erich Bödeker, "Concept-Meaning-Discourse. *Begriffsgeschichte* reconsidered," p. 63.
⑥ Reinhart Koselleck, "Introduction and Prefaces to the *Geschichtliche Grundbegriffe*," trans. by Michaela Richter, *Contributions to the History of Concepts*, 2011, Vol.6, No.2, pp. 18, 22.

"意义"的历史分析来诠释历史意识的发展过程。只有当"字词"在被表述的历史脉络中所扮演的角色被诠释之后,"字词"及其在历史脉络中的"意义"才能够得以被充分描述[1]。

三、科泽勒克与《历史的基本概念》

对于德国概念史研究稍有认识的人,一定无法否认,科泽勒克的声名是与《历史的基本概念》(*Geschichtliche Grundbegriffe: Historisches Lexikon zur politisch-sozialen Sprache in Deutschland; Basic Concepts in History: A Historical Dictionary of Political and Social Language in Germany*)牵连在一起的,《历史的基本概念》被认为是科泽勒克最重要且最创新的学术成就[2]。有论者以为《历史的基本概念》是过去数十年来德国历史编纂学中最具原创性与"另辟蹊径"的成就[3]。《历史的基本概念》使得科泽勒克在20世纪90年代的德国学术圈中赢得声誉与地位。

科泽勒克对《历史的基本概念:德国政治与社会语言历史辞典》的编纂工作,开始于1957年康策(Werner Conze)的现代社会史的工作计划项下[4]。事实上,科泽勒克起初是意欲编纂一本综合

---

[1] Hans Erich Bödeker, "Concept-Meaning-Discourse. *Begriffsgeschichte* reconsidered," p. 63.

[2] Niklas Olsen, *History in the Plural: An Introduction to the Work of Reinhart Koselleck*, p. 168.

[3] Detlef Junker, "Preface," in Hartmut Lehmann and Melvin Richter, eds., *The Meaning of Historical Terms and Concepts: New Studies on Begriffsgeschichte*, p. 6.

[4] Irmline Veit-Brause, "A Note on *Begriffsgeschichte*," *History and Theory*, 1981, Vol.20, No.1, p. 64.

性的历史——政治概念辞典，时间的研究向度从古代跨至当代。当科泽勒克进行其特许任教资格的论文（Habilitation thesis）时，正在海德堡大学担任康策的助理职务。康策接受科泽勒克的这项提案，并且建议研究的范围应当限定在德语世界。1963年，康策、布伦纳（Otto Brunner）和科泽勒克在海德堡大学进行第一次的编辑会议，首度将科泽勒克脑中这项想法转成实际的研究计划[1]。《历史的基本概念》的三位编辑，知识思想背景皆不一样[2]。有评论者认为布伦纳对于《历史的基本概念》的贡献仅仅在于挑选条目，编辑的重担落在康策和科泽勒克肩上[3]。而布伦纳在《历史的基本概念》中所收录的关于"封建主义"的论文，也只呈现了封建关系的历史及其转变的术语[4]。另一方面，康策在《历史的基本概念》所提交的论文，如"贵族"（nobility）、"工人"（worker）、"农民"（peasant）、"中间阶层"（middle stratum）等，则同样聚焦于社会群体与社会关系的分类，而非去探究这些分类如何进行表述一个转变的概念领域[5]。因而整部《历史的基本概念》的声名是立基于科泽勒克的戮

[1] Keith Tribe, "Introduction," in Reinhart Koselleck, trans. by Keith Tribe, *Futures Past: On the Semantics of Historical Time*（New York: Columbia University Press, 2004）, p. x.

[2] Keith Tribe, "Introduction," pp.xi–xii. 关于康策的社会史研究取向，可见Werner Conze, "Social History," trans. by Charles A. Wright, *Journal of Social History* 1: 1（Autumn, 1967）, pp. 7–16.

[3] Melvin Richter, "Appreciating a Contemporary Classic: The *Geschichtliche Grundbegriffe* and Future Scholarship," in Hartmut Lehmann and Melvin Richter, eds., *The Meaning of Historical Terms and Concepts: New Studies on Begriffsgeschichte*, p. 8.

[4] Keith Tribe, "Introduction," p. xiii.

[5] Keith Tribe, "Introduction," p. xiv.

力打造①，其至可说是科泽勒克用来探究和书写概念史的体现②。

　　科泽勒克对于《历史的基本概念》所提出的问题在于：概念有普遍的用法吗？概念的意义是有争议的吗？什么是概念用法的社会范围？词汇在什么样的脉络底下出现？词汇可以依照与之平行的概念被表述吗？无论是在互补或相反的立场？谁使用这个词汇，为了什么样的目的？要传达给谁？在社会的用法究竟有多久？词汇在社会和政治语汇之中的化合效应为何？随着时间流逝，词汇如何与其他词汇重叠和汇合③？

　　《历史的基本概念》被归纳为研究"指标"和"要素"的社会/政治语言。目标是要呈现用来分析政治和社会语汇，具有划时代转变的概念史④。这个计划本来设定是由海德堡大学的10位学者进行研究，研究的断限则锁定在19世纪德国社会／政治语言的概念变迁。但《历史的基本概念》发展的规模逐步地扩大，最后是以8大册115篇文章告结，共有109位作者执笔，编纂的时间逾20年。第一

---

① Keith Tribe, "Introduction," p. xiv. 这亦可从科泽勒克实际为《历史的基本概念》所撰写的条目窥知一二。科泽勒克本人替《历史的基本概念》撰写了完整的三篇文章（第一册的"Bund"、第二册的"Emanzipation"和第三册的"Krise"）以及七篇文章的重要部分（第一册的"Demokratie"、第四册的"Interesse"、第五册的"Revolution"、第三册的"Herrschaft"、第三册的"Staatund Souveranitat"、第六册的"Verwaltung"和第七册的"Volk, Nation"）。见 Melvin Richter and Michaela W. Richter, "Introduction: Translation of Reinhart Koselleck's 'Krise,' in *Geschichtliche Grundbegriffe*," *Journal of the History of Ideas*, 2006, Vol.67, No.2, p. 344.

② Reinhart Koselleck, "Introduction and Prefaces to the *Geschichtliche Grundbegriffe*," p. 2.

③ Keith Tribe, "Introduction," p. xiv.

④ Reinhart Koselleck, "Introduction and Prefaces to the *Geschichtliche Grundbegriffe*," p. 27.

册于1972年出版，最后一册则于1992年付梓①。《历史的基本概念》所收录的文章，来自各个不同的领域，研究的时间断限则长达二千年，从古希腊以迄魏玛共和时代②。事实上，《历史的基本概念》本来欲编辑150个概念，当第一册出版后，这个念头减至130个概念，但实际上因为原作者的过世、写作时间的限制、原作者的脱稿以及原作者未能符合编辑方针之故，最后只有115个概念出版③。《历史的基本概念》锁定的是德语欧洲的概念，分析的是从18和19世纪政治革命和工业革命而来的转变，这样的转变被记录在社会和政治的概念当中。这些概念在这两大革命的进程中显而易见地被影响、改变、置换或导引④。

　　《历史的基本概念》的基本意图是探索语言和社会史之间的关系。科泽勒克认为《历史的基本概念》是为了探索旧世界的解体与现代的诞生，如何经由概念变迁、编制的历史而生成，是一个面向

① 需要请读者注意的是，正因为编辑时间长达25年，所以《历史的基本概念》最后的样貌，并非如科泽勒克原先所规划设计的蓝图一般。亦即，《历史的基本概念》所收录的每篇文章，并非剑及履及地落实科泽勒克所撰写的指导方针和原则。见Kari Palonen, "A Train Reading Marathon: Retrospective Remarks on *Geschichtliche Grundbegriffe,*" *Redescriptions: Yearbook of Political Thought and Conceptual History*, 2006, Vol.10, No.1, pp. 160–175.

② Niklas Olsen, *History in the Plural: An Introduction to the Work of Reinhart Koselleck*, p. 167. Niels ÅkerstrØm Andersen, *Discursive Analytical Strategies: Understanding Foucault, Koselleck, Laclau, Luhmann*, p. 33。

③ Reinhart Koselleck, "Introduction and Prefaces to the *Geschichtliche Grundbegriffe,*" p. 28; Keith Tribe, "Introduction," p. xiv; Melvin Richter and Michaela W. Richter, "Introduction: Translation of Reinhart Koselleck's 'Krise,' in *Geschichtliche Grundbegriffe,*" p. 347.

④ Reinhart Koselleck, "Introduction and Prefaces to the *Geschichtliche Grundbegriffe,*" p. 8.

现在而定位的计划。它的主题是现代世界经由语言被记录下来[1]。历史结构中的变迁需要经由语言这个媒介被诠释[2]。《历史的基本概念》所收录的词汇包括以下数种：（1）用以分类事物构造方式的主要概念；（2）为政治、社会和经济组织使用的关键词汇；（3）关于这些组织规训的自我表征；（4）与政治运动切合相关的概念和口号；（5）主要职业团体和社会阶层的称号；（6）用来详尽表述和诠释社会／政治和劳动领域的核心概念。[3]《历史的基本概念》的主要关怀是要揭示社会和政治概念化的"现代"如何呈现的方式，但并非意图处理全部的社会和政治语汇。《历史的基本概念》的目标是要经由法国大革命之间所发生的事件和变迁，追溯法国大革命之前的范畴化概念以迄现代的语言使用形式[4]。

《历史的基本概念》的方法论预设是欧洲自从18世纪中叶开始，政治论述中的古典主题开始产生巨大的变化。这是为人熟知的所谓"鞍形期"（Sattelzeit），意指在1750—1850年间，旧制度下的德国已然发生一连串的转变，而这些转变是德国（德语欧洲）"现代"的到来，以及现代所带来的感知与影响。概念在这一时期中，在特性上发生快速的转变。这个方法假定：概念记录了政府结构、社会结构和经济结构的转型，并且对这些结构产生影响，记录了

---

①   Reinhart Koselleck, "Introduction and Prefaces to the *Geschichtliche Grundbegriffe*," p. 8.

②   Reinhart Koselleck, "Introduction and Prefaces to the *Geschichtliche Grundbegriffe*," p. 19.

③   Reinhart Koselleck, "Introduction and Prefaces to the *Geschichtliche Grundbegriffe*," p. 8.

④   Reinhart Koselleck, "Introduction and Prefaces to the *Geschichtliche Grundbegriffe*," p. 9.

德语世界社会和政治语言的基本概念的历时性之意义变迁[①]。"鞍形期"是用来标志"过去"逐渐地转变成为"现在"的过程。概念记录了这些变迁。然而，需要注意的是，科泽勒克认为"鞍形期"最初被认为是一个打造《历史的基本概念》的应用口号标语。但随着时间的发展与成熟，这个概念却逐渐模糊而非提升《历史的基本概念》的价值。科泽勒克其后以一个较为不模糊的隐喻："分水岭时期"（Schwellenzeit）取代"鞍形期"。科泽勒克特别强调的是"鞍形期"的假设并不在《历史的基本概念》实际运用的方法论中占有一席之地。"鞍形期"既不是一个本体论的概念，也不是附着于一个单一的国族语言之上。"鞍形期"这样的分期办法是为了深化《历史的基本概念》的焦点以及实际操演的便利工具，是用来确定德语世界在启蒙运动、法国大革命和工业革命之间的时段所出现的语汇变迁情况[②]。

《历史的基本概念》的编辑群坚持以下四条方向为原则：（1）"概念史"与社会史的数据源必须结合使用，在概念变迁和社会变迁之间，存有动态的互动过程；（2）既然语言既是结构变迁的体现，又是其指标，因此，对于概念史的研究，就必须使用衍生于语言学、历史语义学和结构语言学的一整套方法，以适应概念史自身的意图；（3）只有通过对那些拥有广泛范围、在起源与要求方面颇有差异，且涵盖所有社会形构的材料进行分析，才能建立起概念

---

① Reinhart Koselleck, "Introduction and Prefaces to the *Geschichtliche Grundbegriffe*," p. 34; Melvin Richter, "The *Geschichtliche Grundbegriffe*: Relating Political and Social Concepts to Structural Change," p. 36.

② Reinhart Koselleck, "A Response to Comments on *Geschichtliche Grundbegriffe*," p. 69.

的用法和变迁；（4）对于撰稿者而言，不可或缺的是对每个时期的辞典（德语辞典、双语辞典和多语辞典），以及对百科全书、手册和类属辞典中，适当的条目进行系统的考查①。

《历史的基本概念》所关注的是，对许多与"鞍形期"概念发展有关的假设进行检验：

1. "时间化"（Verzeitlichung；the location within a temporal and historical development）②，将现代政治概念和社会概念嵌入某种哲学，或某种视域之中的实践。在方法论上，"时间化"意味着概念史在确定历史的非连续性时，可以做出独一无二的贡献。由于这类在语言当中的中断被反映出来，因此，它就为确定事件和制度中的"断裂"提供了一种不可或缺的脉络。在打造现代的关键性转型中，语言变迁的加速发展显得十分显著。因此，《历史的基本概念》假设概念不仅依照它们的语义场域而改变，并且也根据概念的时间性假定而改变③。时间化的概念同样促进了线性的历史观④。

2. "民主化"（Demokratisierung; democratization）⑤，即政治词汇和社会词汇的"民主化"。在近代早期之前，词汇就已经被专门化，且相对被限制在精英阶层之中。以迄18世纪，在阅读的方式、

---

① Melvin Richter, "The *Geschichtliche Grundbegriffe*: Relating Political and Social Concepts to Structural Change," p. 39.

② Iain Hampsher-Monk, Karin Tilmans, and Frank van Vree, "A Comparative Perspective on Conceptual History–An Introduction," p. 2.

③ Melvin Richter, "The *Geschichtliche Grundbegriffe*: Relating Political and Social Concepts to Structural Change," p. 37.

④ Willibald Steinmetz, "Some Thoughts on a History of Twentieth-Century German Basic Concepts," *Contributions to History of Concepts*, 2012, Vol.7, No.1, p. 92.

⑤ Iain Hampsher-Monk, Karin Tilmans, and Frank van Vree, "A Comparative Perspective on Conceptual History–An Introduction," p. 2.

内容和形式方面，在所传达的政治信息对阅听人影响的规模等方面，都出现了深刻的变化。以前，人们密集地、深入地重复阅读相同的文本；现在，许多文本变得容易获取，而且被更加迅速地浏览。政治概念和社会概念经由多样的媒介，例如报纸，而不是仅仅通过书籍进行传播。如此一来，熟悉政治概念的读者大众规模急遽增加。对于那些无法阅读的人而言，许多人变得对政治商议中所使用的概念也非常熟悉，因为他们都得以亲身参与以往几乎一无所知、大规模的政治运动[1]。

3."意识形态化"（Ideologiesierbarkeit; the increasing susceptibility of concepts to the abstraction from their concrete social and historical referent）[2]，意即概念可以与意识形态相结合的程度。在旧制度欧洲阶层和等级特征的体系中，政治和社会概念倾向以特殊和独有的形式出现，并且以复数形式来指称已经得到明确定义的社会等级和特权。但至18世纪初，那些依旧被使用的古老词汇，在社会的指称中开始变得更为普遍，其意涵也变得更加抽象。因此，使用了"主义"（isms）这样的语言形式，或是使用单数的"自由"（liberty），来取代以往以复数形式出现的"诸种自由"（liberties）。概念的文法形式从复数过渡到单数的变迁过程，正见证了意识形态的潮流[3]。

---

[1] Melvin Richter, "The *Geschichtliche Grundbegriffe*: Relating Political and Social Concepts to Structural Change," pp. 37–38.

[2] Iain Hampsher–Monk, Karin Tilmans, and Frank van Vree, "A Comparative Perspective on Conceptual History–An Introduction," p. 2.

[3] Melvin Richter, "The *Geschichtliche Grundbegriffe*: Relating Political and Social Concepts to Structural Change," p. 38.

4."政治化"（Politisierung; politicization）①，即概念的政治化。当革命、战争和经济变迁摧毁了旧制度欧洲的社会团体、区域单位以及宪政认同时，作为武器的政治和社会概念在阶级、阶层和社会运动中的用法增加。概念开始成为公众用来作为政治宣传、口号的主题，甚至是成为滥用的词汇②。

总而言之，《历史的基本概念》的方法论是结合了历时性和共时性的分析。唯有通过纳涵在一个概念之中不同意义层次的历时性探究，研究者才得以挖掘长时段的结构转变③。至于《历史的基本概念》的全盘贡献可以呈现在以下三种方式：（1）《历史的基本概念》提供了极为丰富的信息。无以计数的引用数据和二手参考数据，使得《历史的基本概念》成为无价的信息来源。（2）《历史的基本概念》追溯了"现代"如何转变的历程。《历史的基本概念》寻求解释被记录在概念中的经验进程。（3）《历史的基本概念》可以创建一个对于当代社会和政治语言的语义控制④。

四、全球视野下的概念史研究

过去十年，以全球史为名的出版品有逐渐增加的趋势，相关的

---

① Iain Hampsher-Monk, Karin Tilmans, and Frank van Vree, "A Comparative Perspective on Conceptual History–An Introduction," p. 2.
② Melvin Richter, "The *Geschichtliche Grundbegriffe*: Relating Political and Social Concepts to Structural Change," p. 38.
③ Reinhart Koselleck, "Introduction and Prefaces to the *Geschichtliche Grundbegriffe*," p. 18.
④ Reinhart Koselleck, "Introduction and Prefaces to the *Geschichtliche Grundbegriffe*," pp. 15–16.

研究书文不断地出现在各大期刊的篇目当中。对于全球史研究取径的兴趣，来自对后殖民研究、帝国史、区域研究的反思，以及对世界史和经济史的再思考。概念史作为德国学术工程的一环，在原初的意义是国别史的方案，关注的是单一的国族和语言。但概念的变迁往往不在单一的语言环境出现，概念的变迁经常跨越国界、地区和语言，这促使概念史家开始思索复数国族方案的研究向度。全球史的研究取径不仅展现出跨越地区的相遇（encounter）和联结，同时也直接挑战了概念史的"方法论国族主义"[①]。概念史和全球史可以如何携手合作？举例来说，全球史中各式各样的"相遇"，无论是在巨视或微观的层次，都会包括语言的相遇。将概念史置放于全球的视野之下，一方面可以对"欧洲中心化"的概念进行解构，另一方面则可以指出一个语言交缠打造的世界[②]。

　　研究者要如何书写全球概念史？重点不在于对某些概念进行比较，而在于不同语言中的概念如何相互产生关联。谁是扮演促成概念转变和翻译的行动者？概念在透过翻译的过程中如何改变意义？新出现的概念如何在既有的语义场域中产生影响？语义场域在时间的长流中如何产生变化？时间的因素如何在概念中显现出来[③]？相较于德国版本的国族概念史，全球概念史将概念视为是镶嵌于跨

---

①　Margrit Pernau and Dominic Sachsenmaier, "History of Concepts and Global History," in Margrit Pernau and Dominic Sachsenmaier, eds., *Global Conceptual History: A Reader*（London: Bloomsbury Academic, 2016）, p. 3.

②　Margrit Pernau and Dominic Sachsenmaier, "History of Concepts and Global History," p. 4.

③　Hagen Schulz-Forberg, "Introduction: Global Conceptual History: Promises and Pitfalls of a New Research Agenda," in Hagen Schulz-Forberg, ed., *A Global Conceptual History of Asia, 1860–1940*（London: Pickering & Chatto, 2014）, pp. 5, 8.

国的和地方的论述与语义场域之中。因此，要研究全球概念史，特别是研究不同语言和语义传统中的概念，研究者需要去寻找语言中的链接、断裂、翻译和挪用。全球概念史是语言的挪用、翻译和竞争所造就的一段复杂的故事，而非仅是强势的外来语义支配地方的语言用户。地方行动者的语言、兴趣和处境都应该纳入研究者考虑的范围①。譬如以"启蒙运动"这项概念为例，当我们检视启蒙运动的全球史意涵，就得以进一步地去除启蒙运动的欧洲中心论，重新考虑这个由欧洲创发的概念，如何输出到世界的其他国度。由这个角度出发，启蒙运动是概念交换和交织的历史、是翻译和引用的历史以及共同生产知识的历史。我们需要重新思考全球启蒙运动的时间和空间向度，作为概念的启蒙运动大部分是由位居地方的（local）历史行动者加以形塑的概念，而非由欧洲的原生脉络文本直接输出的概念。作为概念的启蒙运动让地方的历史行动者开始进行全球式的思考方式，并将自身的处境置放于世界的位阶②。

关于全球视野下的概念史研究，笔者寓目所及，有前引两部论文集分别关注理论与实践层面。由佩尔瑙（Margrit Pernau）与萨赫森迈尔（Dominic Sachsenmaier）编辑的《全球概念史读本》，全书分为四大部分，第一部分是概念史研究中的经典文本，编者挑选了在德、法两地编辑概念史辞典的科泽勒克和赖夏特（Rolf Reichardt）的作品。第二部分是对概念史提出挑战的文本，包括概念史与论述的历史之间的关系为何？语言与社会史之间的平衡，是否如同科泽

---

① Hagen Schulz-Forberg, "Introduction: Global Conceptual History: Promises and Pitfalls of a New Research Agenda," pp. 10–11.
② Sebastian Conrad, "Enlightenment in Global History: A Historiographical Critique," *The American Historical Review*, 2012, Vol.117, No.4, pp. 1011, 1019.

勒克所云？对于评论者而言，在语言转向的脉络下，语言的建构性特质更应该被强调。斯金纳（Quentin Skinner）的批评则来自修辞与概念变迁之间的关系。斯金纳认为研究概念的道德和社会变迁与研究概念的政治变迁同等重要，并且提出概念如何变迁的现象不仅止于语言和时间当中，更多时候是表现于概念如何被表述的措辞当中。用斯金纳的话来说，是要从修辞的视角去观察概念的变迁。对于斯金纳来说，科泽勒克认为时间作为形塑概念的媒介，则是其全然怀疑的一点[①]。第三部分则是着重于概念在不同脉络、地区的多重翻译，偏重于概念作为文化媒介与语义互动的面向，研究的时间向度着重于19世纪之后的讨论，概念的分布空间则从欧陆、阿拉伯世界、印度到非洲的坦噶尼喀（Tanganyika）。值得注意的是，在全球概念史尚未兴起之前，研究词汇史和翻译史卓然成家的刘禾从未入概念史家的法眼。不过，刘禾一篇从理论层面讨论"符号"（sign）在翻译活动中所扮演的角色之文，则被选入此书。刘禾认为翻译并非仅止于两种语言文字之间的转换，更应该注意翻译活动背后的历史脉络。刘禾所谈论的乃是一种语言脱离原有的文化脉络，进入了另一种文化（语言）脉络中所产生的创造、改译甚至是更动。在刘禾看来，翻译活动假设了一种相同意义符号的交流，但实际上相同意义的符号是在不对等的交流中被发明出来的结果。刘禾以近代中国第三人称的"她"为例说明，"她"字的发明是西方势力在亚洲影响的产物，欧洲、日本、中国三方力量的兴衰造成复杂的语言交流

---

① Quentin Skinner, "Rhetoric and Conceptual Change," in Margrit Pernau and Dominic Sachsenmaier, eds., *Global Conceptual History: A Reader*, pp. 135–148. 所引在第 137—140页。

现象。因此，原生的词汇，在脱离原本的脉络进入另一种历史情境后，其意义可能全然被改变，而成为与原生词汇完全"异义"的新词。当词汇从客方语言进入主方语言时，与其说词汇产生了改变，倒不如说是词汇在主方语言的脉络中被发明创造出来。作为新名词的"她"是中国的语言学者和翻译家发明的成果，而非西方人的翻译[①]。从第三部分的选文来看，全球概念史的最佳实践面向落在词汇／概念的翻译之上。最后一部分，是由科泽勒克的学生施泰因梅茨（Willibald Steinmetz）执笔的文章，内容在介绍概念史过去40年的发展，以及未来发展的路径与挑战。在关于概念史的方法论，施泰因梅茨提出老派的概念史研究针对一个字词进行历时性的分析，仍有其必要性存在。概念史作为一项研究取径，是可以相对快速地得到确定结果的方法。施泰因梅茨认为概念史已然不是一项由德国独占的学术方案，1997年出版的*Redescriptions: Yearbook of Political Thought and Conceptual History*和2005年出版的*Contributions to the History of Concepts*这两本英语期刊，凭借着跨国的编辑团队，从国族、比较和跨国的视角进行概念史研究，来表明概念史的国际性格。对于概念史而言，在面对未来的挑战之际，最重要的是加强与语言学和其他邻近学科的科际整合[②]。

就如同施泰因梅茨对于概念史未来的发展所云，概念史将会

---

① Lydia H. Liu, "The Question of Meaning-Value in the Political Economy of the Sign," in Margrit Pernau and Dominic Sachsenmaier, eds., *Global Conceptual History: A Reader*, pp. 193–225. 所引在第215—217页。刘禾在文中处理的另一个重点是不同语言之间的共量性（commensurability）课题。

② Willibald Steinmetz, "Forty Years of Conceptual History-The State of the Art," in Margrit Pernau and Dominic Sachsenmaier, eds., *Global Conceptual History: A Reader*, pp. 339–366.

逐渐脱离传统时空的框架，与全球史更为紧密的结合，这表现在概念史会将翻译与全球多语状态勾连在一起。由舒尔茨-福尔伯格（Hagen Schulz-Forberg）编纂的《亚洲的全球概念史（1860—1940）》就展现出这样的倾向。除了主编本人的序言之外，《亚洲的全球概念史》利用7个来自不同国家和地区（韩国、中国、南亚、阿拉伯世界、马来半岛、荷兰东印度群岛和暹罗）的案例去诠释概念的生成。而这些概念并非由原生的国度直接传入后进的国家，而是通过中介的国家转手才进入后进的国家。举例来说，萨赫森迈尔研究20世纪初期中国的"社会"概念。从19世纪末开始，与"社会"相关的观念开始在中国产生影响力。作为概念的"社会"与"现代""新""进化"和"变迁"这些概念产生关联。当时中国的知识人一方面透过日本认识具备新意涵的西方"社会"，另一方面则通过翻译欧陆思想家的著作，认识这个迥然有别于传统汉语"社"和"会"的概念。20世纪20年代之后，"社会"的概念因为一战的爆发，加入"经济"的概念。"经济"的概念因为马克思主义的影响而盛行，"经济"如何影响"社会"成为当时共产主义挥舞的大纛[1]。同样在现代化方案的进程中，韩国也出现了"经济"和"社会"概念的交互作用。对于1945年经历政治解放的韩国来说，要如何定位韩国现代史的位置是一大难题。韩国的现代化进程并非以欧洲或是民族为中心的方案，韩国的现代化时期不仅是政治危机的时刻，亦是现代概念被发明、引介、翻译和实践的转型时刻。朴

---

[1] Dominic Sachsenmaier, "Notions of Society in Early Twentieth-Century China, 1900–25," in Hagen Schulz-Forberg, ed., *A Global Conceptual History of Asia, 1860–1940*, pp. 61–73.

明圭（Myoung-Kyu Park）告诉我们，韩语中的"经济"（경제，gyeongje）和"社会"（사회，sahoe）是用来诠释韩国在全球转型过程中的现代化方案所不可或缺的两项概念。"经济"一词早在14世纪的儒家学者笔下就已经出现。"社会"一词在传统韩语文献中难觅踪迹，是一项来自19世纪末域外文明论述的词汇。1876年，韩国向世界开放门户，具备西方"经济"和"社会"的概念首次被引进。对于韩国来说，除了使用自身的翻译引进国外的观念之外，也会挪用和转借中国与日本已经翻译的词汇。韩国的现代化是受到西方现代性的影响，特别是经由日本引介而来的现代性。"经济"和"社会"在20世纪初叶成为定义韩国国家处境的两大词汇，不仅用来批判老旧的儒家知识系统，更用来支持改善个人自由以及强化国力的新社会团体的自发性活动。"经济"和"社会"成为三重结构"个人-社会-国家"的典范①。梅亚（Morakot Jewachinda Meyer）则是将目光转向 20世纪初期的暹罗半岛上。在这段时期，口语的"经济"和"社会"被挪用西方观念的翻译词所取代。19世纪中叶，具备西方概念的"经济"和"社会"进入暹罗半岛，统治阶层以有限的方式使用这两项词汇，用以支持其统治的合法性。20世纪初，作为新概念的"经济"与"社会"是在民族国家和现代国家概念发展下的产物，伴随着新兴城市知识阶层的兴起，挑战了传统以血缘纽带为基础的社会阶层论述。这批城市精英推动了暹罗迈向现代性的民族国家形式，进而以现代知识的同化瓦解了统治阶层的垄

---

① Myoung-Kyu Park, "How Concepts Met History in Korea's Complex Modernization: New Concepts of Economy and Society and their Impact," in Hagen Schulz-Forberg, ed., *A Global Conceptual History of Asia, 1860-1940*, pp. 25-41.

断权力。涵摄着西方概念的"经济"和"社会"透过公开的文书、小说、报纸的宣传，将经济／社会领域的观念与传统的父家长制政府、巩固君主专制的经济／社会政策，一分为二。在这样的脉络底下，环绕着"经济"和"社会"概念的紧张关系，正是反映出传统暹罗半岛世界的解体和失灵[1]。

透过这三篇讨论"经济"和"社会"的文章，我们可以发现概念史和全球史对话的契机，全球视野下的概念史已然跳脱欧洲中心普世论与国族主义特殊论的二元对立，而是转而将视角置放于单一概念发展的自身脉络以及整体语义变迁的典范。无论是中国、韩国或暹罗半岛的例子，都展现了全球概念史背后所承载的全球现代性，西方与亚洲的概念及其交缠，被置放于同等的方式进行检视。

五、追随抑或超越科泽勒克？

20世纪80年代以降，作为一名"概念史家"的科泽勒克，其学术版图开始向世界各地开枝散叶。"概念史"学术移植工程的第一站是荷兰和芬兰、意大利、西班牙，以及斯堪的那维亚的几个国家[2]。20世纪80年代中叶，里克特则在美国学术期刊上发表论文介

---

[1] Morakot Jewachinda Meyer, "Discordant Localizations of Modernity: Reflections on Concepts of the Economic and the Social in Siam during the Early Twentieth Century," in Hagen Schulz-Forberg, ed., *A Global Conceptual History of Asia, 1860–1940*, pp. 149–168.

[2] 关于这些国家的概念史研究概况，可见Pim den Boer, "National Cultures, Transnational Concepts: Begriffsgeschichte Beyond Conceptual Nationalism," in Javier Fernández Sebastián, ed., *Political Concepts and Time: New Approaches to Conceptual Historty*, pp. 205–222.

绍概念史的研究取径，进一步将概念史推入国际性视野。里克特尝试结合并比较以斯金纳和波考克（J. G. A. Pocock）为首的英语世界的政治思想史研究与科泽勒克概念史研究[1]。这两种研究取径的差别在于，斯金纳经由关注历史行动者（特别是著名的政治哲学家），如何拥有与时俱进的概念，以及展演对某些概念进行所谓修辞的再定义，来研究概念变迁。科泽勒克则是更加从结构性的视角来研究概念，从时间的视野去区别社会与时代的信仰、经验和期望。有论者提出，两人的差别在于斯金纳是"修辞的"，而科泽勒克是"时间的"[2]。剑桥学派的研究焦点锁定在脉络式地理解重要的领衔人物之政治语言，如霍布斯（Hobbes）和洛克（Locke）等人。科泽勒克锁定的焦点则在于特定词汇的意义变动，以及历史语义场域的转变[3]。因为语言的隔阂[4]，英语世界对于概念史研究的吸纳是相对局限的。虽然剑桥学派的政治语言史研究和德国概念史皆同样醉心于17世纪以迄19世纪中叶的历史时段，并且极少逸出这两百年的时段进行研究[5]。然而，两种研究取径的主导人物之间的对

---

[1] Niklas Olsen, *History in the Plural: An Introduction to the Work of Reinhart Koselleck*, p. 194.

[2] Niklas Olsen, *History in the Plural: An Introduction to the Work of Reinhart Koselleck*, p. 195.

[3] Keith Tribe, "Introduction," pp.viii–iv.

[4] 波考克就承认因其不谙德文，对于德国史学和概念史的发展，便所知甚少。见 J. G. A. Pocock, "Concepts and Discourse: A Difference in Culture? Comment on a Paper by Melvin Richter," in Hartmut Lehmann and Melvin Richter, eds., *The Meaning of Historical Terms and Concepts: New Studies on Begriffsgeschichte*, pp. 47, 55.

[5] Stefan-Ludwig Hoffmann and Kathrin Kollmeier, "Introduction: *Geschichtliche Grundbegriffe* Reloaded? Writing the Conceptual History of the Twentieth Century," *Contributions to History of Concepts*, 2012, Vol.7, No.2, p. 80.

话，主要是互相地批判和划界。斯金纳和波考克强调的是两种取径之间的区别而非相似，对于仅仅关注概念的语言研究提出质疑，并且明确地宣称根植于德国研究取径的现代性经验，与其笔下研究的对象没有产生任何关联①。斯金纳和波考克皆抱持历史学的技法在重建语言世界时，是无法诠释语言世界中的变迁。根据波考克的转述，斯金纳认为历史书写是一种语言现象、字词及其用法的总和，而这些语言现象、字词及其用法所承载的概念并无法与语言的历史分离，并且无法拥有自身独立的历史②。斯金纳对于概念史的拒绝就在于依据语言形式而非在社会和政治脉络中的概念，概念史的实践会沦于仅仅是提供一份字词的历史③。

较之斯金纳对德国概念史方法论的拒斥④，波考克对于德国概念史的取径并不敌视，而是抱持开启对话空间的可能性。波考克认为，概念虽然不是语言的附带现象或不真实的，但倾向认为概念是语言的影响或讯息，而在文件记录的积累中所保留的是语言流转衍化的内容与用法的历史，概念化的历史并必须由此被推演出来，且无法与之须臾分离⑤。科泽勒克对于两人的评论，皆有所回应。

---

① Niklas Olsen, *History in the Plural: An Introduction to the Work of Reinhart Koselleck*, p. 195.

② J. G. A. Pocock, "Concepts and Discourse: A Difference in Culture? Comment on a Paper by Melvin Richter," pp. 48, 52.

③ Quentin Skinner, "Language and Social Change," in James Tully, ed., *Meaning and Context: Quentin Skinner and His Critics* (Cambridge, U. K. : Polity Press, 1988), pp. 119–132.

④ Javiér Fernández Sebastián, "Intellectual History, Liberty and Republicanism: An Interview with Quentin Skinner," *Contributions to the History of Concepts*, 2007, Vol. 3, No. 1, pp. 113–115.

⑤ J. G. A. Pocock, "Concepts and Discourse: A Difference in Culture? Comment on a Paper by Melvin Richter," p. 53.

科泽勒克挖苦式地将斯金纳标签为带着"极度规范"（excessively normative）的研究取径，去研究语言的"传统拘泥的历史家"（conventional historian）[1]。对于波考克的质疑，则以直率唐突的表述方式进行响应，"如同我先前所提到的，我早已在很久以前着手处理他所提出的问题"。[2]此外，科泽勒克在德国被认为是一流的历史学家，但是在世界其他地方，科泽勒克的声名则是以社会、政治和文学理论学家享誉于世，身为一位历史学家的科泽勒克是作为第二流的学者被认识的[3]。这些原因加总起来，使得科泽勒克的概念史研究，在英语世界一直踟蹰不前。剑桥学派的政治语言史研究和德国的概念史一直处于平行发展的景况[4]。

虽说如此，还是有学者对于科泽勒克所打下的一片江山抱持着高度的兴趣。倘若要去书写20世纪的概念史，要去书写霍布斯鲍姆笔下"极端的年代"的20世纪概念史，该如何书写？就有研究者认为，自从19世纪末以迄20世纪70年代，现代的社会和政治语言经

---

[1] Niklas Olsen, *History in the Plural: An Introduction to the Work of Reinhart Koselleck*, p. 195.

[2] Reinhart Koselleck, "A Response to Comments on *Geschichtliche Grundbegriffe*," p. 64.

[3] Keith Tribe, "Introduction," p. ix; David Carr, "Review of *Futures Past: on the Semantics of Historical Time*," p. 197.

[4] Stefan–Ludwig Hoffmann and Kathrin Kollmeier, "Introduction: *Geschichtliche Grundbegriffe* Reloaded? Writing the Conceptual History of the Twentieth Century," p. 80. 英国史家伯克则曾提出结合德国概念史和英国剑桥学派的"第三条路"取径："思想／智识实践的文化史"（cultural history of intellectual practices），见Peter Burke, "The Cultural History of Intellectual Practices," in Javier Fernández Sebastián, ed., *Political Concepts and Time: New Approaches to Conceptual History*, pp. 103–128. 不过，笔者认为惯常提出替代性方案的伯克，并没有真正处理两个学派互相划界的症结性问题。理由在于无论是伯克倡导的"文化史"研究或是"思想／智识实践"的研究取径，都不是这两大学派关怀的重点。

历了一场重大的概念变迁，并且一直延续到我们生活的当代。在1750至1850年间转变进入现代性的"分水岭时期"后，继而出现了第二次的转变过程①。这样的提问出自对科泽勒克的《历史的基本概念》的有效性是否可以套用在20世纪？或是需要一个崭新的方案来处理20世纪社会和政治语言的概念变迁？在全球化的脉络底下，单一国族语言的方案是否能具实行性？如何概念地去理解复数的行动者和能动性？作为一种研究方法，基本概念的历史是否仍仅附着于其所源自的历史时段②？依照着科泽勒克所提出的"四个化"假设，20世纪的概念变迁同样拥有四个特征：第一个特征是"科学化"（Verwissenschaftlichung; scientization），意指在20世纪的社会和政治语言中，科学逐渐发展其重要性。举例而言，达尔文主义或心理分析的重要性愈发重要。第二个特征是"普及化"（Popularisierung; popularization），因为媒体和信息科技的最新发展在19世纪末和20世纪末的长足发展所致。特别是出现了环境或媒体等新兴的基本概念。第三个特征是"空间化"（Verraumlichung; spatialization），取代了科泽勒克的"时间化"成为20世纪的特征。由于空间内信息沟通与循环的强化，使得整个世界更加的齐一，然而，在同一时间，却激发寻求歧异之处和并且开启暴力的上扬，是概念变迁中最为明显的面向。第四个特征是"发散化"

---

① Stefan–Ludwig Hoffmann and Kathrin Kollmeier, "Introduction: *Geschichtliche Grundbegriffe* Reloaded? Writing the Conceptual History of the Twentieth Century," p. 82; Christian Geulen, "Reply," *Contributions to History of Concepts*, 2012, Vol.7, No.2, p. 120.

② Stefan–Ludwig Hoffmann and Kathrin Kollmeier, "Introduction: *Geschichtliche Grundbegriffe* Reloaded? Writing the Conceptual History of the Twentieth Century," p. 78.

（Verflussigung; volatilization），这是意指在 20世纪中叶以降，概念开始呈现普遍化的情况，概念开始与其固有的起源与脉络解离，并且渗透入整个社会。与《历史的基本概念》所讨论的情况不同，20世纪的概念在发展过程中失落了它们特殊的语义意义[1]。

---

[1] Stefan–Ludwig Hoffmann and Kathrin Kollmeier, "Introduction: *Geschichtliche Grundbegriffe* Reloaded? Writing the Conceptual History of the Twentieth Century," pp. 82–83.

论中国性别史研究的多元交织①

衣若蘭

前　言

自从1986年斯科特（Joan Wallach Scott）提出"性别作为一个
有用的历史分析范畴"（"Gender：A Useful Category of Historical
Analysis"）之后，性别史作为历史研究的一个分支，愈受关注②。
中国妇女／性别史的研究是近30年来北美汉学界的一个强项，斯科

---

① 本文原刊于《近代中国妇女史研究》，2017年第30期，第167—230页，经细部修
订收入本论文集。初稿曾宣读于"世界史中的中华妇女国际学术研讨会"（2017
年7月11—14日，台湾"中研院"近代史研究所），感谢会议评论人林丽月教
授、与会学者以及该刊匿名审查专家提供的宝贵意见。研究写作期间承蒙刘咏
聪、王安（Ann Waltner）、连玲玲、邱澎生、秦曼仪、秦方、戴彼得、李淑菁
与曹鸿诸位教授的提点与指正，以及陈晓昀、黄丽君、吴政龙、萧琪、邓沛
力、连超等学友提供讯息与协助，特致谢忱。
② Joan Wallach Scott, "Gender: A Useful Category of Historical Analysis," *The
American Historical Review*, 1986, Vol.91, No.5, pp. 1053–1075. 该文下载率相当
惊人，截至2007年12月27日，该文已有38093次浏览、25180次打印的记录，且
几乎性别史相关的课程，无一不列该文为参考读物，见Joanne Meyerowitz, "A
History of 'Gender'," *The American Historical Review*, 2008, Vol.113, No.5, p.
1346.

特的理论自有其影响①，20世纪90年代随着斯科特理论的中译版出现，中文学界越来越多以"性别"（gender）作为视角来研究文史，使用上虽然巧妙各有不同，但可说已蔚然成风②。斯科特提出的奠基理论，至今已逾30年，当前或许是我们反省并思考下一阶段该如何进行研究的时候。中国性别史研究目前困境何在？西方性别理论对中国性别史研究有何限制与助益？中国性别史研究又如何呼应或补充西方性别理论观点？中国性别史研究如何不仅作为历史研究的一个旁支，而是能进一步与主流史学对话？未来的可能发展为何？

不可否认，20世纪末期以来，性别概念席卷了全球的历史研究，它挑战了早期史学的叙事模式，影响绝大多数的妇女史研究者③。近

---

① 关于近30年美国中国妇女史研究的概况，详参卢苇菁（Weijing Lu）：《美国中国妇女研究评述》，收入张海惠主编：《北美中国学：研究概述与文献资源》，北京：中华书局，2010年，第490—506页。另姚平：《前言》，收入姚平主编：《当代西方汉学研究集萃·妇女史卷》，上海：上海古籍出版社，2012年，第1—18页。

② 中译版见斯科特著，刘梦译：《社会性别：一个有用的历史分析范畴》，收入李银河编：《妇女：最漫长的革命：当代西方女权主义理论精选》，北京：生活·读书·新知三联书店，1997年，第151—175页。相关研究成果详参：李贞德：《超越父系家族的藩篱：台湾地区的"中国妇女史研究"（1945—1995）》，《新史学》，1996年第7卷第2期，第139—179页；林丽月：《从性别发现传统：明代妇女史研究的反思》，《近代中国妇女史研究》，2005年第13期，第1—26页；胡晓真：《艺文生命与身体政治：清代妇女文学史研究趋势与展望》，《近代中国妇女史研究》，2005年第13期，第27—63页；游鉴明：《是补充历史抑或改写历史？近廿五年来台湾地区的近代中国与台湾妇女史研究》，《近代中国妇女史研究》，2005年第13期，第65—105页；叶汉明：《妇女、性别及其他：近廿年中国大陆和香港的近代中国妇女史研究及其发展前景》，《近代中国妇女史研究》，2005年第13期，第107—165页；贺萧（Gail Hershatter）、王政：《中国历史：社会性别分析的一个有用的范畴》，《社会科学》，2008年第12期，第141—154页。杜芳琴：《中国妇女／性别史研究六十年述评：理论与方法》，《中华女子学院学报》，2009年第21卷第5期，第12—20页。

③ 伊格尔斯（George G. Iggers）和王晴佳即提到妇女史（女性主义史）与性别史在60年代的兴起与80年代的发展，而此领域持续扩大，成冷战后历史写作的五个重要趋势之一。见格奥尔格·伊格尔斯、王晴佳著，杨豫译：《全球史学史：从18世纪至当代》，北京：北京大学出版社，2011年，第297—298、390页。

年斯科特再度省思"性别"是否仍是一个有用的历史分析范畴，她认为性别是研究规范的与心理的复杂关系、是集体化想象并用以作为某个政治或社会目的，不论其目的是为了国族或家庭。她重申在此过程中，是"性别"为"性"（sex）与"性别差异"（gender differences）产生意义，不是由"性"来决定"性别"的意义；也就是说，"性别"是"性"的关键，"性别"仍是一有效的分析工具，因为它让我们得以追溯性差异（sexual differences）与性别差异的历史[①]。经过理论奠基约30年之后，她还是肯定"性别"是一个有用的历史分析范畴。

虽然斯科特的性别理论开启了历史研究分析问题的视角，例如她曾提到我们在何种情境下定义性？男人与女人的类别在不同时空有何不同意义？权力与权利在男性气质与女性气质中扮演的角色为何？象征结构（symbolic structures）如何影响一般人的日常生活[②]？但似乎学界对此理论的掌握或者发挥，让她不太满意。她曾经批评女性主义学者对性与性别的区别过于一刀两断，把性别当作对立的两性；她认为两者都是知识形式，如果性别是文化建构的，而性的生物性定义也是被建构出来的[③]。

在建立性别作为历史的分析范畴10年后，斯科特主张以"差异"作为女性主义分析的范畴，在《女性主义与历史》（*Feminismand History*, 1996）的书序中，她声称该书旨在历史背景中研究身份认

---

① Joan Wallach Scott, "Gender: Still a Useful Category of Analysis?" *Diogenes*, 2010, Vol.57, No.1, pp. 7–14.

② Joan Wallach Scott, "Gender: Still a Useful Category of Analysis?," p. 9.

③ Joan Wallach Scott, "Some More Reflections on Gender and Politics," in her *Gender and the Politics of History*, revised edition（New York: Columbia University Press, 1999）, pp. 199–222.

同作为话语或意识形态的问题。关于多元差异与身份认同，斯科特问道：到底通过什么过程，种族或阶级之差异会在某个历史时期显得特别突出？这些社会类别之间的关系为何？种族与阶级范畴同等重要吗？阶级又比性别重要吗[①]？也就是说，她对于性别以外影响历史发展的其他因素，相当自觉。

中国性别史研究发展至今，可惜仍有不少研究囿于女性是“受害者”或者“能动者”的两端解释[②]，或者从男女生物性别二分对立（binary）的概念出发来设问（假设男女对同一事件肯定有南辕北辙的看法），并且有过度膨胀性别主导因子之嫌，忽略性别（而且研究者往往指涉的只是生物性别 sex）以外的其他因素。尽管近年来陆续有学者提出反思[③]，但这种执着于“生物性别”以及以

[①] Joan Wallach Scott, ed., *Feminism and History* (Oxford and New York: Oxford University Press, 1996), pp. 4–5.

[②] 关于此，人类学者早已批判将妇女视为“被动的受害者”与“主动的能动者”的二分法，强调尊重报道人的个别经验。见Jane Monnig Atkinson, "Anthropology," *Signs: Journal of Women in Culture and Society*, 1982, Vol.8, No.2, pp. 250–251. 高彦颐（Dorothy Ko）也提及我们应该运用双焦（bifocal，受害与能动）的方式来理解明末清初江南上层妇女的处境，见高彦颐著，李志生译：《闺塾师：明末清初江南的才女文化》，南京：江苏人民出版社，2005年，绪论。而其对五四史观的反省与批判也连带引起学界重视妇女的能动性；孙康宜曾说，汉学家是最早修正女性为受害者的刻板印象，见孙康宜、钱南秀：《美国汉学研究中的性别研究：与孙康宜教授对话》，《社会科学论坛》，2006年第21期，第102—115页。

[③] 例如孙康宜曾提出早期女性主义的性别言论很难适用于中国古典文学研究，因为他们“将男女两性置于完全对立的两极”，她对于“唯身是论”特别有所警觉，见孙康宜：《西方性别理论在汉学研究中的运用与创新》，《台大历史学报》，2001年第28期，第163页。贺萧则问到女性研究在“中国领域”中的定位，她认为必须使性别为人所见，且同时追溯性别与其他主体形式（例如：中国性、精英或农村的身份认同）之间的关系；她也提及应注意性别如何与其他范畴（category）相互交缠或者甚至被取代。见Gail Hershatter, "What's in a Field? Women, China, History, and the 'What Next?' Question," 《近代中国妇女史研究》，2005年第13期，第167—195页；中译版见贺萧（Gail Hershatter）著，余芳珍、叶毅均、莫亚军译：《研究领域内乾坤：女性、中国、历史与“之后又如何”问题》，《近代中国妇女史研究》，2005年第13期，第197—216页。

"性别因素独大"的研究方式，仍广泛存在于华文妇女／性别史研究当中。在目前这样的研究困境里，笔者以为，参考"交织性理论"（intersectionality）的多元交织概念与方法，并反诸中华文化本身特色，当有助我们寻找可能的突破方向。

交织性理论被视为迄今妇女研究中最重要的贡献①，本世纪初在人权与性别主流化的论述中即运用之，被认为最能借以讨论妇女经验的多样性并为妇女增能赋权；联合国宣传"女权即是人权"时，也强调交织性的概念②。女性主义学者分别从哲学、社会学、人文学、经济与法律等不同领域，还有理论面向（如现象学、结构主义社会学、精神分析、解构主义），以及政治方面（如妇女运动、反种族歧视、多元文化主义、酷儿研究、残疾研究）等等探究之，他们似乎都认为交织性是当前研究上正需要的理论③。

交织性在欧美政治学、法律学、社会学、教育学近20年来已有

---

① 论者认为因其与各种领域最能结合，见Leslie McCall, "The Complexity of Intersectionality," *Signs: Journal of Women in Culture and Society*, 2005, Vol.30, No.3, p. 1771.

② Center for Women's Global Leadership, "A Women's Human Rights Approach to the World Conference Against Racism," 原网址失效，转引自Nira Yuval-Davis, "Intersectionality and Feminist Politics," *European Journal of Women's Studies*, 2006, Vol.13, No.3, pp. 193–209. 另参United Nations, *Women's Rights Are Human Rights*（New York and Geneva: United Nations Human Rights Office of the High Commissioner, 2014），http: //www. ohchr. org/Documents/Events/WHRD/ WomenRightsAreHR. pdf, accessed（January 19, 2017）.

③ Kathy Davis, "Intersectionality as Buzzword: A Sociology of Science Perspective on What Makes a Feminist Theory Successful," *Feminist Theory*, 2008, Vol.9, No.1, p. 68. 关于此理论之起源与发展，见Sara Salem and Rekia Jibrin, "Revisiting Intersectionality: Reflections on Theory and Praxis," *Trans-Scripts*, 2015, Vol.5, pp. 7–24. Sara Salem, "Intersectionality and Its Discontents: Intersectionality as Traveling Theory," *European Journal of Women's Studies*, 2018, Vol.25, No.4, pp. 1–16.

相当之讨论与运用[1]，学者纷纷提及它作为一个重要的研究视角、一个方法论的挑战，呼吁使用这种研究方法来做性别研究的迫切性[2]。甚至许多无论是否有关女性主义的报章杂志媒体、网络，也都加以引用讨论，它几乎成为女性主义的一个重要标语，不仅限于学术用语，也用于日常生活[3]。

最近《性别与历史》(*Gender and History*)刊物上，学者即检视至2016年为止，女权运动者如何使用交织性及其与妇女运动之间的关系[4]。然此理论概念在华文学界的讨论与运用，主要集中在法学、社会学与文化研究领域，历史学界罕见探索此女性主义理论与

---

① 例如Myra Marx Ferree, "Inequality, Intersectionality and the Politics of Discourse: Framing Feminist Alliances," in Emanuela Lombardo, Petra Meier, and Mieke Verloo, eds., *The Discursive Politics of Gender Equality: Stretching, Bending and Policy-Making* (Abingdon, Oxon: Routledge, 2009), pp. 86–104. Alexandre Jaunait, "Representing the Intersection in France and America: Theories of Intersectionality Meet Social Science," *Revue francaise de science politique*, 2012, Vol.62, pp. 1–15.

② 参Stephanie A. Shields, "Gender: An Intersectionality Perspective," *Sex Roles*, 2008, Vol.59, No.5/6, pp. 301–311. 而Vivian M. May则认为交织性是认识论的实践与本体论的讨论框架，见*Pursuing Intersectionality, Unsettling Dominant Imaginaries* (New York: Routledge, 2015), p. 48.

③ 报章的使用如Alia E. Dastagir, "What Is Intersectional Feminism? A Look at the Term You May Be Hearing a Lot," *USA Today*, January 19, 2017, https: //www. usatoday. com/story/news/2017/01/19/ feminism–intersectionality–racism–sexism–class/96633750/, accessed (March 19, 2017). 而网络上可汗学院亦曾介绍交织性理论，见Arshya Vahabzadeh, "Intersectionality | Social Inequality | MCAT | Khan Academy" (video), posted January 20, 2015, https: //www. youtube. com/ watch?v=n2kUpKP18z8, accessed (May 20, 2017).

④ Linda Gordon, " 'Intersectionality' , Socialist Feminism and Contemporary Activism: Musings by a Second–Wave Socialist Feminist," *Gender and History* , 2016, Vol.28, No.2, pp. 340–357. 另外，Ange-Marie Hancock, *Intersectionality: An Intellectual History* (New York: Oxford University Press, 2016), chap. 2, 也谈及妇女运动和交织性理论之间的关系。

中国性别史研究的可能关联①。因此，本文将简介此一广受关注的性别理论，以进一步思索多重范畴（因素）及其交织，如何有助于我们省思并开展中国性别史的研究课题与视野。是故，本文并非一篇研究回顾，主旨不在对近30年来中国性别史的研究成果做一归纳整理②。

本文除了作为妇女／性别史研究圈内的自省，亦针对中国史研究中有些作品仍处于"性别盲"阶段，妇女／性别史研究表面看似蓬勃发展，却仍不易与主流史学对话③，例如某些议题被归为"政治史"的课题而与"性别史"无涉，即可见性别即是政治的概念，仍未被广泛接纳。笔者以为，如何发展出中华文化脉络的交织图

---

① 目前华文相关研究与运用如：陈昭如：《还是不平等：妇运修法改造父权家庭的困境与未竟之业》，《女学学志：妇女与性别研究》，2013年第33期，第119—169页；陈美华：《层层剥削？互利共生？：两岸性交易网络中的交织政治》，《台湾社会学刊》，2011年第48期，第1—49页。另唐文慧、王宏仁：《从"夫枷"到"国枷"：结构交织困境下的受暴越南婚移妇女》，《台湾社会学》，2011年第21期，第157—197页。前二者提供理论介绍与实例分析，后者则以应用为主。而目前介绍此理论较为详尽的中文著作为苏熠慧：《"交叉性"流派的观点、方法及其对中国性别社会学的启发》，《社会学研究》，2016年第4期，第218—241页，可惜文中所论对中国性别社会学启发的部分略为薄弱。杜芳琴多年前即曾略提性别与年龄、辈分等的"交织"一词，颇有见地，可惜未得到回响。但她的论述脉络来自20世纪90年代的"差异"概念而非"交织性"理论，且主要概念是将性别与阶级、性别与年辈之间的关系，分别纳入社会等级与家庭身份，两两结合看待，而非全面讨论的交织，见杜芳琴、蔡一平：《中国妇女史学科化建设的理论思考》，《中国社会性别的历史文化寻踪》，天津：天津社会科学院出版社，1998年，第12—16页。
② 本文因非研究回顾，文中所提及的研究成果，多半是为讨论主题之便，未提及者并不代表其研究不重要。
③ 罗梅君（Mechthild Leutner）曾提及妇女性别史不被主流史学整合的五个原因，见*Women in China: The Republican Period in Historical Perspective*（Münster: Lit Verlag, 2005）；中译版：罗梅君著，张瑾译：《民国时期的妇女、社会性别和主流研究》，收入游鉴明、罗梅君、史明主编，洪静宜、宋绍鹏等译：《共和时代的中国妇女》，新北：左岸文化，2007年，第20—57页。

像，是中国性别史研究这一个阶段亟待思考的问题，也期待多元交织的讨论能刺激不同的历史学门在研究上相互参照交融，或亦可补西方性别理论对中华文化认识的不足。

以下笔者将先示范史料解析置入交织分析与否的可能差异，凸显多元因子交叉并置的观察对历史研究的必要性；其次概述交织性理论及其与女性主义学术的关系，以作为文后讨论的基础；最后再思中国性别、族群与阶层之交会方式，并尝试置入中华文化脉络下特有的交织变项（例如：嫡庶、长幼等伦理阶序关系），以描绘立体的动态图像，期待能深化中国性别文化史研究之复杂面向。

一、史料解析的可能性

为讨论之便，以下利用一则明代方志列女传，说明史料解析的单一与多元交叉之可能方式。明代嘉靖河南《许州志》载：

> 刘氏，廪膳生员袁锡妻。锡因下第，病卒，遗孤惟菲，尚在襁褓。既莹，刘遂杜门罕见亲戚，力躬纺织以自赡，百计抚孤，鞠育成立。二十八而寡，今历孀居三十五年。啜粥茹淡，始终一节，称重乡评。嘉靖己亥知州张良知闻而褒重其事，乃于正月元日榜其门曰："生员袁锡妻刘氏贞节之家"。士夫声诗庆美者不一。今已六十四岁云。[①]

① 张良知纂修：嘉靖《许州志》（收入《天一阁明代方志选刊》册14，台北：新文丰出版股份有限公司，1985年，据宁波天一阁藏明嘉靖刻本景印），卷六，《人物志·贞烈·许州·刘氏》，页36b（总第579页）。

文中所谓"力躬纺织以自赡"，学者的理解为：

> 儒家对贞节的定义是妇女排除财政（按：应译为"财务"）上对亲戚的依靠，并认为家庭纺织业是唯一适合与世隔绝的女性的生产方式。拒绝再嫁之所以值得注意，更大程度是在财政（按：应译为"财务"）上不再依赖男性而生活，而不是因为对性欲的克制。[①]

这个解释显然着重在经济面向。然而，这篇史料可以解读的方向，除了经济因素，尚有其他几个方面，而且必须同时交叉看待，才能彰显其意义。在此提出社会阶层、性别文化、政治制度与史学编纂四者，示范个别单一分析有何缺陷，以及同时多元交织来解读一则史料的必要性。

（一）仅见社会阶层

如果我们只挑选单一因素，平面地认识这段数据，可能会有以下的缺憾。首先，仅从阶层方面来分析，特别是专注在"力躬纺织以自赡"（经济独立）这个要点，实忽略传主出于生员之家的社会阶层。传中"廪膳生员"标示了刘氏的丈夫不是农民百姓，而是府州县学中"成绩"较好的诸生，之后其乡试落第，可见他居于明代下阶儒士的社会身份。引文中未叙及传主娘家与夫家的家族背景，

---

① Timothy Brook, *Confusions of Pleasure: Commerce and Culture in Ming China* (Berkeley: University of California Press, 1998), chap. 2, p. 100; 中译版：卜正民 (Timothy Brook) 著，方骏、王秀丽、罗天佑合译：《纵乐的困惑：明朝的商业文化》，台北：联经出版事业股份有限公司，2004年，第137页。

我们只看到一个核心家庭的夫妻与幼子，实际上她可能与夫家同居，生活上或许依赖其他家人，因此从本传我们对其真正的经济生活条件，实无以确知。

而若未放入性别与书写来思考，实无法真正解读文中意涵，例如"杜门罕见亲戚，力躬纺织以自赡"，强调的是她守寡期间罕与人来往，清守坚贞①。尤其明清大量传记中不断见到寡妇纺织的描述，乃与历代强调两性职责男耕女织形象相符②，恐怕也是传主忙于劳力而非淫逸的隐喻（当然也不排除实情的可能性，但读者感受到的讯息应该还是与贞节最为相关）。加上"遗孤惟菲，尚在襁褓""百计抚孤，鞠育成立"数语，也都是描绘"抚孤守节"的元素，以增添其苦节的形象③。因此，拒绝再嫁之所以值得注意，应该还是围绕在"贞"的概念，即使传主在经济上不再依赖丈夫而活，仍有可能依赖家族，只是不一定见记载。而我们若未顾及制度与史学因素，也无法了解旌表制度的影响与限制、地方志修纂列女传的意义，以及女性形象书写的象征意涵。

（二）只论性别文化

其二，如从性别文化（女德）来论之，读者立即可发现这段史料强调的是长期孀居、"始终一节"的贞节事迹；传记着重在主人翁

---

① 卜正民认为，"杜门罕见亲戚"意味着节妇被要求与世隔绝；未有任何依附的妇人是流言蜚语的题材，其跨越男性为中心的宗族关系网络从而危害男性的权威，让男性感到焦虑。见卜正民：《纵乐的困惑：明朝的商业文化》，第137页。
② 白馥兰（Francesca Bray）著，江湄、邓京力译：《技术与性别：晚期帝制中国的权力经纬》，南京：江苏人民出版社，2006年，第6章。
③ 衣若兰：《史学与性别：〈明史·列女传〉与明代女性史之建构》，太原：山西教育出版社，2011年。

为人妻、母的家内角色。但若忽略传主的社经地位，则有将妇女群体笼统简化的嫌疑；而不加入政治制度与传记书写传统，实也难看出时代之性别意涵，意即这篇传记承载的可能不（仅）是明代妇女守贞的"具体事实"，传文提及传主的年纪与寡居的时间："二十八而寡，今历孀居三十五年。"也就是传主符合"三十以前夫亡守志，五十以后不改其节"①的旌表节妇标准。明代表扬节妇的重点在"活的典范"，死后不旌②，本传所言"今已六十四岁云"即是传主行谊被调查的时间与存殁的证明，因此本传的内容可能是提供官方旌表"材料"而产生。加以方志列女传的编写有其基本叙事模式，其目的也与地方官（或编修者）企图借由女德宣扬风教相关，甚至涉及地方政治角力③。

（三）偏重政治制度

其三，如果对政治具敏感的读者，基于文中所述嘉靖十八年（1539）知州的表扬，会注意到传记细节涉及的旌表制度。然仅关注明代旌表制度中的年岁限制，未思考社会阶层问题，则恐忽略传主为生员之家，按照规定本无受旌之资格④，至嘉靖年间才有所转

---

① 申时行等修：《明会典》（万历朝重修本），卷二十，户部七，《户口二·赋役》，北京：中华书局，1989年，第134页。
② 关于明代旌表节妇烈女制度，详见费丝言：《从典范到规范：从明代贞节烈女的辨识与流传看贞节观念的严格化》，台北：台湾大学出版委员会，1998年。
③ 参柯丽德（Katherine Carlitz）著，王硕译：《明中期江南的祠堂、统治阶层特点及寡妇守节的流行》，收入姚平主编：《当代西方汉学研究集萃·妇女史卷》，上海：上海古籍出版社，2012年，第111—146页。
④ "（正德）十三年，令军民有孝子顺孙、义夫节妇事行卓异者，有司具实奏闻。不许将文武官、进士、举人、生员、吏典、命妇人等，例外陈请。"申时行等修：《明会典》，卷七十九，礼部三十七，《旌表》，第457页。

变。嘉靖二年（1523）奏准：

> 今后天下文武衙门，凡文职除进士、举人系贡举贤能，已经
> 竖坊表宅，及妇人已受诰敕封为命妇者，仍照前例不准旌表外，
> 其余生员、吏典一应人等，有孝子顺孙义夫节妇，志行卓异，足
> 以激励风化、表正乡闾者，官司仍具实迹以闻，一体旌表。[①]

本传并非特例，而是明代中叶社会阶层与国家制度的互动结果。若不结合史学书写与性别意涵来观察，我们也只会见及史料表面呈现的道德标准，看不出女性传记如何被"制作"，传记又如何"压缩"传主的一生，"特写"其某段时间、某种行谊（婚后、守贞）。明清女性节烈事迹之记载、筛选与流传，实与传记的生产机制密切相关，其与明代女德褒扬体制互为表里，形成当时的节烈风气，而节烈观与气氛又强化传记之记载与主题的采选[②]。

（四）单视史学编纂

其四，这篇生命史书写，聚焦在寡妻守节，刘氏的名字完全不见记载，而被称为某生员之妻，女人的个别姓名或许对于当时的读者和作者来说，意义较不大，他们需要的是借由女性的依附身份来放置她的家庭与社会脉络，由此来让人们辨识她。本传的产生与内容的择选，显现的是明代方志列女传的"制作生产"、撰写模式与

---

① 申时行等修：《明会典》，卷七十九，礼部三十七，《旌表》，第457页。
② 参费丝言：《从典范到规范：从明代贞节烈女的辨识与流传看贞节观念的严格化》；衣若兰：《史学与性别：〈明史·列女传〉与明代女性史之建构》。

书法隐喻。明代女性传记往往凸显传主的贞节形象，而挤压其他女德的描写，例如母仪[①]；传记内容描写勤于纺织的形象，亦可说是书写寡妇守节的一种隐喻。

但若只从传记书写来看，这可能是一篇大家以为"千人一面"的节妇传，内容简短，也不够"苦节"，似乎会被认为无所阐发之处。若未结合明代制度、性别文化与社会阶层，我们实无法窥见短短传文却述及身份、年岁、乡评与表扬，实是明中叶旌表的标准与执行的反映。我们也不易理解这个传记的产生、写作目的及其内容与流传，乃是地方上大量上呈"女性事迹"等待旌表的"遗迹"或成果；表扬这位节妇的知州张良知，正是此部方志的编者，刘氏在方志出版的前两年嘉靖己亥（1539）被表扬，即于张任内被采访并收入地方史志。

作者此处特写一位女性的德性，选择的主题不在主中馈、妇言或慈善，而是贞节；强调的性别角色不在为人女的责任，而是为妻与为母的职责，文中凸显的是忠于其夫以及抚养遗孤。全篇传文的用辞都在支撑作者想要凸显的贞操，而之所以强调这类女德，实与社会对男女角色期待之氛围、作者欲宣传的道德理念密切相关。不关心性别文化，则无以凸显旌表制度对明代女德之塑造、传记叙事模式的性别意涵。另外，这些传主的家族，不少为社会关系网络中不容忽视者，生员之家被纳入国家表扬体系，显现明中叶制度的变革与社会阶层的期待与变动，值得注意。

此篇简短的方志传文实包含了社会阶层、性别文化、政治制

---

① 衣若蘭：《史学与性别：〈明史·列女传〉与明代女性史之建构》。

度与史学编纂等多重元素，唯有将这四个因素交会并置解析，我们才得以演绎阐释传中多层次的历史讯息，缺一不可。缺少了性别文化分析，这篇传记只不过是个枯燥乏味、同构性极高的千万列女传记之一；忽略制度的理解与政治目的之思维，传记内容的特质与产生之目的，亦无法彰显；而不具备社会阶层的敏感度，只从经济面向来解释，也可能对传主的身份认识不全；最后，若遗漏史学的思考，则不易了解书写模式、传记细节与传文的隐喻。

上述利用一则短篇女性传记，示范多元交织的可能分析方式。这样的分析，实可从女性主义交织性理论得到灵感。然究竟何谓交织性理论？其与性别理论的学术发展脉络有何关系？此理论对我们省思中国性别史研究有何帮助？可能的局限又何在？如何进一步发展中华脉络的多元交织性别史？以下将先概述此理论，以作为文后笔者衍发多元交织中国性别史研究的基础。

二、交织性理论概述

"交织性理论"一般认为是黑人女性主义法律学者克伦肖（Kimberlé Williams Crenshaw）于1989年提出的认知架构。源于深感黑人女性经验无法融入美国传统性别歧视或种族歧视的个别讨论范围，她认为造成不平等的根源不会只有一个，通常也不会单独存在，实际上妇女面临的是各种形式、多层次的压迫①。克伦肖试图为当时美国社会人群的分类方式与身份认同之困境找寻出路，认为

---

① Nira Yuval-Davis. "Intersectionality and Feminist Politics," *European Journal of Women's Studies*, 2006, Vol.13, No.3, p.196.

必须交织看待社会建构的各种类别（category），例如除了性别以外，还有种族、阶级等等，她特别强调黑人妇女的"交织经验"比性别、种族歧视的"加总"来得重要，如果没有将多元因素交织一同看待，无法确切看清黑人妇女的从属地位[1]。

此论点冲击了主流白人中产阶级女性主义认为性别不平等是一切剥削根源的概念，挑战了"女性"经验的普世与单一，特别是"男性宰制论"中可能忽略的种族／族群与阶级等压迫因子，及其与性别压迫之间的交错关系。交织性理论亦被称为多元交织女性主义（intersectional feminism）[2]。

（一）交织性理论与美国女性主义学术发展

交织性处理的是第二波妇女运动之后，反思"差异性"的问题，此理论强调各种多元身份。"差异"实非一个全新的概念，而是女性主义学者不断地反省、互动、累积而成。

美国女性主义妇女史研究萌芽于20世纪60年代晚期，源于寻

---

① Kimberlé Crenshaw, "Demarginalizing the Intersection of Race and Sex: A Black Feminist Critique of Antidiscrimination Doctrine, Feminist Theory and Antiracist Politics," *University of Chicago Legal Forum*, 1989, No.1, pp. 139–167.

② Kimberlé Crenshaw, interview by Sara Hayet, "Kimberlé Crenshaw Discusses 'Intersectional Feminism'"（video）, posted October 15, 2015, https: //www. youtube. com/watch?v=ROwquxC_Gxc, accessed（March 19, 2017）. 汉考克（Ange-Marie Hancock）则认为讨论交织性理论不能只提克伦肖、柯林斯等一两位学者，还有不少学者对此领域均颇有贡献，例如Bonnie Thornton Dill, "Race, Class, and Gender: Prospects for an All-Inclusive Sisterhood," *Feminist Studies*, 1983, Vol.9, No.1, pp. 131–150, 一文奠下交织性理论的社会学根基，而且汉考克认为要上推这个理论的知识渊源与黑人女性主义的过往发展，包括19世纪黑人女权运动者如Maria W. Stewart（Maria Miller, 1803—1879）的*Religion and the Pure Principles of Morality*（1831）一书，见Ange-Marie Hancock, *Intersectionality: An Intellectual History*, pp. 1–21.

找女性被压迫之根源，20世纪70—80年代开始蓬勃发展[1]。20世纪70年代勒纳（Gerda Lerner）首先谈论性别角色（gender role）于历史研究上的重要性，提醒历史研究者注意性别对历史分期的可能挑战，文中提及少数学者已开始将性别视为如种族、阶级一般的历史动因来分析[2]。凯莉（Joan Kelly）也曾使用"以生理性别作为分类"（sex as a social category）来呼应时人所说的"以妇女作为分类"（women as a category），提出性别关系（relationship between sexes）是"社会的"而非"自然的"概念[3]。戴维斯（Natalie Zemon Davis）则指出妇女史研究的目标，一为明了两性（sexes）与性别群体（gender groups）的过往；二是挖掘性角色与性象征（sexual symbolism）在不同社会与时代的范畴，以知其意义，及如何维持社会秩序或促进改变；第三，解释为何两性角色有时被严加固定（tightly prescribed），有时候又是流动的，有时对称而有时又不平衡[4]。

20世纪80年代妇女史学者则质疑女性情谊（sisterhood）的单一性，例如他们提出黑奴女性与其庄园女主人并非站在同一阵线，中

---

① 美国妇女史研究从19世纪中叶到2001年之发展，详见俞彦娟：《从妇女史和性别史的争议谈美国妇女史研究之发展》，《近代中国妇女史研究》，2001年第9期，第207—234页。可惜该文并未论及黑人女性主义的交织性理论。

② Gerda Lerner, "Placing Women in History: Definitions and Challenges," *Feminist Studies*, 1975, Vol.3, No.1/2, pp. 5–14.

③ Kelly-Gadol, "The Social Relation of the Sexes: Methodological Implications of Women's History," *Signs: Journal of Women in Culture and Society*, 1976, Vol.1, No.4, pp. 809–810.

④ Natalie Zemon Davis, "'Women's History', in Transition: The European Case," *Feminist Studies* , 1976, Vol.3, No.3/4, pp. 83–103.

产阶级和劳工阶级女性亦未必有共同目标①。女性主义人类学家亦反省性别文化的矛盾冲突，注意到不平等制度可能还与年龄、层级（rank）、族裔、阶级等因素相关，试图观察这些歧视之结合如何形成一种特别的社会性别体系（gender system），例如从探究非洲部落中老年与青年男子之间的不平等关系而获心得②。

20世纪90年代，在建立"性别作为分析范畴"的概念之后，斯科特主张以"差异"作为女性主义分析的范畴，批评女性主义为了政治动员，把"妇女"作为一个先于历史存在的社会类别，将"妇女"看作一个永恒的、明显与其他群体有所区别的社会群体，她认为女性主义历史成了一部消灭女性之间差异的历史，而这些差异（例如阶级、性取向、族裔、政治、宗教与社经地位等等），被压缩成一个"妇女"的共同身份③。

交织性理论即是在20世纪80年代以来反省性别与妇女论述的单一性中应运而生，其中对于阶级与性别的结合观察，可溯及社会主义女性主义者的要求，又与左派、黑人社会主义女性主义之间颇有渊源④，其后强调多元差异的风气更有助其继续深耕。

交织性理论的讨论原本主要放在美国民权运动、反歧视与家暴案件，后广泛被运用在社会学、政治学等领域。众所皆知，一个人不会单纯只有"性别"一种身份认同，她／他还有族群、阶级、

---

① Nancy A. Hewitt, "Beyond the Search for Sisterhood: American Women's History in the 1980s," *Social History*, 1985, Vol.10, No.3, pp. 299–321.
② Faye D. Ginsburg and Anna Lowenhaupt Tsing, *Uncertain Terms: Negotiating Gender in American Culture*（Boston: Beacon Press, 1990）, p.5.
③ Joan Wallach Scott, ed., *Feminism and History*, pp. 4–5.
④ Linda Gordon, "'Intersectionality', Socialist Feminism and Contemporary Activism: Musings by a Second–Wave Socialist Feminist," pp. 340–357.

宗教、年龄、辈分等等不同身份，既然如此，当我们讨论相关问题时，能不将他／她的其他身份认同或影响事件的因素同时放入讨论吗？克伦肖试图研究个人生命经验与社会结构制度，及其与集体政治动员之间的关系[1]。麦金农（Catharine A. MacKinnon）则以多元交织来研究家庭暴力的问题，认为家暴的缘由，不完全只是性别这个单一因素，种族与阶级因子也不容忽视[2]。历史学方面，吉尔摩（Glenda Gilmore）曾以交织的方式来讨论种族隔离的问题，认为过去将非裔美人史、妇女史、南方史与政治史分别研究论述，并不能完整地呈现过往人们真正的生活面向[3]。美洲史研究中即可见不少将种族、性别与政治权力相互交织的研究成果[4]。

（二）交织性理论的弹性与衍化

读者或许会以为"交织性"完全等同于多元主义，实际上，"交织性"看似将多元因素放在一起，其理论与多元概念未必完全相同。

---

[1] Kimberle Crenshaw, "Mapping the Margins: Intersectionality, Identity Politics, and Violence against Women of Color," *Stanford Law Review*, 1991, Vol.43, No.6, pp. 1241–1299.

[2] Catharine A. MacKinnon, "Intersectionality as Method: A Note," *Signs: Journal of Women in Culture and Society*, 2013, Vol.38, No.4, pp. 1019–1030.

[3] Glenda Gilmore, *Gender and Jim Crow: Women and the Politics of White Supremacy in North Carolina, 1896–1920*, New ed. (Chapel Hill and London: The University of North Carolina Press, 1996).

[4] 例如Bonnie Thornton Dill, "Our Mothers' Grief: Racial Ethnic Women and the Maintenance of Fa milies," *Journal of Family History*, 1988, Vol.13, No.4, pp. 415–431. Eileen J. Suárez Findlay, *Imposing Decency: The Politics of Sexuality and Race in Puerto Rico, 1870–1920* (Durham, N. C. : Duke Uni versity Press, 1999). 另可参 Karen J. Leong, "Still Walking, Still Brave: Mapping Gender, Race, and Power in U. S. Western History," *Pacific Historical Review*, 2010, Vol.79, No.4, pp. 618–628.

学者曾指出，多元取径与交织论两者都认可各种范畴之间同等重要，然多元研究方式往往预设了各种范畴之间的关系，而交织性研究方法则尽量不预设此，保留实证研究开放的可能性。其次，关于范畴的概念化，多元取径无论处理的是个别或者制度层面，都是一种较倾向静态的概念，而交织性则注意个体与制度因素之间的动态互动；第三，在分析方面，多元取径在乎分析个体与制度的个别因素，交织性则着重分析个体与制度之间的整合。第四，多元取径进行的是从实证或理论择一研究，而交织性则是二者均用，以多重方法来进行研究[1]。也就是说，多元概念处理的虽是多种类别，然可能仅采取单一面向来各别研究阐释，而交织性强调的是多种范畴的多个面向，同时相互交会缠结；多元主义可能是平面的——置入讨论，交织性则期待更立体的透视问题。

要之，笔者认为关于交织性理论，值得注意的有以下几点：

1. 交织性不只是讨论多种社会类别与差异，而交织性就是注意到分类的可能缺失与简化，强调类别之间须交织看待，且使难以归类者，其个别经验被纳入讨论，因此必须结合多元身份一同观察。交织性理论提醒我们只看到性别而不论文化、政治的可能偏狭[2]，她们主张经验与情境的重要，例如有色人种在美国感到自己主要被认定的经验，可能不是性别，而更可能是种族。

---

① Ange-Marie Hancock, "When Multiplication Doesn't Equal Quick Addition: Examining Intersectionality as a Research Paradigm," *Perspectives on Politics*, 2007, Vol.5, No.1, pp. 63–79.

② Kimberlé Crenshaw, "Mapping the Margins: Intersectionality, Identity Politics, and Violence against Women of Color," p.1246. Leslie McCall, "The Complexity of Intersectionality," pp. 1785–1786.

2. 交织性所谈的多重身份元素，并不是将个人的这些经验"加减"[1]，而是探究在不同社会结构与脉络中，这样的多重身份元素可能产生的作用点与交织样貌之差异。柯林斯（Patricia Hill Collins）即反对将这些多种不平等的因素相加，认为这些压迫并不是相加乘而是相互交织。她提出支配矩阵（matrix of domination）的概念，认为压迫的文化模式不仅是相互密切关联，而且受到社会中族裔、性别与阶级的交织而彼此缠绕，这些多元压迫其实涉及个人、社会与制度的多个层面[2]。要之，交织性理论强调的不是简单的叠加变量，而是从一个特别的视角出发，探究包含日常规则中潜在的层级权力关系（hierarchical），以及种族、性别与阶级之交会，并观察现实的人群与经验[3]。

过去我们的分析方式，若非单一从性别、种族或阶级面向来讨论，或用"二重"或者"三重"剥削来叠加解释，女性常直接被认定为被剥削者，而如果又同时具备有色人种身份，再被视为第二重压迫。这种加乘法的讨论方式，一方面未考虑事件发生的情境或历史脉络中多重身份认同的交互作用，另一方面也未再思考其他多元

---

① 例如设若亚裔女性在族群与性别上居于弱势各减10分，她们成了负20分，然后发现其为上阶层妇女就再加10分回来，成了负10分。可参林津如：《〈女性主义纵横政治〉及其实践：以台湾边缘同志为例》，收入游素玲主编：《跨国女性研究导读》，台北：五南图书出版股份有限公司，2011年，第22—23页。但既然多元交织不是"加法"，笔者以为，应也不见得会是"乘法"。所谓的质变不是加法或乘法而来，而是可能在多元身份、因子交互作用之后，产生新的问题与新的面向。因此，应非如学者所说的性别压迫"乘上"种族压迫，见林津如对 Nira Yuval-Davis, "Intersectionality and Feminist Politics" 一文的理解，参氏著：《〈女性主义纵横政治〉及其实践：以台湾边缘同志为例》，第22—23页。

② Patricia Hill Collins, *Black Feminist Thought: Knowledge, Consciousness, and the Politics of Empowerment* (Boston: Unwin Hyman, 1990), pp. 42, 222, 226–227.

③ Catharine A. MacKinnon, "Intersectionality as Method: A Note," p.1020.

身份因素存在的可能性，有时会过于简化而偏向无限上纲所谓"弱势者"的身份。因此回归历史事件发展的情境，将丰富多元的因素交织观察，分析影响事件发生的因子与个人身份经验，或许比将人的被压迫身份直接相加乘更能洞悉问题的关键。

3. 交织因素会随着情境而有所变动、衍化。有些身份（认同）（因素）与文化压制，在特定情境下有效，有时又失效，有些因子在特定的时空中会浮现（意义），有时又消失。例如一位亚裔女教授在美国可能自认（被认）为是少数弱势女性，她在教研单位中可能又受制于层级的权力结构威胁（当然也可能受惠）；但当她来到亚洲国度，她的少数族群身份（感）骤减，性别的可能劣势也许在社会阶级的优势中变得模糊，而英语能力或许又使其占有另外优势。又如，在台湾一位"外省人"或者"原住民"男性可能具有各自族群身份意识，到了海外面对不同社会文化，此个体又可能面临不同优势文化之宰制，或产生新的身份认同，比方说亚裔、华裔、有色人种、非以欧美语系为母语者等等。因此，多元交织实刺激我们思考身份认同之间的弹性与影响因子的多重变化。

而除了思考哪些多元因素须加入讨论，我们可能还须进一步评估这样多重交织的元素中，何者影响力优先或强大。许多问题虽涉及性别，但性别并不总是主导事件发展的单一或最主要因素；同理，也可放在阶级、种族等其他面向思考。

交织性理论虽然已经是欧美女性主义分析中的一个常用术语，但是学者各自的理解与使用巧妙各有不同。为此，几位黑人女性主义者于2013年又再度省思此理论，凝聚三种研究取向：1. 作为分析框架的应用（例如分析性别、阶级、种族在劳动市场的作用）；

2. 将交织性作为理论与方法；3. 实用层面。她们希望将交织性理论扩大为"交织性研究领域"（field of intersectional studies），其中麦金农特别再次强调将交织性作为方法论的重要性[1]。

然而也有人批评交织性理论定义不明，讪笑其"无所不包"，方法论不清[2]。又认为其描绘社会"类别"的界线而有过于本质化之嫌，且总着重在类别之间的"宰制关系"。加以其讨论与应用在美国学界常较限于黑人议题，太强调种族因素而可能忽略如阶级或经济上的不公[3]。有人甚至质疑当今社会将"类别"细分是否仍具意义？用社会类别来直接代表群体利益是否可行？太过强调身份认同会不会削弱社会制度的作用？因此，有学者建议，交织性应该要关注社会群体关系之间如何变化，而不是只关注于这些群体本身的定义与再现[4]。无论如何，吊诡之处即在于，此理论之多样化与复杂，意义模糊不清，反而引起更热烈的讨论[5]。

总之，交织性理论初期的解释模型较为单一，其后则强调动态与过程[6]，例如从单轴（single axis）分析改为矩阵式思考（matrix

---

[1] Sumi Cho, Kimberlé Williams Crenshaw, and Leslie McCall, "Toward a Field of Intersectionality Studies: Theory, Applications, and Praxis," *Signs: Journal of Women in Culture and Society*, 2013, Vol.38, No.4, pp. 785–810. Catharine A. MacKinnon, "Intersectionality as Method: A Note," pp. 1019–1030.

[2] 相关响应详参 Jennifer C. Nash, "Re-thinking Intersectionality," *Feminist Review*, 2008, No.89, pp. 1–15.

[3] 参Linda Gordon, "'Intersectionality', Socialist Feminism and Contemporary Activism: Musings by a Second-Wave Socialist Feminist," pp. 350, 347.

[4] Leslie McCall, "The Complexity of Intersectionality," pp. 1785–1786.

[5] Kathy Davis, "Intersectionality as Buzzword: A Sociology of Science Perspective on What Makes a Feminist Theory Successful," pp. 67–85.

[6] Sylvia Walby, "Complexity Theory, Systems Theory, and Multiple Intersecting Social Inequalities," *Philosophy of the Social Sciences*, 2007, Vol.37, No.4, pp. 449–470.

thinking），掺和一些未被标示、透明的类别元素，并且多面向地加以解释分析[①]，这种动态理论，实有利于各领域专家进行讨论、挪用与整合再制。那么，在中国性别史研究方面，我们如何发展出符合文化情境的交织图像？

三、中华文化脉络下的交织与变项

最新美国史研究之趋势倾向淡化妇女史、非裔美人史与劳工史之间的界线，将社会各种不同的类别如族裔、性别、阶级等交织讨论。而引领风潮的史学家，对于开展新的领域或新的理论框架似乎兴趣较低，他们更乐于寻找史学因素之间的交织与互动[②]。

交织性理论源自对女性处境的关心，强调女人并非只有一种面目，然毕竟源自黑人女性主义，交织性理论还是比较强调社会的宰制关系，例如柯林斯认为任何社会都有其特殊的支配矩阵，交织着各种压迫体系，例如种族、社会阶级、性别、性属（sexuality）、公民地位、年龄等；而且它是一种特殊的支配权力组织，结构的、纪律的支配人与人之间[③]。而交织性理论发展初期主要在"女性"或者"性别"内部来谈"差异"，如此虽然挑战了第二波妇运的种族

---

①   Vivian M. May, *Pursuing Intersectionality, Unsettling Dominant Imaginaries*, chap. 1.

②   Eric Fonerandand Lisa McGirr, eds., *American History Now*（Philadelphia: Temple University Press, 2011）, pp.viii, 53.

③   见Patricia Hill Collins, *Black Feminist Thought: Knowledge, Consciousness, and the Politics of Empowerment*, p.299. 而及至 2016年，汉考克著书讨论交织性，其宗旨仍在探究类别之间的关系与尝试凸显、矫正过去忽略黑人妇女或者有色人种妇女的社会政治位置。Ange-Marie Hancock, *Intersectionality: An Intellectual History*, p.8.

与阶级盲点，却仍难冲击不甚关心性别或女性议题的学门。我们或许可将性别因素独立出来，将之与各种身份认同或社会制度的不同面向加以交织，更能使性别研究与主流学术对话，增进彼此互动。中国史学界（特别是华文学界）迄今罕见呼应交织性理论者，而交织性理论实亦不适合直接套用在中国的情境，因此以下笔者选取数例，提示如何修正衍发多元变项，发展适合中华脉络的多元交织性别史研究①，所举之例多半围绕在笔者较为熟悉的明清时代。

（一）再思阶层、族群与性别之交织

首先，交织性提醒我们，既然性别不是普世的，那么阶级、族群问题也不会是普世的②。曾有学者提醒研究中国妇女地位，首先应该注意她们分属于不同的阶层，并非所有的女性都从属于所有的男性，而是在特定阶级中，按照个人或家庭的关系而从属③。郝继隆（Albert R. O'Hara）曾将中国妇女粗分为四层：奴隶与劳动女性、农商之妻、士宦之妻、贵族与统治阶级之妻④。在这四种分类中，有三种是以妻子的身份依附于男性的阶级分类，忽略了家庭中

---

① 本文多处用"中华"脉络或"华人"文化而非"中国"，因"中国"一词容易有地理区域或政权的直接指涉，且也难以将不同族群对应讨论。"中华"或者"华人"则避免了这样的局限，也让讨论的平台包括17至19世纪的东亚或海外华人社群。

② 本文在此使用"族群"而非如交织性理论所强调的"种族"，是为了选择适合中华历史文化脉络的类别范畴，例如关于满族的讨论，似不当以种族论之。

③ Priscilla Ching Chung, *Palace Women in the Northern Sung, 960-1126*（Leiden: E. J. Brill, 1981），p.89.

④ 他比较这些妇女，认为劳动阶级与农商之妇比富裕之家的女性较有活动自由。见Albert Richard O'Hara, *The Position of Woman in Early China According to the "Lieh Nu Chuan"*, "*The Biographies of Chinese Women*"（Hong Kong: Orient Publishing, 1955），p.261.

女性的不同角色，我们或许以某阶层家庭的"女眷"来分类较为适合。然传统中国妇女的阶级划分，本是一个棘手的问题，主要在于如何处理女性依附性的问题；上述的"劳动妇女"未以依附方式被归类，然"农商之妻"之分类，着重其依附性又忽略其生产的可能独立性。

性别与社会阶层交会的研究，在中国性别史研究上并非罕见[1]，但关于阶层的定义与划分，以及如何从阶层差异来省思性别议题，仍有待深化。高彦颐在《闺塾师》一书中对阶级的定义为：基于财富、政治权力、文化资本与主观意识的群体与社会身份[2]。阶层的区分，在中国的脉络中，除了良贱、士农工商等，似尚宜包括任官考试资格、科名与识字能力等等，再加以细分。

高彦颐曾指出士人妻与佃农妻之间具有无可逾越的差异，各阶级中妇女并无共同的利益，我们谈性别时往往容易将男女相对，而将士人妻子与名妓的共性拿出来讨论，在强调阶级时则却着眼于阶层差异（社经地位）的悬殊[3]。可见性别史研究者，不少倾向用普世的模型来谈性别差别待遇，当研究上层妇女时强调性别不平等，忘了她们的身份阶层优势与限制；面对下层妇女史料时，仍旧仅谈性别差异，未深入探讨其阶级身份可能导致的歧视，以及同性但不

---

[1]　例如李贞德的研究曾提醒我们将阶级纳入性别讨论的重要性，见李贞德：《杰出女性、性别与历史研究》，收入王雅各主编：《性属关系》（下），台北：心理出版社股份有限公司，1999年，第1—16页。以及其有关于中古时代贵族、乳母等研究成果，见李贞德：《公主之死：你所不知道的中国法律史》，台北：三民书局股份有限公司，2001年；《汉魏六朝的乳母》，《"中研院"历史语言研究所集刊》，1999年第70本第2分，第439—481页。另，高彦颐著，李志生译：《闺塾师：明末清初江南的才女文化》。

[2]　高彦颐著，李志生译：《闺塾师：明末清初江南的才女文化》，第6—7页。

[3]　高彦颐著，李志生译：《闺塾师：明末清初江南的才女文化》，第6—7、273页。

同阶级之间的互动[1]。反之，学者讨论男性史时，则常着重在阶层区分而遗漏性别议题的存在，例如下层社会男性的性别议题，以及科举文化与阶级、性别的因子互动等，皆尚有研究的空间[2]。

而若再加上族群因素，中国性别、阶级与族群交织之丰富、复杂面向应更能展现。17至19世纪中国史研究最可发挥性别、族群、阶层之交织研究，大概属于满族相关的议题[3]。以目前研究成

---

① 关于妇女与阶层的相关研究，参衣若蘭：《三姑六婆：明代妇女与社会的探索》，台北：稻乡出版社，2003年，第4章。又，关于江南的生产，李伯重则注意到农妇的贡献，补充我们对下层妇女劳动的理解，见氏著：《"男耕女织"与"妇女半边天"角色的形成：明清江南农家妇女劳动探讨问题之二》，《中国经济史研究》，1997年第47期，第10—21页；《从"夫妇并作"到"男耕女织"：明清江南农家妇女劳动探讨问题之一》，《中国经济史研究》，1996年第43期，第99—107页。另外，学者曾研究日据时期台湾日本中间层女性的经验，参颜杏如：《歌人尾崎孝子的移动与殖民地经验：在新女性思潮中航向梦想的"中间层"》，《台湾史研究》，2016年第23卷第2期，第65—110页。文中所举的例子为一名职业妇女。那么，传统中国是否有中间阶层？中间阶层的妇女为何？

② 少数如苏成捷（Matthew H. Sommer）研究清代地方社会小民百姓的多偶现象，注意到性别的议题。Matthew H. Sommer, *Polyandry and Wife-Selling in Qing Dynasty China: Survival Strategies and Judicial Interventions*（Oakland, Calif. : University of California Press, 2015）。科举方面可参Hoi Ling Lui, "A Haunting Voice: A Place for Literary Wives in the History of the Civil Examinations in Qing China," *New Zealand Journal of Asian Studies*, 2011, Vol.13, No.1, pp. 17–30. 又学者曾注意到年辈与功名是士大夫家庭中的两套身份阶序，亦可视为士大夫表现男性气概的自我认同。参孙慧敏：《晚清民初士大夫家庭中的男性家长：以曾国藩、王闿运、谭延闿为例》，《近代中国妇女史研究》，2013年第22期，第1—64页。吴玉廉则探讨商人阶层的男性特质，参Yulian Wu, "Collecting Masculinity: Merchants and Gender Performance in Eighteenth-Century China," in Beverly Jo Bossler, ed., *Gender and Chinese History: Transformative Encounters*（Seattle: Washington University Press, 2015）, pp. 59–82.

③ 定宜庄与赖惠敏对旗人妇女／性别已有相当的成果累积，见定宜庄：《满族的妇女生活与婚姻制度研究》，北京：北京大学出版社，1999年；赖惠敏：《但问旗民：清代的法律与社会》，台北：五南图书出版股份有限公司，2007年。而戴真兰（Janet Theiss）也为我们描绘了一个多民族帝国的性别政治，见Janet M. Theiss, *Disgraceful Matters: The Politics of Chastity in Eighteenth-Century China*（Berkeley: The University of California Press, 2004）。卢苇菁亦曾提醒满族统治是清代特别重视"贞女"的因素之一，见卢苇菁著，秦立彦译：《矢志不渝：明清时期的贞女现象》，南京：江苏人民出版社，2010年，第3章。然如何将性别、族群与阶级三者同时交织研究，仍有待开发。

果较为丰硕的清代寡妇议题为例，若能整合多重因素同时交织观察，历史的图像或将更为明晰。当守节与再嫁议题放入族群因子考虑，可发现旗人寡妇再婚与否的选择，实涉及了赡养银与抢婚、收继婚俗，也就是说，在旗汉的对照中，旗人有族群的经济保障来支持其寡居生活，也可能有族群的特殊婚俗迫使其再嫁，那么在这样的脉络中，是否仍可称之为"守节"？或许以"寡居"称之更为恰当。又据学者研究，满汉家庭纠纷中，汉人犯奸问题的比例高过旗人[1]，然此是否能以满人更重视贞节来解释，或可再思。

若加上社会阶层因素，我们也必须注意史料中提及的旗人家庭属于哪个阶层，他们的经济地位如何？生计情形与阶层的关系又如何[2]？同属下阶层，旗汉的生计困难有何不同？旗汉妇女的再嫁与否和阶层或族群因素之关联性，何者更为密切，这些都是需再考虑的面向。又，清中叶社会性别比例失调与清朝对女性贞操的极端强调、对男性气质的建立之间所涉及的族群、阶级的问题，亦可再探讨[3]。

要之，我们若仅以性别宰制、女德规范来谈贞操、守节与再嫁，或片面争辩满人或汉人谁较为守贞、旗人是否受汉文化影响而遵从儒家伦理贞操，都显得不够周延。过往研究者常以旌表女性的人数来推论明清时代满汉人群对守节的重视与否，即是忽略制度在不同

---

[1] 相关研究参赖惠敏：《从清代档案看旗人的家庭纠纷（1644—1795）》，收入游鉴明主编：《无声之声（Ⅱ）：近代中国的妇女与社会（1600—1950）》，台北："中研院"近代史研究所，2003年，第53—84页。

[2] 关于八旗的研究成果，可参鹿智钧：《近二十年来（1989—2009）八旗制度研究的回顾与讨论》，《史耘》，2010年第14期，第125—175页。然这些研究中关于人群的阶层问题，似仍有待厘清。

[3] 参Matthew H. Sommer, "What Does It Mean to Be a Man in China?," *Cross-Currents: East Asian History and Culture Review*, 2015, No. 16, pp. 190—197.

时期、针对不同族群策略的差异。唯有同时将性别、阶层、族群、制度等因素交叉考虑，才有助于梳理丰富多元的清代性别课题。

此外，交织互动也可以运用在讨论男性特质与父子、兄弟、朋友关系。曼素恩（Susan Mann）曾呼吁学界若不放入男性研究，性别史会被视为只是妇女史而已，特别提醒男性友谊在中国历史研究上的意义[1]。男性史研究实有助于我们再思男、女，阴、阳的对比[2]；而加入情欲与性属因素，明清时代的男性特质又会展开不一样的面向，时代的特色也呼之欲出[3]。目前已有学者问到，汉人男

---

[1]　Susan Mann, "Women's History, Men's Studies: New Directions in Research on Gender in Late Imperial China," 黄克武主编：《"中研院"第三届国际汉学会议论文集历史组：性别与医疗》，台北："中研院"近代史研究所，2002年，第73—103页。黄卫总（Martin W. Huang）也提醒男性人际网络、男性亲属之间的关系，见Martin W. Huang, *Negotiating Masculinities in Late Imperial China* (Honolulu: University of Hawai'i Press, 2006). 亦可参*Nan Nü: Men, Women and Gender in China* "明代男性友谊"（Male Friendship in Ming Dynasty）专号，2007, Vol.9, No.1。

[2]　雷金庆（Kam Louie）即是在这个反思上，建立中国男性特质的"文"／"武"框架，见Kam Louie, *Theorising Chinese Masculinity: Society and Gender in China* (Cambridge: Cambridge University Press, 2002). 李木兰（Louise Edwards）探究《红楼梦》中男女衣着打扮所展现的男性特质，也省思过去对"阴""阳"特质的应用，见Louise Edwards, "Aestheticizing Masculinity in *Hongloumeng*: Clothing, Dress, and Decoration," in Kam Louie, ed., *Changing Chinese Masculinities: From Imperial Pillars of State to Global Real Men* (Hong Kong: Hong Kong University Press, 2016), pp. 90–112. 韩献博则为我们构筑了中国男性史的通论，见Bret Hinsch, *Masculinities in Chinese History* (Lanham, Md. : Rowman and Littlefield, 2013). 只可惜该书略过性别文化丰富多彩的清代。男性史在中国性别史研究方面确实是一个亟待开发的领域，相关研究成果与书目，参何宇轩：《方兴未艾：学术界的中国男性史研究》，《汉学研究通讯》，2013年第32卷第4期，第1—10页；《中国男性史研究论著目录》，《书目季刊》，2015年第49卷第2期，第105—121页。薛英杰：《男性特质视角在西方明清研究中的运用：以方法论的转向为中心》，《妇女研究论丛》，2006年第6期，第89—99页。

[3]　例如魏浊安（Giovanni Vitiello）探究16世纪中叶到19世纪中叶文学中的同性恋与性爱观，见氏著：*The Libertine's Friend: Homosexuality and Masculinity in Late Imperial China* (Chicago: The University of Chicago Press, 2011). 黄克武则利用明清笑话书、戏曲、艳情小说及民初报纸窥见明清至近代男性气质的转变，见氏著：《言不亵不笑：近代中国男性世界中的谐谑、情欲与身体》，台北：联经出版事业股份有限公司，2016年。

性在朝代转折之际面临薙发令与男性特质建立之间的关系，以及旗人官员完颜麟庆（1791—1846）与贫士沈复建构自我男性形象的时代因素[1]，但如何在这些个案研究中再放入族群与阶层的因素来交织观察，或许是未来清代男性史研究可再深究的课题。

而在当前热门的相关讨论风气下，我们应可挖掘更多汉与非汉（或者满与非满）、中心与边陲（界域）[2]、统治与被统治阶层，及其与性别因素相互交织的议题。另外，中外文化相遇的讨论中，亦适合用多元因素交织来研究[3]，新议题的开展与新的研究成果，令

---

① 见Matthew H. Sommer, "What Does It Mean to Be a Man in China?"; Binbin Yang, "Drawings of a Life of 'Unparalleled Glory': Ideal Manhood and the Rise of Pictorial Autobiographies in China," in Kam Louie, ed., *Changing Chinese Masculinities: From Imperial Pillars of State to Global Real Men*, pp. 113–134. Martin W. Huang, "The Manhood of a Pinshi (Poor Scholar): The Gendered Spaces in the Six Records of a Floating Life," in Kam Louie, ed., *Changing Chinese Masculinities: From Imperial Pillars of State to Global Real Men*, pp. 34–50.

② 目前将"界域"或"地域"纳入性别历史文化考察的相关研究成果不少，例如连瑞枝关于西南女性祖先或女神传说与历史的研究，《女性祖先或女神：云南洱海地区的传说与历史》，《历史人类学》，2005年第3卷第2期，第25—56页；胡晓真的近著《明清文学中的西南叙事》，台北：台湾大学出版中心，2017年，论及秦良玉之女功、女德与"女祸"，也碰触性别、政治与地域之叙事等等，本文限于篇幅与文章论述脉络，在此不赘。未来，如何将地（界）域概念整合入多元交织，将地域的身份认同或优越／歧视，交融于性别、阶层、族群等因素，应可丰富且扩展地域研究的视角。

③ 邓津华（Emma Jinhua Teng）研究19世纪中到20世纪中叶中西国际通婚与混血儿时，即运用了交织性的概念来探讨国族认同与种族、性别、文化之间的关系。她认为单独用种族意识形态，例如美国的一滴血原则（one-drop rule，意指若含非纯种白人血统，就不属于白人）无法解释为何若父亲是美国人的中美混血儿则被视为美国人；而由父系血统来看，也无法顾及有些母亲是华人的混血儿，他们自认或被他人认定是华人的事实。因此唯有将种族与性别的交织看待，才有助于我们了解这种混同的复杂状况。在这个研究中，如果分别用种族或者性别来分开讨论，并用静态而非动态的形态来分析（例如种族或性别歧视），实无法解释这些混血儿所面临的文化认同问题。见Emma Jinhua Teng, *Eurasian: Mixed Identities in the United States, China, and Hong Kong, 1842–1943*（Berkeley and Los Angeles: University of California Press, 2013），pp.xvii, 331.

人拭目以待。

（二）关注长幼、嫡庶与性别之交会

然而，除了性别、阶层、族群，我们又能交织出何种中华文化脉络之性别史研究的动态图像？斯科特虽曾提醒，勿将性别仅限于亲属制度的讨论中[1]，然从家庭来观察中国的性别与社会的问题，似乎更能理解男女真正的生活处境，触碰越深层的文化现象，剖析性别意涵之底蕴。

学者指出早期中国家庭的发展，有三大特色：父系、孝道与父权，而且是跨阶级与地域的实践[2]；这三个特点如今看来在华人文化中不仅是跨阶级与地域，而且是跨时代的。虽然"父权制"一词近来在美国学界被批评为忽略各个类别之间的差异与权力关系，并将父权视为"先验"的、不证自明的性别不平等经验，有超越时空的普世性暗示，因此有学者想用交织性来取代父权制研究[3]；然即使是交织性女性主义者本身，仍不免使用"父权制"来讨论[4]。

中国父系体制编织了层级严密的伦序网络，往往超越性别二元

---

① Joan Wallach Scott, "Gender: Still a Useful Category of Analysis?," p.1068.

② Patricia Buckley Ebrey, "Women, Marriage, and the Family in Chinese History," in Paul S. Ropp, ed., *Heritage of China: Contemporary Perspectives on Chinese Civilization* (Berkeley: University of California Press, 1990), pp. 204–206.

③ 例如纵横（transversal politics）女性主义者认为，讨论父权制已经是个老掉牙的问题，他们强调跨越国度的多重思维。Vrushali Patil, "From Patriarchy to Intersectionality: A Transnational Feminist Assessment of How Far We've Really Come," *Signs: Journal of Women in Culture and Society*, 2013, Vol.38, No.4, pp. 850–852.

④ 例如克伦肖与柯林斯皆仍使用父权制，参Vrushali Patil, "From Patriarchy to Intersectionality: A Transnational Feminist Assessment of How Far We've Really Come," p.852.

对立对个人的控制。而这种控制也绝不会只发生在女人身上，单独强调女性所受到的性别不平等压迫的面向，忽略了家庭伦理关系、年龄辈分的层级与身份位置，只能看到家庭的局部图像。当然，忽略性别问题，亦无法看清华人家庭的权力结构。

中国伦理秩序中的"性别"面向实无所不在。有学者认为20世纪20年代占有话语主导权的男性新知识分子，试图建构一个男女两性横轴的新社会秩序，来替代父权纵向主轴的儒家秩序等级结构[①]；但实际上传统儒家强调的除了纵轴的层级关系，亦有"横轴"关系（例如夫妻、友朋），其中夫妇之伦一直为儒家所关心[②]。而男女关系不必然保持在横向或纵轴，"以夫为天"的说法，即呈现出上下的纵轴关系；妻为夫服丧斩衰三年，而夫为妻仅服杖期一年，亦是关系不对等的明证。

况且儒家伦理建立的亲属关系之亲疏远近，也不是同等距离的辐辏，其中有明显的性别倾斜。从丧服制度中，同为至尊的父母却得到不同期限与轻重之服叙，即可窥见明代以前视父母"不等恩"的概念[③]。这些不对等的亲属关系中，特别可以看出对父（夫）系本宗的强调，例如母党、妻党与本宗女党均被视为是"外亲"，婚姻存续与否左右了女性与原生家庭关系的亲疏远近，夫家认同在

① 宋少鹏：《清末民初"女性"观念的建构》，《中国现代文学研究丛刊》，2012年第5期，第102—116页。

② 赵园曾对明清之际士人"夫妇一伦"的讨论，见氏著：《家人父子：由人伦探访明清之际士大夫的生活世界》，北京：北京大学出版社，2015年，第1—112页。吕妙芬的近著亦探讨儒学论述中的夫妇之伦，见氏著：《成圣与家庭人伦：宗教对话脉络下的明清之际儒学》，台北：联经出版事业股份有限公司，2017年。

③ 参萧琪：《父母等恩：〈孝慈录〉与明代母服的理念及其实践》，台北：秀威信息科技股份有限公司，2017年。

日常礼法中不断地被强化①，已婚妇女被迫安排与己身父母家族疏离，她对本宗亲属服丧须降一等。而同样是姻亲关系，岳婿关系却不等同于翁媳关系，如《明会典》中即规定妻为夫之父母服斩衰三年，而夫为妻之父母则服缌麻；妻为夫之祖父母服大功，而夫为妻之祖父母则无服②，可见相较于夫，妻为夫家亲属服丧较重。元代以来女子孝顺的对象明显从双方父母转为以夫家为主③，即使研究上发现妇女与娘家日常仍有所往来④。

　　将伦序置入性别史讨论，实有助于解答华人家庭中的人际关系、身份地位与性别课题。这种父（夫）系单世系的认同、强化与维持，伦理关系的权力结构与压制，往往超过两性对立之性别权力宰制。例如：有关母亲的角色与权力，过去研究容易以简单的性别宰制来考察中国家庭（史），当无法解释身为"卑弱"的女性又具母亲身份之权力来源，于是以中国文化独有"母权"一句带过。实际上，若尝试用多元身份交错观察，回归中华脉络对伦序辈分的重要性，古代虽有"夫死从子"一语，但辈分的秩序框架以及"尊

---

① 李贞德曾对北魏隋唐法律中显现的夫家认同做过精彩的分析，参氏著：《公主之死：你所不知道的中国法律史》。

② 申时行等修：《明会典》，卷一〇二，礼部六十，《丧礼七》，"妻为夫族服图"，第565页。

③ 杜芳琴：《发现妇女的历史：中国妇女史论集》，天津：天津社会科学院出版社，1996年，第169—172页。明代已婚妇女孝顺对象亦转移到夫家，而若在夫家面临孝事翁姑与谨守贞操不能两全的情况，往往会倾向守贞，参林丽月：《孝道与妇道：明代孝妇的文化史考察》，《近代中国妇女史研究》，1998年第6期，第1—29页。日本学者仙石知子则认为近世中国孝顺优先于贞节之考量，参仙石知子：《孝と貞節：中国近世における女性の規範》，收于小浜正子编：《ジェンダーの中の中国史》，东京：勉诚出版，2015年，第33—42页。

④ 毛立平：《清代下层妇女与娘家的关系：以南部县档案为中心的研究》，《近代中国妇女史研究》，2013年第21期，第3—48页。

尊"文化所产生的权力结构，让母亲在伦理秩序中，仍显尊贵。将伦序与性别权力作为两条线交会观察，我们就不会限于男女二元对立，踌躇于母亲在性别关系不平等的社会中，何以产生权力；况且研究也显示，"母权"不见得是建立在宰制的权力关系当中，也可能源自生养关系与情感支持①。

而中华伦理秩序中特别值得注意的有：长幼（辈分、排行与年龄）与嫡庶，以下分别述之。

1. 长幼涉及辈分、排行与年龄。从"辈分"我们可以思考家内老年男女的权威如何建立，这种权威有无性别差异的问题。明清时代老年妇女在家庭的权威，于史料中屡见不鲜，徽州、福建与台湾文书中均可见许多契约由女性长辈（母或祖母）主持签订，有些女性家长实则维系整个家族②。然而我们却罕见家训作者为女性，仅见少数的女性口述闺训（如《温氏母训》），此虽与女性普遍无识字能力有关，但在有不少才女的明清时代，却罕见其训言，可见家训的写作还是涉及了家族内的性别权力。与上述持家的女性对照，亦

---

① 沃尔夫（Margery Wolf）于20世纪60年代在台湾北部三峡一带的农村考察，发现当地已婚妇女以儿子为中心建立"子宫家庭"来对抗父系大家庭，并且援以乡里舆论来捍卫自己的可能力量，见Margery Wolf, *Women and the Family in Rural Taiwan*（Stanford, Calif. : Stanford University Press, 1972）；子宫家庭的概念亦见于明清时代母子关系的研究，如熊秉真：《明清家庭中的母子关系：性别、感情及其他》，收入李小江、朱虹、董秀玉主编：《性别与中国》，北京：生活·读书·新知三联书店，1994年，第514—544页。

② 如福建浦城县洞头村邹氏大家庭，见陈支平、郑振满：《浦城洞头村"五代同堂"调查》，收入傅衣凌、杨国桢主编：《明清福建社会与乡村经济》，厦门：厦门大学出版社，1987年，第310—328页。关于徽州妇女主持各种契约签订，相关研究参阿风：《明清时代妇女的地位与权利：以明清契约文书、诉讼档案为中心》，北京：社会科学文献出版社，2009年。

显示家内的现实权力运作与表面的正式权力不见得相当①。此外，庶妾在传统中国地位相较于正妻低下，但在法律之前，子辈还是得尊敬她，如《大明律》有曰："若妻之子殴伤父妾，加凡人一等。妾子殴伤父妾，又加二等。"②妻、妾之子伤父妾，虽然处以不同刑罚，然辈分在其中仍见作用。

其次，"排行"伦序的重要性，在明清律法中也可窥见，家庭成员之间的人身伤害，依照家内长幼排行来增减刑罚，即为其中之显例。《大明律》规定："若弟妹殴兄之妻，加凡人一等；若兄姊殴弟之妻，及妻殴夫之弟妹及弟之妻，各减凡人一等；若殴妾者，各又减一等。"③意即弟妹殴打大嫂，加重一等刑罚；然若是兄姊殴弟媳，以及大嫂殴小姑、小叔、娣（夫之弟媳），刑罚均减轻斗殴凡人一等，而如果被殴者身份是妾的话，则减两等。但是，"其殴姊妹夫、妻之兄弟及妻殴夫之姊妹夫者，以凡斗论"④。为何在此看似有长幼顺序之关系却以凡人斗殴量刑？《大清律辑注》清楚地说："其殴姊妹之夫、妻之兄弟及妻殴夫之姊妹夫者（有亲无服，皆为

---

① 布尔迪厄（Pierre Bourdieu）将男性占有的正式权力（official power）与女性经常行使的非正式的支配权力（dominated power）分开看待。见 *Outline of a Theory of Practice*, trans. Richard Nice（Cambridge and New York: Cambridge University Press, 1977）. 杜芳琴将性别权力关系分为"经"与"权"，"经"指的是本质的常规，性别之间存在支配与服从；"权"为该制度给妇女相对的空间，如尊母、重妻、爱女，见杜芳琴、蔡一平：《中国妇女史学科化建设的理论思考》，第15页。
② 怀效锋点校：《大明律》，卷二十，刑律三，斗殴，《妻妾与夫亲属相殴》，沈阳：辽沈书社，1990年，第165页。
③ 怀效锋点校：《大明律》，卷二十，刑律三，斗殴，《妻妾与夫亲属相殴》，第165页。
④ 怀效锋点校：《大明律》，卷二十，刑律三，斗殴，《妻妾与夫亲属相殴》，第165页。

同辈），以凡斗论。"①意即亲属关系的运作，一般虽按排行辈分原则，但若无服丧义务，则被视为同辈的凡人关系②。也就是在排行的伦序规则下，仍有一个主要以夫（父）系优先认同的原则。

再者，"年龄"方面，近来学者将之分为实际年龄、功能年龄与文化年龄，强调"年龄"作为一个分析的范畴③。中国男女的年龄意义有何不同？明清男女于各生命周期有不同的礼俗，代表不同的角色与任务④。然有趣的是儿童教育的内容却趋向成人，童蒙书中即充满经世治国的想法，女童教育则是为了将来为人妻母而准备。如是，明清时代无数道德期待与条规的史料中，年龄是否为编写者在意的要点？明清教育中的年龄之概念与区隔及其意义，仍有待进一步研究。而当辈分、年龄与性别交涉时，孰先孰后？华人尊重长者，人际关系的准则、辈分的重要性往往高于年龄，年龄虽然在文化当中作为合宜行为的参考（如敬老尊贤），然家庭中辈分、

① 沈之奇著，怀效锋、李俊点校：《大清律辑注》，卷二十，刑律，斗殴，《妻妾与夫亲属相殴》，北京：法律出版社，2000年，第773—774页。
② 华特纳曾从《大明律》家庭暴力的惩罚来看性别与辈分阶序制（hierarchy），认为阶序制是视条件而定的（contingent），并无法解释律法当中的各种规定。见Ann Waltner, "Breaking the Law: Family Violence, Gender and Hierarchy in the Legal Code of the Ming Dynasty," *Ming Studies*, 1996, No.1 pp. 29–43.
③ 见Lynn A. Botelho, "Old Women in Early Modern Europe: Age as an Analytical Category," in Allyson M. Poska, Jane Couchman, and Katherine A. McIver, eds., *The Ashgate Research Companion to Women and Gender in Early Modern Europe*（Franham, England: Ashgate, 2013），pp. 297–316. 她认为我们目前对于童年已有不少研究成果，呼吁探索历史上老年妇女的议题。
④ 详见曼素恩著，杨雅婷译：《兰闺宝录：晚明至盛清时的中国妇女》，新北：左岸文化，2005年。又明清时代男子成丁的年龄界限有何意义？不同族群有何差异？如旗人15岁成丁，见陈文石：《满洲八旗的户口名色》，《"中研院"历史语言研究所集刊》，1971年第43本第2分，第243页。又学者以为情窦初开似是12岁为始，参王鸿泰：《情窦初开：明清士人的异性情缘与情色意识的发展》，《新史学》，2015年第26卷第3期，第1—76页。年龄在明清史的意义，值得再探。

排行的结构与权力，似乎更为严谨。当年龄、辈分与性别因素交会，我们会发现其中运作的准则，往往不见得以性别为优先。

又人群关系中的"长幼"若再加上阶层因素，也可见其交织的复杂面向。明清曾有文人为其婢女写圹志（例如归有光），现实生活中他们之间可能有深厚的情感联结；然奴仆可能年龄比少主长，日常居家也可能被当作同居家人看待，但礼法秩序中的良贱之分，却不可不谓泾渭分明。明清良贱相殴的法条显示，"凡奴婢殴良人（或殴，或伤，或折伤）者，加凡人一等"。[1]妻殴夫者，杖一百；妾殴夫，加罪一等，然奴婢殴家长凡皆斩，"杀者，皆凌迟处死；过失杀者，绞；伤者，杖一百，流三千里"。[2]其次规定：

> 若殴家长之期亲及外祖父母者，绞；伤者，皆斩；过失杀者，减殴罪二等；伤者，又减一等；故杀者，皆凌迟处死。殴家长之缌麻亲，杖六十，徒一年；小功杖七十，徒一年半；大功，杖八十，徒二年。折伤以上，缌麻，加殴良人罪一等；小功，加二等；大功，加三等。[3]

也就是说，这个惩罚的思维涉及伦理辈分，而父权的因素似大过单纯的良贱宰制关系。雇工人的法律问题亦如是：雇工人骂凡人，处以笞一十，但若骂家长则杖八十、徒二年；雇工人并非奴婢贱民，同样冒犯家长，他们的判刑仅较奴婢轻一等，而且只有面对

---

① 沈之奇著，怀效锋、李俊点校：《大清律辑注》，卷二十，刑律，斗殴，《良贱相殴》，第744页。
② 怀效锋点校：《大明律》，卷二十，刑律三，斗殴，《奴婢殴家长》，第162页。
③ 怀效锋点校：《大明律》，卷二十，刑律三，斗殴，《奴婢殴家长》，第162页。

家长时才会有不同的惩罚标准①，可见在法律之前，其行为不轨并非逾越良贱之界线，而是冒犯父系权威。

2. 嫡庶之分为宗法社会的特殊议题，值得中国性别史研究关注、思考。女性不能继统承宗，一般认为中国妇女生活被排除在宗法制度之外②，实则女性如何被置入宗法概念的家族之中，此与性别等因素如何交互作用而形成强固的家族、社会关系（秩序）网，有待研究者深入剖析。

宗法社会中的嫡庶之别，是家内秩序中除了年龄与辈分以外的另一种层级（区隔）。此种阶序源于夫妇婚姻的缔结方式，不仅影响女性在家庭中的地位，也及于所生子与其妇的家庭社会地位（例如嫡长子的妻子称为冢妇，地位高于家内其他同辈妇女）。过去关于传统中国庶妾之相关研究已有不少成果，然其多半着重在评价妾在某个历史时段的地位，若能将嫡庶之辨放入思考，并与其他身份因素交织看待，将更有助于我们了解中国性别史与家庭史。特别是明清时代嫡庶的准则，不仅应用于家内之继承与服丧，也呈现在封赠与子孙荫任等面向；官方封赠制度坚持嫡母在，不得封庶生母，而恩荫制度也规定，唯有家中的嫡子与嫡孙能承继父职，嫡庶之分在明清家庭、社会因素中的角色，实不容忽视。

---

① 明代雇工人与贱民的相关司法规定与说明，见吴艳红、姜永琳：《明朝法律》，南京：南京出版社，2016年，第209—219页。而明代的主仆关系，参吴振汉：《明代的主仆关系》，《食货月刊》，1982年第12卷第4/5期，第147—163页。又将族裔因素放入，将会有更多层面供观察，可参陈文石：《清代满人家中的奴仆》，收入《"中研院"成立50周年纪念论文集》编辑委员会编：《"中研院"成立50周年纪念论文集》，台北："中研院"，1978年，第537—576页。
② 陈东原：《中国妇女生活史》（重印1937年商务印书馆初版），台北：台湾商务印书馆股份有限公司，1994年，自序，第2页。

明代以来，嫡庶之辨虽不如中古以前严格[1]，然在家族主义与修谱运动的气氛下，家谱与墓志中皆较过去更为清楚记载嫡庶之别。[2]妾在丧礼中称丈夫与嫡妻为"家长""女君"[3]，也就是在家庭史书写或者礼仪的实践上，嫡庶的区分仍占重要位置。然这种将庶妾固定在某种看似严密的身份阶序内，却于明清时代商品经济、贞节表扬与孝道宣扬的环境下，有了弹性与流动的机会。在性别与嫡庶的交织下，妾的身份本为礼法歧视，却可能经由买卖进入富有家庭，提升其经济生活条件[4]；而且寡妾也可能借由守节而得到政府的表扬，提高其在家族社会的名声，甚至得到分产的机会[5]。再者，上古以来对庶母服丧的降级，于明代也在孝道与情感的支持下，有所松动，明初《孝慈录》即改子为庶母服齐衰杖期。然律法上则"若妾殴夫之妾子，减凡人二等。殴妻之子，以凡人论"[6]，意即庶妾打庶子，比照母子关系处理，但是庶妾殴打嫡妻之子，则

① 唐长孺：《读〈颜氏家训·后娶篇〉论南北嫡庶身份的差异》，收入氏著：《唐长孺社会文化史论丛》，武汉：武汉大学出版社，2001年，第101—112页；又中古时代子随母而贵贱，贵嫡贱庶的想法，参郑雅如：《情感与制度：魏晋时代的母子关系》，台北：台湾大学出版委员会，2001年。

② 金蕙涵认为明代妾被记载的方式与唐宋不同，是因为家族对"嫡庶"和"知其所出"的重视，见氏著：《情与德：明代江南地区的侧室合葬墓》，《政治大学历史学报》，2012年第37期，第20页。

③ 另值得注意的是，明代律法上妾对夫并不称"家长"，而是"夫"，以斗殴罪为例，惩罚的标准比奴婢对家长为轻，例如妻殴夫杖一百、妾殴夫杖六十，徒一年、奴婢殴家长则斩。表示在法律之前妾被视为仅次于妻之家人，然在服丧制度上，夫是妾的家长，妾与夫的亲属关系被拉得较远。

④ Hsieh Bao-Hua, *Concubinage and Servitude in Late Imperial China* (Lanham: Lexington Books, 2014).

⑤ 白凯（Kathryn Bernhardt）：《中国的妇女与财产，960—1949年》，上海：上海书店出版社，2003年；阿风：《明清时代妇女的地位与权利：以明清契约文书、诉讼档案为中心》。

⑥ 怀效锋点校：《大明律》，卷二十，刑律三，斗殴，《妻妾与夫亲属相殴》，第165页。

是伤害宗子，罪刑较重，嫡、庶子的地位，仍有所差异。

最后，我们若加入族裔因素，会发现旗汉妾制之不同，满族的妾主要来自非满族人的战俘与奴仆，地位低贱[1]，旗人家族伦序与性别之交织，似仍有进一步研究探讨的空间。

3. 而长幼、嫡庶与性别因素又如何交织？以财产继承为例，明清时代在继承原则上，虽然是诸子均分，但是诸子并不包括女，性别的排除作用大过长幼与嫡庶之分。另嫡庶原则显然优先于长幼辈分，在继统的概念中，即使长者如叔辈也不会比嫡子优先取得继承权。此再试举一例，"嫂叔服"是明清礼制中较有争议的一个课题，大嫂虽排行高于小叔，然年龄有可能小于叔，他们之间服丧与否的争议，挑战的不是伦序中排行或者年龄长幼的顺序，而是异性／姓同居男女的避嫌[2]，也就是在此争议中，性别因素显然是主要症结，然一旦这位大嫂是庶妾之身，制度中的"有服无服"、亲属内"男女大防"之疑虑，似都不存在了，因为在此嫡庶问题为大，妾非嫡妻，在家内只有与夫（家长）的直系亲属有服丧关系，其他则无服。总之，我们若不将长幼有序与嫡庶有别的概念放入性别史考虑，实不易发现问题的症结所在，也可能会推演出不合历史文化情境的解释。

综上所述，过去学者曾提出华夏社会的特质之一是性别等级与阶级等级的双轨制[3]。然笔者以为与其强调"等级"，或许不如强调性别

---

① 定宜庄：《清代满族的妾与妾制探析》，《近代中国妇女史研究》，1998年第6期，第75—108页。

② 参张寿安：《"嫂叔无服？""嫂叔有服？"："男女有别"观念的松动》，收入氏著：《十八世纪礼学考证的思想活力：礼教论争与礼秩重省》，台北："中研院"近代史研究所，2001年，第337—398页。

③ 杜芳琴：《华夏族性别制度的形成及其特点》，收入氏著：《中国社会性别的历史文化寻踪》，天津：天津社会科学院出版社，1998年，第40—42页。

与伦序之间的交织，毕竟男女关系并非总限于"男尊女卑"的上下等级宰制关系，家内亲缘等级的准则亦影响个人经验与家庭社会运作。

结　语

目前中国性别史研究面临的困境在于：有些研究声称以性别为研究视角，但实仅以生理的性差异来作为分类讨论，并未探究社会性别如何在历史或者权力关系中展现；有的则过度强调生理性别与社会性别的严格划分，无法运用弹性、动态的方式来理解男女（或LGBTQ）议题；还有的凡事以"性别独尊"来思考，忽略其他身份认同或影响因子。

斯科特早已提醒研究者，不必总以性别来分析妇女的"现身"，忽略其他因素作用的可能性，例如经济等等[1]，不过，斯科特关于交织性理论并无特别响应，她多运用后结构主义的思维，倾向视认同与分类是不固定与不稳定的。而既然人的性别认同不一定是单一、静态、固定的，人的经验也与性别以外的其他社会文化属性相关，我们在研究性别史时，实不应忘记纳入各种相关元素，注意多元交织下的生命经验，探究这些纷杂的认同是由何种机制产生。

过于单一强调某一个社会类别或者不平等因子，有时并无法帮助我们看到事件的全貌。诚如学者近年来再度呼吁将交织性作为重要的研究方法，强调探讨性别议题，不应仅关注性别面向（特别是将女性视为"铁板一块"的单一群体），还须探讨个人或事件所牵

---

[1]　Joan Wallach Scott, "Some More Reflections on Gender and Politics," pp. 199–222.

涉的种族、阶级等其他身份、因素的权力交互作用；并将之交织考察，而非一一个别叠加。

当讨论中国妇女问题，我们若总是简单高举性别不平等这个大旗，大喊男权压迫剥削，忽略传统中国社会年龄、辈分、嫡庶等伦理阶序关系亦是造成权力倾轧的根源，则往往无法透析问题的核心。这些因素一旦不与性别交汇融合看待思考，就可能会产生诸如婆媳问题，不易放入性别不平等框架来论之的尴尬，而若从辈分来观察，再加上父权、父系因素分析，则似当更可解。性别与家庭（社会）之阶序关系、父权主流文化的压迫，往往是交织而呈现的，它不会仅是单一的性别或者阶级问题。因此，伦理阶序是我们思考中国性别文化时，须放入交织思考的一个重点，而这种伦序概念同时也适用于社会关系的解释分析。

西方女性主义的论述框架虽不见得能完整解释传统中国的性别意涵与性别关系的特殊性，然今日性别史的研究，似也无法避免面对性别理论。唯中国社会的不平等与父权实践，并不是单一以男权的独大来呈现（当然西方也不完全是，还有种族等其他因素），当我们把男女直接放入一个对立、尊卑的体系之中，两性已经没有对照或互补之意，只剩上下、尊卑、优劣与对抗，是否符合实情？

而且性别理论并非只有一种，我们也可尝试参照从黑人女性主义发展出来的交织性理论来思考中国性别史的问题。20世纪90年代以来，北美学界强调差异、多元交织理论，补充、冲击了主流女性主义论述，学者甚至强调将交织性作为一种研究的范式[1]。各式理

---

[1]　Ange-Marie Hancock, "When Multiplication Doesn't Equal Quick Addition: Examining Intersectionality as a Research Paradigm," pp. 63–79.

论自有其酝酿成长的土壤，交织性理论挑战的是美国第二波妇运的单一性，补充了妇女运动中多元差异的讨论，思考各种身份认同的支配与建构，省思所谓的普世性与特殊性。但值得注意的是，该理论所讨论的差异与多元，往往是在性别这一类别之内再区隔其他身份差异，也就是常在女人当中看到"不同"，而非将性别与其他身份因素交叉探究，如此往往仍难冲击原不关心性别的领域。或许源于妇女运动的批判与平等要求，交织性理论太过强调各种人际关系的支配宰制，忽略其他的可能性。因此，将性别独立出来与多种不同的身份（因素）交会观察，并且发展中华文化自身脉络的交织变项，尝试描绘立体动态的交织图像，或许才有助于中国性别史的进一步发展。

本研究之目的，在于探究多重因素及其交织如何有助于开展中国性别史的研究课题与视野。文中再思传统中国阶层、族群与性别之交会，强调关注中华文化脉络自有交织变项（例如：嫡庶、长幼等伦理阶序关系）与性别交会之重要性，期待以此深掘中国性别史之特性与多重面向，同时或亦可补西方性别理论对中华性别文化认识的不足。然而，不只是与性别相关之身份认同、支配因素，我们似也可将各种影响历史发展的因素放入考虑，意即多元交织也可放在不同史学领域的研究上，如本文第二节示范的多元因素并入探讨，以复杂化研究课题与分析解释。未来，交织的概念一旦普遍使用，或许会如后现代理论一样，不需理论而"自明"了。更期盼有一天，中国性别史研究不再只是为西方理论提供"史料"或脚注，而是能产生自身坚实的理论分析架构。

历史记忆研究的理论、实践与展望

潘宗亿

前 言

　　经过19世纪末以来三波"记忆潮"（memory boom），历史记忆研究逐渐成为探究社群集体特定过去意义认知、论述建构与文化再现的重要取径。当代学者于历史记忆研究系谱的追溯，大抵止于哈布瓦赫（Maurice Halbwachs, 1877—1945）所提议的"集体记忆"学理。但是，哈布瓦赫只是19世纪末至20世纪初欧美第一波"记忆潮"的一部分。19世纪末以来，缘于德、法、意等现代民族国家政权历史合法性之需求，心理学、文学、哲学与历史学等领域学者，致力探询记忆与国族认同建构之关系[①]。在此宏观脉络下，冯特（Wilhelm Wundt, 1832—1920）、艾宾浩斯（Hermann Ebbinghaus, 1850—1909）、西蒙（Richard Semon, 1859—1918）与弗洛伊德

---

① Jay Winter, "The Setting: The Great War in the Memory Boom of the Twentieth Century," *Remembering War: The Great War between Memory and History in the 20th Century*（New Haven, CT: Yale University Press, 2006）, pp. 20–26.

（Sigmund Freud，1856—1939）等心理学家尝试探析记忆运作机制，并直指其重构性质[1]；法国历史学者勒南（Ernst Renan, 1823—1892）在《何谓民族》一文，反思集体记忆、遗忘与国族认同建构的关系[2]；法国哲学家伯格森（Henri Bergson, 1859—1941）在其《事物与记忆》（*Matière et mémoire*）与文学家普鲁斯特（Marcel Proust, 1871—1922）在其《追忆逝水年华》（*Ala recherche du temps perdu*），分别阐释记忆机制与类别；[3]第一次世界大战之后，欧洲掀起一股亡者纪念碑与悼念仪式热潮，心理学家里弗斯（W. H. R. Rivers, 1864—1922）也从记忆视角研究"炮弹休克症"（shell shock）。[4]正是在此第一波"记忆潮"末期，哈布瓦赫与瓦尔堡（Aby Warburg, 1866—1929）分别提出他们的集体记忆学理。

第二波"记忆潮"于20世纪70年代开始浮现，以恢复二战创伤记忆及其历史研究为特征。二战之后，战胜国与战败国均强调有利国家重建的英雄或反纳粹、反法西斯论述，而有关犹太人大屠杀（Holocaust），南京大屠杀与广岛、长崎核袭击等战争创伤，因冷战政治遭结构性遗忘。自1968年青年革命浪潮起，受压抑而隐没的大屠杀与战争记忆纷纷浮现，不但诉诸回忆录、纪录片与纪念仪

---

① Dmitri Nikulin, ed., *Memory: A History*（Oxford: Oxford University Press, 2015），pp. 239–243.

② Ernest Renan, "What is a Nation?," trans. Martin Thom, in Homi K. Bhabha, ed., *Nation and Narration*（London: Rutledge, 1990），pp. 8–21.

③ 关于伯格森与普鲁斯特于记忆的探讨，可参阅潘宗忆：《玛德莱娜时刻：以战后台湾饮食书写中的食物记忆为例》，《中国饮食文化》，2016年第12卷第1期，第91—176页；胡正光：《从伯格森到阿布瓦希：论集体记忆的本质》，《政治与社会哲学评论》，2007年第21期，第158—159页。

④ Jay Winter, "The Setting: The Great War in the Memory Boom of the Twentieth Century," p.21.

式，并以物质形式表现于纪念碑与博物馆等记忆空间，且于后冷战初期臻于高潮[1]。缘此脉络，以二战创伤记忆为题的历史记忆研究成果大量出现，而诺拉（Pierre Nora）、康纳顿（Paul Connerton）与阿斯曼（Jan Assmann）的学理探索则最具典范性。

随着后冷战与后极权时代的来临，第三波"记忆潮"于此形成。由于国际两极对峙局势消融与各地民主转型，原本遭压抑与选择性遗忘的战争与极权不义暴力记忆，开始出现结构性的恢复与转型正义的推行。由于这股由下而上的"记忆革命"，一时"众声喧嚣"，尤以东欧、非洲、东亚、中南美洲与新德国为最明显。在这波"记忆潮"下，出现了蒂尔（Karen Till）以空间记忆政治与萨顿（David E. Sutton）以食物记忆为视角探究战争创伤与离散认同的学者。

累积三波"记忆潮"现实发展与学术探询之互动，历史记忆研究在过去30余年逐渐成为学者借检视记忆媒介或"记忆所系之处"（*Les lieu de mémoire*）[2]，考察社群集体不断重构特定过去意义之认知及其所涉"记忆政治"（politics of memory）的跨学科取径[3]。在此取径下，历史学、人类学与社会学等学科，衍发集体记忆、社

---

[1] Jay Winter, "The Setting: The Great War in the Memory Boom of the Twentieth Century," pp. 26–45.

[2] "记忆所系之处"一词援引自诺拉所著 "Between History and Memory: *Les lieu de mémoire*,"*Representations*, 1989, No.26 pp. 7–24; 此处 "记忆所系之处" 之中译乃参考戴丽娟译，诺拉著：《记忆所系之处》，台北：行人出版社，2012年。

[3] 关于欧美历史记忆研究取径之兴起，可参阅：Astrid Erll, *Memory in Culture*, trans. Sara B. Yang（New York: Palgrave Macmillan, 2011）; Patrick H. Hutton, "Placing Memory in Contemporary Historiography," *History as an Art of Memory*（Hanover: University of Vermont, 1993）, pp. 1–26; Peter Fritzsche, "The Case of Modern Memory," *The Journal of Modern History*, 2001, Vol.73, No.1, pp. 87–117; Lee Klein Kerwin, "On the Emergence of Memory in Historical Discourse," *Representations*, 2000, No.39, pp. 127–150.

会记忆、国族记忆、庶民记忆与文化记忆等众多概念，但无论其意涵为何，其研究核心议题，不仅在于理解社群"如何"诉／述说过去，也在于探讨特定社群如何借由宗教信仰、政治文化、教育涵化、社会实践、历史传统、象征仪式、文艺创作、纪念机构与空间等"记忆所系之处"，具体化并传递集体于"现在"所建构之选择性"过去"的意义认知。故此，学者以各种文化媒介检视"过去"意义之再现，及其如何随社会、政治与文化脉络转折而变迁，此即所谓"记忆政治"。历史记忆作为一个研究取径典范的形成，由21世纪10年代以来世界重要大学与学术出版的众多读本可见一斑①。

在第三波"记忆潮"现实脉络下，历史记忆取径也被运用于东亚史研究。尤其，欧美的台湾史、中国史与东亚史学者，以历史记忆为分析概念，针对太平天国运动、义和团运动、南京大屠杀、广岛与长崎核袭击、二二八起义、白色恐怖、"大跃进"运动与"文化大革命"等主题进行研究，即涉及官方论述变迁、集体创伤结构性遗忘、国族（社群）认同建构、转型正义等面向的讨论。本文在探讨欧美历史记忆典范学理与研究成果的基础上，将兼及此一趋势之综述。

台湾学界在欧美史学研究趋势与20世纪90年代以来本土化和民主转型双重影响之下，开始出现"记忆转向"。自20世纪90年代

① Anna Lisa Tota and Trever Hagen, eds., *Routledge International Handbook of Memory Studies*（London: Routledge Press, 2015）; Jeffrey K. Olick, Vered Vinitzky-Seroussi, and Daniel Levy, eds., *The Collective Memory Reader*（Oxford: Oxford University Press, 2011）; Susannah Radstone and Bill Schwarz, eds., *Memory: Histories, Theories, Debates*（New York: Fordham University Press, 2010）; Astrid Erll and Ansgar Nünning, eds., *A Companion to Cultural Memory Studies*（New York: De Gruyter, 2010）; Michael Rossington and Anne Whitehead, eds., *Theories of Memory: A Reader*（Edinburgh: Edinburgh University Press, 2007）.

初，台湾历史学、社会学、人类学等领域学者，诸如王明珂、萧阿勤、沈松侨、黄应贵开始引介欧美历史记忆学理，并从事个案研究[①]。同时，在《当代》与《思与言》等学术期刊，以及"中研院"近代史研究所与民族学研究所学术活动推动之下[②]，历史记忆取径逐可见诸历史学、传播学、文学与建筑等研究领域[③]，21世纪初以来可谓成果丰硕。是故，本文在综述欧美历史记忆研究主要趋势的基础上，将兼及台湾历史记忆研究成果之考察。

基于上述论旨，除了前言与结论，本文第二部分将概述哈布瓦赫、瓦尔堡、诺拉、康纳顿、阿斯曼、蒂尔与萨顿等学者之典范性

[①] 在此举例若干：王明珂：《集体意识与族群认同》，《当代》，1993年第92期，第6—19页；王明珂：《过去、集体记忆与族群认同：台湾的族群经验》，收录于《认同与国家：近代中心历史比较论文集》（台北："中研院"近代史研究所，1994年），第249—274页；王明珂：《过去的结构：关于族群本质与认同变迁的探讨》，《新史学》，1994年第5卷第3期，第119—140页；王明珂：《谁的历史：自传、传记与口述历史的社会记忆本质》，《思与言》，1996年第34卷第3期，第147—184页；王明珂：《反思史学与史学反思：文本与表征分析》，台北：允晨文化实业股份有限公司，2015年；萧阿勤：《集体记忆理论的检讨：解剖者、拯救者与一种民主观点》，《思与言》，1997年第35卷第1期，第247—296页；萧阿勤：《重构台湾：当代民族主义的文化政治》，台北：联经出版事业股份有限公司，2012年；沈松侨：《我以我血荐轩辕：黄帝神话与晚清的国族建构》，《台湾社会研究季刊》，1997年第28期，第1—77页；沈松侨：《振大汉之天声：民族英雄系谱与晚清的国族想象》，《近代史研究所研究集刊》，2000年第33期，第77—158页；黄应贵编：《时间、历史与记忆》，台北："中研院"民族学研究所，1999年。

[②] 参见《当代》1993年第92期与《思与言》1996年第34卷第3期。

[③] 陈翠英：《失落与重建：试论龙瑛宗〈红尘〉的历史记忆》，《台湾大学文史哲学报》，1998年第49期，第1、3—28页；夏春祥：《文化象征与集体记忆的竞逐：从台北市凯达格兰大道谈起》，《台湾社会研究季刊》，1998年第31期，第21—52页；翁佳音：《历史记忆与历史事实：原住民史研究的一个尝试》，《台湾史研究》，1996年第3卷第1期，第5—30页；邱贵芬：《历史记忆的重组和国家叙述的建构》，《中外文学》，1996年第25卷第5期，第6—27页；许淑真：《政治与传记书写：谢雪红形象的变迁》，东海大学硕士论文，1999年；吴金镛：《国族建构、历史记忆与纪念空间：二二八纪念碑的建构》，台北：台湾大学硕士论文，1994年。

学理，并以研究论著示例，从中厘清集体记忆、社会记忆、历史记忆、身体记忆、文化记忆与空间记忆等概念之定义。其次，在三波"记忆潮"的分析架构之下，本文第三部分在综述欧美历史记忆研究重要论著之基础上，具体归纳当代欧美与台湾于东亚史领域的历史记忆研究主要趋势："帝国扩张与殖民统治遗绪""后冷战战争创伤、教科书政治与纪念文化变迁""后极权国族创伤、转型正义与社群认同"与"国族记忆空间之建构"。最后，本文于结论提出对于台湾历史记忆研究在理论与实践上的初步反思与展望。

一、历史记忆研究学理典范

在欧美第一波"记忆热"脉络下，法国社会学家哈布瓦赫于集体记忆的学理探询与个案研究，及其有关记忆之社会性、建构性、变迁性、物质性与空间性的阐释，为后世的发展定下基调。根据其所著《记忆的社会框架》，集体记忆即个人或社群于"现在"对选择性之特定"过去"所共享的意义认知，而此一意义认知乃由所属社群所形塑，是为外部记忆（external memory）或社会记忆（social memory），亦即"借来的记忆"[1]。这"借来的记忆"，可证个人与社群集体记忆间的辩证关系，亦可见记忆形构的集体性与社会性，故曰集体记忆或社会记忆。但是，因一国或社会存在不同社群，所谓"集体"并非泛指全部成员，如此更凸显社会记忆之多元性。是

---

[1] Maurice Halbwachs, "The Social Frameworks of Memory," *On Collective Memory*（Chicago: University of Chicago Press, 1992）, pp. 35–189; Maurice Halbwachs, "Historical Memory and Collective Memory," *The Collective Memory*（New York: Harper & Row, 1980）, pp. 51–52。

故，当论者使用集体记忆此一概念时，必须具体指出其社群范畴。

其次，集体记忆处于不断流变状态，因此具变迁性与历史性。个人或社群记忆，必随时代变迁、政治局势与现实需求，而历经重新建构，如哈布瓦赫所言："过去并非如实重现……所有事情似乎都指出，过去并不是被保存下来，而是基于'现在'的重新建构。"[①]因此，集体记忆可能随历史脉络之变而不断重构，故以历史记忆（historical memory）名之。亦即，集体记忆、社会记忆与历史记忆皆为社群集体对特定过去意义认知之"现在性"建构的不同面向表述。例如，斯特恩（Steve J. Stern）在其"皮诺切特时代的智利记忆盒"（Memory Box of Pinochet's Chile）三部曲研究，即呈现智利大众对于皮诺切特政权集体记忆的社群性差异："一个人的罪犯是另一个人的英雄。"[②]；舒衡哲（Vera Schwarcz）的五四运动回忆史研究，也凸显中国国民党与中国共产党五四历史论述的歧异性与变迁性[③]；根据柯文（Paul A. Cohen）的《历史三调》，身为新文化运动领导者之一的陈独秀认为，"义和团运动"象征中国封建传统的非理性、迷信、无知与野蛮，而作为中共总书记的陈独秀却认为"义和团运

---

①   Maurice Halbwachs, "The Social Frameworks of Memory," pp. 39–40.

②   Steve J. Stern, *Remembering Pinochet's Chile: On the Eve of London 1998*（Durham: Duke University Press, 2004），pp.xxvii, 7;"皮诺切特时代的智利记忆盒"三部曲研究另两本著作为：Steve J. Stern, *Battling for Hearts and Minds: Memory Struggles in Pinochet's Chile, 1973–1988*（Durham: Duke University Press, 2006）；Steve J. Stern, *Reckoning with Pinochet: The Memory Question in Democratic Chile, 1989–2006*（Durham: Duke University Press, 2010）.

③   Vera Schwarcz, *The Chinese Enlightenment: Intellectuals and the legacy of the May Fourth Movement of 1919*（Berkeley: University of California Press, 1986），pp. 240–282。

动"是反帝国主义与爱国主义的象征①。

哈布瓦赫在其集体记忆的学理探讨中，尚注意到选择性记忆与遗忘的特性。由于每个时代主宰性论述的变易，特定过去可能遭忽略而遗忘，但在不定时期又被赋予重要意义而成为集体记忆的内涵。例如，公元73年犹太人与罗马人之间的马萨达战役（The Battle of Masada），在发生后两千年间，未曾受犹太社群关注，却在以色列建国脉络下备受强调，并引发大规模纪念活动②。年鉴史家杜比（Georges Duby, 1919—1996）检视奥古斯都（Philippe II Augustus, 1165—1223）在1214年击败奥托四世（Otto IV, 1174—1218）的布汶（Bouvines）战役，如何经当时史官之传奇化，而后却逐渐被遗忘，直到17世纪才因法兰西人强调君主记忆又再度浮现，之后又于七月王朝时期因该事件对人民与国王的政治联盟深具意义，而再度被强调，但最后在1945年之后再被淡忘③。

最后，哈布瓦赫从记忆视角关于普鲁斯特《追忆逝水年华》的探讨中，注意到集体记忆建构的物质与空间因素，虽然他并未如诺拉和阿斯曼等后世学者一样进行系统性说明④。总之，哈布瓦赫对集体记忆学理的贡献，在于其指出社群集体记忆的社会性、建构性、变迁性、选择性、物质性与空间性，为后世学者的理论探索与个案研究定下基调。

---

① Paul Cohen, *History in Three Keys: The Boxer as Event, Experience, and Myth*（New York: Columbia University Press, 1997）, pp. 223–237, 238–260.
② Maurice Halbwachs, "The Social Frameworks of Memory," pp. 32–34.
③ Georges Duby, T*he Legend of Bouvines*, trans. C. Tihanyi（Cambridge: Polity Press, 1990）.
④ Maurice Halbwachs, "Space and the Collective Memory," *The Collective Memory*, pp. 128–157.

当代有关历史记忆研究学术史的讨论，时常遗忘与哈布瓦赫同时代的瓦尔堡。艺术史家瓦尔堡创立瓦尔堡图书馆（Warburg Library）发展跨领域文化研究，并以图像学方法论为基础，提出社会记忆理论。由于受记忆心理学家西蒙的记忆痕迹（engram）概念影响，瓦尔堡认为承载重要象征意义之图像主题或文化符号，都有储存时代精神与社会记忆能量的"情念程序"（pathosformel），如同根植于文化中的"基因"。然这些文化"基因"并非固着不变，可能随历史变迁而变形。是故，检视文化符号之发展，可见特定时空之集体记忆，从中探析社会价值、政治局势、主流论述与文化趋势[1]。1927年12月，瓦尔堡提出"记忆女神图集"（*Mnemosyne Atlas*）展览计划，以展示跨时代与跨文化的欧、亚视觉记忆及两者之互为影响、交融[2]。瓦尔堡的社会记忆学理，尔后对阿斯曼的"文化记忆"概念影响深远[3]。

哈布瓦赫所称集体记忆之物质性与空间性，在诺拉的"记忆所系之处"学理探讨中获得具体界定。根据诺拉，"记忆所系之处"意指具物质性、功能性与象征性之记忆载体；所谓物质性，即集体记忆之化身变形，如教科书或纪念性建筑；功能性则指该化身变形之载体，且具实质政治、社会与文化功能，例如纪念日或国庆仪式；象征性则意指记忆载体指涉社会群体与认同，例如国家级纪念碑[4]。基于"记忆所系之处"概念，诺拉主编的《记忆所系之处》一书探究

---

①   E. H. Gombrich, *Aby Warburg: An Intellectual Biography* (Chicago: University of Chicago Press, 1986), pp. 239–259; Astrid Erll, *Memory in Culture*, pp. 19–21.

②   E. H. Gombrich, *Aby Warburg: An Intellectual Biography*, pp. 283–306.

③   Jeffrey K. Olick, Vered Vinitzky–Seroussi, and Daniel Levy, eds., *The Collective Memory Reader*, p.28.

④   Pierre Nora, "Between History and Memory: Les Lieux de Memoire," pp.7–25.

现代法国国族认同建构与记忆变迁史，主题涵盖国庆节、马赛曲、圣女贞德、埃菲尔铁塔、环法自行车赛、普鲁斯特的《追忆逝水年华》与拉维斯（Ernest Lavisse, 1842—1922）的《法国史》（*Histoire de France*）等①。在《追寻法兰西》此一个人著作中，诺拉检视各种"记忆所系之处"在法国国族建构中的作用，例如革命、共和、国家档案馆、米什莱（Jules Michelet, 1798—1874）、拉维斯及其《法国史》、回忆录、戴高乐（Charles de Gaulle, 1890—1970）、共产党等具国族象征意义之概念、政体、档案 / 馆、史家、史著、辞典、回忆录、政治领袖、政党等②。诺拉的"记忆所系之处"概念影响深远，开启20世纪80年代以来的"新文化记忆研究"③。

康纳顿在哈布瓦赫的集体记忆学理基础上，在《社会如何记忆》由纪念仪式与身体实践切入，论证人类社群如何透过"仪式性展演"（ritual performances），以"身体记忆"（bodilymemory）、"习惯记忆"（habitual memory）或"展演记忆"（performativememory）的形式，将传递与维系社群的特定过去之意义与知识内化于群体④。

纪念性仪式与身体实践如何能够传递与维系社群记忆？首先，康纳顿将仪式定义为具重复性、常规性与展演性的形式化行为；重复性指涉不间断周期进行体现（embodied）与重演（reenacted）具特定社群意义的过去；常规性意指这些身体实践，在时间、地点、流程、动线、口语表达内容与肢体动作等各方面的标准规范，且具有不

---

① 诺拉编：《记忆所系之处》。
② 诺拉著，刘文玲译：《追寻法兰西》，北京：社会科学文献出版社，2017年。
③ Astrid Erll, *Memory in Culture*, pp. 19–21.
④ Paul Connerton, *How Societies Remember*（Cambridge: Cambridge University Press, 1989）, pp. 41–71.

能改变或有限度调整的固着性（fixity）；展演性则意指具重复性与常规性之仪式性行为，必属针对社群成员的展演性质①。其次，康纳顿进一步指出，社群借由纪念性仪式与身体实践重演过去论述的"体化实践"（incorporating practice），建立社群现在与过去之间的历史连续性，并将具特定意义的过去意义经"习惯化"（habituation）历程而内化于社群成员。康纳顿尝试论证纪念性仪式与身体实践形成身体记忆之学理探索具里程碑意义，且实践于后续之作②。

在其有关秘鲁知名剧团Yuyachkani剧目与其他仪式、社会抗争与歌舞展演的研究中，泰勒（Diana Taylor）探析身体实践何以成为承载庶民创伤记忆之文化媒介，让不见容于官方档案或历史论述的民间记忆得以发声与世代传承③。再者，跟康纳顿一样，泰勒指出身体实践作为文化记忆载体的空间基础④，可惜两者均未细究，而此则为蒂尔着墨之处。

蒂尔从社会记忆物质性与空间性视角出发，探询空间、记忆与认同建构之间的辩证关系。在其学理探讨中，蒂尔以20世纪末塞尔维亚（Serbia）为纪念科索沃战役（Battle of Kosovo）600周年兴建

---

① Paul Connerton, *How Societies Remember*, pp. 44–45, 53–54, 58–61, 65–70, 71–104; 关于康纳顿身体记忆学理之详细探讨可参阅：潘宗忆：《玛德莱娜时刻：以战后台湾饮食书写中的食物记忆为例》，《中国饮食文化》，2016年第12卷第1期，第120—126页。

② Paul Connerton, *The Spirit of Mourning: History, Memory and the Body*（Cambridge: Cambridge University Press, 2011）；康纳顿另有一专著讨论"遗忘"的议题，值得进一步检视，参阅Paul Connerton, *How Modernity Forgets*（Cambridge: Cambridge University Press, 2009）。

③ Diana Taylor, *The Archive and the Repertoire: Performing Cultural Memory in the Americas*（Durham: Duke University Press, 2003），pp. 19–21, 192–195, 204–205.

④ Paul Connerton, *How Societies Remember*, pp. 36–37; Diana Taylor, *The Archive and the Repertoire*, p.29.

的"加兹迈斯坦"（Gazimestan）纪念碑，以及意大利为纪念国王伊曼纽尔二世（Vittorio Emanuele II, 1820—1878）所兴建之维托里安诺纪念堂（Altare della Patria）等国族记忆空间切入，探讨空间与社群记忆、认同建构之间的关系。蒂尔将社会记忆定义为"社会群体相互竞逐取得再现其诠释'过去'之版本的权威性，以合法化其政治目的与认同的动态历程"①，并进一步指出，取得历史诠释权的方式之一，即透过权力或社会抗争手段，争夺具象征意义之空间的控制权，并以身体实践或物质形式植入"再现其诠释'过去'之版本"，作为建构群体记忆与国族认同的基础②。蒂尔于新德国柏林国族历史"记忆区"之研究，可谓其空间记忆理论的实践之作③。

德国历史学者阿斯曼站在巨人的肩膀上，发展出"文化记忆"概念④。阿斯曼在哈布瓦赫学理概念基础上，进一步将社群集体记忆区分为短时间的"沟通记忆"（communicative memory）与长时段的"文化记忆"。"沟通记忆"意指社群透过日常口语和口述传统，传递有关过去之意义认知及其知识，其传递范围以社群内部成员为主，有效性在三至四代之间，若欲跨越世代或超越社群范畴长时期传递、维持与再创，必须经视觉化、仪式化、物质化与空间化转化成文化媒介所承载的"文化记忆"，诸如文本论述、文艺创作、仪式实践、纪念性建

---

① Karen Till, "Places of Memory," in J. Agnew, K. Mitchell, G. O'Tuathail, ed., *Companion to Political Geography*（Oxford: Blackwell, 2003），p.289。

② Karen Till, "Places of Memory," pp. 289-290。

③ Karen Till, *The New Berlin: Memory, Politics, Place*（Minneapolis: University of Minnesota Press, 2005）.

④ Jan Assmann and John Czaplicka, "Collective Memory and Cultural Identity," *New German Critique*, 1995, No.65, pp. 125-133; Jan Assmann, "Introduction: What is Cultural Memory," *Religion and Cultural Memory: Ten Studies*（Stanford, California: Stanford University Press, 2006），pp. 1-30.

筑或空间等①。阿莱达·阿斯曼（Aleida Assmann）在"文化记忆"学理基础上，进一步提出"文化文本"概念，借以分析文学性文本如何透过"经典化"成为具体化集体记忆与社群认同之"文化媒介"②。更要者，阿斯曼更指出，文化媒介的建构，其实就是"认同的具体化"（concretion of identity）③。本文认为，凡此"认同的具体化"背后，势必具主宰性论述或非主流另类论述基础。换言之，文化媒介所承载的社群记忆，是官方或非主流论述"具体化"或"物质化"的结果。

近年学者开始从事"食物记忆"的学理探询，并分析其与社群认同维持与建构之关系。尤其，萨顿在《餐饮记忆》一书中，指出食物所具感官性及其引发之嗅觉与味觉等共感（synesthesia）效应，使食物成为唤醒昔日时光与家乡故地记忆的媒介④。在《餐饮记忆》中，萨顿分析希腊Kalymnos岛民饮食实践与日常生活和节日的关系，从中体现日常饮食习惯与飨宴，在重建集体过去经验、建构社群记忆与认同中的重要作用。萨顿还发现，离散移民社群在他乡感到失落时，阅读家乡食谱，或者重温故乡食物气味，使他们得以借体验故乡"部分"而回归故乡的"整体"，从而得以安抚思乡怀旧情结⑤。萨顿的研究，具体显示食物记忆与原乡认同和离散移民社群维持与展示认同的关系。

---

① Assmann and John Czaplicka, "Collective Memory and Cultural Identity," pp. 126–129.
② Aleida Assmann：《什么是文化文本》，《文化记忆理论读本》，北京：北京大学出版社，2012年，第140—141页。
③ Assmann and Czaplicka, "Collective Memory and Cultural Identity," p.128.
④ David E. Sutton, *Remembrance of Repasts: An Anthropology of Food and Memory* (New York: Berg, 2001).
⑤ David E. Sutton, *Remembrance of Repasts: An Anthropology of Food and Memory*, pp. 103–123, 141–158.

二、历史记忆研究主要趋势

历史记忆研究此一领域之发展，是19世纪末以来三波"记忆潮"之结果。由于官民对殖民统治、战争创伤、极权暴力的压制或恢复，政府与底层大众于相关历史经验的选择性记忆与遗忘及其文化媒介再现，成为学术探讨焦点。由于研究成果相当丰硕，本文无法全面涵盖，而以19—20世纪帝国殖民统治时期之记忆与认同建构、战争与国家暴力创伤记忆的恢复与转型正义、教科书政治学、纪念文化、国族记忆空间营造等研究趋势为主要综述内容。

（一）帝国扩张与殖民统治遗绪

在第一波"记忆潮"脉络下，帝国殖民所致国族创伤及其历史记忆之建构与操作，是当代历史记忆研究的主要议题。例如，20世纪初，德国西南非殖民地纳米比亚战争（Namibia War, 1904—1908）造成赫雷罗（Herero）种族灭绝及其遗绪，在后冷战时期成为学者研究主题，而众多口述报告，以及记录德国暴行的"蓝皮书"（Blue Book），终在近一世的隐没之后得以公开出版，对屠杀事件的记忆恢复有所帮助①。尤其，学者注意到德国强迫迁徙与大

---

① Isabel V. Hull, *Military Culture and the Practices of War in Imperial Germany*（Ithaca: Cornell University Press, 2005）; Jan-Bart Gewald and Jeremy Silverster, eds., *"Words Cannot Be Found"*: *German Colonial Rule in Namibia. An Annotated Reprint of the 1918 British Blue Book*（Leiden: Brill, 2003）; Jan-Bart Gewald, *Herero Heroes: A Socio-Political History of the Herero of Namibia, 1890-1923*（Athens, OH: Ohio University Press, 1998）; John Torpey, *Making Whole What Has Been Smashed: On Reparations Politics*（Cambridge: Harvard University Press, 2006）, chap.5.

规模屠杀赫雷罗人，不但造成西南非原住民社群网络与集体记忆之解体，也对其族群于后殖民时期之集体认同造成混淆，多元身份认同于此形成[①]。赫雷罗种族灭绝，说明了帝国殖民、土地联结、社会网络、历史记忆与社群认同之间的连带关系。

帝国主义扩张于国族创伤记忆与国族认同的影响，也出现在东亚个案上。柯文于《历史三调》中的"义和团运动"事件史、经验史与记忆（神话）史研究，即体现历史记忆的社群性差异[②]。尤其，柯文将社群对"过去"事件的认知意义定义为"神话"，且其随不同脉络下的意义重构形成选择性、扭曲的记忆[③]。同样作为帝国主义扩张影响下的五四运动，则成为舒衡哲检视国民党与共产党"五四"回忆史的主题。如果说柯文于《历史三调》的核心概念是"神话"，舒衡哲"五四"回忆史研究的核心概念则为"寓言"（allegory）。根据舒衡哲，所谓"寓言"，意指"为了有明确目的来教育当代的记忆重建"，而"每代新人都因他们自己的需要和抱负，为五四启蒙运动创造了不同的'意象'，这种把历史作成批判现实的'镜子'，我们称之为寓言化"。[④]是故，国民党与共产党基于1949年、1969年与1979年等历史转折的不同需求，而建构各种不同的"五四"主宰性"寓言"[⑤]。

柯文的"义和团运动"记忆史研究，可归于其有关近代中国"国耻"记忆及其政治使用的学术脉络中。在《遗忘与记忆：20世纪中国的

---

① Jan–Bart Gewald, *Herero Heroes*, pp. 202–215.
② Paul Cohen, *History in Three Keys*, pp.xiii–xv.
③ Paul Cohen, *History in Three Keys*, pp. 211–222.
④ 舒衡哲：《中国启蒙运动：知识分子与五四遗产》，台北：桂冠图书股份有限公司，2000年，第296页。
⑤ 舒衡哲：《中国启蒙运动：知识分子与五四遗产》，第300页。

国耻》一文中，柯文追溯日本帝国主义扩张下的"二十一条"国耻的记忆史，并运用历史记忆与国族认同研究学理，探讨国族创伤及其纪念活动与国族认同建构的关系，例如吉利斯（John R. Gillis）编著之《纪念仪式：国族认同政治》与安德森（Benedict Anderson, 1936—2015）的《想象的共同体》[1]。基于相同的学术探询，柯文在《对历史说话：20世纪中国的越王勾践故事》一书中，从历史人物意义随时代需求而变易的记忆政治视角，检视越王勾践雪耻复国寓言自19世纪末以来至"文化大革命"时期，官方与民间基于特定目的而选择性彰显特定政治隐喻之变迁脉络。自晚清帝国主义侵逼以来，官方与国族主义者以"卧薪尝胆"激励人民不忘不平等条约耻辱；抗战时期，勾践故事成为国民党与共产党政治宣传的共同素材；1949年之后，中共在"大跃进"强调"十年生聚、十年教训"隐喻而立意宣传现代化建设；至"文化大革命"时期，故事成为毛泽东宣传推翻帝国主义与封建主义的寓言；自蒋介石逝世以来，和平统一成为国策，越王勾践之军事残忍成为批判对象。勾践故事之政治"寓言"史，正显示历史记忆之建构性与变迁性[2]。

自20世纪90年代起，台湾学者也探析帝国扩张脉络下的中国国族论述建构。王汎森以章太炎为个案，探讨晚清知识分子以明清之

---

① Paul A Cohen, "Remembering and Forgetting: National Humiliation in Twentieth-Century China," *Twentieth-Century China*, 2002, Vol.27, No.2, pp. 1–39; 其他相关研究可参阅：Peter Zarrow, "Historical Trauma: Anti-Manchuism and Memories of Atrocity in Late Qing China," *History and Memory*, 2004, Vol.16, No.2, pp. 67–107; John R. Gillis, *Commemoration: The Politics of National Identity*（Princeton: Princeton University Press, 1994）.

② Paul A. Cohen, *Speaking to History: The Story of King Goujian in Twenty-Century China*（Berkeley: University of California Press, 2009）. 蔡伟杰：《对历史说话：二十世纪的越王勾践故事》，https://book.douban.com/review/6653007/（2018年8月6日）.

际的历史记忆与传统服容仪式之恢复，从事国族主义建构①。在其有关黄帝神话与晚清国族建构的讨论中，沈松侨运用"想象的共同体"、"发明传统"与集体记忆等学理概念，探究"黄帝"意涵从皇统到国统的变迁，从中检视革命派与维新派国族论述之对抗，探析"黄帝"如何成为两派竞逐的"浓缩性符号"②。此一现象，也延伸到"民族英雄"系谱建构上；革命派以种族血统为核心，建构一套从岳飞、文天祥、史可法、郑成功到洪秀全的汉族"民族英雄"系谱；保皇派以文化为核心，建构出另一套以开疆辟土、宣扬国威为价值标准的"民族英雄"系谱③。民族英雄史可法及其历史记忆变迁，则成为黄克武探讨的主题④。此外，杨瑞松有关"东亚病夫""黄祸""睡狮""四万万"与"同胞"等文化论述形成脉络的考察，凸显特定承载国耻记忆之词语论述、符号化历程与国族论述建构的关系⑤。

---

① 王汎森：《清末的历史记忆与国家建构：以章太炎为例》，《思与言》，1996年第34卷第3期，第1—18页。
② 沈松侨：《我以我血荐轩辕：黄帝神话与晚清的国族建构》。
③ 沈松侨：《振大汉之天声：民族英雄系谱与晚清的国族想象》；沙培德（Peter Zarrow）则以晚清历史教科书切入探讨相关问题，请参阅：Peter Zarrow, "National History Textbooks in Late Qing China: Stories, Memories and Identities," in Macau Ricci Institute, ed., *History and Memory: Present Reflections on the Past to Build Our Future*（Macao: Instituto Ricci de Macau, 2008）, pp. 313–336.
④ 黄克武：《史可法与近代中国记忆与认同的变迁》，收录李国祈教授八秩寿庆论文集编辑小组编：《近代国家的应变与图新》，台北：唐山出版社，2006年，第55—82页。
⑤ 杨瑞松：《病夫、黄祸与睡狮》，台北：政大出版社，2010年；杨瑞松：《想象民族耻辱：近代中国思想文化史上的"东亚病夫"》，《政治大学历史学报》，2005年第23期，第1—44页；杨瑞松：《尔有黄祸之先兆，尔有种族之势："黄祸"与近代中国国族共同体想象》，《政治大学历史学报》，2006年第26期，第65—108页；杨瑞松：《近代中国的"四万万"国族论述想象》，《东亚观念史集刊》，2012年第2期，第283—336页。杨瑞松：《从"眠狮"到"睡狮"：梁启超睡狮说渊源新论》，《思与言》，2016年第54卷第1期，第245—271页；杨瑞松：《从"民吾同胞"到"我四万万同胞之国民"：传统到近现代"同胞"符号意涵的变化》，《政治大学历史学报》，2016年第45期，第109—164页。

其次，殖民统治下的记忆宰制与认同建构，也是当代历史记忆研究的重要议题。在其研究中，诺顿（Anne Norton）指出"时间的殖民"（colonization of time）[1]是欧洲帝国殖民的重要宰制技术。为树立殖民政权合法性，并重构被殖民者的国族认同，官方设法排除在地历史知识与传统，积极以历史教育与国史书写为手段灌输被殖民者新国史意识。而且，此番帝国记忆宰制工程，在被殖民者独立之后，仍对其国民历史意识造成持续影响，导致其国民对殖民前与殖民时代的暧昧态度，以及殖民前世代与被殖民世代之间的记忆与认同差异。殖民前世代因拥有本土历史与传统知识，因而可轻易维持或恢复在地认同，而殖民新世代则因缺乏本土历史与传统知识，在独立后不易重建对本土之认同，最终造成记忆与认同的冲突[2]。

日本帝国政府于台湾的殖民，也可见历史教育与国族认同建构之间的关系。鹤见（E. Patricia Tsurumi, 1938—2016）有关日据时期台湾教育研究，可见类似现象之讨论[3]。根据周婉窈的研究，日本帝国的"国语""修身"与"国史"教育，对日据时期台湾的语言、价值观与历史记忆均产生不可磨灭的影响[4]。在《历史的统合与建构》一文中，周婉窈借由日本于东亚殖民地的不同历史教育

---

[1] Anne Norton, "Ruling Memory," *Political Theory*, 1993, Vol.21, No.3, p.453.

[2] Anne Norton, "Ruling Memory," pp. 453–458.

[3] E. Patricia Tsurumi, *Japanese Colonial Education in Taiwan, 1895–1945*（Cambridge, Mass.: Harvard University Press, 1977）.

[4] 周婉窈：《实学教育、乡土爱与国家认同：日据时期台湾公学校第三期"国语"教科书的分析》，《台湾史研究》，1999年第4卷第2期，第7—55页；周婉窈：《失落的道德世界：日本殖民统治时期台湾公学校修身教育之研究》，《台湾史研究》，2001年第8卷第2期，第1—63页；周婉窈：《历史的统合与建构：日本帝国圈内台湾、朝鲜和满洲的"国史"教育》，《台湾史研究》，2003年第10卷第1期，第38—39，44—52页。

模式，指出记忆宰制工程的多样性与复杂性。此外，周婉窈与荆子馨有关"莎勇之钟"的研究，得见日本帝国如何通过有关泰雅人少女莎勇的仪式、诗歌、纪念钟、电影等文化媒介传递"皇民化"意象，以进行战时动员①，邱雅芳与温皓邦则注意到日本帝国改编吴凤故事作为"皇民""奉公爱国"教育的意义②。

（二）战争创伤、教科书政治与纪念文化变迁

在第二波"记忆潮"之下，因冷战政治遭压抑的二战创伤记忆，于20世纪70年代再以各种形式浮现。除了相关回忆录、文艺作品与纪念性建筑的出现，犹太人大屠杀、南京大屠杀、慰安妇与广岛和长崎核袭击等长期被遗忘的战争罪行，成为公共议题与学术研究焦点。

首先，有关犹太人大屠杀研究多如牛毛，本文无法全面探讨，仅列举重要论著示范。弗里德兰德尔（Saul Friedländer）的《记忆、历史与欧洲犹太人灭绝》与《历史与记忆：犹太人大屠杀的教训》，为

---

① 周婉窈：《"莎勇之钟"的故事及其周边波澜》，《海行兮的年代》，台北：允晨文化实业股份有限公司，2004年，第13—31页；Leo T. S. Ching, *Becoming Japanese: Colonial Taiwan and the Politics of Identity Formation*（Berkeley: University of California Press, 2001），pp. 133–173。

② 邱雅芳：《越界的神话故事：吴凤传从日据末期到战后初期的承接过程》，《台湾文献》，2005年第56卷第4期，第121—153页；温皓邦：《历史的流变与多声："义人吴凤"到"莎韵之钟"的人类学分析》，台北：台湾大学硕士论文，1996年；早期有关吴凤故事的研究，多从考证与殖民政策视角切入讨论吴凤形象之转变，参阅薛化元：《吴凤史事探析及评价》，《台湾风物》，1982年第32卷第4期，第65—81页；翁佳音：《吴凤传说沿革考》，《台湾风物》，1986年第36卷第1期，第39—56页；李亦园：《传说与课本》，《台湾编译馆馆刊》，1989年第18卷第1期，第1—22页；张玉法：《吴凤的历史地位》，《台湾编译馆馆刊》，1989年第18卷第1期，第23—47页。

综观战后德国官方与历史学论述演变的重要入门①。其他学者或进一步探析大屠杀记忆的文艺再现，例如拉卡普拉（Dominick LaCapra）具体评析《堕落》（*The Fall*）、纪录片《浩劫》（*Shoah*）与漫画《鼠族》（*Maus*）等再现大屠杀创作②；或聚焦"史学家论战"③、"葛哈根"（Goldhagen）④、"清白国防军"（saubere Wehrmacht）⑤，

① Saul Friedländer, *Memory, History and the Extermination of the Jews of Europe*（Bloomington: Indiana University Press, 1993）; Saul Friedländer, *History and Memory: Lessons from the Holocaust*（Graduate Institute Publications, 2014）; 其他参阅Saul Friedländer, *A Conflict of Memories?: The New German Debates about the "Final Solution"*（Leo Baeck Institute, 1987）; Alfred D. Low, *The Third Reich and the Holocaust in German Historiography*（New York: Columbia University Press, 1994）.

② Dominick LaCapra, *Representing the Holocaust: History, Theory, Trauma*（Ithaca: Cornell University, 1994）; Dominick LaCapra, *History and Memory After Auschwitz*（Ithaca: Cornell University, 1998）; 其他同性质著作参阅Barbara Engelking, *Holocaust and Memory*（London: Leicester University Press, 2001）; Richard Crownshaw, *The Afterlife of Holocaust Memory in Contemporary Literature and Culture*（London: Palgrave Macmillian, 2010）.

③ Charles S. Maier, *The Unmasterable Past: History, Holocaust, and German National Identity*（Cambridge: Harvard University Press, 1988）; Peter Baldwin, ed., *Reworking the Past: Hitler, The Holocaust, and The Historians' Debate*（Boston: Beacon Press, 1990）.

④ 1996年3月，美国学者葛哈根（Daniel Jonah Goldhagen）出版《希特勒的志愿行刑者》（*Hitler's Willing Executioners: Ordinary*）一书，从中论证导致大规模犹太人种族灭绝的原因，包括纳粹政权与深植德国人心的反犹传统。换言之，犹太人大屠杀的加害者，除了希特勒与纳粹组织之外，也包括一般寻常人民。相关内容可参阅Daniel Jonah Goldhagen, *Hitler's Willing Executioners*（New York: Knopf, 1996）; Daniel Jonah Goldhagen, *Hitlers willige Vollstrecker. Ganz gewöhnliche Deutsche und der Holocaust*（Berlin: Siedler, 1996）; 相关争议可参阅Robert R. Shandley, ed., *Unwilling Germans? The Goldhagen Debate*（Minneapolis : University of Minnesota Press, 1998）.

⑤ Hamburger Institut für Sozialforschung, *Verbrechen der Wehrmacht: Dimensionen des Vernichtungskrieg 1941–1944*（Hamburg: Hamburger Edition, 2004）.

以及包括战后战俘与难民在内的德国集体受害论述[①]等公共争议之探讨；或如赫夫（Jeffrey Herf）探讨两德大屠杀记忆文化之差异，或如布鲁玛（Ian Buruma）与康拉德（Sebastian Conrad）阐述冷战政治与左右派竞争因素，如何影响犹太人大屠杀与南京大屠杀在德国与日本的结构性遗忘[②]。类此，诺维克（Peter Novick, 1934—2012）集中探究美国犹太人对大屠杀的遗忘与记忆，而明茨（Alan Mintz）则从影视史学视角，以《辛德勒的名单》（*Schindler's List*）等电影切入，检视美国大众文化中的大屠杀视觉再现[③]。近年，学者也从事数字化与全球化时代的犹太人大屠杀全球记忆与犹太人社群离散问题之研究[④]。

其次，就东亚战争记忆而言，南京大屠杀、慰安妇与核袭击，在后冷战时期也成为探讨冷战政治与日本战罪结构性遗忘的切入个

① Robert G. Moeller, *War Stories: The Search for a Usable Past in the Federal Republic of Germany*（Berkeley: University of California Press, 1999）; Frank Biess, *Homecomings: Returning POWs and the Legacies of Defeat in Postwar Germany*（Princeton and Oxford: Princeton University Press, 2006）; Christiane Wienand, *Returning Memories: Former Prisoners of War in Divided and Reunited Germany*（Rochester, N. Y. : Camden House, 2015）.
② Jeffrey Herf, *Divided Memory: The Nazi Past in the Two Germanys*（Cambridge: Harvard University Press. 1997）; Ian Buruma, *Wages of Guilt: Memories of War in Germany and Japan*（London: Atlantic Book, 2009）; Sebastian Conrad, *The Quest for the Lost Nation: Writing History in Germany and Japan in the American Century*（Berkeley: University of California Press, 2010）.
③ Peter Novick, *The Holocaust in American Life*（New York: A Mariner Book, 2000）; Alan Mintz, *Popular Culture and the Shaping of Holocaust Memory in America*（Seattle: University of Washington Press, 2001）.
④ Daniel Levy and Natan Sznaider, *The Holocaust and Memory in the Global Age*, trans. Assenka Oksiloff（Philadelphia: Temple University Press, 2006）; Jeffrey Shandler, *Holocaust Memory in the Digital Age: Survivors' Stories and New Media Practices*（Stanford: Stanford University Press, 2017）.

案[1]。为维持冷战局势下民主阵营的和谐，美、韩对日本的战争罪行，日、韩对核袭击的暴行，都保持沉默态度。直到冷战局势结束，禁锢各国东亚战争记忆的潘多拉盒子终于解锁，官方态度转趋积极进行相关记忆之恢复与建构，定时举办纪念仪式与兴建诸如南京大屠杀纪念馆、广岛与长崎核袭击纪念馆，再现战争记忆的影视文艺作品也大量出现，更经常造成亚太地区外交冲突，均成为历史学家探究的议题[2]。这些个案说明一国历史记忆之建构与消解，既牵涉国内政治因素，也深受国际政治影响。

东亚地区官方面对二战态度于后冷战时期的变迁，也反映在历史教科书争议上。历史教科书是现代民族国家建构国族记忆与认同

---

① Gerrit W. Gong, ed., *Remembering and Forgetting: The Legacy of War and Peace in East Asia* (Washington, D. C. : The Center for Strategic & International Studies, 1996); Iris Chang, *The Rape of Nanking: The Forgotten Holocaust of World War II* (New York: BasicBooks, 1997); T. Fujitani, Geoffrey M. White, and Lisa Yoneyama, eds., *Perilous Memories: The Asia–Pacific War (s)* (Durham: Duke University Press, 2001); Takashi Yoshida, *The Making of the "Rape of Nanking": History and Memory in Japan, China, and the United States* (New York: Oxford University Press, 2006); Joshua A. Fogel, ed., *The Naning Massacre in History and Historiography* (Berkeley: University of California Press, 2000); Michael Hogan, ed., *Hiroshima in History and Memory* (Cambridge: Cambridge University Press, 1996); Lisa Yoneyama, *Hiroshima Traces: Time, Space, and the Dialectics of Memory* (Berkeley: University of California Press, Berkeley, 1999); Fei Fei Li, Robert Sabella and David Liu, ed., *Nanking 1937: Memory and Healing* (Armonk, N. Y. : M. E. Sharpe, 2002); Ching Kwan Lee and Guobin Yang, ed., *Re–envisioning the Chinese Revolution: The Politics and Poetics of Collective Memories in Reform China* (Stanford: Stanford University Press, 2007); Michael Berry, *A History of Pain: Trauma in Modern Chinese Literature and Film* (New York: Columbia University Press, 2008).
② Takashi Yoshida, *The Making of the "Rape of Nanking,"* pp. 45–77, 81–125; Takashi Yoshida, *Nanking 1937*, pp. 154–180; Krik A. Denton, "Horror and Atrocity: Memory of Japanese Imperialism in Chinese Museum," in *Re–envisioning the Chinese Revolution*, pp. 166–192; Jordan Sand, "Historians and Public Memory in Japan: The 'Comfort Women' Controversy," *History and Memory*, 1999, Vol.11, No.2, pp. 116–128; Michael Berry, *A History of Pain*, pp. 108–178.

的"记忆所系之处",也是学者关注的议题。《审查历史》一书,即尝试考察日、德、美历史教科书战争论述在后冷战时期的变迁①。自20世纪50年代中期以来,日本官方对南京大屠杀与慰安妇等问题以回避、淡化与扭曲的态度面对,且反映在受文部省审查的历史教科书内容中,故曾引起家永三郎的控诉。日本官方态度在后冷战时期虽转趋坦然,国家领导人也针对战争暴行公开道歉,并修正历史教科书战争论述,但引起激进右派反对,尤以藤冈信胜及其所创建的"新自由主义史观研究会"成员为代表。藤冈信胜认为日本国民不应受制自虐史观,应建立正面国族记忆,而其所著《教科书不教学的历史》与《屈辱的近现代史》皆成为畅销书,其所编辑的教科书也引起回响,甚至引发东亚国际外交危机。就德国而言,基于两德统一对内建构新国族认同,以及对外重建良好国际关系以积极推动欧盟等需求,德国历史教科书内容出现对欧洲认同的强调,凸显欧洲国家的共同性,忽略彼此的独特性。就美国而言,二战期间囚禁日裔美籍人与广岛、长崎核袭击,在后冷战时期才受到更多关注与反思。然而,在越战此一主题上,如《老师的谎言》一书所呈现,仍然趋于避重就轻与选择性疏漏、扭曲②。综上所述,后冷战历史教科书内容变化,正显示战争与国族记忆建构之变易性与社群差异性。

台湾二战战争记忆经本土化与民主化历程,也呈现出"记忆革命"效应。在战后台湾"去日本化"与"再中国化"时期强调中国历史与战场经验的战争史书写主轴下,被忽略的台湾二战记忆,也

---

① Laura Hein and Mark Selden, ed., *Censoring History: Citizenship and Memory in Japan, Germany, and the U. S.* (New York: East Gate Book, 2000).

② James W. Loewen, *Lies My Teacher Told Me: Everything Your American History Textbook Got Wrong* (New York: Touchstone, 1995).

开始于公领域与学术研究中浮现。随着1995年日本赔偿台籍日本兵议题，学者开始整理台籍日本兵口述记录[1]，台籍日本兵战争记忆与国族认同相关研究也逐渐出现[2]；蓝适齐对此记忆恢复历程与脉络之分析，值得注意[3]；其他还包括空袭、妈祖接炸弹、慰安妇、终战与女性战争记忆的相关研究论著[4]。此外，台湾学者也触及亚美尼亚大屠杀与犹太人大屠杀等欧洲战争历史解释与影视文化记忆

① 郑丽玲采访撰述：《台湾人日本兵的战争经验》，台北：台北县立文化中心，1995年；林惠玉编：《宜兰耆老谈日据下的军事与教育》，宜兰：宜兰县立文化中心，1996年；周婉窈主编：《台籍日本兵座谈会记录并相关数据》，台北："中研院"台湾史研究所筹备处，1997年；蔡慧玉：《走过两个时代的人：台籍日本兵》，台北："中研院"台湾史研究所筹备处，1997年；潘国正：《天皇陛下的赤子：新竹人、日本兵、战争经验》，新竹：新竹市立文化中心，1997年；赖玲卿记录：《嘉义市台籍日本兵口述历史座谈会》，《嘉义市文献》，2000年第16期，第177—247页；汤熙勇、陈怡如编著：《台北市台籍日本兵查访专辑》，台北：台北市文献委员会，2001年；黄金岛著，潘彦蓉、周维朋整理：《二二八战士：黄金岛的一生》，台北：前卫出版社，2004年；陈鹏仁、王雪娥编著：《世纪之足迹：台湾人日本海军志愿兵》，台北：致良出版社有限公司，2004年。
② 周婉窈：《日本在台军事动员与台湾人的海外参战经验，1937—1945》，《台湾史研究》，1995年第2卷第1期，第85—126页；近藤正己撰，许佩贤译：《对异民族的军事动员与皇民化政策：以台湾军夫为中心》，《台湾文献》，1995年第46卷第2期，第189—223页；曾令毅：《日据时期台湾少年飞行兵之研究：以特攻队员刘志宏（泉川正宏）为例》，《台湾史学杂志》，2006年第2期，第195—236页；陈柏棕：《血旗扬帆：台湾海军特别志愿兵的从军始末（1943—1945）》，台北：政治大学硕士论文，2010年；刘道一：《战争移民与台籍日本兵：以刘添木生命史为例》，花莲：东华大学硕士论文，2009年；姚锡林：《台籍日本兵的记忆建构与认同叙事》，台南：成功大学硕士论文，2010年；林慧玲：《母国与祖国：日据时期台籍日本兵的国家认同》，宜兰：佛光大学硕士论文，2014年。
③ Shi-chi Mike Lan, "（Re-）Writing History of the Second World War: Forgetting and Remembering the Taiwanese-Native Japanese Soldiers in Postwar Taiwan," *Positions*, 2013, Vol.21, No.4, pp. 801–851.
④ 戴宝村：《B29与妈祖：台湾人的战争记忆》，《政治大学历史学报》，2004年第22期，第151—178页；叶挺川：《二战末期台南空袭回忆》，《历史月刊》，2009年第259期，第102—106页；巫静宜：《日据末期溪湖人的战争经验（1937—1945）》，台北：台湾师范大学硕士论文，2007年；庄天赐：《二次大战下的台北大空袭》，台北：台北市文化局、台北二二八纪念馆，2007年；（接下页）

研究①。

　　台湾学者也关注历史教科书议题。早在20世纪90年代，随着台湾族群认同危机成为公共议题，戴宝村与王汎森即致力于历史教育与国家认同关系的思索②。王甫昌考察战后台湾不同意识的竞逐起伏，从集体记忆视角解读《认识台湾：历史篇》的转折性意义③。此外，许育铭从历史认识视角，探析日本战后自由主义史观之发展，以及藤冈信胜扶桑版教科书出现美化、淡化、隐瞒历史事实等现象之脉络问题④。

　　有关战后官方纪念文化于后冷战时期的变迁，台湾学者也有所着墨。就整体趋势而言，抗日战争纪念逐渐衰落，而战后台湾历史事件之纪念则逐渐兴盛⑤。根据张里德与林桶法的研究，官方于

　　（接上页）张维斌：《空袭台湾：二战盟军飞机攻击台湾纪实》，台北：前卫出版社，2015年；甘记豪：《米机袭来：二战台湾空袭写真集》，台北：前卫出版社，2015年；许雪姬：《台湾史上一九四五年八月十五日前后：日记如是说"终战"》，《台湾文学学报》，2008年第13期，第159—160页；朱德兰：《台湾慰安妇》，台北：五南图书出版股份有限公司，2009年；游鉴明：《处处无家处处家》，《近代中国妇女史研究》，2014年第23期，第1—63页。

① 周惠民：《德国现代史论述中的几个争议及修正》，《政治大学历史学报》，2006年第26期，第239—246页；陈登武：《一场大屠杀与人民的记忆：以Atom Egoyan〈A级控诉〉为中心》，《兴大历史学报》，2006年第17期，第641—676页。

② 戴宝村：《历史教育与国家认同》，《国家认同学术研讨会论文集》，1993年5月，第115—138页；王汎森：《历史教科书与历史记忆》，《思想》，2008年第9期，第123—139页。

③ 王甫昌：《民族想象、族群意识与历史：〈认识台湾〉教科书的争议风波的内容与脉络分析》，《台湾史研究》，2001年第8卷第2期，第145—208页。

④ 许育铭：《战争魅影：日本历史教科书中的中日战争》，《近代中国》，2006年第205期，第84—115页；其他相关著作可参阅周婉窈：《对当前历史研究与历史教育的几点看法》，《台湾社会研究季刊》，2005年第57期，第247—254页。

⑤ 周俊宇：《戒严、解严与集体记忆：以战后台湾的国定节日为中心》，《台湾文献》，2007年第58卷第5期，第41—93页。

抗日战争胜利纪念，自李登辉主政后期以来即呈现淡化趋势①。周俊宇则指出，"国庆节"纪念在20世纪90年代后逐渐摆脱"反共复国"意识形态，更强调战后台湾之经营，本土意象更趋突出②。相对地，随着官方态度由逃避与压抑转为积极面对，二二八纪念碑则于20世纪80年代末开始出现于台湾地景，"二二八和平纪念碑"也于1995年2月28日落成于台北新公园③，随后该公园于次年2月28日正式易名二二八和平公园，并于1997年于其一角设立二二八纪念馆，而相关纪念仪式活动也纷纷出现，甚而有二二八和平纪念日之制定；上述发展均值得再探。

（三）后极权国族创伤、转型正义与社群认同

随着后冷战亚洲、非洲与拉丁美洲的民主转型，遭官方压抑的独裁政权不义暴行历史，得以逐渐恢复。斯特恩在其"皮诺切特时代的智利记忆盒"三部曲中，利用口述访谈、回忆录、广播演讲、官方档案，追溯20世纪70年代以来智利左派与右派社群对皮诺切特军事政变及其独裁统治之意义认知变迁，并呈现智利致力恢复皮诺切特政府国家暴力记忆之过程。尤其，斯特恩具体指出皮诺切特选择性记忆与遗忘的社群差异；右派认为皮诺切特是国家救亡图存的

---

① 关于1949年至2005年期间台湾官方抗日战争胜利纪念活动之发展与变迁，参阅张里德：《纪念与政治：台海两岸抗战胜利五十周年纪念活动的比较》，卢建荣编：《文化与权力：台湾新文化史》，台北：麦田出版社，2001年，第149—206页；林桶法：《抗战胜利纪念的活动与诠释：九三军人节的观察》，《近代中国》，2005年第163期，第116—131页。

② 周俊宇：《光辉双十的历史："国庆节"近百年的历史变迁（1912—2008）》，《国史馆馆刊》，2011年第30期，第40—45页。

③ 吴金镛：《国族建构、历史记忆与纪念空间：二二八纪念碑的建构》，台北：台湾大学硕士论文，1994年，第19—32页。

英雄，左派却认为他是以国家机器对异己行使不义暴行的罪犯。

集体面对国家暴力的方式及其转型正义，是后极权时代民主转型国家势必面临的问题。在欧美研究成果之中，尤以米诺（Martha Minow）、巴坎（Elazar Barkan）与托尔佩（John Torpey）的论著最具代表性，分别展示三种转型正义途径[1]。在其《报复与宽恕之间》一书中，米诺探究官、民面对国家不义暴行及其与集体记忆的关系，并肯定介于报复与宽恕之间的第三条道路，亦即真相调查委员会之价值。米诺认为，经由真相调查委员会，可通过集体揭露不义暴力，将个人或集体创伤从结构性遗忘与官方否认中解放出来，且最终形成一个具多元观点的创伤记忆，以及具连贯一致性的完整历史记录，而通过幸存者言说不义暴行，又得以疗愈个人与国族创伤。[2]巴坎在其《国家之罪》中指出，补偿协商可形成加害者与受害者双方观点的重构，作为双方相互承认与和解的基础，并借由崭新多元国史观点的展现，再定义国族与认同[3]。最后，托尔佩则强调历史教育在建构加害者与被害者都满意的不义暴行叙事中的重要性，并尝试提出一个涵盖转型正义、赔偿、悔罪、道歉、沟通性历史与集体记忆的补偿政治学理[4]。米诺、巴坎与托尔佩分别从真相

---

[1] Martha Minow, *Between Vengeance and Forgiveness: Facing History after Genocide and Mass Violence*（New York: Beacon Press, 1999）; John Torpey, *Politics and the Past*（New York: Rowman & Littlefield Publishers, Inc, 2003）; Elazar Barkan. *The Guilt of Nations: Restitution and Negotiating Historical Injustices*（Chicago: Johns Hopkins University Press, 2000）.

[2] Martha Minow, *Between Vengeance and Forgiveness: Facing History after Genocide and Mass Violence*, pp. 46–47, 58–59, 70–73.

[3] Elazar Barkan. *The Guilt of Nations: Restitution and Negotiating Historical Injustices*, pp. 320–322.

[4] John Torpey, *Politics and the Past*, pp. 5–7, 24–25.

调查委员会、补偿协商与历史教育等三种视角，反思社群面对过去不义暴行及其转型正义问题，值得参考。

针对东亚地区国家不义暴行及其历史记忆恢复的讨论，多以文艺影视创作与口述历史为素材进行探讨。就中国而言，王斑在其《历史的启示：现代中国的创伤、记忆与历史》一书中，以文学、电影、政治评论与公共论述为基础，检视知识分子如何面对与再现"文化大革命"集体创伤，而《再检视中国革命》一书作者群则利用请愿书、口述访谈、照片、歌曲、电影与博物馆展览等，考察改革开放时期知识分子、农民、劳工、女性、少数族群等社群有关革命、"大跃进"、集体化、"文化大革命"的历史记忆[①]。近年，贺萧（Gail Hershatter）以陕西四村庄72位女性口述访谈记录，分析中国妇女于改革开放时期的集体化、"大跃进"与三年困难时期之"日常生活"记忆，并凸显其有别男性中心官方论述的意义[②]。就台湾而言，林丽君在其《再现台湾暴行》探析台湾当代小说与电影所承载之二二八与白色恐怖文化记忆[③]。美国学者白睿文（Michael Berry）在其《痛史：现代中国文学与电影中的创伤》中，根据文学与影视作品，探究雾社事件、南京大屠杀、二二八事件、"文化大革命"等集体创伤之文化记忆再现[④]。陈香君则运用诺拉"记忆所系之处"

[①] Ban Wang, *Illuminations from the Past Trauma, Memory, and History in Moden China*（Stanford: Stanford University Press, 2004）; Ching Kwan Lee and Guobin Yang, ed., *Re-envisioning the Chinese Revolution*（Stanford: Stanford University Press, 2007）.

[②] Gail Hershatter, *The Gender of Memory: Rural Women and China's Collective Past*（Berkeley: University of California Press, 2011）; 贺萧著，张赟译：《记忆的性别：农村妇女与中国集体化历史》，北京：人民出版社，2017年。

[③] Sylvia Li-Chun Lin, *Representing Atrocity in Taiwan: The 2/28 Incident and White Terror in Fiction and Film*（New York: Columbia University Press, 2007）.

[④] Michael Berry, *A History of Pain*（New York: Columbia University press, 2011）.

概念，解读台湾20世纪90年代以来的二二八美展，探究台湾社会二二八事件"集体失忆"因素，尤其是性别差异①。

在台湾首度政党轮替之后，出现大量从历史记忆视角探究二二八事件及其转型正义的研究成果。传播学者夏春祥以新闻媒体为素材，考察二二八事件官方论述变迁史及其社会记忆建构②。吴乃德尝试追溯二二八事件结构性遗忘与记忆恢复之发展与官方论述演变③，指出政治民主化发展"让威权政权所强加的失忆症得以解除"④，并主张各社群应透过彼此不同历史阐释之公开论述与互相质疑，进而丰富与提升彼此的历史视野，借以促进理解与和解⑤。吴乃德、陈翠莲等学者，对于二二八事件转型正义也有讨论⑥。同样地，台湾官方也在20世纪90年代末处理白色恐怖及其转型正义问题，并建构诸如"白色恐怖受难者纪念碑""白色恐怖景美纪念园区"与"白色恐怖绿岛纪念园区"等记忆空间，相关口述记录、回忆录、

① Hsiang-chun Chen, *Beyond Commemoration: The 2-28 Incident, the Aesthetics of Trauma and Sexual Difference* (Ph. D. Thesis, University of Leeds, 2005).
② 夏春祥：《二二八事件的事实与诠释》，《在传播中的迷雾：二二八事件的媒体印象与社会记忆》，新北：韦伯文化国际出版有限公司，2007年。
③ 吴乃德：《书写民族创伤：二二八事件的历史记忆》，《思想》，2008年第8期，第39—70页。
④ 吴乃德：《书写民族创伤：二二八事件的历史记忆》，第45页。
⑤ 吴乃德：《书写民族创伤：二二八事件的历史记忆》，第43、69页。
⑥ 吴乃德：《转型正义和历史记忆：台湾民主化未竟之业》，《思想》，2006年第2期，第1—34页；陈翠莲：《历史正义的困境：族群议题与二二八论述》，《"国史馆"学术集刊》，2008年第16期，第179—222页；陈翠莲发表《重构二二八》，以冷战政治美中协力体制、台湾地位问题与中国统治模式移植为讨论视角，在新出土史料基础上，重新审视事件发生原因、过程与影响，从中探究加害者的问题，或有助二二八事件"历史正义"问题的厘清，请参阅陈翠莲：《重构二二八》，新北：卫城出版，2017年；此外，在二二八事件70周年之际，若干相关研究论著与历史小说纷纷出炉，值得进一步讨论与观察，例如陈仪深：《天犹未光：二二八事件真相、纪念与究责》，台北：前卫出版社，2017年；杨小娜，谢静雯译：《绿岛》，新北：印刻文学生活杂志出版有限公司，2016年。

史料与研究论著也纷纷出炉，有助白色恐怖民间记忆的恢复①。

　　针对其他域外"转型正义"问题，台湾学者也有所着墨。花亦芬在《在历史的伤口上重生》中，综述战后德国面对纳粹战罪的官方态度变迁，并涉及东德秘密警察档案处理问题。全书聚焦"转型正义"的处理方式与过程，并触及日记、小说、纪念性建筑与空间等相关文化记忆媒介之介绍②。潘宗亿透过电影《再见列宁》探讨前东德人民的东德怀旧情结及其对新德国国族认同重构的影响，其

①　在此举例若干：王欢：《烈火的青春：五〇年代白色恐怖证言》，台北：人间出版社，1989年；林书扬：《从二二八到五〇年代白色恐怖》，台北：时报文化出版企业股份有限公司，1992年；蓝博洲：《白色恐怖》，新北：扬智文化事业股份有限公司，1993年；蓝博洲：《二二八暨五〇年代白色恐怖民众史》，高雄：高雄县政府，1997年；陈三兴：《少年政治犯非常回忆录》，台北：前卫出版社，1999年；李逸洋主编：《五〇年代白色恐怖台北地区案件调查与研究》，台北：台北市文献会，1998年；吕芳上：《戒严时期台北地区政治案件相关人士口述历史》，台北：台北市文献会，1999年；黄富三采编：《戒严时期台湾政治事件档案与口述历史》，南投：台湾省文献委员会，2001年；张炎宪：《风中的哭泣：五〇年代白色恐怖政治案件》册2，新竹：新竹市文化局，2002年；林世煜等：《白色封印：人权奋斗证言，白色恐怖1950》，台北：人权博物馆筹备处，2003年；薛化元：《战后台湾人权史》，台北：人权纪念馆筹备处，2003年；许美智：《暗夜迷踪：桃园地区五〇年代白色恐怖访谈记录》，宜兰：宜兰县史馆，2005年；陈仪深：《台独叛乱的虚拟与真实：一九六一年苏东启政治案件研究》，《台湾史研究》，2003年第10卷第1期，第141—172页；侯坤宏：《战后台湾白色恐怖论析纪念与政治》，《"国史馆"学术集刊》，2007年第12期，第139—203页；欧素瑛：《从二二八到白色恐怖：以李妈兜案为例》，《台湾史研究》，2008年第15卷第2期，第135—172页；曹钦荣：《油麻沟十五号：绿岛女生分队及其他》，台北：书林出版有限公司，2012年；曹钦荣：《重生与爱：桃园县人权历史口述文集》，桃园：桃园县文化局；"国史馆"：《战后台湾政治案件：简国贤案史料汇编》，台北："国史馆"，2014年；"国史馆"：《战后台湾政治案件：蓝明谷案史料汇编》，台北："国史馆"，2014年；吕苍一：《无法送达的遗书：记那些在恐怖年代失落的人》，新北：卫城出版，2015年；许雪姬、林建廷：《狱外之囚：白色恐怖受难者女性家属访问记忆录》，新北：人权博物馆，2015年；较完整之书目可以参阅薛化元：《白色恐怖时期相关研究成果及人权机构等资源盘点案结案报告书》，新北：人权博物馆筹备处，2013年。
②　花亦芬：《在历史的伤口上重生：德国走过的转型正义之路》，台北：先觉出版股份有限公司，2016年。

中涉及东德国家暴力"转型正义"争议的讨论①。2014年,《台湾国际研究季刊》出版"转型正义"专号,涉及台湾、捷克、斯洛伐克与西班牙等国家和地区的"转型正义"发展概况之探析,讨论议题包括后极权民主社会、人权法与历史记忆等②。

二二八历史记忆、民主转型与战后台湾族群政治之间的辩证关系,也是重要议题。王甫昌在《当代台湾社会的族群想象》一书探讨二二八集体创伤如何形塑战后台湾族群关系发展,将二二八定义为导致本省与外省社群分野的关键事件③。根据张茂桂、高格孚等学者研究,在民主化与台湾化浪潮下,由于外省社群边缘化焦虑、开放大陆探亲之后形成家乡不再的疏离感,以及眷村将消失的危机感,呈现暨非台湾人,也非大陆人的"双重边缘"认同困境④。

（四）国族创伤与国族记忆空间之建构

自后冷战时期以来,两次大战、极权国家暴力与国族光荣记忆空间建构成为学术探讨焦点。温特（Jay Winter）在其《记忆之地,悼念

① 潘宗亿:《再见列宁:消费东德与新德国国族认同危机》,《政治大学历史学报》,2016年第46期,第151—214页。
② 参见《台湾国际研究季刊》,2014年第10卷第2期。
③ 王甫昌:《台湾"族群想象"的起源:"本省人"/"外省人"族群意识形成过程》,《当代台湾社会的族群想象》,新北:韦伯文化国际出版有限公司,2007年,第21—52页。
④ 林平:《身在"家乡"为异客:在中国大陆的外省台湾人》,收录于张茂桂编:《国家与认同:一些外省人的观点》,第301—328页;王甫昌:《省籍融和的本质》,收录于张茂桂:《族群关系与国家认同》,第53—100页;张茂桂:《省籍问题与民族主义》,收录于张茂桂编:《族群关系与国家认同》,第233—278页;高格孚:《风和日暖:台湾外省人与国家认同的转变》,台北:允晨文化实业股份有限公司,2004年;张茂桂主编:《国家与认同:一些外省人的观点》,新北:群学出版有限公司,2010年。

之地》一书中，透过影视、文艺创作与纪念碑等记忆媒介之研究，探索一战纪念文化与战后欧洲国族认同建构之关系[1]；纳粹历史研究学者扬（James E. Young）在《记忆理》一书探讨犹太人大屠杀纪念碑所涉记忆与空间政治，可谓经典[2]；蒂尔探究新德国于新柏林历史"记忆区"透过"欧洲被迫害犹太人纪念碑"（Denkmal fur die ermordeten Juden Europas）、"犹太博物馆"（Jüdische Museum Berlin）与"恐怖地形图"（Topographie des Terrors）等国族创伤"记忆所系之处"构成新国族认同建构之基础[3]；洪长泰与巫鸿从记忆与空间政治视角探析中共革命传统论述与记忆，如何物质化于天安门广场及其周围纪念性建筑[4]。

---

[1] Jay Winter, *Sites of Memory, Sites of Mourning*（Cambridge: Cambridge University Press, 1995）; Jay Winter, *Remembering War: The Great War between Memory and History in the 20th Century: The Great War and Historical Memory in the 20th Century*（New Haven: Yale University Press, 2006）; 有关二战纪念碑文化可参阅 Nicolaus Mills, *Their Last Battle: The Fight for the National World War II Memorial*（New York: Basic Books, 2004）.

[2] James E. Young, *The Texture of Memory: Holocaust Memorials and Meaning*（New Haven: Yale University Press, 1993）; 其他同主题之重要著作可参阅Brian Ladd, *The Ghosts of Berlin: Confronting German History in the Urban Landscape*（Chicago: University of Chicago Press, 1998）; Janet Ward, *Sites of Holocaust Memory*（Bloomsbury Academic, 2018）; Sharon Macdonald, *Difficult Heritage: Negotiating the Nazi Past in Nuremberg and Beyond*（New York: Routledge, 2009）; Andreas W. Daum and Christof Mauch, ed., *Berlin–Washington, 1800–2000: Capital Cities, Cultural Representations, and National Identities*（New York: Cambridge University Press, 2005）, pp. 3–30; Bill Niven, *Facing the Nazi Past: United Germany and the Legacy of the Third Reich*（New York: Routledge, 2002）.

[3] Karen E. Till, *The New Berlin: Memory, Politics, Place*（Minneapolis: University of Minnesota press, 2005）.

[4] Linda Hersiikovitz, "Tiananmen Square and the Politics of Place," *Political Geography*, 1993, Vol,12, No.5, pp. 395–420. Chang–Tai Hung, "Revolutionary History in Stone: The Making of a Chinese National Monument," *The China Quarterly*, 2001, Vol.166, pp. 457–473; 洪长泰：《地标：北京的空间政治》，香港：牛津大学出版社，2011年；Hung Wu, *Remaking Beijing: TiananmenSquare and the Creation of a Political Space*（Chicago: Chicago University Press, 2005）.

以台湾学者而言，吴金镛从记忆与空间政治之辩证视角，探析二二八纪念碑官方建构及其争议与意义；林静雯从"国家人权博物馆筹备处"之成立及其争议切入，思考台湾之推动"转型正义"透过"绿岛人权文化园区"及"景美人权文化园区"唤醒个人或社会集体记忆的可能性[①]；曹钦荣具体以"台北二二八纪念馆"与"绿岛人权文化园区"为例，探讨博物馆、历史记忆与转型正义的关系[②]；陈瑞琪则透过绿岛居民、政治受难者与绿岛政治监狱官兵的口述访谈，探析不同社群于"绿岛人权文化园区"内白色恐怖纪念性空间的记忆差异[③]。除了台湾族群记忆空间的探讨，学者对于其他地区个案也有所着墨；陈佳利以"犹太浩劫纪念馆"探讨集体创伤、记忆政治与国族认同之间的关系[④]；潘宗亿透过柏林"浩劫纪念碑"研究，检视犹太人大屠杀此一德国集体创伤记忆之纪念化与物质化过程[⑤]。

结　语

本文首先尝试梳理欧美历史记忆学理典范，从中定义集体记

---

① 林静雯：《人权博物馆筹备处的初期挑战与未来的使命》，《博物馆学季刊》，2014年第28卷第3期，第111—126页。
② 曹钦荣：《纪念博物馆、技艺研究与转型正义：从国际经验到绿岛人权文化园区》，台北：台北艺术大学硕士论文，2014年。
③ 陈瑞琪：《记忆变奏曲："绿岛监狱岛"之记忆空间沿革探讨》，台湾东华大学硕士论文，2017年；陈瑞祺、潘宗亿：《"绿岛监狱岛"之记忆空间变迁探讨》，《台湾文献》，2018年第69卷第4期，第133—168页。
④ 陈佳利：《谁的犹太浩劫纪念馆：创伤、政治与认同》，《被展示的伤口：记忆与创伤的博物馆笔记》，台北：典藏艺术家庭股份有限公司，2007年，第95—124页。
⑤ 潘宗亿：《全球首都国族记忆空间之建构：以北京天安门广场与柏林"浩劫纪念碑"为中心的探讨》，收录于梁景和主编：《社会文化史理论与方法》，北京：社会科学文献出版社，2014年，第104—144页。

忆、社会记忆、历史记忆、身体记忆、文化记忆、空间记忆与饮食记忆等概念，进而在三波"记忆潮"历史分析架构下，综述欧美与台湾历史记忆研究于"帝国扩张与殖民统治遗绪""后冷战战争创伤、教科书政治与纪念文化变迁""后极权国族创伤、转型正义与社群认同"与"国族记忆空间之建构"等主要趋势。然而，在此分析架构下，本文考察自有疏漏；或如梅尔清（Tobie Meyer-Fong）从底层民众生命经验与记忆、由下而上的视角研究太平天国，涉及战乱记忆、官方纪念仪式、地方政治认同建构、身体政治与身份认同、遗体保存与秩序重建、死亡政治与统治合法性、民间纪念与悼念社会实践等层面，讨论议题丰富①；或如中国古代史、近现代史与明清文学研究领域，也不乏运用历史记忆研究取径之研究成果，均值得再探②。

其次，本文于有限篇幅内，对历史记忆取径于方法论与认识论上的批判性反思也少有着墨，但尝试于此归纳诸端，以为进一步探讨的基础。首先，欧美学界于这方面的讨论相当丰硕，不需本文赘

① Tobie Meyer-Fong, *What Remains*: *Coming to Terms with Civil War in 19th Century China*（Stanford: Stanford University Press, 2013）.
② 傅扬：《从丧乱到太平：隋朝的历史记忆与意识形态》，台北：台湾大学硕士论文，2011年；廖宜方：《唐代的历史记忆》，台北：台湾大学出版中心，2011年；何幸真：《明代建文朝的历史记忆》，台北：台湾师范大学硕士论文，2013年；吴政纬：《眷眷明朝：朝鲜士人的中国论述与文化心态》，台北：秀威信息科技股份有限公司，2015年；严志雄：《体物、记忆与遗民情境：屈大均一六五九年咏梅诗探究》，《中国文哲研究集刊》，2002年第21期，第43—87页；严志雄：*Traumatic Memory, Literature and Religion in Wu Zhaoqian's Early Exile*，《中国文哲研究集刊》，2005年第27期，第123—165页；王瑷玲：《记忆与叙事：清初剧作家之前朝意识与其易代感怀之戏剧转化》，《中国文哲研究集刊》，2004年第24期，第39—103页；胡晓真：《离乱杭州：战争记忆与杭州记事文学》，《中国文哲研究集刊》，2010年第36期，第45—78页；黄琼慧：《世变中的记忆与编写：以丁耀亢为例的考察》，台北：大安出版社，2009年。

述①，且更重要者，应在本土研究成果的基础上从事全面检视，而台湾历史学界个案研究虽丰，但较少学者从事认识论与方法论的学理讨论与反思。虽然如此，诸如王明珂、黄克武与廖宜方等历史学者仍于此方面有所省思，值得再探②。尤其，王明珂于20世纪90年代，由集体记忆视角检视自传、传记与口述历史的建构本质，至近年更在《华夏边缘》《羌在汉藏之间》与《英雄祖先与弟兄民族》等研究基础上，于《反思史学与史学反思》一书中系统阐释相关议题，对于历史事实与社会现实、口述历史与口述传统、集体记忆与社会记忆之区别有所厘清，甚至提出"历史心性"与"根基性历史记忆"等概念，值得借鉴。然其有关社会记忆范畴大于集体记忆、集体记忆范畴又大于历史记忆的提法③，于本文相关概念的定义与讨论有所区别，值得再次商榷，特别如下问题：历史与记忆之间的区别或关

① 举其要于此：Wulf Kansteiner, "Finding Meaning in Memory: A Methodological Critique of Co lle ctive Memory Studies," *History and Theory*, 2002, Vol.41, No.2, pp. 179–197; Peter Fritzsche, "*The Case of Modern Memory*," *The Journal of Modern History*, 2001, Vol.73, No.1, pp. 87–117; Alon Confino, "Collective Memory and Cultural History: Problems of Method," *The American Historical Review*, 1997, Vol.102, No.5, pp. 1386–1403; Susan A. Crane, "Writing the Individual Back into Collective Memory," *The American Historical Review*, 1997, Vol.102, No.5, pp. 1372–1385.
② 例如王明珂：《谁的历史：自传、传记与口述历史的社会记忆本质》；王明珂：《口述中的历史事实与社会现实》；黄克武：《记忆、认同与口述历史》，《台湾口述历史的理论实务与案例》，第45—58页。又，参见《东吴大学历史学报》第36期所收论文有关日记、回忆录、传记、书信等其他相关"记忆"，或可参阅主编游鉴明之《导言：历史中的记忆·记忆中的历史》，第1—6页；廖宜方于《唐代的历史记忆》一书导论涉及历史记忆相关学理概念史学史的考察简述，并尝试超脱欧美历史记忆学理，挖掘与反思中国史研究脉络下的历史记忆研究线索，并形成东亚自身的历史记忆概念，是国内学者中少数兼具历史记忆学理概念意涵之批判性反思与个案研究之论著，非常值得一读，参阅廖宜方：《唐代的历史记忆》，台北：台大出版中心，2011年。
③ 王明珂：《反思史学与史学反思》，第154、159、161页。

系为何？历史只是记忆的一种形式？抑或记忆只是历史的一部分？

　　自古以来历史是记忆的一种形式，正如历史女神克利欧（Clio）是"记忆女神"（Mnemosyne）的女儿——九位缪斯之一，也正如西方史学之父希罗多德（Herodotos, 约前484—约前425）以九位缪斯为《历史》九卷命名之文化脉络所示①。但随着莱昂纳多·布鲁尼（Leonardo Bruni, 1370—1444）、瓦拉（Lorenzo Valla, 1407—1457）与博丹（Jean Bodin, 约1530—1596）等文艺复兴时代史家于历史"真实性"与"客观性"的系统方法论与认识论思索以来，经哥廷根（Göttingen）历史学派与19世纪历史的学科化与科学化，记忆逐渐被归于口述传统范畴，文本性之历史书写成为表述或重建"过去"的唯一合法形式。但是，"记忆女神"于19世纪末以来之再度"回归"，皆需进一步深入论证，而关于历史与记忆之间的区别与关系的厘清，及其对于"学院"历史认识论与方法论的可能影响与调整，也都需要进行考察。尤其，对于史料与记忆媒介之定义或区别，有关绘画、口述、文字、印刷、电子媒介、网络时代之历时性研究，也至关重要。在历史文化数字化记录与传播的"故事"②时代，大众历史知识来源更趋多元，云端可承载的信息更趋无限，对自然、社会、集体与文化记忆的影响为何？而其间所涉大众生活和历史与历史记忆之间的辩证

---

① 伊迪丝·汉密尔顿著，余淑慧译：《希腊罗马神话》，台北：漫游者文化事业股份有限公司，2015年，第42—43页。
② 此处"故事"意指致力于公众教育、知识传播与文化体验的台湾网络媒体"故事：写给所有人的历史"及其所象征的大众历史普及书写新趋势，参见https://gushi.tw。

关系又为何①？凡此种种问题，皆需进一步讨论与商榷，但本文提议，历史记忆研究的本质，其实是史料的政治文化史研究本身。展望台湾历史记忆研究，除了方法论与认识论的学理思索之外，空间记忆、食物记忆与历史小说等方面之历史研究值得开拓。在空间记忆方面，如上文所陈述，台湾已有初步研究成果，但除了国家级记忆空间或不义遗址空间之研究，或可朝向地方性或特定社群纪念性空间与建筑耕耘。其次，近十年台湾学界于饮食文化史研究成果丰硕，从社群认同视角讨论者也不少，可为进一步从事食物记忆研究之基础，目前则有陈玉箴与潘宗亿等学者进行初步之尝试。陈玉箴或运用康纳顿的身体记忆概念探究"台湾菜"饮食喜好与国家意识之关联性，或运用阿斯曼的"沟通记忆"与"文化记忆"概念考察台湾1960年至1980年北平怀乡书写，并探析其与外省社群认同建构之关系；潘宗亿则综合记忆生理学、身体记忆与文化记忆学理，提出一个食物记忆研究分析架构，并以战后外省社群饮食书写与食物记忆为实践个案，指出饮食实践、食物记忆与社群认同变迁之关联

---

① 关于大众历史与历史记忆辩证关系之讨论，可参阅Paul Ashton and Alex Trapeznik, eds., *What is Public History Globally? Working with the Past in the Present*（London: Bloomsbury Academic, 2019）; Anna Maeker, Simon Sleight, and Adam Sutcliffe, eds., *History, Memory, and Public Life: The Past in the Present*（London: Routledge Press, 2018）; James E. Young, *The Stages of Memory: Reflections on Memorial Art, Loss, and the Spaces Between*（Amherst, MA. : University of Massachusetts Press, 2016）; Faye Sayer, *Public History: A Practical Guide*（London: Bloomsbury Academic, 2015）.

性，并由此延伸从事战后台湾食谱文化与食物记忆相关研究①。台湾本为多移民社会，于各种族群或社群之食物记忆的历史研究值得尝试。再者，台湾文学研究者如许俊雅与林丽君等，已从记忆与认同建构视角检视台湾历史小说，本文提议未来学者可运用阿斯曼的文化记忆或阿蕾达的"文化文本"概念于历史小说之研究。

最后，目前历史记忆研究趋势明显多以国族或族群为探究范畴，且以宏观脉络下的战争和国家暴力创伤记忆与认同建构为切入视角，较少涉及个人或社群庶民生活及其中喜乐记忆面向的探讨，或本文有所疏漏，但学者也可尝试往这些方向开发新的材料与研究主题，可使历史记忆研究更趋多元而丰富。

---

① 陈玉箴：《食物消费中的国家、阶级与文化展演：日据与战后初期的"台湾菜"》，《台湾史研究》，2008年第15卷第3期，第139—186页；陈玉箴：《从沟通记忆到文化记忆：1960—1980年代台湾饮食文学中的北平怀乡书写》，《台湾文学学报》，2014年第25期，第33—68页；陈玉箴：*Bodily Memory and Sensibility: Culinary Preferences and National Consciousnessin the Case of Taiwanese Cuisine*，《台湾人类学刊》，2010年第8卷第3期，第163—196页；潘宗亿：《玛德莱娜时刻：以战后台湾饮食书写中的食物记忆为例》。潘宗亿于近年以"从傅培梅到阿基师：战后台湾的食谱书写、国族料理与饮食文化"科技部从事相关议题之研究。此外，庄梓忻于花莲大陈饮食文化之研究，亦涉及食物记忆之探讨，参见庄梓忻：《沉默的传统"食"行者：花莲大陈妇女的身体实践、食物记忆与社群文化保存》，台湾东华大学硕士论文，2017年。

第三部

全球史／跨国史

超越民族国家的历史书写：
晚近欧美史学研究中的"全球转向"[①]

蒋竹山

前　言

　　全球史的出版在这10年间有逐渐增多的趋势，相关的研究讨论与论文也正不断地关注这段时间的史学变化，然而，这种趋势并未反映在常见的史学动向的书籍上。例如过去10年，学界最常提到的是伊格尔斯的《二十世纪的史学》，书中就只谈到"后现代主义对历史学的挑战"，丝毫未提到全球史的发展[②]。直到最近，此情况略有改观，同一作者的新书《全球史学史》(*A Global History of Modern Historiography*)已掌握最近全球化对历史学的影响。伊格尔斯及王晴佳长期以来观察西方史学动向，书中最后一节《世界史、全球史和全球化的历史》已经揭露了"全球化史学"的到

① 本文修改自《超越民族国家的历史书写：试论晚近西方史学研究中的"全球转向"》，《新史学》，2012年第23卷第3期，第199—228页。
② Georg G. Iggers，《二十世纪的史学》，台北：昭明出版社，2003年。

来①。他们认为冷战结束后，史学界出现了一个显著的变化，那就是对世界史与全球史的关注不断加强。

20世纪90年代之后，世界史的写作有两个不同的走向。一个开始较早，约在20世纪70—80年代，以弗兰克（Andre Gunder Frank）、沃尔夫（Eric Wolf）、沃勒斯坦（Immanuel Wallerstein）等社会科学家，和关心现代西方资本主义对世界上其他地区产生影响的经济学家和社会学家为开端②。麦克尼尔（William McNeill）则代表了第二种取向。他对经济和政治因素的兴趣不大，研究也不从欧洲中心论出发，而是乐于将更早年代的历史涵盖在内。直到20世纪90年代以后，"全球史"这个词汇才变得较为流行。

这10年来，欧美史学界有关全球史的理论、方法与实践的研究讨论有增多的趋势。这方面的著作有：索格纳（Solvi Sogner）主编的《理解全球史》（*Making Sense of Global History*, 2001）；霍普金斯（A. G. Hopkins）主编的《世界史中的全球化》（*Globalization in World History*, 2002）；本德（Thomas Bender）主编的《全球时代中

---

① Georg G. Iggers and Q. Edward Wang, *A Global History of Modern Historiography*. 中译本见格奥尔格·G. 伊格尔斯、王晴佳著，杨豫译：《全球史学史：从18世纪至当代》，北京：北京大学出版社，2011年，第410—417页。这部分的文章最早出现在作者与伊格尔斯合著的《历史与史学的全球化：特征与挑战》，收在《史学史研究》，2008年第1期，第1—11页。伊格尔斯和王晴佳在《全球史学史：从18世纪至当代》一书中提到，冷战之后的历史书写有以下几点的变化：（1）文化转向及语言学转向导致了所谓的"新文化史"的兴起；（2）妇女史与性别史的持续扩大；（3）在后现代主义批判的基础上，历史研究和社会科学建立起新的联盟；（4）对国别史研究的挑战；（5）世界史与全球史的兴起。这五个研究方向的转变，其中，又以新文化史及全球史的影响最为显著。

② Andre Gunder Frank, *ReOrient*: *Global Economy in the Asian Age*（Berkeley: University of California Press, 1998）. Immanuel Wallerstein, *The Modern World System*（New York: Academic Press, 1974）. 埃里克·沃尔夫：《欧洲与没有历史的人》（全新增订版），台北：麦田出版社，2013年。

的美国史的再思考》（*Rethinking American History in a Global Age*, 2002）；曼宁（Patrick Manning）的《世界史导航：全球视角的构建》（*Navigating World History: Historians Create a Global Past*, 2003）；马兹利什（Bruce Mazlish）、入江昭（Akira Iriye）合编的《全球史读本》（*The Global History Reader*, 2005），收录主题涵盖了恐怖主义、环境、人权、信息革命及多元国家的合作。除了史家作品以外，也纳入人类学及发展研究的文章；霍普金斯主编的《全球史：全世界与地方间的交流》（*Global History: Interactions Between the Universal and the Local*, 2006）；吉尔斯（Barry K. Gills）、汤普森（William R. Thompson）合编的《全球化与全球史》（*Globalization and Global History*, 2006）；马兹利什撰写的《新全球史》（*The New Global History*, 2006）；斯特恩斯（Peter N. Stearns）撰写的《世界史中的全球化》（*Globalization in World History*, 2010）；最新一本刚出版的是萨赫森迈尔（Dominic Sachsenmaier）撰写的《全球视野下的全球史》（*Global Perspectives on Global History: Theories and Approaches in a Connected World*, 2011）。上述书籍的出版，或许正好反映当前西方史学的"全球转向"（global turn），而这种"全球转向"的特色之一，即在于史学作品的"空间转向"（spatial turn）——或者说是史学跨越民族国家的领土疆界，朝着区域、大陆及半球等空间发展[1]。

本文并非全面检视全球史对于当代史学各领域的影响，仅尝试通过近来新出版的一些相关论著，探讨全球史所带来的"空间转

---

① 有关这方面的最新研究，请参见塞巴斯蒂安·康拉德著，冯奕达译：《全球史的再思考》，新北：八旗文化，2016年；林恩·亨特著，赵辉兵译：《全球时代的史学写作》，郑州：大象出版社，2017年；塞巴斯蒂安·康拉德著，陈浩译：《全球史导论》，北京：商务印书馆，2018年。

向"研究特色，对于民族国家的历史书写造成哪方面的冲击[1]。

一、全球史的研究特色

19世纪以来，专业史家习惯将世界划分为各个民族国家，从民族国家的角度来考察历史。他们认为历史属于各民族共有，常以法国史、中国史、墨西哥史的面貌出现。这些专业史家主要的研究重点是文化独特性、排外性民族认同、地方知识和某些社会的发展经历；对许多史家而言，民族国家应当是历史分析的基本单位。然而，历史经验不仅是个体社会发展的结果，同时也是跨越民族、政治、地域和文化等界限的产物。有时，史家为了追寻历史意义，会进而探究各地区之间和不同社会之间交互流动所带来的影响，改以跨区域、大陆、半球、大洋和全球为单位的历史研究法[2]。

本特利（Jerry H. Bentley）更指出，有三个因素，促进了民族国家史到全球史的转向[3]。第一，历史学家和地区专家累积了欧洲

---

[1] 有关全球史对史学各层面的影响，参见蒋竹山：《当代史学研究的趋势、方法与实践：从新文化史到全球史》，台北：五南图书出版股份有限公司，2018年。

[2] Jerry H. Bentley, "The New World History," in Lloyd Kramer and Sarah Maza, eds. *A Companion to Western Historical Thought*（Hoboken, NJ: Wiley–Blackwell, 2006），pp. 393–416.

[3] 有关民族国家与全球史的关系，可见Prasenjit Bose, "'New' Imperialism? On Globalisation and Nation–States," *Historical Materialism*, 2007, Vol.15, No.3, pp. 95–120. Robert Shaffer, "The 'Internationalization' of U. S. History: A Progress Report for World Historians," *Journal of World History*, 2009, Vol.20, No.4, pp. 581–594. Shieuru Akita, "World History and the Emergence of Global History in Japan," *Chinese Studies in History*, 2010, Vol.43, No.3, pp. 84–96. Tony Burns, "Capitalism, Modernity and the Nation State: A Critique of Hannes Lacher," *Capital & Class*, 2010, Vol.34, No.2, pp. 235–255. Patricia Clavin, "Time, Manner, Place: Writing Modern（接下页）

以外地区的人和社会的许多知识。第二，全球帝国、全球战争和全球经济的变动，使人更清楚地认识到，民族国家和个体社会都不能孤立地决定自身的命运。易言之，所有国家和社会的命运，都不可避免地卷入全球的网络体系中。第三，以往学术领域的专门化带来知识结构的破碎化，阻碍了寻求更深层历史意义的努力。学者、教师、政府官员和大众开始要求整合历史知识，以形成看待历史的新视野。

全球史（Global History）这个词汇，很早就出现在历史学界的作品中。例如早在1962年，斯塔夫里阿诺斯（Leften S. Stavrianos）就已经编有《人类的全球史》（*A Global History of Man*）一书，这是一本地理学的历史著作。此书虽然标题有"全球的"字样，但正文中都是用"世界的"（world）。此外，犹太裔哲学家及史家科恩（Hans Kohn）在1968年也出版了《民族主义的时代：全球史的第一纪元》（*The Age of Nationalism: The First Era of Global History*）。尽管在20世纪60年代就已经出现"全球史"这样的名词，但不代表当时就已经有了自20世纪90年代以来有关全球史的看法。

目前所见，虽然在1991年，就已经有学者多希特（Nathan Douthit）撰文探讨过全球史与全球意识的关联性①。但直到1998年，史学界对于什么是全球史，才有初步的讨论。当时的史学界对

（接上页）European History in Global, Transnational and International Contexts, *European History Quarterly*, 2010, Vol.40, No.4, pp. 624–640. 中国史这方面的讨论，可见Prasenjit Duara, *The Global and Regional in China's Nation-Formation*（London: Routledge, 2009）.

① Nathan Douthit, "The Dialectical Commons of Western Civilization and Global/World History," *The History Teacher*, 1991, Vol.24, No.3, pp. 294–305.

于全球化的重要性了解有限，马兹利什分析，原因之一来自世界史学界本身认同上的混淆。他们面对的是更为传统的国家取向，而全球史被视为是全球化的研究，这无疑是对当权派挑战的一种退却。因此，世界史家要不是倾向于忽略全球史，就是宣称这种研究已经包含在他们的成果中①。

关于何谓全球史，目前史学界暂无一致的看法。伊格尔斯及王晴佳认为，"全球史"和"世界史"这两个概念究竟有何不同，学界并没有清楚的划分。全球史指的是什么？人们在谈论全球史的时候，可以从哪些角度出发，到目前为止也没有取得一致的看法。"全球史"与"世界史"这两个词汇往往是相互重叠，混为一谈。前者比较倾向于研究15世纪地理大发现以后的时代，指的往往是20世纪最后30年以来的全球化进程。世界史则可以把前现代的社会与文化的研究涵盖进来②。

北京首都师范大学刘新成教授在为本特利的《新全球史》中文版写序言时，有以下描述："'全球史'也称'新世界史'（new world history），上世纪下半叶兴起于美国，起初只是在历史教育改革中出现的一门从新角度讲述世界史的课程，以后演变为一种编纂世界通史的方法论，近年来已发展成为一个新的史学流派，其影响也越出美国，走向世界。"③对刘新成而言，全球史和世界史是有

① Bruce Mazlish, "Comparing Global History to World History," *Journal of Interdisciplinary History*, 1998, Vol.28, No.3, pp. 385–395.
② 格奥尔格·G. 伊格尔斯、王晴佳著，杨豫译：《全球史学史：从18世纪至当代》，第413页。
③ 杰里·本特利、赫伯特·齐格勒著，魏凤莲、张颖、白玉广译：《新全球史：文明的传承与交流》，北京：北京大学出版社，2007年，第V页。

区隔的，但等同于"新世界史"，这个名称不仅是一种研究取向，更代表了某种历史学派。关于"新世界史"的用法，最早应当是邓恩（Ross E. Dunn）于1999年所编的论文集《新世界史：教师指南》（*The New World History: A Teacher's Companion*）[1]提出的，这本论文集收有世界史资深学者麦克尼尔、柯廷（Philip Curtin）、沃尔夫的文章，也收入当时尚属新手的本特利、曼宁、津瑟（Judith Zinsser）的作品。但实际上有明确探讨"新世界史"研究课题及方法的学者，应该是身为美国夏威夷大学教授，同时也是《世界史杂志》主编的本特利，他于2002年写过一篇文章"The New World History"，文中所说的新世界史，指的就是全球史的概念，他不仅区隔新世界史与传统世界史的不同，还明确指出全球史的理论有四种，其研究课题涵盖了跨文化贸易、物种传播与交流、文化碰撞与交流、帝国主义与殖民主义、移民与离散社群[2]。

已有越来越多的学者在题目直接引用"全球史"的名称，或是标榜文章内容具有"全球史的视野"。但也有学者提醒我们，我们不能因为"全球史"一词在世界各地广泛地流行，就误认为人们对于这个词汇的用法已经达成广泛共识。事实上，不同的公众领域、意见群体，甚至学术社群，他们对于这个词汇的使用、理解与含义都有很大的差距。美国杜克大学历史系教授萨赫森迈尔告诉我们，

---

① Daniel R. Headrick, *The New World History: A Teacher's Companion*（Boston: Bedford/St. Martin's, 1999）.

② Jerry H. Bentley, "The New World History," in Lloyd Kramer and Sarah Maza, eds. *A Companion to Western Historical Thought*, pp. 393—416. 中译本见本特利：《新世界史》，收入夏继果、本特利编：《全球史读本》，北京：北京大学出版社，2010年，第44—65页。

有的学者认为"全球史"就是运用全球的视角审视人类的过去；有的学者则坚持"全球史"主要就是指"全球化的历史"①。美国著名社会史家斯特恩斯也曾说过，"全球化"这个词是相当新的概念，直到20世纪80年代晚期及20世纪90年代早期才广泛引进。这个词非历史学家所创，而是社会科学家与经济学家所创②。

但事实上，有关"全球化"（globalization）的起始点，各家说法也未达成共识。譬如，有的经济史学家认为，全球化开始于16世纪美洲被纳入全球贸易体系的时候；也有学者觉得要到19世纪20年代，出现商品价格的合流（convergence）之后，才有所谓整合的经济体系。更有学者指出，全球史的开端应在第二次世界大战之后，尤其是20世纪70年代之后，因为那时才有技术发展与企业全球化所导致的"全球纪元"（global epoch）。萨赫森迈尔的看法则是："无论学者们如何界定'全球化'的开端，不可否认的是，过去几个世纪以来，跨区域链接的程度已经大大强化了，特别是过去两个世纪，跨区域的链接达到了史无前例的地步……"他进而建议在国家史之外，我们需要有新一代的史家，以既有跨国家的视野，又不失地方脉络的方法进行全球史的研究。目前仍有许多课题值得去进行更细密的探讨，例如：经济全球化带来的影响、殖民或国家现代化计划、全球意识形态的崛起、移民的动态、国际机构的出现、全球时尚、科学社群③。美国得克萨斯州大学奥斯汀分校的霍普金斯

① Dominic Sachsenmaier, "Global History and Critiques of Western Perspectives," *Compative Education*, 2006, Vol.42, No.3, pp. 451–470.
② Peter N. Stearns, *Globalization in World History*（London: Routledge, 2009）, pp. 1–3.
③ Dominic Sachsenmaier, "Global History and Critiques of Western Perspectives," p. 455.

在《全球化的历史学与区域主义的全球化》一文中，认为最近的史学趋势已经为旧的研究课题——帝国，注入了新的刺激，并提出研究新的全球化课题的可能性。他探讨了历史研究中"物质转向"（material turn）及"整体回归"（totalizing return）的原因。霍普金斯的出发点是第50届东方经济与社会史期刊（JESHO）会议所讨论的主题该如何与这波新的史学动向有所联系①。他认为，JESHO会议为全球转向及物质转向提供了可能的例证。对霍普金斯而言，这种转变可以从几个现象看出来，例如：经济史家不再同以往一样遮遮掩掩地讨论"物质世界"；社会及文化史家在英国左派史家埃利（Geoff Eley）的引领下，也开始对什么可归类为全球转向有所回应②。数据显示，已有越来越多的史家开始写作全球化的历史。这种兴趣的转变，反映了我们身处的时代是一个变动的世界。如果说这种改变的动力大多来自学术社群，那么需求则来自新世代的大学生，他们渐渐不受民族国家的历史形式所束缚。霍普金斯更认为全球史的课题相当有潜力，因为它吸引了所有历史学的次学科：经济、社会、政治、文化和思想。新的主题如污染、疾病及医药都是热门话题；而旧的课题如帝国也能重新检视。让人更为期待的是，这是多年来历史学首次与社会科学的伙伴学科重新联结。国际关系理论已经由新现实主义转变到探索机构、想法和能动（agency）。新经济史则涵盖了有关财产权、竞租行为、交易价值、种族渊源、

---

① A. G. Hopkins, "The Historiography of Globalization and Globalization of Regionalism," *Journal of the Economic and Social History of the Orient*, 2010, Vol.53, No.1/2, pp. 19–36.

② A. G. Hopkins, "The Historiography of Globalization and the Globalization of Regionalism," p.31.

暴力，以及在政治不稳定之下各种情况的重要论辩。

伦敦政经学院经济系教授奥布莱恩（Patrick O'Brien）则认为，全球史符合我们当代的需求。他曾于2006年帮新发行的《全球史期刊》（*Journal of Global History*）写过一篇很长的序言《历史学的传统与全球史回归的当代必要性》[1]。这篇文章首先描述全球史研究的两个取向：联结（connexion）与比较（comparisons），而后观察当欧洲的地缘政治超越了世界所有地区成为霸权时，早期欧洲与其他历史传统的中心书写的特色。在过去两个世纪以来，所有的历史学传统对于西方的兴起大多采取歌功颂德或响应的态度。全球史的回归所影响的历史叙事，使得学界能够有普世性的世界观，并符合我们全球化世界的需求。

我们目前所见的全球史发展仍是进行式，相较于其他领域的发展，它的资历尚浅，在目前可见的研究成果中，我们可大致归纳出几点全球史的发展趋势。第一，它挑战了过去民族国家史的书写限制，将视野扩展到地方、区域、国家、半球之间的彼此联系。第二，全球史的研究已经跳脱以往建立宏大体系与理论的框架，许多兼具宏观及微观的文章开始受到重视。第三，全球史让研究者带有一种全球视野的角度看问题，因此类似上一波史学的"文化转向"，促使史学的各次学科有了新的研究取向，举凡环境史、社会史、性别史、经济史、外交史、教育史、医疗史都纷纷强调全球视野下的研究角度。第四，研究者多为跨学科的学者，不限于史学家，像是社会学、经济学、政治学、国际关系学、地理学。第

---

[1]　Patrick O' Brien, "Historiographical Traditions and Modern Imperatives for the Restoration of Global History," *Journal of Global History*, 2006, Vol.1, No.1, pp. 3–39.

五，全球史专业学术期刊的出现，例如《全球史杂志》（*Journal of Global History*）。最后，专门全球史研究机构纷纷成立。

由于全球史对于史学研究的影响涉及各个研究领域，举凡经济史、社会史、环境史、外交史都可见到它的足迹，碍于篇幅，本文仅就"空间转向"此层面，探讨它对民族国家历史书写的挑战。

二、书写美国史："全球转向"对民族国家史的挑战

（一）走出"例外主义"的美国史

这波史学的"全球转向"最为明显的是美国[①]。乔治梅森大学（George Mason University）历史系教授扎加里（Rosemarie Zagarri）在《早期美国共和的"全球转向"的重要性》一文中，清楚地点出了早期美国共和史研究的全球转向特色。他认为，近代美国史的学者已经强烈意识到他们正在目睹史学研究方向的180度转变。在20世纪70年代晚期至20世纪80年代之间，正是扎加里刚成为历史学者的时代，当时社会史的发展如日中天。城镇或社群研究被视为是理想的分析形式，有许多专书及论文强调早期美国的相对孤立特性。地方社群一向被当作是研究的基本单元，但到了20世纪80

---

① Elizabeth Cobbs Hoffman, "Diplomatic History and the Meaning of Life: Toward a Global American History," *Diplomatic History*, 1997, Vol.21, No.4, pp. 499–518. Emily S. Rosenberg, "America and the World: From National to Global," *OAH Magazine of History*, 2007, Vol.21, No.2, pp. 18–22. Jack P. Greene, "Early Modern Southeastern North America and the Broader Atlantic and American Worlds," *The Journal of Southern History*, 2007, Vol.73, No.3, pp. 526–538. Marcus Gräser, "World History in a Nation–State: The Transnational Disposition in Historical Writing in the United Stats," *The Journal of American History*, 2009, Vol.95, No.4, pp. 1038–1052.

和20世纪90年代，史家开始超越这样的看法。当他们检视初期的美国，目光的焦点不再着眼于居民的边缘与孤立，而是他们与外在大世界的密集联系与接触。这些研究美国共和初期的史家甚至开始强调"想象的共同体"与"公共领域"的重要性。这两者将有地理距离的人们联系起来。印刷文化有助思想的流通，科技消弭了孤立，而市场经济创造了贸易关系。这些联系意味着个人可以分享共同的政治意识形态，为了社会改变而支持相同的运动，或者表达一种美国认同与国族主义的共享感觉。

受到布罗代尔（Fernand Braudel）的地中海研究及帕尔默（R. R. Palmer）的著作影响[1]，早期美国史研究的史家开始将探究的地理范围扩展至大西洋沿岸的所有国家、地方及区域。之后，这种研究取向扩大了他们对地理空间的探究。他们的焦点不仅是与美国边界内有关的事物，或者是美国在1776年的转变，还涵盖了从非洲的奴隶贸易及跨大西洋的废奴主义（abolitionism），甚至延伸到法国、海地与美国革命间的多方联系，以及欧洲强权与北美边界原住民的角色[2]。此外，检视拉丁美洲与初期美国之间事务的链接与比较的"半球史"（hemispheric history）也越来越受到注意。

扎加里明确地指出"我们正处于'全球转向'的时代"。这种转向其实与以下几点因素息息相关，例如：跨国合作的成长、网络

---

① Fernand Braudel, *The Mediterranean and the Mediterranean World in the Age of Philip II*（Berkeley: University of California Press, 1996）; R. R. Palmer, *Age of Democratic Revolution: A Political History of Europe and America, 1760-1800*（Princeton: Princeton University Press, 2014）.

② Rosemarie Zagarri, "The Significance of the 'Global Turn' for the Early American Republic: Globalization in the Age of Nation–Building," *Journal of the Early Republic*, 2011, Vol.31, No.1, pp. 1–37.

的出现、全球资本交换的重要性日渐增加、国际恐怖主义的扩张，这些都促使全球化成为一种无论在大众或学界都十分普遍的观念。为了要让过去与现在对话，史家开始去找寻历史起源及这种现象的发展。早在20世纪之前，观念是流通的，货物及资本在全世界流通，动物及细菌经常在各种社会中移动。国家的边界不是固定的，而是易变的和可渗透的。生活在过去的个人并非只是面对面的地区性居民，而是一种都市冒险或世界的公民。不仅是有钱精英，就连贸易者、商人、船员、一般男女都有许多机会去进行跨越全球的旅行[①]。

尽管扎加里认为美国史的全球取向，在有些方面和大西洋史研究是有所差别的，但两者的观点都促使了史家在定义他们探查的范围时，能跳脱美国民族国家的疆界。然而，大西洋史所包含的区域涵盖了非洲、欧洲及加勒比海，很早就将早期美国共和的传统叙事视为其中一部分。例如：虽然非洲和加勒比海的奴隶没有受到多大重视，但奴隶制度却已经讨论了好几十年。直到近几年，大西洋史已鼓舞美国早期共和史家去扩展他们的地理范围。

另一方面，全球史的要求更高。全球史挑战或者吸引了那些早期美国共和史家去研究不被传统史学叙事认为是其中一分子的世界其他地区及人民。例如：美国从1776年至1860年的历史，经常集中在内部的发展、问题及议题，而缺少对世界其他地区的着墨。即使有提到中国、阿拉伯、印度、夏威夷或土耳其等地，也都只是与贸易及外交有关。然而，当研究议题涉及全球思考时，就会遭遇实际的

---

① Rosemarie Zagarri, "The Significance of the 'Global Turn' for the Early American Republic: Globalization in the Age of Nation–Building," pp. 1–3.

问题，例如要精通新语言与熟悉不同历史知识。然而，这些挑战已经借由北美边界地区或大西洋世界非英国地区的研究而获得解决。

此外，全球史挑战了传统史学以民族国家（nation-state）为首要分析单位的基本原则。研究早期美国共和的史家比起研究美国史其他时期的学者，更认为美国民族国家是他们研究的重点，这方面相关的课题有：美国民族主义的成长、美国认同的出现、联邦瓦解的威胁。这些领域常被归为"初期美国共和"或"初期国家时期"，反映了将民族国家视为一种具有启发性的发明。部分原因在于过度强调政治的叙述。从华盛顿到内战时期，代表了国家创立之初的杰出时期。这也是个创建政府机构、扩大国家疆界，以及人民尝试建构统一的国家时期。

然而，受这种取向的影响之一，是加深了美国对"例外主义"（exceptionalism）的迷思，他们认为美国在本质上不同于当时的其他国家。从北美英国殖民时期开始，美国与世界其他国家相比，独一无二，能提供更自由与更多机会的社会、政治和经济情况。因此，以往常见有关美国革命的故事多是环绕在激进的民主、平等与天赋人权的新原则。然而最近几年，这种看法已被全球史史家批判，认为这种叙述是过于强调胜利者的姿态，且暗指美国不仅是不同于其他世界，更怀有道德上的优越感。近来已有不少史家对此例外主义提出修正的看法。

卡根（Robert Kagan）对"例外主义"的看法则是"最早的美国例外主义，其实就是英国例外主义"，"美国人一直珍视这样的自我形象：天生是内向型的、超然物外的，只是偶然地、断续地冒险涉足世界事务，而且通常是对外部攻击或者是对所感受到的威胁做出反应"。近来一本讨论美国南方例外主义迷思的论文集《南方例外主义的迷思》(*The Myth of Southern Exceptionalism*),也强调要克服南方例外主义的限制,并整合区域史与国家史。他们主张比较分析的重要性,以超越传统的"南方史"与"北方史"的界线,研究范围涵盖了从都会发展及美国南部、西南地带到国家计划与跨国活动①。除了上述的政治史议题,研究早期共和的社会及文化史家常认为,自1776年到1860年间,大部分美国民众主要都局限在国家内部及家庭问题上,而不是外在的世界。他们关注的焦点不外乎西部扩张、内政改善、民间宗教狂热、社会改革运动及奴隶,而种族及性别也被视为是相当重要的课题。但相对于庆典式的例外主义,这些研究更透露了介于美国致力于平等及自然权与他们真正对待妇女、原住民、非洲裔美国人之间的落差。不管是庆典式的或缺乏热情的,这两种例外主义都来自相同的前提:也就是强调作为一个民族国家的独立特性,而不是美国与其他世界的联结及相似性。

全球史家挑战了史家应当专门撰写国家史的主张。这些国家史家认为,应当致力于使民族国家及美国的权力正当化,这种想法强化了美国例外主义的信念。由于他们强迫将西方的价值加诸其余世界,某种意义上,国家史代表了一种"文化帝国主义"(cultural imperialism)的形式。相对地,全球取向促使历史学家去对抗领土的民族国家目的论(teleology),鼓励他们超越对美国及西欧事物利益历史的依恋。换言之,全球取向让史家跳脱、超越长久以来将他们

---

① 罗伯特·卡根:《危险的国家:美国从起源到20世纪初的世界地位》,北京:社会科学文献出版社,2011年,第1—11页。Matthew D. Lassiter and Joseph Crespino, *The Myth of Southern Exceptionalism* (London: Oxford University Press, 2010),p.13.

的著作聚焦在国家架构中的惯习。事实上，将焦点集中在人们与区域间的链接、比较及联系，而不是放在特有的国家认同及特殊的国家叙述，这能够削弱现代民族国家的霸权及驱除美国例外主义的迷思。

由此可见，全球的研究取向不仅扩展了我们的问题范围，而且让我们有更明确的分析架构。这种观点使我们得以将早期美国的事物与世界其他地区相并列，并且予以联系、比较及对比不相关的事物。如此一来，得以免除归化为民族国家，挑战例外主义的偏见。至少，"空间转向"能帮我们重写美国共和初期的历史不再只是作为一个国家的故事，还包括了身为帝国的一分子[1]。

（二）世界史中的美国位置

有关美国史的"全球转向"的探讨，大约始于2002年。由本德主编的《全球时代中的美国史再思考》（*Rethinking American History in a Global Age*）为此时期的代表作。本书提出了一个巨大问题并尝试回答：我们该如何在自我意识的全球时代脉络中架构美国史。编者认为当时处于21世纪的开端，正是一个密集讨论多元文化主义（multiculturalism）与全球主义（globalism）的时代，与以往相较，更容易认识众多堆栈在国家史中的历史经验与叙述。本论文集的作者有一致的共识，其目的在超越不加批判地就接受国家是历史研究的"自然"单位，以及历史作品中的"自然"观众；但也无宣告国家史已经穷途末路，另外打造后国家史（postnational）的意图。最

---

① Rosemarie Zagarri, "The Significance of the 'Global Turn' for the Early American Republic: Globalization in the Age of Nation–Bulding," *Journal of the Early Republic*, 2011, Vol.31, No.1, pp. 1–37.

后希望能够使美国史的价值更加浓密，并丰富对国家的认识。

在此之后，本德出版了专书《国家中的国家：美国在世界史的位置》（*A Nation Among Nations: America's Place in World History*），更加明确地详述了美国史的新架构[①]。它反对国家的领土空间作为国家史的必要背景，主张国家史要有跨国的基本性质，国家史应属于全球史的一部分。对于大多数史家而言，人们大都居住在社会与国家组织中，而不是民族国家。大部分我们称为后哥伦布的美洲历史，实际上早于美国作为一个民族国家而出现。这本书将美国的经验放在一个更大的脉络下来探讨，有利于我们更容易地了解美国的历史。此外，本书的目的在于鼓励美国人要更具有世界观，以便对全球历史的相互联系与相互依存有所认识，这使得美国历史能将全球事务视为国家与各地的事务，甚至是与全球人类普遍历史共享。

国家史如同民族国家一样，都是当代发展的产物。本德大约在10年前开始严肃思考，如何写出一个不一样的美国史以及教学的方式。他所关心的不在于有争议问题的政治史，也不在于支持自由及保守的解释谁优谁劣，对他而言这两者并无差别。重要的是更为基本的与方法论上的问题：什么是美国国家经验的真正界线？美国与其他国家共享怎样的历史？如何运用更广泛的脉络来改变美国叙事的核心？作者开始朝着两个核心叙事的方面去思考：不再未经检视就假设国家天生就是历史的载体及运输工具，并且淡化空间及时间对历史解释而言是基本的事实，历史的发展常常超越空间及时间。

这本书的目的在于提供另一种站在比国家更大脉络下的方法来

---

① Thomas Bender, *A Nation Among Nations: America's Place in World History* (New York: Hill and Wang, 2006).

理解美国史的主要事件与主题。和美国的"例外主义"观念不同，这种架构坚持国家不能成为它自己本身的历史脉络。这本书所探讨的主题与事件，像是革命与内战，都是放在全球的脉络下去检视。然而，本书也强调超越国家并不意味着就要放弃国家，而是要历史化及阐明它的意义。

阿米蒂奇（David Armitage）的《独立宣言：一种全球史》（*The Declaration of Independence: A Global History*）同样强调以全球史的视角来研究早期美国历史[1]。本书不仅注意美国历史文件对美国的重要性，而且把它当作是整个世界建立国家的模型，以此来探讨其典范性。

上述所处理的时间多为20世纪之前的近代早期美国，相较之下，近来已经有越来越多的作品集中在20世纪。马内拉（Erez Manela）的文章《世界中的美国》对此有详细的论述，例如有许多作品在探讨20世纪美国对菲律宾的殖民统治。这些作品不仅帮助我们理解美菲之间的复杂互动关系，也将美国作为一个帝国强权的意识形态与实践，放在与英、法帝国势力关系的脉络中探讨，甚至放在当时更广泛的国际社群中的帝国文化脉络下，去理解美国的国际角色[2]。

（三）美国妇女史的全球转向

性别史方面也有上述这种挑战民族国家书写的趋势。近来，有关性别研究的新诠释转向，正在北美的学术期刊上被热烈讨论，其

---

① 大卫·阿米蒂奇：《独立宣言：一种全球史》，北京：商务印书馆，2014年。
② Eric Foner, Lisa McGirr, *American History Now*（Philadelphia: Temple University Press, 2011），pp. 201–220.

焦点主要集中在家庭史、妇女史及性别史这三个研究领域与世界史的关系。传统集中在特别区域，或坐落在社群、地区及国家等范围的欧洲史写作，已经被"世界史"或"全球史"取向所取代。为了要建立起一种世界史的普遍性叙事（ecumenical narrative），传统的妇女史／性别史应该与非西方的批判史学进行跨文化的合作①。

以美国妇女史为例，有三种研究路径对于这个领域的学者越来越重要，分别是国际的、比较的及全球的视角。迈阿密大学教授弗雷德里克森（Mary E. Frederickson）认为这几种视角正在改变我们看待过往、现在及未来的美国妇女史书写经验的方式②。史家用"国际的""比较的"及"全球的"这几个字眼究竟代表什么样的含义呢？美国史家在二战后转向国际史，特别强调两个国家或两个以上国家的比较，或者是两个或两个以上国家的社团及组织成员的研究。其课题包括性别角色、革命、经济发展、奴隶。比较史则是系统地探讨美国与其他国家、社会、文化或世界其他地区的经济体系之间的相似及差异关系。特别对美国史学者而言，比较研究对于"'美国经验'是独一无二的"或者是"美国是具有特别命运的国家"的论点，提供了一种矫正的看法。如同国际史一样，比较史降低了种族优越论的看法，并揭示了国家和国际是如何彼此地互动及调整。

在最新一波的全球化时期，当贯穿世界的资本流通与相互联系、技术、劳工及商品与服务戏剧性地加速变化时，全球史在许多方面涵括了世界史及跨国史的分析方式以及专题研究取向。全球

---

① Giulia Calvi, "Global Trends: Gender Studies in Europe and the US," *European History Quarterly*, 2010, Vol.40, No.4, pp. 641–655.
② Mary E. Frederickson, "Going Global: New Trajectories in U. S. Woman's History," *The History Teacher*, 2010, Vol.43, No.2, pp. 169–189.

史的研究取向，促使了史家民族国家书写的转向，改为宣称理解历史过程最好的方式，就是探讨影响全世界的经济、政治、社会和文化体系。由于过去一百年来，包括美国妇女史在内的历史研究，都是采取将国家的存在合理化的国家叙事手法。因此，历史中采取全球的、世界的、跨国的、国际的以及比较的历史取向常批判这种限制。当前的美国妇女史就是在此种脉络下，转而投入新的研究取向。

在上述研究取向中，又以全球史的取向最受当前美国妇女史研究者的重视。弗雷德里克森说："当我们探讨的这种叙事，是从全球视野来看美国妇女经验时，我们才开始超越了'美国'经验是种例外的（exceptional）看法"。美国妇女史的全球取向，将过去只是探讨一个国家到另一个国家，或者是从一个区域到世界其他地区的简单比较取向，予以复杂化。全球史的取向为我们开了一扇门去认识现有的边界，同时又跨越多次变动的国家及区域疆界来检视过往的历史。举移民的例子来说，移民妇女的社会及经济史研究焦点，已经从同化（assimilation）与美国化（Americanization）的焦点，移转到妇女在她们家乡的经验，而不是关心外移的问题。其课题多以全球的脉络来研究投票权、改革、教育、护理及职业隔离。

（四）面向大陆：美国史与大西洋史研究

这方面著作，我们可以以格林（Jack P. Greene）与摩尔根（Philip D. Morgan）合编的 *Atlantic History: A Critical Appraisal* 为例[①]。这本

[①] Bernard Bailyn, *Soundings in Atlantic History: Latent Structures and Intellectual Currents, 1500–1830*（Cambridge: Harvard University Press, 2007）. Jack P. Greene, Philip D. Morgan, eds., *Atlantic History: A Critical Appraisal*（London: Oxford University Press, 2008）.

书的出版可以视为美国史中的民族国家史受到"空间转向"影响的重要代表著作。本书反映了美国学界对于大西洋史研究的再探。例如：有些批评指称大西洋较少连贯性甚至不是实际的整体，因此很难像法国年鉴学派大师布罗代尔所提出的地中海，有所谓的大西洋体系、区域与文明。第二，大西洋从不是独立的，它与所有海相连，从不是一个凝聚的实体。第三，一般可接受的大西洋史样貌只是帝国史而已。这本书的第三部分为此提出了过去大西洋史家所忽略的另类架构——了解近代发展的面向。其中，伍德（Peter H. Wood）提出了从大西洋史到大陆取向的转向。其主旨在探讨大西洋和北美的多元文化视角的紧张关系，因而提倡要面向具有大陆取向的美洲史。格林则建议要以有美国的半球（hemisphere）取向来探讨半球史与大西洋史的关系，或许更能建构对美洲新世界发展的了解。科克莱尼斯（Peter Coclanis）则探讨大西洋史的局限，强调要有近代初期的大西洋那般，既受印度洋、中国与太平洋的驱使，也与其有所联系的全球视野，如此才有超越传统大西洋史的可能性，因而特别重视贸易的全球流通与生产模式①。

此外，坎尼（Nicholas Canny）的《大西洋与全球史》更重新检视过往大西洋史研究类型的优缺点，并主张放在全球史的视野下

---

① Peter H. Wood, "From Atlantic History to a Continental Approach," in Jack P. Greene, Philip D. Morgan, eds., *Atlantic History: A Critical Appraisal*, pp. 279–298. Jack P. Green, "Hemisphere History and Atlantic History," in Jack P. Greene, Philip D. Morgan, eds., *Atlantic History: A Critical Appraisal*, pp. 299–316. Peter A. Coclanis, "Beyond Atlantic History," in Jack P. Greene, Philip D. Morgan, eds., *Atlantic History: A Critical Appraisal*, pp. 337–356.

来检视大西洋史[1]。这篇文章主要从三方面来厘清大西洋史的研究课题。首先，他举出了历来史家研究大西洋史的六种类型，这些研究都值得再重新提出检讨。第二，他讨论了挑战大西洋史研究的正当性或重要性的两本著作。第三，大西洋史曾经一度被认为和全球史有明显区别，他论证了持续研究的必要性。

坎尼所界定的大西洋史，是从1492年到19世纪20年代左右具有自主性的。他认为大西洋史是有意义的，这与其他需要进一步解决的核心问题有关：何处是大西洋史的终点？其中，有两本书的出版对上述六种类型的学者提出了挑战。这些挑战很少为大西洋史家所正视，可能是因为这些书不被认为是属于大西洋史的典范。但由于他们受到其他领域史家及学科学者的接纳，更显现了以他们为例的重要性。第一本是德国的劳工与移民史家霍尔德（Dirk Hoerder）的 *Cultures in Contact: World Migration's in the Second Millennium*，第二本是英国帝国史学者贝利（C. A. Bayly）的《现代世界的诞生：1780—1914》（*The Birth of the Modern World, 1780–1914*）。最后，坎尼所关心的，是将大西洋史纳入全球史或世界史范畴中，主要集中在19—21世纪。总之，这一篇文章的基本目的，是解释大西洋史可以作为一个特别的领域与特别的世纪，相当值得单独研究，而不是只作为其他历史的附属品。

除了大西洋史的研究重新受到重视，也有学者从全球史的角度来看地中海的历史。阿布拉菲亚（David Abulafia）撰写的《作为全球史的地中海史》一文收入 2011年5月的 *History and Theory* 专

---

[1]　Nicholas Canny, "Atlantic History and Global History," in Jack P. Greene, Philip D. Morgan, eds., *Atlantic History: A Critical Appraisal*, pp. 317–336.

号，专号名称为"进行去中心化的历史"。对阿布拉菲亚而言，书写地中海史存在着一些基本问题，例如：它具有波罗的海的特色，空间又像大西洋一样辽阔；其干燥、开放的环境又与撒哈拉沙漠雷同。简单来说，问题在于该如何去书写海洋的历史，而不是去写一个围绕着它的陆地的历史概要，这不可避免地会有一些混淆不清的边界，特别是相较于严格地定义海的边界[1]。到目前为止，地中海研究仍然没有很好的定义，然而，去中心及地区中的全球概念将有助于我们更明确地定义地中海及其余地中海的历史。阿布拉菲亚以 *The Great Sea: A Human History of the Mediterranean* 为例，本书开头起于两万四千年前一位生活在直布罗陀（Gibraltar）的尼安德特人妇女，最后则以几乎要绝种的蓝鳍鲔鱼结尾。阿布拉菲亚的目的是显现地中海不只是一个仅有商品的空间，而是由贸易、拥有及重新包装而来的认同[2]。

　　同样地，在欧洲史方面，已有学者提出呼吁，要以全球、跨国及国际的脉络来写欧洲史。克拉文（Patricia Clavin）的《时间、方法、地方：在全球、跨国及国际的脉络下书写欧洲史》就是其中一个例子[3]。这篇文章检视全球史、跨国史（transnational history）及国际史（international history）的起源与关系。全文列举了一系列

---

[1]　David Abulafia, "Mediterranean History as Global History," *History and Theory*, 2011, Vol.50, No.2, pp. 220–228.

[2]　David Abulafia, *The Great Sea: A Human History of the Mediterranean*（Oxford: Oxford University Press, 2011）. 中译本参见《伟大的海：地中海世界人文史》，新北：广场出版社，2017年。

[3]　Patricia Clavin, "Time, Manner, Place: Writing Modern European History in Global, Transnational and International Contexts," *European History Quarterly*, 2010, Vol.40, No.4, pp. 624–640.

全球与欧洲的例子，探讨跨国史应具有的可能方法。全球史及跨国史可帮助我们认同现代史中新的过程及关系，特别是比较史及欧洲与世界关系的新问题。一般"国际史"的定义是有关政府间关系的研究，以往称之为"外交史"（diplomatic history），包含有跨国的面向——国际经济关系的研究。为了要和传统的外交史领域有所区别，近来则已经转向成"新国际史"（new international history），其研究特色特别强调跨国与文化的重要性，然而这种方法论可能也会导致对地方性及独一无二的历史的轻忽。

"跨国的"（transnational）这个词汇根植在移民、商业、犯罪及科学知识的传播研究上。此外，帝国、消费文化、人口与控制逐渐受到跨国史研究的重视。而新国际史也颇具潜力地开拓了新领域，它鼓舞我们重新耕耘40年前曾盛行于*European History Quarterly*期刊，但近20年来却受到学界冷落的历史课题，像是劳工史、佃农研究、生产形式，以及区域与国际组织的历史。跨国史兴起与国际史兴趣的再兴，主要推手是因应全球化争议而起的"全球史"历史写作。作为一个发展中的领域，史家们也尝试将"网络理论"（network theory）、"联络性"（connectedness）、"世界主义"（cosmopolitanism）、"欧洲化"（Europeanization）等与社会科学有关的作品历史化，以作为一种探查过往的方法[1]。

近来史家也从全球史的角度来看待18世纪中叶至19世纪中叶，革命时代的全球诱因、联结及比较的问题，例如《全球脉络下的革命时代，1760—1840》（*The Age of Revolutions in a Global Context,*

---

[1]　Patricia Clavin, "Time, Manner, Place: Writing Modern European History in Global, Transnational and International Contexts," pp. 625–626.

1760-1840）。这本论文集收录了一些在世界剧变期间，有关联系南亚、非洲、中国、美国及欧洲间革命的案例。这些文章的一大特色，就是将全球视野的修正看法纳入原有的区域及国家史之内。尽管涵盖面广泛，但这些文章并未丧失地方及国家的视角①。

在经济史方面，我们同样可以见到其书写方式如何跳脱国家范围及欧洲中心论的限制，进行区域间的比较。彭慕兰（Kenneth Pomeranz）的"大分流"（the Great Divergence）概念是这方面的讨论焦点②。其议题也启发了欧美相当多的学者继续发展相关课题的研究。例如艾伦（Robert C. Allen）的新书《近代英国工业革命揭秘》

① David Armitage, Sanjay Subrahmanyam, *The Age of Revolutions in Global Context, c. 1760-1840*（New York: Palgrave, 2009）.
② 其概念的确话题性十足，引发日后学界的一连串讨论。黄宗智就认为彭慕兰相当有企图心，要和两大不同领域的学者对话，这样的做法促使了欧洲专家关注中国经验、中国研究者关注欧洲经验。也因为这样的缘故，这本书是我所见过的中国史学者中，最受世界史与历史学以外的学者重视及引用最频繁的著作。不仅中国史学者纷纷撰写书评回应，例如：黄宗智、史建云、仲伟民、瞿商。黄宗智：《发展还是内卷？18世纪英国与中国：评彭慕兰〈大分岔：欧洲、中国及现代世界经济的发展〉》，《历史研究》，2002年第4期，第149—176页。史建云：《重新审视中西比较史：〈大分流：欧洲、中国及现代世界经济的发展〉评述》，《近代史研究》，2003年第3期，第198—223页。仲伟民：《学术界对前近代中国研究的分歧：以彭慕兰、黄宗智的观点为中心》，《河北学刊》，2004年第2期，第143—148页。瞿商：《加州学派的中国经济史研究评述》，《史学理论研究》，2008年第1期，第123—127页。王家范：《中国社会经济史面临的挑战：回应〈大分流〉的问题意识》，《史林》，2004年第4期，第46—52页。里卡多·杜谢斯利：《论西方的崛起：肯尼斯·彭慕兰的大分流研究》，《经济社会体制比较》，2007年第3期，第45—52页。此外，2011年《经济史评论》（*Economic History Review*）更编了"大分流中的亚洲"的专号，主要关注近来有关欧洲和亚洲的生活标准的大分流辩论。头两篇文章概观了大分流的现象，强调亚洲和欧洲的差异。接着有艾伦、柏信农（Jean-Pascal Bassino）、马德斌（Debin Ma）、莫克莉（Christine Moll-Murata）、赞登（Jan Luiten van Zanden）等人特别关心大分流的规模以及其时间。这些学者做了相当多的个案研究，他们透过资料的重新诠释，当作是对加州学派观点的明确反驳。此外，有关大分流时间的议题，也证明是存在歧异的。Stephen Broadberry, Steve Hindle, "Editors' Introduction," *Economic History Review*, 2011, Vol.64, No.S1, p.2.

（*The British Industrial Revolution in Global Perspectives*）。有的学者则从"空间转向"（the spatial turn）的角度看彭慕兰的影响，例如米德尔（Matthias Middell）与瑙曼（Katja Naumann）的文章《全球史与空间转向：从区域研究的影响到全球化的批判时刻的研究》。该文重新检视王国斌的近代世界经济的研究与彭慕兰的大分流概念，认为过往研究为了要证明东方属于结构性的落后，长久以来习惯将同类型的亚洲和欧洲作对照。但他们的作品打破了这种失衡的现象。这些研究建立并举出了亚洲的经济领先欧洲，直到18世纪中叶才开始逆转。传统上认为西方具有结构性优势的叙事，开始受到质疑，认为是严重误解与不正确。这种争议对空间元素的重新思考，其贡献表现在两方面：一是区域（regions，例如长江三角洲）变得更为重要。这与在大范围地区进行大规模的比较更能显现结构性的差异。此外，跨文化与长距离影响——资源的借用与剥削，这如同介于区域与地域的知识、专业及思想，也逐渐受到史学界的重视[①]。

结　语

尽管全球史在修正过往民族国家史的历史书写方面有上述特性，但史家也提醒我们，全球史取向对于史学的冲击或许会过于夸大。无论我们如何思考民族国家过往的道德，或者其未来的可行性，无疑地，民族国家仍然代表了一种重要的社会及政治组织的历

[①]　Robert C. Allen, *The British Industrial Revolution in Global Perspectives*（New York: Cambridge University Press, 2009）.《全球化与大分流：以长时段重新思考世界史》一文中，他强调他近来对于学界有关世界史中的转折点的讨论受益匪浅，尤其是彭慕兰的大分流观念。

史形式。反之，民族国家应当回到本身词汇的脉络来进行研究，亦即探讨民族国家的历史起源无须特别批判国家行动的道德认同，也无须认为国家是唯一或最好的政治组织形式。总之，对上述史家而言，在推崇全球史研究特色的同时，我们不用把民族国家史的叙事弃之不顾[1]。

换言之，虽然民族国家已不再是史家分析历史最常见的分析单位，但仍是相当重要的研究课题。尼姆（Johann Neem）曾在《全球时代中的美国史》一文中对于全球与民族国家史之间，提供了一个相当好的理论再思考。他认为全球取向可以提供给那些国家史研究者有效的修正方向，而不再只是将民族国家看作一种特定历史。由于全球史的视野倾向将国家去本质化，这提醒了史家去质疑国家的起源及结构。他也认为，一旦国家只是个假设，它就仅能被视为是特定历史过程的产物[2]。特别是有关于早期美国共和时期的研究，全球史取向使得史家得以更彻底地开始去询问"民族体"（nationhood）、"民族主义"、"国家认同"的概念定义，并去验证美国人是否有民族体的机构与知识基础。总之，他主张全球史取向无须取代以国家为基础的叙事。反之，全球视野能够使国家史的写作重现生机。

此外，米德尔与瑙曼也主张："跨国史"（Transnational history）并未否认民族国家的重要。相反地，它强调民族国家有能力去控制、为跨越边界的运动提供帮助。在此意义下，透过探索那些跨越

---

① Rosemarie Zagarri, "The Significance of the 'Global Turn' for the Early American Republic," p.7.

② Johann Neem, "American History in a Global Age," *History & Theory*, 2011, Vol.50, No.1, pp. 41–70.

边界渗透至国家结构的行动者、运动及力量，跨国史跨越了国家、次国家（sub-national，地方、区域）及全球①。美国著名法国史学者亨特（Lynn Hunt）也认为，全球史或全球转向不应该只是提供给学者们一种更广及更大的历史研究视野，还必须提供一种更好的研究视野②。马兹利什也说："虽然全球史在研究课题上是跨国的，但若认为国家的研究应当忽略那就大错特错。国家史值得根据全球化的力量如何影响民族国家进行再探，反之亦然。"③

综上所述，究竟全球史是取代了民族国家史的历史书写，还是二者呈现一种相互补强的情况，答案似乎一目了然，全球史研究取向让民族国家史有了新的研究角度。这种"空间转向"不只是扩大了研究领域的地理空间，更代表了新的研究视野与方法。然而，相较于史学的"文化转向"，这种"空间转向"研究是否代表了另外一波史学风潮的来临，部分学者持保留态度。如同丹麦哥本哈根大学教授李来福（Leif Littrup）所言，在过去的二十余年里，"全球史"已经成为一个热门话题，并挑战了世界史学者的传统做法。"全球史"究竟只是"世界史"的另外一种表达方式，还是世界史研究的一种新方法。或者它是历史研究整体上的一种新方法，这些都有待我们进一步的观察及研究④。

---

① Matthias Middell, Katja Naumann, "Global History and the Spatial Turn: from the Impact of Area Studies to the Study of Critical Junctures of Globalization," *Journal of Global History*, 2010, Vol.5, No.1, p.160.

② David Armitage, Sanjay Subrahmanyam, *The Age of Revolutions in a Global Context, 1760–1840*, p.34.

③ Bruce Mazlish, "Comparing Global History to World History," *The Journal of Interdisciplinary History*, 1998, Vol.28, No.3, p.393.

④ 李来福：《世界史、全球史与历史的全球化》，侯建新编：《经济—社会史评论》，第五辑，第134页。

"跨国史"研究新趋势与跨国企业研究 [①]

吴翎君

前　言

20世纪90年代以后欧美历史学界兴起了一股全球史风潮（Global History），在关注如何书写"全球时代的世界史"（World History in Global Ages）之际，一种强调跨越民族国家边界的跨国史（Transnational History）研究视角也因应而生，许多研究著作将"全球史"和"跨国史"两者联系起来[②]。跨国史是一种研究取径，在地的（local）、国家的、帝国的和世界的历史不仅是地缘政治上的相互影响，并且是一种超跨国境的联系网络；探求不同国家和社会相互连接的纽带，包括跨国网络、生产和贸易、制度、思想和过程等等，都是跨国史研究的范畴。近10年来，在欧美顶尖学者

[①]　拙文曾发表于《新史学》期刊。吴翎君：《英文学界关于"跨国史"研究新趋势与跨国企业研究》，《新史学》，2017年28卷第3期，第207—240页。

[②]　有关"全球史"和"跨国史"的联系，详见Akira Iriye, Rana Mitter, eds., *Palgrave Macmillan Transnational History Series*（published from 2007–2017）. *Journal of International and Global Studies*. 网址https://digitalcommons.lindenwood.edu/jigs/。

的领军之下，跨国史研究声势有不少令人瞩目的学术成果，可说是史学界继"文化转向"（cultural turn）的研究后，新一波的"跨国转向"（transnational turn）研究，对于当前史学观念、史学方法和历史知识的产生有重大的影响[①]。

著名国际关系史学者且是倡议"国际史"（International history）的领军学者入江昭（Akira Iriye），近年来在其编撰的著作中转而使用"跨国史"一词，在他看来，当前全球化时代中，各个国家和社会人群无可避免地卷入各种纽带关系和连锁效应，跨国史的书写视角将有助于因应全球化时代中人类共有的过去，从历史理解现在，并走向未来。他强调跨国经验的共有与交流是人类历史的重要资产，特别是过去较忽略的人权、文化、情感、环境、疾病控制和经济资源等议题，有必要以跨国史视野重新书写，而多元身份的知识视野将有助于未来世界秩序的和谐[②]。

关于全球史／跨国史的兴起及其对当前史学书写产生的范式转移，中文学界已有专文研究，其中，国际史学者和经济史学者以跨国史视野在研究议题上的开展成果，则较少有学者讨论[③]。这两个

[①] Akira Iriye, *Global and Transnational History: The Past, Present and Future*（Basingstoke: Palgrave Macmillan, 2013）。王立新：《跨国史兴起与20世纪世界史的重新书写》，《世界历史》，2016年第2期，第4—23页。

[②] Akira Iriye, *Global and Transnational History: The Past, Present and Future*, pp. 9–12.

[③] 针对全球史的研究趋势，特别是新文化史到全球史的文化转向，详见蒋竹山的相关研究，以物质文化、商品、饮食、医学、环境和知识传播等议题为主的分析。蒋竹山：《当代史学研究的趋势、方法与实践：从新文化史到全球史》，台北：五南图书出版股份有限公司，2012年。蒋竹山：《超越民族国家的历史书写：试论近来全球史研究中的"空间转向"》，《新史学》，2012年第23卷第3期，第199—228页。王立新的研究则深入分析了20世纪90年代以来，欧美史学家对民族主义史学的反省和跨国史研究的兴起，该文并定义全球史和跨国史在研究对象和方法上的不同，认为全球史一般以地理大发现为起点，而跨国史的（接下页）

领域的学者同样着重多元资料和国际体系的宏观论述，在这一波史学全球化的学术转向中，打破单一学科、互相借鉴，对形塑当前全球网络的共同议题上有更多的交流和对话。本文介绍英文学界近十年兴起的跨国史研究取径和代表论著，并以跨国企业为考察范例，这些新研究成果，对于我们研究19世纪后半叶第二波工业革命发生以后的全球企业移动、技术跃升及其关系网络的全球大交流，提供了一个宏观背景。从英文学界对跨国史的研究趋势和实例，或可提供我们移转于近代中国为主体的跨国史视角而激发出新颖的研究面貌。

一、"跨国史"研究取径

（一）"国际史"与"跨国史"

2009年，哈佛大学入江昭教授和法国国家科学研究中心人文与社会科学部索尼耶（Pierre-Yves Saunier）教授召集来自25个国家的350位学者，合编一本跨国史辞典 *The Palgrave Dictionary of Transnational History*: *From the mid-19th Century to the Present Day*，这本书应是目前为止研究跨国史最重要的一本辞典工具书，它的编纂也说明了跨国史研究受到全世界学者的普遍认同。书中收集的

（接上页）起点是19世纪中叶或18世纪晚期，并不及18世纪晚期民族国家兴起以前的历史；同样作为一种研究方法，跨国史一方面保留了国家作为基本的叙事单位，另一方面强调从跨国的视角重新理解和阐释民族国家的历史，而全球史从跨地区和全球视角来考察人类的历史，是关于全球化进程的历史叙事，并不具有修正和深化民族国家史学的明确旨趣。详见王立新：《跨国史兴起与20世纪世界史的重新书写》，《世界历史》，2016第2期，第4—23页。

400个条目以26个字母序号排序，每个关键词除了有千字以上的释义之外，还标注征引资料和延伸阅读（related essays），形式上更接近于学术文库。两位编者在序言下方以小字署名"教授与疯子"（The Professor and Madman），自嘲此一学术工程之艰巨，最初的词汇条目为1500个，或许未来将有续编。该书以十大树形图说明跨国史网络如同电流现象般环扣相连的复杂路径，内容涵盖十大类跨国现象：1. 人口流动；2. 世界秩序与失序（帝国／帝国主义、法理秩序、货币、标准）；3. 文字、声音和讯息；4. 生产与贸易；5. 地球（环境、资源与基础设施）； 6. 空间与时间；7. 身体与灵魂；8. 概念与过程（文明、全球化、伦理和族群、人口流动、帝国和帝国主义）；9. 团体组织与事业；10. 知识（生命与自然科学、社会科学、人文、应用知识、技术、高等教育）。两位编者的序言对于不同学者使用跨国史（例如美国史学者西伦）[①]、"世界史"（World History，例如本特利等学者）[②]、全球史（Global History），例如克拉伦斯–史密斯（William Gervase Clarence-Smith）、彭慕兰、弗里斯（Peer Vries）于2006年创办的《全球史期刊》（*Journal of Global History*）、国际史（International History，下详）等词，无意提出清晰的定义，认为在不同政治与社会"之间和跨越"（between and across）的意涵上，这些词意是相通的。该书选定以"跨国史"作

[①] 西伦（David P. Thelen）从1985年至1999年担任《美国历史期刊》（*Journal of American History*）主编。

[②] 本特利（Jerry Bentley）出任1990年创刊的*Journal of the World History*主编，2012年卸任。再如Patrick Manning或Anthony G. Hopkins以"世界史"为名所编撰的专书。Patrick Manning, ed., *World History: Global and Local Interactions*（Princeton: Markus Wiener Publishers, 2005）. Anthony G. Hopkins, ed., *Globalization in World History*（London: Pimlico, 2002）.

为书名，似是一种不言自明的事情，在当前全球化浪潮所显现的个人、群体、国家和世界所交织的既相互纠缠又依赖共存的关系网中，"跨国史"研究视野最契合当下全球化议题的历史溯源。这也是本书时间定自19世纪中叶所谓近代民族国家建立的时期，令人心领神会之处。编者强调，本书所建立的条目是提供日后有志于开展跨国史研究者的入门，并没有要建立一种新学科领域或学术支派的企图[①]。入江昭作为二战以后顶尖的国际关系史学者，早期从地缘政治和华盛顿体系（Washington System）的建立探讨美国在东亚的崛起及太平洋战争的起源，由此奠定在美国国际关系史的学术地位[②]。到了20世纪90年代，他开始大力倡议国际史的研究旨趣，呼吁拓展传统外交史的研究视野，将国家与非国家的跨国交往领域都纳入国际史范畴，可谓近30年来领导国际史研究最具代表的人

[①] Akira Iriye, and Pierre-Yves Saunier, eds., *The Palgrave Dictionary of Transnational History, From the Mid-19th Century to the Present Day* (Basingstoke, England; New York: Palgrave Macmillan Publisher, 2009)

[②] 关于入江昭的治学，可参见入江昭著，杨博雅译：《我与历史有个约会：入江昭治史心得》，北京：北京大学出版社，2013年。徐国琦：《重读入江昭〈第二次世界大战在亚洲和太平洋地区的起源〉》，《中华读书报》，2015年4月1日，第17版。刘克伦、石之瑜：《入江昭对世界与中国的中间主义立场：一种多元身份的知识视野》，台北：台湾大学政治学系中国大陆暨两岸关系教学与研究中心，2010年。入江昭早期关于美国与东亚关系的代表著作有*After Imperialism: The Search for a New Order in the Far East 1921-1931* (Cambridge, MA: Harvard University Press, 1965). Reprinted: (Chicago: Imprint Publications, 1990). *Across the Pacific: An Inner History of American-East Asian Relations* (Chicago: Harcourt, Brace, 1967). *Pacific Estrangement: Japanese and American Expansion, 1897-1911* (Cambridge, MA: Harvard University Press, 1972). 入江昭从远东各国的多角视野，例如美、日、苏和中国的交叉视角阐释远东关系，展现他对冷战中期国际秩序低荡缓解的现实关注。

物①。2013年，入江昭出版《全球史与跨国史：过去，现在和未来》（*Global and Transnational History: The Past, Present, and Future*）一书，转而推崇"跨国史"研究，该书回顾他自己从国际关系史、国际史到跨国史研究在研究方法上不断推进的反省。他提到，国际史和跨国史作为一种研究方法，两者确实有相通旨趣，但跨国史研究具有超越民族国家（beyond national state）的更大视角，比起国际史视角仍具有国家之间（inter-nation）的特性仍略有不同。尽管"国际史"将政府与非政府、个人和群体都纳入国际交往的范畴，但它仍为以国家作为国际社会的实体和国家边界的概念／精神所局限。

"跨国"（trans-national），则带有"穿越和超越民族国家"（across and beyond national state）的意味，它不以民族国家为中心（nation-centered）的概念，且不意味着"去国家化"（denationalization）②。入江昭从"国际史"到"跨国史"的研究转向，显然与他近十年更加关注人类文明进程中的共有经验和文化普世价值有绝大关系。这位"国际史"的掌舵学者显然更加重视非国家行为者（non-state actor）的影响力，国家行为只是影响全球历史发展的要素之一，

---

① 关于国际史研究方法，详见吴翎君：《从徐国琦新著*Strangers on the Western Front: Chinese Workers in the Great War*谈国际史的研究方法》，《新史学》，2011年第22卷第4期，第183—215页。徐国琦：《"会当凌绝顶，一览众山小"：国际史研究方法及其应用》，《文史哲》，2012年第5期，第5—17页。王立新：《试析全球化背景下美国外交史研究的国际化与文化转向》，《美国研究》，2008年第1期。吴翎君：《从徐国琦*Chinese and Americans: A Shared History*谈美国学界对中美关系史研究的新取径》，《台大历史学报》，2015年第55期，第219—249页。

② 该书第三章中，入江昭列举他个人认为可作为全球史与跨国史的显著案例及其如何重塑我们对过去历史的理解，讨论的议题包括环境、不同族群和文化的碰撞、移民、人权、经济和文化的全球化、地缘政治现象中的文化维度（例如战争、区域社群、非政府组织等议题）。Akira Iriye, *Global and Transnational History: The Past, Present, and Future*, chap. 3, pp. 36–68.

人类发展进程中的许多议题必须有超越国境的视野①。同时，入江昭认为"跨国史"丰富了我们对于国家历史（national history）和国际史（international history）的理解，全球史和跨国史研究观点也对当代的历史研究带来了全新视角。因此，从这角度而言，他认为20世纪90年代以来经历了一场"史学改造"（historiographical transformation）的历程②。

1989年，入江昭在美国历史学会主席就职演说《历史的国际化》（The Internationalization of History），指出"国际史"是一种全方位的历史研究法，它超越了传统外交史一味强调政府之间的交涉、谈判等限制，把文化、社会思潮变迁、个人情感等因素引入考察之列；国际史与传统政治史的主要区别在于它超越国界，侧重多层次对话，并以整个国际体系作为参照系，打破民族主义史学、意识形态和地域观念的狭隘藩篱，强调国家间的政治、文化等多重交流、对话及互动③。入江昭也以中日两国在国际社会的互动角色考察近代以来的中日关系，他在《全球背景下的中国与日本》（China and Japan in the Global Setting），以全球化观点探讨中日两国在"权力、文化和经济"（Power, Culture and Economic）等多元关系的互动和消长，最后强调未来中日两国的和平系于两国在文化上的互相

---

① 2014年入江昭编撰《1945年后相互依存的世界》（Global Interdependency: The World after 1945, Cambridge, MA: Harvard University Press, 2014）探讨过去60年来全球在政治、经济、文化和环境所发生的重大问题及其后果，为一倡议全球共存依赖的宏观之作。

② Akira Iriye, *Global and Transnational History: The Past, Present, and Future*, pp. 16–17.

③ Akira Iriye, "The Internationalization of History," *The American Historical Review*, 1989, Vol.94, No.1, pp. 1–10.

依赖（cultural interdependence）和相互理解[①]。本书可说是20世纪90年代国际史的开山之作。

事实上，就在入江昭倡导国际史之际，正是20世纪90年代美国因苏联共产阵营的瓦解，登上独一无二的世界霸主，美国史学界对于形塑美国国家历史的内外精神和美国史研究视角，乃至于历史教学都有深刻的反省。1991年10月，任教于澳大利亚新南威尔士大学的美国史教授蒂勒尔（Ian Tyrrell），在《美国历史评论》撰文批评美国历史叙事中的民族主义和"美国例外论"（American Exceptionalism）的传统，主张扬弃纯粹在国家框架内进行的历史叙事和解释，必须以跨国视角研究美国历史，使美国史研究超越民族主义史学的藩篱。他还提到构建更广泛的跨国史方法，包括像年鉴学派那样进行区域史研究，关注环境变迁，研究国际性组织、跨国运动和国际主义观念。此后，专攻美国思想文化史的本德等其他学者也纷纷加入倡导跨国史的行列，提出人群、观念、技术和制度等层次的跨国史研究[②]。

无独有偶，欧洲史学界同样对于冷战时代的终结兴起一股重新书写欧洲史和世界史的风潮，基于欧洲一体化和全球共同体的理念，研究英国史、法国史和德国史的学者纷纷提出有必要检讨过去以民族国家为中心的历史观，喊出应该要将"民族国家"从历史舞台的中心移走。前述提到与入江昭合编跨国史辞典的索尼耶教授，便是要求以跨国视角重新书写法国史和欧洲史的代表学者。此外，

[①] Akira Iriye, *China and Japan in the Global Setting*（Cambridge, MA: Harvard University Press, 1992）.

[②] 王立新：《跨国史兴起与20世纪世界史的重新书写》，《世界历史》，2016年第2期，第4—23页。

20世纪90年代初期，跨国史视角同时也受到研究非洲史或其他区域史研究学者的重视。专长世界史和非洲史的曼宁，于1990年出版著名的 *Slavery and African Life* 一书，以全球视野探讨奴隶贩运议题在人口、经济、社会和意识形态等议题的冲击[1]。贡德·弗兰克的《再东方》（*ReORIENT: Global Economy in the Asian Age*）一书，探讨哥伦布发现新大陆以后亚洲经济圈对欧洲和全球经济体系的影响。他考察15到19世纪全球贸易的世界劳动分工与平衡，白银在此时期所发挥的功能以及亚洲所具有的生产力、技术、经济制度的优势，最后将东方的衰落和欧洲兴起做横向比较。弗兰克认为，16至18世纪白银大量流入中国后并未引起通货膨胀，意味着中国经济有能力吸收更多的白银；中国需求白银，而欧洲需求中国商品，这两者的结合导致全世界的商业扩张。因此，中国在工业革命前的全球经济史中占有极其重要的突出地位。弗兰克刻意摆脱欧洲中心论，提出一些标新立异的见解，出版后引起不小争议，但他所阐释"再东方"观点，很能代表20世纪90年代初期西方学术界的自我警醒[2]。20年来有越来越多学者投入"全球时代的世界史"（World History in Global Ages），倡议以全球和跨国视野重新书写世界史的

---

① Patrick Manning, *Slavery and African Life: Occidental, Oriental, and African Slave Trades*（Cambridge: Cambridge University Press, 1990）.

② Andre Gunder Frank, *ReORIENT: Global Economy in the Asian Age*（California: University of California Press. 1998）. 该书中文译本有刘北成译：《白银资本：重视经济全球化中的东方》，北京：中央编译出版社，2001。中文学界关于白银问题的代表著作，可参见林满红：《银线：十九世纪的世界与中国》，台北：台湾大学出版中心，2011年。作者指出鸦片战争前后中国因拉丁美洲白银减产而导致的危机，比战争本身带来的影响更为深远。全书阐释19世纪上半叶中国白银外流的影响，探讨世界货币的流通、白银问题与清朝政治社会的动乱关联、货币论争与清王朝治理、经世思想的学术之争，并比较综述中西方经济思想传统的不同。

议题，可称为一波"新全球史"风潮，已有不少学者为文论及，本文不赘[①]。

（二）近十年跨国史书写趋势

跨国史研究凸显人类历史中的共有经验，以同一主题探索不同人和人群跨越国界概念的共有旅程，并寻找这些历史现象中的跨国或全球关联，这种研究观念彻底打破民族国家史学的书写方式。例如阿米蒂奇所著《独立宣言：一种全球史》（*The Declaration of Independence: A Global History*），深入研究作为经典政治文件的美国独立宣言（1776）两百年来对其他国的影响，从海地到越南、从委内瑞拉到罗得西亚（Rhodesia）的全球考察[②]。马内拉（Erez Manela）的《威尔逊时刻》（*The Wilsonian Moment*）则探讨美国总统威尔逊（Thomas Woodrow Wilson）在第一次世界大战期间秉持理想国际主义，提出新世界秩序的设想对埃及、中国、印度及朝鲜等地的深刻影响[③]。康纳利（Matthew Connelly）的《致命的误区：控制世界人口的努力》（*Fatal Misconception: the Struggle to Control*

---

① 关于全球史理论的较早著作有Georg G. Iggers, Q. Edward Wang, Supriya Mukherjee, *A Global History of Modern Historiography*（Harlow: Pearson Longman, 2008）. 中译本有：杨豫译：《全球史学史：从18世纪至当代》，北京：北京大学出版社，2011年。塞巴斯蒂安·康拉德：《全球史的再思考》，新北：八旗文化，2016年。较新中文成果可参见蒋竹山：《探寻世界的关联：全球史研究趋势与实践》，《历史研究》，2013年第1期，第11—16页。潘宗亿：《全球化历史与历史化全球化：一个世界跨区域"五流"分析架构的提议与实践》，《辅仁历史学报》，2015年第34期，第45—108页。

② David Armitage, *The Declaration of Independence: A Global History*（Cambridge, MA: Harvard University Press, 2008）.

③ Erez Manela, *The Wilsonian Moment: Self-determination and the International Origins of Anti-Colonial Nationalism*（Oxford University Press, 2007）.

World Population），通过研究 19 世纪以来世界各国政府机构、宗教团体、非政府组织、科学组织等在人口控制问题上的政策、主张、建议及冲突来揭示世界范围人口控制问题的争论及政策如何影响世界史的进程，甚至是人类未来[①]。徐国琦所著《西线的陌生人：一次大战的华工 》（*Strangers on the Western Front: Chinese Workers in the Great War*），通过一战时期中国派遣14万华工远赴欧战，讨论华工与中国、英国、美国、加拿大等政府和平民跨越国境的共同经历。作者以社会底层的农民或边缘人（Marginal Man）来透视中国，以这些历史人物作为联结东西文明的信使，将华工个人或群体的生命导入到族群、国家和国际的复杂互动，进而赋予历史更多深度与意义[②]。徐国琦于2017年最新著作《亚洲与一战：一部共有的历史》（*Asia and the Great War: A Shared History*）则是探讨一战期间亚洲各个国家（日本、朝鲜、越南、印度和中国）因为大战爆发，使得原本分属帝国或殖民地，或被征服者的人民和国家经历了参与世界大战的共同命运；作者分析了大战对亚洲国家产生的跨国震荡及其影响各国战后不同命运的转折，大战中悬而未决的问题也种下了亚洲的不安和仇恨。徐国琦尝试以跨越亚洲不同国界的文化理解与合作，陈述不同文化脉络下，国家和人民的共同愿望与协力行动[③]。

---

① Matthew Connelly, *Fatal Misconception: the Struggle to Control World Population* （Cambridge, MA: Harvard University Press, 2008）.
② Xu Guoqi, *Strangers on the Western Front: Chinese Workers in the Great War* （Cambridge, MA: Harvard University Press, 2011）.
③ Xu Guoqi, *Asia and the Great War: A Shared History*（Oxford: Oxford University Press, 2017）.

在全球史和跨国史的概念下，理解20世纪的历史不再仅限于从大小战役、反殖民斗争和国家建置的范围，而是扩充到全球和非国家的主题。以美国学界向来关注的冷战史而言，颇受好评的文安立（Odd Arne Westad）著有《全球冷战》一书，从全球视野重新审视冷战时期美苏对第三世界的干涉和对抗，以及此一结果对重构当代世纪的意义。作者不局限于国际关系史的学科界限，广泛汲取社会学和社会人类学家的洞见，通过亚非和拉美国家的在地历史，将第三世界的内部变迁与冷战国际关系联结起来。再者，作者探讨"作为市场的世界""现代化、技术和美国全球主义""第三世界和冷战经济体系""援助、贸易和意识形态"等议题，有别于传统以军事战略和意识形态为框架的两极对抗冷战史[1]。文安立在新近出版的《躁动的帝国》（*Restless Empire*）一书中，更是企图以跨国史视野铺陈乾隆皇帝到邓小平时代的中国国际历史，探索一个由上而下，以及不同性质的群体如何互动的国际轨迹[2]。

美国学术界近来重新评价20世纪70年代，认为20世纪70年代对当前世界的形成具有全方位的转折意义，不仅是冷战低荡及东西秩序崩解，石油能源危机或中美关系的舒缓（中美建交）受到重视，同样地，20世纪70年代在人权革命和全球化议题也不容忽视。2010年，以研究英国史和世界大战史著称的尼尔·弗格森（Niall

---

[1] Odd Arne Westad, *The Global Cold War: Third World Interventions and the Making of Our Times*（Cambridge: Cambridge University Press, 2005）. 本书获 2006年美国史学界班克罗夫夫奖（Bancroft Prize in American History and Diplomacy）。

[2] Odd Arne Westad, *Restless Empire: China and the World Since 1750*（New York: Basic Books, 2012）. 中文版有：文安立著，林添贵译：《躁动的帝国》，新北：八旗文化，2013年。

Ferguson）及其他学者合编的一本论文集《全球的震撼：透视20世纪70年代》（*The Shock of the Global: The 1970s in Perspective*），将20世纪70年代视为相互依赖的全球网络逐渐成形的时代，该论文集的许多作者从各个角度并运用国际史方法论述20世纪70年代诸多事件的国际影响，例如：东西关系逐渐缓和、经济危机和资金流通、人权教育和环境污染议题逐渐浮现、伊朗神权政府的革命（Iranian theocratic revolution）以及对20世纪80年代中国市场的改革开放所造成的全球性影响①。

近来有越来越多学者单独使用"跨国史"一词。2010年，澳大利亚两位史学家柯托伊斯（Ann Curthoys）和莱克（Marilyn Lake）编撰了《互联的世界：历史研究的跨国视野》（*Connected Worlds: History in Transnational Perspective*），编者在绪论中简要界定"跨国史"系指探讨生命（lives）和事件（events）在历史过程和关系中，如何超越国家边界而被形塑，认为"世界史"大致是将世界视为一个整体，探讨在地、区域、区域之间、国家、各洲和全球之间的相互作用；"区域史"倾向于探讨大洋洲或大西洋洲，同样也强调以更大的政治经济框架考察在地国家间的关联；"比较史学"则以超越国境的方式探讨二个或更多的社群（城市、区域或国家），并进行历史的比较。而"跨国史"可以包含许多形式，国际组织、个人

---

① Niall Ferguson, Charles S. Maier, Erez Manela, et al., eds., *The Shock of the Global: the 1970s in Perspective*（Cambridge, MA: Harvard University Press, 2011）. 此外，二次大战以后到20世纪70年代初期国际间对于人权主张和法学理论也历经重大突破。关于人权史议题的国际史视野，可参见Akira Iriye, Petra Goedde, and William I. Hitchcock, eds., *Human Right Revolution: A International History*（Oxford: Oxford University Press, 2012）.

历史、帝国历史、文化观念、政治运动、移民、迁移、环境等等，可说无所不包。本书虽然主要是以跨国视角探索澳大利亚历史，但也说明了以跨国史视角带来的全新观点，将澳大利亚的历史（人、社群和国家）向外延伸至大洋洲区域和全球史的意义①。

2007年开始，麦克米伦出版社（Palgrave Macmillan）印行了一系列跨国史丛书，目前（2017年5月）已经出版36本。主编为入江昭和牛津大学现代中国史学者拉纳·米特（Rana Mitter），编辑委员会包含了世界史、法国史、英国史和美国史专家，以拓展19到20世纪人群和社群的跨国史研究，涵盖不同时期、主题和区域，并探索各种主题的跨国研究理论和方法。研究主题包括：人权、性别、宗教、离散和移民、慈善和人道关怀事业、1968年欧洲、国家心理学和国际政治、日本帝国主义的泛亚洲论和战争、美国内战的跨国史意义、20世纪的欧洲化、挑战资本主义的历史（20世纪50年代后）、反共和冷战的跨国史、去殖民化想象、电报技术的跨国史，甚至20世纪青年人的跨国活动，不一而足。从这套略为松散的跨国史丛书编纂看来，该系列和全球史的研究取向有所相通，亦即都呼应了全球化的研究转向，但在研究关怀上又略有不同②。全球史的研究重点具有跨地区和全球化影响的进程、事件和事态，与跨国史涉及两个或多个国家甚至社会的跨文化、跨地区的全球意义不同，有些跨国现象比较属于跨国史的研究对象。跨国史的研究范围，是否可包括从1648年《威斯特伐利亚和约》（*Peace of Westphalia*）以

---

① Ann Curthoys, Marilyn Lake, eds., *Connected Worlds: History in Transnational Perspective* (Canberra: Australian National University Press, 2005).

② Akira Iriye, Rana Mitter, eds., Palgrave Macmillan Transnational Series.

后所建构，以国家主权原则所建立的近代国际关系秩序和横跨的地理空间，或者是以人类历史发展的更早政治单位，来作为考察的时间向度？迄今为止，以跨国史为名的主要专书或论文，指涉的时间主要在19世纪中叶以后，未来如何发展仍有待进一步观察。

二、跨国企业研究

（一）新近英文学界的研究成果

美国研究国际关系的学者中，有一派特别强调经济因素。这一派学者强调19世纪末以后，美国的经济扩张和金元外交是其成为世界霸主的重要动力，特别是20世纪60年代美国学界在批判越战声浪中具代表意义的新左派学者。新左派学者强调经济利益的解释，认为美国外交完全以经济利益的扩张为依归，并受到大资本家的左右①。经济史领域中也有一批学者留意到政治因素的重要性，将国家和权力的重要性放入特定研究的个案。尽管经济史学者和国际关系史学者在研究方法和研究关怀上各有侧重，但两者向来重视档案实证和多元材料，在这一波历史研究的全球化转向中，有关跨国企业、技术扩张、跨国联系及其全球化网络的研究成果中，经济史学者和国际史学者在共通议题上互相发明，为跨国史研究注入新视域。

---

① 新左派健将拉费伯尔（Walter LaFeber）著有 *The New Empire: An Interpretation of American Expansion, 1860–1898.* 20世纪60年代越战升高后新左派史家势力大增，反省美国外交政策成为主流，其中以William A. Williams, *The Tragedy of American Diplomacy* 和Denna F. Fleming, *The Cold War and its Origins, 1917–1960* 两书为嚆矢。

美国学界研究跨国公司的全球扩张史，可谓成果斐然，其中获得美国经济史学会颁赠终身成就奖的威尔金斯（Mira Wilkins）是最早一批研究美国跨国企业的代表学者，她从经济学理论和美国海外投资各种数据，侧重资金流动、直接投资（direct investment）、组合投资（portfolio management）、市场网络和企业管理等层面的考察，对美国海外投资和外人在美国投资提出宏观见解。威尔金斯，在其系列著作中，相当重视海外投资行为中的政府决策因素，亦即政府的公共政策怎样影响海外投资，并认为不同个案有其特殊性质[①]。近十余年以全球视野重新探讨跨国公司的形成及其与政府政策关联的著作，则有以《看得见的手》（ *The Visible Hand: The Managerial Revolution in American Business* ）一书闻名的钱德勒（Alfred D. Chandler Jr.），他和研究科技思想史和全球史理论的马兹利什编纂有《巨灵：跨国公司和新全球史》（ *Leviathans: Multinational Corporations and the New Global History* ），以全球史视角讨论了跨国企业的形成，各篇作者依序讨论了：全球现象（跨国公司初阶段、1930年以前跨国公司的间断与连续、1930年至1980

---

① 美国学界研究美国海外投资，主要以经济史学者为主，其成果斐然，非本文所能讨论。其中获得美国经济史学会颁赠终身成就奖的威尔金斯在哈佛大学出版社有4本学术专著，这4本学术专书如下： *The Emergence of Multinational Enterprise: American Business Abroad from the Colonial Era to 1914* （1970）, *The Maturing of Multinational Enterprise: American Business Abroad from 1914 to 1970* （1974）, *The History of Foreign Investment in the United States to 1914* （1989）, and *The History of Foreign Investment in the United States, 1914–1945* （2004）. 据笔者所见，仅早期一篇论文完整讨论中美经贸关系。Mira Wilkins, "The Impact of American Multinational Enterprise on American–Chinese Economic Relations, 1786–1949, " in Ernest R. May, John K. Fairbank, eds., *America's China Trade in Historical Respective, the Chinese and American Performance* （Cambridge, Mass. : Harvard University Press, 1986）, pp. 259–292.

年的跨国公司、改革的跨国公司形态日本个案）、跨国公司对社会和文化的冲击（社会层面：针对工人生活、全球新贵精英）、跨国公司的管理（全球股东的出现、20世纪的金融革命、跨国公司及抗议者和全球治理的未来），对于当前经济全球化之下，跨国公司所面临的各种处境和挑战机遇提供了宏观历史的考察①。哈佛大学商学院教授琼斯（Geoffrey Jones）所著《跨国公司和全球资本主义：19世纪到21世纪》（*Multinationals and Global Capitalism: From the Nineteenth to the Twenty-first Century*）探讨200年来全球化经济形成过程中跨国企业的增长和作用。19世纪欧美大企业家如何开拓海外市场、建立工厂和公司，形成最早跨国企业的先驱，并影响全球经济的面貌，而两次大战的战间期，在全球经济失序混乱中，跨国企业在经营策略的转型如何驱动了当代全球经济的走向，本书从宏观视野探讨资本家和经理人在不同时间和环境所面临的跨越国界的政治、伦理、文化和组织的种种挑战。不同于分析跨国资本的流动，作者从广泛的政治经济脉络考察跨国公司的行为角色，不少篇章从国际视角探讨跨国公司如何游走在不同国家之间及其与政府政治的关系②。琼斯于2017年最新出版的 *Profits and Sustainability: A History of Green Entrepreneurship* 探讨19世纪以后绿色企业家的出现，一些企业家在坚持盈利和可续性的同时，不断创新改造，重视自然资源与环境的关系；探索企业发展和环境保护，以及政府法令的制定，将政府、非政府和环境议题融入全球企业发展的视角，该书涉及的

---

① Alfred D. Chandler Jr., Bruce Mazlish, eds., *Leviathans: Multinational Corporations and the New Global History*（Cambridge: Cambridge University Press, 2005）.

② Geoffrey Jones, *Multinationals and Global Capitalism: From the Nineteenth to the Twenty-first Century*（Oxford: Oxford University Press, 2005）.

论题包括可再生能源、有机食品、美容业、生态旅游、资源回收、建筑和金融业等行业，研究范围涵盖世界五大洲的主要国家，所涉猎的风能、太阳能等可再生能源领域的发展史，尤具现实关怀[①]。

19、20世纪跨世纪之交的科技发明和升级，如铁路、电力、电话电报和轮船等设施举足轻重地改变了当代世界的经济生活等各个层面，而大型公共建设往往是国家建设所开展的方针，国家力量的介入或是专业技术的引进，又与跨国企业的投资和移动不可分割。威尔金斯与其他经济史学家合著的《全球电力化：电力史中的跨国企业和国际资金》（*Global Electrification: Multinational Enterprise and International Finance in the History of Light and Power, 1878–2007*）一书，从跨国史视野探讨全球电力发展史，强调公共设施中政治性介入的渗透力和影响力，公共设施（public utilities）中特有的政治面向，由中央到地方各层级的政治性介入，使得跨国大企业在推动全球电力化过程中得以垄断电力市场。然而，定义中"让渡权"（concession）或"特许权"（franchises）系来自政府，但它所牵涉的政治面向却是更为广泛，从国家的（national）、区域的（regional）和市政政治（municipal politics）对国内企业产生巨大的冲击，而国内资金又严重冲击到跨国企业和国际金融的运作，因此我们不可低估这种冲击[②]。19世纪后期，全球帝国的扩张莫不受益于第二次工业革命后所驱动的军事工业化成就，电报技术更攸关巩

---

① Geoffrey Jones, *Profits and Sustainability: A History of Green Entrepreneurship* (Oxford: Oxford University Press, 2017).

② William J. Hausman, Peter Hertner, Mira Wilkins, *Global Electrification: Multinational Enterprise and International Finance in the History of Light and Power, 1878–2007* (Cambridge: Cambridge University Press, 2008), pp. 67–71.

固海外帝国统治的手段及帝国成败。杨大庆的著作《技术帝国：电报与日本在亚洲的扩张》（*Technology of Empire : Telecommunications and Japanese Expansion in Asia, 1883–1945*），即是从跨国史视角深入探讨19世纪后期到二次大战，日本在东亚如何以电讯事业进行政治和经济的扩张，从而打造其东亚帝国的事业[1]。

早期以研究19世纪末到第二次世界大战期间美国经济及海外扩张的罗生宝，近年编撰的《世界联系》（*A World Connecting, 1870–1945*）一书，以国际史和跨国史研究视野重新探讨1870年迄于二次世界大战的全球政治和经济网络[2]。这一千余页的巨册共有五大章节，后来由哈佛大学出版社于 2014年发行单行本。五大章节题旨如下：

1. 近代国家地位的创造及世界架构的成形。作者梅尔（Charels S. Maier）借用霍布斯（Thomas Hobbes）"巨灵论"诠释"2.0版"（Leviathan 2.0）以时间分期依序阐释19世纪中叶到二次大战间近代国家形态的创制和蜕变：1845年至1880年近代国家的形成、跨世纪革命浪潮、20世纪30年代和大战时期。梅尔将欧洲、美洲和亚洲国家所面对的近代国家改造的意识形态及其内外策略置于全球发展脉络之下，历经二次大战后西方民主福利国家、单一社会主义国家、拉美和亚洲及中东一些军事政府，20世纪末各种形态政府伴随着全球资本主义化的转型效应而升高紧张关系，揭开了当前政治不

---

[1]　Daqing Yang, *Technology of Empire: Telecommunications and Japanese Expansion in Asia, 1883–1945*（Cambridge, MA: Harvard University Asia Center, 2011）.

[2]　Emily S. Rosenberg, ed., *A World Connecting, 1870–1945*（Cambridge, MA: Harvard University Press, 2012）.

确定世代[①]。

2. 帝国、全球扩张和跨国联系，作者巴兰坦（Tony Ballantyne）与伯顿（Antoinette Burton）探讨帝国扩张中的国际政治、经济和文化因素，帝国发展的力量和限制，并以英国、日本和奥斯曼土耳其帝国为具体个案，分析交通、运输和经济网络为打造帝国的重要手段[②]。

3. 移民与文化适应的归属。19世纪后期以来伴随着铁路、港口和蒸汽轮船的兴起，加速世界人口前所未见的迁徙和移民潮，作者霍尔德（Dirk Hoerder）避开欧洲中心的观点，探索从1870年至1945年间人口移动潮流，将世界不同地区的移民潮流分为五个主要来源系统：（1）15世纪40年代到19世纪70年代非洲奴隶人口的移民；（2）亚洲区域的自由移民、契约工和女性移民；（3）横越亚洲、北美和欧洲地区的俄国西伯利亚移民；（4）华北—东北人口的移民；（5）联结欧洲和美洲的大西洋洲系统移民。以全球视野探讨区域和帝国之间在人口迁移过程中产生的族群混居问题、社会阶层化现象以及相关的文化适应问题[③]。

4. 全球经济中的商品链，探讨第二次工业革命以后全球商品的移动——小麦和米、咖啡和烟草、石油与橡胶等商品经由生产者、加工者、运输者和购买者的推进，带来了全球市场的转变。作者托皮克（Steven C. Topik）和威尔斯（Allen Wells）探讨工业和农业产

---

① *A World Connecting*, Ch. 1, Charels S. Maier, *Leviathan 2. 0: Inventing Modern Statehood*（Cambridge, MA: Harvard University, 2014）.

② *A World Connecting*, Ch. 2, Tony Ballantyne and Antoinette Burton, *Empires and the Reach of the Global*（Cambridge, MA: Harvard University, 2014）.

③ *A World Connecting,* Ch. 3, Dirk Hoerder, *Migrations and Belongings, 1870–1945*（Cambridge, MA: Harvard University, 2014）.

品的改革、运输、商业和金融上的创新如何改变了1870年至1945年的世界经济：全球商品链的演化如何从食物原料转向工矿原料的开采，由拉美、亚洲和非洲的农矿产，如何联系起欧洲北美的消费者和资本家的枢纽，在此一巨大商品网络生产线中的农人、工人和资本家所形成的经济交织网是前所未见的[1]。

5. 变小的世界版块中的跨国趋势潮流，由主编罗生宝执笔，她宏观一次大战后文化国际主义（Cultural Internationalism）的发展（不仅是国际联盟，包括各种艺术、文化和体育活动成为全球普世文化的重要指标）、社会网络及其联系、各种展示和博览会、专家网络（科学家、工程家和测量家等专家的全球移动）、世界都会化等趋势现象，使世界的版块变得越来越小[2]。

2018年8月于波士顿召开的世界经济史大会（World Economic History Congress, WEHC），主题是"全球化浪潮"（The Wave of Globalization），从场次议题来看，以商品、资金、口岸、贸易圈、文化样态、生活形态、政治影响力及其形成的各种关系纽带所牵动的全球化浪潮，并通过跨国研究的案例进行考察，占有相当大的比重[3]。

（二）跨国企业在中国

上述近十年来欧美学界对跨国史和跨国企业的研究论著，鲜

---

[1] *A World Connecting*, chap. 4, Steven C. Topik and Allen Wells, Commodity Chains in a global Economy, 本章单独出版时，书名改为 *Global Markets Transformed, 1870–1945* (Cambridge, MA: Harvard University Press, 2014).

[2] *A World Connecting*, chap. 5, Emily S. Rosenberg, *Transnational Currents in a Shrinking World* (Cambridge, MA: Harvard University Press, 2014).

[3] http: //wehc2018. org/accepted/ (2017/04/13).

少有以近代中国为主体的具体案例。从近代中国与世界的交往关系而言，19世纪后期正好是近代中国经历洋务实业运动，最早以官督商办的形式展开新式企业、引进西方工业技术、新旧观念迎拒或交会，中国主动或被动纳入世界体系的重要阶段，各个方面的互动形成近代中国与西方世界的多重关系网络。借镜新近跨国史研究趋势和开展的议题，仍有一些议题值得从中以新视角探索一个全球性质的中国，并深入理解驱动近代中国走向世界的内在和外在的多元因素。

过去有关清末民初外国企业在中国活动的研究，比较偏重外国人在中国经济投资的整体面向及其与中国民族资本企业间的关系，尽管在对外经济与中国近代化关系有不同的看法，但这些研究成果系立基于扎实材料而提出的开创性见解，迄今仍是此一领域的扛鼎之作①。郝延平所著《19世纪中国商业革命：中西商业资本主义的兴起》(*The Commercial Revolution in Nineteenth-Century China: The Rise of Sino-Western Mercantile Capatalism,* University of California Press, 1986)，延续作者《19世纪中国买办》(*The Comprador in Nineteenth Century China*)一书的研究，本书提出"中西共生"(Sino-Western Symbiosis)，"中西商业资本主义"(Sino-Western Mercantile Capitalism)，这些概念说明中国近代商业革命的特点。他认为19世纪中国同西方经济的接触，既促进了中国商业的发展，并导出不同于传统商业活动的商业革命；他从沿海贸易的

---

① Ernest R. May, John K. Fairbank, *America's China Trade in Historical Perspective, the Chinese and American Performance* (Cambridge, Mass.: Harvard University Press, 1986). 该书收录的20世纪80年代学者论文，迄今仍极具参考价值。

发展、新形式货币的使用和信贷的扩大、鸦片贸易对国内市场的拓展、内地丝茶收购活动对农业商业化的促进，以及中外竞争的加剧，利润的追逐和市场的风险，对近代中国的商业发展和西方资本企业的关系提出深刻的见解①。刘广京早于1963年撰述《美国人与中国人：历史文献目录》（*American and Chinese: A Historical Essay and A Bibliography*），该书的前半段有40页专文，阐释评价美中关系的历史研究必须聚焦于更广义的美国人个体（individual）和组织（organizations）在中国的活动，提到贸易、传教士、科学家、教师、商人企业、职业社团、学校、医院、学术和慈善基金会等议题，他认为这些个人或群体比起美国政府的直接活动来得更具影响力，强调非政府范畴和性质内的美中关系研究之必要。这本小书是极重要的一本从经济活动、职业群体和非政府领域研究中美关系史的参考书②。刘广京对于西方技术产品（铁路、电报、轮船）、西方企业制度及其与中国传统商会和制度运作之跨领域对话具开创研究，特别是《英美航运势力在中国的竞争，1862—1874》一书探讨了19世纪后半叶英美轮船公司在中国的竞争和美国旗昌轮船公司的垮台，以及华资轮船企业兴起的背景，这些外国企业当时尚未具有现代跨国企业阶层化的经营系统③。

19、20世纪之交，西方商人在中国市场的商业管理和组织形

---

① Yen-p'ing Hao, *The Commercial Revolution in Nineteenth-Century China: The Rise of Sino-Western Mercantile Capitalism*（Berkeley: University of California Press, 1986）.

② Kwang-Ching Liu, *American and Chinese: A Historical Essay and A Bibliography*（Cambridge, Mass.: Harvard University Press, 1963）.

③ Kwang-Ching Liu, *Anglo-American Steamship Rivalry in China, 1862–1874*（Cambridge, MA: Harvard University Press, 1962）.

态出现较大的转变。伴随着老式洋行和中国买办制度的消退，在总公司指挥下，逐渐建立起销售网及专属经理人，形成早期的跨国企业，而这些粗具跨国企业形态的公司对中国市场的投资，也从早期公司本身产品的销售，延伸到对中国市场的进一步开发与投资，像美孚公司即是一个典型个案。19世纪末以后美孚公司对中国市场的投资，除了本身起家的油产品贸易外，还陆续投资于中国内河轮船航行、公路建造和探勘油矿等。其次，有别于进出口贸易的经营，欧美和日本企业界在此一世纪之交，对中国实业建设，有进一步的投资兴趣。例如修筑铁路、开矿、架设电报线以及修浚港口的工程投资等等。这些实业投资，多肇始于清末，而于一次大战前后有更大的投资热潮。这部分的个案研究不论是外资企业、中西合资企业或华资企业史的研究，都越来越偏重个案考察，并将个案研究置于整体历史脉络发展之中，迄今已有不少成果，但主要仍集中于华资企业史的部分[1]。

---

[1] 关于华资企业史的研究成果可谓相当丰硕，为免挂一漏万，不拟叙述。近年有关跨国企业在华活动的研究成果，可参见"中研院"近代史研究所张宁对于中国冷冻蛋品工业的研究。张宁：《跨国公司与中国民族资本企业的互动：以两次世界大战之间在华冷冻蛋品工业的发展为例》，《近代史研究所集刊》，2002年第37期，第187—227页。张宁：《技术、组织创新与国际饮食变化：清末民初中国蛋业之发展》，《新史学》，2003年第14卷第1期，第1—43页。张宁近年关于上海殖民社会与文化活动的系列研究，不仅是上海城市生活史的面貌，也比较了外国人在华活动与母国文化的移植与变异等面向，具有全球史的宏观意义。吴翎君的研究以全球和跨国视野重新梳理中国与美国的关系，针对19世纪70年代至1946年中美两国在企业活动、技术引进、商人和工程师的社群交往及其带动近代中国走向世界的思路铺陈，将政治、经济和文化交往的中美关系统合于国家建制、国际秩序和进入全球经济体系的范畴意义。参见吴翎君相关著作：《美孚石油公司在中国（1870—1933）》，台北：稻乡出版社，2001年；《美国大企业与近代中国的国际化》，台北：联经出版事业股份有限公司，2012年；《欧战爆发后中美经济交往的关系网：兼论"美国亚洲协会"的主张》，《政大历史学报》，2015年第43期，第179—218页。

长期致力研究在华跨国企业的高家龙（Sherman Cochran），最早成名著作为1980年出版的英美烟公司（British American Tobacco Company, BAT）在中国的商业活动及其与南洋烟草公司的竞争，奠定其研究外资在华企业的学术地位[1]。高家龙在《大公司与关系网》（Encountering Chinese Networks: Western, Japanese and Chinese Corporations in China, 1880–1937, University of California Press, 2000）一书中，使用了"中国关系网"（Chinese Networks）一词。高家龙的专书选择了英美、日本与中国共六家著名的代表企业，分析19世纪后期至20世纪前期西方、日本和中国大公司在中国市场遭遇"中国关系网"的经历[2]。高家龙主要关注的是中国的关系网，但这种"关系网络"事实上非仅限于中国市场的经营、管理和商业竞争的关系网，外资企业在中国的遭遇不仅是中国所提供的条件和机遇，更趋近于中西两国交往中的多层次关系网络以及中国迈向与近代世界体系的形构。

　　跨国公司在华活动是近代中国经济社会史的重要领域之一，但目前深入资料的细部研究仍显不足，不仅是欧美公司，日本在华公司的活动个案亦仍有很大的拓展空间。立基于前辈学者的研究成

---

① Sherman Cochran, *Big Business in China, Sino-foreign Rivalry in the Cigarette Industry, 1890–1930* (Cambridge, Mass. : Harvard University Press, 1980).

② Sherman Cochran, *Encountering Chinese Networks: Western, Japanese and Chinese Corporations in China, 1880–1937* (Berkeley: University of California Press, 2000). 高家龙近年的研究转向对近代中国消费文化的考察，他以北京同仁堂、上海中法药局、上海五洲药房、上海新亚制药厂以及以东亚为基地的虎永安堂五个个案，分析近代中国的药房消费及随之形成的消费文化。Sherman Cochran, *Chinese Medicine Men: Consumer Culture in China and Southeast Asia* (Cambridge, Mass. : Harvard University Press, 2006). 另与David Strand合编有 *Cities in Motion: Interior, Coast and Diaspora in Transnational China* (Berkeley: University of California Institute of East Asian Studies, 2007).

果，并借镜英文学界近十年的跨国史研究视角，或可由以下几个面向来开展议题：

1. 拓展研究外国公司在华历史的跨领域书写。近年英文学界的国际史和经济史论著已对不同形态跨国公司的全球兴起提出宏观考察，关于跨国竞争、经营管理、企业家精神、经济制度和政府操作等不同切面，这些议题在中国历史场景的具体面貌仍不清晰。西方学者擅于从跨领域触角来挖掘新颖题目，像琼斯就是其中之一，他除了研究绿色企业，另有本《设想美丽：全球美容工业的历史》（*Beauty Imagined: A History of the Global Beauty Industry*）探讨19世纪以来兴起的化妆品和香水品牌如何塑造世人对于美丽的想象和标准，以及如何形成当今化妆品巨头的企业争霸史①。

2. 跨国企业、技术专家、人力的全球移动，乃至于个人或群体身份的迁徙和流动对本身社会阶层的转换，以及对当地社会网络产生的交互作用等议题。上述罗生宝的《世界联系》的五大架构章节提供了相当好的范例和可以延展到中国场域的视角，但须多留意的是中国内部、外部和国际间（internal, external and international）的联系。

3. 创新企业、科技和环境议题。哈佛大学新近成立的能源史研究计划（The Energy History Project），关注长时期和跨区域的地表上各种能源史的演进、区域比较及其相应联结，能源史作为一门新兴的领域，力求借鉴其他学科，以比较史学的方法，全面地研究各种能源及其利用与影响，希望有助于改善全球环境议题。特别是对于中国当前严重恶化的自然环境问题，使得企业创新和能源史在中

---

① Geoffrey Jones, *Beauty Imagined: A History of the Global Beauty Industry*（Oxford: Oxford University Press, 2010）.

国的发展议题受到关注，例如：19世纪以来，跨国公司带来的新兴能源技术，其开发对社会生活环境所造成的帮助或破坏（中国最初如何看待石油产品造成的河川防污问题、火力发电和自然环境保护问题等等的历史溯源）①。

4. 实业家、技术专家及其关系网所呈现的全球知识文化现象。不少学者都留意到一次大战后的国际主义现象，例如入江昭在其系列著作中阐释一战以后是文化国际主义全力发展的时代，大战的毁灭性破坏，促使欧美知识精英和艺文人士期望从教育、文化和艺术展演等方面，取代国际政治和军备的竞争。不同于知识分子泛谈理论救国，实业家和测量师或工程师是真正行动的实践者，他们在中国的活动所展现全球知识的交换和文化国际主义的影响，例如：标准化规格、科学管理和新式企业的引进、制度化变革，均和全球经济和技术知识的一体化至为相关，乃至于对职业专家的专业化（professionalism）等议题，仍有待拓展②。

结　语

近十年跨国史研究吸引了国际关系史、经济史和国别史的学者在研究视野上的"全球转向"，时间集中于19世纪后半近代国家

---

① The Energy History Project, http: //www. fas. harvard. edu/~histecon/energyhistory/（2017/05/01）.

② Akira Iriye, *Cultural Internationalism and World Order*（Baltimore: The John Hopkins University Press, 1997）, p.184. Akira Iriye, "Culture and Power: International Relations as Intercultural Relations," *Diplomatic History*, 1970, Vol.3, No.3, p.115.

的形成，或19世纪70年代第二波工业革命迄于当代全球化议题。跨国史研究可以是以全球一体为对话坐标，也可以是强调本国对他国影响或他国对本国影响的跨国联系，更可以是将双边或多边国家，甚至是将多元区域的共享历程置于全球和跨国视角来考察。如果我们习惯以国与国之间的冲突和战争来思考全球关系，可能忽略国家内部的各种文化和多样结构性因素；但是如果不从国家历史的脉络分析，我们很难理解19世纪以来国际秩序的冲突，而如果我们从超越国境的全球视野看待国家之间与非国家行为者之间的各种因果链现象，则可拓展我们对个人、群体、城市、国家、区域和全球世界的理解。跨国史的研究取径涵盖了国家内部、国家之间和超越国家的范畴，既关注全球一体化特性，也顾及跨国的比较差异和相互联系，这正是跨国史研究的魅力所在。

近年跨国史著作的成果的确扩大全球视野，而且隐然看到了一种宏大历史叙事（Macro-history）的复苏，从时间轴（长时间）的拉长时性，再拉到跨空间地域的全球观照，这种跨地域和长时间的研究视野，虽有研究上的制高点，但真正能深入研究主题，从高屋建瓴的全球视野展现丰富的学术深度，实属不易。本文梳理了国际史和经济史学者所开展的跨国史和跨国企业研究议题，主要的研究成果系以美国哈佛大学为领军团队，近十年丰富的研究成果也说明了跨国史在研究方法上已越来越趋成熟。英文学界新近研究趋势有助于我们将跨国企业在中国的活动置于全球网络，发掘新主题、拓展研究边界，并比较近代中国的研究实例与西方学界既有宏观成果的异同，也未尝不能从全球视野提出耳目一新且对当前时代具有启示意义的研究议题和观点。

欧美历史学界对于当前全世界范围内发生的各种现实危机甚为关注，也因此往往带动一个世代的研究议题导向，而在当今信息分享的数字化时代，更以建置跨国研究群的网络平台快速扩大学术社群的影响力。目前持续扩充的"一次世界大战的国际百科全书"（1914–1918–online. International Encyclopedia of the First World War），该项计划为德国柏林自由大学自2011年起号召全球超过50余国、数百位学者所共同参与。这个一战史的研究计划与以往政治军事史的书写最大的不同，系不以交战的两个阵营作为研究主线，更不以加害者和受害者看待历史，彻底打破爱国主义立场，以跨区域和全球视角来探索大战期间的各个国家和平民的问题，例如：战时人民生活和心灵状态、战争暴力体验、战俘营的处置、大众传播媒体、文化精神现象、儿童心理和战争游戏、妇女地位和战争究责等跨国议题，以及全球在战争期间各个政治、社会、经济和文化等面向的交互作用影响均受到关注[①]。2017年1月召开的美国历史学会年会中，已卸任主席帕特里克·曼宁（Patrick Manning）的专题演讲题为《不平等议题：历史及学科研究方法》（*Inequality: Historical and Disciplinary Approaches*），鉴于当前世界各国和区域内的不平等因素扩大所导致的严重社会危机，其不仅仅是经济学者长期聚焦的财富和收入议题，他号召历史研究者一起投入社会、文化、健

---

① "一次世界大战的国际百科全书"总主编为柏林自由大学的Olive Janz教授。这项计划的所有参与作者先经过编辑部的筛选，再经由两阶段审查文稿，最后为编辑部的修订，力图将第一次世界大战的最新成果呈现给世界读者，它同时也是目前全球最大的一战数据库。这项计划的庞大经费来自德国研究基金会（German Research Foundation, DFG）的赞助。目前共有全球868位学者参与。http://encyclopedia.1914–1918–online.net/contributors/（2017/03/13）。

康、气候等世界范围内各种形式的不平等议题，从世界历史的视角出发，考察不平等议题的社会心理根源和自然成因。为达成此一目标，由匹兹堡大学（University of Pittsburgh）建置的Collaborative for Historical Information and Analysis（CHIA）网站，号召历史学者将有关不平等议题的相关文献和资料上传到此一平台，期望建立一个如何解决不平等问题的跨领域大型知识库①。在当前全球化趋势之下，世界各地学者的跨国交流越来越频繁，可预见的未来是，通过一个大主题以全球学者为交流对象的研究平台肯定越来越普遍。当跨越民族／国家的历史，成为21世纪史学家笔下的共有历史之进程，历史的书写始可望成为全球和平的知识力量，此不就是20世纪90年代以来伴随着全球一体化和网际网路时代的来临，历史学者对历史知识的表述形式和存在价值不停叩问的学术反思②！这也是欧美历史学界企图以建构全球史／跨国史成为一种世界公民之理想国的核心关怀。

---

① Patrick Manning, "Inequality: Historical and Disciplinary Approaches," *The American Historical Review*, 2017, Vol.122, No.1, pp. 1–22. CHIA计划网站设置于匹兹堡大学，设于2011年。http://www.chia.pitt.edu/（2017/05/14）。

② 关于全球化、网络时代和大数据的建立，引起不少历史学者对当下历史学科知识应扮演怎样的功能，以及历史书写将如何迎向新时代的各种反思。较新成果可参见Jo Guldi, David Armitage, *The History Manifesto*（Cambridge University Press, 2014）。剑桥大学出版社与两位教授成立了此专书的网页（http://historymanifesto.cambridge.org/），除了提供全文下载之外，还开辟了讨论区（2017/05/02）。

第四部

科学史／医疗史／食物史

科技研究中的
地理转向及其在地理学中的回响①

洪广冀

前　言

　　什么是科学知识？对此问题，科学哲学、科学社会学与科学史研究者一度坚称科学知识必定是普世性的（universal）、是贯穿古今且放诸四海皆准的。1899年，在评论地理学者拉采尔（Friedrich Ratzel, 1844—1904）的《人文地理》（*Anthropo-Geographie*）一书时，当代社会学奠基者之一的涂尔干（Émile Durkheim, 1858—1917）指出，至少在近代社会，地理因素不至于在社会形塑上扮演重要角色，因为近代社会系奠基在"科学真理"上，而科学真理是"独立于任何地方脉络"（the truths of science are independently

①　原文发表于《地理学报》，2016年第83期，第23—69页。本文写作得益于与徐进钰、洪伯邑、杨弘任、傅大为、"地理学与科技研究"之修课同学、《地理学报》匿名审查人间的意见交流，谨此致谢。

of any local context）①。即便是以撰写与编辑《中国的科学与文明》（*Science and civilization in China*）闻名于世的李约瑟（Joseph Needham, 1900—1995），在细数中国于公元前1世纪至15世纪间的诸般科学成就、以挑战当时科学史界"中国无科学"的主流见解时，仍不免认为"中国科学"与"现代科学"的关系堪以中国古谚"朝宗于海"来表达"较古老之科学的潮水如河流般地流入近代科学的海洋"②。在这样的预设下，主张科学知识有其地方性（locality），似乎就像主张宗教、政治意识形态等知识体系具有普世性般地难以理解。如果说20世纪70年代以降人文地理学的重点之一系在挑战笛卡儿之空间观于地理学中的独霸地位，从而将"地方"摆回地理学研究的核心，科学知识能否作为地理学研究的对象？如科学般普世性的知识形态能否有其地理学？

若我们先将"什么是科学知识"此问题摆在一边，转而追问科学知识是来自"何处"，不难体会科学与地方的关系并非如涂尔干或李约瑟所称般简单。就以荣获2013年诺贝尔物理学奖的希格斯玻色子（Higgs boson）的发现为例。尽管该发现的独到之处系在揭露宇宙构成之基本粒子，其发现却是在全球独一无二、由欧洲核子研究组织

---

① Émile Durkheim, *Selected Writings, Edited, Translated, and with an Introduction by Anthony Giddens*（Cambridge: Cambridge University Press, 1972），p.88. 科学史与科学知识社会学的健将夏平（Steven Shapin）便引用涂尔干的此段话以说明传统人文社会学者如何预设科学知识的性质——唯须强调的，在其文章中，夏平并未提及涂尔干此处是在回应拉采尔具决定论色彩的地理学。Steven Shapin, "Here and Everywhere: Sociology of Scientific Knowledge," *Annual Review of Sociology*, 1995, Vol.21, pp. 289–321; Steven Shapin, "Placing the View from Nowhere: Historical and Sociological Problems in the Location of Science," *Transactions of the Institute of British Geographers*, 1998, Vol.23, Vol.1, pp. 5–12.

② Joseph Needham, "The Roles of Europe and China in the Revolution of Oecumenical Science," *Journal of Asian History*, 1967, Vol.1, No.1, pp. 3–32.

（The European Organization for Nuclear Research, CERN）管理的大型强子对撞机（large hadron collider）中生产出来的。过去半世纪以来，在不否认普世性为科学知识最大特性的前提下，科学史及科技研究（science and technology studies, STS）的研究者致力回答下列问题：如果科学知识必定在特定的地方生产出来，科学知识是如何取得普世性？科学知识又是如何"旅行"？当科学家手握着自其悉心打造之实验室中生产的数据时，他／她们该如何让同侪相信这些数据的确是"事实"（matter of fact）？研究者对前述问题的探索，构成如科学知识社会学者夏平（Steven Shapin）所称的"在地取向"（localist）[①]。相较于20世纪上半叶的科学史研究者所关心的"伟大科学家及其发现""科学进展的内部逻辑与外在因素"等议题，研究者关心的议题聚焦在采集、分类、实验、观察等科学实作（scientific practice）上，从而探讨这些琐碎、根基于特定地方与日常生活脉络的实作如何催生出科学知识。便是在这在地化科学知识的企图中，科学史与STS研究者开始思考地理学的分析视野能否对"何谓科学知识"此大哉问提供新解。显然的，若我们承认科学实作——如购物、上班、午休等日常生活实作一般——必然在特定之时空中发生且得以发生，科学知识实难以视为与地方脉络无涉的普世性知识，而必得有其地理学。

地理学者并未在这科学史与STS中的"地理热"中缺席。当科学史与STS研究者试着以地理学在地化科学知识时，地理学者则以科学史与STS的角度来解构传奇地理学者如索尔（Carl Sauer, 1889—1975）、哈特向（Richard Hartshorne, 1899—1992）对地理学史或"地

---

①　Shapin, "Here and Everywhere," pp. 289–321.

理学传统"的界定，并援引地理学就地方、地方性、空间、空间性等概念长久以来的研究传统，深化夏平之"在地取向"在理论与方法论上的意涵。一个可名为"科学之地理学"（geography of science）的研究分支便在这跨领域的对话中成形。在一篇发表于《英国地理学报》（*Transactions of the Institute of British Geographers*）的文章中，夏平指出"地理转向"（geographical turn）堪称是科学哲学与科学社会学于20世纪70年代发展以来的"伟大成就"（great accomplishment）[①]。有鉴于台湾地理学、科学史与STS研究者尚未体认到通过此取向进行跨领域对话的可能性，本文将分四部分说明夏平所称之"地理转向"的缘起、重要突破与挑战[②]。首先将回顾STS于1970年至1980年间的发展，说明科学知识之地方性如何成为研究者关心的重点。进而，我

① 除了夏平一文，关于科学之地理学的回顾文章，见Trevor J. Barnes, "Geo-Historiographies," in Roger Lee, Noel Castree, and Rob Kitchin, et al., eds., *The Sage Handbook of Human Geography: Volume 1* (Los Angeles: Sage, 2014), pp. 202–228; Diarmid A. Finnegan, "The Spatial Turn: Geographical Approaches in the History of Science," *Journal of the History of Biology*, 2008, Vol.41, No.1, pp. 369–388; Simon Naylor, "Introduction: Historical Geographies of Science—Places, Contexts, Cartographies," *British Journal for the History of Science*, 2005, Vol.38, No.1, pp. 1–12; Simon Naylor, "Historical Geography: Knowledge, in Place and on the Move," *Progress in Human Geography*, 2005, Vol.29, No.5, pp. 626–634; Richard C. Powell, "Geographies of Science: Histories, Localities, Practices, Futures," *Progress in Human Geography*, 2007, Vol.31, No.3, pp. 309–329.

② STS于台湾的发展已逾十年，从事相关研究的学者已形成相当活跃、具高度国内与国际能见度的学术社群。学者们就STS相关理论与分析视角的引入，乃至于就STS之本土化的思考，成果相当丰硕。例如，林文源：《论行动者网络理论的行动本体论》，《科技、医疗与社会》，2007年第4期，第65—108页；雷祥麟：《"我们不曾现代过"的三个意义》，《科技、医疗与社会》，2010年第10期，第221—236页。除了翻译西方学者之研究，此部分的专书研究成果，可参考李尚仁：《帝国的医师：万巴德与英国热带医学的创建》，台北：允晨文化实业股份有限公司，2012年；林文源：《看不见的行动能力：从行动者网络到位移理论》，台北："中研院"社会学研究所，2014年；陈瑞麟：《科学哲学：理论与历史》，（接下页）

会讨论同时期之地理学者如何回应这来自学科外对科学之普世性与进步性的挑战。第三部分将回顾主导此地理转向的两类理论取向：

1. 科学知识社会学（sociology of scientific knowledge, SSK）与地理学者利文斯通（David N. Livingstone）据此倡导的"置科学于其地"（putting science into its place）；

2. 挑战社会与自然之二元论的行动者网络理论（actor-network theory, ANT）。第四部分则以SSK与ANT于过去十年的发展为中心，探讨如科学哲学研究者库卡宁（Jouni-Matti Kuukkanen）所称的"地方主义"（localism）如何受到全球论者、后殖民主义者、后结构主义者、批判地理学者的批评，而研究者又如何因应[①]。以此为基础，我于结论中提出数点值得台湾地理学者深入探讨的主题。

（接上页）台北：群学出版有限公司，2010年；傅大为：《回答科学是什么的三个答案：STS、性别与科学哲学》，台北：群学出版有限公司，2009年；杨弘任：《社区如何动起来？黑珍珠之乡的派系、在地师傅与社区总体营造（增订版）》，台北：群学出版有限公司，2014年；Sean Hsiang-lin Lei, *Neither Donkey Nor Horse: Medicine in the Struggle over China's Modernity*（Chicago: University of Chicago Press, 2014）。不过，就本文处理的"地理转向"，除了王文基为夏平与谢弗之*Leviathan and the Air-Pump*中译本撰写的导论外，似乎还未有相关评介文章出现；见王文基：《显而易见》，收入史蒂文·夏平、西蒙·谢弗著，蔡佩君译：《利维坦与空气泵：霍布斯、玻意耳与实验生活》，台北：行人出版社，2006年，第xvii-xxxv页。至于在地理学或相关空间学中，涉及STS重要理论取向的论文似乎仅限于行动者网络理论，且多数为单向的引用，见李承嘉：《行动者网络理论应用于乡村发展之研究：以九份聚落1895—1945发展为例》，《地理学报》，2005年第39期，第1—30页；钟明光、蔡博文、卢道杰：《利用行动者网络理论检视公众参与地理信息系统对社区发展转向之影响：以美浓黄蝶翠谷为案例》，《地理学报》，2012年第64期，第21—44页。王志弘于2015年出版的《拼装都市论与都市政治经济学之辩》，为同时重视行动者网络理论与地理学之空间政治经济学的重要文献——可能也是目前唯一系统地讨论"STS对空间研究到底有什么用、或该如何用"的回顾文献，见王志弘：《拼装都市论与都市政治经济学之辩》，《地理研究》，2015年第62期，第109—122页。

① Jouni-Matti Kuukkanen, "Senses of Localism," *History of Science*, 2012, Vol.50, No.4, pp. 477-500.

一、地理转向

要了解夏平所称的"地理转向"与此转向获致之"伟大成就",我们有必要先了解20世纪40—60年代间的欧美社会与人文科学界系如何看待科学。基本上,在目睹科学于二次大战期间展露的巨大威力,以及体会到政府与企业争相投资科学研究、以打造横贯产官学界的"大科学"(big science)后,研究者莫不同意有必要打破人文社会科学与自然科学自20世纪初期以降日趋牢不可破的鸿沟。在其 1959年于剑桥大学的公开演讲中,化学家兼小说家斯诺(C. P. Snow, 1905—1980)慨叹自然科学家及社会与人文学家仿佛活在各自的文化中。此"两种文化"现象,依斯诺所见,势必形成科学与社会发展的障碍[1]。1965年,科学之科学基金会(Science of Science Foundation)于伦敦成立,主张以科学方法来研究科学本身,因为"科学是一只我们还不知道如何挤奶的母牛"(science is a cow that we do not yet know how to milk),该基金会的执行长戈德史密斯(Maurice Goldsmith)如此宣称[2]。

---

[1]   Charles P. Snow, *Two Cultures and the Scientific Revolution*(New York: Cambridge University Press, 1959).

[2]   戈德史密斯的宣称系转引自David Edge, "Reinventing the Wheel," in Sheila Jasanoff, Gerald E. Markle, and James C. Petersen, et al., eds., *Handbook of Science and Technology Studies: Revised Edition*(Thousand Oaks: Sage Publications, 1995), p.7. 关于二次战后至冷战期间的社会文化氛围系如何催生出科学知识社会学与后续的STS, 重要的回顾文章见David Edge, "Reinventing the wheel," pp. 3–23; Sergio Sismondo, "Science and Technology Studies and an Engaged Program," in Edward J. Hackett, Olga Amsterdamska, and Michael Lynch, et al., eds., *The Handbook of Science and Technology Studies: Third Edition*(Cambridge, Mass. : MIT Press, 2008), pp. 13–31. 夏平与谢弗为其 *Leviathan and the Air-Pump* 之2011年新版撰写的导论亦值得参考, Steven Shapin and Simon Schaffer, "Up for Air: Leviathan and the Air-Pump a Generation on," in *Leviathan and the Air-Pump: Hobbes, Boyle, and the Experimental Life*(Princeton: Princeton University Press, 2011), pp.xi–l.

流行于20世纪60年代之"科学之科学"在很大程度上系在深化研究者如萨顿（George Sarton, 1884—1956）与默顿（Robert Merton, 1910—2003）提倡的科学史与科学社会学研究。受到20世纪初期重要的社会科学家如韦伯（Max Weber, 1864—1920）、帕森斯（Talcott Parsons, 1902—1979）的影响，萨顿与默顿视科学为具内在逻辑的系统，不受任何社会因素的影响。科学系统之所以能保有其独立性与自主性，两位学者认为，与自科学革命与新教伦理中诞生出来的一套强调逻辑、理性、演绎与实验的方法论脱不了关系。值得指出的是，在这样对科学知识的预设下，与其说萨顿和默顿的科学社会学及科学史系将科学作为研究对象，倒不如说是以社会学与历史研究取消科学作为研究对象的可能性：科学因其独特的方法论而成为超越历史与社会的存在[①]。

　　以萨顿与默顿为代表的科学史与科学社会学，于战后受到马克思主义研究者的挑战。举例而言，以其突破性的胚胎学研究成名、却将其余生全力投入中国科学与科技史研究的英国学者李约瑟，即认为科学绝非西方社会独有的产物。依李约瑟所见，早在西方

---

① 　萨顿与默顿的见解主见于George Sarton, *The Study of the History of Science*（Cambridge, Mass. : Harvard University Press, 1936）与Robert K. Merton, *The Sociology of Science: Theoretical and Empirical Investigations*（Chicago: University of Chicago Press, 1973）两书；关于科恩前的科学史与科学社会学，重要的参考文献为Stephen Turner, "The Social Studies before Kuhn," in Edward J. Hackett, Olga Amsterdamska, and Michael Lynch, et al., eds., *The Handbook of Science and Technology Studies: Third Edition*（Cambridge, Mass. : MIT Press, 2008）, pp. 33–62; 其他值得参考的文献为前注引用的Steven Shapin and Simon Schaffer, "Up for Air" 以及夏平为其 *Never Pure* 撰写的导论；Steven Shapin, *Never Pure: Historical Studies of Science as if It Was Produced by People with Bodies, Situated in Time, Space, Culture, and Society, and Struggling for Credibility and Authority*（Baltimore: Johns Hopkins University Press, 2010）.

社会经历其惊天动地的科学革命前，中国即有罗盘、火药、印刷术等傲人的科学成就。然而，在盘点中国于不同时期出现的科学成就后，李约瑟发现，中国科学与科技于15世纪以降即陷入长期停滞。李约瑟对此现象的探索与阐释构成科学史中重要的"李约瑟问题"（Needham Question）。作为一个马克思主义者，李约瑟认为得到中国的社会结构与制度中寻找答案[①]。值得指出的是，李约瑟强调之社会因素对科学发展之影响，以及由此对默顿与萨顿式历史与社会学的修正，正反映20世纪30年代持续至冷战结束之"外部主义——内部主义论战"（externalism–internalism debate）。不过，正如布鲁尔（David Bloor）与巴恩斯（Barry Barnes）指出的，尽管参与此论战者的理论倾向或有不同，其结论却是高度一致：即在探讨科学家如何取得改变人类文明之伟大成就时归功于科学知识的独特性，反之则归咎社会因素[②]。如以STS研究者西斯蒙多（Sergio Sismondo）的说法，在此内／外主义论战中，研究者对社会因素的探索并不构成严格意义下的"科学社会学"——论者关心的仅是"社会到底出

---

① 李约瑟对"李约瑟问题"的探索主见于 Joseph Needham, *The Grand Titration: Science and Society in East and West* (London: George Allen & Unwin, 1969)；相关研究史的回顾与批评，重要参考文献为Nathan Sivin, "Why the Scientific Revolution Did Not Take Place in China—Or Didn't It?," *Chinese Science*, 1982, Vol.5, pp. 45–66; Roger Hart, "Beyond Science and Civilization: A Post–Needham Critique," *East Asian Science, Technology, and Medicine*, 1999, Vol.16, pp. 88–114; Irfan Habib and Dhruv Raina, *Situating the History of Science: Dialogues with Joseph Needham* (New Delhi; New York: Oxford University Press, 1999).

② 见David Bloor, *Knowledge and Social Imagery* (London: Routledge and Kegan Paul, 1976) 与Barry Barnes, *Scientific Knowledge and Sociological Theory* (London and Boston: Routledge & Kegan Paul, 1974).

了什么错、导致科学无法生根"的社会学①。

以《科学革命的结构》（*The Structure of Scientific Revolutions*）闻名于世的库恩（Thomas Kuhn, 1922—1996）即是前述多重思潮冲撞下的产物②。库恩于1949年取得哈佛大学之物理学博士学位后，随即担任哈佛校长科南特（James Bryant Conant, 1893—1978）规划之科学史课程的讲师。科南特认为科学史系由一系列之"革命"所组成，革命前后之科学——不论从今日之角度看起来是如何怪异——均有其内在一致性。库恩于《科学革命的结构》中提出的见解一方面整合科南特式科学史的教学经验，兼及默顿、萨顿、柯瓦雷（Alexander Koyré, 1892—1964）等学者提倡的科学社会学与科学史，另一方面则拒斥当时主导科学社会学与科学史写作之以今论古、强调科学理论间之优胜劣败的辉格式（Whiggish）史观。依科恩所见，科学可分为常态性（normal）与革命性（revolutionary）两类科学。在常态科学中，科学工作者（库恩称为"practitioners"）在经历一系列的社会化过程后，习得一套如何从事科学研究的"典范"（paradigm）。值得强调的是，库恩所称的典范并非某种理论或分析架构。不同于当时主流科学哲学之见解，库恩不认为科学发现的逻辑堪以"理论→假设→实验→检证／否证假设→理论"来概括——常态科学不过就是种解谜活动，而典范正提供了（面对谜题时往往

---

① Sergio Sismondo, "Science and Technology Studies and an Engaged Program," in Edward J. Hackett, Olga Amsterdamska, and Michael E. Lynch, et al., eds., *The Handbook of Science and Technology Studies: Third Edition* (Cambridge, Mass: MIT Press, 2008), pp. 13–31.

② Thomas S. Kuhn, *The Structure of Scientific Revolutions* (Chicago: University of Chicago Press, 1962).

无所适从之）科学工作者堪以遵循、模仿、对比与模拟的"范例"（exemplar）。然而，即便典范在形塑常态科学研究的影响力，库恩认为研究者仍不免遭遇典范无法解释的异例（anomalies）——一旦异例累积至一定程度，既有典范便会瓦解，科学革命从而发生，一套新典范接着浮现，成为教育、指导与规训新一代科学工作者的准绳。库恩最具创造性与争议性的观点便是新旧典范间的"不可共量性"（incommensurability）。如以著名的鸭兔图来说明，遵循甲典范之研究者会永远视该图为鸭子，遵循乙典范的研究者则永远将其看为兔子，典范间的转换有如心理学者所称的格式塔转换[1]。

就一群对默顿式科学社会学与萨顿式科学史日趋不满的社会学者而言，库恩的论点有助于超越内／外主义论战，进而发展真正的"科学知识社会学"，而不仅是"科学为何无法于特定社会中生根"的社会学而已（Shapin, 1982）[2]。20世纪70年代起，随着科学史与科学社会学于欧美学术界的制度化，研究者依其理论倾向而发展出各类"学派"。爱丁堡大学的巴恩斯、布鲁尔、麦肯其（Donald MacKenzie）与夏平等人，率先以下述"强纲领"（Strong Programme）宣示"爱丁堡学派"与既往科学社会学的断裂：（1）研究者应寻求知识与该知识之生产条件间的因果关系；（2）研究者应"公平"地看待其研究的知识——不论该知识系对或错、理性或非

---

[1] 关于库恩与科学技术研究的关联，西方学者的研究已汗牛充栋；有兴趣的读者可见傅大为：《科恩vs. STS的兴起：〈科学革命的结构〉五十年的蓦然回首》，《科技、医疗与社会》，2014年第18期，第29—98页。该文除了系统地回顾相关研究，更对库恩之思想于中文世界的传播与影响提出一个"局内者"的说明。

[2] 见Barry Barnes, *Scientific Knowledge and Sociological Theory*; David Bloor, *Knowledge and Social Imagery*; Steven Shapin, "History of Science and Its Sociological Reconstructions," *History of Science*, 1982, Vol.20, No.3, pp. 157–211.

理性、成功或失败，且"对称"地寻求为何该知识得以生产出来的因果解释；（3）研究者应"反思性"地以前述"公平"与"对称"的视野来审视社会学本身。不同于默顿式科学社会学强调的超然、中立且独立之科学社群，爱丁堡学派认为研究者亦须审视科学社群所代表的"社会利益"（social interest）[1]。巴斯大学（University of Bath）的柯林斯（Harry Collins）则提出三阶段的"相对主义的经验纲领"（Empirical Programme of Relativism, EPOR）：首先，研究者应揭露科学结果难以避免的开放性与诠释上的弹性（inevitable openness and interpretive）——换言之，争议为任何科学研究的必然过程，而非研究出错时才有的例外；第二，研究者应检视科学社群间为了让争议得以消弭的协商过程；第三，研究者应审视此些过程与科学社群之外之社会力的联结[2]。20世纪70—80年代，爱丁堡学派与巴斯学派的研究者生产了一系列关于科学争议、科学知识之社会建构的先驱研究，主张科学知识社会学可以——也足以——回答"社会秩序如何可能"等社会学的核心问题[3]。

---

① 关于爱丁堡学派的强纲领，见David Bloor, *Knowledge and Social Imagery*（London: Routledge and Kegan Paul, 1976）；关于该学派标举之社会利益理论，重要著作为Barry Barnes, *Interests and the Growth of Knowledge*（London: Routledge and Kegan Paul, 1977）；中文相关著作可参考黄之栋、黄瑞祺、李正风主编：《科技与社会：社会建构论、科学社会学和知识社会学的视角》，台北：群学出版有限公司，2012年。

② Harry M. Collins, *Changing Order: Replication and Induction in Scientific Practice*（London Beverly Hills: Sage Publications, 1985）.

③ 重要经验研究见Donald MacKenzie, "Statistical Theory and Social Interests: A case-study," *Studies of Science*, 1978, Vol.8, No.1, pp. 35-83; Steven Shapin, "Phrenological Knowledge and the Social Structure of Early Nineteenth-century Edinburgh," *Annals of Science*, 1975, Vol.32, No.3, pp. 219-243; Steven Shapin and Simon Schaffer, *Leviathan and the air-pump: Hobbes, Boyle, and the Experimental Life*（Princeton: Princeton University Press, 1985）.

以拉图尔（Bruno Latour）、伍尔加（Steve Woolgar）、卡隆（Michael Callon）与约翰·劳（John Law）为核心人物的"巴黎学派"则不同意爱丁堡与巴斯学派自"社会利益"或"社会力"中寻求因果解释的分析视野。他们批评此视野毋宁抵触两学派标举之对称与公平原则——因为当研究者由此主张科学家关于自然的知识仍是由社会所建构时，他们已然拥抱了社会与自然系二元对立之范畴的预设[1]。以此为出发点，巴黎学派的研究者发展出比"强纲领"还要"强"、比"相对主义的经验纲领"还要"相对"的行动者网络理论：研究者不仅要破除科学与非科学、社会与自然、巨观与微观等社会科学中习以为常的分析范畴，更要公平且对称地对待人类行动者与非人行动者（actant）——因为从ANT的观点来看，不管是培养皿上生长的细菌、迷宫中彷徨的老鼠或温室中的植物等"研究材料"，抑或是培养皿、迷宫与温室等研究"设备"，一旦被"招募"（enrolled）进入以科学家为计算中心（center of calculation）的行动者网络，其各自的能动性（agency）便会浮现出来，主动且积极地参与科学知识的建构[2]。

---

[1] 见Michael Callon and John Law, "On Interests and Their Transformation: Enrolment and Counterenrolment," *Social Studies of Science*, 1982, Vol.12, No.4, pp. 615–625; Bruno Latour, *We Have Never Been Modern*（Cambridge Mass. : Harvard University Press, 1993）.

[2] 重要研究见Michael Callon, "Some Elements in a Sociology of Translation: Domestication of the Scallops and Fishermen of St Brieuc Bay," in John Law, ed., *Power, Action, Belief*（London: Routledge & Kegan, 1986），pp. 19–34; Bruno Latour, *Science in Action: How to Follow Scientists and Engineers through Society*（Cambridge Mass. : Harvard University Press, 1987）; Bruno Latour, *The Pasteurization of France*（Cambridge Mass. : Harvard University Press, 1988）; Bruno Latour and Steve Woolgar, *Laboratory Life: The Construction of Scientific Facts*（Beverly Hills: Sage, 1979）.

法国学派对爱丁堡学派与巴斯学派的挑战奠下了"实验室研究"（laboratory studies）的基础。20世纪80—90年代，大量研究者前往实验室"蹲点"与"做田野"，如人类学家研究原住民部落如何制造工艺品般地审视科学家如何制造"事实"[①]。奥地利社会学家克诺尔·塞蒂纳（Karin Knorr Cetina）对加州大学伯克利分校（University of California, Berbeley）之植物蛋白质实验室的研究为此研究取向的重要例子。受到梅洛—庞蒂（Maurice Merleau-Ponty）之现象学的启发，克诺尔·塞蒂纳认为，实验室之所以能成为科学知识的重要生产地，系因科学家能在其中"再配置"（reconfigure）"自我—他/她者—事物"（self-others-things）的关系——实验室并不仅是科学家做实验的空间或地点而已，而是让"再配置"得以发生的"地方"[②]。林奇（Michael Lynch）与利文斯顿（Eric Livingston）等学者则结合加芬克尔（Harold Garfinkel）提倡的俗民方法论（ethnomethodology），认为唯有详细分析科学家于实验室中的对谈、闲聊等"shop talk"与"shop work"，研究

---

① 关于实验室研究的回顾文章，见Park Doing, "Give Me a Laboratory and I Will Raise a Discipline: The Past, Present, and Future Politics of Laboratory Studies in STS," in Edward J. Hackett, Olga Amsterdamska, and Michael Lynch, et al., eds., *The Handbook of Science and Technology Studies: Third Edition* (Cambridge, Mass. : MIT Press, 2008), pp. 279–295; Karin Knorr Cetina, "Laboratory Studies: The Cultural Approach to the Study of Science," in Sheila Jasanoff, Gerald Merkle, and James Petersen, et al., eds., *Handbook of Science and Technology Studies* (Thousand Oaks: Sage, 1995), pp. 140–166; Robert E. Kohler, "Lab history: Reflections," *Isis*, 2008 Vol.99, No.4, pp. 761–768.

② Karin Knorr Cetina, *The Manufacture of Knowledge: An Essay on the Constructivist and Contextual Nature of Science* (Oxford: Pergamon Press, 1981); Karin Knorr Cetina, "The Couch, the Cathedral, and the Laboratory: On the Relationship between Experiment and Laboratory in Science," in Andrew Pickering, ed., *Science as Practice and Culture* (Chicago: University of Chicago Press, 1992), pp. 113–138.

者才能妥切回答科学知识系如何建构出来的。与爱丁堡与巴斯学派不同，受俗民方法论影响的研究者主张，科学家于实验室中的日常生活实作才是社会结构的"化身"（incarnation）——自科学家坐落之社会结构或代表之社会利益中寻求因果解释的做法将会徒劳无功①。象征人类学者特拉维克（Sharon Traweek）则批评，尽管实验室研究者经常喜欢用"文化"来概括科学家的实验生活，其研究呈现的文化却仿佛是"无文化的文化"（cultures of no culture）。通过日本与美国高能物理实验室之民族志分析，特拉维克的研究显示，实验室研究不能只是研究"实验室中"的文化，其目的应是要凸显该实验室文化坐落之区域文化的特色②。藤村（Joan H. Fujimura）、斯塔尔（Susan Leigh Star, 1954—2010）、穆凯吉（Chandra Mukerji）等研究者则受象征互动论（symbolic in teractionism）与芝加哥学派之社会生态学的影响，认为科学社会学的研究重点应是科学家与科学知识系如何在多重的社会世界（social world）间穿梭，由此提出如"边界物"（boundary object）与"标准包"

---

① Michael Lynch, *Art and Artifact in Laboratory Science: A Study of Shop Work and Shop Talk in a Research Laboratory* (London: Routledge & Kegan Paul, 1985); Michael Lynch, "Laboratory Space and the Technological Complex: An Investigation of Topical Contextures," *Science in Context*, 1991, Vol.4, No.1, pp. 51–78; Michael Lynch, "Extending Wittgenstein: The Pivotal Move from Epistemology to the Sociology of Science," in Andrew Pickering, ed., *Science as Practice and Culture* (Chicago: University of Chicago Press 1992), pp. 215–265; Michael Lynch, *Scientific Practice and Ordinary Action: Ethnomethodology and Social Studies of Science* (Cambridge: Cambridge University Press, 1993).

② Sharon Traweek, *Beamtimes and Lifetimes: The World of High Energy Physicists* (Cambridge, Mass. : Harvard University Press, 1988); 亦见Martin于下列文章的评论; Emily Martin, "Anthropology and the Cultural Study of Science," *Science Technology Human Values*, 1998, Vol.23, No.1, pp. 24–44.

（standardized package）等分析概念①。与20世纪70年代的科学知识社会学相较，尽管研究者关心的仍是处理传统科学社会学避免触及的科学之社会性等议题，但"科学"在此已被赋予不同的意义。如以皮克林（Andrew Pickering）的话来说，科学知识社会学于20世纪70年代以来的特色为自"作为知识的科学"（science as knowledge）至"作为实作的科学"（science as practice）的转折②。

前述研究者对科学知识之普世性的挑战，创造了如亨克（Christopher R. Henke）与基恩（Thomas F. Gieryn）所称的"持续的传统"（enduring tradition）③。汲取福柯（Michel Foucault）、列斐伏尔（Henri Lefebvre）、布尔迪厄（Pierre Bourdieu）、吉登斯（Anthony Giddens）等学者将空间理论化的尝试，以及重新审视古典社会学者的研究（如涂尔干如何将社会对空间的分类界定为宗教生活之基本形式之一），科学史与STS研究者于20世纪90年代间生产了大量以科学知识之在地性与空间性为主题的经验研究。研

① 见Adele E. Clarke and Susan L. Star, "The Social Worlds Framework: A Theory/ Methods Package," in Edward J. Hackett, Olga Amsterdamska, and Michael Lynch, et al., eds., *The Handbook of Science and Technology Studies: Third Edition*（Cambridge Mass. : MIT Press, 2008）, pp. 113-137; Joan H. Fujimura, "Crafting Science: Standardized Packages, Boundary Objects, and 'Translation'," in Andrew Pickering, ed., *Science as Practice and Culture*（Chicago: University of Chicago Press, 1992）, pp. 168-211; Susan L. Star and James R. Griesemer, "Institutional Ecology, 'Translation,' and Boundary Objects: Amateurs and Professionals in Berkeley's Museum of Vertebrate Zoology, 1907-1939," *Social Studies of Science*, 1989, Vol.19, No.3, pp. 387-420.
② Andrew Pickering, "From Science as Knowledge to Science as Practice," in Andrew Pickering, ed., *Science as Practice and Culture*（Chicago: University of Chicago Press, 1992）, pp. 1-26.
③ Christopher R. Henke and Thomas F. Gieryn, "Sites of Scientific Practice: The Enduring Importance of Place," in Edward J. Hackett, Olga Amsterdamska, and Michael Lynch, et al., eds., *The Handbook of Science and Technology Studies: Third Edition*（Cambridge Mass. : MIT Press, 2008）, pp. 353-376.

究者或则探讨国族国家作为政治地理单位在形塑科学知识上的关键作用，或则应用实验室研究的视角以审视如博物馆、田野、植物园等重要的科学知识生产地，或则探讨酒吧、城市、咖啡厅、沙龙等场所系如何成为科学知识的"发生地与集合所"（venue）。与之同时，研究者也开始关心科学传播（science transfer）与科学沟通的议题。正如夏平在《英国地理学报》上表明的，如果说自20世纪80年代以来日趋成熟之"在地取向"已然证实科学必然是在特定地方生产的、且其生产过程是非常具有地方特色的，亟待解决的问题便是科学知识系通过何种机制而传播、科学知识于不同空间尺度上的分布、科学家系如何克服空间、学科、文化等面向的隔阂进行合作等①。面对此"科学知识系如何征服空间"的研究议题，20世纪90年代的研究者发展出一系列精巧的分析观念，如拉图尔的计算中心与"不变的活动物"（immutable mobiles）、夏平关于"绅士"作为17世纪英国科学之核心概念的分析、科勒（Robert E. Kohler）的道德经济（moral economy）、盖里森（Peter Galison）的交易区（trading zone）、基恩的真实点（truth spot）与边界工作（boundary work）等②。20世纪80—90年代，研究者就科学知识之地方性、科学传播与沟通的研究成果可用《为科学制造空间》（*Making Space*

---

① Steven Shapin, "Placing the View from Nowhere," pp. 5–12.

② 见Bruno Latour, *Science in Action*; Steven Shapin, *Civility and Science in Seventeenth-Century England*（Chicago: University of Chicago Press, 1994）; Robert E. Kohler, *Lords of the Fly: Drosophila Genetics and the Experimental Life*（Chicago: University of Chicago Press, 1994）; *Peter Galison, Image and Logic: A Material Culture of Microphysics*（Chicago University of Chicago Press, 1997）; Thomas F. Gieryn, *Cultural Boundaries of Science: Credibility on the Line*（Chicago: University of Chicago Press, 1999）; Thomas F. Gieryn, "Three Truth-Spots," *Journal of History of the Behavioral Sciences*, 2002, Vol.38, No.2, pp. 113–132.

for Science）此论文集来说明。在其导论中，编者史密斯（Crosbie Smith）与艾格（Jon Agar）引用福柯与列斐伏尔的分析概念，指出该论文集欲处理的空间并非笛卡儿意义下的空间，而是如福柯于《论其他空间》（*Of other spaces*）所称的自"具体化于竞争场所中之在地、歧异且经常互竞的秩序"（local, diverse and often contested orders embodied in competing "sites"）。依两位作者所见，科学之所以能成为当代主导的知识形态，实涉及下列历史地理过程：（1）欧洲帝国于16世纪以来的全球扩张让科学能获得大尺度的研究信息与材料，并迫使欧洲以外的社会"让出空间给科学"；（2）科学本是由一系列具空间性的实作所组成，其发展涉及多重尺度下空间的生产与再生产，科学会为自己"制造空间"[①]。

我将会于第三节说明构成此STS之在地取向的重要理论视野。但在讨论此阶段的研究成果前，有必要先说明地理学者系如何与20世纪90年代的科学史与STS研究者对话，将夏平所称的"地理转向"转化为"具地理学意义的转向"。

二、地理学传统

要了解地理学者系如何呼应与回应此起源于学科外的地理转向，首先值得一提的是地理学者系如何回应库恩对科学哲学与科学社会学的挑战。依据梅尔（Andrew Mair）的分析，在《科学革命的

---

①   Crosbie Smith and Jon Agar, "Making Space for Science," in Crosbie Smith and Jon Agar, eds., *Making Space for Science: Territorial Themes in the Shaping of Knowledge* (Basingstoke: Macmillan, 1998), pp. 1–23; 引文出自p. 1.

结构》出版的5年间，不少地理学者即热切地拥抱典范、典范变迁、常态科学等观念。然而，梅尔指出，这些库恩的早期拥护者为哈格特（Peter Haggett）与乔利（Richard J. Chorley）等新实证地理学者。其拥护库恩的目的，梅尔认为，与其说是肯定库恩之反实证论立场于科学社会学与科学哲学上的意义，倒不如说是"利用"库恩于社会科学界的影响力，以将计量地理学"推销"为具典范变迁意义的"革命科学"。梅尔其次点名的是受库恩影响的地理学史书写。梅尔批评道，地理学者如哈维（Milton E. Harvey）、霍利（Brian P. Holly）等，似乎没有体会到库恩反辉格式与进步史观的立场，首先将地理学史切割为一个接一个的典范后，进而将之排入一进步序列中，以此论证"计量革命"实为如哥白尼之地动说般的"科学革命"。地理学与库恩的"相会"并不是什么"地理学者可感到骄傲的"，梅尔指出，因为地理学者或则表面地撷取库恩的概念，或则将之做"糟糕的扭曲"。最后，梅尔建议地理学者或可如爱丁堡学派一般，从库恩的观点出发，发展"地理学之社会学"（sociology of geography）[1]。

从后见之明来看，梅尔对哈格特、乔利等地理学者的批评，与其说是敦促地理学者应"正确地"吸取库恩的思想，倒不如说是投射着20世纪70—80年代人文地理学者对舍费尔（Fred Schaefer）提倡之"地理学中的例外主义"（exceptionalism in geography）的不满[2]。但如梅尔所建议的，"以库恩的视野为地理学做社会学与社会史的分析"能否帮助人文地理学者在计量地理学的围攻下找到出路？马克思

---

[1] Andrew Mair, "Thomas Kuhn and Understanding Geography," *Progress in Human Geography*, 1986, Vol.10, No.3, pp. 345–369.
[2] Richard C. Powell, "Geographies of Science," p.310.

主义与批判地理学者并不如此认为。在其《社会正义与城市》（*Social justice and the city*）中，大卫·哈维（David Harvey）明言库恩对典范之变迁机制的界定过于理想化，呼吁地理学者应转而参酌贝尔纳（John Desmond Bernal）以唯物史观撰写的科学史，从思考地理学之过去系如何深嵌于社会脉络中出发，从而思考地理学中的科学革命如何可能为社会也带来革命[①]。哈维提倡之批判地理学史，于20世纪80年代与萨义德（Edward Said）之《东方主义》（*Orientalism*）引发的关于"想象地理学"（imagined geographies）的讨论合流，催生出一系列关于地理学、社会脉络与意识形态的精彩研究[②]。皮特（Richard Peet）关于环境决定论之社会根源（social origins of environmental determinism）的经典研究可为此"批判地理学史"之一例。皮特认为，环境决定论系在帝国主义之"社会政治需要"（sociopolitical necessity）与驱动"帝国资本主义"（imperial capitalism）的社会达尔文主义中浮现，而众多地理学者就此议题的"经验研究"则反过来正当化前述"需要"与"主义"。在一篇题为《地理学复返?》（*Geography Redux?*）的回顾文章中，史密斯（Neil Smith）指出地理学史书写是"极端严肃的"（deadly serious）——因为不论是过去抑或现在的地理学均是依据"当时之脚本"（contemporary scripts）而生产出来的，而揭露这些脚本、凸显地理学与社会脉络、意识形态间的错综关系则为地理学者之任务：书写地理学史绝不是来自什么"晦涩

---

① David Harvey, *Social Justice and the City*（Baltimore: John Hopkins University Press, 1973），pp. 120–122.

② Edward W. Said, *Orientalism*（New York: Pantheon Books, 1978）.

难解之古物癖"（arcane antiquarianism）^①。

利文斯通于1992年出版的《地理学传统》（*The Geographical Tradition*）为试图衔接批判地理学史与梅尔所称之"地理学的社会学"的作品^②。在该书导论中，利文斯通系统地回顾哈特向（*The Nature of Geography*, 1939）、迪金森（Robert E. Dickinson, *Regional Concept*, 1976）、鲍文（Margarita Bowen, *Empiricism and Geographical Thought*, 1981）等地理学者的历史书写，认为其呈现了如地理学者亨利艾（Henry Aay）所批评的"教科书编年史"（textbook chronicles）或科学史学者史铎金（George W. Stocking）所批评的"现代主义"（presentism）史观：即研究者先择取当代地理学的某一分支，从而"以今鉴古"地找出该分支的"国父"（founding father），从而建构出该分支逐渐成长茁壮的"发展史"^③。利文斯通

① Richard Peet, "The Social Origins of Environmental Determinism," *Annals of the Association of American Geographers*, 1985, Vol.75, No.3, pp. 309–333; Neil Smith, "Geography Redux? The History and Theory of Geography," *Progress in Human Geography*, 1990, Vol.14, No.4, pp. 547–559. 除了皮特与史密斯的两篇文章，激进地理学史之重要参考文献还包括斯托达特（David Stoddart）主编的两本论文集：David R. Stoddart, ed., *Geography, Ideology and Social Concern* (Oxford: B. Blackwell, 1981); David R. Stoddart, ed., *On Geography and Its History* (Oxford: B. Blackwell, 1986). 同样值得参考的是史密斯对哈佛为何于1947年关闭地理系的经典研究，见Neil R. Smith, "Academic War over the Field of Geography: The Elimination of Geography at Harvard, 1947–1951," *Annals of the Association of American Geographers*, 1987, Vol.77, No.2, pp. 155–172.

② David N. Livingstone, *The Geographical Tradition: Episodes in the History of a Contested Enterprise* (Oxford: Blackwell Publishers, 1992).

③ 关于此"地理学发展史"的批评，更细致的研究见Keith Bassett, "Is There Progress in Human Geography? The Problem of Progress in the Light of Recent Work in the Philosophy and Sociology of Science," *Progress in Human Geography*, 1999, Vol.23, No.1, pp. 27–47与Robert J. Mayhew, "The Effacement of Early Modern Geography (c. 1600–1850): A Historiographic Essay," *Progress in Human Geography*, 2001, Vol.25, No.3, pp. 308–401; Robert J. Mayhew, "Geography's Genealogies," in John A. Agnew and David N. Livingstone, eds., *The Sage Handbook of Geographical Knowledge* (London: Sage, 2011), pp. 21–38.

另一批评对象是"以古鉴今"的辉格式地理学史书写。姑且不论"教科书编年史"与"现代主义"式的地理学史，利文斯通认为，即便是马克思主义地理学者强调的批判地理学史，其书写地理学史的目的似乎总是为了要自历史中"汲取教训"。尽管读者或许能借此了解各关键地理思潮的递嬗，以及各重要学派的兴衰，利文斯通认为，读者不免产生地理学史不过就是扮演如"火车时刻表与商品型录"般的功能。利文斯通呼吁地理学史研究者应参酌爱丁堡学派的"强纲领"，"公平"且"对称"地看待地理学史中的具脉络的混乱（situated messiness）。正如其他的科学知识一般，利文斯通强调，地理学知识并未有内建的进步逻辑，且地理学与帝国主义、社会达尔文主义的纠葛也不能视为地理学社群往往难以保持"学术中立"之例证。

从前述角度出发，利文斯通自15世纪开始，一路追溯"地理学传统"至20世纪中叶。就利文斯通而言，并不存在单一的"地理学传统"——地理学传统不过是一组又一组附着于特定时空中的论述实践（discursive practices）。结合福柯式的论述分析（Foucauldian discourse analysis）与演化论式的智识史（evolutionary intellectual history）分析，利文斯通区分出十组地理学论述（下文括号内的英文为利文斯通为该论述定的名称）：（1）探索世界边界的地理学（to the end of the earth）；（2）处理占星术、炼金术的"魔幻地理学"（magical geography）；（3）负责消化大航海时代急遽涌入之地理信息的地理学（a paper world）；（4）视自然如钟表般地运作、而研究之目的即为了彰显其秩序与造物者存在的地理学（a clockwork universe）；（5）在拉马克（Jean-Baptiste Lamarck, 1744—1829）、达尔文（Charles Darwin, 1809—1882）等演化论者的影响下急遽专业化、且成为欧美帝国主义扩张之工具的地理学（an instrument of imperialism）；（6）将区域视为核心概念的地理学（the regional recitation）；（7）研究人／地关系与文化／自然关系的地理学（the gobetween）；（8）作为空间科学的地理学（space science）；（9）认为地理学不应仅是空间科学的人文主义地理学（figuring people out）；（10）作为社会科学空间转向之一部分的地理学（everything in its place）。就利文斯通而言，前述十组论述之所以能成为特定时空之主导的地理学传统，并不因为其方法论或认识论上的优越——论述就如物种一般，其存活与否端赖其能否适应高度变动的智识与社会环境。至于为什么地理学者要放弃传统的教科书编年史或辉格式的地理学书写，转而体会与欣赏地理学传统的多样性与"situated messiness"？利文斯通答道，难道我们就要让"地理学的过去与未来"被"派系的辩护士"（partisan apologists）所把持，遂其"偏执的利益"（sectarian interests）[1]？

利文斯通对地理学传统的重新界定在历史地理学者间广受回响。在一篇回顾文章中，德赖弗（Felix Driver）认为，《地理学传统》对地理学"正统"的挑战力道与罗斯（Gillian Rose）于1993年出版的《女性主义与地理学》（*Feminism and Geography*）不相上下[2]。与其相对，巴奈特（Clive Barnett）则认为地理学史写作还是应聚焦在具当代意义的历史脉络——"让死者埋葬他／她们的死者"

---

[1] David N. Livingstone, *The Geographical Tradition*, p.358.
[2] Felix Driver, "New perspectives on the history and philosophy of geography." *Progress in Human Geography*, 1994, Vol.18, No.1, pp. 92–100.

（let the dead bury their dead），地理学者还是得活在当下[①]。值得强调的是，环绕在《地理学传统》一书的讨论很大程度上反映出 20世纪90年代地理学者的两类焦虑：（1）后现代与后结构地理学对于地理学作为一个学科与科学的挑战；（2）人文地理学与自然地理学相行渐远，乃至于学者间几近无法对话的窘境[②]。由此角度出发，格利高里（Derek Gregory）便认为，地理学者不仅要以社会史的角度来理解地理学的过去，更要对当代的地理学者到底在"做什么"进行社会学式的考察："我们迫切地需要就自然与人文地理学者在做什么的研究——在田野、档案、实验室、讲堂，以及所有其他我们花了这么多时间在工作与思考的场所——因为，我怀疑，我们可发现在之前尚未发觉之共享的工作与思考习惯。"[③]自20世纪70年代起迅速发展的科学知识社会学，能否帮助地理学者发现"共享的工作与思考习惯"？反过来说，地理学长久以来就地方与空间的研究成果能否为科学知识社会学者强调的"在地取向"带来突破？"若我们可以有科学的历史、科学的哲学与科学的社会学，为什么不能有科学的地理学，或甚至科学的历史地理学？"爱丁堡大学的历史地理学者威瑟斯（Charles Withers）在一篇回顾文章中问道[④]。

---

① Clive Barnett, "Awakening the dead: who needs the history of geography?," *Transactions of the Institute of British Geographers*, 1995, Vol.20, No.4, pp. 417–419.

② 关于人文地理学与自然地理学间的缺乏对话及其可能的解决之道，见广受引用的Doreen Massey, "Space–Time, 'Science' and the Relationship between Physical Geography and Human Geography," *Transactions of the Institute of British Geographers*, 1999, Vol.24, No.3, pp. 261–276.

③ Derek Gregory, "A Geographical Unconscious: Spaces for Dialogue and Difference," *Annals of the Association of American Geographers*, 1995, Vol.85, No.1, p.184.

④ Charles W. J. Withers, "The Geography of Scientific Knowledge," in Nicolaas A. Rupke, ed., *Gottingen and the Development of the Natural Sciences*（Gottingen: Wallstein Verlag, 2002），pp. 9–18; 引文出自 p. 9.

三、重要理论取向

在2015年的今天回头看威瑟斯的问题，答案显然是肯定的。科学的历史地理学作为一个地理学、科学史乃至于STS的研究分支已被广泛认可——这表现在以此为题的论文屡被科学史与地理学的顶尖期刊接受刊登，且有相当数量的研究系以专书形式出版。唯值得强调的，正如科学史与STS有着爱丁堡学派、巴斯学派、巴黎学派等区分，科学知识之地理学亦难称为一均质的学科分支。根据其与科学史与STS之学派的亲近性，我认为科学知识之地理学至少可区分出两类学派：（1）以利文斯通、威瑟斯为代表学者、强调"置科学于其地"（putting science in its place）的"爱丁堡学派"；（2）偏好以行动者网络理论来取消地理学中诸多二元论预设（自然／社会为最明显之一例）、从而重新思考地理学知识之性质的"巴黎学派"，代表学者包括默多克（Jonathan Murdoch）、沃特莫尔（Sarah Whatmore）等人。在以两节之篇幅追溯20世纪70年代以降发生于科学史、STS研究与地理学中的地理转向后，本节将打开研究者的理论工具箱。以下的分析将避免以教科书式的写法，即条列式地列出在抽象层次上"有用的"的分析概念。正如鲍威尔（Richard C. Powell）在一篇发表于《人文地理学之进展》（*Progress in Human Geography*）的回顾文章中指出的，"不同的科学之地理学正在浮现"（different geographies of science are emerging）——唯有精准地掌握其对经验现象之切入角度的差异，研究者才能将之整合，从而处理在这全球化时代中，流动性更高、状似失去任何地方性的科学知识①。

（一）置科学于其地

要了解利文斯通、威瑟斯等地理学者倡导的"置科学于其地"，我们有必要更细致地探讨以夏平、巴恩斯、布鲁尔等科学知识社会学者为代表的爱丁堡学派。前面已说明爱丁堡学派的特色为强调对称、公平与反思性的强纲领，以及强调科学知识之生产与科学家代表之"社会利益"息息相关的理论视野。但"空间"或"地方"等词汇系如何成为爱丁堡学派研究的关键词？对此，一个重要的范例是夏平与科学史学者谢弗（Simon Schaffer）于1985年出版的《利维坦与空气泵：霍布斯、玻意耳与实验生活》（*Leviathan and the Air-Pump: Hobbes, Boyle, and the Experimental Life*）（以下简称《实验生活》）。

《实验生活》一书封面，取材自政治哲学家霍布斯（Thomas Hobbes）于1651年出版的《利维坦，或教会国家与市民国家的实质、形式、权力》（*Leviathan or the Matter, Forme and Power of a Common Wealth Ecclesiasticall and Civil*，见图1），唯夏平与谢弗将图1中央之统治者（即霍布斯所称的"Leviathan"，中文多译为"利维坦"）握于左手的权杖改成了一件科学仪器——由德国自然哲学家奥托·冯·格里克（Otto von Guericke, 1602—1686）发明、在英国实验哲学家玻意耳（Robert Boyle, 1627—1691）手中改良的空气泵。尽管夏平与谢弗并未在书中明言，我认为两位作者将空气泵与

---

① Richard C. Powell, "Geographies of Science," p.309.

图1　*Leviathan or the Matter, Forme and Power of a Common Wealth Ecclesiasticall and Civil*（1651）一书封面。（图像来源：Wikipedia Commons）

统治之剑并列的原因是在强调《实验生活》的核心论点："知识之问题的解决之道也是社会秩序之问题的解决之道"（Solutions to the problem of knowledge are solutions to the problem of social order），以及"利维坦的真理与空气泵的真理是不同社会生活形式的产物"（Leviathan's truth and the truth of the airpump are products of different forms of social life）[1]。夏平与谢弗指出，尽管研究者已个别地研究霍布斯的政治哲学与玻意耳的实验哲学，但少有研究者注意到这两位哲学家之间曾就社会改革、科学实验、政治制度等议题有过激烈辩论。尽管从后见之明来看，该争辩系以玻意耳大获全胜告终，夏平与谢弗认为玻意耳之获胜不代表其倡导之实验哲学于认识论或方法论上的优越性。夏平与谢弗认为，要妥切掌握玻意耳与霍布斯的争议点，研究者有必要重视在传统科学之社会学往往忽略的"智识空间"（intellectual space）："laboratory"。

目前中文翻成"实验室"的"laboratory"系如何取得其现代意义？即"设有各类装备以从事科学实验、教学与研究的房间或建筑"，且为当代社会中重要之科学知识的"生产地与集散地"？依据夏平与谢弗的考证，虽然"laboratory"（或其相关字如elaboratory与laboratorium等；以下均以"实验室"一词代之）于16世纪晚期与17世纪间即已出现在当时自然哲学家的写作中，但要到18世纪时，该词汇才被赋予当代的意义。在此以前，两位作者指出，实验室系指炼金术士的"密室"——而玻意耳与其当代的实验哲学家所关切的，便是将实验室一词与炼金术做彻底的切割。让我以两张图来

---

[1]　Steven Shapin and Simon Schaffer, *Leviathan and the Air-Pump*, pp. 332, 154.

说明17世纪的实验哲学家是如何重新界定"实验室"此"智识的空间"。夏平的《从未纯净》（*Never Pure*）一书，其封面主图为一张目前收藏于牛津大学科学史博物馆的绘画，绘制年代为16世纪70年代至17世纪50年代间，绘制者不明，主题是炼金术师的实验室（见https://jhupbooks.press.jhu.edu/title/never-pure）[①]。图2为《气体液体力学》（*Mechanica Hydraulico-Pneumatica*, 1657）一书中的插图，描绘的是德国自然哲学家奥托·冯·格里克试验其空气泵的实验室。两图的相似点显而易见：不论是《从未纯净》封面主图的炼金术士抑或图2的自然哲学家，均指挥着一群天使操作仪器。依据夏平与谢弗的说法，这种描绘实验室的方式是巴洛克时期绘画中常见的手法，目的在暗示实验者追求之知识是神圣的（divine），实验者的地位相当于"自然的祭司"[②]。即便如此，夏平与谢弗认为，我们必须注意到两图呈现之实验室有着迥异的空间性：相较于《从未纯净》封面主图所示之炼金术士系在隐秘的、私人的空间中进行实验，图2描绘的实验是在群众前进行的——换言之，尽管实验哲学家同样仰赖实验室为追求神圣知识的空间，该空间却是公共且公开的。夏平与谢弗认为，即是在《从未纯净》封面主图与图2显示的差异上，玻意耳与其他17世纪英国实验哲学家逐步地建构其理想中社会与知识问题的解决之道。

立基在夏平与谢弗于《实验生活》及一系列相关文章中的论点，我将17世纪英国实验哲学的特点归结如下：第一，实验哲学必

[①] Steven Shapin, *Never Pure: Historical Studies of Science as If It Was Produced by People with Bodies, Situated in Time, Space, Culture, and Society, and Struggling for Credibility and Authority*（Baltimore: Johns Hopkins University Press, 2010）.

[②] Steven Shapin and Simon Schaffer, *Leviathan and the Air-Pump*, pp. 334–335.

须是经验性的：即任何透过实验而揭露的发现必须是可经验的。第二，实验哲学必须是公共性的：任何实验须在"见证人"前执行，实验结果也不能是实验者说了算。第三，实验的见证人不能是寻常的贩夫走卒，而须具备下列"美德"：（1）必须是可信赖的；（2）必须具备足够的能力与智能综合信息以做出判断；（3）面对群体中的歧见时，必须知道如何辩论与凝聚共识——如以17世纪英国社会的观点，前述三点意味着唯有"绅士"（gentleman）才能胜任实验见证人的角色。第四，由于"绅士认证"是实验科学中至关重要的一环，实验科学既不能是独裁的，也不能是民粹的——实验哲学必须是一种"绅士科学"，其核心关怀为生产经绅士认证的"事实"。第五，前述四点要能成立，均得仰赖实验哲学家对实验室之社会边界的划分与经营——实验室不能是炼金术士的私人密室，也不能是如市场般的开放空间。实验室为实验哲学家进行"truthing"之处："绅士进，真实之知识出"（gentlemen in, genuine knowledge out），夏平在一篇题为《十七世纪英格兰的实验之屋》（The House of Experiment in Seventeenth-Century England）的文章中生动地指出[①]。最后，反映到17世纪英国因教派冲突等原因引发的社会动乱，实验哲学家认为，若社会的统治阶级也能如参与实验的绅士般，在歧见产生时，能通过辩论以凝聚共识，社会便不至于产生纷争与骚乱。就玻意耳与其当代的实验哲学家而言，实验哲学不仅能在当时主导的神学与自然哲学（以数学为主）之外提供一个理解自然之运作规则的哲学，更能为社会秩序如何可能提供洞见。

———————

①   Steven Shapin, "The House of Experiment in Seventeenth-Century England," *Isis*, 1988, Vol.79, No.3, pp. 373–404.

依据夏平与谢弗的分析，霍布斯与玻意耳的争议点可总结为下列两点①：首先，霍布斯并不同意玻意耳倡导的实验哲学能被视为一类哲学。依其所见，实验永远不可能获取几何学证明般的确定性——暂且不论实验设备经常出错（如玻意耳的真空泵常因漏气而导致实验失败），仅经绅士认证、且在仅为绅士开放的实验室中发现的"事实"算什么公开且公共的知识？其次，就霍布斯而言，以"绅士美德"与绅士阶层为中心而建构的社会秩序不但行不通，且可能带来更多的社会不安。霍布斯认为一个具无上权威之统治者（即霍布斯所称的利维坦）才能为社会带来秩序。因为，霍布斯指出，当社会中的每一个组成分子体认到，若无此利维坦的存在，他们便会陷入相互残杀的"自然状态"，必然会同意利维坦存在的必要。就霍布斯而言，利维坦在社会秩序建构上的必要性，就如三角形的两边之和必定大于第三边一般地一目了然——这样的确定性是玻意耳的实验哲学难以企及的。

从STS的发展史来看，《实验生活》为将空间向度纳入分析的先驱作品，为后续一系列标榜着"在地取向"的研究开启先声。如第二节所述，自20世纪80—90年代中期，研究者生产了大量关于"让出空间给科学"或"为科学制造空间"（making space for science）的经验研究，空间、领域、地方、地点、场所、区域等词汇顿时成为科学史与科学知识社会学研究的关键词。然而，就地理学者而言，这股"地理热"在多少程度上可称为"地理学的"颇值得商榷。首先，尽管在过去二三十年间，科学史与科学社会研究者已研

---

① Steven Shapin and Simon Schaffer, *Leviathan and the Air-Pump*.

究了各式各样的自然科学与人文社会科学，地理学（乃至于与地理学密切相关的生物地理学、生态学等学科），似乎一直落在科学史家所关注的科学之外[1]。其次，无可否认，研究者标举的在地取向的确将习以为常的普世性科学"予以定位"（locating science）——但其笔下之科学知识的落脚处似乎尽是位置（location）或场所（locale），而非论者所宣称的"地方"[2]。最后，尽管在地取向之研究者生产了大量关于不同科学地点（site）的历史（如实验室的历史、动物园的历史、植物园的历史等），其分析手法上还是反映了如福柯所说的"对历史的执迷"（obsession）[3]——意即，研究者关注的还是各科学地点的"发展与暂停"（development and suspension）、"危机与循环"（crisis and circle）与"永不停止累积之过去"（everaccumulating past）等主题[4]。基于前述三点，地理学者认为，科学史与科学知识社会学研究者提倡的在地取向实有进一步"地理学化"的必要。

让科学之地理学乃至于科学之历史地理学成为地理学分支之一的关键人物为前述《地理学传统》一书的作者利文斯通。在一篇发表于《环境与规划D》（*Environment and Planning D*）的文章中，利文斯通列出三项值得地理学者深入、得以与科学知识社会

---

[1] David Livingstone, "The Spaces of Knowledge," *Environment and Planning D*, 1995, Vol.13, No.1, pp. 5–34.

[2] Charles W. J. Withers, "Place and the 'Spatial Turn' in Geography and in History," *Journal of the History of Ideas*, 2009, Vol.70, No.4, pp. 637–658.

[3] Michel Foucault, "Of Other Spaces," *Diacritics*, 1986, Vol.16, No.1, pp. 22–27.

[4] 对既有"科学地点之历史"的批评见David Livingstone, *Putting Science in Its Place: Geographies of Scientific Knowledge*（Chicago: University of Chicago Press, 2003）的导论——唯利文斯通并未征引福柯所称之"对历史的执迷"来支持其论点。

学展开对话的主题：科学风格的区域化（regionalization of scientific style）、"科学之信奉的政治地志"（political topography of scientific commitment）与"实验室与科学协会的社会与物质空间"（social and material spaces of laboratories and scientific societies）①。利文斯通对前述主题的探索见于 2003年出版的《将科学置于其地》（*Putting Science in Its Place*）。不同于多数以在地取向为题的研究，利文斯通以其对"地理学传统"的研究为基础，兼及大量科学史与科学知识社会学的二手文献，将17至20世纪的科学史以下列三个空间单位来阐述：地点（site）、区域（region）与流通（circulation）。在"地点"一节中，利文斯通一方面探讨让博物馆、实验室、植物园、动物园、田野等地点得以成为科学知识之重要产地与集散地的空间实作，另一方面更深入至各地点内部，结合建筑史、博物馆研究者的视野，探讨其空间设计等"内部地理学"（internal geography）如何帮助研究者理解所谓普世性之科学究竟反映出何等世界观，乃至于发挥如爱丁堡学派之学者所称的"truthing"作用。在"区域"方面，利文斯通一方面如工业地理学者般地探讨不同区域独特的自然与社会因素是如何形塑科学知识之生产与消费，另一方面主张若干在科学史与技术史中最著名的"革命"（如科学革命、工业革命、达尔文革命）从来不是在地理上均质的——意即，当研究者论及此些革命之历史定位时，不仅要问"何时""什么"或"谁"这样的问题，更要追问其到底是在"哪里"发生。最后，在"流通"一节，利文斯通关心的是科学研究者

---

① David Livingstone, "The Spaces of Knowledge," pp. 5–34.

系如何取得标本、田野信息等研究材料，以将自身建立为如巴黎学派研究者所称的"计算中心"。呼应科学史与科学知识社会学研究者就信赖于科学沟通之作用的讨论，利文斯通指出，当科学工作者试着克服空间的限制以发展普世性科学时，牵涉的不仅是支撑其研究的政治经济力量，同等重要的是该社会与文化脉络中系如何对人们之"正直"（integrity）做出判断①。因此，利文斯通指出，"地理学让科学事业成为一无法避免的道德工作"（Geography makes the scientific enterprise an inescapably moral undertaking）②。

在结束本节前，让我简短说明与爱丁堡学派之立场并不完全一致、但与该学派之发展息息相关的重要理论观点。如第二节所述，就巴黎学派的研究者而言，爱丁堡学派的社会利益理论与其标榜的"强纲领"相抵触，从而提出将"社会"与"自然"一并取消掉的行动者网络理论（详见下节）。并非所有对社会利益理论感到不满的研究者均同意如此极端的立场。在承认"社会"仍为存有论上具意义之类别的前提下，研究者转以象征互动论或俗民方法论来处理爱丁堡学派往往力有未逮的两大主题：划界与跨界。前者可以社会学者基恩的研究为代表。在其1983年发表于《美国社会学评论》（*American Sociological Review*）的《边界工作及自非科学中划出科学》（Boundary-Work and the Demarcation of Science from Non-Science）一文中，基恩指出贯穿科学哲学之中心命题堪以"划界问题"（problem of demarcation）来表述："如何判别出科学之独特

---

① 举例而言，当19世纪的科学家在审视某采集者寄回来之鸭嘴兽标本时，除了自标本状态来判断此物种是否存在外，该采集者是否为可信赖的采集家，而不是"拼装"出奇特标本以牟私利的"species monger"均为其分类工作的关键。

② David Livingstone, *Putting Science in Its Place*, p.178.

与本质性之特征以将科学与其他类型之智识活动区分开来"（how to identify unique and essential characteristics of science that distinguish it from other kinds of intellectual activities）。然而，基恩指出，不论是历史上抑或当代的科学工作者，相较于界定科学是什么，他／她们往往把更多时间与精力花在发展一套或多套"科学不是什么"的措辞。援引人类学者格尔茨（Clifford Geertz）对意识形态的分析，基恩认为，这样以界定"陪衬物"（foil）来为科学划界的做法可以"边界工作"（boundary-work）称之。但为何科学家除了于各科学地点中孜孜矻矻地制造事实外，还得把精力与时间花在边界工作上？事实上，基恩指出，边界工作涉及科学之"智识权威"的获取、工作机会的保障、科学自主之维系、避免资源流入"伪科学"研究等——就科学家而言，划界问题绝非一哲学问题，而是与其"专业目标"（professional goal）息息相关的"现实问题"（practical problem）[1]。

在1999年出版的《科学的文化边界》（*Cultural Boundaries of Science*）中，基恩以一张题为"伟大国度之地图"（Map of a Great Country；见该书第8—9页）来深化边界工作的概念。他要读者注意位于该图右下角之"知识州"（State of Knowledge）中的"科学山"（Mount Science），乃至于该山在此国度中的相对位置［如左边的"改良之州"（State of Improvement）与右边的"好展望"（Fine Prospect）］。尽管该图完全为虚构的（该图收录于Jeremiah

---

①   Thomas F. Gieryn, "Boundary-Work and the Demarcation of Science from Non-Science: Strains and Interests in Professional Ideologies of Scientists," *American Sociological Review*, 1983, Vol.48, No.6, p.781.

Benjamin Post的*An Atlas of Fantasy*；1973年出版），基恩指出，其将科学视觉化之方式，有助于研究者将科学理解为"文化空间"（cultural space），而边界工作为一类"空间实作"：科学家通过各式边界工作，以将之生产出的知识妥当安置在"伟大国度之知识州之科学山"上，且留下易于理解的路线图让社会大众、媒体、相关科研机构等得以按图索骥。依基恩所见，科学知识社会学者必须如地理学者般地思考，循着科学家留下的路线图，于广大的知识大陆上，逐步勘定科学与非科学间暧昧、弹性且往往变动不居的边界[1]。最后值得强调的是，在当代具影响力的科学知识社会学者中，基恩堪称坚守20世纪80年代之在地取向传统的"死硬派"——其对科学知识的社会学分析往往充满着大量极富想象力的地理学语汇，其提出的分析概念如"真实点"（即科学家从事"truthing"之处）在科学知识社会学与科学之地理学中均有深远的影响[2]。

至于在跨界的部分，首先值得一提的是斯塔尔与格里斯默（James R. Griesemer）的经典论文《机构的生态学、"转译"与边界物》（Institutional Ecology, "Translations," and Boundary Objects）[3]。从后见之明来看，该文之所以如此重要，因其点出长久以来研究者忽略的面向：科学合作。正如两位作者指出的，任何科学工作均是异质的（heterogeneous），但其执行又是亟须合作的——到底科学

① Thomas F. Gieryn, *Cultural Boundaries of Science*.
② Thomas F. Gieryn, "Three Truth-Spots," pp. 113-132; Christopher R. Henke and Thomas F. Gieryn, "Sites of Scientific Practice," pp. 353-376; Thomas F. Gieryn, "City as Truth-Spot: Laboratories and Field-Sites in Urban Studies," *Social Studies of Science*, 2006, Vol.36, No.1, pp. 5-38.
③ Susan L. Star and James R. Griesemer, "Institutional Ecology, 'Translations' and Boundary Objects," *Social studies of Science*, 1989, Vol.19, No.3, pp. 387-420.

家之间，乃至于科学家与众多"非科学家"之间，是如何建立彼此可接受的操作模式（mutual modus operandi），让科学研究成为可能？对此问题，斯塔尔与格里斯默认为，暂且不论科学哲学中关于划界问题的讨论，即便是爱丁堡学派的社会利益理论与ANT所称"转译"（详后）均无法解决此内含于任何科学研究中的"中心张力"（central tension）。有鉴于此，斯塔尔与格里斯默主张研究者应参考"机构生态学"（institutional ecology）的视野，将科学机构视为生态系，并一视同仁地看待构成该系统的各类行动者。依机构生态学的观点，斯塔尔与格里斯默指出，任何科学机构之所以能够维系，乃至于生产任何科学结果，并非其涉及的行动者对于该机构之目标有所共识，更重要的是"对象与观念的流动"（flow of objects and concepts）。斯塔尔与格里斯默紧接着以伯克利的脊椎动物学博物馆（Berkeley Museum of Vertebrate Zoology）为例，指出该博物馆之所以能于20世纪初成型，且迅速发展为生物学研究中颇具影响力的机构，系因专业动物学者、采集者、自然爱好者、学校高层、政府单位等行动者众志成城的结果。但此众志成城是如何可能？斯塔尔与格里斯默认为，关键在前揭行动者间流动的标本、田野笔记、地图等物件与概念，让不同行动者对于"为何加州需要一个脊椎动物学博物馆"有着各自的答案，而此些多样且歧异的答案又不至于让行动者质疑该博物馆的必要性。这样具足够的"弹性"（plasticity）以在各社会世界间流动、允许行动者发展独特的理解，同时又"强韧"（robust）到让相关讨论与行动不至于偏离主线的对象或概念，斯塔尔与格里斯默称为"边界物"。值得指出的是，斯塔尔与格里斯默的边界物为科学史与STS中最广受引用的概念之一。至今《机构的生态学》已被引用五千余次。

　　与边界物般地同样在处理科学合作的分析概念为"交易区"与"道德经济"。前者由物理学史研究者盖里森所提出，旨在解释置身于不同典范之物理学者如何克服科恩所称的不可共量性，研发粒子侦测器与雷达等须跨领域合作方有可能的计划。参考人类学者对跨文化交流的民族志研究，盖里森认为任何成功的跨领域研究必有一至多个交易区，来自不同领域的科学家定期于该区碰面，以彼此均能理解的"混成语"与行为规范从事概念的"交易"。至于道德经济则是由生物学史研究者科勒提出。在其对美国遗传学者与演化生物学者摩尔根（Thomas Hunt Morgan, 1866—1945；1933年诺贝尔生医奖的得主）领导的果蝇染色体研究团队的考察中，科勒认为该横跨多个研究机构的团队之所以能在演化生物学与遗传学上做出显著贡献，系因其成员均服膺一套"道德经济"①。此处科勒的灵感系来自英国史家汤普森（E. P. Thompson）就18世纪英格兰粮食暴动的研究。依据汤普森的分析，科勒指出，人民之所以暴动并非仅因供给、需求、粮价等政治经济因素，同等重要的是，界定消费者与供给者间的关系等往往未见于书面的道德规则。将重点放在20世纪科学研究的道德面向，科勒笔下的科学家远不是汲汲营营地发表文章、累积研究"credit"、独占研究资料与材料、强调阶序与侍从关系（patronage）的学术企业家或"学阀"——而是强调研究材料之共享、概念之自由流通以及学术交流之互惠（reciprocity）的绅士科学家。从生物学史的研究史来看，科勒的研究挑战了19世

---

① Peter Galison, *Image and Logic*; Robert E. Kohler, *Lords of the Fly*.

纪末兴起之实验科学与传统博物学有着显著断裂的观点。如斯特拉瑟（Bruno J. Strasser）便在其对基因银行（GenBank）的研究中指出，如科勒所称的道德经济仍然可见于20世纪下半叶之生物医学[1]。

在为论文集《从未纯净》撰写的导论中，夏平回顾近40年来科学史与科学知识社会的发展轨迹，认为其特色可以"放低声调"（lowering the tone）一词概括。科学史研究者一度是相当"高调"的，夏平指出，如科学史奠基人之一的萨顿便认为科学史研究的目的便是在彰显一小群能凭己身之力参破自然真理的"英雄人物"。在这篇堪称其职业生涯之暂时总结的文章中（该书出版后的三年间，夏平便自哈佛大学科学史系退休），夏平引用社会学者韦伯著名的《科学作为志业》（Science as a Vocation）一文，认为科学史研究者应致力于写作丰富、细致且在地的故事，且将这样的书写视为其专业的"高贵天职"（noble calling）[2]。值得指出的，即便以夏平为代表的在地取向无疑地为当今STS最具影响力的取向之一，自21世纪初以来，论者或则批评该取向将STS转化为零碎的"个案研究"、失于提出整体的分析视野，或则认为该取向将科学在地化的手法未能帮助研究者面对后结构、后殖民等理论取向的挑战。我将会在下一节总结这些批评。在此之前，让我先简述与爱丁堡学派齐名、且深刻地影响科学之地理学的研究分支："巴黎学派"与其独树一帜的行动者网络理论。

---

[1] Bruno. J. Strasser, "The Experimenter's Museum: GenBank, Natural History, and the Moral Economies of Biomedicine," *Isis*, 2011, Vol.102, No.1, pp. 60–96.

[2] Steven Shapin, *Never Pure*, pp. 1–16.

（二）行动者网络与异质联结的地理学

　　如第二节所述，巴黎学派的研究者认为社会力或社会利益不足以解释科学知识系如何且于何处形成等议题，进而发展"超对称"与"超相对"的行动者网络理论（以下简称ANT）。以下让我以两张图来介绍ANT的重要分析视野。图3与图4均在描绘19世纪法国微生物学家巴斯德（Louis Pasteur, 1822—1895）。让我们先从图3开始。在这张堪称巴斯德之"标准"肖像画中，我们看到一个目光炯炯的巴斯德，盯着一个状似空无一物的玻璃瓶。反映到巴斯德在微生物学上的成就（举其著者：以细菌学说对抗自然发生说、成功鉴定炭疽病与狂犬病之病原等），我们不难体会该图的目的在于强调科学家的特长即是能见人所不能见。但巴斯德是如何见人所不能见？撇开巴斯德的天纵英才，一个最直接的答案便是巴斯德拥有一个装备齐全的实验室。正如夏平与谢弗在*Experimental Life*中展示的研究取向，ANT的研究者同样强调实验室于事实生产上的重要性——唯相较于夏平与谢弗笔下的实验室为具严格社会与文化边界的"智识空间"（且此空间性为判断实验室创造之现象是否为"事实"的关键），ANT的研究者强调实验室如何让科学家得以征服空间——即将原本深嵌在地方脉络的知识与物件转为表格、图表、数字等形式（即ANT所称的"不变的活动物"），以供科学家分析、比较与归纳之用——实验室之于科学家，就如指挥所之于军事指挥官一般，是让其可运筹帷幄的"计算中心"。"给我一个实验室，我将举起全世界"（give me a laboratory and I will rise the world），拉图尔在一篇讨论巴斯德是如何完成众多科学奇迹时，仿巴斯德的口吻宣称①。

　　图4则展露了ANT另一个方法论特色："跟着科学家到处跑"。依据该图之典藏者Wellcome Images的说法，此处的巴斯德正在"命令"（commanding）一只得了狂犬病的狗乖乖地让他取样。这当然是以夸张的手法赞扬巴斯德不顾生命、奉献科学的精神，但这样的手法却无意间说出了ANT的核心概念。如以ANT的语言来说，巴斯德在此正与罹患狂犬病的狗沟通，试着说服它，所有的研究都是为了它的"利益"或"兴趣"（interests）。对于ANT的研究者而言，科学研究就是关于科学家如何与实验室内外的人类行动者与"非人类的行动者"（ANT的术语为"actant"）打交道，如何"以自己的语言说出对方的兴趣"［ANT的术语为"转译"（translation）］，从而将之纳入网络中②。某特定科学"发现"能否被视为"事实"，ANT的研究者认为，端赖科学家能否与越多的人与非人行动者结盟，编织出既浓密且广阔的网络。在其广受讨论的《行动中的科学》（*Science in Action*）中，拉图尔认为，从其行为模式来看，科学家堪以白蚁来形容（相对于爱丁堡学派研究者笔下的科学家常是举止合宜、言行堪为社会表率之绅士）——在人类文明的知识地景上，有许多大大小小的白蚁冢——那些最高耸的、最难被掠食者攻破的，便是所谓的"事实"③。

---

①　Bruno Latour, "Give Me a Laboratory and I Will Move the World," in Karin D. Knorr-Cetina and Michael Mulkay, eds., *Science Observed* (London: Sage, 1983), pp. 141-170.

②　"以自己的语言说出对方的兴趣"为杨弘任的用语，见杨弘任：《社区如何动起来？》，台北：群学出版社，2014年。

③　Bruno Latour, *Science in Action*.

自"跟着科学家到处跑"此原则衍生出ANT最具特色也广受争议的理论立场：具能动性的行动者不仅是人类，诸如扇贝、细菌，甚至一张报表纸均具有能动性，研究者须一视同仁地将其纳入分析。在一篇广受讨论的文章中，卡隆探讨20世纪70年代间，水产科学家于法国北部之圣布里克湾（St. Brieuc Bay）推动的扇贝养殖为何失败①。在详细分析该群水产科学家留下的研究报告与会议记录后，卡隆重建了该群科学家与其他领域的科学家、渔民、扇贝等人与非人行动者接触后留下的"痕迹"（如前所述，ANT认为科学家的行为模式堪以白蚁来形容），显示一个在科学上可行、且为当地渔民社群所接受的扇贝复育计划如何在此异质联结（heterogeneous associations）的网络中"浮现"出来（ANT称此"浮现"为"performance"）。但此计划为何在执行数年后骤然画下句点？卡隆认为，主因为扇贝（Pecten maximus）"背叛"了科学家——在实验初期展露其合作的热诚后，随即在物种延续的考量下，"拒绝"附着在科学家为其量身打造的采集网上。同样地，在《法国的巴斯德化》（The Pasteurization of France）中，拉图尔认为巴斯德之所以能击败其对手德国微生物学者科赫（Robert Koch, 1843—1910），从而在微生物培养上取得领先地位，是因为其给既往被视为除之后快的病菌提供了一个符合其"希望"的环境，病菌也因此"热诚地"依照巴斯德期待地行动（于培养基上形成菌落）②。此貌似"万物有灵论"（hylozoism）的见解，因挑战了社会科学中"人为唯一具能

---

①   Michel Callon, "Some Elements in a Sociology of Translation: Domestication of the Scallops and Fishermen of St. Brieuc Bay," in John Law, ed., *Power, Action, and Belief: A New Sociology of Knowledge?* (London: Routledge & Kegan, 1986), pp. 19–34.

②   Bruno Latour, *The Pasteurization of France.*

动性之行动者"的基本预设而广受批评①。对此，ANT研究者响应道，如果说强调"公平"且"对称"的分析视野，是让科学知识社会学得以超越科学社会学、进而打开科学知识此一黑箱的主因，研究者为何要在人类／非人类、社会／自然等二元论前却步？从ANT研究者的观点，与其执着在"人为唯一具能动性之行动者"此缥缈的存有论预设，研究者应审视科学家如何与众多异质的人与非人形成结盟与联结，进而检视该结盟是否强韧到能通过一系列的试炼（trial）（如前述扇贝的"背叛"便是结盟不够强韧之一例）。正如在语义学（semiotics）中任一词汇的意义，均是在该词汇与其他词汇间的关系中浮现的"效应"（effect），ANT的研究者指出，人与非人行动者均是在网络稳定与强化后浮现出来的链接（links），而其行动均是依他／她／它在网络中之位置而产生的效应②。

　　ANT约于20世纪90年代中期进入地理学者的理论工具箱中。就

---

① 　例如，在一篇针对《法国的巴斯德化》的评论文章中，谢弗认为，拉图尔对所谓病菌之"希望"与"热诚"不过是对巴斯德留下之报告或笔记的诠释。事实上，谢弗指出，如果拉图尔"对称地"分析科赫的实验报告，他就会发现病菌同样"热诚地"依科赫的规划而行动；Simon Schaffer, "The Eighteenth Brumaire of Bruno Latour," *Studies in the History and Philosophy of Science Part A*, 1991, Vol.22, No.1, pp. 174–192. 同样地，在一篇题为"认识论的胆小鬼"（epistemological chicken）的著名文章中，柯林斯与耶利指出，ANT研究者往往仰赖科学家对自然的描述来让非人行动者具有能动性——此分析策略非但未能如其宣称地与"自然／文化"二元论正面对决，反而巩固了自然科学于知识论上的优越地位——ANT或许在方法论上是激进的，但在认识论上却是胆小的，见Harry M. Collins and Steven Yearley, "Epistemological Chicken," in Andrew Pickering, ed., *Science as Practice and Culture*（Chicago: University of Chicago Press, 1992）, pp. 301–326。类似批评见Olga Amsterdamska, "Surely You are Joking, Monsieur Latour!," *Science, Technology, & Human Values*, 1990, Vol.15, No.4, pp. 495–504.

② 　ANT研究者对批评者的回应，见著名的Michel Callon and Bruno Latour, "Don't Throw the Baby out with the Bath School! A Reply to Collins and Yearly," in Andrew Pickering, ed., *Science as Practice and Culture*（Chicago: University of Chicago Press, 1992）, pp. 343–368.

地理学者而言，ANT的吸引力可归纳为下列两项：首先，尽管自20世纪80年代以来，在马克思地理学者的倡议下，人文地理学者普遍接受"如果自然不是社会的，那它什么也不是"①此一方法论与认识论立场——但接受此一立场是否意味着"自然是社会建构的"？对此问题，地理学者认为，ANT一则取消自然与社会作为存有论上有意义的范畴、另则强调经验研究的重要性，似乎为纠结在经验主义传统与后现代理论间的地理学研究提供了第三条路。其次，从地理学的角度来看，吉登斯等社会学者在尝试结合能动性与结构时，往往视空间的物质条件为社会行动的"舞台"——尽管强调社会行动的空间性为结构化的必要条件，研究者并未重视让行动得以发生的诸般物质条件②。

有趣的是，就在这地理学者试着回答ANT到底有什么用的时刻，ANT研究的健将拉图尔断然指出，任何通过地理学来定义的"距离"（distance）或"邻近"（proximity）均是"无用的"（useless），乃至于在以网络来定义何谓ANT所称的联结时，研究者面对的困难为"地理学的盛行"（prevalence of geography）③。对此，默多克于《地理论坛》（*Geoforum*）上发表《行动者网络理论的空间》（The Spaces of Actor–Network Theory）一文回应。默多克认

---

① Neil R. Smith, *Uneven Development: Nature, Capital, and the Production of Space*（New York: B. Blackwell, 1984）. 此界说出自台湾大学地理环境资源学系助理教授洪伯邑（个人通讯）。

② David Demeritt, "The Construction of Global Warming and the Politics of Science," *Annals of the Association of American Geographers*, 2001, Vol.91, No.2, pp. 307–337; David Demeritt, "What Is the 'Social Construction of Nature'? A Typology and Sympathetic Critique," *Progress in Human Geography*, 2002, Vol.26, No.6, pp. 767–790; Jonathan Murdoch, "Towards a Geography of Heterogeneous Associations," *Progress in Human Geography*, 1997, Vol.21, No.3, pp. 321–337.

③ Bruno Latour, "On Actor–Network Theory: A Few Clarifications," *Soziale Welt*, 1996, Vol.47, No.4, pp. 369–381.

为，ANT研究者所称的"无用的地理学"并未如其想象般地盛行。尽管ANT对微观／巨观、在地／全球、社会／自然等分析范畴的否定，的确挑战了地理学的核心预设，默多克指出，至少就人文地理学而言，研究者如大卫·哈维与马西（Doreen Massey）均已强调以关系性的角度来重构自康德以降之"绝对空间"（absolute space）的概念，并将"地方"理解为跨越多重尺度之关系网络中的节点[①]。结合人文地理学于20世纪80年代末至20世纪90年代的进展，默多克区分出两类ANT的空间：（1）在网络稳定、且人与非人行动者均陆续浮现后产生的"规定空间"（space of prescription）；（2）位于一稳定网络之边缘、其强韧度正在接受试炼的"协商空间"（space of negotiation）。与其说地理学的分析视野对ANT是无用的，默多克于另篇文章强调，倒不如说ANT理论家失于探讨一类"异质联合的地理学"（geography of heterogeneous associations）的可能性[②]。

呼应默多克将ANT空间化的呼吁，ANT的重要学者约翰·劳于20世纪90年代后期至21世纪00年代发表一系列探讨ANT之空间性（spatiality）的文章，以类似默多克的视野，重新审视ANT自20世纪70年代发展以来的重要案例研究[③]。例如，在一篇题为

---

①   Jonathan Murdoch, "The Spaces of Actor-Network Theory," *Geoforum*, 1998, Vol.29, No.4, pp. 357–374.

②   Jonathan Murdoch, "Towards a Geography of Heterogeneous Associations," pp. 321–337.

③   John Law, "Objects and Spaces," *Theory, Culture & Society*, 2002, Vol.19, No.5–6, pp. 91–105; John Law, "And If the Global Were Small and Noncoherent? Method, Complexity, and the Baroque," *Environment and Planning D: Society and Space*, 2004, Vol.22, No.1, pp. 13–26; John Law and Annemarie Mol, "Situating Technoscience: An Inquiry into Spatialities," *Environment and Planning D: Society and Space*, 2001, Vol.19, No.5, pp. 609–621; Annemarie Mol and John Law, "Regions, Networks and Fluids: Anaemia and Social Topology," *Social Studies of Science*, 1994, Vol.24, No.4, pp. 641–671.

《置放科技：空间性的探索》（Situating Technoscience: An Inquiry into Spatialities）的文章中，劳与另一位ANT的重要学者摩尔（Annemarie Mol）主张ANT至少包含了下列四类空间性①：（1）区域（region）；（2）网络；（3）流质（fluid）；（4）火（fire）。在说明第一与第二类的空间性时，劳与摩尔举出劳对17世纪葡萄牙战舰的个案研究②。什么是一艘葡萄牙战舰？两位作者问道。最直接的答案是一个对象（object）。但什么是一个对象？从ANT的观点，劳与摩尔认为，我们有必要将一艘战舰想象为一套将桨、帆、龙骨、水手等异质成分结合在一起的网络。从这个观点来看，劳与摩尔指出，当这艘战舰于海上航行时，尽管其在欧几里得式的空间中划出了一道轨迹，其在网络空间中却是凝结不动的——因为该网络空间一旦松动了，这艘战舰就再也不是一个具航海功能的对象。这样可于欧几里得空间中移动、唯在网络空间中保持不动的对象，劳与摩尔认为，便是拉图尔所称的"不变的活动物"。

与"不变的活动物"形成对照的是"可变的活动物"（mutable mobile）。此处两位作者援引ANT的另一重要研究：为津巴布韦村落广泛采用的抽水泵（Zimbabwe bush pump）③。劳与摩尔指出，该抽水泵之所以能在津巴布韦取得极高的普及率，乃至于在公共卫生、经济发展，甚至村民的宗教生活中扮演极重要角色，并非其

① John Law and Annemarie Mol, "Situating Technoscience: An Inquiry into Spatialities," pp. 609–621.
② John Law, "On the Methods of Long Distance Control: Vessels, Navigation and the Portuguese Route to India," in John Law, ed., *Power, Action and Belief: A New Sociology of Knowledge?* (London: Routledge and Kegan, 1986), pp. 234–263.
③ 见Marianne de Laet and Annemarie Mol, "The Zimbabwe Bush Pump: Mechanics of a Fluid Technology," *Social Studies of Science*, 2000, Vol.30, No.2, pp. 225–263.

发明者洞烛机先地设下某高度标准化的规格。事实上，劳与摩尔指出，不仅难说有个"津巴布韦抽水泵之发明者"这号人物，甚至没有标准化的津巴布韦抽水泵存在——不同村落的民众以其手边可及的材料拼装出适合的泵，并赋予其独特的象征意义。因此，劳与摩尔指出，当一个抽水泵由A村移往B村时，其不论在欧几里得空间抑或网络空间均产生了变动。抽水泵因此为"可变的活动物"，劳与摩尔指出，其空间性堪以"流质"来称之。至于以"火"为隐喻之空间性则在强调"将变动性予以结合的空间"（space of conjoined alterity），劳与摩尔指出，其代表对象为"可变的不动物"（mutable immobile）。相对于前引葡萄牙战舰与抽水泵的例子，劳与摩尔认为，"火"的空间性不是因物体在欧几里得空间中移动而产生的（因而是"不动物"），而是内在于构成该物体的网络中。劳与摩尔认为此"火"空间性特别有助于研究者重新审视"在地"与"全球"作为分析尺度的必要性。有没有可能"在地"与"全球"并非两类相对立的尺度而是可并存于单一对象的空间性？如以劳于一篇题为《而若全球是微小且不一致的？方法、复杂性与巴洛克》（And if the Global Were Small and Noncoherent? Method, Complexity, and the Baroque）的文章中的说法，与其将全球与在地对立起来，研究者能否将普世性予以翻转（turn universality inside out）？有无可能"全球的"也同时是"微小且不一致"的（small and noncoherent）[①]？依据劳与摩尔的说明，我将四类空间性制成表1，供读者参照。

---

① John Law, "And if the Global Were Small and Noncoherent? Method, Complexity, and the Baroque," Environment and Planning D: Society and Space, 2004, Vol.22, No.1, pp. 13–26.

表1：劳与摩尔指涉的四类空间性

		变动性（mutability）	
		低	高
活动性 （mobility）	低	区域（region）	火（fire）
	高	网络（network）	流质（fluid）

　　空间、空间性、地方等词汇逐渐成为ANT研究者的关键词。在其撰写的ANT教科书《重组社会》（*Reassembling the Social*）中，拉图尔对空间性的探讨甚至比劳更推进一步，宣称"在地之地点"（local site）有其能动性。当然，正如其对行动者之能动性的分析取向，拉图尔强调的是研究者应先把社会阶层、社会结构、社会阶序等预设全摆到一边，将"社会的"视为平的（keep the social flat），从而探讨某特定地点与其他地点的联结，以及该联结如何"让地点动起来"（a local site is made to do something）[1]。如与20世纪90年代的拉图尔相较，拉图尔于《重组社会》中对地点之强调相当让人玩味。如前所述，拉图尔一度关心的重点是，科学家如何克服空间为科学知识之生产与传播带来的可能限制——其分析策略"削弱了地方于STS中的角色"（diminished role for place in STS），亨克与基恩于一篇回顾文章中评论道[2]。但从拉图尔与劳对ANT之空间性与地方能动性的分析来看，尽管不论在认识论、存有论、方法论等层次上，21世纪00年代的ANT与SSK强调的"在地取向"有着天壤之别，其对地方的强调却是殊途同归。

---

[1]　Bruno Latour, *Reassembling the Social: An Introduction to Actor-Network-Theory* (Oxford: Oxford University Press, 2005), p.173.
[2]　Christopher R. Henke and Thomas F. Gieryn, "Sites of Scientific Practice," p.354.

四、殊途同归却形同陌路？

由前述分析可见，不论是SSK抑或ANT，其发展均源自对"实验室"此独特科学知识之生产地与集散所的关注。只是，从这样将科学知识予以定位的关怀出发，SSK与ANT发展出相当不同的空间概念，从而形塑了后续与地理学者间的结盟关系。就SSK研究者以及致力将"科学置于其地"的地理学者而言，夏平于1995年提出的"在地取向"堪称两造的"定情物"。随后十余年间，当各类地点或场所于科学知识之生产与流通中的角色已被揭开，此阵营的研究者开始致力于探索以下的问题：在接受"科学知识之普世性为该知识形态的最大特征"此前提下，为何由特定地方生产出来的知识能贯穿古今，且放诸四海皆准？如前所述，SSK及其在地理学界的盟友拒绝接受此普世性源自任何方法论或认识论的优越性，转而将焦点放在科学家的科学实作——而考虑到空间之于实作的使动与限制效果，科学知识必然有其地理学，且此宣称就如"科学知识必然有着社会学"一样合情合理。相较之下，ANT与地理学的关系则较为坎坷。如前所述，20世纪90年代间，ANT的健将一度视地理学为"无用"，直到地理学者指出ANT主张之无尺度、无内外的拓扑学空间正是后结构地理学的核心，ANT与地理学间的结盟才告确立。总之，于前面两节中，我试着主张，尽管"社会观"与"自然观"的确是观察SSK与ANT之异同的重要面向，两造的研究者如何处理空间并据此发展与地理学的结盟关系，亦不失为处理类似主题的一柄探针——甚至，本节将试着说明，是看待两造之可能进路的南针。

本节将聚焦在SSK与ANT"殊途同归"后的晚近发展及其在地理学界中的回响。在完成此最后一里路的回顾工作后，我将以一个地理学史研究者的立场，提出若干台湾地理学社群在面对如此庞大的知识地景时，可借力与使力之处。

（一）在地取向的全球转向

让我从一篇发表于科学史权威期刊*Isis*的文章开始。在这篇题为《科学史与哲学的十个提问》（Ten problems in history and philosophy of science）的文章中，物理学史研究者盖里森主张，为"科学之历史、社会学与哲学理解"提出"在地解释"（local explanation）为过去30年间在科学史与科学哲学中"单一且最重要的转变"（the single most important change in the last thirty years）。即便如此，盖里森认为，由于研究者在方法上多采用如金茨堡（Carlo Ginzburg）之微观史（microhistory）的"个案研究"（case study），研究者似乎预设科学史作为一个学科分支即是这些"空间上高度歧异"之个案研究的总和。若是如此，盖里森批评，研究者还是将科学史默认为一类线性、累积性的科学真理"发现史"——这显然抵触了在地取向之研究者的初衷。此外，盖里森评论道，当科学史研究者深入探索特定时空之"过程、价值与象征"与科学知识之生产与消费间的关联时，他／她们关切的显然不是其研究个案可被视为某类"科学文化"之"典型"（typicality），而是该文化之"范例"（exemplification）。若是如此，盖里森认为，研究者有必要深入思考下列问题：什么是不具典型意涵的范例？且这些个案研究到底会将科学史此一领域带往何处（What does it mean to aim for exemplification without typicality? And if case studies are the paving stones, where does the path lead?）[1]？

呼应盖里森的见解，20世纪生理学史的研究者赫吉（Vanessa Heggie）于*Isis*上发表《为何探险不是科学》（Why Isn't Exploration a Science?）的评论文章[2]。赫吉认为，尽管从在地取向的晚近发展来看，研究者早已跨出"实验室"此经典的"在地案例"，扩及田野、演讲厅、教室、沙龙、研讨会等科学知识的生产地与集散所，但研究者在思索这些在地案例在研究史上的意义时，往往不自觉地将这些在地案例排入某种科学史的大叙事中（如认为以采集、分类与描述为特色的博物学及相关的空间实作将逐步被实验室科学取代）。以20世纪的生理学史为例，赫吉问道，为什么研究者花费了大量心力在探索生理学家于实验室的工作与实作，却对高山与极地探险家在各类极端环境下、以自己的身体为中心的生理学研究一无所知？更具体地说，为什么这些生产出大量生理学文献的探险活动不被当代科学史或STS研究者视为须严肃处理的科学实作？赫吉认为，这就涉及研究者在处理"20世纪生理学"此议题时，其心目中已然预设这是个以"实验室及其实作"为主题的研究，而生理学的"田野工作"不过是此主题的延伸甚至附庸而已。如此"削足适履"（赫吉称之为"danger of category of dominance"）的分析视野，赫吉认为，已然妨碍了在地取向（乃至于以在地取向为中心的SSK）的发展。传统在地取向擅长以个案呈显单一科学知识的生产

---

[1]　Peter Galison, "Ten Problems in History and Philosophy of Science," *Isis*, 2008, Vol.99, No.1, pp. 111–124.

[2]　Vanessa Heggie, "Why Isn't Exploration a Science?" *Isis*, 2014, Vol.105, No.2, pp. 318–334.

处与集散所、单一科学实作及其空间性、单一学术社群及其赖以维系的道德经济等分析方式已然过时，赫吉主张，研究者有必要并陈这些个案的研究成果，深入思索复数空间、复数科学实作与复数学术社群间的交流、耦合与连属，从而为在地取向另辟坦途。

曾成功挑战默顿式科学社会学或萨顿式科学史的在地取向，是否已到了功成身退的时刻？就以维多利亚时期之阅读史研究闻名的科学史家西科德（James A. Secord）来说，答案是肯定的。在其广受引用的《运送中的知识》（*Knowledge in Transit*）一文中，西科德指出，在地取向为科学史研究带来的诸多洞见系以学科的"破碎化与失去方向"（fragmentation and loss of direction）为代价[①]。与其继续生产更多"□□学在○○"之类的个案研究（如演化论在中国），西科德认为，研究者有必要将科学理解为"沟通的形式"（form of communication），以知识之"活动、翻译与传播"的过程为中心（processes of movement, translation, and transmission），书写超越国家、时期与学科界线之科学史。

西科德于2014年出版的《科学的视角：维多利亚时期之曙光中的书籍与读者》（*Visions of Science: Books and Readers at the Dawn of the Victorian Age*）一书堪称其视角的实地操演。与西科德的前一本著作《维多利亚的感受》（*Victorian Sensation*, 2000）类似，西科德于此书关心的是19世纪上半叶之英国社会的转型，以及该转型如何催生出如达尔文之《物种起源》（*On the Origin of Species*, 1859）这样的科学突破。在此让我先总结一下《维多利亚的感受》

---

① James A. Secord, "Knowledge in Transit," *Isis*, 2001, Vol.95, No.4, pp. 654–672.

一书题旨，以供读者对照。在《维多利亚的感受》中，西科德以钱伯斯（Robert Chambers, 1802—1871）于1844年匿名出版的《宇宙万物自然史的轨迹》（*Vestiges of the Natural History of Creation*）为中心，追问该书明示之突变（transmutation）思想如何在沙龙、研讨会、酒吧、派对等场所引发位于社会不同阶层之读者的热烈讨论，以及这样的轰动（sensation）如何让《物种起源》这样充斥着大量细节、语气不疾不徐、论证却惊世骇俗的严肃著作，成为19世纪中叶英国叫好又叫座的畅销书。相较之下，在《科学的视角》（*Visions of Science*）中，西科德以7本畅销书〔包括曾给予达尔文重要启发的《地质学原理》（*Principles of Geology*）；作者为19世纪上半叶英国最具影响力的地质学者莱伊尔（Charles Lyell），1830年至1831年间出版第一版〕为中心，不仅探讨这些书的创作背景、主要思想、作者的生命史、作者与出版商间的合作关系、于社会各层面引发的多重回响等，更细究这些书的排版、印刷、插图、纸质、装订等面向如何塑造了作者欲传达之科学知识的生产与再生产。如此以物与物之"物质性"（materiality）为中心的分析取向，西科德认为，不仅让研究者得以将科学知识生产与流通涉及的复数空间、实作、社会群体、学术社群等纳入分析（而非区分为一系列个案分别处理），更有助于突破科学史与STS研究中常见的田野vs实验室、田野科学vs实验室科学、科学知识的生产vs科学知识的消费、科研场所内vs科研场所外等二元对立。

　　另一针对在地取向的批评则来自后殖民科学与技术研究（postcolonial science and technology studies）的阵营。以该阵营的健将安德森（Warwick Anderson）的说法，在地取向已然属于科学史与STS中"较旧的分析风格",因其往往聚焦在"相对封闭之社群"(relatively closed communities)或"国族国家"上,导致研究者难以解释标识着"一个浮现之全球秩序的认同、科技与文化形成"的"共同生产"(co-production)①。地理学者麦克尤恩(Cheryl McEwan)对利文斯通之"地理学传统"的批评或可作为安德森前述界定之一例②。依麦克尤恩所见,利文斯通倡导的非线式、非进步式与非辉格式的"地理学传统",仍未能摆脱欧洲中心主义与男性中心主义(即地理传统系环绕在一群盎格鲁—美洲的男性地理学家而展开)。有鉴于此,麦克尤恩的研究聚焦在利文斯通式地理学传统之书写者往往视而不见的两类群体:19世纪晚期前往西非旅游之女性以及当地"受殖民的他者"(colonized others)。借由审视前述群体如何在互动中创造对于西非的地理知识,麦克尤恩认为,地理学史之书写者应采借激进女性主义与后殖民研究的视野,从而书写"更具包容性的地理学史"(more inclusive histories of geography)。"就地理学思想史之教学与研究而言",麦克尤恩指出,"警惕是最好的策略"(In terms of teaching and researching histories of geographical thought, vigilance is the most important strategy)——"确认总是有些另类的故事等着被说出来,且创造让这些故事可被听见的空间是个起点"(Acknowledging that there are always alternative stories to be told, and creating space for these to be heard, is a

---

①　Warwick Anderson, "Introduction: Postcolonial Technoscience," *Social Studies of Science*, 2002, Vol.35, No.5/6, pp. 643–658.

②　Cheryl McEwan, "Cutting Power Lines within the Palace? Countering Paternity and Eurocentrism in the 'Geographical Tradition'," *Transactions of the Institute of British Geographers*, 1998, Vol.23, No.3, pp. 371–384.

beginning）[1]。

在一篇发表在*Isis*的文章中，印度科学史研究者拉吉（Kapil Raj）则认为，研究者对"在地取向"的前述批评正凸显出科学史研究长久以来的低度发展之处：知识的流通性（circulatory property of knowledge）[2]。自20世纪70年代以来，拉吉指出，每当科学史或STS研究者触及此议题时，他／她们总陷入以下的两难：我们是否要将科学视为源自西方社会（西欧为主）的独特知识形态，而科学之所以能在非西方社会中生根，系因此些"他者社会"与西方社会接触的结果［代表者为巴萨拉（Basalla）的"扩散说"（1967）］[3]？抑或我们要走向另一极端，即认为非西方社会早在与西方社会接触前即有相当于科学理性的"理性"，且早就发展堪与西方科学相比拟的知识体系（代表者为李约瑟的"中国科技与文明"研究）[4]？拉吉认为，不论是在地取向抑或后殖民取向均无法妥切面对此问题：暂且不论在地取向之研究者笔下的"在地"绝大多数仍坐落于欧美，后殖民研究者在试着揭露号称理性、客观与中立的科学背后盘根错节的权力关系时，似乎预设了有个边界完整、具内在逻辑的西方科学存在。呼应西科德的看法，拉吉主张研究者应聚焦在知识的流通过程——但研究者不应将知识流通理解为知识于两点间的"运输"（transportation）或"旅行"，而是将两点间

---

[1]　Cheryl McEwan, "Cutting Power Lines within the Palace?," p.380.

[2]　Kapil Raj, "Beyond Postcolonialism and Postpositivism: Circulation and the Global History of Science," *Isis*, 2013, Vol.104, No.2, pp. 337–347.

[3]　George Basalla, "The Spread of Western Science: A Three-Stage Model Describes the Introduction of Modern Science into Any Non-European Nation," *Science*, 1967, Vol.156, No.3775, pp. 611–622.

[4]　Joseph Needham, *The Grand Titration*.

的空间理解为如实验室般的知识生产与创新之所。姑且不论这样对科学知识流通的重新界定能否如拉吉宣称的发展出新的研究取向，从晚近科学史与STS研究者关心的主题来看，拉吉所称的科学知识之流通进一步引发环绕在下列子题的研究：（1）重新概念化科学普及（popularization of science）、科学传播等主题，从而凸显在既有研究中往往视而不见的行动者、实作［如翻译、中介者（go-between）］等；（2）强调在既有研究中遭到忽略的社会群体（如非西方社会的知识分子、女性、原住民等）在面对欧美科学知识时的主动性与能动性，从而凸显"科学是如何变成全球的"此时空过程难以用"西方vs东方""中央vs边陲""开发vs未开发"等简单的二元对立来涵盖。在当今科学史与STS的知识地景中，前述主题常被归入科学史与STS研究的"全球取向"①。如此环绕在科学知识之流通等议题的全球取向能否如"在地取向"般地引发科学史或STS研究与写作的转变，甚至"超越后实证主义与后殖民研究"，值得持

① 本段落来自我对下列论文与专书的总结：Warwick Anderson and Vincanne Adams, "Pramoedya's Chickens: Postcolonial Studies of Technoscience," in Edward J. Hackett, Olga Amsterdamska, and Michael E. Lynch, et al., eds., *The Handbook of Science and Technology Studies: Third Edition*（Cambridge, Mass.：MIT Press, 2008）, pp. 181–204; David W. Chambers and Richard Gillespie, "Locality in the History of Science: Colonial Science, Technoscience, and Indigenous Knowledge," *Osiris*, 2000, Vol.15, pp. 221–240; Marwa Elshakry, "When Science Became Western: Historiographical Reflections," *Isis*, 2010, Vol.101, No.1, pp. 98–109; Robert E. Kohler, *Landscapes and Labscapes: Exploring the Lab–Field Border in Biology*（Chicago: University of Chicago Press, 2002）; Lissa L. Roberts, "Situating Science in Global History: Local Exchanges and Networks of Circulation," *Itinerario*, 2009, Vol.33, No.1, pp. 9–30; Steven J. Harris, "Long–Distance Corporations, Big Sciences, and the Geography of Knowledge," *Configurations*, 1998, Vol.6, No.2, pp. 269–304; 亦见Sandra Harding主编之*The Postcolonial Science and Technology Studies Reader*（Durham, NC: Duke University Press, 2011）。

续关注。

　　从盖里森对在地取向隐含之"线性史观"的批评，历经赫吉的"削足适履"之讥与西科德的"运送中的知识"之议等，到晚近的"全球转向"，SSK的学者关怀的主题已与该取向发端时的"实验室研究"相当不同。不过，就利文斯通、威瑟斯等地理学者而言，在以"将科学置于其地"与"科学知识的地理学"来"转译"（借用ANT的术语）在地取向之于地理学研究的重要性之后，前述从"在地到全球"的转移更带出下列三点地理学意涵：第一，SSK的研究者不能重蹈"地点与地方不分"的覆辙。更具体地说，科学实作的发生之处不能仅被视为在欧几里得空间中的一点而已，而有必要被视为数组跨尺度、糅合自然与社会等异质成分之关系的聚合体——如以20世纪90年代以降人文地理学的术语，此聚合体便是"地方"。第二，在前述视角下，"地方"也就不能被视为"全球"的对立面，这就构成对传统在地取向的两点挑战：（1）被既往研究者视为科学知识的"地方色彩"或"区域特色"往往是各类"既在地又全球"的力量共同作用下的结果；（2）既有研究强调的科学知识之"在地生产"与"全球传播"，再也不能被视为不证自明的命题——前者仰赖研究者对形塑地方之全球作用力的深刻理解，而后者的分析则须奠基在以地方为分析单位的精细研究上。最后，如前所述，在地取向于晚近的发展特色便是对物与物质性的重视。就20世纪90年代以降的人文地理学者而言，此重视涉及下列本体论的意涵：之所以以"地方"而非"社会"或"文化"作为分析单位，目的之一便是强调社会或文化赖以成立的各类物质关系——也因如此，将"科学置于其地"意味着不仅是将科学知识的生产与消费模式勾连至阶级、性别与族群等社会因素，而有必要将科学知识之生产地与集散所的生态条件，乃至于该条件与当地社会间的互动关系（或以马克思地理学的说法：社会与自然间的相互构成）等面向考虑在内。

就利文斯通与威瑟斯等地理学者而言，前述面向显示科学知识之地理学为自成一格的研究分支，而不仅是科学知识社会学的附庸而已。这样的体会具体表现为一系列由利文斯通与威瑟斯主编、由芝加哥大学出版社（堪称为欧美科学史界最重要的出版社）出版的论文集[1]。此取向的最新作品为2011年的《十九世纪科学的地理学》(Geographies of Nineteenth-Century Science)。该书集结了15篇由地理学者与科学史学者撰写的研究论文，从"地点与尺度"（sites and scales）、"实作与表演"（practices and performances）与"向导与听众"（guides and audiences）来探讨博物馆、田野等19世纪重要的科学场所，并且这些场所是如何"镶嵌于更宽广之意义、权威与认同的系统中"（embedded in wider systems of meaning, authority, and identity）。如以编者利文斯通与威瑟斯的说法，该书之出版象征着科学之地理学已然成熟——这表现在研究者不再拘泥于"哲学原则"的讨论，而改以细致的经验研究说明以下状似吊诡的命题：科学知识之所以能成为独立于任何地方脉络的知识形态，不是因其独特的方法论或认识论，而是因其与地方脉络紧密相嵌的结果[2]。与之同时，地理学者亦运用同样的取向来分析20世纪90

① 如David N. Livingstone and Charles W. J. Withers, eds., *Geography and Revolution*（Chicago: University of Chicago Press, 2005）.
② David N. Livingstone and Charles W. J. Withers, *Geographies of Nineteenth-Century Science*（Chicago: University of Chicago Press, 2011）.

年代广受争论的"地理学传统"。此研究取向的最新成果可见于阿格纽（John A. Agnew）与利文斯通主编的《萨吉地理学知识手册》（*The Sage Handbook of Geographical Knowledge*）[1]。颠覆地理学教科书的传统写法，利文斯通与阿格纽改以18个地理学之发生地与集合所（如实验室、博物馆、田野、工作站、GIS实验室）来处理"地理学之地理学"（geography of geography）涵盖的五大主题：知识之场所（sites of knowledge）、知识之地理政治（geopolitics of knowledge）、地理之存有与知识（geographical "being" and knowledge）、霸权知识之空间扩散（spatial diffusion of hegemonic knowledge）与阅读的地理学（geography of reading）。在收录于该书的《地理学的叙事与智识史》（Geography's Narratives and Intellectual History）一文中，威瑟斯以伍德里奇（Sidney Wooldridge）与伊斯特（Gordon East）在《地理学的精神与目的》（*The Spirit and Purpose of Geography*, 1951）中的名言来说明为何要"置地理学传统于其地"："地理学开始于地理学者开始将其写下时"（geography begins only geographers begin writing it）。依威瑟斯所见，这句话显示任何试着找出在认识论与方法论上一致之地理学的尝试注定会徒劳无功——地理学知识的构成得从地理学者到底在做什么，以及地理学实作的发生之处中寻找[2]。

---

①   John A. Agnew and David N. Livingstone, eds., *The Sage Handbook of Geographical Knowledge* (London: Sage, 2011).

②   Charles W. J. Withers, "Geography's Narratives and Intellectual History," in John A. Agnew and David N. Livingstone, eds., *The Sage Handbook of Geographical Knowledge* (London: Sage, 2011), pp. 39–50.

（二）走得太远抑或靠得不够近？

如果说在地取向的全球转向让地理学与SSK的关系更为紧密，ANT与地理学的关系又是如何？首先必须强调的是，空间转向后的ANT对20世纪90年代末期以来人文地理学的发展有着广泛的影响。研究者或则以其观点来检视各研究分支中的重要主题（如地理学史、世界城市），或则据此修正既有之分析观点［如镶嵌（embeddedness）、第二自然（second nature）］，或则结合其他属性类似的理论视野［如德勒兹（Gilles Deleuze）与加塔利（Félix Guattari）的组配（assemblage）］以发展新的分析工具甚至新的学科分支［如不仅是人的人文地理学（more-than-human geography）］[1]。值得指出的是，面对ANT拥护者宣称的"ANT为地理学带来的冲击实具有典范变迁之意义"，不少地理学者持

---

[1]　关于地理学者如何以ANT来书写学科的历史，见Trevor J. Barnes, "'In the Beginning Was Economic Geography'——A Science Studies Approach to Disciplinary History," *Progress in Human Geography*, 2001, Vol.25, No.4, pp. 521–544; Trevor J. Barnes, "The Rise（and Decline）of American Regional Science: Lessons for the New Economic Geography?," *Journal of Economic Geography*, 2004, Vol.4, No.2, pp. 107–129; Trevor J. Barnes, "Geographical Intelligence: American Geographers and Research and Analysis in the Office of Strategic Service, 1941–1945," *Journal of Historical* Geography, 2006, Vol.32, No.1, pp. 149–168. 关于地理学者如何以ANT来修正"镶嵌"此分析概念，见Jonathan Murdoch, Terry Marsden, and Jo Banks, "Quality, Nature, and Embeddedness: Some Theoretical Considerations in the Context of the Food Sector," *Economic Geography*, 2000, Vol.76, No.2, pp. 107–125。关于ANT对城市研究的影响，见 Ignacio Farias and Thomas Bender, eds., *Urban Assemblages: How Actor-Network Theory Changes Urban Studies*（Abingdon: Routledge, 2010）；关于ANT与"混杂地理学"（hybrid geographies）或说"不仅是人的人文地理学"，见Isla Forsyth, "The More-Than-Human Geographies of Field Science," *Geography Compass*, 2013, Vol.7, No.8, pp. 527–539; Sarah Whatmore, *Hybrid Geographies: Natures Cultures Spaces*（London: Sage, 2002）。

保留态度。在一篇发表于《区域研究》(*Regional Studies*)的文章中，格特勒(Meric S. Gertler)指出：ANT将地理学者"集体之注意力"(collective attention)转至"日常生活实践中的枝微末节"(minutiae of everyday practice)。当地理学者"争先恐后"地记录那"仿若无止无尽的、让行动者与网络得以产生效果之方式"时，格特勒认为，制度——特别是那些形塑与限制个人选择且在全球经济中催生出"地理之区分与不连续性"的结构性力量——便消失在他们的分析中①。同样地，在一篇发表于*Antipode*的文章中，左派地理学的重要学者卡斯特利(Noel Castree)并不认为ANT代表了自20世纪80年代起逐渐茁壮成熟之生态马克思主义地理学的"反论"(antithesis)。尽管卡斯特利并不否认ANT"超对称"的分析视野有值得参酌之处，他认为地理学者不应就此摒弃生态马克思主义的长处：鉴定"社会—自然网络赖以组织的结构化与重要模式"(the structured and consequential modes by which multiple socionatural networks are ordered)。 若研究者放弃了这样的能力，卡斯特利指出："我们怎么有可能以一种对生态与对社会负责的方式来改变这个世界？"(How can we possibly change the world in more ecologically and socially responsible ways?)②

在成功搭起与ANT间的桥梁后，地理学者到底要如何使用ANT来处理学科中的核心议题？相较于格特勒与卡斯特利对ANT拥护者将"地理学带得太远"的批评，苏黎世大学的地理学者穆勒

---

① Meric S. Gertler, "Rules of the Game: The Place of Institutions in Regional Economic Change," *Regional Studies*, 2010, Vol.44, No.1, pp. 1–15; 引文出自 p. 2.

② Noel Castree, "False Antitheses? Marxism, Nature and Actor–Networks," *Antipode*, 2002, Vol.34, No.1, pp. 111–146; 引文出自 pp. 141–142.

（Martin Müller）有不同看法。在一篇发表于《人文地理学之进展》（*Progress in Human Geography*）的文章中，穆勒认为，ANT与地理学间之关系的问题点并不在于ANT将地理学者"带得太远"——真正的问题反而在于地理学者与ANT靠得"不够近"［穆勒称之为地理学对ANT的"三心两意"（a half-hearted romance）］。尽管ANT之于人文地理学的影响可说是全面性的，穆勒评论道，地理学者对ANT之分析概念的引用多为"选择性与片面"（selective and one-sided），且在引用时往往忽略ANT与其他分析观点的"张力"（tension）——换言之，穆勒认为，ANT拥护者失于整体地了解ANT的概念架构，进而将地理学"带得够远"。以此为出发点，穆勒分析地理学者在"继受"ANT时偏好的分析观点（拓扑式空间、转译与展演性）与主要"张力"所在（网络与权力），并在回顾ANT的相关文献后，将ANT研究者关怀的层面"转译"为值得地理学者深入探究的方向（混种性、欲望与流质）[①]。为了便于读者明了地理学对ANT的"三心两意"，以及可能的解决之道，穆勒将其论点整理成一张表格；我将之简化（除去穆勒为佐证其论点而列出的参考文献）为表2供读者参照。

　　当然，ANT与地理学间的关联并非如穆勒所说的低度发展。事实上，过去5年间，我们不乏看到同时于欧美地理学与STS社群中引起广泛回响的佳作。在此让我以卡斯（Ashley Carse）的《大沟之外：巴拿马运河的政治、生态与基础建设》（*Beyond the Big Ditch:*

---

① Martin Müller, "A Half-Hearted Romance? A Diagnosis and Agenda for the Relationship between Economic Geography and Actor-Network Theory（ANT）," *Progress in Human Geography*, 2014, Vol.39, No.1, pp. 65-86.

Politics, Ecology, and Infrastructure at the Panama Canal）来进一步
说明。如其标题所示，卡斯系以完工于1913年的巴拿马运河为例，
探讨一类结合ANT与德勒兹与加塔利于20世纪80年代提倡之"组配
观"的分析取向如何帮助研究者处理"政治、生态学与基础建设"
此批判地理学与政治生态学等分支中历久弥新的研究议题。卡斯主
张，尽管以巴拿马运河为主题的研究已经汗牛充栋，就分析取向而
论，这些研究如不是将之视为以美国工程师为首的巧夺天工之作
（卡斯称此为"colonial fantasies"）；即走到其对立面，视之为美
帝以中南美洲的依赖发展为代价、巩固其全球霸权的"帝国计划"
（imperial project）。暂且不论前述分析取向不免将巴拿马运河涉
及的种种跨越社会与自然、在地与全球、核心与边陲的影响力化约
为美国与巴拿马共和国间的"国际关系"，从认识论与方法论的角
度，卡斯主张这两种说法均存在着缺陷，而ANT与组配观正可帮助
研究者察觉并修补此些缺陷。我将卡斯的主张归纳为下列四点，以
为受ANT影响的地理学者如何响应前述ANT将地理学"带得太远"
或两造间"走得不够近"的批评[1]。

第一，面对马克思地理学者就"ANT将造就空间之不匀发展的
结构性力量放在一边，转而追求种种让网络产生效应的枝微末节"
的批评，卡斯并未因此退让，转而在ANT分析中畅谈资本主义、帝
国主义、新自由主义、发展主义等批判地理学者眼中或笔下的"结
构"，或是视之为建构因果关系的"理论架构"。卡斯认为，地理学
者不能再顺手拿来或随意参照这些"主义"与"架构"，因为这些

---

[1] Ashley Carse, *Beyond the Big Ditch: Politics, Ecology, and Infrastructure at the Panama Canal*（Cambridge Mass.：MIT Press, 2014）.

"主义"或"架构"均是需要拆解开来细细检视的研究"对象"。更具体地说，尽管认同ANT的分析绝对不能将结构性力量排除在外，卡斯依照如拉图尔于《重组社会》（*Reassembling the Social*）中建议的，将世界想象成扁平，结合细致的档案研究与田野调查，从个别的科技官僚、水利专家、水利工程师等行动者出发，一步一步地探索这些行动者如何一方面将自身巩固为国家或资本的代言人，另一方面将巴拿马运河的兴建与其后的经营建构为国家治理与资本积累的关键一环（或以ANT的术语：必要通过点）。卡斯主张，这样的分析取向带出了下列两点洞见：

1. 研究者得以借此摆脱一种"俄罗斯娃娃"式的尺度观——即在未经验研究前，把这些主义视为全球的、影响力无远弗届的；而以小区或地方为主题的研究者，仅能处理小区与地方是如何回应或内化这些结构力量。

2. 在重新概念化尺度（或拒绝接受尺度为本质性的、地理学者可不加思索地援引之分析单位）后，卡斯的分析显示国家不只是内建着领域化（territorialization）或治理性（governmentality）的国家机器，而资本主义也不是一组资本积累的逻辑；就卡斯看来，不论是国家或资本，均为一组组糅合着人与非人、跨越小区、区域、国界与全球等多重尺度而存在的网络或"组配"。

简言之，面对批判地理学者之"走得太远"的批评，卡斯认为这样的批评毋宁预设了"结构力量"与"让网络产生效应的枝微末节"位于理论光谱的两端，因此是研究者需要分别处理的对象。援引劳、默多克等理论家将ANT空间化的尝试，卡斯挑战了前述批评的正当性，并带进"组配"此地理学中相对新颖的概念来让地理学与ANT"走得更近"。

然什么是"组配"？在法国研究者拉图尔的ANT引起地理学者间的阵阵波澜后，为什么地理学研究者还需要另一个来自法国、其抽象程度或违反直觉的程度不亚于ANT的概念，来拉进地理学与ANT间的距离？这就涉及了卡斯的第二点理论贡献：即以组配观修正ANT研究者过于强调网络之稳定性的倾向。就卡斯而言，当在处理人或非人行动者之于某特定网络的"断裂"时，ANT研究者常视之为"背叛"，为网络之"计算中心"开始出错的症候。卡斯不同意此类处理方式。为什么断裂与背叛就不能视为一类网络关系呢？卡斯问道。即是在此处卡斯带入了强调断裂、游移、流动与重组的组配观以修补ANT此低度理论化之处。回到前述卡斯对批判地理学者的响应。卡斯尝试达到的，不是以ANT研究者的网络——一种尽管无内外之分与尺度之别，却还是有计算中心、负责招募人与非人行动者加入网络的前哨、必要通过点等要件的拓扑学构造——来作为结构的"替代品"。换句话说，要正面回应批判地理学的批评，卡斯的分析显示，ANT研究者要做的反倒不是彰显行动者网络与结构间到底有多少汇通之处；相反的，研究者应要重新概念化行动者网络，试着切断与结构观间的藕断丝连，而将现实视为某种无以名状、难有规则可循、不停处于变动之中、持续地裂解与重组的组配观正可帮助研究者完成此关键一步。

表2：地理学对ANT的继受、张力与转译

继受 （reception）	拓扑式空间 （topological space）	转译 （translation）	展演性 （performativity）
关键宣称 （key claim）	距离与尺度为一网络之关系群的函数（Distance and scale are functions of the relations in a network）	人类与非人类在一行动者网络中的结盟创造了能动性（Aligning humans and nonhumans in an actor-network creates agency）	世界的模型成为模型的世界（The model of the world becomes the world of the model）
张力 （tensions）	网络 （network）		权力 （power）
	行动者是否先于网络而存在？（Do actors pre-exist networks?） 人类是否比非人类重要？（Are humans more important than non-humans?）网络是否为阶序性？（Are networks hierarchical?）		权力是否先于网络？（Does power predate network?）权力是结构的抑或能动者的？是两者皆是还是两者皆非？（Is power structural, agential, both or neither?）ANT是否对权力盲目？（Is ANT blind to power?）
转译 （translations）	混种性 （hybridity）	欲望 （desire）	流质 （fluidity）
关键问题 （key questions）	介于人类与非人类间的界限系如何模糊？（How do boundaries between humans and non-humans blur?）	肉欲在重整行动者网络上的角色为何？（What is the role of corporeal desire in reordering actor-networks?）	行动者网络系如何持续地转变与流动？（How are actor-networks in continuous transformation and flux?）

资料来源：Muller, "A Half-Hearted Romance?"

　　卡斯一书的第三点贡献则涉及"自然与社会互动"或"人地关系"此地理学的核心题旨。为什么研究如巴拿马运河这样的"基础建设"时，卡斯问道，研究者关心的尽是水道、水坝、抽水泵等人造物，而不考虑让一条运河赖以且得以运作的种种"自然"？先不用说运河的运作得仰赖大量且稳定的水源，光是"水该从哪里来"便涉及集水区治理、森林涵水功能的保护等面向。卡斯主张，这样的偏颇凸显了以下三点值得地理学者深思的面向：（1）在最根本的层次上，卡斯认为，即便是以基础建设这样的"人造物"为主题的研究也不能忽略该建设所坐落的自然，乃至于该人造物与自然间千丝万缕的关联。（2）即便如此，卡斯不认为生态马克思主义或政治生态学能帮助地理学者把自然带入基础建设等人造物的分析中。（3）关键在于，卡斯主张，前述两类取向均还是预设了有个范畴称为"政治"，另一个范畴叫作"自然"，从而探索这两个范畴是如何互动。这里卡斯以ANT与组配观强调的"关系性本体论"来挑战前述主张。让巴拿马运河得以运作的各种自然（查格里斯河提供的水源、让该河得以获得充足之水源供给的森林、构成此"水源涵养林"的种种物种等）真的是如此自然而然吗？卡斯分析显示，这些"自然"其实与美国林业界于二次大战后起逐步发展的"集水区经营"的概念——乃至于美国与巴拿马共和国为了落实此概念，于当地雷厉风行地取缔烧垦、社区生活改进与改造、森林保育、造林、保护区划设等实作——脱不了关系。因此，卡斯认为，与其说是自然提供了各类"服务"或"基础"让巴拿马运河得以运作，倒不如说这些自然本身也是一类人造物，甚至是一类基础建设。

前述两点带出另一个值得深思的问题：如果让巴拿马运河得以运作的自然不是如此自然而然，那么巴拿马运河本身真的是某种巧夺天工或人定胜天的人造物吗？卡斯认为不是。为了展示以基础建设为主题的研究仍有必要将视角放到非人的物种，卡斯花了相当篇幅追溯巴拿马一度颇负盛名的香蕉产业与巴拿马运河的关联。20世纪20年代，当巴拿马运河的营运渐上轨道，该如何安置昔日以运河开凿为业的劳工，以及因运河开凿而失去生业的农民，成为政府当局头痛的问题。几经尝试，政府决定将之安置在运河沿岸，辅导其转作香蕉。不过，香蕉并不是个易于"招募"的物种——且不论其产业化需要大量的劳力与资本投入，香蕉易腐且难以保存的特性，在考验政府能否打造顺畅的运输通路，从而维系此串联政府、劳工、农民、香蕉（乃至于让香蕉得以顺利成长与结实的种种生育地因子）的行动者网络。不难理解，巴拿马当局之所以敢打"香蕉产业"这张牌，原因在于其握有"巴拿马运河"这张筹码。20世纪中叶，如政府当局所期待的，随着巴拿马运河跃身为全球交通网络中的关键枢纽，巴拿马也跻身为香蕉的重要生产国。只是，出乎政府意料，也正是巴拿马运河给予蒸蒸日上的香蕉产业重重一击。原来，巴拿马运河让巴拿马香蕉得以营销全球，却也让巴拿马门户洞开，让种种非原生的、足以对巴拿马的区域生态系统与社经环境造成伤害的物种得以长驱直入（就香蕉产业而言，特别致命的"入侵种"为学名"Fusarium oxysporum"的真菌）。不堪各类植物病虫害造成的巨额损失，蕉农"背叛"了政府悉心构筑的行动者网络。面对着因种种病虫害而发黑与溃烂的香蕉，与其在政府特别划设的栽植区中坐困愁城，蕉农决定铤而走险，侵入政府为了巴拿马运河得以永续利用而划设的集水区，在水源涵养林的掩护下栽植香蕉。在追溯此以政府当局为计算中心、以巴拿马运河为基础设施、以香蕉为关键非人行动者之网络的巩固与崩解后，卡斯认为，不论在环境史抑或政治生态学中，研究者不时不自觉地滑入"人定胜天"或"大自然反扑"此两类叙事窠臼——而ANT结合组配观的视野正可帮助研究者跳出这些窠臼，让关于环境的故事可以被说得更动人，从而带出更多改变的可能。值得强调的是，当卡斯做此呼吁时，其所称的"环境"并非森林、湖泊、土壤、海洋、都市、都市绿地等环境史或政治生态学研究者习以为常的"环境"，而是数组行动者网络。那么什么是此行动者网络的性质？卡斯认为，环境是需索无度的（demanding）、过程的、多变的（precarious）的：环境（不论"人造"抑或"天然"）的存续仰赖资本与劳力的投入，也取决于多种人与非人行动者间策略性的结盟与背叛。

（三）可能的出路

以上讨论以卡斯的研究为例，说明地理学研究者是如何因应"ANT将地理学带得太远"或"地理学者与ANT走得不够近"的批评。响应至前节就地理学与SSK间关联的分析，读者或许会察觉，不论是SSK抑或ANT，研究者均试着跨出STS于20世纪70年代成立之际的根本框架，整合更多元的理论立场，一方面回应来自全球论者、后殖民主义者、批判地理学者等多方的批评，另一方面据此掌握科技在生产与消费过程中的种种跨界与流变。尽管双方采借与应用相关理论资源的方式仍有差异（简单来说，SSK的研究者关心的仍是如何将科学"置于其地"——因此，在处理如西科德强调的"运送中的知识"时，其手法是设法界定如读书会、沙龙、研讨会等"流动的空间"；至于ANT，如前引卡斯的研究，研究者开始试着结合组配观，修补ANT强调关系之构造与稳定性的本体论，让原本已擅于处理流动与跨界的ANT更能符合当代研究者的需要），至少就研究主题而论，我认为SSK与ANT两阵营已日益靠近——若非相互重叠的话。这样的观察一方面呼应我于前节的观察（即从研究者如何界定SSK与ANT双方与地理学的关系而论，ANT与SSK可说"殊途同归"），另一方面则带出如下值得STS研究者深思的问题：研究主题的"殊途同归"是否意味着ANT与SSK的研究者于过去十年间展开更为紧密的对话？对此，我认为答案是否定的。此"殊途同归"却"形同陌路"的吊诡现象，仍有待日后研究者以STS的取向来分析STS本身——在此，我想以一个深受SSK影响之地理学史研究者的立场，提出个人对此"形同陌路"的看法与可能的解决之道。不过，在此之前，让我先引介一篇由穆勒与舒尔（Carolin Schurr）于《英国地理学报》（*Transactions of the Institute of British Geographers*）上发表的《组配观与行动者网络理论：汇通、断裂与杂交》（Assemblage Thinking and Actor–Network Theory: Conjunctions, Disjunctions, Cross–Fertilisations）[1]。尽管ANT与SSK间的关系并非两位作者关心的重点，其处理组配观与ANT的手法，一者可将前述卡斯的经验研究放在更深厚的理论脉络中，再者可为"STS与地理学研究者该如何看待ANT与SSK"此问题带来一些启发。

如其标题所示，穆勒与舒尔一文的出发点在于思索ANT与组配观之间的"汇通"与"断裂"，从而提出双方间"杂交"的可能

---

[1] Martin Müller and Carolin Schurr, "Assemblage Thinking and Actor–Network Theory: Conjunctions, Disjunctions, Cross–Fertilisations," *Transactions of the Institute of British Geographers*, 2016, Vol.41, No.3, pp. 217–229.

性。两位作者首先指出，在既有涉及ANT与组配观的理论文献中，研究者如不是将ANT与组配观视为一体两面（如ANT奠基者之一的约翰·劳），便是认为两者存在如库恩所称的不可共量性［如非再现地理学的重要阐发者斯里夫特（Nigel Thrift）］。这两类说法，穆勒与舒尔认为，均妨碍了研究者正面看待ANT与组配观间的异同点，从而思索双方间值得相互借镜之处。以此为出发点，两位作者分别回顾了ANT与组配观从无到有的发展过程，佐以舒尔以辅助生殖科技（assisted reproductive technology）的经验研究，提出三点可资地理学者深入探索的议题：稳定化（stabilization）、改变（change）与感动（affect）。在"改变"的部分，作者主张，组配观与ANT均可处理改变的议题：唯组配观较适于掌握偶然的、难以逆料的、跳跃式的"突变"，而ANT则长于掌握长期、缓慢、渐进的沉积式改变。至于在"稳定化"的部分，两位作者认为，尽管组配观的本体论立场几让"稳定的行动者网络"成为不切实际的理论预设，ANT研究者就"行动者网络如何稳定化"的分析概念与程序仍有不可取代的理论贡献。换言之，若组配观研究者能欣赏ANT在此方法论层次的突破与创见，他们将可经验地分析人与非人行动者是如何跨越尺度地结盟，且按照一致的判准检验该结盟的稳固程度（而不是仅勾勒出一个无尺度、无内外、无边界、无人与非人之差异的组配而已）。最后，两位作者主张，由于组配观的研究者非常强调人类在彼此互动以及在与物互动时那种直觉式的、根基于肉体、且不涉意图（intention）的"感动"（affection）——若ANT研究者能深入探究此部分，在很大程度上可将人摆回分析的中心，又不违"人与非人必须一视同仁"此让ANT有别于其他社会理论的

"超对称原则"。

就某些坚持理论间的对话必须从本体论或认识论出发才得以为功的研究者而言，穆勒与舒尔处理ANT与组配观的手法可能过于"实用取向"（如邓小平著名的"黑猫白猫论"：不论是黑猫或白猫，能抓老鼠的就是好猫）。不过，我认为，正如两位作者的分析所显示，与其执着在本体论或认识论的层次上划分你我，一个较具建设性的切入点或许是将各个理论工具放在经验现象前检验，辨明其长短处后，依一定且一致的判准予以"截长补短"。由此回到研究者该如何拿捏SSK与ANT之间关联的议题。20世纪90年代间，当ANT研究者将视角跨出实验室、以其研究科学实作时锻炼出的敏锐度来发展关于社会与自然的崭新理论时，SSK阵营对此发动了猛烈的攻击。然而，从后见之明来看，两阵营间数回针锋相对的交火似乎未留下任何正面的影响，徒然让ANT与SSK的研究者间更加壁垒分明。事过境迁，当ANT与SSK分别关心的议题已高度相近甚至重叠的当下，我认为当代STS的研究者并无理由画地自限。虽说本文目的不在于勾勒当代SSK与ANT研究间的汇通与断裂，透过凸显两阵营间"殊途同归却形同陌路"的吊诡，我尝试顺着穆勒与舒尔的思路，提出两项实用的建议，让有心钻研STS之关键概念的地理学研究者得继续探索ANT与SSK间可能的"杂交"方式。

首先，从前述卡斯、穆勒与舒尔的分析可见，当组配观让ANT的分析更灵活且更具弹性时，ANT可反过来提供组配观更细致的概念工具——只是，我认为，在具体操作上，ANT研究者还是需要SSK以个别实作与个别场所（如科技知识的生产地、集散所与转运站）为个案而累积的深厚视野——特别是晚近研究者在设法超越在地取向时，悉心挖掘出的一系列让科技得以跨界的空间实作与相应之道德经济（如博物学家与采集者间的"礼物交换"及相应之互惠与平等的道德规范等）。我认为，即便诸如招募、转译、必要通过点等ANT的分析概念的确为研究者不可或缺的理论工具，如以卡隆经典的《转译社会学中的些许成分：扇贝养殖与圣布里克湾的渔民》（Some Elements of a Sciology of Translation: Domestication of the Scallops and the Fishermen of St Brieuc Bay）一文为例[1]，当我们读到卡隆笔下之养殖专家如何地长袖善舞、如何在众多利益关系者间左右逢迎与合纵连横时，受SSK影响的读者（如本文作者）不免想追问：到底这些转译是如何且在何处发生的？这些转译到底伴随着何种道德经济（如让结盟关系得以稳固的权利义务关系）？而个别的道德经济又是如何导引着不同利益关系者之于"自然"与"社会"的想象？对此，ANT的研究者或许会响应，这些问题终究还是得回到一个无任何关于社会或自然的预设、扁平且关系的本体论基础上提出解答——即便如此，我认为，要在这扁平的世界中"以人追物"与"以物追人"（借用杨弘任的术语）[2]，我们需要一张地图——而SSK以一系列个案研究为基础而建构的、关于实作与地点的类型学则可提供研究者这张地图。

即便如此，这里有必要强调，类型学的分析是手段而非目的。正如盖里森、赫吉等人的批评所告诉我们的，当以精细的个案研究建构出关于科学地点与实作的类型学后，研究者得提防将之排入一

---

① Michel Callon, "Some Elements in a Sociology of Translation," pp. 19–34.
② 杨弘任：《行动中的川流发电：小水力绿能技术创新的行动者网络分析》，《台湾社会学》，2012年第23期，第51—99页。

种由简单到复杂、从田野到实验室、从博物学至分子生物学、从古典到现代等进步序列中。如斯特拉瑟以基因银行为例的研究所显示的，在如此当代的科技议题中，若研究者观察得够仔细，他／她发现的不会是以收集、分类与描述为主的博物学实作被强调实验设计、仪器测量、理论推演与检证假设的实验室实作所取代，反倒是这两类"知之道"（ways of knowing）[①]间的并存、联结与冲突[②]。我认为这些并存、联结与冲突是ANT研究者可介入的理论缺口。的确，从SSK研究者晚近关切的议题来看，与西科德所称之"运送中的知识"[③]息息相关的便是针对"专家知识"与"常民知识"（lay knowledge）的探究。换句话说，当SSK的研究者开始将焦点放在标本采集者、协助采集者的在地向导、制作科学仪器的工匠、深谙各类植物之药效与毒性的原住民"巫医"等既往研究者往往视而不见之行动者时，一系列的问题也就跟着浮现：科学史与STS研究者能不能（或应不应该）处理让这些行动者赖以维生、在长期与自然或说物质世界互动过程中生产出来的常民知识？如果不应该，那么科学史与STS研究者将常民纳入分析的目的为何？难道这些常民及常民知识，只能被视为科学家在生产知识时的"材料"而已？如果能，那么，该如何在科学史与STS的研究领域中，为这些常民知识保留一处独立的位置？让前述提问更显复杂的是，如布莱恩·温（Brian Wynne）与爱泼斯坦（Steven Epstein）的经典研究显示，至少在处理当代世界的种种科技争议时，常民知识往往能直透问

---

① John V. Pickstone, *Ways of Knowing: A New History of Science, Technology, and Medicine* (Chicago: University of Chicago Press, 2001).
② Bruno J. Strasser, "The Experimenter's Museum," pp. 60–96.
③ James A. Secord, "Knowledge in Transit," pp. 654–672.

题核心，其洞察力与科学家自豪的专业知识相比毫不逊色——换言之，就如科学家是科学领域中的专家一般，研究者也应把常民视为专家，而常民知识视为一类"专家知识"，并视之为科学史与STS研究中正当的研究主题①。如此把常民视为专家、常民知识视为专家知识的见解，构成了SSK健将柯林斯与埃文斯（Robert Evans）所说的STS研究的"第三波"（the third wave；按照两位作者的分期，第一波是指以社会学者默顿为代表人物的科学社会学，第二波即为SSK与ANT等）②。之所以将之称为"第三波"，依柯林斯与埃文斯的见解，目的在于凸显下列题旨：即便科学史与STS于20世纪80年代以降的发展已挑战了传统以方法论与知识论上的独特性来界定科学的做法，从这些以常民知识为主题的经验研究来看，研究者划分科学与非科学的判准仍嫌过窄——如果STS研究者能"对称地"分析常民知识与科学知识，往往能让在当代社会已高度黑箱化的科技知识更开放、更民主与更具备解放的潜力。当然，就柯林斯与埃文斯而言，此"第三波"的说法远不是替STS的历史做分期而已。有鉴于科技争议几已成为当代生活的常态，乃至于社会大众在享用种种科技带来的果实之际，对科技专家的判断屡屡持以不信任甚至嘲弄的态度，柯林斯与埃文斯主张，STS研究者不应再将视角局限

---

① Brian Wynne, "Sheep Farming after Chernobyl: A Case Study in Communicating Scientific Information," *Environmental Magazine*, 1989, Vol.31, No.2, pp. 33–39; Brian Wynne, "May the Sheep Safely Graze? A Reflective View of the Expert–Lay Knowledge Divide," in Scott Lash, Bronislaw Szerszynski, and Brian Wynne, eds., *Risk, Environment and Modernity: Towards a New Ecology* (London: Sage, 1996), pp. 44–83; Steven Epstein, *Impure Science: AIDS, Activism, and the Politics of Knowledge* (Berkeley: University of California Press, 1996).

② Harry M. Collins and Robert Evans, "The Third Wave of Science Studies: Studies of Expertise and Experience," *Social Studies of Science*, 2002, Vol.32, No.2, pp. 235–296.

在某特定科学场所中的特定实作，而是要积极地以其专业，扮演科学家与其他专家或社会大众间的沟通桥梁——以柯林斯与埃文斯的术语，这让STS研究者可跃身为一类在当代世界中已不可或缺的专家：即以沟通、互动、跨领域协作等技能为专业的"互动式专家"（interactional expertise）。柯林斯与埃文斯的第三波于STS研究中广受回响，且很大程度上与自然科学界中日趋流行的"公民科学"（citizen science）遥相呼应，俨然让STS终于成为人文社会科学与自然科学研究者均能欣赏其价值的学科——只是，若我们细究两位作者就交互式专家的界定，乃至于跨界互动与沟通之于当代世界的重要性之解释时，不免有着前述"殊途同归却形同陌路"的既视感：这些界定和解释与ANT的"转译"到底有何不同？值得指出的是，柯林斯与埃文斯显然察觉了这问题[①]。在其合著的《再思专业》（*Rethinking Expertise*）中，两位作者于一处脚注中主张ANT将人与非人"对称地看待"的做法，无疑忽略了人类独有的默会知识（tacit knowledge）——而默会知识可说是所有专家知识的核心[②]。尽管柯林斯与埃文斯的区分言之成理（或说无可厚非），然从实用的角度，我认为，如果说ANT可自SSK中汲取的理论资源是以科学场所与实作为中心的类型学分析，那么，以转译——乃至于以转译探讨跨越实验室内与外、人与非人、社会与自然等二元对立之网络如何形成与稳固——为理论核心的ANT，或许可让SSK研究者突破此类型学分析的窠臼，朝向如拉吉期待的"超越后实证主义与后殖

---

① Harry M. Collins and Robert Evans. *Rethinking Expertise*（Chicago: University of Chicago Press, 2007）.
② Harry M. Collins and Robert Evans. *Rethinking Expertise*, p.23, footnote 12.

民研究"的全球转向①。

结　语

结合地理学之视野以回答"科学是什么""科学于过去与当代人类社会中的角色是什么"等问题已成为欧美科学史与STS过去40年来主要的发展趋势之一。有鉴于台湾地理学社群与STS社群间的对话仍属有限，且属于某特定社群之研究者在面对另一社群独特的分析概念与语言时，常有无所适从之感，本文旨在提供一概念地图，期能激起台湾学术社群对此地理转向的讨论。在依序说明科学史与STS研究者系如何处理科学知识的地方性、地理学者如何运用此观点以重新检视地理学传统，以及介绍此地理学转向中的两大理论传统——SSK与ANT后，本文亦回顾过去十年间SSK与ANT个别的发展，指出两阵营的关系堪以"形同陌路"形容。以此为基础，本文亦提出两点值得STS研究者与地理学者进一步介入的理论缺口。

台湾地理学者该如何汲取欧美学界数十年来试图结合地理学与科学史、科学技术研究两造时提出的理论资源，一方面避免如穆勒所批评的地理学研究与ANT间的"三心两意"，另一方面又能在这以欧美经验为基础的"资源库"中添入独树一帜的分析视野或经验案例？对此，我认为当务之急为东亚地理学史的研究。让我们先从阿格纽与利文斯通主编的《萨吉地理学手册》开始。如前所述，该

①　Kapil Raj, "Beyond Postcolonialism and Postpositivism," pp. 337–347.

书以18个发生地与集合所来探索地理学知识形成与扩散的过程，进而挑战传统地理学史写作中隐含的线性与辉格史观，乃至于彰显地理学过去与帝国主义、种族主义与社会达尔文主义纠缠不清的"具脉络的混乱"。只是，综观全书，研究者关心的议题仍以西方世界（包括曾受欧美帝国殖民的地区）为限。的确，在其为该书撰写的导论中，阿格纽与利文斯通明言该书所称的地理学知识仅指"西方、大部分盎格鲁—美洲"（Western, largely Anglo-American）的地理学，因为其他区域之地理学知识对其所欲探究的地理学知识（也就是足以写入《萨吉地理学手册》的地理学知识）仅有非常有限的影响[1]。值得强调的是，即便两位作者对其宣称的真实性深具信心，事实上是目前"西方、大部分盎格鲁—美洲"的地理学者少有将非西方的地理传统纳入分析，而"非西方"之地理学者所撰的地理学史也少有能与"西方"地理学史对话之处。另外，从方法论来看，阿格纽与利文斯通的宣称能否如其所暗示地"不证自明"也值得怀疑。显然的，两位学者的宣称若能成立的话，必得有相当的经验研究以证明所谓的"西方、大部分盎格鲁—美洲"地理学系如何扩散至非西方地区，取代当地既有的知识传统，成为主导当地社会界定其与自然之关系的地理学知识。这样看似合理的问题意识有其方法论的缺陷。如以地理学者布劳特（James Morris Blaut）的说法，此问题意识堪以"世界之殖民者模式"（the colonizer's model of the world）来形容——即预设科学知识将如现代化理论所预测般

---

① John A. Agnew and David N. Livingstone, "Introduction," in John A. Agnew and David N. Livingstone, eds., *The Sage Handbook of Geographical Knowledge* （London: Sage, 2011），pp. 1–17; 引文出自p. 3.

地沿着发展国家、发展中国家与低度发展国家的路径扩散①。若与前引麦克尤恩的批评②合并观之，我认为阿格纽与利文斯通对地理学知识的界定方式实引出值得地理学史研究者深入思考的现象：即便是强调科学知识之脉络性的研究者在面对难以纳入历史地理经验的个案（如从未受欧美帝国殖民的中国与日本，乃至于受到唯一非西方帝国——日本——殖民的台湾）时，常不加反思地做出武断、无历史且对权力无感的宣称。不过，持平而论，我们无法批评阿格纽与利文斯通前述说法内隐含的欧洲中心主义——毕竟，至今海峡两岸暨香港的地理学者针对地理学于东亚的演变史还未有系统的研究，而少数的个案研究也是以中文发表③。在地理学知识的历史地理学上，我认为东亚经验为亟待填补的一块拼图。台湾地理学研究者若能在具同理心审视自身学科的过去之余，一方面避免落入辉格史观与教科书编年史的窠臼，另一方面以后殖民科学史与STS研究的观点批判"地理学传统"隐含的欧洲中心主义，当能为目前已稍嫌扁平化的欧美地理学史书写做出卓越贡献。

另一值得台湾地理学者深入探索的主题为"地方"于科学知识流通中的角色。在此有必要指出，在东亚科学史与STS研究领域内，"科学知识之流通性"并未呈现如拉吉批评的"低度发展"——相

---

① James M. Blaut, *The Colonizer's Model of the World: Geographical Diffusionism and Eurocentric History*（New York: Guilford Press, 1993）.
② Cheryl McEwan, "Cutting Power Lines within the Palace?".
③ 关于海峡两岸暨香港之地理学史的研究，具代表性者见王文隆：《台湾中学地理教科书的祖国想象（1949—1999）》，《"国史馆"学术集刊》，2008年第17期，第201—251页；施添福：《地理学研究在台湾地区的发展与变迁》，《地理研究》，1984年第10期，第217—248页；郭双林：《西潮激荡下的晚清地理学》，北京：北京大学出版社，2000年；韩子奇：《进入世界的挫折与自由：二十世纪初的〈地学杂志〉》，《新史学》，2008年第19卷第2期，第151—179页。

反地，不仅关于"西学东渐"的研究早已取得丰硕的成果，近年来研究者更援引阅读史、文化史等相邻学科的视野，以精巧的个案研究试图深化下列议题：（1）欧美科学系透过何种媒介与机制传入东亚社会；（2）其传入过程反映了何种区域文化的特色；（3）该特色与东亚既有知识传统（如本草）间有何关联①。即便研究者对前述议题的探究已卓然有成，若我们从地理学者利文斯通与威瑟斯强调的"科学知识的历史地理学"来看，我认为既有的东亚科学史研究累积仍失于彰显欧美科学在传入东亚社会时的地方性。举例来说，达尔文的演化思想系如何传入20世纪初期的中国与日本，成为广受研究者重视的题目。只是，当历史学者在处理这样的议题时，他／她们或则聚焦在特定的思想家（如严复），或则针对特定的学术机构（如东京帝国大学）来探讨，少有研究者去追问如下的问题：身处东京的知识分子对演化思想的继受方式与其在北海道札幌的同侪有何不同？东京作为一新兴帝国的首都，生活其间的人们，对于"物竞天择，适者生存"这样的欧美思想，其讨论与诠释的方式，与生活在札幌这样的边疆城市有何不同？乍看之下，前述提问或许浅显，但事实上是东亚科学史与STS研究者在致力于以国族——国

---

① "西学东渐"的研究已汗牛充栋，在此不一一列举。我认为晚近值得注目的作品包括：Grace Yen Shen, *Unearthing the Nation: Modern Geology and Nationalism in Republican China*（Chicago: University of Chicago Press, 2013）；Sean Hsiang-lin Lei, *Neither Donkey Nor Horse; Danian Hu, China and Albert Einstein: The Reception of the Physicist and His Theory in China, 1917–1979*（Cambridge, Mass.: Harvard University Press, 2005）；戴丽娟：《周口店发掘时代的一名法国顾问：以新近出版的德日进书信集为基础材料的研究》，《"中研院"历史语言研究所集刊》，2008年第79本第1分，第95—161页；沙培德、张哲嘉主编：《"中研院"第四届国际汉学会议论文集：近代中国新知识的建构》，台北："中研院"，2013年）。

家为单位的比较研究之余，少有将其笔下之西欧科学于东亚的继受方式真正地置于其地。综合以上，我认为，在地取向在东亚科学史与STS研究中还未到功成身退的时刻，我们仍需要更多自SSK或"科学知识之历史地理学"中衍生的新视野来挹注"西学东渐"此一旧瓶，而我认为这是地理学者于此方兴未艾之学术传统中的独特区位（niche）[①]。

第三，我认为穆勒点出的"三心两意"值得台湾地理学者进一步深究。无可否认，过去十年来，ANT的若干关键概念［如无尺度、内外之别的关系性空间、"社会"与"自然"系如何在网络中被促动（enacted）等］已断断续续地出现在台湾地理学的研究论文

[①] 本段落系来自阅读下列著作的反思；Ronald L. Numbers and John Stenhouse, *Disseminating Darwinism: The Role of Place, Race, Religion, and Gender* (Cambridge: Cambridge University Press, 1999); David N. Livingstone, *Dealing with Darwin: Place, Politics, and Rhetoric in Religious Engagements with Evolution* (Baltimore: Johns Hopkins University Press, 2014). 值得注意的是晚近研究者将STS "东亚化"的尝试；见Wen-yuan Lin and John Law, "A Correlative STS: Lessons from a Chinese Medical Practice," *Social Studies of Science*, 2014, Vol.44, No.6, pp. 801–824; Wen-yuan Lin and John Law, "We Have Never Been Latecomers!? Making Knowledge Spaces for East Asian Technosocial Practices," *East Asian Science, Technology and Society: An International Journal*, 2015, Vol.9, No.2, pp. 117–126. 以及收录于Ruey-lin Chen and Daiwie Fu主编之 *East Asian Science, Technology and Society*的论文，2012年出版；如Ruey-lin Chen, "A Voyage to East Asian STS Theories; Or, What Might Make an STS Theory East Asian," *East Asian Science, Technology and Society: An International Journal*, 2012, Vol.6, No.4, pp. 465–485; Warwick Anderson, "Asia as Method in Science and Technology Studies," *East Asian Science, Technology and Society: An International Journal*, 2012, Vol.6, No.4, pp. 445–451. 不过，我认为这些尝试关切的空间尺度仍然落在区域尺度，与"将科学置于其地"的取向仍有距离。相较之下，我认为李尚仁、杨弘任、范发迪（Fa-ti Fan）为试着将东亚科学史或STS置于其地的作品，见李尚仁：《帝国的医师：万巴德与英国热带医学的创建》，台北：允晨文化实业股份有限公司，2012年；杨弘任：《行动中的川流发电》；杨弘任：《小区如何动起来？》；Fa-ti Fan, *British naturalists in Qing China: Science, Empire, and Cultural Encounter* (Cambridge, Mass.: Harvard University Press, 2004).

与硕博士论文中。即便如此，我认为，除了在空间的本体论层次上援引ANT的见解，台湾地理学者似应参考更多真正结合ANT与地理学（而不仅是ANT于地理学中的应用）的研究取向与主题（如动物地理学、以非再现理论之"情感"与"事件"来整合ANT与地理学的"不仅是人的地理学"、以ANT重新概念化的政治生态学等）[1]。此外，我认为，台湾地理学者也应思考ANT以外的科学史与STS研究的观点（如已被研究者援引以修补ANT之缺陷的社会世界理论）能否帮助我们处理学科的关键议题[2]。不过，不论地理学者系如何自科学史与STS研究中汲取理论资源，我认为关键是如穆勒在前引文章中指出的，要让地理学与ANT（或STS研究中的其他分支）间的交流不至于三心两意，研究者有必要在分析中夹杂众多ANT术语前，清楚说明这些纷杂的ANT术语到底反映怎样的理论预设——否则ANT在地理学研究中的风行难以以"对话"称之，不过只是地理学另一回就新奇或流行之社会科学理论的"采借"而已。

从20世纪80年代的梅尔抱怨地理学者对科恩典范说的引用并非什么"可骄傲"的事[3]。至今，地理学与科学史、STS的对话已逾30年。本文试着梳理这段历史，并据此提出本地研究者在理论与

---

[1] 我认为沃特莫尔的主要贡献即在结合非再现理论与ANT；Sarah Whatmore, *Hybrid Geographies*；关于政治生态学与STS的结合，见Mara J. Goldman, Paul Nadasdy, and Matthew D. Turner, eds., *Knowing Nature: Conversations at the Intersection of Political Ecology and Science Studies*（Chicago: University of Chicago Press, 2011）.

[2] 试图结合ANT与社会世界理论的重要研究见Karin Garrety, "Social Worlds, Actor-Networks and Controversy: The Case of Cholesterol, Dietary Fat and Heart Disease," *Social Studies of Science*, 1997, Vol.27, No.5, pp. 727–773; 社会学者林文源晚近的著作则对此做出重要突破，见林文源：《看不见的行动能力》。

[3] Andrew Mair, "Thomas Kuhn and Understanding Geography," p.363.

经验上可资介入之处。就欧美地理学界而言，虽说这样的对话未能如格利高里期待地找出地理学者间"共享的工作与思考习惯"[①]，它的确如利文斯通所说的避免让"地理学的过去与未来"被"派系的辩护士"所把持[②]。但这样的对话是否象征着地理学的另一回"出走"（excursion）？或许是的——但这就如鲍威尔在其回顾文章里指出的，这样的出走带回来的却是对各地理学传统之间联系的崭新理解——而该联系"正提供了当代地理学中最为创新的工作"（connections across geographical traditions are providing for some of the most innovative work in contemporary geography）[③]。

我认为鲍威尔的结语亦可供台湾地理学者参考——甚至，如我在前述段落中主张的，鲍威尔所称的"出走"事实上还可走得更远。该如何以细致的在地研究丰富地理学与STS间的对话，从而提供"当代地理学中最为创新的工作"，或许是台湾地理学者的施力与使力之处。

---

① Derek Gregory, "A Geographical Unconscious: Spaces for Dialogue and Difference," p.184.
② David N. Livingstone, *The Geographical Tradition*, p.358.
③ Richard C. Powell, "Geographies of Science," p.324.

新史学之再维新：
中国医疗史研究的回顾与展望（2011—2017）

皮国立

前　言

　　一门学术从开创到延续，乃汇集个人乃至众人学术成果之积累，始能从涓涓细流汇集成汪洋大海、浩瀚兴盛。中国医疗史的研究，从20世纪90年代初开始，至今已成为台湾本土历史学门中最有成果的一支。一直以来，受到东亚乃至世界医学史学界的重视，相关研究成果的回顾已有学者分析、梳理①，当中也包括笔者写过一

① 杜正胜：《另类医疗史研究 20年：史家与医家对话的台湾经验》，《古今论衡》，2013年第25期，第3—38页。另可参考陈秀芬：《医疗史研究在台湾（1990—2010）：兼论其与"新史学"的关系》，《汉学研究通讯》，2010年第2卷第3期，第19—28页。另外有关医疗史领域研究在台湾的发展，教学与社群运作模式，可参考李贞德的补充：《疾病、医疗与文化专辑导言》，《汉学研究》，2016年第34卷第3期，第1—7页。有关中国大陆医疗社会史和卫生史的研究，余新忠做出不少耕耘和努力，他对中西历史学界的卫生史研究回顾也很详尽，可参考余新忠：《清代卫生防疫机制及其近代演变》，北京：北京师范大学出版社，2016年，第1—35页。还有从宏观医疗史研究视角出发的分析，参考刘士永：《由庶而嫡：廿一世纪华人医学史的重现与再释》，刘士永、皮国立主编：《卫生史新视野：华人社会的身体、疾病与历史论述》，台北：华艺学术出版社，2016年，第2—42页。

些有关医疗史的相关研究回顾①，并曾于专书内进行过相关分析，已见诸笔述的，即不在本文重复②。但最近几年的动向乃至新成果，则还未有一专文加以分析。学术成果靠累积，延续学术生命则需要不断地创新，是以本文拟依据近6年（2011年至2017年）的中国医疗史著作为分析范围③，希望能从研究回顾中，既书写这门学术的历史，也为整个研究的创新，提供一些个人的观察与建议，希望能对未来的研究者有所帮助。当然，学术研究之回顾，还是必须要有主体性，故先以台湾为主、扩展至东亚，再及于西方，比较能够聚焦，不致流于泛泛之论或无根之谈。

还必须加以说明与界定，"中国医疗史"范围是跨越朝代的通贯历史研究分析，以一篇文章来论述已嫌吃力。中国以外的东亚其他国家的医疗史，碍于篇幅，无法一一细论。至于台湾的医疗史研究，有不少是基于台湾史为出发的分析，也很有意义，但基本上本文还是以中国大陆医疗史为主，台湾医疗史还有待另文梳理，除作为说明的举例外，不宜掺杂进正文论述，以免模糊焦点④。此外，

---

① 陆续见诸皮国立：《近代中医的身体与思想转型：唐宗海与中西医汇通时代》，北京：生活·读书·新知三联书店，2008年，第13—36页。以及皮国立：《探索过往，发现新法：两岸近代中国疾病史的研究回顾》，《台湾师大历史学报》，2006年第35期，第251—278页。皮国立：《"气"与"细菌"的近代中国医疗史：外感热病的知识转型与日常生活》，台北：医药研究所，2012年，第1—38页。

② 皮国立：《国族、国医与病人：近代中国的医疗和身体》，台北：五南图书出版股份有限公司，2016年，第2—15页。

③ 部分研究成果，也拓展至2018。

④ 对于医疗史方面的全球转向，蒋竹山也有累积长期的关注。他希望借由从文化转向及全球视野的研究取向，来检视近代东亚医疗史研究的书写特色，他在研究中也持续关注台湾医疗史和文化史的研究动向。可参考蒋竹山：《"全球转向"：全球视野下的医疗史研究初探》，《人文杂志》，2014年第10期，第84—92页。以及氏著：《文化转向与全球视野：近代东亚医疗史研究的再思考》，"2014—2015台湾史研究的回顾与展望"学术研讨会，台南：台湾历史博物馆，2016年12月9—10日。

近年来科技与社会（STS）研究的兴盛，在台湾医疗史的研究上成为不可忽略的一支生力军，有兴趣者宜多加关注①，本文碍于篇幅，无法面面俱到，故还是以历史学门为主，这个部分也无法一一详述，只能另待方家着墨。

一、既有研究领域之维持与扩展

不论何种主题之研究，如果本土学者或社群间彼此都不阅读、不关注，遑论进一步成果积累之意义。做研究是为了什么？学者该如何期待"人文知识"的可能性，从平行的到由上至下的来扩散知识的影响力？我们太重视国际影响力而忽略在地化脉络的阅读和日常最贴近生活的人文思考，探讨这些研究成果对我们的生命或阅读经验有着什么样的意义，这是值得我们不断寻找、反思的课题。

不能忽略台湾几位长年致力于医疗史的第一代学者，近年来持续有新作品问世。例如林富士近年虽将研究转移到数字人文的开发与研究，但仍有古代祝由和槟榔文化、健康的相关论文，从宗教史跨界到食品卫生与文化之研究②，他关注人民的小历史，认为史家必

---

① 台湾的STS社群相当活跃，除了期刊文章外，他们也出版不少读本，致力推展相关的研究与知识，例如卢孳艳、蒋欣欣、林宜平：《护理与社会：跨界的对话与创新》，台北：群学出版有限公司，2011年。

② 林富士：《"祝由"释义：以〈黄帝内经·素问〉为核心文本的讨论》，《"中研院"历史语言研究所集刊》，2012年第83本第4分，第671—738页；（以下同作者省略）《中国的"巫医"传统》，收入"中研院"历史语言研究所生命医疗史研究室主编：《中国史新论·医疗史分册》，台北："中研院"、联经出版事业股份有限公司，2015年，第61—150页；《试论影响食品安全的文化因素：以嚼食槟榔为例》，《中国饮食文化》，2014年第10卷第1期，第43—104页；《槟榔与佛教：以汉文文献为主的探讨》，《"中研院"历史语言研究所集刊》，2017年特刊。

须为底层人民发声，而不能只关注上层精英和国家的历史①。李贞德则持续耕耘她的性别、医疗与健康，并将研究视野从她原本的中国中古时代转移到了近代中国和台湾，探讨西方生理学进入东亚性别知识体系中的议题②。祝平一则探讨清代传统中医的疾病史和生理学上之诸般论争③。李建民这几年致力于中医外科史之研究④，自2011年从较通俗的著作着手，一直到2016年研究汇整的《从中医看中国文化》、2018年《近世中医外科"反常"手术之谜》等专著问世⑤，皆可看出其努力的轨迹；近几年的论文，也大体展现了这些面向⑥。

---

① 这样的关怀可参考林富士：《小历史：历史的边陲》（增订版），台北：三民书局股份有限公司，2018年。
② 李贞德：《台湾生理卫生教育中的性、生殖与性别（1945—1968）》，《近代中国妇女史研究》，2013年第22期，第65—125页；《二十世纪前半中国生理卫生教育中的性、生殖与性别》，收入祝平一主编：《第四届国际汉学会议论文集·卫生与医疗》，台北："中研院"，2013年，第101—155页。
③ 祝平一：《清代的痧：一个疾病范畴的诞生》，《汉学研究》，2013年第31卷第3期，第193—228页；《疫病、文本与社会：清代痧症的建构》，收入"中研院"史语所生命医疗史研究室主编：《中国史新论·医疗史分册》，台北："中研院"、联经出版事业股份有限公司，2015年，第387—430页。以及祝平一：《方寸之间：天主教与清代的心、脑之争》，《汉学研究》，2016年第34卷第3期，第119—159页。最新的研究则收入梁其姿主编的论文集内："Sex in School: Educating the Junior High Students in Early Republican China," in Angela Ki Che Leung and Izumi Nakayama, eds., *Gender, Health and History in Modern East Asia* (Hong Kong: Hong Kong University Press, 2017), pp. 61–91.
④ 此指李建民：《华佗隐藏的手术：外科的中国医学史》，台北：东大图书公司，2011年；《从中医看中国文化》，北京：商务印书馆，2016年。
⑤ 李建民：《近世中医外科"反常"手术之谜》，台北：三民书局股份有限公司，2018年。
⑥ 李建民：《明代〈外科正宗·救自刎断喉法〉考释》，《九州学林》，2013年第32期，第97—113页；《中医近世外科"反常"手术之谜：中医为什么没有"手术"传统》，《大韩韩医学原典学会志》，2013年第26卷第4期，第155—179页；《中国明代の縫合手術》，《千叶大学人文社会科学研究》（日本），2014年第28期，第278—294页；《"医古文"与医学史》，《中医药文化》，2014年第3期，第24—25页；《中医外科为什么不动手术?》，《韩国医史学会志》（庆熙大学），2015年第28卷第2期，第121—138页；《被忽视的中医手术史》，《南京中医药大学学报》，2016年第17卷第1期，第9—13页；《"羊矢"之谜与中医肌肉的身体观》，《中医药文化》，2016年第11卷第3期，第4—12页；《清代手抄本〈痧医探源论〉考释》，《九州学林》2016年第37期，第153—190页。

金仕起则关切外科与乳痈、性别的问题，对传统医书文献进行不少梳理[1]。此外，不一定完全从中国本土的视角出发，李尚仁基于对西方医学史的娴熟与殖民医学理论之深入[2]，除近年出版一本重量级的学术专著外[3]，还有军事医疗的论文[4]，并对一些医疗史和科技史的书进行翻译和校订的工作[5]，这种贡献可能对整个医疗科技史的普及是必要的，但却少有人加以重视；而且李的跨国研究视野与思路，在台湾乃至东亚恐怕都是比较缺乏的。

张哲嘉的研究，这几年集中在法医史[6]、清宫医疗[7]、中日解剖学名词和知识转译等相关论题[8]。雷祥麟则出版了在医史学界

---

[1]　金仕起：《中国传统医籍中的乳痈、性别与经验》，《政治大学历史学报》，2017年第47卷第1期，第1—74页。

[2]　李尚仁：《晚清来华的西医》，收入"中研院"历史语言研究所生命医疗史研究室主编：《中国史新论·医疗史分册》，台北："中研院"、联经出版事业股份有限公司，2015年，第527—571页。

[3]　李尚仁：《帝国的医师：万巴德与英国热带医学的创建》，台北：允晨文化实业股份有限公司，2012年。

[4]　李尚仁：《英法联军之役中的英国军事医疗》，《"中研院"历史语言研究所集刊》，2011年第82本第3分，第533—575页。

[5]　例如李尚仁：《现代世界的物质史：〈老科技的全球史〉中译本导言》，收入其翻译之《老科技的全球史》（*The Shock of the Old: Technology and Global History since 1900*），新北：左岸文化，2016年，第9—34页。

[6]　张哲嘉：《清代检验典范的转型：人身骨节论辨所反映的清代知识地图》，收入生命医疗史研究室编：《中国史新论：医疗史分册》，2015年，第431—473页。

[7]　Chang Che-chia, "The Qing Imperial Academy of Medicine: Its Institutions and the Physicians Shaped by Them," *East Asian Science, Technology, and Medicine*, 2015, Vol.41, pp. 63–92.

[8]　张哲嘉：《逾淮为枳：语言条件制约下的汉译解剖学名词创造》，沙培德、张哲嘉编：《近代中国新知识的建构》，台北："中研院"，2013年，第21—52页；《〈重订解体新书〉译词的改订与方法》，铃木贞美、刘建辉编：《東アジアにおける知的交流: キイ・コンセプトの再討》，京都：國際日本文化研究センター，2013年，第225—235页；《〈重订解体新书〉对三译原则的运用》，黄自进编：《東アジア世界における日本と臺灣》，台北："中研院"人文社会研究中心，2013年，第41—64页；《"全體新論"与"解體新書"の漢字醫學術語について》，铃木贞美、刘建辉编：《東アジアにおける近代諸概念の成立》，京都：國際日本文化研究センター，2012年，第173—178页。

颇受好评的 *Neither Donkey Nor Horse: Medicine in the Struggle over China's Modernity*（《非驴非马：医疗与中国现代性之争》）[1]，他也关心新生活运动中的卫生、家庭问题，并拓展至跨区域性的卫生观念对比[2]。雷的研究，其实反映了这几年研究近代中医史的热潮[3]，并赋予医疗与现代国家建构的对照视角。另一本英文著作是吴章（Bridie Andrew）的 *The Making of Modern Chinese Medicine, 1850–1960*[4]，相较于吴章之专注于中医为何与如何现代化，雷祥麟则认为"现代化"概念事实上是民国中医的一个"发明"，在此意义下的"新中医"，既不传统又不现代，但却为之提供了一个游移的生存、解释空间。皮国立则从中医自身的转型出发，探讨传统中医在受到细菌学冲击后，如何展开新的论述，近来还探讨1918年大流感在中国的流行病史与社会应对之状况[5]，并关注新式西方药品的诞生与传统中医的回应与对比[6]。许多近代中医史的研究，皆可视为

---

[1] Sean Hsiang-lin Lei, *Neither Donkey Nor Horse: Medicine in the Struggle over China's Modernity* (Chicago and London: University of Chicago Press, 2014).

[2] 雷祥麟：《习惯成四维：新生活运动与肺结核防治中的伦理、家庭与身体》，《"中研院"近代史研究所集刊》，2011年第74期，第133—177页。雷还以吐痰一事为例，对比了几个地区的反吐痰运动，在追求抑制肺结核传播的相同目标中，却走上了反向的历史道路。参考雷祥麟：《以公共痰盂为傲？香港、纽约与上海的反吐痰运动》，《"中研院"近代史研究所集刊》，2017年第98期，第1—47页。

[3] 最近总结性的著作，还有朱建平、张伯礼、王国强：《百年中医史》，上海：上海科学技术出版社，2016年。

[4] Bridie Andrews, *The Making of Modern Chinese Medicine, 1850–1960* (Vancouver: UBC Press, 2014).

[5] 皮国立：《气与细菌的近代中国医疗史：外感热病的知识转型与日常生活》，前揭书。以及《民国疫病与社会应对：1918年大流感在京、津与沪、绍之区域对比研究》，《新史学》，2016年第27卷第4期，第57—107页。

[6] 皮国立：《从"补肾"到"荷尔蒙"疗法：民国时期新式抗病技术与日常生活》，《医疗社会史研究》2017年第3辑，第32—77页。氏著：《当中医遭遇荷尔蒙：中医脏器疗法（1920—1949）》，《新亚学报》2018年第35卷，第1—54页。氏著：《当"营养"成商品：维生素在近代中国（1920—1931）》，收入刘维开主编：《1920年代之中国》，台北：政大出版社，2018年，第345—371页。

探索近代国家各种新发展、新尝试之一环，在政治、军事、科技等层面，无不面临新的转型，医疗史的研究补充了过去的空白，用医疗和卫生的视角来重新审视近代中国历史的转型，已内化成中国近代史研究的一部分。刘士永虽然主要研究台湾史，但台湾史和中国医疗史还是有汇通之处，因为台湾的中医问题，有一部分还是中国近代医疗史问题的延续[①]，像是中西医结合问题[②]，而且刘氏已将视角扩展至东亚医疗史，除了对日本医疗史有相关的研究外[③]，也持续关注医疗卫生史研究在近代东亚的进程，其研究还包括卫生防疫在中国[④]、战争与救护等方面[⑤]，这几年都有不少论著产出。

近代以外的专题研究，台大的张嘉凤近年来都在古代幼儿医疗史的领域耕耘[⑥]，最近几年她借着《折肱漫录》的作者黄承昊之长期记录，来考查其兼具病人、文人与医者的医病经验；论文中也呈现了晚明江南士大夫日常生活的一些情况，并反映当时的医疗环境

---

① 刘士永：《延续或断裂？ 1940—50年代台湾的公共卫生》，范燕秋编：《多元镶嵌与创造转化：台湾公共卫生百年史》，台北：远流出版事业股份有限公司，2011年，第100—170页。
② 刘士永：《战后台湾中西整合医学发展的踟蹰：以杜聪明与杨思标为例》，《中医药杂志》，2013年第24期，第111—122页。
③ 刘士永：《武士刀与柳叶刀：日本西洋医学之接纳与开展》，台北：台湾大学出版中心，2012年。
④ Michael Shiyung Liu, "Epidemic Control and Wars in Republican China（1935-1955）", *Extrême-Orient, Extrême-Occident*, 2014, Vol.37, pp. 111-140；
"Continuity or Discontinuity: Modern Public Health in 1940-50s China," 祝平一编：《第四届国际汉学会议论文集·卫生与医疗》，第213—232页。
⑤ 刘士永：《战时中国的传道医疗：抗战时期美国医药援华局（ABMAC）试探》，收入黄文江、张云开、陈智衡编：《变局下的西潮：基督教与中国的现代性》，香港：建道神学院，2015年，第285—304页。
⑥ 张嘉凤：《黄帝不能察其幼小：宋清之间小儿医的自我认同与社会定位》，《新史学》，2013年第24卷第1期，第1—58页。张嘉凤：《隋唐医籍中的小儿病因观试探》，《台大文史哲学报》，2012年第77期，第199—236页。

与医疗市场之特色①，最近则有古代"太素脉"的史学研究②。邱仲麟长年在明代社会文化史努力耕耘，近年来关怀的领域拓展到环境史，但是他仍有关于医病关系、医疗社会史的论文刊行③。蒋竹山则延续其药品和物质、消费文化的视角，修改并出版他早年对人参史的研究，并从身体、习俗和物质文化及其交流的视角出发，来探讨明清社会文化的发展④。此外，精神病学史是不能忽略的一块，王文基在近代中国的心理学和"神经衰弱"之病史有较为深刻的耕耘，而且他注意到：现代心理学和精神病学的诊断虽然是一国际性的产物，但受到中国政治和社会文化之影响，而被转译为各种不同的风貌，它有助于我们理解现代医学在中国发展的不同思路⑤。陈秀芬则在古代的情志疾病与医疗史的领域持续耕耘，近年的论

① 张嘉凤：《爱身念重：〈折肱漫录〉中文人之疾与养》，《台大历史学报》，2013年第51期，第1—80页。
② Chia-Feng Chang, "Medicine and Prognostication: A Case Study on the Taisumai Pulse-Taking Technology in Pre-modern China, " *Nova Acta Leopoldina*, 2017, No.414, pp. 113-121.
③ 邱仲麟：《医资与药钱：明代的看诊文化与民众的治病负担》，收入"中研院"史语所生命医疗史研究室主编：《中国史新论·医疗史分册》，第337—385页。以及氏著：《明代以降的痘神庙与痘神信仰》，《"中研院"历史语言研究所集刊》，2017年第88本第4分，第785—915页。
④ 蒋竹山：《裸体抗炮：你所不知道的暗黑明清史读本》，台北：蔚蓝文化出版股份有限公司，2016年。以及蒋竹山：《人参帝国：清代人参的生产、消费与医疗》，杭州：浙江大学出版社，2015年。
⑤ 王文基：《心理的"下层工作"：〈西风〉与1930—1940年代大众心理卫生论述》，《科技、医疗与社会》，2011年第13期，第15—88页。以及Wen-Ji Wang, "Neurasthenia and the Rise of Psy Disciplines in Republican China," *East Asian Science, Technology and Society: An International Journal*, 2016, Vol.10, No.2, pp. 141-160. 以及王文基：《疯狂、机构与民国社会》，载于刘士永，王文基编：《东亚医疗史：殖民，性别与现代性》，台北：联经出版事业股份有限公司，2017年，第77—98页。

述范围还扩及至金元、明等朝代①，最新的成果则涉及了《本草纲目·人部》之讨论②。

总体而言，在台湾内的中国医疗史研究依旧持续蓬勃发展，但值得改进之处仍有不少。余新忠曾在新著的前言谈到台湾医疗史的研究，指出：

> 其成员大多具有西方留学经历，而且很多为研习科学史出身，思维活跃，选题新颖，十分契合当今国际学术发展潮流。其研究成果对引领当前华人学界卫生史、医疗史乃至社会文化史的发展方向，无疑颇具意义。不过作为一个研究群体，虽然有比较接近的研究旨趣，但关注的问题实际上差别甚大，故而研究也多少显得零散而缺乏系统性。而且除梁其姿等少数人外，大多都对中国传统社会缺乏关注，他们探讨的也多为晚清特别是20世纪以后与西方或日本关系特别密切的问题，故而对于比较系统地了解中国近世社会卫生机制及其近代转变，仍难免有诸多不能令人满意之处③。

余氏所言颇为中肯，对台湾整体医疗史研究，他抱持正面肯定的态度，但也指出了台湾在中国医疗史研究主题上的零散与缺乏系统性；此外，研究成果过于偏重东亚、殖民、西方等几个外来元素，而对中

---

① 陈秀芬：《"诊断"徐渭：晚明社会对于狂与病的多元理解》，《明代研究》，2016年第27期，第71—121页；《情志过极，非药可愈：试论金元明清的"以情胜情"疗法》，《新史学》，2014年第25卷第1期，第1—50页。

② 陈秀芬：《从人到物：〈本草纲目·人部〉的人体论述与人药制作》，《"中研院"历史语言研究所集刊》，2017年第88本第3分，第589—641页。

③ 余新忠：《清代卫生防疫机制及其近代演变》，第17页。

国传统社会层面缺乏梳理。而余氏本身的关怀，特色在于他可以摆脱多数视"卫生"为通往现代化必经历程的单调论述，深入中国近世基层社会，讨论"卫生"观念演变和具体制度之建立，例如检疫、用水、处理粪秽等可能的新式机制，并揭示其有别于西方道路的特殊存在①。

　　笔者浅见认为，过去台湾的中国医疗史研究在"中研院"历史语言研究所第一代学者的努力下，所办的研讨会和研究主题，多是一种"集众式"成果的展现②。只是近几年的研究成果，大多是学者旧著整合过后的论文集，不同时期、不同关切主题的论文一起纳入，虽感成果丰硕，但显然研究主题聚焦不足③。当初"从医疗看中国史"的目标，笔者仍认为非常有意义，如何让"医疗"成为解释中国史的一种方法和视角？在研究上应力求突破，在实际的教学现场中也是如此，这个目标尤难落实，目前所见在台湾的中国医疗史之开课模式，多以专题为导向，较缺乏通贯式的解释，还有待进一步开发；加上少子化冲击，各人社类研究所之招生普遍出现问题，导致史学专题研究更加不易积累。而且历史系的教学仍是断代史思维，缺乏专题历史讨论之纵深，未来将如何延续、深化医疗史研究之成果，值得史学界深思。

　　为此，本文也稍微谈一下医疗史的通史著作，可作为补充中国总

① 这几年以探讨"卫生"为主体的各方面新书，还有刘士永、皮国立主编：《卫生史新视野：华人社会的身体、疾病与历史论述》；祝平一主编：《健康与社会：华人卫生新史》，台北：联经出版事业股份有限公司，2013年。而虽然与中国研究关系比较少，但台湾学者还是在东亚卫生、教育与健康问题进行研究，探讨近代东亚地区促使民众健康观改变的种种因素。例如范燕秋编：《多元镶嵌与创造转化：台湾公共卫生百年史》。以及前述刘士永：《公共卫生（Public Health）：近代华人社会里的新兴西方观念》，收入祝平一编：《健康与社会：华人卫生新史》，第9—40页。
② 皮国立：《"气"与"细菌"的近代中国医疗史：外感热病的知识转型与日常生活》，第9—11页。
③ "中研院"史语所生命医疗史研究室主编：《中国史新论·医疗史分册》。

体史之一助的专著，在这几年也有不少进展。它们大概牵涉梳理中医概念、思想之介绍和技术演变的历史脉络①，这些中医思想与概念之研究，和西方学界的关注是相通的②。还有包括针灸③、药物④、医政在内⑤，也是这几年较有成果的研究主题，而不少偏向通俗的著作，此处不多论。值得一提的是，医疗史有时仍被放在科学技术史的脉络中来谈，例如江晓原主编的五卷本《中国科学技术通史》，希望能在可读又具有学术性的前提下，在当代展现不断修新史的企图。江氏指出：今世修史，自然有别于前代。今日读史，所见所思，亦必与前代读者不同，这是科技史也不断需要重写的原因。该书有关医学的部分，主要由廖育群和张大庆撰写，包括在《中国科学技术通史·源远流长》内，廖育群撰写的"从简帛医籍到经典成立"，以及《中国科学技术通史·正午时分》内的"医学流派与理论学说""药物知识与本草学的发展历程"和"宋慈、《洗冤集录》与司法检验体系"等篇目。《中国科学技术通史·旧命维新》则偏重清代以来的科技史，内中相关篇章主要由张大庆、熊卫民等撰写，包括有"鼠疫防治：中国公共卫生的开端""北京协和医学院与中国现代医学发展""结晶牛胰岛素的人工全合成"等篇章，但比较可惜的是较缺乏近代中西医汇通与冲

① TJ Hinrichs and Linda L. Barnes, ed., *Chinese Medicine and Healing: An Illustrated History* (Cambridge, Mass. : Belknap Press of Harvard University Press, 2013). 程雅君：《中医哲学史（第三卷）：明清时期》，成都：巴蜀书社，2015年。

② Volker Scheid, "Holism, Chinese Medicine and Systems Ideologies: Rewriting the Past to Imagine the Future, " in Angela Woods and Anne Whitehead, eds., *The Edinburgh Companion to the Critical Medical Humanities* (Edinburgh: Edinburgh University Press, 2016), pp. 66–86.

③ 马继兴：《针灸学通史》，长沙：湖南科学技术出版社，2012年；小曾户洋，天野阳介著：《針灸の歷史：悠久の東洋医術》，东京都：大修館书店，2015年。

④ 小曾户洋：《新版漢方の歷史》，东京都：大修館书店，2014年。

⑤ 李灿东：《中医医政史略》，北京：中国中医药出版社，2015年。

撞的部分①。总体虽有新意,但若以贯通的目的而论,还是偏于专题式的通史;对比罗婉娴的《香港西医发展史 1842—1990》,则是近年出版探讨一地通贯式医学史的佳作②。以上两种通史的写法,一重专题探究、一重通贯叙事,可谓各有特色。

二、近年研究趋势分析

若探讨近年来中国医疗史研究的趋势,用传统的断代来分析,无疑是近现代领域的研究成果最丰硕,这当然与史料多寡有正面的关系。秦汉的医疗史,必须依赖出土简牍的解析才能做更进一步的探究,这几年有不少汇整的资料出现,值得关注③。中古时期的医疗史,大概还是以宗教医疗的探讨为最多④,而这样的现象一直延续到唐宋时期,宗教与医疗、医者之间的关系,还是非常受到研究者的重视,席文(Nathan Sivin)的 *Health Care in Eleventh-Century China*⑤,恰可说明西方学者对这类议题的重视。而唐宋以来的医疗史,比较受瞩目的成果,多集中在医药交流史⑥、医政⑦与医书的刊

---

① 江晓原主编:《中国科学技术通史》,上海:上海交通大学出版社,2015年,第1—2页。
② 罗婉娴:《香港西医发展史 1842—1990》,香港:香港中华书局,2019年。
③ 详后文。
④ C. Pierce Salguero, *Translating Buddhist Medicine in Medieval China*(Philadelphia: University of Pennsylvania Press, 2014).
⑤ Nathan Sivin, *Health Care in Eleventh-Century China*(Cham, Switzerland: Springer, 2015).
⑥ 陈明:《中古医疗与外来文化》,北京:北京大学出版社,2013年。
⑦ 韩毅:《政府治理与医学发展:宋代医事诏令研究》,北京:中国科学技术出版社,2014年。

刻与知识生产①、疾病②等几个重要的主题上，宗教与外来文化的影响，对这个时代的影响是相当显著的，陈明《敦煌的医疗与社会》一书，大体展现了该时代医疗社会史的发展特色③。

明清以来的医疗史研究，梁其姿、祝平一、余新忠、蒋竹山、陈秀芬等人，自是重要的研究者；到近代以后，研究就更多了，本文无法一一分析，大概还是以主题来分类，谈几个比较热门的研究论题。首先，传统研究的累积恐怕还是不能忽略的。东亚有一批传统医学文献、历史的研究者，不断对既有的医书文献进行解读与汇整的工作。包括这些在内的许多作者都是临床医师，从事临床教学研究，多为"内史"出身的研究者；照杜正胜的说法，他们做的才是"正统医学史"，历史学者写的医史，只能称"另类"④。从这几年来看，这类"正统"背景的研究者大概比较喜欢将研究焦点放在"中国医学流派与学说史"⑤"医学文献考证与编纂"⑥"医者传记

---

① 范家伟：《北宋校正医书局新探》，香港：香港中华书局，2014年。
② 于赓哲：《唐代疾病医疗史初探》，北京：中国社会科学出版社，2011年；韩毅：《宋代瘟疫的流行与防治》，北京：商务印书馆，2015年。
③ 陈明：《敦煌的医疗与社会》，海口：南海出版公司，2018年。
④ 杜正胜：《医疗、社会与文化：另类医疗史的思考》，《新史学》，1997年第8卷第4期，第143—171页。
⑤ 例如石岩：《中医内科学术流派及各家学说》，北京：辽宁科学技术出版社，2015年；杨殿兴：《川派中医药源流与发展》，北京：中国中医药出版社，2016年；蒋熙德（Volker Scheid）：《孟河医学源流论》，北京：中国中医药出版社，2016年。
⑥ 这个部分的研究所带来的新史料运用，后面还会谈到，这边仅举几个研究较好的例子：张晓丽：《明清医学专科目录研究》，合肥：黄山书社，2011年；刘时觉：《中国医籍续考》，北京：人民卫生出版社，2011年；王育林：《四库全书总目子部医家类汇考》，北京：学苑出版社，2013年；钱超尘：《宋本〈伤寒论〉文献史论》，北京：学苑出版社，2015年；逯铭昕：《宋代伤寒学术与文献考论》，北京：科学出版社，2017年；真柳诚：《黄帝医籍研究》，东京：汲古书院，2014；浦山きか：《中國醫書の文獻學の研究》，东京：汲古书院，2014年。

及思想研究"①"医学分科史"②四大领域，因为这些面向与医者实际的技术知识积累有关，这些主题能将中医的发展置入于历史情境中，有助阐述、寻找其现代的价值。当然，也有一些著作不一定从"内史"分析出发，而是着重用国家社会或文化语境的因素，来探讨专业科别建立的各类因素，特别是在法医学和精神病学史上，都有专著来加以阐述，展现了医疗史跨领域的先进研究性格③。

中国因为幅员广大，很多地方的医学都非常有特色，故分区医学史的研究成果也相当多，例如岭南④、温州⑤、浙江⑥等地域，以

① 张志远：《中医源流与著名人物考》，北京：中国医药科技出版社，2015年；夏有兵：《承淡安研究》，南京：江苏科学技术出版社，2011年；鞠宝兆：《清代医林人物史料辑纂》，北京：辽宁科学技术出版社，2013年；尹倩：《民国时期的医师群体研究1912—1937：以上海为讨论中心》，北京：中国社会科学出版社，2014年；杨叔禹：《清太医院医家研究》，北京：人民出版社，2015年。
② 肖林榕主编：《中西医结合发展史研究》，北京：北京科学技术出版社，2011年；中华中医药学会编著：《中国中医药学科史》，北京：中国科学技术出版社，2014年；吴少祯：《中国儿科医学史》，北京：中国医药科技出版社，2015年；孙绍裘、孙达武：《中医骨伤科发展简史》，北京：人民军医出版社，2015年。
③ Daniel Asen, *Death in Beijing: Murder and Forensic Science in Republican China* (Cambridge, United Kingdom: Cambridge University Press, 2016); and Howard Chiang, ed., *Psychiatry and Chinese history* (London: Pickering & Chatto, 2014). 在精神病学史的研究成果方面，台湾还可提到具有医学背景的巫毓荃，其研究虽偏重日本医疗史，但例如像是"神经衰弱"的疾病史，显然可以被加入一个东亚疾病观的对照研究，可参考Wu YC., "A Disorder of Qi: Breathing Exercise as a Cure for Neurasthenia in Japan, 1900–1945," *Journal of the History of Medicine and Allied Sciences*, 2016, Vol.71, No.3, pp. 322–344. 此外，涵盖社会学、人类学、科技与社会研究、医学等跨领域的成果，则可参考蔡友月、陈嘉新主编：《不正常的人？台湾精神医学与现代性的治理》，台北：联经出版事业股份有限公司，2018年；以及王文基、巫毓荃编著：《精神科学与近代东亚》，台北：联经出版事业股份有限公司，2018年，是集结近年来东亚精神医学史研究之综合成果。
④ 刘小斌：《岭南医学史》下册，广州：广东科技出版社，2014年。
⑤ 宫温虹：《温州中医药文化志》，北京：中国中医药出版社，2016年；刘时觉：《温州医学史》，北京：人民出版社，2016年。
⑥ 朱德明：《自古迄北宋时期浙江医药史》，北京：中医古籍出版社，2013年；谢红莉：《浙江医学史》，北京：人民卫生出版社，2016年。

及一些城市的医疗卫生史研究，包括北京①、上海②、天津③等大城市的医药史，都有学者进行梳理。这类著作的特色可分两种：一类是述说传统的地区中医药史，另一类则是叙述西方知识对各地区现代公共卫生变迁影响的方方面面，乃近年卫生史论述的主轴④。在医疗与社团、机构史方面的研究也不少，这类著作多针对医院⑤、医疗卫生有关之机构⑥、团体进行历史研究⑦，还包括各种口述历史资料⑧。而除了口述或回忆文字外，这些著作大多秉持传统的历史书写范例来进行，多展现一种现代化的进程与经营模式⑨。

近代以来的医疗史，是发展最为蓬勃的，前述台湾的状况已可证明，若拓展到全球的中国医疗史研究，也是如此。研究成

① 杜丽红：《制度与日常生活：近代北京的公共卫生》，北京：中国社会科学出版社，2015年。

② 张文勇、童瑶、俞宝英：《上海中医药文化史》，上海：上海科学技术出版社，2014年。

③ 朱慧颖：《天津公共卫生建设研究（1900—1937）》，天津：天津古籍出版社，2015年。

④ 日本新出的卫生史新著，大体也展现了这个趋势。永岛刚、市川智生、饭岛涉编：《衛生と近代：ペスト流行にみる東アジアの統治・医療・社会》，东京：法政大学出版局，2017年。

⑤ 司徒惠康总纂，叶永文、刘士永、郭世清撰修：《国防医学院院史正编》，台北：五南图书出版股份有限公司，2014年；甘颖轩：《全人医治半世纪：香港浸信会医院史》，香港：三联书店有限公司，2015年。

⑥ 玛丽·布朗·布洛赫：《洛克菲勒基金会与协和模式》，北京：中国协和医科大学出版社，2014年；Josep L. Barona, *The Rockefeller Foundation, public health and international diplomacy, 1920-1945* (London : Pickering and Chatto, 2015).

⑦ 范铁权：《近代中国科学社团研究》，北京：人民出版社，2011年；《近代科学社团与中国的公共卫生事业》，北京：人民出版社，2013年。

⑧ 游鉴明，黄克武等访问：《台北荣民总医院半世纪：口述历史回顾（上、下篇）》，台北："中研院"近代史研究所，2011年；定宜庄等著：《个人叙述中的同仁堂历史》，北京：北京出版社，2015年。

⑨ 蔡挺、郑建军、夏冠斌主编：《宁波华美医院百年档案》，卷一，北京：商务印书馆，2018年。

果大体展现在"中西医疗史"[①]"战争医疗救护"[②]和"疾病、药品与物质文化"[③]等三大方向，这几年的研究成果相当丰硕。主轴大概可分为：从传统中医对自身之解释和变迁为主体来分析医疗或疾病史[④]；其中又不乏西方文化如何影响中医，以及传统中医如何转型成今日所呈现样貌之研究[⑤]。也有以新中国之政治、社会视角切入，解读医疗或疾病防治的技术[⑥]，特别是在疾病或药品史的研究上，因为它们所涉及的，往往不是单纯的医疗论述而已，背后常会牵涉复杂的社会、经济、文化因素，很多旧的主题，都可以用新的视角切入[⑦]，甚至可以进行一种跨国的比较研究[⑧]。而疾病史的研究趋势，鼠疫[⑨]、麻风[⑩]、结核病[⑪]、

---

① 朱建平、张伯礼、王国强：《百年中医史》，前揭书。

② 戴斌武：《抗战时期中国红十字会救护总队研究》，天津：天津古籍出版社，2012年；叶永文：《中华民国军医教育发展史》，台北：五南图书出版股份有限公司，2013年。

③ 岩间真知子：《喫茶の歷史：茶薬同源をさぐる》，东京都：大修馆书店，2015年。

④ 沈伟东：《中医往事：1910—1949民国中医期刊研究》，北京：商务印书馆，2012年。

⑤ Howard Chiang, ed., *Historical epistemology and the making of modern Chinese medicine*（Manchester: Manchester University Press, 2015）.

⑥ 赤脚医师运用西医搭配中药治疗的研究，参考Xiaoping Fang, *Barefoot doctors and western medicine in China*（Rochester, N. Y.: University of Rochester Press, 2012）.

⑦ 有时瘟疫应对和卫生举措，也会被放在灾荒史或环境史中来理解，可参考焦润明：《中国东北近代灾荒及救助研究》，北京：北京师范大学出版社，2011年；焦润明：《清末东北三省鼠疫灾难及防疫措施研究》，北京：北京师范大学出版社，2011年；或是杜丽红：《清季哈尔滨防疫领导权争执之背景》，《"中研院"近代史研究所集刊》，2012年第78期，第122页。

⑧ 高家龙：《中华药商：中国和东南亚的消费文化》，上海：上海辞书出版社，2014年。

⑨ 班凯乐：《十九世纪中国的鼠疫》，北京：中国人民大学出版社，2015。William Summers, *The great Manchurian plague of 1910–1911: the geopolitics of an epidemic disease*（New Haven: Yale University Press, 2012）.

⑩ 梁其姿：《麻风：一种疾病的医疗社会史》，北京：商务印书馆，2013年。

⑪ 戴志澄：《中国防痨史》，北京：人民卫生出版社，2013年。

血吸虫①等疾病，比较受到学界关注，韩嵩的*Speaking of epidemics in Chinese medicine: disease and the geographic imagination in late imperial China*②，则是西方近年来探讨明清疫病史的佳作。史密斯（Hilary A. Smith）的*Forgotten Disease: Illnesses Transformed in Chinese Medicine*则从中国医学的经验出发，希望摆脱西方医学定义的问题，重新审视中医历史上疾病的产生和诠释问题；她摆脱西方的视角，进入中医典籍内的疾病来进行解读，为中国疾病史之研究打开一条不一样的道路③。而相关疫病历史的研究，今后可能要加强对于历史的空间论述与地理概念，目前大概以鼠疫受到比较多的关注，而涉及生态或环境史视野与医疗史之结合，近年也有不少新著，例如对血吸虫病防治的历史问题；而政治与防疫④，常是近代疾病史绕不开的主题，它们提供了现代化国家发展与演变的历史图景⑤。其他从各个传统角度来探索新视野的研究，也不断推陈

---

① 施亚利：《江苏省血吸虫病防治研究（1949—1966年）》，合肥：合肥工业大学出版社，2014年。

② Marta Hanson, *Speaking of epidemics in Chinese medicine: disease and the geographic imagination in late imperial China*（London: New York: Routledge, 2011）.

③ Hilary A. Smith, *Forgotten Disease: Illnesses Transformed in Chinese Medicine*（Stanford: Stanford University Press, 2017）.

④ 王小军：《疾病、社会与国家：20世纪长江中游地区的血吸虫病灾害与应对》，南昌：江西人民出版社，2011年。施亚利：《江苏省血吸虫病防治研究（1949—1966年）》，合肥：合肥工业大学出版社，2014年。袁理：《堤垸与疫病：荆江流域水利的生态人类学研究》，北京：中国社会科学出版社，2014年。朱振球：《苏州市阻断镇湖血吸虫病流行防治史》，苏州：苏州大学出版社，2015年。万振凡、万心：《血吸虫病与鄱阳湖区生态环境变迁（1900—2010）》，北京：中国社会科学出版社，2015年。

⑤ Miriam Gross, *Farewell to the god of plague: Chairman Mao's campaign to deworm China*（California: University of California Press, 2016）.

出新。从"身体"的意义来出发做研究，已不能算是新潮①；但从"身体、性别与国家"视角出发，以拓展身体之意义来探索中国历史上的各种主题，赋予更丰富历史意义的研究成果，则不断推陈出新。例如从身体史的视野出发，黄克武出版新书《言不亵不笑：近代中国男性世界中的谐谑、情欲与身体》②，皮国立则出版《国族、国医与病人：近代中国的医疗和身体》③。在性别与身体方面，探讨女性卫生④、生育⑤、育儿⑥、美感⑦、健康⑧等几个层面的专著，这几年有不少新成果问世。在台湾史的视角中，同样有不少学者注意到身体的转型⑨。这类研究取径，还可透过对既有的成

① 余舜德：《身体感：一个理论取向的探索》，收入余舜德主编：《身体感的转向》，台北：台湾大学出版中心，2015年，第1—36页。以及刘宗灵：《身体之史：历史的再认识：近年来国内外身体史研究综述》，收入复旦大学历史系等编：《新文化史与中国近代史研究》，上海：上海古籍出版社，2009年，第287—322页。
② 关于身体史的研究回顾和介绍可参看黄克武：《言不亵不笑：近代中国男性世界中的谐谑、情欲与身体》，台北：联经出版事业股份有限公司，2016，第6—24页。
③ 皮国立：《国族、国医与病人：近代中国的医疗和身体》。
④ 周春燕：《女体与国族：强国强种与近代中国的妇女卫生（1895—1949）》，台北：政治大学博士论文，2012年。
⑤ 中、英、日文都有重要的著作。赵婧：《近代上海的分娩卫生研究（1927—1949）》，上海：上海辞书出版社，2015年；Tina Johnson, *Childbirth in republican China : delivering modernity*（Lanham, Md. : Lexington Books, 2011）；姚毅：《近代中国の出産と國家·社會：醫師·助産士·接生婆》，东京：研文出版社，2011年。
⑥ 柯小菁：《塑造新母亲：近代中国育儿知识的建构及实践（1900—1937）》，太原：山西教育出版社，2011年。
⑦ 孔令芝：《从〈玲珑〉杂志看1930年代上海现代女性形象的塑造》，台北：稻乡出版社，2011年。
⑧ 游鉴明：《超越性别身体：近代华东地区的女子体育（1895—1937）》，北京：北京大学出版社，2012年。
⑨ 台湾身体治理的重要著作，可参考吕绍理：《水螺响起：日据时期台湾社会的生活作息》，台北：远流出版事业股份有限公司，1998年。

果和跨越地理、文化环境之延伸，作一扩大东亚历史视野的一种对照①。

还有不少学者关心近代以来"知识生产、创造"的问题。张仲民在新著作《种瓜得豆：清末民初的阅读文化与接受政治》内，延续过往的新文化史研究取向，关注清末民初的阅读文化，特别在"淫书"（生理学）一章，以各种新知识为例，探讨近代中国新知识与新概念是如何经由大众传媒与知识精英的引介，被读者阅读和理解。此外，知识的传播与解读，牵涉大众传播媒体生产知识的方方面面②，在这当中的医疗史也非常精彩，包括报刊与书籍的各种研究与解读③，更牵涉药品与健康知识的传播④、性别与跨文化视角

---

① 例如许佩贤：《战争时期台湾健民运动的展开》，收入范燕秋编：《多元镶嵌与创造转化：台湾公共卫生百年史》，台北：远流出版事业股份有限公司，2012年，第211—238页。更全面的研究，可参考氏著：《殖民地台湾近代教育的镜像：1930年代台湾的教育与社会》，新北：卫城出版，2015年。梅家玲：《从少年中国到少年台湾：二十世纪中文小说的青春想象与国族论述》，台北：麦田出版社，2012年，第163—199页。

② 张仲民有不少这方面的研究，例如有张仲民：《晚清上海药商的广告造假现象探析》，《"中研院"近代史研究所集刊》，2014年第85期，第189—248页；《晚清中国身体的商业建构：以爱罗补脑汁为中心》，收入《新史学（第五卷）：清史研究的新境》，北京：中华书局，2011年，第233—263页。

③ 黄克武：《广告与跨国文化翻译：20世纪初期〈申报〉医药广告的再思考》，《翻译史研究》，2012年第2辑，第130—154页。

④ 皮国立：《中西医学话语与近代商业论述：以〈申报〉上的"痧药水"为例》，《上海学术月刊》，2013年第45卷第1期，第149—164页。吴咏梅、李培德主编：《图像与商业文化：分析中国近代广告》，香港：香港大学出版社，2014年，则是关于近代中国广告研究的论集，里面也有收录关于医药与身体观的相关论文。Juanjuan Peng, "Selling a Healthy Lifestyle in Late Qing Tianjin: Commercial Advertisements for Weisheng Products in the Dagong Bao, 1902–1911," *International Journal of Asian Studies*, 2012, Vol.9, No.2, pp. 211–230.

等各方面的议题①。

医者和病人当然是很传统的医疗史研究领域，但延伸出去的医病关系与问题，近年来更因为纷纷扰扰的各种医疗纠纷而受人瞩目②。龙伟的著作是中文学界第一本讨论中国医病纠纷的历史著作③；几年后，马金生则在龙伟的基础上更加深化，加入了病人的观点，也将医疗纠纷的分析拓展至明清时期和民国中西医界的对比。以上两本著作交互参照，足资对近代西方医疗制度进入中国后，逐渐建立规范化和法制化一面的历史，有更清楚的认识④。

三、新史料的开发、解读与汇整

要开拓新研究，除了研究方法和视野必须有创新外，史料才是一切的根本，要靠着不断发掘、整理、解读新史料，基本功做好后，才容易有新的研究成果产出。古代疾病史的研究，因受限于资料，比较难以做深入或文化史的细部分析，但近年来也不断因为新

---

① 陈熙远、张哲嘉、周春燕等：《交界与游移：跨文史视野中的文化传译与知识生产》，台北：麦田出版社，2016年。全书分为4部分，第1部分"知识生产与观念转型"中，张哲嘉的《晚清时期日本旅人眼中的中国卫生与健康》，分析晚清时期的中日文化交流，聚焦当时日本人解读中国卫生与健康的情形；周春燕的《胸哺与瓶哺：近代中国哺乳观念的变迁（1900—1949）》，则针对近代中国哺乳观念的变迁，梳理西方以儿童为本位的观念传入中国后所产生的一系列对传统哺乳方式之影响。

② Alannah Tomkins, *Medical misadventure in an age of professionalisation, 1780–1890* (Manchester: Manchester University Press, 2017).

③ 龙伟：《民国医事纠纷研究 1927—1949》，北京：人民出版社，2011年。

④ 马金生：《发现医病纠纷：民国医讼凸显的社会文化史研究》，北京：社会科学文献出版社，2016年，第6—27页，有比较详细的研究回顾可以参考。还有相关的研究成果，例如曾宣静、林昭庚、孙茂峰：《承担抑或抗辩：医者医疗刑事责任在民初之转变（1912—1949）》，《科技、医疗与社会》，2018年第27期，第59—120页。

资料的出土、跨学科研究之加入，而有所进展。例如山西省出土有关先秦时期的墓葬，研究人员就用体质人类学、解剖学、病理学等角度来加以分析，发现这几处墓葬的人群在牙科疾病的发病率都超过新石器和青铜器时代，而骨关节炎类、包括退化性、化脓、坏死的例子相当多。这类研究，可使我们对上古疾病史和社会生活变化有更深一层的认识①。但笔者认为，还可强化和传世文献中的疾病或日常生活史之联结，上古疾病史的研究，可以看出当时社会与医疗的一些情况，特别在简牍文字和医学经典之关系、养生思想和巫医等主题上，都有新的研究成果②。

2012年7月至2013年8月，成都文物考古研究所和荆州文物保护中心组成联合考古队，针对位于成都市金牛区天回镇一代的"老官山"西汉墓进行挖掘，该处墓葬内挖掘出约920余支医简③，经初步分析与整理，共整理出10种医书，包括：《脉诊》《六十病方》《诸病》《十二经脉》《别脉灸经》《刺数》《脉数》等书，并发现另一早期经穴人体模型。一般推测，这就是扁鹊学派的医学经典，相关的解读还在初步整理阶段，相信会对古代医学史的研究有所帮助④。而这几年还有相关的医疗文献出土与解读，例如《新疆出土

---

① 贾莹：《山西浮山桥北及乡宁内阳垣先秦时期人骨研究》，北京：文物出版社，2010年，第197—226页。较新的研究，则可参看张林虎：《新疆伊犁吉林台库区墓葬人骨研究》，北京：科学出版社，2016年，第7章有关古代病理学之讨论。
② 周圣垒：《战国楚简所见疾病的预防与治疗研究》，重庆：西南大学硕士论文，2012年；廖云：《秦汉简帛中所见疾病的预防与治疗研究》，重庆：西南大学硕士论文，2013年。
③ 成都文物考古研究所：《成都天回镇老官山汉墓发掘简报》，四川大学博物馆等编著：《南方民族考古》，北京：科学出版社，2016年，第215—246页。
④ 梁繁荣、王毅：《揭秘敝昔遗书与漆人：老官山汉墓医学文物文献初识》，成都：四川科技出版社，2016年。

医药文献集成》，包括自新疆考古出土数据以及吐鲁番出土文书、大谷文书、英藏、法藏、俄藏的敦煌文献等资料内，搜集整理出汉语和胡语的医药文献①，应可对古代医学史研究之创新有所助益。同样地，在近年的研究中，医学文献考证与编纂的成绩也相当丰硕。如同上述，在上古医学史方面，马继兴的《中国出土古医书考释与研究》就颇具代表性②。在中古医学方面，则有《英藏敦煌医学文献图影与注疏》和《敦煌佛书与传统医学》可资参照③。这几年甚至有一些少数民族历史上医药文献的汇整与解读，对书写"中医"作为整体传统医学史的样貌，或许可以有新的启发④。在资料汇整方面，在近代医学史的研究上是相对容易的，例如《中国近代中医药期刊汇编》⑤《中国佛教医药全书》⑥等书的问世，都是超过百册以上的资料汇整。最近余新忠还整理了一批近代医学文献，包括图书和期刊百本以上，统编为《中国近代医疗卫生资料汇编》共30大册，相信这些大部头史料之出版，对中国近代医疗史的总体研究，具有一定的帮助与启发性⑦。北京图书馆出版社也将晚清

---

① 王兴伊，段逸山：《新疆出土医药文献集成》，上海：上海科学技术出版社，2016年；相关的新资料还有梁松涛：《黑水城出土西夏文医药文献整理与研究》，北京：社会科学文献出版社，2015年。
② 马继兴：《中国出土古医书考释与研究》册3，上海：上海科学技术出版社，2015年。
③ 王淑民：《英藏敦煌医学文献图影与注疏》，北京：人民卫生出版社，2012年；李应存：《敦煌佛书与传统医学》，北京：中医古籍出版社，2013年。
④ 例如陈海玉：《西南少数民族医药古籍文献的发掘利用研究》，北京：民族出版社，2011年。
⑤ 段逸山：《中国近代中医药期刊汇编》，上海：上海辞书出版社，2012年。
⑥ 释永信、李良松：《中国佛教医药全书》，北京：中国书店出版社，2011年。
⑦ 余新忠：《中国近代医疗卫生资料汇编（全30册）》，北京：北京图书馆出版社，2018年。

《海关医报》重新出版，对研究海关检疫、疾病控管的历史，有所帮助①。值得注意的还有牛亚华主编的《栖芬室架书目录》②，其实她已把研究中国医疗史学者范行准藏书中有关元明善本、孤本、稿本、抄本等目录整理出来，并陆续加以出版，原稿都藏在中国中医科学院，而今医史文献、资料的汇整出版，对研究医史的学者来说，无疑增加了不少便利性。

还有一些医疗史可以拓展的资料来源，例如在医院与医疗机构的历史内，我们可以看到相关的新史料编辑③和口述历史资料的出版与应用④，研究者可以好好思索⑤，开拓新的论题⑥。书籍史方面，例如新出版的《陈何女士助产学笔记》⑦和《1871—1901马偕日记》⑧，皆为新出的台湾医疗史资料，笔者认为相关的医者（包括中西医）、病患的口述历史、回忆录、日记等历史记忆的数据，都可以多多开

---

① 哲玛森：《海关医报（全10册）》，北京：北京图书馆出版社，2016年。
② 牛亚华主编：《栖芬室架书目录》，北京：北京科学技术出版社，2017年。
③ 宁波市政协文史委员会编著：《甬商办医：宁波帮与近代宁波慈善医院史料集》，宁波：宁波出版社，2014年。
④ 口述资料口述历史方面，"中研院"近史所陆续出版了北荣总、中荣总、振兴医院院史、口述访问等等，皆可帮助我们了解战后台湾的医疗史，值得重视。除前面注脚有提到的，还有游鉴明、吕妙芬等：《台中荣民总医院三十载：口述历史回顾》册3，台北："中研院"近代史研究所，2014年；司徒惠康总纂，叶永文、刘士永、郭世清撰修：《国防医学院院史：耆老口述》，台北：五南图书出版股份有限公司，2014年。
⑤ 刘士永：《口述访问医界人物的一些感想》，李向玉编：《众声平等：华人社会口述历史的理论与实务》，澳门：澳门理工学院，2013年，第318—332页。
⑥ 例如可从口述历史谈历史人物与医者的互动，参考皮国立：《从口述历史视野看两蒋的医疗与健康》，《东吴历史学报》，2016年第35期，第107—145页。
⑦ 陈何原著，陈何女士助产学笔记解读班校注，刘士永主编：《陈何女士助产学笔记》，台北："中研院"台湾史研究所、财团法人大众教育基金会，2016年。另可参考刘士永：《近代台湾助产制度与〈陈何女士助产学笔记〉的研究价值》，《陈何女士助产学笔记（中文解读版）》，2016年，第6—17页。
⑧ 偕叡理：《马偕日记1871—1901》，台北：玉山社出版事业股份有限公司，2012年。

发、整合，以拓展医疗史的整体研究宽度。此外，近代以来相关档案的整理与出版，也有助于医疗史研究论题之开展。例如这几年针对中日战争中的医疗、防疫、细菌战问题，就出版不少新著，例如《重庆大轰炸档案文献·财产损失：文教卫生部分》，还有由中国哈尔滨市社会科学院731问题国际研究中心出版的《侵华日军第七三一部队罪行实录》，有60本之多，包括了档案、疫情分析、命令等报告资料数批，还包括美国的相关调查和审讯记录，大体梳理了日本在战时中国境内的防疫、卫生工作和细菌战问题。对战争史而言，它是新的资料；若以医疗史的角度来看，这些出版物当然也可以视为初步的资料工具，有助于拓展既有医疗史研究之视野，今后或许应该重视相关医疗档案的发现与整理，相信必能开发更多新的论题。

四、旧域维新的几个方向与检讨

笔者常常在思考，医疗史研究的意义在哪里？这不是随便乱问，而是对于自己做学术工作的一种反思与理想追寻的质问。如果医疗史研究还只是单喊"为研究而研究"，笔者认为实难以说服、适应现代的教育与学术发展的潮流。个人浅见以为，首先，不论是中医的传统历史或是西医东渐史，都足以反映每一个时期中国社会内的某些动态，亦即中国医疗史的研究，要能够带给解读整体中国史一些正面之助益，如此的研究成果，才能走得长远并受到关注。而无论是在医疗史的教学现场还是培养研究人才，教授好的、有系统的知识，绝对是起跑的第一步。笔者关注到了这几年有非常多的医学史主题论文集出版，这类出版物在人文学领域应该被视为非常重要的成果，因为它可以集合多数学者的研究成果，并于一本书内凝练精华、省去烦琐，甚至可以在一定的主题内，让同一批学者尽情发挥，减少过于专业而导致的知识零碎化的缺失①。例如林富士②、余新忠③、祝平一④等人主编的专题论文集，皆可为代表；虽然距离宏观架构的解释力还有段距离，但这样的努力不可或缺。以"中研院"史语所的"中国史新论"丛书的编纂为例，正如王汎森所言，最初（2008年）想要做一些"集众式"的研究工作，从中也可以看出医疗史学者希望拓展医疗、社会与文化面向，在中国史领域内发挥其创新的解释力⑤。

任何学术研究主题都难有穷尽的一天，即便中国医疗史研究目前在台湾气象蓬勃，但仍有不少尚待努力耕耘之课题。梁其姿在《明清社会中的医学发展》的结论提到，即便是目前相当蓬勃的明

---

① 进行适度修改是必要的，现在的论文集多没有进行精练，很多都是直接拿已刊的"期刊论文"重刊一次，这是人文学者被理工医科期刊评审制度绑死的悲哀，我认为这样是把人文学者好的研究给浪费了，对教学和启发后进的意义不大。不是说发表在期刊上不好，而是为了阅读传播，知识必须统整、淬炼精华。这一点，人文学界仍不太重视其具有统整研究之优势。正如张仲民、皮国立所指出的："一本书的成立，毕竟难以周全且面面俱到，但人文社会学科专著的重要性及其所展现的全面性，还是单篇期刊论文难以超越的。现在大学评鉴多用理工学科的观点来将人文研究的主题切割、零碎化，致使好的学术专著无法诞生，对历史学的发展无疑是一种伤害。用一群人的研究，组成一本具主题性理解之专书，阐述一个或数个相近的概念在时代中的生成与变迁，才是一种重视历史解释的展现。"参见复旦大学历史学系，复旦大学中外现代化进程研究中心编：《药品、疾病与社会》，上海：上海古籍出版社，2018年，编者的话。
② 例如林富士编：《疾病的历史》，台北：联经出版事业股份有限公司，2011年；《宗教与医疗》，台北：联经出版事业股份有限公司，2011年。
③ 余新忠、杜丽红：《医疗、社会与文化读本》，北京：北京大学出版社，2013年。
④ 祝平一主编：《健康与社会：华人卫生新史》。
⑤ 生命医疗史研究室主编：《〈中国史新论〉总序》，《中国史新论·医学史分册》，台北：联经出版事业股份有限公司，2015年，第1—2页。

清医疗史，相较于欧美学界对于同一时期西方医学史的研究，"成果实在很少、深度上亦仍待加强"。梁的意思是，在大量的明清医史论文之中，确实还未出现宏观的综述、新的史学命题和研究架构。就中国医疗史整体而言，也很缺乏整合近年研究成果，同时为学界、学生乃至有兴趣的读者所写的著作。这些都是中国医史研究者未来可以进一步努力的地方[1]。

以梁其姿的研究为例，中国对抗麻风病的历史，可以证明西方医学所代表的"现代化"并非唯一的认识，明清以来对癞病的处理，基本上与西方的防范和隔离思考并无二致，西方卫生与医学所印证的现代性，并非全世界都经历，个别区域的历史状况（例如中国的麻风病），或许有着另一个值得思考的脉络存在。此即从医疗史中展现中国史新架构的一种解释，梁实际上书写了一种从世界史视角出发的中国医疗与疾病史，展现了中国历史的发展特色[2]。至于中国医疗史能否在更大的全球史视野中找到其价值，笔者还不太肯定，但蒋竹山已多次介绍库克（Harold J. Cook）的研究，提到近几年在许多有关商品活动以及物品的全球化学术著作中，都将焦点集中在医学知识的流通上，例如关注当代南亚地区的医疗与健康问题，或研究近代早期的大西洋，焦点转向至葡萄牙的殖民地区[3]。或许，中医药也有一个跨区域物质交换的全球史可以探索？至于有这类跨区域

---

① 生命医疗史研究室主编：《导言》，《中国史新论·医学史分册》，台北：联经出版事业股份有限公司，2015年，第1—5页。

② 梁其姿：《麻风：一种疾病的医疗社会史》，北京：商务印书馆，2013年。

③ Harold J. Cook and Timothy D. Walker, "Circulation of Medicine in the Early Modern Atlantic World," *Social History of Medicine*, 2013, Vol.26, No.3, pp. 337–351; Laurence Monnais and Harold J Cook, eds., *Global Movements, Local Concerns: Medicine and Health in Southeast Asia*（Singapore, : NUS Press, 2012）.

视野的研究，胡成与梁其姿已开始采取类似路径，将医疗史放在更大的跨国脉络下看，分别关注了"全球视野下的南京废娼"及"中国麻风病人与现代世界"①。此外，药物消费或医疗技术的跨区域流动和交流、与健康有关的物质文化转型，也是可以持续关注的论题②。

当然，笔者认为百花齐放的学术应正面看待，但是这里面的争议不是没有的，我们不能忽略。无论怎么把视野放大，多数学者恐怕还是必须从中国本地的经验开始理解，而且，我们真的能了解古代中国医疗的历史，或是我们已对中国医学史有足够的认识可以进行其他更深入的研究了？在医疗史研究的领域中，因书写方式不同，而有不同的分类："正统医学史"的诠释乃由医界人士所掌握；由台湾而起之传统，医学社会史或生命医疗史，最初只是以"另类"命名，填中国史之血肉，而不与所谓医史的"正统"争胜，这是史家的医疗史开始时的角色，但不论怎么做，还是必须面对基本的医学文献。例如李贞德于2016年编辑的《汉学研究》"疾病、医疗与文化"专辑，收录了几位学者的论文，包括：本草药方、医学理论、身体观与身体感。李强调这6位作者都将医疗典籍放在当时代的脉络中，搭配其他文献，处理各种文化史课题，包括疾病与医疗在中国境内的跨界传播、医药的域外交流效应、医学发展所反映的政治意义和宗教面向，以及疾病与医疗中的性别观念等等。李认为："宋明之间的变化，讨论最为集中。虽然，缺了医经理论奠基时期的古代史，以及本草药学兴起的中古前期，难免遗憾。不过，整体而言，本专辑可说已

---

① 胡成：《医疗、卫生与世界之中国：跨国和跨文化视野之下的历史研究》，北京：科学出版社，2013年。
② Pratik Chakrabarti, *Bacteriology in British India: laboratory medicine and the tropics* (Rochester, N. Y. : University of Rochester Press, 2012).

大致呈现了近年来中国医疗史研究的几个热点。"①史家关切医学文献的基本功，没有被忽视，在西方医史学界，更是如此②。

医疗史的研究正持续发展、进步中，梁其姿再进一步指出：成功的医疗史，不仅要被认可为中国历史的构成部分，甚至要能主导史学取向的变化；总有一天，要从"过去的另类"成为"未来的主流"③。但廖育群却给予时下流行的医疗史研究方法一些批评，他在书评中写道：

> 然而令我感到无比纠结的关键是：作为一种"新方向"，何以不能真正给予"老套"的"传统"一些启发呢？问题是出在"墨守"者自身吗？但何以诸如山田庆儿那样并非医学出身、相关研究亦非专科内史者的论述却能得到业内人士的普遍认可呢？究其原因，除了前述种种具体细节，以及"以论带史"的问题外，更为关键的一点在于：当研究呈现出紧扣"内核"并不断向周边扩散、形成内（史）与外（史）的有机结

---

① 收录的几篇文章分别是：Chen Yun-ju, "Accounts of Treating Zhang（'miasma'）Disorders in Song Dynasty Lingnan: Remarks on Changing Literary Forms of Writing Experience"（《宋代讨论岭南瘴病治疗的文本及其书写策略》）；陈秀芬：《食物、妖术与蛊毒：宋元明"挑生"形象的流变》；范家伟：《元代三皇庙与宋金元医学发展》；张学谦：《丹溪补阴丸：明代的身体、药方与性别》；祝平一：《方寸之间：天主教与清代的心、脑之争》；陈明：《"阿勃参"与"拔尔撒摩"：中外药物交流之长时段考察例证》等等。引自李贞德：《"疾病、医疗与文化专辑"导言》，《汉学研究》，2016年第34卷第3期，第7页。

② 例如Volker Scheid, "The Treatise on Cold Damage as a Window on Emergent Formations of Medical Practice in East Asia," *Asian Medicine*, 2013,Vol.8, No.2, pp. 295–298. 这个专号内容就是探讨东亚的"伤寒"论述和相关的解释问题。

③ 梁其姿：《面对疾病：传统中国社会的医疗观念与组织》，北京：中国人民大学出版社，2012年，第13页。

合——"圆"在不断扩大时,学术圈内才会承认其代表着"新的方向";反之,如果"圆"变成了"环"——缺失了"内核",则不免成为无本之木,无怪被人称为"花边"了。①

廖文认为,若是既想从"另类"出发,又要争正统,并没有办法激起传统医学史研究者的重视②。廖并不喜欢当前新文化史"浅尝辄止"的研究法,他认为谈一点性别、谈一点宗教,牵扯一点医学,就好像我们抓住了医疗社会史的意思,这种模仿碰触不到问题和知识的真正核心。其实,廖的话反映现今总体中国医疗史学界的问题,也就是史家书写的医疗史和医者书写的医学史,缺乏沟通、互相观摩的习惯与传统,而导致双方在写史、阅读方向不一致的差异性。

笔者以为,学术上的争议本为自然,每一个学者研究的出发点与问题意识不一定相同,不妨采兼容并包的"扩大化"态度。医学史学者在自己专业领域中,吸纳一点社会文化的新史学叙事方式,医疗社会史学者也多学习、多领略一些传统医学的理论与典籍,深化自己主题,都是很好的发展,并不冲突。笔者曾在书中提出"重层医史"(multi-gradations of medical history research)的概念,历史

---

① 廖育群:《医史研究"三人行":读梁其姿〈面对疾病〉与〈麻风〉》,《中国科技史杂志》,2015年第36卷第3期,第366—375页。廖在最后一页还转述艾尔曼(Benjamin A. Elman)的说法:"所谓新观点、新方法,流行一段时间后就会被新的观点、方法所取代。我们这样做(研究),是因为我们并不真正懂得各个学科的具体内容;而你们无疑应该坚持自己的方法,因为你们真正懂得这个知识体系的内容。"廖引这段话的意思,应该是指其文所论:有些老方法、传统的研究法,是因为掌握了医学的核心知识,真正理解中国医学发展的理论脉络,"坚持自己的方法"而不趋新,学术有所本、根基扎实,才能不断创新。
② 廖文指的"医学史"是指传统医者写的医疗史,"医疗社会文化史"则是指史家在20世纪90年代前后发展的新史学,中国台湾叫生命医疗史、中国大陆则称医疗社会史,与新文化史的关系比较密切。

的"重层"，就是希望以多层次的视角来谈一特定问题，一个医疗史主题要能兼顾内、外史的论述体系，它既要能解释医理发展与医书文献的内在理论变化，也要能扣紧日常生活与文化变迁的特性，使读者可以抓住技术与社会之间的关系①。历史的图景是宽广的，我们仅用一篇论文来探讨，往往难以面面俱到。但有志于开发医疗史方法的学者，应针对某一主题，至少在几篇文章内探讨文献、医理和社会文化之间的种种关系，这样医疗社会史才能有总体观的呈现，与正统史学争胜或互相辉映，在中国史的解释中占有一席之地。

就"重层"的概念来说，历史的选题本来就是扩展出去的，医疗史的主题如此，其他历史研究的主题也未尝不能作如是观。例如美国韩瑞的*The Hypothctical Mandarin: Sympathy, Modernity, and Chinese Pain*，就分析中国历史话语、同情与现代性的新网络。在结合了文化研究、亚洲研究、美国研究以及医疗史观念的基础上，提供了一个关于中西方关系的独特视角。其中第3章《疼痛中的中国身体：1838—1852年美国传教士的医疗救助活动》和第6章《麻醉的观念：针灸、照相与物质形象》②，就充分运用医疗视角的诠释来作为解读西方理解中国之方法。笔者以为，照旧式想法，该书不能被视为一本医疗史著作，但若以"重层"的概念来扩大解释历史的全面，该书运用医疗史的切入角度，却反而倒过来成为医疗史学者可以寻求创新与强化解释力的一种启发，这样的书写很值得参考。而又以扩展的面向来看，像是中国饮食史中的医疗卫生面向，也还

① 皮国立：《"气"与"细菌"的近代中国医疗史：外感热病的知识转型与日常生活》，第26—38页。
② 韩瑞：《假想的"满大人"：同情、现代性与中国疼痛》，南京：江苏人民出版社，2013年。

没有被好好展开，有些研究已经注意到饮食文化中养生和医疗的脉络[1]，当然许多研究还是被放在食物史的脉络来看[2]。近年来也有出版典籍的汇整，里面收录一些医药书籍，应可运用来开展既有医疗层面之相关研究，例如在原始文献的部分，《中国饮食典籍史》内就介绍相当多与饮食有关的医书、食疗、食经等资料，可供探索[3]。若参考李力庸的《食物与维他命》一文，她透过日记史料探讨台湾人的营养知识与运用，研究牵涉畜产开发业背后所隐含着新时代的营养观，从食品的生产史、时人日记的记载，来探讨大众文化的改变，也是切入卫生观与医疗史的好办法[4]。只是，若以饮食与健康的角度来切入，最好能深入了解古代文化的饮食典籍和理论较为妥适，以免产生误读。有些饮食史著作的作者，医疗理论并非其所擅长，饮食背后所牵涉的各种文化又相当广泛，想要面面俱到，就容易顾此失彼[5]，这又是扩大史学论题常犯的错误，需要注意。

---

[1] 伊永文：《1368—1840中国饮食生活：日常生活的饮食》，北京：清华大学出版社，2014年，食治章。

[2] 姚伟钧、罗秋雨：《二十一世纪中国饮食文化史研究的新发展》，《浙江学刊》，2015年第1期，第216—224页，有较全面的研究回顾。

[3] 姚伟钧、刘朴兵、鞠明库：《中国饮食典籍史》，上海：上海古籍出版社，2011年。

[4] 这个部分的研究成果，可参考李力庸：《殖民、营养与风尚：日据时期台湾大众畜产饮食文化》，《雅俗相成：传统文化质性的变异》，中坜：台湾"中央"大学出版中心，2010年，第415—459页。以及李力庸：《食物与维他命：日记史料中的台湾人营养知识与运用》，收录于李力庸等主编：《新眼光：台湾史研究面面观》，台北：稻乡出版社，2013年，第265—297页。又如Alexander Bay研究日本脚气病的历史，从疾病史出发，论及维生素的全球研究和日本在地实验室生产科学知识的例子。可参考Alexander R. Bay, *Beriberi in modern Japan: the making of a national disease* (Rochester, NY : University of Rochester Press, 2012).

[5] 菲立普·费南德兹–阿梅斯托著，韩良忆译：《食物的历史：透视人类的饮食与文明》，新北：左岸文化，2012年，第92页，阐述中医对食物性质之分类，既粗糙又有错误。

又如白馥兰（Francesca Bray）在 2013年出版的《技术、性别、历史：重新审视帝制中国的大转型》（*Technology, Gender and History in Imperial China: Great Transformations Reconsidered*），主要从性别和技术来分析中国历史的演变，重新对帝制中国的大转型这一宏阔主题进行了细微的探索，虽然有关女性的医疗只有部分内容，而且偏重传统医学的医案文本，但医疗的叙事与其中性别之角色，还是解释整个大历史中不可或缺的内涵。当然，本书也将医疗放在科学技术史的演变脉络来看[①]，可作为其前一本《技术与性别：晚期帝制中国的权力经纬》的深化[②]。白锦文（Robert Peckham）分析近世传染病对形塑整个亚洲国家的影响（state making），用大的主题，例如疾病的跨区域流动、全球化、城市、环境、战争等主轴，揭示了传染病的防治、研究与实验都受到当地社会文化的影响，也不可避免的牵涉殖民主义、帝国治理和商业贸易的种种影响[③]。以上研究取径，可使我们从"外部"因子来理解中国的政治、经济、科技等发展面貌[④]；当然，缺失就是没有细致的中国医疗史视野，大论述框架往往只能点到为止，而着重分析西

---

① 白馥兰：《技术、性别、历史：重新审视帝制中国的大转型》，南京：江苏人民出版社，2017年，第184—204页。

② Francesca Bray, *Technology and Gender: Fabrics of Power in Late Imperial China* （Berkeley : University of California Press, 1997）.

③ 另一个谈帝国、细菌学和殖民医学的例子是Pratik Chakrabarti, *Bacteriology in British India: laboratory medicine and the tropics* （Rochester, N. Y. : University of Rochester Press, 2012）.

④ Robert Peckham, *Epidemics in Modern Asia* （Cambridge, United Kingdom: Cambridge University Press, 2016）, pp. 1–43.

方或外缘的殖民性因素①。以上几类研究，都是部分采用医疗、技术的视角来看一个更大范围的问题，这样的视角，在中文历史学界的成果还是比较少的，一般历史学者甚少重视他们主题中可能的"医疗"史，这些现象不论当作参照，或是思索中西历史学论述中的差异，都值得我们反思。

不只有大的、全球性的视野，也有不少重视细部叙事特色的著作，采用医疗史的视角来分析。例如美国学者曼素恩（Susan Mann）的《张门才女》（*The Talented Women of the Zhang Family*）也出了中文版，虽然本书是由性别的视角来探讨中国前近代的妇女日常生活，但由于书中所述的张门男性很多都习医，所以作者也分析了儒医、习医文化、疾病和温病学派的关系②。长期关注中国情感史的德国学者史安梅（Angelika C. Messner），也在她的新书中探讨了17世纪有关中国情感的故事，除了文学之外，也融入中医的理论来解释当时中国人对情感的看法，整本书有超过三分之二都在讲述中医，例如陈士铎、赵献可等医者对人之情感、意志之描述③。这样的切入法，也是中文历史学界较少采用的方式。不过，虽然运用医疗与疾病的视角切入很好，但缺乏对基础文献和典籍的梳理，常常只是引

---

① 另一本例子是：Robert Peckham and David M. Pomfret, ed., *Imperial Contagions: Medicine, Hygiene, and Cultures of Planning in Asia*（Hong Kong: Hong Kong University Press, 2013）.

② 曼素恩：《张门才女》，北京：北京大学出版社，2015年，第50—52页。

③ Angelika C. Messner, *Zirkulierende Leidenschaft: Eine Geschichte der Gefuhle im China des 17. Jahrhunderts*（英文名 *Circulating Passions: A history of Emotions in 17th Century China*），（Wien, Koln, Weimar, Bohlau Verlag, 2016），pp. 47–139. 她也汇整了相关的论文，准备翻译成中文，出版有关中国人的情感史与认知的论集。

用二手研究来论述当时疾病，就可能出现误读或推论过当的状况[1]。

此外，医疗的现代性问题，仍持续地被深化与探讨，在军医还有政府对难民处理的问题上，都有学者持续从医疗的层面，来讨论民国以来国家权力、政治制度和历史记忆等各方面的论题[2]。有许多中日战争牵引出来的课题，也不妨作为医疗史新开创之课题[3]，这方面成果不算太多，华璋（John R. Watt）的著作兼顾国共双方的医疗卫生情况，是一本通、专兼备的佳作[4]。其他如肖邦齐（R. Keith Schoppa）的新书第12章就探讨了鼠疫弹对当时民众所造成的影响；西方一些关心中日战争时难民问题的研究专书，也关心到战时鼠疫的问题[5]，还有学者关切现代生物医学的组织如何在战时促进了中国医学的发展[6]。若能持续结合新开发、翻译的档案，包括近代西方在战时卫生工作之档案和前述细菌战等相关资料，必能开发出更多的议题，加深医疗史研究之广度。

---

[1] 例如曼素恩：《张门才女》第162—163页对死因的推测及整本书对温病学派的解释，都有不少问题值得商榷。

[2] 杨善尧：《抗战时期的中国军医》，台北："国史馆"，2015年。

[3] 钟文典：《抗战防疫进行时：国联防疫分团在广西（1938—1940）》，桂林：广西师范大学出版社，2014年。林吟：《在血与火中穿行：中国红十字会救护总队抗战救护纪实》，贵阳：贵州人民出版社，2015年。还有一本是影像合集，戴斌武、张宪文、杨天石主编：《美国国家档案馆馆藏中国抗战历史影像全集（卷十七）：医疗救治》，北京：化学工业出版社，2016年。

[4] John R. Watt, *Saving lives in wartime China : how medical reformers built modern healthcare systems amid war and epidemics, 1928–1945*（Netherlands : Brill, 2013）.

[5] R. Keith Schoppa, *In a Sea of Bitterness: Refugees during the Sino-Japanese War*（Cambridge, Mass. : Harvard University Press, 2011）. 中文版见肖邦齐：《苦海求生：抗战时期的中国难民》，太原：山西人民出版社，2016年。

[6] Wayne Soon, "Blood, Soy Milk, and Vitality: The Wartime Origins of Blood Banking in China, 1943–1945," *Bulletin of the History of Medicine*, 2016, Vol.90, No.3, pp. 424–454. 以及刘士永：《战时中国的传道医疗：抗战时期美国医药援华局（ABMAC）试探》，收入黄文江、张云开、陈智衡编：《变局下的西潮：基督教与中国的现代性》，香港：建道神学院，2015年，第285—304页。

结　语

　　"新史学"的意义，就在于不断"再维新"，寻找新资料、创新研究方法与问题意识。医疗史的既有成果与创新，在正文中已谈了不少，不须在此反复申论。文中也提到一些争议，笔者并不认为一定要有明确的界线和范围来定义所谓的历史学者怎么运用医疗资料，而去划分医学史（内史）、医疗社会文化史（外史）等藩篱。实际情况是，一位学者在想到论题、搜集资料时，他并不一定将自己置于某种学派的框架中，他可能只是先就找到的相关数据和主要的问题意识来架构其论文或专书，适度参阅前人的研究方法，来加以论述。所以真正重要的是：用什么材料，来解决什么问题？如果能扩展运用医疗与疾病史的数据，来论述一个新问题，或解决、再诠释旧有的中国政治、制度、军事、经济（消费）、技术等层面的历史，就是创造一种"超越医疗史研究的医疗史"。不过这种创造必须注意，正文文中所谈，西方研究常将医疗放在一种跨区域、大架构下来解释，其细部的内容往往不堪检验，因为中国医学文献众多，恐怕还是要先有扎实的基础研究，再来谈跨区域的问题比较适宜。

　　此外，不管在研究或教学的场域中，历史学在这个时代都面临了很不一样的剧烈挑战。本书既以"新趋势"为题，作者与读者都应思索历史学的新方向，如何可能？在一本名为《东亚医疗史：殖民、性别与现代性》新书中，我们看到了历史与科技、社会学结合的可能，无论是这本书把历史置于一种观察、解决东亚科技问题的视角，或是它的编排本身就是一种跨文史、医学领域又兼可读性的学术专书，其实都在挑战既有历史学的架构；而令人兴奋的是，该书就是从医疗史出发的一种新突破①。再进一步思考，从技术出发的医疗史，有没有可能突破传统中国史以朝代、断代为架构的立基点，重新思考中国史的发展？或许有读者认为如此陈义过高，但读完本文后，读者必定可以发现，医疗史岂仅止于"医疗"一事而已？刘士永曾指出：医学或医疗领域涵盖面甚广，"从象牙塔最深处的知识与研究，以迄病榻旁的熬煮汤药及灶脚边的养生餐食，专家或素人都无可避免地参与到医学知识的脉络与实作中"，个人与社会都在自觉与不自觉中为医学知识及医疗行为所影响，探究这些全面的（overwhelming）或片断与不连续的（fragmental and disconnected）各种多元面向，医疗史可以是专史，当然也可以是解读大历史中细节的一种研究方法②。从这样的方式思考，今后的医疗史才有可能超越仅是"填中国史血肉"的功能，而真正从"另类"迈向"主流"。

---

① 刘士永、王文基主编：《东亚医疗史：殖民、性别与现代性》，第7—21页。
② 刘士永、皮国立主编：《卫生史新视野：华人社会的身体、疾病与历史论述》，导言，第1—2页。

品馔新味道：
英文学界关于"中国食物"的研究与讨论

郭忠豪

前　言

　　食物历史源远流长，自有人类出现即有食物的生产与消费，例如谷物种植、动物喂养、食物制作与保存以及烹饪与消费。过去"食物研究"（food study）在人文学界较少受到重视，近来随着研究趋势与主题的改变，其重要性与日俱增①。以笔者熟悉的历史领域而言，食物史看似有趣，但要做到"见树又见林"并不容易，若缺乏问题意识以及对史料的深度解读，则可能沦为琐碎的数据排列或者泛泛之论，无法清楚呈现饮食变迁的图像，以及食物研究的重

①　欧美多所大学设有食物研究机构，例如耶鲁大学麦克米伦中心（Macmillan Center）设有"农业社会研究计划"（Program in Agrarian Societies），研究者来自不同领域，强调跨学科重要性。纽约大学设有"营养与食物研究系"（Department of Nutrition and Food Studies），加拿大多伦多大学"历史与文化研究系"（Department of Historical and Cultural Studies）底下设有"食物研究"学程，英国伦敦大学亚非学院（SOAS）设有"食物研究中心"（Food Studies Centre）。

要性。近来英文学界出版甚多中国食物（以及东亚食物）的研究专著，研究方法新颖且论点扎实，值得进一步讨论。本文首先概述欧美"食物研究"的发展脉络，其次讨论中国食物的研究成果，并纳入日本食物论著对照比较，最后提出中国食物以及台湾食物未来研究的方向。

一、欧美"食物研究"的发展脉络

"食物研究"已成为跨学科的研究议题，为了整合资源增进对话，近来出现许多结合不同学术专业的研究团队，例如耶鲁大学人类学家斯科特（James Scott）创办的"农业研究"（Agrarian Studies）是一个指标性团队，由人类学、历史学与社会科学等学者组成，进行食物相关研究（环境、农业与社会）。美国的大学出版社也关注食物研究，例如加州大学出版社的"食物与文化"系列（California Studies in Food and Culture）积极且系统性地出版不同议题的食物书籍，包括历史学、人类学、社会学与文化研究，在学术研究上甚具影响力。另外，学界也出现食物研究的专业手册（handbook），例如历史学家皮尔彻（Jeffrey M. Pilcher）编辑的 *The Oxford of Handbook of Food History* 涵盖议题广泛，聚焦于欧美学界重要的食物研究方法[1]。

就欧美食物研究专著而言，1825年法国政治家萨瓦兰（Jean-

---

[1] Jeffrey M. Pilcher, ed., *The Oxford Handbook of Food History*（Oxford: Oxford University Press, 2012）. 皮尔彻教授任职于加拿大多伦多大学，是拉丁美洲食物史专家，目前从事啤酒历史研究。

Anthelme Brillat-Savarin）出版的 *Physiologie du goût*（*The Physiology of Taste*）被认为是较早的食物研究著作，讨论法国餐饮、宴席、肥胖以及旅游饮食经验。1939年德国社会学家埃利亚斯（Norbert Elias）出版 *The Civilizing Process* 讨论"餐桌礼仪"在欧洲文明进程中的角色。20世纪60年代法国人类学家列维-斯特劳斯（Lévi-Strauss）提出"生与熟""湿与干"以及"新鲜与腐败"等二元观念解释饮食文化中不同层次的对照关系，上述专著提供食物研究的重要论点，但法国史家瓦兹（Sydney Watts）[1]强调：法国"年鉴学派"（Annales School）[2]是第一个有系统性地进行"食物史"（food history）研究的学术团体。第一代史家费弗尔（Lucien Febvre）与布洛赫（Marc Bloch）立下基础，第二代布罗代尔（Fernand Braudel）持续推动，第三代弗朗德兰（Flandrin）致力于饮食（cuisine）与品味（taste）的研究。简言之，年鉴学派在食物史的贡献可分成三阶段：第一，食物是日常生活的一部分，透过食物可了解欧洲前现代社会的农业形态。第二，分析社会与经济脉络中粮食的生产与消费。第三，透过食物理解饮食品味、自我认同与文化属性[3]。

　　20世纪70年代以降，食物研究方法日趋多元，美国学者克罗

---

[1]　瓦兹任职于美国里士满大学（The University of Richmond）历史系，著有 *Meat Matters: Butchers, Politics and Market Culture in Eighteenth-Century Paris*（Rochester, NY: University of Rochester Press, 2006）.

[2]　法国年鉴学派又称为"安娜学派"，就该学派的发展脉络与研究方法，潘宗亿教授有精湛讨论，详见http://htc.emandy.idv.tw/newsletters/002/article03.html#annot003。

[3]　Sydney Watts, "Food and The Annales School," in Jeffrey M. Pilcher, ed., *The Oxford Handbook of Food History*（Oxford: Oxford University Press, 2012）, pp.3-22.

斯比（Alfred W. Crosby）于1972年提出"哥伦布大交换"（The Columbian Exchange）的重要观念，论述 1492年后新旧世界在食物、动物与疾病方面的流动互换及其深远效应[①]。值得注意的是，"哥伦布大交换"观念影响日后学者关注不同地区食物的交换及其效应。又，德国社会学家门内尔（Stephen Mennell）在 *All Manners of Food*透过食谱、烹饪方式与饮食行为分析英法两国的饮食如何走向歧异[②]。英国人类学家古迪（Jack Goody）在*Cooking, Cuisine and Class*比较古埃及、罗马帝国与帝制中国的饮食，论证当社会阶级越趋平等，阶级间的饮食差异（从食材准备、烹饪到消费）会越趋模糊[③]。美国人类学家西敏司（Sidney W. Mintz）的《甜与权力》（*Sweetness and Power*）是食物研究中的经典之作。[④]该书将"糖"放在西非（奴隶劳工）、加勒比海（蔗糖种植）与英国（伦敦消费）"三角贸易"脉络下研究，论证"蔗糖"透过殖民力量改变后，其成品"糖"不仅在数量上增加，角色也从奢侈品变成大众商品。更关键的是，"糖"与咖啡、可可与茶等饮品混合消费后产生"甜"的滋味，可

---

①　Alfred W. Crosby, *The Columbia Exchange: Biological and Cultural Consequences of 1492*（London: Praeger Publishers, 2003）. 该书有中译本，克罗斯比著，郑明萱译：《哥伦布大交换：1492年以后的生物影响与文化冲击》，台北：猫头鹰出版社，2013年。

②　Stephen Mennell, *All Manners of Food: Eating and Taste in England and France from the Middle Ages to the Present*（Urbana: University of Illinois Press, 1985）.

③　Jack Goody, *Cooking, Cuisine, and Class: A Study in Comparative Sociology*（Cambridge: Cambridge University Press, 1982）. 古迪是较早投入中国食物研究的学者之一，但论点以二手研究为主。该书有中译本，杰克·古迪著，王荣新、沈南山译：《烹饪、菜肴与阶级》，新北：广场出版社，2012年。

④　Sidney W. Mintz, *Sweetness and Power: The Place of Sugar in Modern History*（New York: Viking Penguin, 1985）. 该书有中译本，西敏司著：《甜与权力：糖在近代历史上的地位》，北京：商务印书馆，2010年。

舒缓压力并增加工作效率，无形中刺激英国工业革命的出现。该书从宏观角度探讨特定食物的角色变迁，建立食物研究的重要典范①。

就上述研究而言，克罗斯比提出的"哥伦布大交换"与西敏司的"蔗糖"研究影响日后学者甚远，不少学者以"特定食材"（马铃薯、米、香蕉、酒精饮品与盐）进行研究，并从宏观视野观察其变化②。以马铃薯为例，里德（John Reader）探讨马铃薯在南美洲的栽种过程，再通过"哥伦布大交换"传至欧洲，甚至遍及世界③。地理学者卡尼（Judith A. Carney）提醒读者：欲了解今日美国南方的稻米文化与消费，我们必须回到"哥伦布大交换"的历史脉络，作者考察非洲奴隶如何将西非稻米技术带到南美巴西，再辗转进入美国南方④。研究"离散文化"（diaspora）的学者加巴西亚（Donna Gabaccia）强调：人类迁徙是刺激食物流动最重要的原因，18世纪以降灾荒与战争造成人类迁徙频繁，意外促成各地食物

① 广州中山大学陈志明教授对西敏司的研究有详细讨论，详见https: //read01. com/zh–tw/GaoAeD. html#. WpdgLK33X–Z。
② John Reader, *Potato: A History of the Propitious Esculent* (New Heaven: Yale University Press, 2009); Judith A. Carney, *Black Rice: The African Origins of Rice Cultivation in the American* (Cambridge, MA: Harvard University Press, 2001); Patricia Herlihy, *The Alcoholic Empire: Vodka and Politics in Late Imperial Russia* (Oxford: Oxford University Press, 2002); John Soluri, *Banana Cultures: Agriculture, Consumption, Environment Change in Honduras and the United States* (Austin: the University of Texas Press, 2005); Pierre Laszlo, translated by Mary Beth Mader, *Salt: Grain of Life* (New York: Columbia University Press, 1998).
③ John Reader, *Potato: A History of the Propitious Esculent* (New Heaven: Yale University Press, 2008).
④ Judith A. Carney, *Black Rice: The African Origins of Rice Cultivation in the American* (Cambridge, MA: Harvard University Press, 2001).

交流①。此外，加巴西亚也强调"族群"对食物研究的重要性，她以"我们就是食物塑造而成的"（We are what we eat）考察"食物消费"背后的阶级意识与族群认同②。

2012年由历史学家皮尔彻主编的 *The Oxford Handbook of Food History* 出版，说明学界的食物研究已趋成熟。该书将食物研究分成五大范畴：第一类是"食物史"（Food Histories），包含法国年鉴学派的食物研究、食物的政治史、文化史、劳工史与公共史。第二类是"食物研究"（Food Studies），包括性别与食物、食物的人类学、社会学、地理学、营养学以及食物与教学。第三类是"食物的生产方式"（The Means of Production），包括农业生产与环境历史、食谱作为研究史料、食物与帝国、工业化食物与快餐等议题。第四类是"食物流通"（The Circulation of Food），讨论世界史中的食物与流动、食物与香料贸易、哥伦布大交换、食物与时间、食物政权以及饮食旅游。第五类是"消费社群"（Communities of Consumption），分析食物与宗教、族群、国族以及社会运动之间的关系③。简言之，该书汇整欧美学界各领域食物研究学者的观点与研究成果。

近来学者（尤以历史学家为主）在食物研究上致力于开创多元议题，费里烈丝（Madeleine Ferrières）考察欧洲中古世纪的"食物恐惧"（food fears），说明在现代科学与理性思考尚未建立前，

---

①　Donna R. Gabaccia, "Food, Mobility, and World History," in Jeffrey M. Pilcher, ed., *The Oxford Handbook of Food History*（Oxford: Oxford University Press, 2012），pp. 305–323.

②　Donna R. Gabaccia, *We are What We Eat: Ethnic Foods and the Making of Americans*（Cambridge: Harvard University Press, 1998）.

③　Jeffrey M. Pilcher, ed., *The Oxford Handbook of Food History*（Oxford: Oxford University Press, 2012）.

谣传、迷信与偏见造成"食物恐惧"的事件层出不穷①。阿尔巴拉（Ken Albala）论证欧洲文艺复兴时期的哲学家、文学家与医学家讨论古罗马的盖伦（Galen）学说，进而形塑当时的饮食观念②。赫里希（Patricia Herlihy）考察俄国伏特加造成的酗酒社会问题，尔后沙皇、教会、军队、医生与社会团体合作推行"酒类节制运动"，最终在国家税收与酗酒问题之间取平衡③。斯潘（Rebecca L. Spang）讨论近代巴黎餐厅出现的历史④，克林汉姆（Lizzie Collingham）分析战争与食物之间的关系⑤，迪纳（Hasia R. Diner）考察纽约三个特定族裔（意大利、爱尔兰与东欧犹太人）移民美国后产生的饮食冲突与融合⑥。劳丹（Rachel Laudan）提出"饮食哲学"（culinary philosophy）、"高阶饮食"（high cuisine）、"中阶饮食"（middling cuisine）与"低阶饮食"（humble cuisine）词汇理解历史上不同帝国的饮食文化⑦。受限于篇幅，笔者无法详列欧美学界关于食物研究的所有专著，但从学者积极投入情况下，可看出学界相当重视该领域的未来发展。

① Madeleine Ferrières, *Sacred Cow Mad Cow: A History of Food Fears* (New York: Columbia University Press, 2013).
② Ken Albala, *Eating Right in the Renaissance* (Berkeley: University of California Press, 2002).
③ Patricia Herlihy, *The Alcoholic Empire: Vodka and Politics in Late Imperial Russia* (Oxford: Oxford University Press, 2002).
④ Rebecca L. Spang, *The Invention of the Restaurant: Paris and Modern Gastronomic Culture* (Cambridge: Harvard University Press, 2000).
⑤ Lizzie Collingham, *The Taste of War: World War Two and the Battle for Food* (London: Allen Lane, 2011).
⑥ Hasia R. Diner, *Hungering for America: Italian, Irish, and Jewish Foodways in the Age of Migration* (Cambridge: Harvard University Press, 2003).
⑦ Rachel Laudan, *Cuisine and Empire: Cooking in World History* (Berkeley: University of California Press, 2013). 该书有中译本，详见瑞秋·劳丹著，冯亦达译：《帝国与料理》，新北：八旗文化，2017年。

二、英文学界中"中国食物"研究

1977年，人类学家张光直编辑的 *Food in Chinese Culture* 是英文学界中第一本讨论中国食物的专书，参与作者包括史景迁（Jonathan Spence）、牟复礼（Frederick W. Mote）、安德森（E. N. Anderson）、许烺光以及余英时等人，分别叙述各朝代的主副食、烹饪方式、饮食活动与祭祀，该书是西方学者了解中国食物研究的重要读物①。尔后，安德森教授持续进行中国食物研究，1988年出版 *The Food of China*，比较不同朝代自然环境、食物原料与政治祭祀等②。2014年又出版 *Food and Environment in Early and Medieval China*，借用沃勒斯坦（Immanuel Wallerstein）的"核心""半边陲"与"边陲"观念分析宋元中国与中亚地区在农业技术、畜牧与食材上的交流，也强调传统中国已有环境保护的观念③。继张光直与安德森等人之后，英文学界关于"中国食物"的研究并不活络，近来中国食物再度受到重视，率先投入该领域的是人类学家，此后历史学家也积极开发"中国食物"相关研究议题。

---

① K. C. Chang, ed., *Food in Chinese Culture* (New Haven: Yale University Press, 1977).

② E. N. Anderson, *The Food of China* (New Haven: Yale University Press, 1988). 该书有中译本，安德森著，刘东编，刘东与马缨译：《中国食物》，南京：江苏人民出版社，2003年。

③ E. N. Anderson, *Food and Environment in Early and Medieval China* (Philadelphia: University of Pennsylvania Press, 2014).

（一）人类学视野中的"中国食物"

首先投入中国食物研究的学术社群是香港中文大学人类学系，包括吴燕和（Y. H. David Wu）、陈志明（Chee-Beng Tan）与张展鸿（C. H. Sidney Cheung）等人，其研究方法受到西敏司影响。2002年，吴燕和与张展鸿合编 *The Globalization of Chinese Food*，西敏司在"前言"强调：东西方饮食文化的重要差异是"饮食禁忌"：欧洲饮食文化受犹太教、基督教与伊斯兰教影响，"饮食禁忌"甚多；反之，中国食物的"饮食禁忌"较少，以饭菜系统为主，重视阴阳平衡①。该书讨论"中国食物"在中国本土与海外社群呈现既熟悉又陌生的样貌，作者群的讨论议题包括：东南亚的闽粤移民与原乡通过"海参"买卖建立贸易网络；马来西亚东沙巴原住民采集燕窝与香港商人进行贸易；夏威夷与巴布亚新几内亚中式餐馆为迎合当地饮食习惯调整口味；近代华人迁徙四方，从台湾的"粤菜馆"与香港的"台菜餐厅"可发现："距离"不仅没有冲淡菜肴"正宗性"，反之其"地道"滋味更加巩固；中国澳门、香港和印尼与日本等地的中菜馆也成为饮食与族群交流的最佳场域②。

另一本由吴燕和与陈志明合编的 *Changing Chinese Foodways in Asia* 强调"饮食方式"（foodways）的观点可呈现"中国食物"在海外社群的多元性，议题包括：潮汕与珠江地区的饮食现代性、香港都会的饮茶、咖啡与客家菜、新马华人与当地族群的饮食互动，以及

---

① David Y. H. Wu and Sidney C. H. Cheung, eds., *The Globalization of Chinese Food* （New York: Routledge, 2002）, pp.xii–xx.

② David Y. H. Wu and Sidney C. H. Cheung, eds., *The Globalization of Chinese Food* （New York: Routledge, 2002）.

中菜在日韩如何因应当地饮食而改变，西敏司在"结语"勾勒中国食物研究的方向①。另外，著名的人类学与东南亚研究学者陈志明主编 *Chinese Food and Foodways in Southeast Asia and Beyond*，特别关注东南亚地区的华人社群在原乡饮食与在地菜肴之间的融合与创新②。

中国食物随着移民来到海外进而呈现不同样貌，反之，"美式快餐"也在20世纪70年代陆续进入东亚国家并对其固有饮食文化产生冲击。人类学家华生（James L. Watson）邀集学者撰写 *Golden Arches East: McDonald's in East Asia* 探讨东亚不同城市的麦当劳现象。阎云翔分析北京的麦当劳传递美国文化中"平等""效率"与"洁净"等观念，开创新式"饮食空间"与消费客群（青少年、儿童与情侣）。华生提出香港的麦当劳具有"速度便利""干净环境""新餐饮空间"（孩童生日派对）等特征，使其在餐饮竞争的香港找到立足之地。吴燕和分析20世纪80年代台湾政治气氛松绑，麦当劳以洁净、便利与新颖等特质成功拓展消费群。朴相美解释麦当劳在韩国遭遇"食品保护"与"食物认同"（稻米）的窘境，但舒适饮食空间却吸引女性与青少年前往消费。大贯惠美子通过东京的麦当劳凸显美国快餐与日本和食的不同逻辑：前者强调以手就食与快速效率，后者注重以筷就食与精致慢食③。此外，人类学家冯珠

① David Y. H. Wu and Chee-Beng Tan, eds., *Changing Chinese Foodways in Asia* (Hong Kong: The Chinese University Press, 2001).

② Chee-Beng Tan, ed., *Chinese Food and Foodways in Southeast Asia and Beyond* (Singapore: NUS Press, 2011). 该书已有中译本，陈志明主编，公维军、孙凤娟译：《东南亚的华人饮食与全球化》，厦门：厦门大学出版社，2017年。

③ James L. Watson, *Golden Arches East: McDonald's in East Asia* (Stanford: Stanford University Press, 1997). 此书有中译本，詹姆斯·华生主编：《饮食全球化：跟着麦当劳，深入东亚街头》，台北：早安财经文化，2007年。

娣（Judith Farquhar）透过"食"与"色"讨论当代中国的性、饮食与养生如何在日常生活中呈现①。景军编辑《喂养中小学皇帝》，讨论当代中国儿童与食物、营养与社会变迁的关系②。

（二）历史学视野中的"中国食物"

人类学家对于"中国食物"的研究已经累积相当成果，近来历史学家也对中国食物产生高度兴趣。若以朝代先后作为讨论顺序，历史学家胡司德（Roel Sterckx）在 *Of Tripod and Palate* 邀集学者研究古代中国的食物、祭祀、宗教与政治。精于研究战国时代的柯鹤立（Constance Cook）考察在世活人利用"阴间宴会"（mortuary feast）的祭祀将逝者转换成"祖先"；胡司德论证古代中国食材、烹饪与消费具有高度政治象征；葛浩南（Romain Graziani）分析庄子与养生之间的辩证关系；祁泰履（Terry F. Kleeman）论证"道家厨房"（The Daoist Kitchen）是一个含有多层宗教与社会意义的祭祀空间；罗维前（Vivienne Lo）分析不同时代草本书籍的食物知识；柯家豪（John Kieschnick）详述佛教素食在中国的变迁；贝剑铭（James A. Benn）利用《茶酒论》分析茶与酒如何与佛教经典对

① Judith Farquhar, *Appetites: Food and Sex in Post-Socialist China*（Durham, NC and London: Duke University Press, 2002）. 此书有中译本，冯珠娣著，郭乙瑶、马磊、江素侠等译《饕餮之欲：当代中国的食与色》，南京：江苏人民出版社，2009年。另外一本由冯珠娣与他人编辑的书籍是Judith Farquhar and Qicheng Zhang, eds., *Ten Thousand Things: Nurturing Life in Contemporary Beijing*（New York: Zone Books, 2012）.

② Jun Jing, ed., *Feeding China's Little Emperors: Food, Children, and Social Change*（Stanford: Stanford University Press, 2000）. 此书有中译本，景军主编，钱霖亮、李胜等译：《喂养中国小皇帝：食物、儿童与社会变迁》，上海：华东师范大学出版社，2017年。

话；高万桑（Vincent Goossaert）考察牛、耕种与献祭的关联性[①]。

另外，胡司德在 *Food, Sacrifice, and Sagehood in Early China* 论证"献祭程序"（sacrificial procedure）作为古代中国人与精神世界的沟通桥梁，讨论食物消费与社会秩序的关系（例如吃肉象征政治稳定，蔬菜象征节俭），以食物烹饪比拟国家治理（庖丁解牛的故事），并以食物感官经验区分神圣与世俗不同境界[②]。胡司德在古代中国的食物与动物研究成果上十分杰出，除了自己的动物研究专书外[③]，近来也与两位学者西伯特（Martina Siebert）以及舍费尔（Dagmar Schäfer）合编 *Animals Through Chinese History: Earliest Times to 1911* 专书[④]。

宋代以降食物制作与消费趋向成熟，研究史料亦相对丰富，历史学者卫周安（Joanna Waley-Cohen）强调南宋、晚明与盛清（18世纪）是三个饮食发展的关键时期，士人在饮食文化上扮演推动角色，例如苏轼、梅圣俞、高濂、徐渭、张岱、李渔与袁枚等[⑤]。斯维斯洛基（Mark Swislocki）关注近代上海的饮食变迁与城市文化，在 *Culinary Nostalgia* 书中检讨传统上以"地理环境"区分菜系的观点过于简单（八大菜系或四大菜系），进而提出"风土观"与"食

① Roel Sterckx, ed., *Of Tripod and Palate: Food, Politics, and Religion in Traditional China*（New York: Palgrave Macmillan Press, 2005）.

② Roel Sterckx, *Food, Sacrifice, and Sagehood in Early China*（Cambridge: Cambridge University Press, 2011）.

③ Roel Sterckx, *The Animal and the Daemon in Early China*（New York: The State University of New York, 2002）.

④ Roel Sterckx, Martina Siebert, and Dagmar Schafer, eds., *Animals Through Chinese History: Earliest Times to 1911*（Cambridge: Cambridge University Press, 2019）.

⑤ Joanna Waley-Cohen, "Taste and Gastronomy in China," in P. Freedman, ed., *Food: A History of Taste*（Berkeley: University of California Press, 2006）. 此书有中译本，保罗·弗里德曼主编，董舒琪译：《食物：味道的历史》，杭州：浙江大学出版社，2015年。

物作为地方性知识"的观点来理解"区域性菜肴"。此书议题包括
"近代上海食物"（本帮菜与上海菜）如何出现、"番菜馆"与西方
"饮食现代性"（营养与卫生观念）与国共内战对上海饮食冲击①。

在中国食物中扮演关键性角色的"筷子"也是学者研究对象，
历史学家王晴佳在*Chopsticks*一书讨论筷子在中国历史上的重要性，
以及筷子在东亚饮食圈的角色与象征意义②。黄兴宗撰写 *Science
and Civilisation in China*（《中国科学技术史》）中的"发酵与食品科
学"（Fermentations and Food Science）分册，讨论议题包括酒类、
茶品、豆类（大豆、豆制食品与酱油）以及食物营养，分析翔实
且内容精辟，是研究中国食物不可或缺的专著③。另外一项与食物
相关的是"饥荒"议题，英文学界已注意到马铃薯在爱尔兰大饥
荒中扮演重要角色并投入研究，在中国脉络下，历史学者李承俊
（Seung Joon Lee）与冯客（Frank Dikotter）分别探讨近代广东与毛
泽东时代的饥荒问题④。

---

① Mark Swislocki, *Culinary Nostalgia: Regional Food Culture and the Urban
Experience in Shanghai*（Stanford: Stanford University Press, 2008）.
② Edward Q. Wang, *Chopsticks: A Cultural and Culinary History*（Cambridge:
Cambridge University Press, 2015）.
③ Hsing-tsung Huang, "Fermentations and Food Science," in Joseph Needham, *Science
and Civilization in China*, Vol. 6, Part V（Biology and Biological Technology）
（Cambridge: Cambridge University Press, 2000）. 此书有中译本，详见黄兴宗
著，韩北忠等译：《中国科学技术史》，第6卷第5分册，北京：科学出版社、上
海古籍出版社，2008年。
④ Seung-Joon Lee, *Gourmets in the Land of Famine: The Culture and Politics of Rice in
Modern Canton*（Stanford: Stanford University Press, 2011）; Frank Dikotter, *Mao's
Great Famine: The History of China's Most Devastating Catastrophe, 1958–1962*
（London: Bloomsbury, 2010）. 此书已有中译本，冯客著，郭文襄、卢蜀萍、陈
山等译：《毛泽东的大饥荒：1958—1962年的中国浩劫史》，台北：印刻文学生
活杂志出版股份有限公司，2012年。

晚清以降华人为了生计远赴北美（主要是淘金与兴建铁路）与东南亚谋生，也将中菜传入异乡，近来历史学家以"中国食物"（Chinese food）作为研究方法，讨论海外华人的食物、移民与认同议题。学者罗伯茨（J. A. G. Roberts）较早注意到该议题的重要性，在 *China to Chinatown: Chinese Food in the West* 一书讨论海外中国食物19世纪以降的变迁过程。洋人最早认识的中国菜肴是"杂碎"（Chop Suey），这道特殊菜肴也成为学者研究海外华人食物的切入点[①]，学者科依（Andrew Coe）透过 *Chop Suey* 一书讨论晚清华人来到美国后如何受到"排华法案"的影响，同时也遭受美国社会负面批评，最后在美国立足生存[②]。历史学者陈雍（Yong Chen）在 *Chop Suey, USA: The Story of Chinese Food in America* 考察中菜从19世纪的负面形象（落后、不文明以及吃鼠肉），转变成20世纪美国社会乐意接受的族群食物（ethnic cuisine），其背后原因包括华人力争上游（从事管家、厨师与洗衣），加上中餐迅速、便宜与量多，获得不同族群喜爱（白人、非裔与犹太人）。美式中餐种类也有变化，从最早的杂碎、炒面与芙蓉蛋，变成左宗棠鸡、青椒牛肉与扬州炒饭，晚近则出现地道中餐菜肴。该书论证"美式中餐"的特质与20世纪美国社会强调"大众消费"与"物质充裕"相符[③]。此外，历史学家曼德森（Anne Mendelson）也以"Chow Chop Suey"

---

① J. A. G. Roberts, *China to Chinatown: Chinese Food in the West*（London: Reaktion Books, 2002）.

② Andrew Coe, *Chop Suey: A Cultural History of Chinese Food in the United States*（Oxford: Oxford University Press, 2009）.

③ Yong Chen, *Chop Suey, USA: The Story of Chinese Food in America*（New York: Columbia University Press, 2014）.

为题，讨论19至20世纪华人移民在北美从遭受歧视到受到公平互惠态度的过程，研究对象包括19世纪广东移民、1965年之后来自台湾与东南亚的华人以及改革开放后的中国大陆移民[①]。

除了华人移民与中菜，北美的亚洲餐馆研究也受到学界重视，由阿诺德（Bruce Makoto Arnold）等学者合编的*Chop Suey and Sushi from Sea to Shining Sea*一书讨论北美中式餐馆与日式餐馆内的厨师、菜肴、餐馆变迁与饮食意象[②]。就海外华人饮食研究，目前学者研究方向多以北美为主，然而，华人在东南亚的饮食变迁有许多议题值得深入研究[③]。

除了历史学家的观点与研究方法，文学研究者也关注中国食物的丰富性，香港大学中文学院余文章与邓小虎合编 *Scribes of Gastronomy*从文学角度讨论中国历史文学作品中的食物、酒、茶与饮食意象[④]。

---

① Anne Mendelson, *Chow Chop Suey: Food and the Chinese American Journey*（New York: Columbia University Press, 2016）.

② Bruce Makoto Arnold, Tanfer Emin Tunc and Raymond Douglas Chong, eds., *Chop Suey and Sushi from Sea to Shining Sea: Chinese and Japanese Restaurants in the United States*（Fayetteville: The Univers ity of Arkansas Press, 2018）.

③ 学者Cecilia Leong–Salobir在*Food Culture in Colonial Asia: A taste of empire* 讨论英国以及东南亚殖民地（以印度、马来西亚与新加坡为主）的饮食交流，论证"殖民地饮食"（colonial cuisine）是通过殖民者与被殖民者双向交流与互动形成，但书中的华人议题讨论较少，这是日后可以继续深入讨论的方向。详见 Cecilia Leong-Salobir, *Food Culture in Colonial Asia: A taste of empire*（London: Routledge, 2011）.

④ Isaac Yue and Siufu Tang, eds., *Scribes of Gastronomy: Representations of Food and Drink in Imperial Chinese Literature*（Hong Kong: Hong Kong University Press, 2013）. 此书已有中译本，余文章、邓小虎主编，刘紫云、姚华等译：《臧否饕餮：中国古代文学中的饮食书写》，北京：北京大学出版社，2018年。

三、交流与对照：英文学界中的"日本食物"研究

本文第四部分将讨论英文学界撰写的日本食物专书，其原因有二：第一是日本与中国距离近在咫尺，历史上互动频繁，其饮食发展也深受中国影响；第二是通过对"日本食物"的讨论，我们可以了解英文学界对"中国食物"与"日本食物"其关注焦点的异同，进而从中相互比较与学习。

历史学家拉斯（Eric C. Rath）出版两本专书讨论日本饮食文化，第一本是*Food and Fantasy in Early Modern Japan*，强调近代早期日本食物多属"仪式料理"（ceremonial cuisine），消费对象也以统治与精英阶层为主[1]。第二本 *Japan's Cuisines: Food, Place and Identity*考察日本饮食发展脉络（包括大乡料理、本膳料理、怀石料理与会席料理），分析"和食"（washoku）与"日本料理"（Japanese cuisine）两者之间的殊异[2]。值得注意的是，作者提及平安时代"大乡料理"曾出现"鱼鲙"菜肴，笔者认为该项议题值得进一步研究，这种介于生与熟之间的鱼肉食俗可能来自中国或者东南亚，通过何种途径传到日本有待考察[3]。

从明治维新至 20 世纪中期，日本帝国参与东亚大小战争，其中

---

① Eric C. Rath, *Food and Fantasy in Early Modern Japan*（Berkeley: The University of California Press, 2010）.

② Eric C. Rath, *Japan's Cuisines: Food, Place and Identity*（London: Reaktion Books, 2016）.

③ 关于"鱼生"在中国历史上的重要性，萧璠有相当详细的讨论，详见萧璠：《中国古代的生食肉类肴馔：脍生》，《"中研院"历史语言研究所集刊》，2000年第71本第2分，第247—365页。

饮食关系到军事后勤系统的支持，也影响到部队战争成败，历史学者克威卡（Katarzyna J. Cwiertka）在*Modern Japanese Cuisine*考察近代日本在东亚的战争促进"饮食现代化"，包括食品工厂的出现、罐头食品的生产以及重视营养与疾病的关系（例如脚气病）。作者提醒我们：日本"国民饮食"（national cuisine）的出现与明治维新、饮食西化以及战争动员密切相关①。克威卡另一本专书*Cuisine, Colonialism and Cold War*论证近代韩国饮食亦受到日本帝国影响，日本殖民韩国后，将现代饮食技术（啤酒、酱油与味精等）与餐饮现代性（百货公司与西式饮食）带入韩国②。笔者认为，战争与食物在近代东亚饮食文化中是相当重要且具有潜力的研究议题，可以从中讨论现代饮食技术、食物产业与营养观念。

二战后日本经历美军占领，黑市混乱与政治抗争，尔后受到美援粮食支助增加面粉消费，其中尤以"拉面文化"甚受瞩目，近来英文学界出版两本"拉面"专书，第一本是索尔特（George Solt）的*The Untold History of Ramen*，考察拉面源自中国移民，最初出现于长崎与横滨港口城市，之后融入日本社会。20世纪80年代后，随着日本旅游与经济实力兴起日本饮食在海外受到重视，尤以加州与美东为甚，寿司与拉面成为国际社会了解日本饮食文化的窗口。简言之，索尔特论证"拉面"从具有强烈中国属性的食物，经过日本社会调和改造，最终成为日本饮食的一部分，反映出日本文化的高

---

① Katarzyna J. Cwiertka, *Modern Japanese Cuisine*（London: Reaktion Books, 2006）. 此书有中译本，陈玉箴译：《饮食、权力与国族认同：当代日本料理的形成》，新北：韦伯文化国际出版有限公司，2009。

② Katarzyna J. Cwiertka, *Cuisine, Colonialism and Cold War: Food in Twentieth-Century Korea*（London: Reaktion Books, 2012）.

度融合力①。顾若鹏（Barak Kushner）的*Slurp: A Social and Culinary History of Ramen*也分析拉面如何从中国传入日本，成为日本软实力的象征②。

传统日本饮食受到中国文化影响甚深，拉斯与阿斯曼（Stephanie Assmann）合编*Japanese Foodways, Past and Present*讨论从传统到近代的日本饮食，亦提及中日在食物交流上的重要性③。此外，克威卡也邀集学者撰写中国、日本与韩国的饮食文化，议题包括家庭厨房与便当文化、食物技术与酱料消费以及现代饮食工业④。此外，人类学家大贯惠美子（Emiko Ohnuki-Tierney）注意到稻米在日本饮食文化的认同议题⑤。

近来学者也持续开发新的研究议题，例如Tomoko Aoyama注意日本文学中的饮食议题⑥，亚历山大（Jeffrey W. Alexander）在

① George Solt, *The Untold History of Ramen: How Political Crisis in Japan Spawned a Global Food Craze*（Berkeley: University of California Press, 2014）. 该书有中译本，乔治·索尔特著，李昕彦译：《拉面：一面入魂的国民料理发展史》，新北：八旗文化，2016年。

② Barak Kushner, *A Social and Culinary History of Ramen*（United Kingdom: Global Oriental, 2012）. 此书有中译本，顾若鹏著，陈正杰译：《拉面的惊奇之旅》，台北：允晨文化实业股份有限公司，2017年。

③ Eric C. Rath and Stephanie Assmann, eds., *Japanese Foodways, Past and Present*（Champaign, IL: the University of Illinois Press, 2010）.

④ Katarzyna J. Cwiertka, ed., *Critical Readings on Food in East Asia*（Leiden: Brill, 2013）.

⑤ Emiko Ohnuki-Tierney, *Rice as Self: Japanese Identities through Time*（Princeton: Princeton University Press, 1994）. 此书有中译本，大贯惠美子著，石峰译：《作为自我的稻米：日本人穿越时间的身份认同》，杭州：浙江大学出版社，2015年。

⑥ Tomoko Aoyama, *Reading Food in Modern Japanese Literature*（Honolulu: The University of Hawai'i Press, 2008）.

*Brewed in Japan*讨论近代日本啤酒工业的变迁[1]，科比特（Rebecca Corbett）在*Cultivating Femininity*注意到日本江户与明治时期女性特质（femininity）与茶道实践之间的关系[2]，以及由科托特（Nancy K. Stalker）主编的*Devouring Japan: Global Perspective on Japanese Culinary identity*[3]。简言之，英文学界的日本食物研究已累积一定成果，其中不少学者注意到近代日本饮食的形成与知识、技术、战争、殖民与帝国等有紧密关系，笔者认为上述议题也直接或间接地影响中国食物从传统转向现代，恰可成为研究近代中国食物的借镜。

结语：中国食物研究的未来性

近来英文学界对于食物研究甚感兴趣，法国年鉴学派开启系统性的研究方法，克罗斯比提出"哥伦布大交换"观念，西敏司以"糖"进行跨区域研究，之后学者陆续开发出崭新议题与多元研究方法，研究对象包括帝国与饮食现代性、特定食物的制作与消费变迁、现代餐馆与品味形成、香料与贸易、食物短缺与饥荒以及饮料与技术等。

作为世界上古老文明之一的中国，其饮食文化亦有丰富内容

---

[1] Jeffrey W. Alexander, *Brewed in Japan: The Evolution of the Japanese Beer Industry* (Honolulu: The University of Hawai'i Press, 2014).

[2] Rebecca Corbett, *Cultivating Femininity: Women and Tea Culture in Edo and Meiji Japan* (Honolulu: The University of Hawai'i Press, 2018).

[3] Nancy K. Stalker, *Devouring Japan: Global Perspectives on Japanese Culinary Identity* (Oxford: Oxford University Press, 2018).

与特殊意涵，学者目前已注意到其研究价值，但仍需学界投入更多研究。若聚焦传统中国的食物研究，笔者认为尚有诸多议题值得探讨：首先，农业发展与中国文明息息相关，包括谷物传播、种植技术、灾荒救援、农书知识、水利技术与官方政策等农业议题皆值得研究。其次，过去中国食物研究较强调汉人饮食观念（例如"医食同源"与"饭菜系统"），但从"非汉人"角度出发的研究成果相当有限（例如穆斯林），未来可加强游牧民族或边疆少数民族的饮食文化研究。第三，笔者认为若以"四大菜系"或"八大菜系"的观念了解传统中国的饮食范畴不够精确且缺乏客观分析，学者可以将生态环境、人文观点与历史脉络纳入考察，可以帮助我们了解中国菜系形成的复杂背景。第四，传统中国有诸多食谱，其内容涉及精英阶层如何建立有别于西方的"饮食品味"，这也是值得深究的议题。

若聚焦"近代中国"的饮食变迁，笔者认为下列议题值得研究：第一，中国的"饮食现代性"是一个亟待开发的议题，相关研究包括现代营养知识、传统食补的转型与实践以及食品工业发展。第二，近代中国城市的饮食文化亦有待开发，除了上海，北京、南京、西安、广州甚至香港等城市的饮食变迁亦值得研究。第三，海外华人的饮食文化已吸引学界注意，但目前研究重心仍以北美为主，19世纪以降不少闽粤华人来到东南亚谋生，两者之间的饮食交流与互动亦值得深入研究。

若聚焦在"台湾食物"研究，近来中文学界对于许多议题已累积相当研究成果[1]。但可进一步发展的议题是二战后台湾移民在

---

① 就目前台湾食物的研究成果，曾品沧关注清代以降到战后饮食发展的不同面向，讨论议题广泛且论点精辟，详见曾品沧：《办桌：清代台湾的（接下页）

北美中菜变迁过程中扮演的角色，这些移民包括本省人与外省人（大陈人）。从二战后到20世纪80年代中国改革开放前，北美不少中餐馆经营者来自台湾且分散各地，他们不仅卖中菜（以川扬菜为主），也兼卖日本料理与台湾菜，对北美中菜与亚洲饮食的推广占有重要角色[①]。

（接上页）宴会与汉人社会》，《新史学》，2010年第21卷第4期，第1—55页；《生猪贸易的形成：19世纪末期台湾北部商品经济的发展》，《台湾史研究》，2014年第21卷第2期，第33—68页；《日式料理在台湾：锄烧（スキヤキ）与台湾智识阶层的社群生活（1895—1960年代）》，《台湾史研究》，2015年第22卷第4期，第1—34页；《乡土食和山水亭：战争期间"台湾料理"的发展（1937—1945）》，《中国饮食文化》，2013年第9卷第1期；《从花厅到酒楼：清末至日据初期台湾公共空间的形成与扩展》，《中国饮食文化》，2011年第7卷第1期；《战时生活体制与民众饮食生活的发展（1947—1960s）》，《战后初期的台湾》，台北："国史馆"，2015年；《从"平乐游"到"江山楼"：日据中期台湾酒楼公共空间意涵的转型（1912—1937）》，《比较视野下的台湾商业传统》，台北："中研院"台湾史研究所，2012年。陈玉箴也注意到日据时期到战后"台湾食物"的发展，研究扎实且论点深具说服力，详见陈玉箴：《依附与竞争：战后初期美援下的台湾乳业（1945—1965）》，《中国饮食文化》，2017年第13卷第1期；《"家"的身体实践：林海音饮食书写中的烹与食》，《成大中文学报》，2016年第53期，第155—187页；《从"家务"到"劳动商品"：台湾家庭晚餐形态变迁的考察》，《台湾学志》，2016年第13期，第71—103页；《营养论述与殖民统治：日据时期台湾的乳品生产与消费》，《台湾师大历史学报》，2015年第54期，第95—147页；《从沟通记忆到文化记忆：1960—1980年代台湾饮食文学的北平怀乡书写》，《台湾文学学报》，2014年第25期，第33—68页；《政权转移下的消费空间转型：战后初期的公共食堂与酒家（1945—1962）》，《政治大学历史学报》，2013年第39期，第183—229页；《日本化的西洋味：日据时期台湾的西洋料理及台人的消费实践》，《台湾史研究》，2013年第20卷第1期。曾龄仪聚焦于战后潮汕移民带入"沙茶酱"并开启牛肉消费的研究，详见，曾龄仪：《移民与食物：二次战后高雄地区的潮汕移民与沙茶牛肉炉》，《师大台湾史学报》，2015年第8期，第93—128页；《吴元胜家族与台北沙茶火锅业的变迁》，《中国饮食文化》，2016年第12卷第1期，第53—89页。

① 笔者曾对纽约法拉盛（Flushing）台菜餐馆变迁进行研究，详见Chunghao Pio Kuo, "When Little Island Cuisine Encountered Chinese Food: The Evolution of Taiwanese Cuisine in New York City's Flushing Neighborhood（1970 Present），" in B. Arnold, T. Tunc, and R. Chong, eds., *Chop Suey and Sushi from Sea to Shining Sea: Asian Restaurants in the United States*（Fayetteville: University of Arkansas Press, 2018）.

最后一个有待深究的议题是中菜"品味"（taste）。英文学界分析欧美饮食品味的建立与哲学、宗教及阶级有关，[①]然而英文学界甚少出现关于中国食物"品味"讨论的专书，笔者认为中菜的食材种类、烹饪方式与消费实践等均有其特殊意义且值得研究，这方面的研究可从欧美学界的文化理论获得灵感，例如法国学者塞托（Michel de Certeau）在 *The Practice of Everyday Life* 利用"技巧"（strategy）与"策略"（tactics）说明消费者与环境的互动[②]，社会学家布尔迪厄（Pierre Bourdieu）在 *The Field of Cultural Production* 提出"场域"（field）、"惯习"（habitus）与各种"资本"（capital）观念解释消费文化的脉络[③]，人类学者阿帕杜莱（Arjun Appadurai）在 *The Social Life of Things* 提出"物的社会生命史"[④]，同时也对印度食谱与国家菜肴（national cuisine）进行研究，值得参考[⑤]。就中国食物的未来研究发展，除了笔者建议的方向，还有不少议题深具潜力，值得学界同好投入更多时间进行研究。

---

① Alan Warde, *Consumption, Food and Taste*（London: SAGE Publications, 1997）；Carolyn Korsmeyer, *Making Sense of Taste: Food and Philosophy*（Ithaca: Cornell University Press, 1999）；Priscilla Parkhurst Ferguson, *Accounting for Taste: The Triumph of French Cuisine*（Chicago: University of Chicago Press, 2006）.

② Michael De Certeau, translated by Steven Rendall, *The Practice of Everyday Life*（Berkeley: University of California Press, 1988）. 该书已有中译本，米歇尔·德·塞托著，方琳琳、黄春柳译：《日常生活的实践》，南京：南京大学出版社，2015年。

③ Pierre Bourdieu, *The Field of Cultural Production*（New York: Columbia University Press, 1993）.

④ Arjun, Appadurai, ed., *The Social Life of Things: Commodities in Cultural Perspective*（Cambridge: Cambridge University, 1986）.

⑤ Arjun Appadurai, "How to Make a National Cuisine: Cookbooks in Contemporary India," *Comparative Studies in Society and History*, 1988, Vol.30, No.1, pp. 3–24.

第五部

数字人文／新史料与历史研究

地理信息系统（GIS）
在史学研究中的应用①

林敬智

前　言

地理空间要素在史学研究中占有一定重要的角色，结合地理与历史研究方法处理空间与时间的变化，对于还原史实的脉络具有莫大的效益，而晚近信息科技发达，利用地理信息系统整合三度空间（3D）与时间的向度，形成所谓的"4D"时空分析，为历史研究加入了空间视野，对于史家整理史料、分析时空变化、利用视觉化呈现以进行历史叙事，将可带来如虎添翼的加乘效果。

地理信息系统应用于史学研究的相关文献回顾已有数篇著作可

---

① 本文原发表于学术研讨会，原作引用前人研究中的GIS地图以便说明各种GIS分析工具与视觉化呈现效果，收录本书出版后涉及商业行为，部分原引用图片因考虑授权因素而删除，请读者自行参阅注脚中的原作以便进一步了解文中所述的各种GIS地图的效果。

资参考①，本文将以国内外大体趋势为主轴，介绍重要里程碑与研究，并引介历史学者可以使用之相关资源，包括各个学术机构、网上资源。

地理信息系统（geographic information system， 以下简称GIS）是指称用来浏览、管理地理空间位置，分析空间关系和空间建构的信息软件和数据的集合，提供了一个可以汇集、组织空间资料和相关信息的架构，使研究者可以进行绘图、可视化（visualization）和分析地理信息②。透过GIS的工具与方法，除了便于制作简单明了的主题地图，还可以在地图的平台上建立与管理具有空间特性的数据库，便于从空间的范围内查询与交叉套叠比对资料的相关性，进而可以利用GIS软件的空间分析功能，提供空间决策上实证的基础参考资料，是空间思维与相关研究非常强大的利器。自20世纪70年代开始，计量地理学研究开始利用电脑能够快速处理大量资料的优势，发展出GIS对于地理空间的信息进行描述、管理与分析的工作。到了20世纪90年代，GIS开始被应用于人文与社会科学领域，历史学研究亦开始逐步接受应用GIS来绘制历史地图，并进一步处理具有空间属性的史料，将文字数据转化为具体呈现在地图上的信息，运用GIS擅长处理地理空间信息的优势，结合史学擅长处理

---

① 范毅军：《试论地理信息系统在历史研究上的应用》，《古今论衡》，1999年第2期，第93—96页。李宗信：《台湾历史人口统计资料GIS建置与应用》，《台湾学通讯》，2012年第69期，第12—13页。白璧玲：《历史地理信息系统于史料数字化成果之应用价值与发展趋势》，《国史研究通讯》，2014年第7期，第10—14页。李宗信、顾雅文：《近二十年来应用历史地理信息系统的回顾与展望：以台湾区域史研究为例》，《台湾史研究》，2014年第21卷第2期，第167—196页。

② Tasha Wade、Shelly Sommer 编，李莉、商瑶玲、张元杰编译：《A to Z GIS图解词典》，北京：科学出版社，2011年，第84页。

时间与变化的长处，进而建立应用信息科学分析时空变化的信息系统，最初并无统一的名称，后来较普遍被称为Historical GIS，亦简称HGIS①。

HGIS应用于史学研究领域，最初并未获得多数史家的认可，一来是因为信息科学的软硬体对于历史学者而言有一定的进入学习门槛，同时多数GIS为商用软件，价格过于昂贵；二来是史家较擅长史料的精读与诠释，GIS往往需将史料中的讯息转化为简化，甚至量化的资料，因此有一段时间GIS应用于史学研究的情况仅属少数②。经过许多前辈学者的努力，加上近年来GIS使用界面渐趋于人性化、简便使用，进入门槛降低，同时近年手机与平板上GIS与GPS（Global Positioning System）的应用软件App越来越普及化，如Google 公司的Google Maps与Google Earth、苹果公司Apple Maps，让多数人对于GIS更为熟悉，亦了解其长处与便利性。另一方面，为与昂贵的商用软件对抗，许多信息工程师协助建立开源、免费之GIS界面，其功能与便利性也逐渐追上商用软件，如Quantum GIS（简称QGIS）。"中研院"人社中心地理信息科学专题中心（以下简称中研院GIS中心）亦自行开发SinicaView软件，整合空间三维的地理信息系统和时间向度，建构4D时空信息平台，内建多年来所累积之各类时空图资与历史地图，开放免费下载使用，比起Google

---

① HGIS的使用必须当心，除了Historical GIS之外，有时亦指称Health GIS，应用于公共卫生领域；或指涉更为广泛的Humanities GIS人文学科信息系统，后者亦有时以Geo Humanities或Spatial Humanities指称，有时更广义的还包括GIS for the Humanities and Social Sciences，把所有人文与社会科学领域皆涵括在内。本文所指之HGIS是专指Historical GIS。

② 顾雅文：《历史GIS：历史学家的新技艺》，《"中研院"周报》，2013年第1398期，第7页。

Earth 的平台更为丰富，功能亦更为强大，更符合学术界应用于研究之中①。另外尚有台大"国发所"邓志松教授所开发之界面Excel2Earth，可以利用微软Excel输入与管理资料，然后可以快速转出地图，更使得GIS的操作门槛大幅降低②。

此外，越来越多的图层建置、累积与分享，使得研究者自行建置图层资料更省时，同时，底图图砖WMTS所带来的便利性，让使用GIS进行史学研究的门槛再往下降。综合种种因素，近年HGIS渐为史学家所接受，利用HGIS来整理史料，将历史资料建置于具有时空架构的数据库之中，并且能够进一步绘制主题地图、进行时空分析，对于史学研究带来更大的便利性，同时亦能透过HGIS的辅助发现新的问题，或解决过去传统研究方法较难处理的议题。

一、重要里程碑：机构、书刊与人物

几位先驱学者或机构亦逐步建立GIS资料平台，累积具有时间与空间属性的GIS图层（layers），澳大利亚格里菲斯大学（Griffith University）克里斯曼（Lawrence Crissman）教授在20世纪80年代即开始着手将中国、其他亚洲国家及苏联的行政区域单位进行空间数字化工作；郝若贝（Robert Hartwell）很早便开发 Chinese Historical Software，累积历代的GIS数据③；华盛顿大学拉维利（William Lavely）也很早便开始建构时空数据China in Time and Space④。

① 参见：http://3dgis.rchss.sinica.edu.tw/。
② http://excel2earth.blogspot.tw/。
③ 参见http://acasian.com/。
④ 参见http://sedac.ciesin.org/data/collection/cddc/sets/browse。

HGIS大约在进入21世纪前后开始逐渐成熟，研究成果浮出台面，范毅军很早便注意到GIS对于历史研究的辅助功能不仅在整合时间与空间资料的典藏与查询，还有进一步对资料分析与处理的能力，可资运用在文化史、经济史等领域。"中研院"历史语言研究所于1996年11月间成立"地理信息系统工作室"推广在史学研究上结合GIS技术，随后"中研院"计算中心也成立地理信息系统实验室，日后转型为地理信息科学研究专题中心[1]，可以说是华人世界中运用GIS于史学研究的前导者[2]。

加州大学伯克利分校兰卡斯特（Louis Lancaster）教授亦很早意识到GIS的强大功用，于1997年推动成立电子文化地图创设协会（Electronic Cultural Atlas Initiative，简称ECAI）[3]，作为数字时空资料汇整与分享的平台，建立跨国的研究社群，同时例行举办太平洋邻里协会研讨会（Pacific Neighborhood Consortium，简称PNC）[4]，推动相关领域的跨国交流与合作，多年来卓然有成。哈佛大学包弼德（Peter Bol）与复旦大学葛剑雄和满志敏合作CHGIS（Chinese Historical GIS）计划，是在前述克里斯曼、郝若贝、拉维利等几位国外学者的基础上，以谭其骧先生的《中国历代地图集》作为基础所建立的，其后哈佛大学还在2005年成立地理研究中心（Center for Geographic Analysis），由包弼德担任第一任主任，与

---

[1] 参见http://gis.rchss.sinica.edu.tw/templates/yt_seasons/images/logo.png。曹铭宗：《远见与承担："中研院"数字人文发展史（1984—2015）》，台北："中研院"数字文化中心，2017年，第46—48页。
[2] 范毅军：《试论地理信息系统在历史研究上的应用》，《古今论衡》，1999年第2期，第93—96页。
[3] 参见http://www.ecai.org/。
[4] 参见http://pnclink.org/。

此同时发展的"中国历代人物传记数据库"（CBDB）便与CHGIS可以相互联结，发挥更大的效果。现今哈佛大学还设立Worldmap 网页作为空间信息的汇整平台，许多研究成果皆放置其中，彼此还能产生互联的作用，使得个别的研究成果能够发挥更广大的影响[①]。

The Asian Network for GIS-based Historical Studies（ANGIS）（アジア歴史地理情報学会）[②]于 2012年成立，是一个聚焦在亚洲地区、以GIS辅助历史研究的跨国学术网络，每年在不同会员国家举办一场学术研讨会，其间也穿插一些工作坊与书展等活动，历年来曾在日本东京、日本京都、泰国曼谷、中国台湾"中研院"、菲律宾马尼拉、中国广州中山大学等地举办，成员来自世界各地，并不限于亚洲；此外自2013年起还发行数字学术期刊 *Journal of Asian Network for GIS-based Historical Studies*。

在2000年时*Social Science History*第24卷第3期推出GIS专号，其中有施坚雅（G. William Skinner）、韩忠可（Mark Henderson）、袁建华等人的研究，是施坚雅利用GIS以实证数据作为基础，重新检视其长期建立的历史地理学模型与架构，并创立"等级区域空间模型"（Hierarchical Regional Space，简称HRS模型），描述一系列由不同社会经济区域系统所构成的等级系统，各区域内以城市或镇为中心，最终形成一宏观的社会经济系统，进而与人口普查

---

① 参见 http://worldmap.harvard.edu/。
② http://www.l.u-tokyo.ac.jp/~angisj/ANGIS（Japan）_en/index_en.html。

资料中的生育率进行区域间的比较研究①。HGIS重要的推动者古格里（Ian Gregory）和克诺尔斯（Anne Knowles）亦皆在该刊上发表相关研究成果。随后克诺尔斯主编之*Past Time, Past Place: GIS for History*②、古格里撰写之*A Place in History: A Guide to Using GIS in Historical Research*③等操作手册陆续问世，具体引介如何运用GIS工具与技术于史学研究之中。随着电脑信息技术的升级，此一系列的GIS工具与技术引介书籍也不断与时俱进，陆续出版最新的手册以协助史家运用GIS于史学研究之中④。古格里与盖德斯（Geddes）所合编的*Toward Spatial Humanities: Historical GIS and Spatial History*展示GIS应用于史学研究最新的学术成果⑤。HGIS重要的推动者博登哈默（David J. Bodenhamer）、科里根（John Corrigan）与哈里斯（Trevor M. Harris）在2010年⑥、2015年分别出版重要的书籍推广应

---

① G. William Skinner, Mark Henderson, and Yuan Jianhua, "China's Fertility Transition through Regional Space, Using GIS and Census Data for a Spatial Analysis of Historical Demography," *Social Science History*, 2000, Vol.24, No.3, pp. 613–643. 施坚雅、韩忠可、袁建华：《长江下游宏观区域生育率转变研究：用GIS方法和人口普查数据进行时空分析》，《中国人口科学》，2001年第2期，第1—18页。

② Anne Kelly Knowles, *Past Time, Past Place: GIS for History*（Redlands, CA: ESRI Press, 2002）.

③ Ian N. Gregory, *A Place in History: A Guide to Using GIS in Historical Research*（Oxford: Oxbow Books, 2003）.

④ Ian N. Gregory and Paul S. Ell, *Historical GIS: Technologies, Methodologies, and Scholarship*（Cambridge: Cambridge University Press, 2007）. Anne Kelly Knowles, *Placing History: How Maps, Spatial Data, and GIS Are Changing Historical Scholarship*（Redlands, CA: ESRI Press, 2008）.

⑤ Ian N. Gregory and Alistair Geddes, *Toward Spatial Humanities: Historical GIS and Spatial History*（Bloomington: Indiana University Press, 2014）.

⑥ David J. Bodenhamer, John Corrigan, and Trevor M. Harris, *The Spatial Humanities: GIS and the Future of Humanities Scholarship*（Bloomington: Indiana University Press, 2010）. 本书摘要可参阅林富士主编：《"数字人文学"白皮书》，台北："中研院"数字文化中心，2017年，第94—97页。

用GIS于史学与人文研究之中①。

　　施坚雅的等级区域空间模型也影响到其他经济与历史人口学以外领域，2011年吴疆、童道琴与瑞凡克（Karl Ryavec）将中国宗教场域的空间分布进行了等级区域空间模型的分析，一方面分析宗教与各种区域和地方的社会经济、教育、交通、语言、行政、文化、民族、自然环境等因素之间的互动关系，另一方面也检视了宗教与经济的区域空间模型两者间的关系，发现具有高度的关联性与重叠性，随后他们乃以佛教为主要的分析对象，建置了"佛教地理信息系统"（BGIS），由此分析了佛教寺院的空间分布模式，以及各种宗教活动网络的形成②。吴疆于2016年举办了"大中华地区区域宗教系统的形成"国际会议，召集GIS专家与宗教学者齐聚一堂，共同探讨如何利用GIS与施坚雅的等级区域空间模型理论来研究中国宗教场所的空间分布，以了解各区域内宗教空间分布的特性与模型，以及其内部的宗教活动网络如何形成等议题③。会议中多篇论文以佛教的寺院或高僧为核心，分析其宗教活动的空间分布或社会网络，此外尚有其他宗教的GIS分析，包括杨凤岗与裴玄铮（Jonathan Pettit）共同发表《绘制中国浙江地区的宗教地图》，其中包括基督教堂、佛教寺庙在浙江四个不同地区的发展，大致能描

---

① David Bodenhamer, John Corrigan, and Trevor M. Harris, *Deep Maps and Spatial Narratives* (Bloomington: Indiana University Press, 2015).

② Wu, Jiang, Daoqin Tong, and Karl Ryavce, "Spatial Analysis and GIS Modeling of Regional Religious Systems in China: Conceptualization and Initial Experiments," in *Chinese History in Geographical Perspective* (Lanham: Lexington Books, 2013), Yongtao Du and Jeff Kyong-McClain, eds., pp. 179—196.

③ 欧阳楠：《"大中华地区区域宗教系统的形成"会议综述》，《世界宗教研究》，2016年第3期，第188—192页。

绘出当今中国宗教市场的轮廓。另外"中研院"GIS中心范毅军、廖泫铭、张智杰、陈建州联名发表介绍其所建置之"文化资源地理信息系统",其中收录了台湾各地的宫庙、教会、古迹、历史建筑、老树、金门风狮爷等,并与地方文史工作者合作进行实地田野调查,拍摄影像记录,并撰写基本信息与历史传说。洪朝辉、金建峰则以中国天主教为例,以宗教市场理论来分析其空间分布,此即洪朝辉近年来利用GIS分析中国基督教会、回民清真寺宗教市场的空间分布的其中一项尝试[1]。

对于佛教研究中的GIS平台,首开先河的还有法鼓文理学院所建置的"佛教传记文学地理信息系统"[2]、台湾佛寺时空平台[3]、丝路佛教文化地图数据库[4],以及在其"佛学研究规范数据库"[5]中的"地名规范数据库"[6]。

在宗教史的研究中,2013年已有数字学者尝试结合GIS进行空间分析,《民俗与文化》第8期便以"民间信仰与空间技术"作为专题,探索GIS何以辅助宗教研究。张智杰、洪莹发、廖泫铭、范毅

---

[1] Hong Zhaohui and Jin Jianfeng, "Spatial Study of Mosques: Xinjiang and Ningxia as Case Studies," *Review of Religion and Chinese Society*, 2016, Vol.3, No.2, pp. 223–260.

[2] http://buddhistinformatics.ddbc.edu.tw/biographies/gis/interface/。佛教传记文学的平台中,除了呈现GIS地图,还有两种呈现方式,包括社会网络分析 http: // buddhistinformatics. ddbc. edu. tw/biographies/socialnetworks/interface/,以及时间轴http: //buddhistinformatics. ddbc. edu. tw/biographies/timeline/,可以方便使用者将佛教人物的时间、空间、社交网络快速进行可视化呈现的处理。

[3] http: //buddhistinformatics. dila. edu. tw/taiwanbudgis/。

[4] 此数据库含"数字博物馆玄奘西域行"http: //silkroad. chibs. edu. tw及"丝路中印文化交流时空平台"http: //www. plela. org/chibs/SRwork/index. html。

[5] http: //authority. dila. edu. tw/。包括时间规范数据库、人名规范数据库、地名规范数据库和佛经目录规范数据库。

[6] http: //authority. dila. edu. tw/place/。

军展示了如何利用GIS与GPS等信息科技进行民间信仰田野调查，并绘制神明绕境的空间地图[1]；洪莹发、张耘书、张智杰、张珣、范毅军、廖泫铭则以GIS整理全台湾各地的妈祖庙数量与空间分布，尤其是置于历史发展的动态过程中来观察其由海边向内陆的扩散现象，并与汉人的族群、祖籍的空间分布进行套叠分析妈祖信仰与祖籍之间的关联性[2]；洪莹发、张智杰、廖泫铭、范毅军以GIS空间分析探索五年千岁祖庙马鸣山镇安宫的扩散现象与空间层次，包括其五营空间、附近的联庄公庙、每五年的大科参与之香庄的空间分布，以及由镇安宫所分灵出去在台湾各地的宫庙与私坛，同样也是将信仰的发展源流置于历史发展的脉络之中，并与汉人祖籍进行关联性的分析[3]；邱彦贵则利用GIS绘制三山国王庙的时空分布地图，对于云、嘉、南地区的三山国王信仰进行其历史年代的讨论，并与闽客族群的移民史进行交互的比对[4]。

2016年普度大学（Purdue University）宗教与中国社会研究中心出版的 Review of Religion and Chinese Society 第3卷第2期便以 "Mapping the Sacred: Geospatial Studies on Chinese Religions" 为主题制作专刊，其中陈诗沛以GIS地图重建地理学者陈正祥的

---

① 张智杰、洪莹发、廖泫铭、范毅军：《GIS与地方社会和民间信仰》，《民俗与文化：民间信仰与地理信息科学专刊》，2013年第8期，第5—15页。
② 洪莹发、张耘书、张智杰、张珣、范毅军、廖泫铭：《历史与空间：台湾妈祖庙数量与分布探讨》，《民俗与文化：民间信仰与地理信息科学专刊》，2013年第8期，第17—39页。
③ 洪莹发、张智杰、廖泫铭、范毅军：《马鸣山镇安宫信仰空间研究初探》，《民俗与文化：民间信仰与地理信息科学专刊》，2013年第8期，第41—64页。
④ 邱彦贵：《云嘉南地区三山国王庙时空分布讨论》，《民俗与文化：民间信仰与地理信息科学专刊》，2013年第8期，第65—84页。

蝗神庙分布图①，普洛塔斯（Jason Protass）以GIS重建宋代禅宗《灯录》中所记载的宗派与谱系之时空分布②，宾格海默（Marcus Bingenheimer）以GIS绘制《参学知津》中所记载的19世纪行脚僧人之路线网络③。

兰卡斯特的学生布伦德尔（David Blundell）任教于政治大学，于2002年便在台湾推动结合GIS建立"南岛语族电子文化地图"④，随后加入兰卡斯特组成的"海洋佛教传播"（Maritime Buddhism）研究团队，结合跨国的历史与考古学者研究佛教自印度洋、南太平洋传播至东亚的交通航道，重写佛教传播史，补充了透过丝路传播以外的海路传播。政大近年推动数字人文学的发展不遗余力，由陈树衡率十一个不同主题与方法论的数字人文团队合撰 *Big Data in Computational Social Science and Humanities*⑤，提供数字人文在台湾发展的在地经验，其中便有四章介绍空间人文学（Spatial Humanities）中如何应用GIS于社会科学与人文学科的发展，布伦德尔、林敬智、莫里斯（Morris）介绍空间人文学的发展及在台湾的

---

① Chen Shih-pei, "Remapping Locust Temples of Historical China and the Use of GIS," *Review of Religion and Chinese Society*, 2016, Vol.3, No.2, pp. 149–163.
② Jason Protass, "Toward a Spatial History of Chan: Lineages, Networks, and the Lamp Records," *Review of Religion and Chinese Society*, 2016, Vol.3, No.2, pp. 164–188.
③ Marcus Bingenheimer, "Knowing the Paths of Pilgrimage: The Network of Pilgrimage Routes in Nineteenth-Century China," *Review of Religion and Chinese Society*, 2016, Vol.3, No.2, pp. 189–222.
④ 布伦德尔：《二十一世纪的语言：建立南岛语族电子文化地图》，《石璋如教授百岁诞辰纪念文集》，台北："中研院"历史语言研究所，2002年，第587—605页。
⑤ Chen Shu-heng, ed., *Big Data in Computational Social Science and Humanities* (Cham, Switzerland: Springer International Publishing AG, 2018).

实际应用经验，特别着重GIS应用于宗教方面的研究[1]；詹进发介绍志愿地理信息（Volunteer Geographical Information, VGI）应用于在地社区的自然与文化资源保存，此一方法亦可适用于人文社会科学中的群众外包（crowdsourcing），由在地人提供资料或解读诠释在地的史料与文献[2]；贺安娟（Ann Heylen）应用GIS整理与分析17世纪在台湾的荷兰人手稿与书信，建置动态地图以解析其时的书信社会网络[3]；奥利华（Oliver Streiter）长期应用GPS在台湾、澎湖等地拍摄坟墓墓碑，并记录其坐标位置，利用其累积的庞大数据分析台湾与澎湖墓碑"堂号"的时空变迁[4]。

国外的GIS史学应用实例更为丰富，加拿大史家集结不同主题共同出版 *Historical GIS Research in Canada*[5]，包括种族与移民史、历史地图数字化、农业森林与湿地的环境史、各类发电能源的社会史等，其中一章也利用GIS处理华人移民的人头税资料，以分析华人移民在当地受到歧视的一段历史。意大利佛罗伦萨地区也有

---

[1] David Blundell, Ching-chih Lin and James Morris, "Spatial Humanities: An Integrated Approach to Spatiotemporal Research," in Chen Shu-heng, ed., *Big Data in Computational Social Science and Humanities*, pp. 263–288.

[2] Jihn-Fa Jan, "Application of Citizen Science and Volunteered Geographical Information（VGI）: Tourism Development for Rural Communities," in Chen Shu-heng, ed., *Big Data in Computational Social Science and Humanities*, pp. 29–44.

[3] Ann Heylen, "Expressing Dynamic Maps through 17th-Century Taiwan Dutch Manuscripts," in Chen Shu-heng, ed., *Big Data in Computational Social Science and Humanities*, pp. 95–116.

[4] Oliver Streiter, "Simultaneous Invention or Propagation of Cultural Practices? The Tanghao on Tombstones of Taiwan and Penghu," in Chen Shu-heng, ed., *Big Data in Computational Social Science and Humanities*, pp. 45–93.

[5] Jennifer Bonnell and Marcel Fortin, *Historical GIS Research in Canada*（Calgary, Alberta: University of Calgary Press, 2014）.

一本专书应用GIS分析其近现代的都市发展过程[1]，主题涵括文艺复兴时期职业的空间分布、16世纪性产业在都市中的空间与治理、近现代城市中的流行病，甚至还利用空间分析的视觉化去还原各地教区（parish）的地理空间，以重建各教堂钟声的"声音地景"（soundscape）的历史，并分析各地教区的钟声与区域认同间的关联性；从流行病及对其认知来分析"恐惧"情绪的空间分布，同时还利用手机App结合文化资产导览与旅游，充分展现应用GIS于史学研究中的多元可能性。研究犹太人大屠杀的史家也应用GIS技术与工具还原了大屠杀的地理空间与犹太人被迫迁徙与监禁的路线[2]，范围涵盖欧陆许多国家与地区，透过将各种类型的史料予以空间化呈现，追索当年对犹太人的逮捕与集中营[3]。这些HGIS的应用实例皆可以作为国内史学界应用之参考模范，可兹应用于不同类型主题的史学研究之中。

二、台湾相关机构与学系学程

台湾推动GIS于史学研究最悠久者为"中研院"人文中心GIS专题研究中心，长年推动相关推广教育，执行长范毅军、组长廖泫铭带领其专案经理与研究助理张智杰、洪莹发、李宗信、顾雅文、白

① Nicholas Terpstra and Colin Rose, *Mapping Space, Sense, and Movement in Florence: Historical GIS and the Early Modern City*（New York: Routledge, 2016）.
② Anne Kelley Knowles, Tim Cole, and Alberto Giordano, *Geographies of the Holocaust*（Bloomington: Indiana University Press, 2014）, p.33.
③ Anne Kelley Knowles, Tim Cole, and Alberto Giordano, *Geographies of the Holocaust*, pp. 70–71.

璧玲、庄永忠、刘濠雄、颜守韩等人，在"中研院"与各地大学和高中校园推广GIS如何应用于人文研究与社会科学领域，其中还特别举办历史研究、宗教与民俗研究等主题式工作坊。2008年中正大学台湾人文研究中心举办"运用地理信息系统于人文研究"工作坊，邀集复旦大学历史地理中心主任满志敏教授，"中研院"人社中心GIS专题中心执行长范毅军，组长廖泫铭，成员温在弘、顾雅文、白璧玲等人，分别以不同案例陈述GIS应用于人文社会科学研究的情况与挑战[1]。"中研院"人社中心GIS专题中心历年来举办多场类似此类的活动，在国内推动GIS应用于人文与社会科学领域的贡献卓著，多年来所培养的助理群也陆续取得博士学位在诸多大学任教，继续推广GIS在人文社会科学领域的应用，同时中心也持续与各大学学者合作相关之研究与GIS信息平台和数据库的建置工作。历年来推广教育对于GIS工具与方法应用于历史研究上的贡献良多，特别是许多学生与年轻研究助理得以有机会获得基础的自绘主题地图及初级的GIS分析能力，向下扎根。近来也陆续将相关课程推上YouTube频道，建立在线自学课程，让有兴趣学习者能够通过线上课程获得GIS的基础知识。该中心还在网上成立多个论坛与社群，为学习者解决疑难杂症，实时提供最新信息，包括QGIS与Open GeoData论坛[2]、Google Maps/Earth观察报[3]、GeoPDF技术与应用等平台[4]。

　　"中研院"人文中心GIS专题研究中心并规划建置基础数字平

---

①　相关议程、摘要与投影片参见：http: //tih. ccu. edu. tw/tih_97/data/GIS/gis_active. html。
②　http: //gis. rchss. sinica. edu. tw/qgis/。
③　http: //gis. rchss. sinica. edu. tw/google/。
④　http: //gis. rchss. sinica. edu. tw/geopdf/。

台与资源，先后建立了"中华文明时空基础架构系统"（CCTS）[①]、"台湾历史文化地图"（THCTS）[②]、"台湾百年历史地图"[③]、"地图数字典藏整合查询系统"[④]、"地名查询系统"[⑤]、"文化资源地理信息系统"[⑥]，对于本领域的贡献居功厥伟[⑦]。例如利用GIS时空平台皆能考证出郑和航海的路线与抵达地点的古今地名（图7），相关图层亦开放下载[⑧]。"台湾百年历史地图"可以直接在网上套叠不同年代的历史地图，还可以进行多视窗比对（图8），方便使用者进行比较与对照古今地图。晚近还开发SinicaView平台，将该中心所开发之GIS资源内嵌其中，方便研究者直接导入图层，降低使用的门槛，可说是取代Google Earth的学术进阶版[⑨]。结合统计资料还有"统计博览绘"，方便在空间的界面上输出统计资料[⑩]。此外还有唐代交通地理信息系统[⑪]，由朱开宇依照严耕望于1985年出版之《唐代交通图考》所建立，参酌谭其骧先生主编的《中国历史地图集》第五分册以及丁文江等人于1934年所出版《中华民国新地图》（又称《申报地图》）交互应证所完成。除此之外，"中研院"地理信息科学研究专题中心的网页提供各种GIS所需要的技术工具、图资典藏、学术活动、

---

① http: //ccts. sinica. edu. tw/。
② http: //thcts. sinica. edu. tw/。
③ http: //gissrv4. sinica. edu. tw/gis/twhgis. aspx。
④ http: //map. rchss. sinica. edu. tw/。
⑤ http: //placesearch. moi. gov. tw/。
⑥ http: //crgis. rchss. sinica. edu. tw/。
⑦ 各计划之详细说明，请参见：http://gis.rchss.sinica.edu.tw/index. php?option=com_content&vie w=category&layout=blog&id=107&Itemid=155&lang=zh。
⑧ 参见 http: //ccts. sinica. edu. tw/rs_jh. php。
⑨ 参见 http: //3dgis. rchss. sinica. edu. tw/。
⑩ 参见 http: //statgis. rchss. sinica. edu. tw/statgis/。
⑪ http: //GISsrv4. sinica. edu. tw/GIS/Tang. aspx。

教育训练的信息，可以通过其网站联结相关大学科系、学会组织、研究中心，以及国外GIS研究机构，是GIS初学者与应用者不可或缺的重要平台①。邱正略的博士论文《日据时期埔里的殖民统治与地方发展》②在近史所研究员康豹的指导下，应用了"中研院"GIS中心早期开发的"台湾历史文化地图核心应用系统"绘制了许多主题地图，比对人口统计资料、日据户籍资料及文字记载，透过在地图上视觉化的呈现与检证，为其博士论文增色不少，为国内学位论文中较早开始应用GIS于史学研究之中的先例之一。

该中心还建置了地图数字典藏的整合查询系统，研究者可以快速查询已经数字化之地图③。历来与各大学合作的历史相关成果包括④：

中国近代历史地图与遥测影像典藏计划，合作单位：史语所。

台湾历史地图检索系统，合作单位：台史所。

大台北古地图考释，合作单位：台史所。

台湾老照片，合作单位：艺术学院。

大稻埕主题馆（含台北古城），合作单位：艺术学院。

台闽古迹生活馆，合作单位：艺术学院。

傅斯年图书馆空间信息系统，合作单位：史语所。

明清档案人名权威资料WEBGIS，合作单位：史语所。

---

① http: //gis. rchss. sinica. edu. tw/。
② 邱正略：《日据时期埔里的殖民统治与地方发展》，南投：暨南国际大学博士论文，2009年。
③ http://map.rchss.sinica.edu.tw/cgi–bin/gs32/gsweb.cgi/ccd=jj12Q2/gsdatabaseins?menuid=gsdataba seins。
④ 相关网站链接参见：http://gis.rchss.sinica.edu.tw/index.php?Option=com_weblinks&view=category&id=71&Itemid=105&lang=zhhttp://gis.rchss.sinica.edu.tw/index.php?option=com_weblinks&view=category&id=72&Itemid=106&lang=zh。

秦汉历史地图，合作单位：史语所。

苏轼文史地理信息系统，合作单位：元智大学中文系。

台湾地区考古遗址调查数据库，合作单位：史语所考古组。

汉代墓葬与文化，合作单位：史语所。

陕西宝鸡戴家湾遗址地理信息系统，合作单位："中研院"史语所金文工作室。

汉唐长安之城内郊外规划WebGIS，合作单位：东华大学历史系。

彰师大历史学研究所于台湾历史系所中首开历史GIS基础与进阶课程，并拥有专属之"历史地图绘制室"电脑设备，对于推动GIS于史学研究不遗余力，还举办"白沙历史地理学术讲座""白沙历史地理学术研讨会""白沙历史地理工作坊"，刊行《白沙历史地理学报》，应是台湾历史系所中结合GIS与史学研究密度最高的单位，曾前后任教于该所的施添福、顾雅文、李宗信、李进亿等教授皆是此领域中之先行者①。2012年《白沙历史地理学报》第14期便以GIS为主题制作专号②，展示应用GIS于史学研究中的效益，时间从后晋、北宋、明代至近代中国与日据台湾，地理范围自中国北方方镇、河

① 参见http://history.ncue.edu.tw/about/features。

② 《白沙历史地理学报》第14期GIS专号，2012年10月出刊，内容包括郎洁：《唐晋之际北方战局与后晋对方镇的经略》，第1—14页；刘晨曦：《北宋镇戎军设置缘起和北宋初年西北边境军事运输》，第15—34页；白璧玲：《明代豫东黄泛区驿路发展与城镇体系：以开封府为主的探讨》，第35—63页；李进亿：《由内而外：后村圳灌溉区争水事件的历史变迁（1763—1945）》，第65—169页；徐建平：《中国近代城市型政区分域过程中的权限划分：以南京特别市为例》，第171—202页；顾雅文：《日据时期台湾的卫生调查与疾病统计：兼论以GIS辅助疾病史研究》，第203—284页；郭俊麟、黄清琦、廖泫铭：《二战谜图：日据后期（1924—1945）台湾五万分一地形图再考》，第255—284页。

南开封、南京城，以至台湾的桃园大圳，主题从军事史、交通与城市史、水利史、疾病医疗史，一直到古地图考证，对于史学研究中的GIS应用应有相当大的启发作用。此外，彰师大地理学系开设"空间信息学分学程"①，课程设计较偏向地理学及理工方面的应用。

东华大学台湾文化学系设有"人文数字与GIS学程"②，高度结合人文地理与文学学术专业，其前身为乡土文化学系之"历史GIS数字化学程"③，由地理学与历史学专长教师推动，与人文研究较为紧密④。2009年出版《台湾人文地理信息系统的案例与研究》⑤，展示应用GIS于人文地理与历史的相关研究，黄雯娟利用GIS探索宜兰近山地域的相关研究⑥，郭俊麟以GIS考察20世纪上半叶花莲港厅的历史地名⑦，叶高华与廖泫铭探讨历史人口统计与GIS地图的交互参照应用⑧，许家成、蔡博文、项洁运用GIS处理苗栗地区古地契以重构清代垦地关系⑨，林祥伟从技术角度探索3D历史图像与共同记

---

① http://geo3w.ncue.edu.tw/SpatialInformation/index.html。
② http://hssda.moe.edu.tw/wSite/DoDownload?fileName=1437624778432.pdf。
③ http://hssda.moe.edu.tw/wSite/DoDownload?fileName=1339565924774.pdf。
④ 迄2008年对国内历史GIS课程、学程与工作坊的回顾盘点，参见郭俊麟：《台湾数字典藏地理信息在教育与资料提供机制之探讨：从学程与工作坊的规划谈起》，收于赖进贵主编：《数字典藏地理信息》，台北：台湾大学地理环境资源学系，2008年，第67—85页。
⑤ 林祥伟编：《台湾人文地理信息系统的案例与研究》，花莲：台湾东华大学乡土文化学系，2009年。
⑥ 黄雯娟：《宜兰近山地域研究的回顾与前瞻》，《台湾人文地理信息系统的案例与研究》，第11—32页。
⑦ 郭俊麟：《"地名"在东台湾人文GIS应用的现况与挑战：以1909—1945年的花莲港厅为例》，《台湾人文地理信息系统的案例与研究》，第33—60页。
⑧ 叶高华、廖泫铭：《历史人口统计与地图的关键性交会》，《台湾人文地理信息系统的案例与研究》，第61—80页。
⑨ 许家成、蔡博文、项洁：《运用GIS与古契书重构清代垦地关系之初探：以苗栗地区为例》，《台湾人文地理信息系统的案例与研究》，第81—99页。

忆的相关研究^①，王明志尝试利用三维建模技术于台北市的人文史之测绘工作^②。

台湾大学地理环境资源学系于2007年首次以数字典藏地理信息的应用推广为主题举办学术研讨会，并于2008年出版论文集《数字典藏地理信息》^③，其中数篇文章可作为史学研究参考的重要文献，包括香港中文大学太空与地球信息科学研究所所长林珲介绍如何以GIS方法与技术，辅助人文社会科学研究结合空间思维；语言学家郑锦全利用GIS整理田野调查所搜集之语言资料，进而应用GIS的空间分析处理宏观的人际关系历史分析；顾雅文引介如何应用GIS于台湾史研究；温在弘运用GIS建立流行病的时空分析模型，可作为疾病医疗史研究的重要工具；石计生探索各国数字典藏中的虚拟城市时空信息的经验，以作为国内开发之参考；考古学者陈玛玲介绍GIS的时空分析如何应用于考古学研究。"数字典藏地理信息"学术研讨会自2007年举办至2012年，成为人文社会科学应用GIS进行研究的重要发表平台，于2009年^④、2010年^⑤、2011年^⑥分别出版论文集，收录重要的研究范例可兹参考。

---

① 林祥伟：《3D历史图像与共同记忆研究》，《台湾人文地理信息系统的案例与研究》，第185—194页。
② 王明志：《台北市人文史迹的测绘与三维建模技术初探》，《台湾人文地理信息系统的案例与研究》，第255—266页。
③ 赖进贵编：《数字典藏地理信息》，台北：台湾大学地理环境资源学系，2008年。
④ 石计生等：《2009数字典藏地理信息论文选集》，台北：台湾大学地理环境资源学系，2009年。
⑤ 郑锦全等：《2010数字典藏地理信息论文选集》，台北：台湾大学地理环境资源学系，2010年。
⑥ 赖进贵等：《2011数字典藏地理信息论文选集》，台北：台湾大学地理环境资源学系，2011年。

台湾师范大学地理学系设有"空间信息学分学程"①，但课程设计偏向理工方面的应用。台师大台史所张素玢教授"数字人文与专题实作"课程，并带领学生实作，安排至相关机构进行实习，其中亦包括GIS相关课程与应用，对于GIS在人文研究中的应用有较大的启发作用，几位曾经修习课程的同学将GIS与数字人文工具与方法应用于论文写作中，利用历史地图与GIS空间分析、视觉化呈现，图文参照的写作方式获得多项台湾史研究方面的论文奖项②。中兴大学设有"人文数字典藏与加值应用学程"，其中亦有"历史GIS与数字典藏"课程③。台湾海洋大学也设有"地理信息应用学程"④，偏重理工方面应用，但海洋文化研究所教师亦有参与。逢甲大学都市计划与空间信息学系亦设有"地理信息应用学程"⑤，另外设有地理信息系统相关科系的尚有台湾大学地理环境资源学系、台湾师范大学地理系、高雄师范大学地理系、文化大学地理系、成功大学测量及空间信息学系、嘉南药理大学应用空间信息系暨硕士班、清云大学空间信息与防灾科技研究所等，但取向偏重理工相关科系，与人文学科的关联性较小。

---

① http://www.geo.ntnu.edu.tw/files/recruit/83_1c4db7b3.pdf。
② 黄儒柏：《浊水溪下游的糖业铁道之兴衰（1907—1970）》，台北：台湾师范大学硕士论文，2015年。田骐嘉：《日据时期国家对兰屿土地的控制及影响》，台北：台湾师范大学硕士论文，2015年。邱创裕：《"天皇米"之说的生成与再现》，台北：台湾师范大学硕士论文，2015年。上述论文获得新台湾和平基金会"台湾研究博硕士论文奖"、台湾图书馆博硕士论文研究奖助等殊荣。
③ http: //www. pda. nchu. edu. tw/drupal6/?q=node/1。
④ http: //www. GIS. ntou. edu. tw/class. html。
⑤ http: //www. up. fcu. edu. tw/wSite/ct?xItem=28630&ctNode=3443&mp=335101。

三、线上教学与网络GIS资源平台

地理学家陈正祥1979年的《中国文化中心的迁移》一文，以时间与空间的统计数据绘制18种人文地图，说明文化中心由北向南迁移，可说是利用地理信息系统于史学研究的先驱者，当然当时所使用的并非今日的GIS；陈正祥绘制的唐宋诗词作者籍贯分布地图，启发了文学研究者罗凤珠应用GIS于文学史的领域，自2001年起与"中研院"GIS中心持续合作，陆续完成了唐宋诗词作者及作品分布的地理信息系统[①]；以李白、杜甫、韩愈为主题的唐代诗人行吟地图[②]；宋人与宋诗的地理信息系统[③]；苏轼的文史地理信息系统（图9）和文学时空信息系统[④]；台湾民间文学与台湾古典汉诗的地理信息系统[⑤]。中国大陆则有首都师范大学周文业推动中国文学历史地理信息系统，并与武汉大学王兆鹏合作建置"唐宋文学编年系地信息平台"[⑥]。

"中研院"历史GIS研究网提供重要数据库的入口链接网址，是历史研究者寻求相关GIS资源平台的重要参考，其中有基本数据库、主题数据库、图像数据库、研究数据库等不同类别，也有提供

---

① http: //gissrv5. sinica. edu. tw/tsgis/。
② http: //crgis. rchss. sinica. edu. tw/web/TWSLDH/。
③ http: //webgis. sinica. edu. tw/website/songpoem/。
④ 前者见http: //gis. rchss. sinica. edu. tw/bsgis/；后者见http: //webgis. sinica. edu. tw/bsgis/。
⑤ 前者见http: //gissrv4. sinica. edu. tw/TFL/；后者见http: //gisapp. rchss. sinica. edu. tw/TWCCP/GIS/index. aspx。
⑥ https: //sou-yun. com/poetlife. html。

GIS相关的研究工具与系统开发资源①。该网站对于历史研究最常使用的主题地理信息系统也提供链接的网址，包括"中华文明之时空基础架构"②"台湾历史文化地图"③"台湾地区地名查询系统"④"文学地理信息系统"⑤"台湾百年历史地图"⑥等。

此外"国土信息系统"（NGIS）整合不同部门，提供官方资料中各种具有空间分布特性的地理信息，包括地形、地质、水文、地籍等地图图层及其相关的文本属性资料，方便用者套叠与绘制地图，以进行资料的典藏、处理与分析⑦。"地理信息图资云服务平台"（TGOS）提供完整与正确的地理信息与网络服务之查询目录与诠释数据库，其中可以将门牌地址输入即可转换为经纬度坐标，并可以大量批次处理，是一重要的GIS资料来源⑧。

由祝平次规划的数字人文筹划小组拍摄几种不同的数字人文方法与工具之教学录像，放置于YouTube上，方便自学。包括SinicaView、QGIS、Excel2Earth等皆是与HGIS相关的课程，读者可以自行上网学习⑨。QGIS线上课程由李宗信指导、赖政宏录制，教材使用"中研院"人社中心地理信息科学研究专题中心提供相关图资，教授QGIS的系统界面、地图影像定位、数化点线面不同的向

---

① http: //gis. rchss. sinica. edu. tw/researchdb/。
② http: //ccts. sinica. edu. tw/。
③ http: //thcts. sinica. edu. tw/。
④ http: //gn. moi. gov. tw/。
⑤ http: //gis. rchss. sinica. edu. tw/cls/gis/。
⑥ http: //gissrv4. sinica. edu. tw/gis/twhgis/。
⑦ 参见http: //ngis. nat. gov. tw/。
⑧ 参见https: //www. tgos. tw/tgos/web/tgos_home. aspx。
⑨ 所有相关课程一览表：https://www.youtube.com/channel/UChyyjTUusnyryNDVUuOB6zQ。

量图征、基本的主题地图设计与出图技巧、利用WMTS联结清单的各种线上图资服务，以及如何从中国历代人物传记资料（Chinese Biographical Database，简称CBDB）直接输出地图至QGIS等不同的小单元。此外，"中研院"人社中心地理信息科学研究专题中心另规划"时空信息展示及数字人文应用工作坊"线上教学课程，教授该中心所设计研发之软件SinicaView，整合空间的三维向度地理信息系统加上时间向度，建构"4D"时空信息整合平台，同时内嵌该中心多年来所累积之各类贯时性地理空间图资、历史地图、历史地名空间对位信息等，类似进阶的学术版Google Earth，使得GIS的入门更为容易；另外还教授HuTime软件，是能整合历史事件的时间、人物、关联性信息，并加以视觉化展示。

台湾师范大学台湾史研究所张素玢教授在教育主管部门的补助下，开设一系列的数字人文课程，并将课程内容录制为慕课课程①，协助初学者一步步学习使用各种数字软件，其中包括数项GIS相关的软件与应用，从最初的入门，到最后的实际应用。不仅包括GIS的软件，尚介绍利用台湾行政事务主管部门开发的"地理信息图资云服务平台"，还有利用GIS的研究成果在StoryMap平台上进行历史时空的叙事，初学者可以通过此一教学平台自学相关软件的操作，大幅降低入门的门槛。

DocuSky为台湾大学所开发的数字人文工具整合平台，可以将文献的文本输入中，自动进行文本标记工作，其中有地名信息时，

---

① 所有相关课程一览表：https://www.youtube.com/channel/UC-owIOXP-gnwyfZKnou5jlw/play lists。

可以进一步透过Geoport 和DocuGIS转换到地图上①，并可以将文本中的地名信息建立新的图层，以便进一步在GIS平台中处理与分析，亦是十分便利的新工具。

哈佛大学的World Map Project 平台提供一个发布地图研究成果的公共空间②，通过开放原始码的方式，降低使用的技术门槛，既有研究成果中的地图可以在其上进行编辑与视觉化呈现，通过分享机制，新的研究者不必再进行重复的工作，可以在前人的基础上利用已完成的主题地图。此一平台已累积相当的数量，可以方便研究者套叠不同的图层，以利找到不同因素之间的相互关联性。该平台还方便使用者应用简化的工具将扫描的纸本地图转化到数字地图平台上，进行空间的校正与锚订坐标。

马瑞诗（Ruth Mostern）持续推动建立数字历史地方志（digital historical gazetteer），与贝明远（Merrick Berman）、索撒尔（Humphrey Southall）共同出版*Placing Names: Enriching and Integrating Gazetteers*③，利用GIS平台整合历史地名信息及相关史料，目前正着手建置"数字世界历史地方志"（World Historical Gazetteers Project）平台④，从全球史的视野整合各地的地名信息与地理编码，从中可以发现不同地区与国家之间的交流与互动，克服同地异名（或在不同语言下的相异地名）或名称不断更动的现象，

---

① 参见：http: //docusky. digital. ntu. edu. tw/DocuSky/ds–05. toolsInDevelopment. html。

② http: //worldmap. harvard. edu。

③ Merrick Lex Berman, Ruth Mostern, and Humphrey Southall, *Placing Names: Enriching and Integrating Gazetteers*（Bloomington: Indiana University Press, 2016）.

④ http: //whgazetter. or/g。

促成通过GIS整合跨语言的地名索引数据库，并与其他不同的数据库进行链接，发挥"链接式开放数据库"（Linked Open Data）的优势，让不同属性的资料之间形成关联性的联结，或许可以帮助学者发现一些过往未曾关注过的隐性关系。

马瑞诗撰写博士论文期间，曾经参与ECAI的工作，在其后出版的*"Dividing the Realm in Order to Govern": The Spatial Organization of the Song State*（960–1276）便大量利用GIS辅助其史学研究[1]，与加州大学默塞德分校（UC Merced）的数字人文技师米克斯（Elijah Meeks）合作建置"宋代中国电子方志系统"（Digital Gazetteer of Song Dynasty China）[2]，将其建置的GIS相关图层、地图与资料置于网络上公开，一方面让学术同行检视其所依据的材料，另一方面意在分享其研究成果，让后人无须就相同主题重新制作图资，此举正是发挥数字人文的团体合作与资源共享的精神。此一平台成为研究宋代历史的重要数字空间地理资源，谭凯（Nicolas Tackett）便利用其中的图资于其博士论文改写的*The Destruction of the Medieval Chinese Aristocracy*[3]，他使用墓志铭、地方志、文集与诗赋等史料，建置了中古门阀士族人物数据库，利用崭新的数字人文之社会网络分析、GIS时空分析制作出多种视觉化呈现的网络分析、空间分布图表，以解析中国中古的门阀士族何以在10世纪左右完全消

---

[1]　Ruth Mostern, *"Dividing the Realm in Order to Govern": The Spatial Organization of the Song State*（960–1276）（Cambridge, MA: Harvard University Asia Center, 2011）.

[2]　http: //songgis. ucmerced. edu/。

[3]　Nicolas Tackett, *The Destruction of the Medieval Chinese Aristocracy*（Cambridge, MA: Harvard University Asia Center, 2014）.

失，可谓是充分利用数字人文技术与方法的代表作之一。马瑞诗目前的研究聚焦在利用GIS平台重建黄河流域的空间信息，探索黄河作为人类与自然环境之间的相互互动过程，包括历代的水利工程建设与天然灾害的相关信息亦一并记录在其中。

四、重要的几种GIS的应用：
整合史料、考证、解读、再现、叙事

利用GIS于史学研究之中，可以发挥其整合空间信息的优点，将史料置于时空架构之中，通过不同图层资料的套叠，得以将历史事件还原至空间环境脉络之中，考证具体的地点与其周遭环境之间的关联性，有助于对史料脉络的解读；而通过GIS所绘制之主题地图，客制化地图中之图征与符号，更能彰显作者所欲表达之主题与面向，对于历史事件的重现与视觉化皆可以产生有别以往既有的文字为主的叙事方式。此外，通过GIS的地理空间架构整理史料与信息，除了可以让文献材料中的地理空间信息呈现在地图中，了解其周遭环境与脉络外，反向而言，可以通过地图进行空间资料查询（spatial query），将特定空间范围内的相关史料连接起来，当前数据库开始重视空间查询的功能，应是未来重要的发展趋势。展望未来，GIS更进一步整合3D与虚拟实境（virtual reality，简称VR），对于还原历史时空场景将会有更进一步的发展，不但有助于史学研究，更能拉近学术研究与普罗大众之间的距离。

具体的做法相当多元，例如对历史地图进行考证工作，通过GIS平台的影像的空间定位与校正（geo-referencing），能够给予更

明确的经纬度，并将历史地图中的图征、地理空间中的点、线、面进行数字化，建立新的图层资料，如地图中的河道、驿站、寺庙、卫所，或是省县的边界、湖泊范围等；然后再套叠其他已有之史料与地理信息做叠图分析（Overlap Analysis），进行空间相关性的比对[①]。除此之外，利用GIS软件所擅长之空间分析，更可以回答许多过往无法回答的问题，或是提出新的疑问，例如邻近环域分析（Buffer Analysis）、路径分析（Route Analysis）、路网分析（Network Analysis）、空间内插计算法（Spatial Interpolation）、地形分析（Terrain Analysis）、影像分类与影像分析、3D空间分析、空间统计分析（Spatial Statistics）等[②]，将GIS之工具与研究方法更进一步带入史学研究之中，有助于创造出新的研究成果。而GIS结合时间与空间的资料查询与演算功能，能依时序的演进而呈现具体的环境与空间变化，不仅可兹作为史学研究之辅助工具，亦是历史研究成果的崭新叙事方式，所呈现者不仅是史事中的静态主题地图，更能以动态方式呈现与叙述事件在空间范围中的具体变化趋势，若能结合3D与虚拟现实，对于还原史实的重建和提供身历其境的历史教育，皆有莫大的效益。

历史地图、航空或卫星空照图的空间校正（geo-referencing）是将既有之古地图或空照图建立其经纬度或地理标，以利于建立GIS的新图层，若是已知地理坐标的古地图或空照图，可以利用图片的四角的坐标位置直接对应在GIS之中进行空间校正；若是未知

---

① 王禄骅、李玉亭、范毅军等：《〈裨海记游〉历史考证与GIS整合应用》，《地图》，2011年第21卷第2期，第23—36页。
② 周天颖、叶美伶、吴政庭：《轻轻松松学ArcGIS 10》，台北：儒林图书有限公司，2016年。

地理坐标的古地图或空照图，则可以利用图上至少三处已知地点叠合于具有经纬度的地图图层上，以将整幅图片置于经纬度或空间坐标之中，使图片上的图资能够在经纬度或地理坐标上找到相应的参数，并能将古地图或空照图置入GIS中产生新图层，与其他图层中的资料进行空间比对。使用此一方法则该古地图或空照图的比例必须不能过度扭曲或失真，否则会无法正确地对应在GIS的坐标上，反而造成误判。经过空间校正后的历史地图，便可以从中撷取地图中图征与点、线、面的相关地理信息，点资料包括府衙官署、寺庙教会、卫所屯军、水闸钞关、医院学校等，线资料包括交通路线、河流河道等，面资料则有行政区域辖区、湖泊水库水域等，分别可以建立不同主题的图层资料，借此可以进一步进行不同图层之间的交叠比对，甚至进行空间分析。谭家齐与苏基朗应用各种地方史料建立县及以下的"明清松江地区历史地理信息系统数据库"[1]，包括松江府的"保"、嘉定县的"都"级行政区域范围，包括其中的人口、赋役数字、寺庙学校、交通路线、河流等资料[2]。许世融利用《全台台湾堡图》《日据时期五万分之一地形图》、空照图等，分析台湾早期汉人祖籍族群的分布地图[3]。晚近学者利用GIS的历史地图平台，考证古地图的年代、内容信息与其背后的脉络，并将

---

[1] http://www.iseis.cuhk.edu.hk/songjiang/。

[2] Ka-chai Tam and Kee-long Billy So, "The HGIS Experience of Drawing Sub-county Unit Boundaries in the Jiangnan Region of Late Imperial China," in Kwan Mei-po, Douglas Richardson, and Wang Donggen, et al., eds., *Space-Time Integration in Geographic and GIScience: Research Frontiers in the US and China* (Dordrecht: Springer, 2015), pp. 182–183.

[3] 许世融：《台湾最早的汉人祖籍别与族群分布：1901年"关于本岛发达之沿革调查"统计数据的图像化》，《地理研究》，2013年第59期，第109页。

古地图上的图资转化为数字地图与不同图层，活化古地图的加值利用。如林玉茹、詹素娟、陈志豪的《紫线番界：台湾田园分别垦禁图说解读》[①]、叶高华与苏峰楠的《十八世纪末御制台湾原汉界址图解读》[②]，皆是成功的范例，应用GIS技术与工具，解开古地图之谜，并从中撷取出丰富的图资与历史材料以供未来进一步的探索。

GIS地理空间资料查询（spatial query）的功能，不光是可以获得个别空间点位的地理信息（如经纬度）和其所属的属性资料内容，也可以通过地图去选取特定地理范围内所有相关的空间点位的资料，选取的范围可以是矩形、圆形、椭圆形或是手动不规则形状，查询在划定的范围内存在着哪些点位资料，例如在日据时期台北城内发生鼠疫的地点、台湾在明清时期已有哪些妈祖庙宇等。除此之外，GIS的空间查询也提供研究者查询"空间关系"，不单是计算两点之间的直线或交通路线的距离，还可以查询在这段路程中包括哪些点位，例如从杭州到北京通州的京杭大运河沿途的距离里程和途经的水闸、税关、码头、粮仓等，便可以快速查询得知。空间查询也能探索与目标地点相邻的空间信息，例如运河所通过的省份与州府县、与济宁直隶州周遭相邻的有哪些州府县。GIS的空间查询还能够进一步计算以某一空间点位为中心辐射出去，在设定的距离范围内会包括哪些空间点位，例如临清作为重要的运河水路与驿路陆路的交会要冲，GIS空间查询可以计算出其周遭所覆盖可以单日往返里程的贸易市集。空间查询功能中还能够计算不规则多边

---

① 林玉茹、詹素娟、陈志豪主编：《紫线番界：台湾田园分别垦禁图说解读》，台北："中研院"台湾史研究所，2015年。

② 叶高华编著、苏峰楠地图绘制：《十八世纪末御制台湾原汉界址图解读》，台南：台湾历史博物馆、南天书局，2017年。

形地理范围的地理中心点（centroid），例如洪朝辉研究新疆与宁夏地区的清真寺数量与地理空间分布[1]、中国各地的基督教会空间分布与不足[2]，便利用GIS计算信徒到清真寺或基督教会的可获得性（availability）与可接近性（accessibility），并从清真寺或教会较缺乏的地区去推估合宜设置的中心点地理位置。

GIS地图还能够呈现统计数据，依主题需求可以调整图征的颜色、大小比例、形状等，通过将文字史料转化为一目了然的地图视觉化呈现，有助于史家进行分析与叙事。陈刚《六朝建康历史地理及信息化研究》不仅充分利用GIS的技术分析六朝建康的历史地理，绘制各类主题地图，建置"六朝建康历史地名数据库系统"，还进一步应用"超媒体地理信息系统"（hypermedia GIS），以大型数据库平台，储存与管理多种比例尺、多种格式与多媒体的空间和属性资料，利用GIS的空间分析挖掘与处理以空间要素为基本特征的图文资料，并进一步利用互联网技术和浏览器界面来呈现、发布与输出多媒体地理信息，让相同研究兴趣的学术社群得以通过网络相互联结与分享历史地理信息的图资、图层及已完成的各类主题地图，减少不必要的重复基础工作[3]。

康豹分析民国时期上海及其周边的寺庙破坏运动，透过GIS地

---

① Hong Zhaohui and Jin Jianfeng "Spatial Study of Mosques: Xinjiang and Ningxia as Case Studies," *Review of Religion and Chinese Society*, 2016, Vol.3, No.2, pp. 223–260.

② Hong Zhaohui and Yan Jiamin, "Mapping Accessibility and Shortage of the Protestant Church in China: Applying Two Spatial Research Methods," *Asian Journal of Social Sciences and Management Studies*, 2015, Vol.2, No.1, pp. 1–16.

③ 陈刚：《六朝建康历史地理及信息化研究》，南京：南京大学出版社，2012年，第297页。

图的呈现与分析，可以清楚发现城乡之间的明显差异，在上海市中心的寺庙破坏情况较为密集，而在乡镇地区实际上的破坏并没有想象中来得剧烈①。许世融、邱正略、程俊源《二十世纪上半大安到浊水溪间的客家再移民》以GIS整理日据时期户口调查资料与各类档案，绘制各时期客家族群的变动趋势与迁徙情况，研究中彰投地区客家再移民现象及其与产业间的联结性，通过整合图表与地图的视觉化呈现历史的变动趋势，一目了然②。

顾雅文分析日据时期台湾的卫生调查与疾病统计，便将统计数据绘制为地图清楚呈现，很具说服力。1930年疟疾防治区分布图中，左右两图以不同方式绘制视觉化呈现，右图依患者集中程度调整颜色与浓淡渐层，能够更清楚呈现防治区设置的密度差异。③1931年的疟疾特别防治区与死亡率的两种不同统计与地理区域叠合在同一张地图上，可以清楚呈现两者之间的关联性④。

邻近环域分析（Buffer Analysis）是以某一特定地上物为主，找出其周围特定距离或范围以内区域，从中找到相关的邻近地上物，更进一步而言，可以就特定的点、线、面皆能划定出所涵盖的邻近环境域范围，例如点环域分析可画出某交易市集所涵盖的邻近村落范围，线环域分析可以绘制某交通路线或运河水路两旁特定距

---

① 康豹：《近代中国寺庙破坏运动的空间特征：以江南都市为重心》，《"中研院"近代史研究所集刊》，2017年第95期，第24页。
② 许世融、邱正略、程俊源：《二十世纪上半大安到浊水溪间的客家再移民》，南投："国史馆"台湾文献馆，2017年，第88、94页。
③ 顾雅文：《日据时期台湾的卫生调查与疾病统计：兼论以GIS辅助疾病史研究》，《白沙历史地理学报》，2012年第14期，第230、237页。
④ 顾雅文：《日据时期台湾疟疾防遏政策：对人法？对蚊法？》，《台湾史研究》，2004年第11卷第2期，第213页。

离内所覆盖的村镇与城市，面环域分析可以划定出特定的水域、城镇区域、森林或保育动物保护区等范围往外延展的特定距离以内的区域。视觉化的呈现方式可以将点、线、面所辐射出去的特定距离范围以不同颜色或图征来区别，或进一步用渐层色彩方式呈现随距离远近的差异而有层次的变化。谭家齐与苏基朗研究明清时期松江府的棉业生产与销售，应用GIS的邻近环域分析，绘制以各生产棉业城镇为中心所辐射出去8公里的范围，借此分析嘉定县棉业的贸易、税额与当地的人口密度、交通路线之间的关联性[1]。邻近环域分析亦可应用于"路线"往外延展的辐射范围，例如许世融等套叠1935年台中市町界图，绘制林献堂在台中经常往返的路线"灌園先生の足迹"，有助于进行历史教育的推动[2]。

叠图分析（Overlap Analysis）是将不同的图层套叠比对，利用调整图层的透明度，或是裁剪特定图层中的多边形范围，通过合并、交叠、切除等方式将不同图层上的图资、地上物进行比对、观察，制作成新的图层，例如原有古地图或空照图中并无太多与研究主题相关的图资或地上物，经过套叠其他图层以将相关信息在古地图或空照图中标示特定的点、线、面等图资，获得更丰富的地理空间信息。地形分析（Terrain Analysis）便可以套叠空拍图影像，将

<hr>

① 晚明至清中叶大松江地区棉纺织业研究项目地理讯息系统数据库，http://www.iseis. cuhk. edu. hk/songjiang/。相关研究参见：Ka-chai Tam and Kee-long Billy So, "The HGIS Experience of Drawing Sub-county Unit Boundaries in the Jiangnan Region of Late Imperial China," in Kwan Mei-po, Douglas Richardson, and Wang Donggen et al., eds., *Space-Time Integration in Geographic and GIScience: Research Frontiers in the US and China*（Dordrecht: Springer, 2015），pp. 175-188.

② 曾尉豪、陈碧秋、李孟芸等：《找寻遗失的记忆：以GIS重现旧台中市区的历史地图》，《地理信息系统季刊》，2015年第9卷第4期，第23页。

地形的等高线、坡度、坡向等信息呈现出来，对于分析历史事件所处的地理空间地形的脉络十分具有帮助。林祥伟利用台湾堡图中的等高线数化处理后，分析日据时期花莲溪流域的土石流灾害，利用GIS进行环境变迁的时空分析[1]。康豹与邱正略利用GIS统整不同图层的优势，套叠与噍吧哖事件相关之卫星遥测图与日据时期台湾堡图，重建日军的行军路线与镇压路线，发现由于日军对于当地溪谷地形与自然环境并不熟悉，实际上并未深入抵抗军藏匿的山区，当地居民利用对山区地形的熟稔，阻滞了日方对当地的有效统治，因此反抗者能够在事件后还躲藏在山区相当长的时间[2]。该研究中还将历史人口统计、户籍资料与整起事件过程中相关人物与事件的所在地运用GIS绘图视觉化套叠呈现在地图上，让各个数字呈现区域的差异，立刻产生一目了然的效果，对于分析事件的脉络、来龙去脉皆有相当大的帮助，此类地方社会、族群关系、战事或叛乱事件等史事研究，若能结合GIS的主题绘制进行合宜之视觉化呈现，加上套叠不同的资料图层以凸显某些重要因素，大大有助于加强论述之说服力。李宗信也以古契约等古文书为例，探索利用GIS将史料

---

[1] 林祥伟：《东台湾台湾堡图的等高线数化与应用》，《地图》，2010年第20卷第1期，第7页。

[2] 邱正略、康豹：《武装抗争与地方社会：以西来庵事件对于沙仔田等十五村庄人口结构的影响为例》，收入洪宜勇主编：《台湾殖民地史学术研讨会论文集》，台北：海峡学术出版社，2004年，第170—243页。康豹：《染血的山谷：日据时期的噍吧哖事件》，台北：三民书局股份有限公司，2006年，第97页。Paul Katz, *When Valleys Turned Blood Red: The Ta-pani Incident In Colonial Taiwan*. Paul Katz, "Governmentality and its Consequences in Colonial Taiwan: A Case Study of the Ta-pa-ni Incident of 1915," *The Journal of Asian Studies*, 2005, Vol.64, No.2, pp. 387—424. 邱正略：《百年回首噍吧哖事件》，台南：台南市政府，2015年。相关研究的图文资料，已整理成线上数据库供读者参考，参见康豹："台湾历史文化专题研究：西来庵事件的历史地理研究"，http://thcts.ascc.net/doc/katz.html。

进行空间化，与地籍图或相关古地图套叠，并进一步开展平埔族社址的相关研究①。郭俊麟分析日本大阪20世纪初期鼠疫大流行的进程，也通过叠图分析不同来源的史料与历史地图，透过绘制不同进程时期的地图视觉化，清楚呈现鼠疫流行的扩散回路②。

路径分析（Path Analysis）与路网分析（Network Analysis）是分析点与点之间的可能路径或路径所交织的路网，包括联结的线段（路径）及线段交会的节点（node）皆是分析对象。例如自南京至北京的水路与陆路交通路线的分析，所可能行经的京杭大运河与驿路便是可分析的路径，而中途所经过的码头、城镇、钞关税关、闸口、驿站、桥梁、卫所军屯、粮仓等，可以依据交通的路线分析某城镇在一定水陆里程距离范围内所涵盖的市集贸易网络，或是分析自江南往北京如何递运南粮所经过的水陆路线与沿途经过的城镇、关卡、驻军、驿站等。叶高华在分析台湾少数民族的迁徙与社会网络时，充分应用GIS与社会网络分析的工具与方法，陆续处理了布农人、泰雅人、排湾人、鲁凯人等族群从日据到战后的迁移与社会网络③。

过去以文字表述行经路线的"路关表"，经由GIS的辅助绘图，可以在地图上清楚呈现行经的路线，借此还可以观察沿途所经过

---

① 李宗信：《浅谈台湾古文书的空间化及其研究效益》，《台湾史料研究》，2014年第43期，第2—24页。李宗信：《浅谈地理信息系统（GIS）于台湾史研究上之应用》，《台湾史系列讲座专辑（一）》，台北：台湾图书馆，2008年，第142页。

② 郭俊麟：《二十世纪初日本大阪鼠疫大流行的时空意涵》，《白沙历史地理学报》，2014年第15期，第98页。

③ 叶高华：《分而治之：1931—1945年布农族与泛泰雅族群的社会网络与集团移住》，《台湾史研究》，2016年第23卷4期，第123—172页。叶高华：《从山地到山脚：排湾族与鲁凯族的社会网络与集体迁村》，《台湾史研究》，2017年第24卷1期，第125—170页。

的重要地点与景观。若结合GPS记录特定活动的轨迹与路线，整合于GIS平台上，不仅可以进行上述的路径与路网分析，亦可叠图比对行经的沿途重要地点。例如宫庙神明的绕境游行与进香朝圣，将GPS装置于神轿或开路的报马仔之上，即时回传定点信息，一方面进行路线的记录，一方面提供信众与宫庙、阵头随时准备接驾或追随神轿队伍。除了"中华电信"曾经提供相关的服务，"中研院"GIS中心亦开发"神之路关"平台，提供绕境的即时定位，并将历来各种神明的绕境路径记录典藏，以作为未来比较历年路线之变化。"中研院"GIS中心与学者合作调查福建省平和县九峰镇城隍庙的绕境活动，通过GPS记录沿途经过的土地庙，经过视觉化呈现于地图上，发现所有土地庙均有朝向中心的坐向，此一发现乃是通过GIS的典藏与空间视觉化功能，在既有研究方法的基础上再加以补充。

空间内插计算法（Spatial Interpolation）是利用已知数值信息的部分空间点位，来推估在同一空间范围内其他空间点位的数值信息，最主要是因为研究者在许多情况下，并无法获致完整而细致的所有空间点位的资讯，仅获取局部空间点位的资料，利用GIS的运算功能去推估其他资料不够明确的空间点位。例如气象单位不可能在所有地方皆设置气象站，所以各地的雨量、气温、空气品质等信息，可以通过周遭气象站的信息去推估。历史人口学中亦可能运用空间内插计算法，就史料中所提供人口数值信息，对于未知地区人口学的数值信息进行推估，包括人口数、生育率、死亡率、识字率。顾雅文分析日据时期疟疾患者在不同区域的空间分布，便利用有限的官立医院数据去推估整体的空间分布趋势，通过地图视觉化的呈现，能够弥补因史料不足或断裂而难以完整呈现时空现象的缺憾①。此一计算法在数值信息较丰富的经济史中亦可以加以运用，但史学研究中的数值资料相对较少，同时也未必能够符合现代统计学中的抽样概念，精确性也必须加以考证，运用此一高度量化的计算法于史学研究中有其先天的局限性，当作辅助性的参考资料或许仍有其价值。

3D空间分析，是在既有的X、Y坐标外加上高度值Z，建立三维空间模型，不仅作为模拟与视觉化展示之用，亦能够进行三维度的空间分析。过去三维模型的建置与分析有其专业的软件，但晚近GIS软件中亦引入相关应用，加上GPS也可以记录高度信息，航照图与卫星空拍的影像档提供建立3D模型的基本素材，而卫星遥测感应（Remote Sensing）可以透过红外线探知地表以下的历史遗址，空拍机的量产更使得空拍影像的成本大幅降低，再加上各式各样的VR虚拟实境的应用随着手机的App普及化，3D模型的视觉化展现与分析将是未来普遍的趋势之一，若应用于史学研究，可以增加身历其境的临场感，特别是历史场景或古迹建筑物难以到达或已经消失的情况下，利用3D模型重建，有助于还原当时的历史时空脉络，对于历史叙事上亦能以视觉化方式提供读者如临现场的体验。研究古罗史的卡拉斯（George Kalas）与UCLA的HyperCities空间视觉化团队合作②，将古罗马广场（Roman Forum）残存的建筑物、

---

① 顾雅文：《日据时期台湾的卫生调查与疾病统计：兼论以GIS辅助疾病史研究》，《白沙历史地理学报》，2012年第14期，第236页。

② Diane Favro and Chris Johanson, "Rome: Jumping over the Line," in Todd Presner, David Shepard, and Yoh Kawano, eds., *HyperCities: Thick Mapping in the Digital Humanities*（Cambridge, MA: Harvard University Press, 2014）, pp. 128–133. 本书摘要可参见林富士主编：《"数字人文学"白皮书》，第98—100页。

雕像、碑刻等以3D模型重建，十分有助于理解不同人物塑像的意义与脉络，并可以帮助史家理解古罗马时期的仪式与空间格局，相关的3D模型与数据库也分享于网络上，建立Visualizing Statues in the Late Antique Roman Forum[1]，供史学同行参考与检证，同时也可作为公众历史教育的平台，还衍生出许多虚拟实境的相关计划及研究成果。加拿大的历史学者也利用GIS整合史料与地图，并利用3D模型去还原重建历史街区[2]；此外还有另一个计划结合历年空照图与GPS实地测量记录，制作湿地环境变迁的3D模型，让环境变化的情况一目了然[3]。

"中研院"GIS中心与台大地理环境资源学系、台湾"清华大学"环境与文化资源学系丁志坚合作，运用参与式地理信息系统（public participation Geographic information system, PPGIS），深入石碇光明里原鹿窟事件发生地进行深入访谈与调查，建立3D模型与720度环景，是本土应用GIS于地区地景与历史建筑保存的最新实例[4]。

五、科普与文化资产保存的应用

利用Web-GIS平台进行历史事件的时空叙事，结合GIS视觉化之特长，可以展现出完全不同于文字叙事的风格与优势，例如ESRI

---

[1]　参见：https://hieroilogoi. org/2013/02/09/visualizing-statues-in-late-antiquity/。

[2]　François Dufaux and Sherry Olson, "Rebuilding a Neighborhood of Montreal," in Jennifer Bonnell and Marcel Fortin, eds., *Historical GIS Research in Canada* （Calgary, Alberta: University of Calgary Press, 2014）, pp. 153-179.

[3]　Matthew G. Hatvany, "Growth and Erosion: A Reflection on Salt Marsh Evolution in the St. Lawrence Estuary Using HGIS," *Historical GIS Research in Canada*, pp. 183, 186.

[4]　http: //map. rchss. sinica. edu. tw/720vr/KuangMing_3D_Model/index. html。

公司所建置之StoryMap 平台①，擅长结合史料、照片、影音、地图，而且入门相对简易，此类相关的平台亦陆续增加中，相信对于未来史学研究及其对大众的推广教育，会带来新一波的浪潮。其他开放、免费的平台亦能提供类似StoryMap 结合史料、图片与地图进行叙事的功能，诸如：MapStory、TimeMapper、StoryMaps JS、CartoDB、JourneyMap、MapChart、Map4news等，限于篇幅与主题所限，在此不一一介绍。

此外，许多文化资产的保存工作，得力于GIS平台的协助②，未来还可以进一步结合虚拟实境（VR/AR），对于文化资产的保存、修复与推广教育皆有相当大之助益③。台湾文化部门于2011年起推动"有形文化资产导览暨管理系统建置计划"，2016年更新计划架构，建置"文化资产导览系统"④，并开发手机App，收录近2200多处台湾古迹与有形文化资产，包括古迹、历史建筑、聚落建筑群、文化景观、考古遗址等定位信息，加上环景与语音导览、附近交通与气候信息、周遭文化活动原相关讯息，使用者可利用手机或平板电脑即时取得相关信息，未来亦将结合VR与AR技术，此一GIS平台可作为文化资产的管理系统与推广教育资源。

台湾各地方文化部门或学术机构也应用GIS于文化资产与地方文史研究与教育推广，如郭俊麟等人便将文化资产的数字典藏资

---

① 参见https://storymaps. arcgis. com/。
② 郭俊麟：《台湾文化资产数字典藏的地图协作与创意加值》，《台湾学通讯》，2017年第100期，第22—23页。
③ 胡明星、金超：《基于GIS的历史文化名城保护体系应用研究》，南京：东南大学出版社，2012年。李凡：《明清以来佛山城市文化景观演变研究》，广州：中山大学出版社，2014年。
④ http://nav. boch. gov. tw/。

料，结合GIS与行动装置，融入导览应用之中，方便能够身历其境地了解各种在地的文化资产[①]。

台南市文化局文化资产管理处与"中研院"GIS中心合作建置"府城区历史文化网际网路空间信息平台"[②]，使用电脑、手机与平板便能通过地图平台获取文化局所提供之开放资料，让数字典藏能够作为教育推广的素材，发挥更大的效益。

任教于高雄大学的德籍学者奥利华长期在台湾各地以数字相机和GPS记录坟墓与墓碑资料，建立"读墓ThakBong"[③]数据库平台作为数字典藏、教学与研究之用，开放其内容供外界使用，目前调查过的坟墓已累积超过8万笔资料，范围除了台湾本岛各地墓园，还包括澎湖、金门、马祖，并为比较研究而前往日本与中国大陆、香港、澳门及新加坡、马来西亚、印尼、菲律宾、越南及欧美等地，调查工作与数据库仍持续扩大。奥利华利用其数据库的墓碑形制、堂号与祖籍地的书写方式、墓地风水走向等信息，进行时空分析，论证台湾坟墓自清代以降，至日据时期，以至于战后的形式变迁过程，同时累积大笔资料后，也能观察部分家族或族群在全台各地的迁移现象与网络关系。此一工作能够得以完成，皆有赖于GIS数据库的数字典藏与时空分析的强大功能。

中国大陆利用GIS等相关技术于保护京杭大运河及其沿途的文化资产，北京的科学出版社筹划了《空间信息技术与文化资产保护

---

① 郭俊麟、卢尚群、黄崇明：《文化资产数字典藏的行动加值与场域实证：以文史脉流行动导览平台的应用为例》，《2011数字典藏地理信息论文选集》，台北：台湾大学，2011年，第121—137页。

② http://culture.tainan.gov.tw/crgis/。

③ http://thakbong.dyndns.tv/。

丛书》，陆续出版了《空间信息技术在京杭大运河文化遗产保护中的应用》①《大遗址保护理论与实践》②《遥感原理与方法及其在大遗址保护中的应用》③《京杭大运河沿线生态环境变迁》④《京杭大运河时空演变》⑤《中国大运河文化遗产保护技术基础》⑥等书籍，对于京杭大运河的时空演化、沿线生态环境与文化变迁、文化资产的保护技术基础等方面进行详细的探讨，当中应用了GIS、GPS、Remote Sensing 卫星遥感探测、VR虚拟实境等技术，建置了"京杭大运河保护地理信息系统"。在中国大陆另一经常利用GIS平台进行文化资产保存工作的主题是"历史文化名城"，胡明星、金超应用GIS于历史文化名城与历史街区的现况调查、保护措施之规划与管理，建立GIS空间数据库⑦。在中国各地的"历史文化名城"与历史街区、古村落等文化资产，不少地方政府或学者专家便利用GIS平台作为整合文化资产、历史史料与文物、空间信息的基础数据库，佛山便是一例，李凡建置"佛山历史GIS数据库"⑧，整合佛山地区的历史地图、历代地方志文献与寺庙祠堂的碑记，同时将重要城市

①　毛锋、周文生、黄健熙：《空间信息技术在京杭大运河文化遗产保护中的应用》，北京：科学出版社，2011年。
②　孟宪民、于冰、李宏松等：《大遗址保护理论与实践》，北京：科学出版社，2012年。
③　聂跃平、杨平：《遥感原理与方法及其在大遗址保护中的应用》，北京：科学出版社，2012年。
④　张金池：《京杭大运河沿线生态环境变迁》，北京：科学出版社，2012年。
⑤　毛锋、吴晨等：《京杭大运河时空演变》，北京：科学出版社，2013年。
⑥　谭徐明等：《中国大运河文化遗产保护技术基础》，北京：科学出版社，2013年。
⑦　胡明星、金超：《基于GIS的历史文化名城保护体系应用研究》，南京：东南大学出版社，2012年。
⑧　李凡：《明清以来佛山城市文化景观演变研究》，广州：中山大学出版社，2014年。

文化景观建立图层，如宗教与宗族场域、商业会馆与墟市、商贸路线、学校书院、军政设施、邮政、慈善、庙会绕境路线，以及各种农渔业的土地利用形态等，不仅对于当地文化资产的保存工作推动相当具有助益，对于学术研究也提供相当重要的贡献。

民俗学研究也开始结合GIS平台建立各地搜集汇整的民俗地图，利用GIS的空间分析，对于各地民俗故事进行分类与比较，董晓萍建置了"数字故事民俗地图"[①]，此外还有"数字碑刻民俗志"[②]"数字行业民俗志"[③]等不同项目，尽管民俗学所关注的问题意识与研究方法和史学研究不尽相同，但其中所提供的相关资料对于文化史、环境史、地方史等领域仍具有相当大的参考价值。

考古学也在广义的史学研究领域中，很早便运用GIS平台管理与分析考古出土的资料，邱斯嘉以GIS平台汇整太平洋巴布亚新几内亚、所罗门群岛、新喀里多尼亚等各地史前Lapita陶器，并进行空间分布与各地装饰母题的比较研究[④]。柯维盈尝试利用GIS空间分析工具，去探讨青铜器铭文"钟"的字形区域特色及演化过程[⑤]。张海的《GIS与考古学空间分析》提供GIS基本知识、建置数据库的参考、空间统计与各种时空分析的模型、水文与土壤侵蚀的分析

---

① 赖彦斌、董晓萍：《数字故事民俗地图志》，北京：学苑出版社，2012年。
② 鞠熙：《数字碑刻民俗志》，北京：北京师范大学出版社，2009年。
③ 周锦章：《数字行业民俗志》，北京：北京师范大学出版社，2009年。
④ 邱斯嘉、郭洁、苏郁尹：《"太平洋史前lapita陶器线上数字数据库"的建立与运用》，项洁编：《数字人文要义：寻找类型与轨迹》，台北：台湾大学数字人文研究中心，2012年，第231—255页。詹伟伦、郭洁、邱斯嘉：《地理信息系统在太平洋史前lapita陶器线上数字数据库中的初步应用及未来可能发展方向》，《2009数字典藏地理信息论文选集》，第23—42页。
⑤ 柯维盈：《应用GIS研究青铜器铭文字形的区域特色：以"钟"字为例》，《有凤初鸣年刊》，2015年第11期，第117页。

模型、产生视觉化呈现图形的方式等等，具以实际案例提供读者参考，可兹作为入门与参考工具书①。

中研院GIS中心为了推广其所建置的GIS历史地图，除了建置前述方便使用的平台外，还开发历史地图手机App（图17），包括台北、台中、台南皆已发布，方便使用者可以在现场开启历史地图进行古今对照。为了进一步推广历史地图App的大众使用普及化，还陆续出版《台北历史地图散步》②《台中历史地图散步》③，结合古地图与现今地图的相互参照，并置入历史照片以便使用者能够如历其境、穿越时空，增加对于历史现场与脉络的理解，这是一种新式的历史叙事与展演的方式。

未来GIS结合 3D的VR、AR等虚拟实境，可以对于古迹与文化资产进行 3D建模，以便让无法亲历现场者可以通过网络的平台，能够在虚拟实境中去了解该空间与脉络，形成新式的历史叙事模式，同时更有助于文化资产的维护与保存④。

---

① 张海：《GIS与考古学空间分析》，北京：北京大学出版社，2014年。
② "中研院"数字文化中心：《台北历史地图散步》，台北："中研院"数字文化中心，2016年。
③ "中研院"数字文化中心：《台中历史地图散步》，台北："中研院"数字文化中心，2018年。
④ 3D扫描技术应用于文化资产的相关讨论参见：张舜孔、邵庆旺、蔡育林等：《3D扫描技术应用于文化资产之适用性讨论》，《文化资产保存学刊》，2013年第26期，第63—78页。施乃中、王惠君、姜智匀等：《雷射3D摄影测量运用于三峡祖师庙之建筑艺术》，《文化资产保存学刊》，2008年第3期，第57—64页。熊仲卿：《地理信息系统在考古遗址管理与预测模式的应用及问题》，《文化资产保存学刊》，2009年第8期，第4—19页。

结语：GIS应用于史学研究之陷阱与局限

尽管利用GIS作为研究工具与方法，在史学研究中有诸多的贡献，但仍有许多局限性有待突破，最主要是使用者界面的友善化，以降低史学家进入的门槛，尚有进步的空间。而GIS的视觉化呈现优势，虽然有助于带来新的叙事可能性，同时能推广史学教育，但另一方面视觉化亦可以通过特定的操作手法，选择性地呈现信息，可能带来误导与歧视的弊病，而且通过图像视觉化所造成的刻板印象可能更甚于文字，必须更为谨慎处理，此为史学研究伦理尚待讨论之新课题，而要对此一课题有更深入的讨论，前提是必须先对于GIS如何应用于史学研究有一定的了解，正是本文所希望促成的目标。

数字人文：跨界与争鸣

徐力恒、王涛

前言：人文计算和数字人文的内涵

　　数字人文是近年人文学科各领域热烈讨论的研究趋势，甚至有人认为人文研究正经历数字转向（digital turn）。台湾的研究机构如"中研院"、台湾大学、政治大学等已经对数字人文有不少投入，成立了专门的研究中心主持相关发展。2001年启动了"数位典藏科技计划"，又于2002年开展"数位学习科技计划"，到2008年合并为"数位典藏与数位学习科技计划"，官方投入了大量资源，也得到多个学术、文化机构的参与。这个计划产出了丰富的数字典藏成果，把大量文化资产数字化，成为台湾发展数字人文的基础。到了2016年，台湾数位人文学会成立，随后亦有《数位典藏与数位人文》学刊的创办。至于大陆和香港方面，从2015年开始，包括上海大学、北京大学、南京大学、南开大学、清华大学、中央民族大学、香港公开大学等在内的多所学校都举办了与数字人文相关的主题会议，引起了学界的诸多关注。本文将简述数字人文概念的内涵并提炼其中经验，并以我们个人对数字人文研究、开发的参与和体会来说明对当今史学的影响。

　　数字人文的前身是"人文计算"（humanities computing）。人文计算概念的提出，代表着人文研究中运用电脑运算的做法已经形成一套理论化的思考。学界普遍认为，人文计算的起源可以追溯到意大利神父布萨（Roberto Busa，1913—2011）在1949年开始使用电脑处理神学家阿奎那（Thomas Aquinas，1225—1274）的全集，半自动地生成其中中世纪拉丁文字词的索引。这项工作历时数十年，并曾得到IBM公司的协助[①]。这种研究取向启发了不少文学研究者利用电脑处理机器可读文本的内容，对大规模作品做出分析。随着数字技术更新，加上数字化内容不断增加，这种研究范式得到了更广的应用，影响遍及各个人文学科，包括历史学。不过在人文计算的发展初期，参与人文计算的语言学者和文学专家仍远多于历史学者。在史学领域推动数字理念的先驱人物，是曾任教乔治梅森大学（George Mason University）的罗森茨威格（Roy Rosenzweig，1950—2007）教授，他创建的"历史与新媒体中心"（Center for History and New Media，后来改称Roy Rosenzweig Center for History and New Media），成为推广、开发、研究数字技术与历史研究结合的重要机构。同样可幸的是，人文计算的角度很早就影响了中文学界，使得中国典籍的整理和研究较早开展了相应工作。自1984年起，"中研院"历史语言研究所与计算中心合作进行文献的数字化，于1990年完成了"二十五史数据库"，后来又扩充为"汉籍电

[①]　苏珊·霍基著，葛剑钢译：《人文计算的历史》，《文化研究》，2013年第16辑，第173—193页。

子文献资料库"。这个数据库的建置大大便利了研究者对史料的搜集，是人文计算在中国史研究的一个重要体现，有里程碑式的重要性[1]。其后在20世纪90年代，有公司制作出版《文渊阁四库全书电子版》，推进了学界对中国典籍的数字利用。

后来，人文计算的研究角度得到升华，尤其因为个人电脑于20世纪80年代变得普遍，成为学者方便使用的配备。大约自2000年以来，人类社会可说已迈步进入数字时代、网络时代，数字科技的影响遍及各方面，而这种影响体现在学术研究的领域就是数字学术（digital scholarship）。作为数字学术的一部分，专门从人文学科来看，"数字人文"（digital humanities）于2000年代逐渐取代了人文计算的说法[2]。根据学者论述，数字人文至少和人文计算有以下三点不同：（1）数字人文研究所使用的是庞大得多的数据；（2）数字人文强调的不只是计算，还希望应用于其他研究手段；（3）进入这个领域的门槛变得更低，产生了比人文计算大得多的学术影响[3]。根据我们的理解，数字人文可被定义为一套提出、重新定义和回答学术问题更智能的办法[4]。所谓"更智能"，不只意味着文科学者驱使数字技术（尤其是电脑数据库）作为外在于学者的工具，来回答他

---

[1]　黄宽重、刘增贵：《"中研院"人文计算的回顾与前瞻》，《汉学研究通讯》，1998年第17卷第2期，第145—168页。

[2]　香港习惯译为"数码人文"，所指都是同一概念。

[3]　项洁、涂丰恩：《导论：什么是数位人文》，收于项洁编：《从保存到创造：开启数字人文研究》，台北：台湾大学出版中心，2011年，第15页。欧美学界对数字人文的定义有过诸多辩论，可参见上述论文和Meliss Terras, Julianne Nyhan, and Julianne Vanhoutte, *Defining Digital Humanities: A Reader*（Farnham: Ashgate Publishing Limited, 2013）. 后书正被翻译为中文，已在2022年由南京大学出版社出版。

[4]　这个定义源于徐力恒在别处提出的说法，参见 "Day of DH: Defining the Digital Humanities", in Matthew K. Gold, eds., *Debates in the Digital Humanities*（Minneapolis: University of Minnesota Press, 2012）, edited by Matthew K. Gold., 70.

们过去已经提出的学术问题；也应该包含学者因为受到数字技术和思维的影响，因而提出的新课题，甚至由此产生的新学术范式①。

因此，数字人文研究往往包含两个层面：第一是学者持续进行的各种研究工作，例如对大量史料进行爬梳，找出有用的记载。没有数字技术，学者同样可以做这样的工作，但数字技术有助学者更有效率地执行这些研究过程。比如，过去学者可能为了寻访一部史书而远赴他方，现在却可以利用谷歌图书（Google Books）或"早期英文图书在线"（Early English Books Online, EEBO）之类的数字资源，安坐家中或办公室便能看到书中的内容，免去舟车劳顿之苦。又如，过去史学家为了解决一个考证上的问题，需要翻遍典籍寻找某个字词的记载，或在阅读中自制卡片作为史料摘抄的记录；现今，史学工作者却往往可以在几分钟的短暂时间内，于全文数据库中搜寻相关关键词，检出大量有关记载，以供研读和利用。至于数字人文的第二个层面是，学者倘若不利用数字技术，就无法做到的一些研究工作。例如，学者可以借助电脑，同时比对几千条历史数据，辨识数据呈现的模式，甚至是进行统计，发现其中值得注意之处，或为某个具体问题找到确切答案。举一个简单的例子，所有现存中国地方志材料中最常见的历史人名是什么？这些历史人物所处的时代分布为何，有何特点？这样的问题要试图解决，就肯定需要使用数字工具，在电脑上做大规模运算、呈现和查找。数字人文研究的内涵正是查明人脑和电脑哪一个在什么时候、什么情况下更智能和更能发挥作用，然后由此决定研究某个课题之策略，达到比

---

① 对定义的其他讨论可参阅林富士主编：《"数位人文学"白皮书》，台北："中研院"数位文化中心，2017年。

单纯用人力做研究更佳的效果。所以，数字人文绝不是学者"偷懒"的办法，也不应该如一些论者所批评的那样，埋没了人文学者本身的创造力和学术素养。当然，不是所有情况下都是电脑最智能，至少在目前的技术下，人脑在很多研究环节上仍是更智能的。所以，合适使用电脑的情况下，数字人文研究者会加以利用，尤其是大量重复和相对简单的工序；人脑更能发挥优势的部分，仍以学者本身的学术素养来处理。我们所知道的杰出数字人文成果，都很强调这两者的互补。

数字人文其实包含人文领域各学科的研究，正如有学者比喻，数字人文是一幢高耸的学术大厦，由不同房间组成，每个房间对应一个具体的学科：历史学、社会学、地理学、文学、信息科学……具体表现非常丰富，远非本文所能涵盖，所以这里只着重它在史学方面的表现——历史学者有时用数字史学（digital history）来专门指代史学方面的数字人文尝试[1]。在数字人文的说法出现之前，数字史学在20世纪80年代以来主要是指量化史学（或称计量史学，quantitative history）的研究角度，尤其是结合统计资料和方法，借用社会科学的框架分析过去社会中的人口、经济、群体等。量化史学的角度在20世纪50年代以后有过一阵兴盛，经济史家和社会科学学者搜集了各方资料，建立了很多大型的量化数据库[2]。直至最

---

① 王涛：《挑战与机遇："数字史学"与历史研究》，《全球史评论》，2015年第1辑，第184—201页。

② Margo Anderson, "Quantitative History," in William Outhwaite and Steephen P. Turner, eds., *The Sage Handbook of Social Science Methodology*（Turner, London: Sage Publications, 2007）, pp. 246–263. 关于这些数据库的发展，可参阅梁晨、董浩、李中清：《量化数据库与历史研究》，《历史研究》，2015年第2期，第113—128页。

近，仍有不少学者从事这方面的工作，他们往往是历史学门以外接受学术训练的各科专家，或从事经济史研究的学者[①]。但这类研究也受到一些史家的批评，认为一些量化史学作品过度简化了社会运行的机制，对史料的解读、模拟和量化也有瑕疵。到了今天，不论是数字人文还是数字史学，都已远远不限于量化方法的运用，而是结合了多种其他研究方法。

本文的主旨不在介绍数字资源和工具，类似介绍在网络上已相当普遍，不难查找。我们希望思考的是"数字转向"如何在宏观层面拓展史学理论与史学方法，又或在微观层面改变历史学者的工作方式。为了避免流于浮泛，我们在下文将从历史学者作为独立研究者，以及团队项目参与者两个维度，结合中国史与外国史两大研究领域，具体阐述数字人文研究在当代史学体现的特点和内涵。

一、合作：作为数字研究团队的参与者

数字人文的学术史并不算短，但与传统人文学科相较，它仍是个新兴的领域，有其独有的学术特色。比如，数字人文的成果虽然也会以传统形式出现，例如以论文、专著等印刷媒介方式呈现，但值得注意的是其代表的新形态——学者通过集体协作和跨界合作的方式工作，生成数据用作分析；又会用视觉化（visualizations）的方案来呈现历史数据；也有不同学者间的通力合作，设计数字工具，方便研究工作的展开。即使最终以学术专著为成果，也经常以

---

① 参阅陈志武：《量化历史研究的过去与未来》，《清史研究》，2016年第4期，第1—16页。也可参阅学刊《量化历史研究》（2014至今）。

数字形式先行（born digital），比如编写有互动功能的电子书，或制成公开的网站，把专题数据上传等①。在更多时候，数字人文的从业者会结成研究团队，集体地建立史学数据库。根据笔者的经验出发，我们以哈佛大学联合北京大学和"中研院"开发的"中国历代人物传记数据库"（China Biographical Database, CBDB）为例，来分析大型数据库对中国历史研究的参与。

"中国历代人物传记数据库"最初是由美国的中国史学者郝若贝（Robert M. Hartwell, 1932—1996）在20世纪80—90年代开发的一个数据库。这位生前长期于美国宾夕法尼亚大学任教的历史学者关注中国的社会史和经济史，尤其是唐中期到明代的社会转型。他去世后，数据由哈佛燕京学社成立委员会管理，当时约有2.5万个历史人物的数据。后来哈佛大学开始联合北京大学、"中研院"共同处理这些数据，并进行扩充。这个计划开始时，研究人员是沿着郝若贝教授关注的方面开展的，尤其是宋代资料，所以以首先在电脑上录入了昌彼得、王德毅等编纂的《宋人传记资料索引》②。后来，渐渐扩充并增加其他时代的人物数据，到目前已成为一个从唐代到清代都有丰富资料的数据库③。截至2024年2月，本数据库共收录超过53万人的传记资料，这些人物主要来自7到19世纪。数据库里的数据既可在线查询，又可以全部下载，供用户离线使用。

---

① 比如以德国史为主题的文献与图像汇编网站，见：http: //germanhistorydocs. ghi-dc. org/（下载日期：2019年1月19日）。

② 原始版本为昌彼得、王德毅等编：《宋人传记资料索引》，台北：鼎文书局，1974年。

③ 动笔之际，"中国历代人物传记数据库"的最新单机版是2024年2月发布的，见：https: //projects. iq. harvard. edu/chinesecdb/%E4%B8%8B%E8%BC%89cbdb%E5%96%AE%E6%A9%9F%E7%89%88（下载日期：2019年1月19日）。

这个数据库为每个人物的条目都设了以下数据栏目类别，尽可能详细地记录当中信息，以相互关联的表格保存：人名、时间、地址、职官、入仕途径、著作、社会区分、亲属关系、社会关系、财产、事件等。需要注意的是，开发这样的关联性数据库（relational database，也称关系型数据库）可以发挥的最大优势不仅仅是作为人物资料的参考，而是作为一套大数据（big data）来使用。学者固然可以把"中国历代人物传记资料库"当作一部电子版的历史人物辞典来使用——例如，当学者想了解某个历史人物，就可以通过人名检索出人物的相关信息。但它提供的不是一篇篇的人物小传，它所做的是用互相关联的表格把人物信息都整理出来，方便进行批量分析。用户通过对数据库进行查询，可以获得大批人物信息。关键的是，这些查询除了利用人名，也可以使用人名以外的各种栏目，例如地名、官名，甚至是亲属关系、社会关系等，据此查出一批人物甚至是一个庞大人物群体中的人际联系，供学者参考分析。而且资料的检索条件也可以不止一种，进行相对复杂的限定。比如，学者可以根据"时间"和"入仕方式"的限定，便捷地得出数据库中记载的所有明代进士记录，然后利用地理信息系统，把上千条记录输出到数字地图上呈现，观察其地域分布。

建立这种数据库结构的目标不单是史料的数字化，更重要的是要达到史料的"数据化"（datafication）。史料的数字化是把古籍材料转化成电子文本，所谓"数据化"，则意指学者在进行史料的数字化之后，还更进一步，把史料整理成能被电脑程式使用和分析的格式，相互连接，建成数据库①。换言之，数据化是对数字化的拓展与推进。数据化工作产出的数据不仅可以用于全文检索，还可用来进行更多样的查询和分析，并且灵活地导出到其他软件，以便进行批量处理；或用不同方式来呈现，如统计表格、电子地图等。每当提及对数据库的利用，都容易让人联想到量化分析，不过数据化的目标其实不限于产生量化数据，其产生的数据还可以用于其他分析方法。所以，通过对研究资料进行数据化，人文学者可以更有效率、更系统地解决既有的学术课题，也可以透过数据发现一些新的问题。为了充实数据库内容，让其发挥更大效用，CBDB的项目工作有一大部分涉及对历史文献进行数字化。CBDB项目组在过去修订郝若贝教授为数据库留下的数据时，是利用人工操作的方式录入并处理历史人物资料的。不过，到了最近几年，项目组已经大量运用半自动、半人工的方式处理新数据，大幅提高了工作效率。其中自动化作业包括使用电脑语言编写演算法，挖掘史料文本中的人物信息，尤其是格式规整的传记文本和人名清单，包括大批地方志、职官志里的人物记载。这种数字人文开发达到的效率，在过去依赖人力的整理和研究工作中是不可能达到的。

---

① 关于这种数据化和研究工作，参阅徐力恒：《唐代人物大数据：中国历代人物传记数据库（CBDB）和数位史学》，收于谭国根、梁慕灵、黄自鸿编：《数码时代的中国人文学科研究》，台北：秀威信息科技股份有限公司，2018年，第121—139页；Lik Hang Tsui and Hongsu Wang, "Semi-Automating the Transformation of Chinese Historical Records into Structured Biographical Data," in Rebekah Wong, Haipeng Li, and Min Chou, eds., *Digital Humanities and Scholarly Research Trends in the Asia-Pacific*（PA: IGI Global, 2019）, pp. 228–246.

作为一个大型的多功能历史数据库，"中国历代人物传记数据库"也是历史人物以外各种数据组成的集合。跟中国历史相关的各种数据，只要有利人物资料的整理和研究，项目组都尽量投放精力进行录入和校正，纳入数据库中。这些数据也是以表格形式保存的。其中数据表包括各朝地名表、官名表等。数据库甚至包括一些由团队成员或合作者根据史料制订的专门数据表，例如两唐交往诗列表、宋代书院列表〔由福特（Stephen P. Ford）整理〕、宋人书信往来资料（由祝平次等整理）、清代职官表〔由高士达（Blaine Gaustad）整理〕等。所以，这个数据库既有研究性，也起到作为新型基础参考资料的作用。

从以上关于"中国历代人物传记数据库"的内容开发可见，数字人文研究除了意味着对历史数据的利用，往往还涉及数据的生成、开发和处理。人文数据是学者和历史文献之间的中介，生成这些数据是为了让历史学者更好地理解、处理历史文献，用于他们的研究课题之中。研究者可以利用数据库提供的巨量资料，进行过去做不到的查询和分析[①]——除了用作研究历史人物的参考资料，还可作统计分析、地理空间分析与社会网络等分析之用，为历史研究引入新的角度。这不只是资料数量上的突破，也会让研究变得更智能。譬如，加州大学伯克利分校的谭凯根据大量唐代大族的墓葬和人物资料，写出了《中古中国门阀大族的消亡》（*The Destruction of the Medieval Chinese Aristocracy*），提供了对唐中期以后社会、政治

---

① 关于历史学的大数据，参看Patrick Manning, *Big Data in History*（Basingstoke: Palgrave Macmillan, 2013）。

的新认识①。又如莱顿大学的魏希德（Hilde De Weerdt）在专著中根据笔记、书信等史料和人物记载作为基础的数据，以地理分析和人际网络的研究对宋代政权下信息流通的状况提出了新认识②。

　　数字人文的研究成果除了数据库，也包括学者出于本身的研究需要，或根据自身的数字能力进行编程开发，或通过与掌握数字技术的专家组成团队，共同研发出来的工具。这些数字人文工具往往有助更完善地处理人文数据。和中国历史研究最相关的一个，当属"码库思"（MARKUS）平台。"码库思"是由莱顿大学魏希德教授主持、何浩洋（Brent Ho）博士研发的线上文献阅读、研究工具，学者可借助它对古籍进行半自动文本标记（semi-automated tagging），快速定位文献中的人名、地名、官职、年号等③。历史学者利用"码库思"这个工具，可通过新的方式研读史料，快速获得各种相关参考资料并记录阅读笔记，更有深度和更智能地从数字文本中提取历史信息，甚至是对文本内容作计算分析④。研发这种工具的思路是建立在数字人文领域对文本材料进行编码（encoding）

① Nicolas Tackett, *The Destruction of the Medieval Chinese Aristocracy*（Cambridge, MA: Harvard University Asia Center, 2014）. 中译本见谭凯：《中古中国门阀大族的消亡》，北京：社会科学文献出版社，2017年。谭凯教授建立了一套开放的数据集，下载网址为：http: //history. berkeley. edu/people/nicolas–tackett（下载日期：2019年1月19日）。
② Hilde De Weerdt, *Information, Territory, and Networks: The Crisis and Maintenance of Empire in Song China*（Cambridge, MA: Harvard University Asia Center, 2016）.
③ 这平台的网址为：https: //dh. chinese–empires. eu/markus/（下载日期：2019年1月19日）。
④ 参阅何浩洋：《MARKUS：中文古籍文本半自动标记平台》，https://www. academia.edu/11078612/MARKUS_中文古籍文本半自动标记平台（下载日期：2017年10月8日）；魏希德著，徐力恒译：《唐宋史研究中的数字化语文学》，《唐宋历史评论》，2017年第3辑，第3—19页。

标记的既有做法之上。这些标准的规则中最重要的是TEI（Text Encoding Initiative）文本编码倡议，为文本的电子描述提供了标准的处理方式①。学者在利用这种标准的规则进行标记之后，可以把包括史料在内的各种资料转化为可供电脑进行数字分析的信息。

不管目的是利用历史数据，开发数据，还是开发数字人文工具，数字人文的研究项目往往是集体协作和高度跨学科的。首先，像"中国历代人物传记资料库"这样的数据库目标相当宏大，跨越各个断代和各种类人物，这意味着它必须得到专攻不同题目的学者共同协作，才能囊括最多和最准确的资料。该项目至今已经运作超过13年，曾经参与其中的学者已达百人。除了得到中外历史学者的参与，亦借助文学、社会科学、电脑、互联网、统计学、图书馆等领域专家的成果进行改良。例如，辨别历史上的同名人物是否同一个人，或者说同名人物的消歧（disambiguation）工作，就是"中国历代人物传记资料库"项目经常要以多学科方法处理的数据问题之一。由于项目处理来自多种不同来源的人物资料，所以同姓名人物不少，收录到CBDB时需要小心区分。一般做法是：如果能根据历史材料判定同名者是同一人，则合并同名人物的数据；如果不能确定，则都保留。在这种工作中，CBDB团队和统计学专家、电脑专家合作，利用专门编写的电脑演算法批量处理了2000部地方志里超过12万个人物条目中的同名人物，这些是过去没有办法一一分辨清

---

① 鲁·伯纳、麦克·苏宝麦昆、马德伟：《TEI使用指南：运用TEI处理中文文献》，台北：数位典藏拓展台湾数位典藏计划，2009年。TEI倡议的网站见：http://www.tei-c.org/index.xml（下载日期：2019年1月19日）。

楚的人物数据①。当人工智能和机器学习等技术在未来得到更先进的发展，类似的数据工作还会不断加强、扩大和完善。

除了数字资源的开发，未来要推动更有效、更具规模的数字人文合作的话，必须考虑为数字人文项目建立一些共通的标准，营造数字资源共用的环境。举宋史研究而言，比较理想的做法是，为各个与此领域相关的专门数据库建立沟通和交流的机制，包括"《全宋文》数据库"、"《宋会要辑稿》资料勘探系统"、"全宋诗分析系统"、"唐宋文学编年地图"、"中国历史地理信息系统"（CHGIS）、"中国哲学书电子化计划"（CTEXT），甚至是由中华书局推出的"中华经典古籍库"和"宋代墓志铭数据库"等等。这些项目得到一定程度的连接和整合，学者使用的时候才可以同时发挥各项数字成果的优势，各项目也可以由此避免重复劳动和资源的浪费。当然，这必须建立在各方资源拥有者都愿意合作并分享资源的前提下——而这恰恰是不容易达到的。

从用户的角度看，史学同行对"中国历代人物传记资料库"的接受程度正逐渐提高。人文研究者一般习用全文数据库，也就是把各种史料变成电子文本的数据库；由于"中国历代人物传记资料库"的操作原理跟全文数据库比较不一样，学者使用上相对陌生。从用户反馈来看，无论是线上版还是单机版，"中国历代人物传记资料库"的一些操作还不够方便易用，造成使用上的障碍。不少用户认为，在数据库中查找人物资料所进行的基本检索不难，但要处

---

① 这项工作是 CBDB 团队及其合作者主持的一个 Digging into Data Challenge 研究计划 "Automating Data Extraction from Chinese Texts"。参阅 http: //did-acte. org/（下载日期：2017年9月27日）。

理更复杂的检索，或对数据进行分析，则技术门槛过高，需要系统地学习，容易令人却步。为了减轻使用的难度，"中国历代人物传记资料库"项目过去得到台湾科技部门数位人文筹划小组的支持，在台湾举办过多次培训活动，并制作教学影片；自2016年起，更在大陆和香港连续举办了多场推广活动，向学界介绍其资料特点和用法。这数据库目前也在开发更便于使用、更切合当前电脑软件和网络技术的新版。由此可知，"中国历代人物传记资料库"尽管从创立至今已有多年历史，但它仍处于开发完善之中。这种不断更新、不断改进的状态是许多数字人文计划所处的境况——这些数据库收录的数据、资料结构和使用方式等方面都处于变动之中，需要通过与用户（尤其是学者）的不断交流来取得进步，以收获更丰富的学术成果。

综合以上，"中国历代人物传记资料库"可谓中文学界数字人文研究的标杆性产品，其蕴含的工作反映数字人文的独特关怀、发展形态和面临的问题。从后台资料能够看出该数据库近年来访问量的大幅提升，充分说明数字人文的理念愈加吸引人的事实。CBDB同样反映了数字人文在目前史学研究领域的成长环境，正如有学者研究指出的那样，数字史学的工作重点还停留在数据库建设和推广培训的层面[1]。当然，数据库本身的理念不断在进步，已经从单纯的检索型数据库，发展到各种专题数据库，并在数据库中整合分析

---

[1] Lik Hang Tsui, "The Digital Humanities as an Emerging Field in China," *Asia Dialogue*, University of Nottingham, 13 June, 2016. https://projects.iq.harvard.edu/cbdb/digital-humanities-emerging-field-china（Accessed 27 Feb., 2024）.

工具等，集成为工作平台①。数据库从构思、开发、设计、制作，到管理等流程都需要不同人才的通力合作。从事数字人文的史学工作者，在各种类型数据库的建设中都作为团队的一员，发挥了聪明才智，推动了数字人文基础设施的建设。当前虽然有学者对数字人文研究提出批评，但他们未必有充分考虑到数字人文建设其实刚刚起步，参与开发的机构和史学家仍然相对少，很难要求数字人文像一门成熟的学科那样有广泛的学术影响；没有足够经验和用户反馈的积累的话，数字人文工具也难达到毫无缺陷②。与其苛求一个新兴的学术范式或某些数字工具一下子就撼动现有的学术共识，还不如鼓励更多学者加入它的基础建设和研究上的实践。这不失为检验数字人文在史学发展中角色的更好办法。

二、跨界：作为研究个体的数字史学家

坦率地说，"数字人文"是一个过于宏观的概念，不同学者对其有各自的预设和理解。其中还存在一个悖论——从字面上看，"数字人文"具有跨学科的本性，它将信息技术投入到人文社科领域，注定需要不同学科背景的研究者协力合作。可以说，数字人文是以技术让不同学科的研究者展开交流的手段。然而，在破除专业壁垒的同时，数字人文无法、也不应抹杀传统专业的固有特色——每个

---

① 申斌、杨培娜：《数字技术与史学观念：中国历史数据库与史学理念方法关系探析》，《史学理论研究》，2017年第2期，第87—95页。
② 可幸的是，台湾科技部门有征集数字人文主题计划的举措。关于相关计划的分析，参阅苏信宁：《数位人文主题研究计划分析与管理》，《人文与社会科学简讯》，2015年第17卷第1期，第89—100页。

学科都有自成体系的方法、工具与研究旨趣。换句话说，数字人文研究仍然要落实到具体的传统学科领域，在有效的学术问题中运用数字工具，才能够进行有的放矢的研究。对于具体的史学研究者而言，理解这点尤其重要。如果说各种类型的数据库建设为"数字化生存"时代的历史学者提供了比过去更丰富、更易获得的资料，那么接下来的问题是作为个体的研究者如何化身为"巧妇"，充分利用这些耗费了人力、财力的数据库，推出真正有特色的研究成果。一个非常现实的问题在于，数字人文领域往往以年轻学者居多，他们在学术道路上还面临升等、晋级的压力，很难独力开发成熟的大型数据库。在基于团队工作的数据库建设中，如何认定成果，如何与晋升制度挂钩，在目前数字人文学术领域都还是未成规范的灰色地带，仍处于学者自己摸索的阶段。数字人文研究是否会促使大学机构长期设立新的学术职位，用以支持相关的研究计划和新型研究行为，也是未知之数[1]。为此，个体学者要投入精力到数字人文这个前沿领域，需要思考的是如何以新工具与方法推进自己深耕的问题研究。

合作固然是数字人文的应有之义，但包括历史学家在内的人文学者，工作方式有其特殊性，正如有学者指出的那样，真正的历史学家是孤独地在档案馆和图书馆里从事研究的"独行侠"[2]。这

---

① 可喜的是，美国、德国、英国、加拿大、芬兰等国家的大学都已经有了数字人文的专门教席。截至2016年，德国各个大学已经有近50间不同侧重的研究中心有投入数字人文研究，见 http: //dhd–blog. org/?p=6174（下载日期：2019年1月19日）。全球至少有超过175个数字人文研究中心或参与相关活动的机构，见：https: //dhcenternet. org/centers（下载日期：2019年1月19日）。

② Alun Munslow, *The New History*（Harlow: Pearson, 2003），p.93.

意味着历史研究的成果通常具有极其强烈的个人风格。虽然现在的数据库已经减少了历史学者"动手动脚找东西"的劳顿，但学者仍要在个人智识世界里展开独立研究和学术思考。在具体的研究过程中，"数字人文"提供了越发便利的工具性以及思维的开放性，在方法论上有了更多可能性，真正体现了跨界融合的特质，不囿于单一的学术路径[①]。我们已经欣喜地看到，国外的史学同行已经超越了数字人文的概念推广，做出了许多切实的学术研究成品，也出版了不少相关著作。目前比较成熟的方法集中在文本挖掘、社会网络分析、地理信息系统等方面，让我们举例略做说明。

在自然语言处理（natural language processing）技术进步的推动下，历史文献作为非结构化的资料也获得了"被计算"的可能性。文本挖掘技术由最简单的词频统计，发展到文本分类、主题模型（topic modeling）、情感分析等，历史学家得以从大量文本资料中抽取事先未知的、可理解的、最终可用的信息，同时运用专业知识对它们进行组织、阐释，为研究工作提供协助。主题模型是相对成熟的方法，能够发现和归纳文本的主题内容，运算过程中不一定需要人工参与，甚至无须预先进行主题关键词的设置。这种统计模型工具用机器阅读并呈现的形式，兑现了数字人文领域先驱人物莫莱蒂（Franco Moretti）提出的"遥读"（distant reading，或译"远读"）理念，对于帮助历史学者（甚至是文学研究者和哲学史家）辨识大规模文献的关键信息非常有价值[②]。许多学者在自己

---

① 项洁、陈丽华:《数位人文：学科对话与融合的新领域》，收于项洁编:《数位人文研究与技艺》，台北：台湾大学出版中心，2014年，第9—23页。

② Franco Moretti, *Graphs, Maps, Trees: Abstract Models for a Literary History* (London: Verso, 2005); Franco Moretti, *Distant Reading* (London: Verso, 2013).

的研究工作中使用了这个方法来面对海量史料。美国历史学家布洛赫（Sharon Block）对18世纪的美国报纸、超过8万份资料进行了主题梳理；还有学者对女性主义研究杂志《征兆》（*Signs*）在1975年至2014年间的文章内容进行了主题模型的抓取，并建立了能够与读者互动的视觉化在线平台；德国维尔茨堡大学（University of Würzburg）的薛赫教授（Christof Schöch）用主题模型抓取了18世纪法语戏剧文本，获得了对戏剧类型更充分、饱满的认识[①]。可以预见，类似方法经过调整之后，用于汗牛充栋的中国史籍也会得出可喜的学术成绩[②]。

社会网络分析（Social network analysis, SNA）本是社会学领域的理论与方法，侧重对大批人物之间的联系模式进行记录、评估和计算。近几十年这种方法也受到了历史学家的关注，成为研究社会史问题的新范式。社会网络分析的角度能够为历史学对人物群体和组织的研究提供全新的思路，从而让史学研究呈现多元化、跨界化的趋势。以德国史研究为例，近现代的德国政治史研究已经得到充

---

① 参阅David J. Newman and Sharon Block, "Probabilistic Topic Decomposition of an Eighteenth-century American Newspaper," *Journal of the American Society for Information Science and Technology*, 2006, Vol.57, No.6, pp. 753–767. Signs的项目网址见：http: //signsat40. signsjournal. org/（下载日期：2019年1月16日）；Christof Schöch, "Topic Modeling Genre: An Exploration of French Classical and Enlightenment Drama," *Digital Humanities Quarterly*, 2017, Vol.11, No.2, pp. 1–53.

② 使用主题模型的方法挖掘中国典籍的尝试，参阅Ian Matthew Miller, "Rebellion, Crime and Violence in Qing China, 1722–1911: A Topic Modeling Approach," *Poetics*, 2013, Vol.41, No.6, pp. 628–649；欧阳剑：《大规模古籍文本在中国史定量研究中的应用探索》，《大学图书馆学报》，2016年第3期，第5—15页；Colin Allen et al., "Topic Modeling the Hàn diǎn Ancient Classics," *Journal of Cultural Analytics*, 2017, Vol.2, No.1, pp. 1–23; Ryan Nichols, et al., "Modeling the Contested Relationship between Analects, Mencius, and Xunzi: Preliminary Evidence from a Machine–Learning Approach," *Journal of Asian Studies*, 2008, Vol.77, No.1, pp. 19–57.

分研究，似乎已经很难找到突破口。但有学者借助社会网络分析的方法，为我们描绘了一幅更生动的政治流动的图景，并定量地分析了德国民主化进程中存在的裙带关系，甚至利用网络分析的算法，找到了隐藏在议员选举中的"灰衣主教"[1]。还有学者将中世纪黑死病的爆发放置在社会网络的模型下进行考察，解释了这场大瘟疫席卷欧洲的原因[2]。另外，有英美和欧洲的大学发起研究项目，大规模地整理、研究欧美近代早期时期的学人通信，勾勒当时知识共同体的面貌的嬗变[3]。面对论者批评社会网络分析往往低估了社会交往背后的社会语境和内容，也有学者运用大批书信资料，专门分析文艺复兴时期佛罗伦萨的有权势者相互结交的历史和社会学意涵。以上研究都大量运用了社会网络分析，并对人际网络进行视觉化[4]。

地理信息系统（GIS）则是与数字人文密切相关的方法，涉及GIS的数字史学研究计划占比极高。一方面，这跟历史学科自20世纪70年代以来的"空间转向"紧密相关，学者们开始采用"边界与疆域，边疆与路口，中心与边缘"等概念来解释历史问题[5]。另一方

---

[1] Carola Lipp, "Kinship Networks, Local Government, and Elections in a Town in Southwest Germany, 1800–1850," *Journal of Family History*, 2005 Vol.30, No.4, pp. 347–365.

[2] José. M. Gómez and Miguel Verdú, "Network theory may explain the vulnerability of medieval human settlements to the Black Death pandemic," *Scientific Reports*, 2017, Vol.7, No.43467.

[3] 例如牛津大学主导的"Cultures of Knowledge: Networking the Republic of Letters, 1550–1750"和斯坦福大学的"Mapping the Republic of Letters"。参阅本书傅扬博士所撰章节的介绍。

[4] Paul D. McLean, *The Art of the Network: Strategic Interaction and. Patronage in Renaissance Florence*（Durham: Duke University Press, 2007）.

[5] 关于"空间转向"，参阅Peter Doorn, "A Spatial Turn in History: Using the Combined Space/Time Component," *GIM International*, 2005, Vol.19, No.4, 见https://www. gim-international. com/content/article/a-spatial-turn-in-history（下载日期：2019年1月19日）。

面，GIS的工具经过多年改进已经相对成熟，使用相关软件的门槛越来越低，能够切合历史地理的研究课题，容易被传统学者接纳。关于GIS在历史学的应用，可以参阅林敬智博士在本书中的章节。

三、展望：数字人文的未来

在"数字人文"这股热潮来袭的时候，学界理应对它进行批判性的反思。这个新兴的领域会持续地稳健发展，还是会演化成绚烂一时的学术泡沫，都基于学界对数字人文的深刻洞见。根据我们的观察，大量学术资源现今被投放到这个前途未知的领域，推出的产品是精品还是赝品，得出的研究结论是否可以立足，评价体系如何形成，数字人文的学术社群如何搭建，数字人文是否存在独特的学术规范……学界对这些问题的答案仍未有共识，甚至真正关心这些问题的人还不够多。大家面对数字人文的热潮时似乎都亢奋异常，但鲜有人静下心来回味、反思。这是令人颇为担忧的。

举一例子，人文学科的研究著作对数据库的引注还没有订立一套学术规范。很多史学研究者在研究过程中运用了数据库，却不一定在论文中的参考文献中标注。比如，当他们在数据库中找到某部古籍中的一条记录之后，在论文里引述时只标出该文献的原始版本和收藏信息（如某某刻本、藏于某某图书馆等），却往往忽略记录找到这些文献的数字途径和其中可能带来的影响。究竟学者利用了哪些数据库？通过在其中输入了什么关键词或做了什么查询找到的？对于不断更新，数据形态相对复杂和用法多元的"中国历代人物传记资料库"，这种情况尤甚，需要学者正视。总之，相比其他学科，历史学领域对于数字资料和计算结果的引用规范没有充分确立。同时，这也反映学术出版形态面对数字时代带来的变化，已经到了不得不做出回应和调整的时候了，哪怕是研究故纸堆，也不应僵化地固守印刷时代的习惯。

即使数字人文在史学研究的正统学术框架里还没有很大的影响力①，许多关于数字人文的学术交流、讨论和传播已然通过非传统的管道进行，例如在脸书、微信、推特等社交软件上，并且受到众多学者关注，尤其是对电脑技术比较熟悉的青年学者们。数字人文不是凭空出现的一个领域——至少就其在史学研究的特点来讲，数字人文仍是建立在史学的悠久传统之上的。再次以"中国历代人物传记资料库"为例，该数据库收录数据时利用了大量中国史学界的既有成果，例如前辈学者对各类古代官员记载的系统整理和考证，也升华了过去典籍整理者编纂引得和索引的传统②。所以，类似CBDB这样的数字人文结晶可说是几代历史专家成果，既是便利学者的工具性资源，又是可以推动研究的综合性成果。不过，历史学者毕竟对文本材料的敏感度最高，最惯于解读文字资料。影响所及，在各种媒介中，数字人文视角下的史学对文本是最关注的。数字技术对其他媒介的处理越趋成熟，可望史学研究者以后更多地利用电脑对图像、影像、音乐等媒介进行撷取和分析，重构更丰富多

---

① 在中文学界，主要的例外是由项洁主编、台湾大学出版的"数位人文丛书"。截至2017年，已经出版6册。南京大学出版社也已推出"数字人文研究丛书"。另外，金观涛等学者以数据库研究中国近现代思想史、观念史的成果，可见本书傅扬博士所撰章节的介绍。

② 参阅史睿：《数字人文研究的发展趋势》，（上海）《文汇报》，2017年8月25日，第16页。

彩、栩栩如生的历史。

数字人文不仅仅是一个有关研究的话题，也攸关历史教学。随着各种数字学术资源变得盛行，数据库的使用和反思越来越重要，对研究者的培养也理应加入关于这些工具的内容，让年轻学子对它们的特点和优劣有系统的了解。当以后有更多数字原生代（digital natives）成为研究者，也就是在数字环境下土生土长的一代人，愿意积极学习并能熟练掌握电脑技术的人无疑会增加。那么，不管是资深的史学研究者还是后进，都不免要反思像这样的数字人文话题：面对充斥学术报告、论文的视觉化图像，我们需要带着什么意识去解读和提问？学者在自己撰写文章的时候需要注意什么才能避免自己对数据的解读扭曲史实？诚然，不是每一位人文学者都需要系统地学习数据科学（data science）的技术和方法，或学习编写程序，但不管是否用于自己研究，所有史学研究者都值得接触数字人文的研究方法，对其进行系统的反思。这除了因为本文中前述数字人文带来了新研究范式，也因为绝大部分史学研究者在研究过程中，各个步骤都难免涉及对数字科技的使用①。同时，学生的培养如何应对数字人文带来的新典范，也成为学术社群不得不面对的问题。现今网络上的信息良莠不齐，往往真假不分就被发布，假新闻越来越普遍；而且信息过量泛滥，十分需要数字手段辅助筛选。历史学科在培育学生应对这些状况时，可以发挥独特的作用。史学训练讲究对浩如烟海的史料进行细致、谨慎的整理、总结和辨析，数

---

① 我们不应忘记，连使用电脑上文书处理软件写论文这种看似寻常的做法，也会深深影响研究结果的呈现和书写过程。因此，我们不应低估所有数字科技对学者做研究所能带来的影响。

字人文则培养学生利用电脑辅助这些步骤之执行，其中锻炼的能力不仅对培养史学研究者有帮助，对一般人提升信息素养也是有莫大益处的。这不失为史学应对时代变化的一种机遇[1]。对社会大众而言，一些数字人文的计划也使得本来不在大众视野的历史资料和研究成果，得以用易于消化的方式呈现给更广泛的人群，例如把历史档案数字化，上传到网络上公开，便于大家查阅和关注；甚至是通过视觉化和具备互动功能的方式来表现，让受众更容易理解、使用和接受。所以，数字人文对公共史学也是有重大意义的，并已经得到各国图书馆、博物馆、档案馆等面向公众的机构之重视[2]。有论者的看法更极端，认为数字人文可以令社会大众重新认识日渐边缘的人文学科究竟意义何在，从而"拯救"人文学科。

总而言之，抽象的数字人文不像任何一门成熟的学科。当学者提及某门学科的称谓时，他们立即就能够勾勒出这个学科的研究对象、方法以及成功的代表性案例；对于"数字人文"，学界仍不太清楚它的核心理论架构、内容以及方法，所以像两位笔者开设相关课程时也不容易厘定教学范围。数字人文学者莫莱蒂在2016年一次接受访谈中也提出过类似观点，他不仅认为"数字人文"这个标签过于空泛，不能提供任何有营养的信息，也不觉得这是一项彻底的学术创新。而且，他对自己的研究工作是否可以被冠以这个头衔，

---

[1] Jo Guldi and David Armitage, *The History Manifesto* (Cambridge: Cambridge University Press, 2014), pp. 88–116. 中译本见乔·古尔迪、大卫·阿米蒂奇：《历史学宣言》，上海：格致出版社，2017年。

[2] Sheila A. Brennan, "Public, First", in Matthew K. Gold and Lauren Klein, eds., *Debates in the Digital Humanities* (Minneapolis: University of Minnesota Press, 2016), pp. 384–389.

自己的身份是否属于数字人文专家，其实并无兴趣①。他也强调要进行数字人文所蕴含的跨学科研究，其实往往比单一学科的研究角度困难得多，学者不宜低估其难度。

有了如上的认知，我们就应该理解，数字人文要获得稳健的发展，需要在两个方面取得进步②。首先，对资料进行有效的、合理的数字化整理。这里就涉及不同文献的电子化格式、数据库建设等具体问题。我们可以把它们概括为资料的基础设施建设——以包弼德（Peter K. Bol）教授为首的哈佛大学研究团队，早已提出了为中国史研究建立"网络基础设施"（cyberinfrastructure）的概念，自2018年起召集数字人文同行举办了多次讨论③。在这个方向上，欧洲国家走在了前列，它们于2012年就在欧盟范围内启动了CLARIN项目，吸引了包括德国、法国、意大利、希腊等国家的参与，共同推进数据库的建设。CLARIN的全称是"通用语言库与技术基础设施"（Common Language Resources and Technology Infrastructure），其宗旨是对人文社会科学领域的语言材料进行归档与数字处理，实现资料共用，推进学术研究。CLARIN胜在全面，但是对于具体的研究者而言，CLARIN这样的架构可能过于宏大，虽然从事历史、文学、社会等不同专业的学者都能够从CLARIN那里获取数字化的

---

① Melissa Dinsman, "The Digital in the Humanities: An Interview with Franco Moretti," 见：https: // lareviewofbooks. org/article/the-digital-in-the-humanities-an-interview-with-franco-moretti/（下载日期：2019年1月19日）。

② 这一段的部分讨论建立在王涛：《"数字人文热"背景下的冷思考》，收于《史学月刊》编辑部编：《大数据时代的史料与史学》，北京：人民出版社，2017年，第321—324页。

③ 参阅王宏苏、徐力恒、包弼德：《服务于中国历史研究的网络基础设施》，未刊稿；包弼德：《数字人文与中国研究的网络基础设施建设》，《图书馆杂志》，第2018年第11期，第18—25页。

资源，但又会发现并不能完全满足自己数字上的研究需求。作为典型的"机构导向的数据库"类型，CLARIN的弊端非常显著。以欧盟为主体设立的DARIAH（Digital Research Infrastructure for the Arts and Humanities），也是以建立基础设施为目的，这个"艺术与人文的数字研究基础设施"联合了17个国家的数字研究机构和社群，促进他们的沟通和协调，并进行数字研究的推广[①]。在数字人文的热潮中，除了研究群体和联盟外，更有大量商业公司拥入数据库开发的市场，想占得先机；但是无序的数据库建设，不仅让数字人文的内涵扁平化，而且伴随恶性竞争的重复性建设、开源性、版权等问题，会让数字人文的健康发展大打折扣。

其次，还需要在研究工具与方法的开发上取得显著进步，数字人文才可以蓬勃发展。数字人文热潮兴起的一个原因是电脑技术的发展，特别是各种演算法的进步以及软件越来越便于使用，让大量没有电脑背景的人文学者也能够借用电脑辅助研究。但就人文研究的复杂性而言，数字人文领域能够提供的方法还有待完善，各种数字研究工具的易用性、安全性还有极大的提升空间。一个非常现实的挑战在于，各种专业数据库的内容已经极其丰富，但如果研究者只能用检索关键词如此单一的方法使用数据库，就不免是数字人文的莫大悲哀——可惜的是，似乎还有史学研究者认为，数字技术能为史学研究带来的最大助益，只在于让学者得以对史料全文进行关键词检索。其实，在我们看来，研究方法的进步才是数字人文获得意义的根源。例如在文本分析领域，研究方法早已超出了单纯的词

---

① 网址见：https://www.dariah.eu/（下载日期：2019年1月19日）。

频统计，过渡到更复杂演算法的统计语言学，实现了信息提取、文本分类、情感分析、机器翻译等功能。毫无疑问，自然语言处理方法和机器学习的进步，将会让研究者从文本中挖掘出更具分量的信息，推导出极具价值的结果，甚至引起了信息科技界别的关注①。至于历史地理和环境史学科也因为GIS技术的发展，不再停留在地理呈现和电子绘图，而得以利用数字分析技术重构过去的自然和人文环境，甚至是进行三维建模，实现全景式复原，甚至能把用户带入虚拟实景（virtual reality）。

正是在这样的背景下，在广泛讨论"大数据"的同时，越来越多数字人文学者开始关注"小数据"（small data），甚至还提升到了"智慧数据"（smart data）的高度。换言之，不同研究者和不同研究课题所需要的资料性质、数量和题材是完全不同的。数字人文虽然致力于人文研究的科学化，但是个性化仍然是数字人文学者力图保持的优势。所以，"大数据"远远不够，还需要发展更具针对性的"智慧数据"②。基于这种思路的数据库建设不再追求包罗万象，而是个性化的订制。其中较有代表性的，就是台湾大学数字人文研究中心开发的DocuSky平台，它能够让学者根据特定的研究课题，自行建立专属的个人数据库，并方便地利用DocuSky平台整合的应用式界面（API）工具进行分析与研究。DocuSky的建构逻辑是数字人文的发展要从"机构导向的数据库"向"个人导向数据库"转

---

① 徐力恒：《中国历史人物大数据》，《中国计算机学会通讯》，2018年第4期，第19—24页。
② 参阅Christof Schöch, "Big? Smart? Clean? Messy? Data in the Humanities," *Journal of Digital Humanities*, 2013, Vol.2, No.3, pp. 2–13.

变，从而让数字典藏呈现"自由、活泼"的一面[①]。

数字人文还可以成为跨越专业鸿沟的路径，因为数字人文的工具研发一定要在跨学科的作业中完成，通过多方深度沟通来推出有价值的研究工具。值得强调的是，数字技术对大多数人文学者仍像一个看不透的暗箱（black box）。人文学者需要的是透明、简捷的工具，正如加州大学洛杉矶分校教授德鲁克（Johanna Drucker）担忧的那样，许多数字工具通过不透明的演算法生成了标准的结果，让人文学者进行还原非常困难。更可怕的是，演算法看似没有偏见，却可以进行人为的参数设定，从而破坏了资料的公信力，加深了学者的不信任。因此，"透明计算"（transparent computing）就显得尤其重要，让电脑的计算环境妥善地融入背景中，学者不需要预先掌握特定的电脑技能就能解决问题，当需要查证时又可以辨明算法的具体运算方式，甚至是让其他人重复检验。如果人文学者还要花费大量时间和精力去清洗数据、学习相关软件的使用、考辨信息来源的根据，而不是将注意力投到问题分析本身，数字人文的可持续发展将遇到不少困难。所以，史学家和其他学科专家的协力合作仍将是数字人文研究的核心工作模式。

在数字人文逐渐得到重视、发展之时，当下也是一个好时机，把眼光放到更远的将来。在数字人文发展成熟之后，数字人文以后还会代表一种独特的研究视角吗？我们认为答案是否定的。"数字人文"毋宁属于服务型的领域，它目前只为学术研究提供原料与工具，但并不负责加工过程。着眼于未来，它很可能只是人文学术

[①] 平台见http://docusky.org.tw（下载日期：2019年1月19日）。

史上一个过渡时期①。试想在一两代人以后，整个史学界的成员都已是数字原生代，到那时候，数字技术、思维和人的思考结合，难道还会是一件需要专门拿来标榜的事情吗？到时的人文学科大概已经必然包含数字元素，再难区分哪些研究是"传统"人文，哪些属于"数字"人文。当然，回到两位笔者执笔之时的2019年，这种境况还远远没有实现，有待学界深化对数字人文的认识和讨论。事实上，近年来已有不少学者对史学研究中方兴未艾的数字化浪潮进行了反思，并提出了一些具有建设性的批评意见，这些争鸣无疑会敦促数字人文的从业者拿出更有说服力的研究成果②。总而言之，我们需要用平常心来看待数字人文，即不把它视为冲击传统学术的洪水猛兽，也不要轻信它是唯一能拯救"没落的"人文研究的良剂。数字人文不会让研究者个体迷失在数字的洪流，因为分析加工的过程仍然需要研究者的脑力、学识以及眼界，这些都不是数字人文就能够提供的。我们在拥抱数字人文时代来临的时候，也要对它的局限性保存必要的警醒。

---

① 人文学术史的讨论可以参阅Rens Bod, *A New History of the Humanities: The Search for Principles and Patterns from Antiquity to the Present*（Oxford: Oxford University Press, 2014）.

② 近五年来各方历史学刊对史料数字化、历史数据库、计算历史学、大数据、数字史学和数字人文的专门讨论显著增加，并有越来越多主流历史学者的参与。例如，《史学月刊》2018年推出专刊"大数据时代史学研究的理论与方法笔谈"，邀请了多位学者从不同角度讨论大数据时代对历史学的挑战，参阅《史学月刊》，2018年第9期，第5—26页。

作者群简介

涂丰恩

哈佛大学东亚系博士，现任联经出版社总编辑，"故事"网站创办人兼执行长。研究与写作兴趣包括医疗与身体史、日常生活史与东亚近代史。曾任职于台大数字人文研究中心。出版作品包括《救命：明清中国的医生与病人》《大人的日本史》。

王晴佳（Q. Edward Wang）

美国罗文大学（Rowan University）历史系教授，北京大学历史系长江讲座学者。国际杂志《中国的历史学》（*Chinese Studies in History*）主编。主要从事中外比较史学、史学理论与史学史和中国思想文化史方面的研究。

李仁渊

哈佛大学历史与东亚语言（History and East Asian Languages）博士，现为"中研院"历史语言研究所副研究员。研究领域为明清社会文化史、地方文献、书籍与阅读史。出版有专书《晚清的新式传播媒体与知识分子：以报刊出版为中心的讨论》（2005）与数篇论文。

张仲民

河南尉氏人，复旦大学历史系教授，研究方向为中国近现代史，曾出版有《种瓜得豆：清末民初的阅读文化与接受政治》（北京：社会科学文献出版社，2016）等多种论著。

傅　扬

台湾大学历史系学士、硕士，英国剑桥大学东亚系博士，研究领域为先秦思想史、汉晋唐政治文化、近现代学术史。曾任英国剑桥大学东亚系兼任讲师、"中研院"数字文化中心特约研究人员、东吴大学历史系助理教授。现为台湾大学历史系助理教授。

陈建守

台湾大学历史所博士，现为"中研院"近代史研究所助研究员。研究兴趣在于探究词汇／概念如何通过翻译的方式，进入近代中国的历史情境当中。

衣若蘭

台湾师范大学历史学博士，现任台湾大学历史学系教授。研究兴趣主要为：明清性别史、社会文化史与史学史。著有《"三姑六婆"：明代妇女与社会的探索》（2002）、《史学与性别：〈明史·列女传〉与明代女性史之建构》（2011）、《从列女传到妇女史：近代中国女性史书写的蜿蜒之路》（2023）三书，以及学术论文20余篇刊登于《汉学研究》《新史学》《台大历史学报》等。曾任《明代研究》《女学学志》主编、"中国明代研究学会"理事长、剑桥大学与根特大学访问学者等。

潘宗亿

美国明尼苏达大学历史学博士，现任台湾东华大学历史学系副教授兼系主任，主要研究兴趣为文化记忆理论与历史、全球化理论与历史、游戏历史学，战后德国犹太人大屠杀记忆文化与战后台湾食谱文化和食物记忆变迁史乃近期主要探索方向。

蒋竹山

台湾桃园人，台湾清华大学历史所博士，现任台湾"中央大学"历史所副教授、文学院学士班主任。曾任台湾东华大学人社院大众史学研究中心主任，台湾"中央大学"历史所所长。研究兴趣喜欢打破传统台湾史、中国史、世界史三块分立之框架，主要方向为医疗史、新文化史、全球史、公众史学。历来除关注全球视野下的物质文化史研究，在学院推动相关社群活动外，也对社会大众推广历史普及与公众史。

吴翎君

现任台湾师范大学历史系教授。主要研究专业为19世纪到冷战时代的中美关系史。曾任台湾东华大学历史系教授、哥伦比亚大学东亚系访问学者、哈佛大学费正清中国研究中心富布莱特学者，著有《美国与中国政治，1917—1928：以南北分裂政局为中心的探讨》《美孚石油公司在中国（1870—1933）》《历史教学理论与实务》《晚清中国朝野对美国的认识》《美国大企业与近代中国的国际化》《美国人未竟的梦：企业、技术与关系网》等学术专书及相关学术论文20余篇。

洪广冀

曾就读台湾大学森林环境资源学系博士班，后于哈佛大学科学史系取得博士学位；于美国史密森研究院（Smithsonian Institution）、英国李约瑟研究所（Needham Research Institute）等机构从事博士后研究后，于2015年开始担任台湾大学地理环境资源学系助理教授，现任台湾大学地理环境资源学系副教授。专长为森林史、演化生物学史、科技与社会与历史地理学，已于《台湾史研究》、《新史学》、《台大历史学报》、《考古人类学刊》、《地理学报》、*Journal of the History of Biology*等期刊上发表论文10余篇。

皮国立

台湾师范大学历史学博士，现为台湾"中央大学"历史研究所副教授兼所长。兴趣为中国医疗社会史、疾病史、身体史、中国近代战争与科技等领域。著有《台湾日日新：当中药碰上西药》《"气"与"细菌"的近代中国医疗史：外感热病的知识转型与日常生活》《国族、国医与病人：近代中国的医疗和身体》《近代中西医的博弈：中医抗菌史》《跟史家一起创作：近代史学的阅读方法与写作技艺》《中医不科学？1920—1930年代的社会舆论》《全球大流感在近代中国的真相：一段抗疫历史与中西医学的奋斗》《晚清身体诊疗室：唐宗海与中西医的对话》《最"潮"中医史：以形补形行不行，古人医病智慧超展开》等专书，此外并主编《华人大补史：吃出一段近代东亚补养与科技的历史》《走过"废除中医"的时代：近代传统医学知识的变与常》，合编《卫生史新视野：华人社会的身体、疾病与历史论述》《药品、疾病与社会》。另有学术论文、专书篇章等数十篇。

郭忠豪

美国纽约大学（N. Y. U.）历史系博士，曾在美国伊利诺伊大学香槟校区与香港大学担任访问助理教授，现任台北医学大学通识教育中心项目助理教授，研究兴趣是明清中国、近代东亚与台湾的食物与动物历史，以及海外华人饮食文化，曾于《中国饮食文化》、《九州学林》、英国罗德里奇（Routledge）与美国阿肯萨斯大学出版社（University of Arkansas Press）发表多篇中英文食物研究论文与书评。

林敬智

加州大学伯克利分校历史学博士，"中研院"近代史研究所博士后研究员，现为政治大学宗教研究所助理教授，2016、2018年夏天担任德国哥廷根大学客座教授，开设Chinese Popular Religion课程。研究方向包括华人民俗、民间宗教与民间信仰、环境史、木版年画与民间图像，经常使用跨领域研究方法，从历史学、人类学田野调查，到数字人文，关注民俗与宗教信仰随着人群的移动后，如何在各地传播与重新调适在地化的过程，观察宗教与生态环境之间如何交互影响。

徐力恒

牛津大学东方研究博士。曾获罗德奖学金，并参与"中研院"历史语言研究所的博士候选人培育计划。历任牛津大学讲师、哈佛大学博士后研究员，现为香港城市大学中文及历史学系助理教授。入选英国皇家亚洲学会、英国皇家历史学会。主要研究方向是唐宋史、中国书信文化、城市史和数字人文，发表论文二十余篇。为了推动数字人文研究，成立微信公众号"零壹Lab"，并在所属学院召集"数码社会"研究群。

王　涛

　　湖北荆州人。2001年毕业于北京师范大学历史系，获历史学学士学位，2008年毕业于北京大学，获历史学博士学位，曾在美国哈佛大学、德国弗莱堡大学访学。现为南京大学历史学院教授、博士生导师。主要研究领域涉及教会史、德国史、数字史学等方向。已在《中国社会科学》《历史研究》《世界历史》等刊物上发表学术论文数十篇。

YE BOOK

洞 见 人 和 时 代

官方微博：@壹卷YeBook
官方豆瓣：壹卷YeBook
微信公众号：壹卷YeBook
媒体联系：yebook2019@163.com

壹卷工作室
微信公众号